主　编：荆学民

副主编：白文刚

编 委（按姓氏笔画为序）：

马　婧　　白文刚　　苏　颖

李丹林　　李彦冰　　何　勇

张毓强　　荆学民　　祖　昊

中国传媒大学“双一流学科建设”资助项目

History of Ancient Chinese Communication Policy

中国古代传播政策史

何勇 ◎ 著

中国传媒大学出版社
·北京·

图书在版编目（CIP）数据

中国古代传播政策史 /何勇著 .--北京：中国传媒大学出版社，2019.6
（政治传播研究前沿书系）
ISBN 978-7-5657-2443-5

Ⅰ.①中…　Ⅱ.①何…　Ⅲ.①政治传播学－方针政策－历史－中国－古代
Ⅳ.①D691.2

中国版本图书馆 CIP 数据核字（2019）第 034235 号

中国古代传播政策史
ZHONGGUO GUDAI CHUANBO ZHENGCESHI

著　　者	何　勇
策划编辑	吴　磊　张　旭
责任编辑	王　硕
特约编辑	陈　默
封面设计	拓美设计
责任印制	阳金洲
出版发行	中国传媒大学出版社
社　　址	北京市朝阳区定福庄东街 1 号　　邮编：100024
电　　话	86-10-65450528　65450532　　传真：65779405
网　　址	http://cucp.cuc.edu.cn
经　　销	全国新华书店
印　　刷	北京玺诚印务有限公司
开　　本	710mm×1000mm　1/16
印　　张	25.25
字　　数	453 千字
版　　次	2019 年 6 月第 1 版
印　　次	2019 年 6 月第 1 次印刷
书　　号	ISBN 978-7-5657-2443-5/D・2443　　**定　价**　118.00 元

序 言

◇ **朱羽君**

大约两年前，何勇来家看我，他告诉我他正在写一本《中国古代传播政策史》，我当时听了有些疑虑，这么冷僻难做的课题，能行吗？他却兴致勃勃地向我叙述起来，他说：传播其实是一个广义的概念，人类在社会形成和发展过程中，总在寻求传播的手段和途径，以求信息的流动、求自身的生存。在社会系统形成以后，官方便会利用对信息的控制，达到巩固统治和稳定社会秩序的目的。传播政策就是指统治阶层对信息传播活动的管理策略，所以即便在古代，传播活动都是有迹可循的。中国浩瀚的史料和丰厚的文化积淀是一个宝藏，可供研究者以各种角度去发掘探寻，使其条理分明地呈现出一个个不同的脉络，形成不同的学科。所以从传播学的角度去研究中国古代传播政策的形成和发展是可行的，也是一项有价值的工作……我听他说得有道理，而且难得他如此有兴趣，我觉得值得鼓励，兴趣是研究工作获取成果的重要因素。再说，他之所以选择这样一个课题，是有他的原因和有利条件的。

何勇原是我1997级的硕士研究生，曾和我一起研究中国的电视纪录片、电视纪实语言，又在中央电视台《新闻调查》栏目工作过一段时间，那段工作经历对他思考官方政策与传播活动的互动有很大触动。后来读博士，师从我国广播电视史学专家郭镇之教授，毕业后留在中国传媒大学政法学院讲授传播政策、传播法方面的课程。所以他想写《中国古代传播政策史》是有研究基础和学术积累的。

我虽对此课题没有研究，但当时就他的思路给他提了点建议，我觉得记述历史和制作电视纪录片有一个共同之处，就是讲求事实的真实，以事实说话，所以要尽可能地运用经过考证的史料，把我国古代历史上有关传播的记载、故事、案例整理清楚，从古代各个时期、各个朝代所发生的案例中梳理、叙述和分析，找出其自身的逻辑，这既是历史著述的要求，也会把这一冷僻难做的课题论述得生动易懂。

现在，两年过去了，何勇真的抱了厚厚的书稿来看我了。他要我为他的书写几句话。我没有思考过这方面的历史，只能对他的勤奋和认真的研究精神表示赞赏，看来他对中国的历史是下了很大功夫研究的，书中汇集了神话时代、巫祝时代、春秋战国、秦、汉、唐、宋、元、明、清各个时期的一些有关传播的史料，对各种仪式、制度、礼教、禁令、律条、榜文、邸报、京报等传播方式和策略进行了梳理和分析，叙述出各个时期统治者对传播的重视、利用，或严格的控制，以及传播手段随着政治、经济、技术（如印刷术）等的发展而发展，朝代的更替中各种权力的博弈在传播中的表现等等，这些在书中都有确证的史料和案例来说明，尤其在唐、宋以后的章节中，这种叙述更为细微突出，使读者能从史料中做出自己的认知和判断，读起来也较有趣味。至于其中的意义和对当下的观照，就让读者自己去品味吧，正如优秀的纪录片一样，重要的是给予观众认知和判断的空间。

书只写到清代，到了现在，尤其是21世纪以来，传播已蔚然成为重要的研究学科，社交媒体突飞猛进，对人类社会各方面的影响真所谓翻天覆地，值得我们去认真思考和探究。中国古代对信息和舆论的种种管理实践和社会效果，为我们今天制定传播政策和制度提供了视角和观照，而作为一个年轻的学者，又面临着许多新的课题，希望他继续努力，为现在及未来的传播事业的发展，做出更深入的思考和研究。

2017年5月14日

目录

CONTENTS

录

导 读

无传播，不社会。传播不仅是社会系统正常运行的基础，而且是社会控制的手段和途径。虽然中国古代没有传播政策的概念，但是官方对信息和言论的管制实践自古存在。

“传播政策”(Communication Policy)是一个新兴概念。西方传播学界一般将此概念与“媒介政策”(Media Policy)互换使用，强调政府与媒介的互动关系。20 世纪晚期，它作为对新型政策范式的概括，指代技术融合、传播自由化以及信息和传播迅速扩张背景下的政策制定。①

与西方学界将“媒介产业”作为政策的特定调节对象不同，本书语境下的传播概念，采用其广义外延，即信息和意见的社会流动。“传播政策”则是指政府针对传播活动的管理策略，及其与政治、社会和文化系统的相互建构。这里涉及凯瑞所说的从传播“传递观”到“仪式观”的转变：传播的起源和最高价值不在于“智力信息的传递”，而是“建构并维系一个有秩序、有意义、能够用来支配和容纳人类行为的文化世界”②。

“政策”的概念同样存在广义和狭义的理解。狭义上，政策是条文的、设计性的、系统化的社会控制手段，即“在追求某些目标上对政治手段的系统利用”③；而广义上，它强调观念性、正当性和实际的社会效果，强调政策环境

---

① CUILENBURE J V, MCQUAIL D. Media policy paradigm shifts towards a new communications policy paradigm[J]. European journal of communication, 2003, 18(2): 181-207. 此文提出，传播政策源于追求国家利益与商业企业利益之间的互动。传播政策反映了特定背景下政府与产业界的博弈以及权力与利益的平衡。

② 凯瑞. 作为文化的传播[M]. 丁未，译. 北京：华夏出版社，2005：7.

③ 柯武刚，史漫飞. 制度经济学：社会秩序和公共政策[M]. 韩朝华，译. 北京：商务印书馆，2000：38.

与政策制定者之间的互动。科尔巴奇提出"政策是观念框架的一部分","也就是我们理解世界是什么和世界应该是什么的方式,以及证明实践和组织安排正当性的方式,这其中还包括那些在统治过程中寻求通过政策来表达利害和行动的人,政策也是证明他们的正当性的一种方式"。[①]

本书语境下的"政策"采用其广义概念。一方面,政策是官方意志的体现,传播政策反映的是政府及其所代表的主流意识形态对传播活动的基本态度和处置策略;另一方面,政策又是相关方权力、利益博弈的结果,是历史性和社会性的体现,其思想来源(比如政治理念)和合法性基础(比如价值认同)根植于特定的历史阶段和社会关系。借用阿尔都塞所言,统治阶级对社会意识形态的控制体系并不是一个简单的既定事实,即官方限定的体系可以自动复制相应的强制规则和社会意识,"因为占统治地位的意识形态从来都不是阶级斗争的既成事实,从来都不可能摆脱阶级斗争本身对它的影响"。[②]

因此对传播政策的解读,需要将其放入社会系统中去考察,即"寻找传播政策在总的政治经济形势中的位置,包括历史和今天的位置"[③]。当然这不是说在具体操作上我们需要对每个历史时期的政治经济状况进行教条和模式化的描述。一个基于传播史的合理和必要的做法是,从具体的传播主体、传播行为及其考证结果出发,关注可能存在的政策表征,尤其是影响政策制定的话语、叙事、观念体系的建立和变迁(即政策环境)。由此,可以取得三种效果。第一,可以折射出当时的政治经济文化背景;第二,可以直接反映出特定历史阶段的传播图景;第三,在政策动机不明确、概括不完备的时代,传播实践是唯一的政策表征,而在政策概括相对完备的朝代,既存的传播行为也是重要的政策佐证。实际上,政策本身就包含着有意识层面和无意识层面,对于后者,我们需要从零散、无序和具体的传播行为中获得启示。

与其他政策体系一样,传播政策的确立也是一个社会的历史的过程,其本身是"根植于不断发展进步的社会文化过程中的一个过程系统"[④]。政策梳理的目的就在于通过对政策本身或激发政策的社会条件进行历时性的记录和分析,形成全面认识和建构传播价值观的基础。当代传播史和传播理

---

① 科尔巴奇.政策[M].张毅,韩志明,译.长春:吉林人民出版社,2005:10.

② 此处为借用,这段话本义是针对资本主义国家意识形态管理而言的。阿尔都塞 L.意识形态与意识形态国家机器[M]//陈越.哲学与政治:阿尔都塞读本.长春:吉林人民出版社,2003:320-375.

③ 莫斯可.传播政治经济学[M].上海:上海译文出版社,2013:255.

④ 德罗尔.逆境中的政策制定[M].王满传,等译.上海:上海远东出版社,1996:10.

论即使在归纳人类传播行为方面，也是远远不足的。对传播政策的历史性呈现，有助于我们了解传播是什么、从哪儿来、又到哪儿去这些基本命题。

传播政策史是人类传播史的组成部分。它以社会性的传播活动为起点和依托，涵盖国家信息政策、渠道管理、舆论政策、思想管理、政治传播、宗教传播、文化统制、文艺制度、出版政策等诸多方面，描述和概括中国古代官方在不同历史条件下所使用的各类政策工具，包括其理论基础和来源、制度结构和功能、行为效果和评价；既是从政策角度来解说传播史，也是从传播角度来解读政教史。概言之，我国古代传播政策以政教为第一，余皆附庸。

本书为专门史，采用通史的记述方法，基本按照时间顺序叙述相关史实。方法论是重史料及其考证，轻主观演绎，尽量罗列史实，保证其还原度。由于各个历史时期传播活动（或事业）发展阶段、史料丰陋情况的不同（比如宋代以前，相关史料一鳞半爪，较难形成系统），各章节的侧重便有不同，体例上也会有所差异。出于集约化和阅读方便考虑，某些专题性传播政策内容，比如“禁书”“私学”“讲学”“结社”等，会在某个此问题相对突出的朝代集中进行历史梳理，而不会在所有朝代分散描述。

在叙述过程中，本书尽量避免没有实证的话语误导，比如说“夏朝”之存在，由于没有考古学的证据，所以在古史传说中保留“夏”之称谓，而在历史叙述中则不提此概念；另外比如“封建社会”之说，秦朝实施郡县制度之后，严格意义上的封建之制基本结束，所以在历史概括中也尽量不使用相应的词语；再比如晚明“商品经济”以及所谓的“资本主义萌芽”，由于这些概念都是专有词语，所以尽量不用，概括时使用描述性的“商品流通”等词语。当然，所有历史都是当代史，政策史的分析术语更是来自当代。在描述的过程中，会运用诸如“公共空间”“信息不对称”和“政策价格”等学术表述。为了与当代背景下的话语有所区分，在文中对这些概念的应用做了详细的说明。下面对本书各章节加以导读，请读者注意其中的逻辑关系。

本书的第一章“神话时代：起源”，叙述的是人类传播活动与政治秩序发生的最早联系，因为“政策首先与秩序有关”①。无文字时代的历史重构一直是个难题。由于上古传播史料和考证的不足，第一章第一节不得不花较大篇幅对史前的人类传播行为，尤其是早期象征符号和仪式传播形态和作用机制进行资料补充和考证，当然这并非无的放矢，无文字时代的传播政策突出表现在祭祀制度中，而仪式传播构成了它的基础。在加入最新考古材料和相关民族学证据之后，史前传播在社会秩序建构中的基础性作用大致可

① 科尔巴奇.政策[M].张毅，韩志明，译.长春：吉林人民出版社，2005：12.

见;第二节“仪礼独占”部分进一步考证“传播政策”的起源。此时,自在状态的传播活动进一步结构化,并对政治统合产生影响。虽然古史中“绝地天通”的传说对统治阶层垄断人神沟通(即信仰及其渠道控制)有详细描写,但是古史无法自证。本书结合最新考古材料,对“仪礼独占”和“仪礼扩散”进行了考证。考古材料所显示的“巫王合一”与“神权独占”和古史传说有着一定的互释性。仪礼独占和扩散是最早的文化共同体得以形成的“一体两面”,奠定了古代中国的地理和文化基础。

第二章“巫祝时代:明命鬼神为黔首则”同样是从古史和考古材料的角度对巫祝文化到礼乐文明转折时期的传播政治进行描述和论证。古史与考古材料的错位及统一,是过渡时期历史材料的一大特色。“巫”是这个时期精神世界的统治者。此时传播政策体现在两个层面,一个是古史中反映的最早的“政教”思想(虽然古史描述的是虞舜时期,但是其思想反映的是其编纂年代,即春秋、战国时期的主流认识);一个是考古材料所反映的“仪礼独占”(主要是葬仪和礼器)的进一步实践和演化。到商代国家时期,巫祝文化的“鬼神世界观”塑造了“先鬼后礼”的政教模式以维护其政权的合法性,具体形式和证据则来自对青铜礼器(纹饰、铭文)和祭祀仪式(甲骨卜辞)的考证。

第三章“观风化俗:先秦早期的朝野对话”部分的描述,已经接近我们今天对于政策概念的理解,比如说“采诗”“编诗”“陈诗”制度。不过在这个政策体系背后,史料所呈现的则是周公和孔子对于国家秩序,尤其是礼教建构的思考。我国最早的民意的观点和民本的思想就出现在这个时期,并由此衍生出德政和德教的传统。“观风”与“化俗”并行,是西周传播政策的显著特点。

第四章“春秋横议:禁言与纳谏”突出的是特定时代政治家的传播政策行为和政策讨论,比如子产的“存乡校”“禁悬书”“造刑鼎”;孔子赞同乡校、反对刑鼎、诛杀少正卯等事迹。春秋时期关于公共空间、成文法颁布、异端言论处置的种种争论,塑造了后世思想和舆论管理的主导思路。本书将中国历史的“谏议制度”安排在这个章节,“谏议”出现在春秋时期,是体制内的意见传播和反馈,是臣子谏诤和君主纳谏二位一体的过程,秦以后则体现的是君主专制下国家政治体系的自我完善。

第五章“战国争鸣:稷下议政与归心于壹”,记录战国时期以言论和舆论政策为主要内容的两种截然不同的“强国模式”。齐国“不治议论”和秦国“归心于壹”(或者说弱民理论)出于相同目的,却产生了不同的效果。稷下议政造就了百家争鸣的高峰,而商鞅则开创了传播政策的“中央集权”模式,并与重农抑商、户籍管制、农战之国等政策相配合,为秦国兼并六国、成就大一统奠定了基础。

第六章“秦汉相袭:从言禁到大一统”,记录秦代沿用法家思想,将言禁政策(主要是诽谤法和焚书令)法律化。不过以法为教的纯粹空心化的思想控制无法满足专制国家主流意识形态建构的长远需要。汉代吸取秦二世而亡的教训,一方面“除挟书律”“废诽谤妖言”,另一个方面“推明孔氏,抑黜百家”。儒家伦理道德自此独霸意识形态,为汉武以下近两千年的政治和文化传播圈定了主要内容。

第七章“东汉清议和党锢”,记录秦汉以后首个士人议政的高峰以及政府对其的禁锢。这部分集中描述公共批评出现的历史条件,即官方对意识形态控制的弱化,包括在主流价值观与皇帝威权发生冲突的情境下,朝堂与民间舆论互动的基本模式。

第八章“唐代邸报:中央与地方的信息博弈”,描述传播政策的另一个侧面,即中央与地方的信息不对称。唐进奏院状的出现,是唐中晚期信息主导权易手的信号。这里重点关注中国最早的官报发布机构“进奏院”的制度变迁,以及中央与地方由于“信息不对称”导致的权力博弈。信息的流向最终反映了时代的政治秩序和权力格局。

第九章为“宋代的传播政策:控传报、禁小报”,此时我国传播政策在针对性和系统性上都进入了一个新的阶段。将唐及五代隶属藩镇的进奏院归之于中央行政体系,并建立邸报(中央官报)体系,是君主专制理性的发展。雕版印刷的普及为大宋“以文治国”创造了条件,相应的出版和书籍政策逐步出台。此外,商品流通的发展激活了信息本身具有的流动性、实用性和商业价值,媒介呈现出发展方向上的诸多可能。中央、地方、民间的博弈构建了宋代传播政策的基本框架。中国古代“禁书”政策流变被安排在这个部分。

第十章“以宽得之:元代传播政策”,描述民族融合大背景下的传播政策取向。元代是宋代走向系统化的传播政策的中断期。由于缺少建构主流文化的意识,元代传播政策表现出零散、无序的特征。当然,它的开放性文艺政策独具特色。跨文化交流的实践以及文艺管理机构的功能设计是这个时期的重点。特殊的政治和文化环境促进了戏曲创作的繁荣。

第十一章为“教以化俗:明代传播政策”。明代的传播政策承接了宋代的严密性和系统性,在通过传播手段加强思想专制等方面达到了前所未有的水平。明初文本和渠道的垄断,科举、八股、程朱传注的配套设计,为大明登上思想专制顶峰创造了条件,但是随着政局和社会的演变,传播话语权有了明显的下移。在这个背景下,文化的公共空间向政治的公共空间转化。明代的公共批评、邸报传播、书院讲学、文人结社等构建了中晚明特殊的传播版图。中国古代“普法”“私学”“结社”“宗教传播”的四项政策梳理被安排在这个部分。

第十二章“训示化民、校雠同文：清前期传播政策”，是本书的最后一部分。清军入关打破了明末社会内生的自然演变过程。清代相当程度上继承和加强了明初强化中央集权的传播策略。文字狱、编书、禁书则是夷夏之防、朋党之禁、教化万民的主导思想下走向极端化的传播政策的体现。清代近乎完备的传播政策对后世影响直接而且巨大。

以上就是对本书各个章节内容的导读。特别要指出的是，本书第一、二章表面上看属于传播史的范畴，似乎与本书“传播政策史”的取向无关，实际上，这两章正是全书的基础。第一，起源阶段的人类传播比较清晰地勾勒出，以象征符号为基本单位的传播行为通过仪式和叙事产生社会结构功能的原理和机制。第二，政策动机不明确时代的传播系统已经预示着传播行为与政治秩序必然形成相互构建的依存关系。具体而言，早期仪式独占对社会秩序形成的意义，与渠道控制（或者说信息不对称）对后世政治秩序的价值存在着完全一致的对应关系。

官方的传播行为也是一个容易被忽略的领域。传播渠道的管理不仅在于对体制外信息流动的控制，更在于官方主流的确立和扩张。由于种种原因，后者很多时候缺少政令或奏议形式的政策化素材。在笔者看来，对官方具体传播行为的经验性归纳，同样是可靠和必然的政策表征。这部分内容在很多时期甚至成为政策描述的主体。同理，民间的传播活动也未必能找到相应的政策依据，但是社会存在这些活动本身就透露出很多政策信息（比如明代民间报纸合法化问题）。

整体而言，本书的系统性是逐步显现的，越晚近年代系统性和结构性越强。这符合人类传播活动及政策行为的发展轨迹，也符合越晚近年代史料可获得性越强的客观情况。即便如此，本书还是尽量保持比例上的均衡，通过抓取典型事例体现历史上各个时期独特的传播行为和政策图景，特别是历史发展过程中的继承性和变革性。

中国古代的社会管理，是以政策为导向（或者称人治）的治理模式。作为其重要环节之一，中国古代传播政策的基本面貌是信息屏蔽（渠道垄断）和思想专制。不过在特定的历史阶段，同样体现出我国文化内在的基于民本和人本的理性、宽容和开放，以及随着社会经济、文化发展进程而产生的足以影响政策制定的各种物质和精神力量。直到今天，这些或以意识形态、或以文化传统、或以价值偏好、或以政治理念为表里的传播观，仍在方方面面决定或影响着我们的政策制定。

第一章
神话时代:起源

信息是用来消除不确定性的东西。[①] 20 世纪“信息论”的概念同样可以解释人类“幼年时代”的传播活动。在史前蒙昧的漫漫长夜中,先民们开启了与外界和自我的信息交换。人类面临的生存压力,加上群居本能,[②]导致“蛮野人”在物质与精神上依靠团体的程度要比“文明人”深得多。[③] 这大概就是人类传播活动的起因。

现当代的考古发掘和民族学研究表明,旧石器晚期的人类已经能进行象征物的制作,并且有着多样的原始精神生活。“对于蛮野人,一切都是宗教”。[④] 在中西方的史前遗存中,最早出现的人类造像是动植物和巫师,最常出现的生活场景是洞穴、墓冢和祭坛。虽然这些只代表先民生活的一小部

---

① 1948 年,美国数学家香农在题为“通讯的数学理论”的论文中指出:“信息是用来消除随机不确定性的东西。”香农是信息论的创始人,提出“信息熵”的概念。

② 《吕氏春秋・恃君览》有云:“凡人之性,爪牙不足以自守卫,肌肤不足以御寒暑,筋骨不足以从利避害,勇敢不足以却猛禁悍,然且犹裁万物,制禽兽,服狡虫,寒暑燥湿弗能害,不惟先有其备而以群聚耶?群之可聚也,相与利之也,利之出于群也。”英国心理学家威尔弗雷德・特罗特(W. Trotter)认为人类生来具有的生存本能包括保存本能、营养本能、性本能和群居本能。转引自弗洛伊德.集体心理学和自我的分析,自我与本我.长春:长春出版社,2004:86-90.不过弗洛伊德本人对此观点有所保留。弗朗西斯・福山(Francis Fukuyama)认为,对于人类起源较为可信的假设是,人类天生是群居的动物,人类从没作为隔离的个体而存在,人类的社交性不是因历史和文化产生的,而是天生的。参见福山.政治秩序的起源[M].毛俊杰,译.桂林:广西师范大学出版社,2012:25,34.

③ 马林诺夫斯基.巫术科学宗教与神话[M].李安宅,译.北京:中国民间文艺出版社,1986:6.卡西尔对此也持相同看法,参见卡西尔.符号,神话,文化[M].李小兵,译.北京:东方出版社,1988:207.

④ 马林诺夫斯基.巫术科学宗教与神话[M].李安宅,译.北京:中国民间文艺出版社,1986:8.

分，但是我们发现，原始宗教（巫术—宗教，或巫教）确实曾经贯穿先民的生活经验和精神生活。

巫术仪式是人类传播活动的最早形态之一。[①] 先民们“以舞降神”[②]是严格意义上的传播行为。它包括表演的行事层面与叙事的话语层面。[③] 象征符号的制作和传递，加上共同社会心理下形成的意义，构成了仪式传播的完整环节。史前时代的巫师，不仅是巫教和巫术活动的主持者，也是当时生活经验和文化知识的保存、传播和整理者，可以说是最早的智识阶层。[④]

源自原始仪式的祭祀制度是无文字时代传播政策的表征。祭祀是趋于规范和模式化的仪式传播，是人神沟通的礼仪化渠道。它发轫于氏族，进而扩散到部落，[⑤]“在维系秩序、行政管理和风俗等方面”[⑥]发挥作用。在上古中国，宗教仪式助推社会结构形成秩序模式，遂成礼乐制度的主要源头。

仪礼的独占是传播政策的起源。专职巫师的出现及其对礼器的垄断，意味着祭祀成为少数人的特权和象征。[⑦] “国之大事，在祀与戎”。在部落兼并、走向古代国家的过程中，统治阶层通过“绝地天通”垄断祭祀仪礼，独占意识形态。因仪礼独占及其扩散形成的意识形态之整合，其意义并不亚于兼并战争对于古代中国所起的催生作用。

人类在跨入政治秩序之初就不可避免地触及了传播的本质。“传播的起源及最高境界，并不是指智力信息的传递，而是建构并维系一个有秩序、有意义、能够用来支配和容纳人类行为的文化世界”。[⑧] 作为传播政策标记的史前仪式转型，不仅是人类传播活动的自然进程，而且是国家起源时期走向政治秩序的必然内容。

---

① 美国学者詹姆斯·W.凯瑞提出无论传播的“传递观”还是“仪式观”都有明确的宗教起源，参见凯瑞.作为文化的传播[M].阎克文，江红，译.北京：华夏出版社，2005：3-8.

② 许慎的《说文解字》中有：“巫，祝也。女能事无形，以舞降神者也。”

③ 哈里森.古代艺术与仪式[M].刘宗迪，译.北京：生活·读书·新知三联书店，2008：2.

④ 宋兆麟.巫与巫术[M].成都：四川民族出版社，1989：7.

⑤ 摩尔根.古代社会[M].杨东莼，马雍，马巨，译.北京：商务印书馆，1981：78-80.

⑥ 卡维斯·里德的观点，转引自普里查德.原始宗教理论[M].孙尚扬，译.北京：商务印书馆，2001：57.

⑦ 恩格斯认为，祭祀是部落或部落联盟最高代表的特权和象征。参见恩格斯.家庭、私有制和国家的起源[M]//中共中央马克思恩格斯列宁斯大林著作编译局.马克思恩格斯选集：第四卷.北京：人民出版社，2012：103.

⑧ 凯瑞.作为文化的传播[M].阎克文，江红，译.北京：华夏出版社，2005：7.

第一节　传播的起源:象征符号与仪式传播①

现当代考古学对史前人类遗存的诸多发现,近现代民族志关于原始部落生活状况的丰富记录,以及古史传说中对原始生活的片段描述,为我们完善史前传播拼图创造了条件。②

人类传播史的最早阶段是"使用象征物的仪式阶段"。"象征符号"借助"使观念可感知"的功能首先占据了史前传播的核心地位。巫术仪式是人类传播活动的最早形态之一。通过象征符号,"仪式和语言一样,承载和传递集体讯息"。

象征符号的意义分"感觉极"和"理念极",前者包括那些激起人的欲望和情感的所指,后者则能使人发现规范和价值。在人类群体社会化的过程中,仪式逐渐脱离了功利用途,演化成为对宇宙观和价值观的传递,并为社会活动组织化和系统化奠定心理基础。

一、考古材料

1879 年,西班牙考古爱好者桑图拉(Marcelino de Sautuola)带着女儿玛利亚来到坎塔布里亚地区的阿尔塔米拉洞穴(Cueva de Altamira)采集古化石。玛利亚偶然钻入了一个低矮的山洞,发现了岩壁上刻画的众多动物图像,包括涂有色彩的野牛、野猪、野马和赤鹿等。③ 1902 年,这些岩画被确认

---

① 本节对史前传播史进行了补白,为呈现史前传播的完整轨迹,这个部分引用了域外考古以及民族学的相关材料。按李宗侗的观点,考古与民族学(社会学)是古史研究的重要方面;研究古史用比较的方法比较容易,这是因为人类制度越进化越繁复,越古越简单也就越相似,比较方法在古代史研究中是一个独特工具。参见李宗侗.中国古代社会新研・历史的剖面[M].北京:中华书局,2010:10.本节的删节版在清华大学《全球传媒学刊》2016 年第 2 期上发表,题为《象征符号与仪式传播:人类传播起源的重构》。

② 考古学家李济提出编辑史前史需用到的材料共 7 种:第一种是与"人类原始"有关的材料;第二种是"与研究东亚地形有关的科学材料";第三种是史前考古发掘出来的"人类的文化遗迹";第四种是体质人类学(人种学、人体测量学、化石人类学);第五种是"狭义"考古发掘出来的,属于有文字记录时期的资料;第六种是民族志;第七种是"历代传下来的秦朝以前的记录",即古史传说。张光直.中国考古学论文集[M].北京:生活・读书・新知三联书店,2013:417.研究史前传播,我们主要涉及其中三种,即考古材料、民族学材料和古史材料。

③ 直到 1902 年该洞穴壁画的真实性才得以确认。2008 年,研究人员利用铀钍定年发现画作的创作时间长达 2 万年,并不是在相对短暂的时期内完成的。2012 年,进一步铀钍定年确认部分艺术品已经存在了 35 600 年。

为 30 000 年前克罗马农人(Cro-Magnon)[①]的遗存。此后的一个多世纪里，类似的史前洞穴壁画在欧洲、非洲和亚洲陆续被发现。

随之而来的，是不同领域学者对原始人创作目的的长期讨论。艺术史家恩斯特·格罗塞(Ernst Grosse)断言，这些岩画源自审美的愉悦，出于纯粹的乐趣。[②] 鲁迅则持不同看法，他在《门外文谈》一文中写道："画在西班牙的阿尔塔米拉洞里的野牛，是有名的原始人的遗迹，许多艺术史家说，这是'为艺术而艺术'，原始人画着玩玩的。但这个解释未免过于'摩登'，因为原始人没有 19 世纪的文艺家那么有闲，他画一只野牛，是有缘故的。为的是关于野牛，或许是猎取野牛，禁咒野牛的事。"[③]

传播学者威尔伯·施拉姆(Wilbur Schramm)将这些岩画看作"留存至今最早的人类传播事例"。他推测这些深藏在洞窟中的岩画有两种可能的用途：第一个是狩猎巫术，先民们相信对画中动物采取的任何行为都会在真实的动物身上实现；第二个是教育传承，"这些画作或许是成年礼中部落将神话、图腾及仪式传递给年轻族人的媒介"[④]。

史前考古学者亚历山大·马沙克(Alexander Marshack)提出克罗马农人的"狩猎艺术"不是单纯的狩猎巫术，而是一种有意义的形象制作，目的是标记仪式和礼仪。[⑤]

中国迄今为止尚未发现旧石器时代的绘画和雕塑遗存，不过类似雕琢片的纹骨、角器则有不少。1963 年，考古人员在山西峙峪旧石器晚期遗存(距今 30 000 年)中，发现了数百片留有刻画痕迹的兽骨片。古人类学者尤玉柱通过显微镜观察，分析这些划痕不是自然因素造成的，而应该是峙峪先民有意识的刻画物。他发现其中的两组兽骨刻痕很像是在表现先民捕杀羚羊和鸵鸟的情景。[⑥] 1987 年，考古人员在河北兴隆四方洞发现了一段有旧石

---

① 克罗马农人是人类进化史最后一个阶段的代表性群居的通称，因 1868 年法国多尔多涅区的莱塞济附近的克罗马农(Cro-Magnon)山洞发现的人类化石得名，又称晚期智人或可直接称为智人。经 DNA 检测，克罗马农人是欧洲人的祖先。克罗马农人生活的年代可能是 20 000—30 000 年前，其文化属旧石器时代晚期的奥瑞纳文化中期。克罗马农人是欧洲冰河时期洞穴岩画的创造者。

② 格罗塞.艺术的起源[M].蔡慕晖，译.北京：商务印书馆，1996：123-155.

③ 鲁迅.且介亭杂文[M]//鲁迅.鲁迅全集：第六卷.北京：人民文学出版社，2005：89-90.本文最初发表在 1934 年 8 月 24 至 9 月 10 日的《申报·自由谈》。

④ 施拉姆.人类传播史[M].游梓翔，吴韵仪，译.台北：远流出版社，1994：23-25.

⑤ 马沙克.冰河时期的艺术与符号[M]//克劳利，海尔.传播的历史：技术、文化与社会.董璐，何道宽，王树国，译.北京：北京大学出版社，2011：5-17.

⑥ 尤玉柱.三万年前的骨雕之谜[J].化石，1982(2)：1-2.

器晚期纹饰鹿角。① 该鹿角残长12.5厘米,上面阴刻三组精美纹饰,中间一组还被染成红色。研究者推测,该鹿角完整时可能是某种仪式中所使用的器物。②

运用考古材料重构史前传播版图的工作才刚刚开始。不过,已经有越来越多的迹象表明,在史前史晚期(公元前50 000年—公元前10 000年,即旧石器时代晚期),人类的交流活动已经兴起。

在旧石器考古材料中,还遗留着诸多史前人类精神生活的痕迹,为史前传播研究提供了具体环境和形态依据。旧石器时代中期,欧洲莫斯特文化(Mousterian)③有埋葬死者、随葬动物骨骼或驯鹿角的迹象,到旧石器时代晚期出现了在尸体上撒红色赭石粉的现象;无独有偶,北京山顶洞人(距今19 000年左右)也有埋葬死者和随葬装饰品(穿孔石珠和兽牙)的情况,尸骨上则撒有赤铁石粉末。④ 人类学者从山顶洞人墓葬形态判断,生活在中国土地上的旧石器时代晚期先民,已经有了比较复杂的精神生活。⑤

埋葬死者和随葬物品被认为是灵魂信仰或者祖先崇拜的源头之一。⑥考古学者贝萨拉特(Denise Schmandt-Bessserat)认为,红色粉末和随葬品是承载巫术—宗教意义的"象征物",具有仪式的功能。⑦ 李泽厚也分析山顶洞人在尸体上撒红粉超越了生理的刺激作用,包含着某种观念含义,即巫术仪式的符号意义。⑧

---

① 根据碳14加速器质谱法测定,该遗存距今约13 000年,是旧石器时代晚期制作的。参见原思训.加速器质谱法测定兴隆纹饰鹿角与峙峪遗址等样品的C14年代[J].人类学学报,1993(1):92-94.

② 张道一语,转引自龙红.论巫术对艺术生成的意义[J].广西社会科学,2006(5):172.

③ 莫斯特文化是欧洲、西亚、中亚和东北非的旧石器时代中期文化,因最早发现于法国多尔多涅省莱塞济附近的莫斯特(法文全称拉·莫斯蒂耶)而得名。该文化约始于150 000年前,盛行于80 000—35 000年前。与该文化共存的人类的化石大多数是尼安德特人,典型器物为尖状器与刮削器,共生动物群有猛犸、披毛犀和驯鹿等。

④ 黄慰文.中国旧石器时代晚期文化[M]//吴汝康,吴新智,张森水.中国远古人类.北京:科学出版社,1989:244.宋兆麟认为,红色可能表示生者与死者的血缘关系,参见宋兆麟.巫与巫术[M].成都:四川民族出版社,1989:3.

⑤ 黄慰文.中国旧石器时代晚期文化[M]//吴汝康,吴新智,张森水.中国远古人类.北京:科学出版社,1989:244.

⑥ 托卡列夫.世界各民族历史上的宗教[M].魏庆征,译.北京:中国社会科学出版社,1985:29.苏版为莫斯科政治书籍出版社于1976年出版.

⑦ 法国古人类学家安德烈· 勒罗伊-谷兰(André Leroi-Gourhan)持相同的观点,参见贝萨拉特.文字的先驱[M]//克劳利,海尔.传播的历史:技术、文化与社会.董璐,何道宽,王树国,译.北京:北京大学出版社,2011:20.

⑧ 李泽厚.美的历程[M].北京:文物出版社,1981:4.

“象征物”是最早承载人类传播行为的物化媒介。[①] 所谓“象征物”，是指与史前社会文化阶段相适应的，人类形成、表达和交流想法的事物。[②] 它是“象征符号”[③](Symbolic Sign)的载体。作为人类早期感性思维的产物，它基本属于观念的范畴。[④] 目前考古学所确证的最早象征物，是在南非布隆伯斯洞穴(Blombos Cave)发现的，大约 70 000 年前中石器时代的穿孔贝壳和划痕赭石。[⑤] 而贝萨拉特根据考古材料所反映的史前符号形态，将人类传播史的最早阶段称为“使用象征物的仪式阶段”。[⑥]

通过墓葬形态间接推测史前仪式的存在和形式，是目前研究史前传播的主要路径之一。现当代考古材料中，还存在诸多来自石器时代的描绘人类活动的图画。这些图画很可能向我们多方位展现了史前仪式原生而直观的形态。

伴随着人类早期的自然崇拜，仪式的主持人披上图腾[⑦]的外衣登场了。在法国奥瑞纳文化(Aurignacian，约公元前 34 000 年—公元前 29 000 年)[⑧]出土的洞穴岩画中，有一幅描绘了一个男子头戴鹿角、饰以长须和马尾、披

---

① 这里涉及仪式与象征的关系。仪式通过象征来传递思想和观念。象征手段有些是物化的，或者说可以固化的，比如象征物；有些是非物化的，比如体态语言、颜色、乐曲等。人类学家对仪式与象征的关系说法不一，比如说象征是仪式的基本单位，或仪式其实是象征的隐喻性描述等。参见彭兆荣.人类学仪式研究评述[J].民族研究，2002(2)：88-97.

② 这里是对象征物的一种狭义的解释。参见贝萨拉特.文字的先驱[M]//克劳利，海尔.传播的历史：技术、文化与社会.北京：北京大学出版社，2011：20.另外，特纳将原始仪式中的象征性器物定义为“能够唤起回忆与感情的器具或者圣物”。可见特纳.象征之林：恩登布人仪式散论[M].赵玉燕，欧阳敏，徐洪峰，译.北京：商务印书馆，2006：19.英文版 1967 年由康奈尔大学出版。学界有关象征物的概念林林总总，由于阐释情境不同，在此不做进一步分析。

③ 《简明牛津字典》解释，“象征符号”是某物因为与另一些事物有类似的品质，或在事实上、思维上有联系，被人们普遍认作另一些事物理所当然的典型或代表物体，或使人们联想到另一些物体。

④ 安德烈・勒罗伊-谷兰的观点，转引自贝萨拉特.文字的先驱[M]//克劳利，海尔.传播的历史：技术、文化与社会.董璐，何道宽，王树国，译.北京：北京大学出版社，2011：20.

⑤ KNIGHT C. The origins of symbolic culture[M]//FREY U，STORMER C，WILLFUHR K P. Homo novus—a human without illusions. Berlin Heidelberg：Springer-Verlag，2010：193-211.

⑥ 贝萨拉特.文字的先驱[M]//克劳利，海尔.传播的历史：技术、文化与社会.董璐，何道宽，王树国，译.北京：北京大学出版社，2011：20.

⑦ 图腾(Totem)一词由北美奥日贝人的方言转化而成，有种族、家庭的意思。最早见于 J.Lang 在 1791 年出版的记录北美印第安人生活习俗的游记中。1885 年，罗伯逊・史密斯在研究阿拉伯人和闪族人宗教时首先提出图腾崇拜是一切宗教的起点。杜尔凯姆认为，图腾是象征社会的最好例证。

⑧ 考古人员将旧石器时代晚期划分为奥瑞纳文化期、梭鲁特文化期(温暖气候的间冰期)、马格德林文化期、阿齐尔文化期(冰期)，参见托卡列夫.世界各民族历史上的宗教[M].北京：中国社会科学出版社，1985：27-39.

着兽皮舞蹈的形象,他被考证为是一个巫师。[①]

这个半人半兽的形象被考古学界称为“狩猎之王”(master of hunt)[②],是史上第一次出现的巫师形象。历史学家综合附近的其他岩画推测:岩画所在洞穴是当时一位巫师召集氏族成员进行宗教仪式的地方,他在这里祈求动物的神灵保佑他们的狩猎能满载而归,并鼓励氏族成员勇敢面对种种危险。[③]

1903 年,在法国泰雅洞穴[④]发现了一骨制“指挥棒”,上刻三舞者,均为双足,佩戴岩羚羊面具和饰物。历史学者托卡列夫否定了这是原始艺术家写实不成反类怪诞的可能性,认为图中人物姿态应该是起舞,是行仪礼时的动作,极可能是图腾崇拜的仪式。他据此判断,旧石器时代晚期诸狩猎部落已有图腾崇拜信仰和仪式。[⑤]

中国的巫师形象出现在新石器时代的遗存中。1955 年,西安半坡仰韶文化(约公元前 5000 年)遗址发现了一件彩陶盆,内壁上绘有人面鱼纹,被认为是中国最早的巫师形象。民族学者宋兆麟考证说,《山海经》中讲巫师常“珥两青蛇”,郭璞解释为“以蛇贯耳”,人面鱼纹的形象正好与此描写类似。[⑥]考古学者张光直也认为这个头型“很可能画的(是)一个掌管祈渔祭的巫师”,理由是“该器之绘鱼与巫师头饰之做鱼形,也许又是同类相生律的应用”。[⑦]

仰韶文化大概对应传说中“耕而食,织而衣,无有相害之心”[⑧]的神农之世。此时中国农业村落生活基本确立。张光直在 1960 年关于上古仪式生活的考证中指出,在仰韶期,“农业祭”(祈年祭、社祭)是考古学可以判断的“唯一重要祭祀”,在巫术上表现为与“妇女繁殖”和“土地丰收”相关的信仰。仰韶期的器皿上,多见类似女阴的图样。张光直解释,根据同类相生律,大地

---

① 托卡列夫.世界各民族历史上的宗教[M].北京:中国社会科学出版社,1985:27-39.

② 施拉姆.人类传播史[M].游梓翔,吴韵仪,译.台北:远流出版社,1994:26.

③ 斯塔夫里阿诺斯.全球通史:上[M].董书慧,王昶,徐正源,译.北京:北京大学出版社,2005:12-13.

④ 法国旧石器时代晚期遗存。

⑤ 托卡列夫.世界各民族历史上的宗教[M].北京:中国社会科学出版社,1985:30-32.

⑥ 宋兆麟.巫与巫术[M].成都:四川民族出版社,1989:3.

⑦ 张光直.中国远古时代仪式生活的若干资料[M]//张光直.中国考古学论文集.北京:生活·读书·新知三联书店,2013:122.原载于台湾《“中央研究院”民族学研究所集刊》1960 年第 9 期的 253-269 页.“同类相生”律由英国人类学家弗雷泽(James George Frazer)提出,他认为巫术是因果观念的错误联想,主要类型包括模拟巫术和交感巫术。模拟巫术的主要原则是“同类相生”或“果必同因”律,通过对某种事物的模仿,取得类似的结果,参见弗雷泽.金枝[M].徐育新,汪培基,张泽石,译.北京:大众文艺出版社,1998.

⑧ 庄子·盗跖.

之生产鱼、兽与农作物，与“妇女产子”是同一范畴的事件，所以“在仰韶期器皿上的女阴图像，正好代表信仰与仪式的两面”①。女阴图像在域外考古材料，比如欧洲、非洲、澳洲和南美洲的岩壁刻画中多有出现。马沙克发现，“这些形象上的刻画（痕迹）常常很多很深，它们似乎被反复用于仪式之中”②。

至于祈年祭与祈渔祭的仪式形态，张光直认为，“仰韶期的聚落，其仪式性的遗留很少，祈年祭社也许就是日常生活的一部分，由村长主祭的可能性不是没有”。另外，“仰韶期的农村里已经有巫师（至少是兼任的）（的）可能性也很大”。③

值得注意的是，来自不同地域新石器时代的图画创作，很可能向我们展现了这个阶段仪式的原生形态。1933 年，非洲撒哈拉沙漠塔西里・那杰地区（Tassilli n'Ajjer，阿尔及利亚）发现大量岩画。经测定这是公元前 7000 年左右的新石器时期遗存。④ 其中有一幅表现妇女采用整齐一致的肢体动作采集谷物的岩画。历史学者斯塔夫里阿诺斯（L.S.Stavrianos）判断，这可能是采集谷物的写实描述，又或者是采集者在“优雅地翩翩起舞”。⑤ 从采集者的特殊体态看，后者的可能性更大，她们或许通过舞蹈的形式，举行采集前的某种仪式。

1973 年，青海大通县上孙家寨遗址一座马家窑类型（公元前 3290 年—公元前 2880 年）墓葬中，出土了一件舞蹈彩陶盆，“主题纹是舞蹈纹，五人一组，手拉手，面向一致，头侧各有一斜道，似为发辫，摆向划一”⑥。张光直判断，这不是纯粹娱乐性的舞蹈形象。⑦ 美学学者李泽厚认为“它以人体舞蹈

---

① 张光直.中国远古时代仪式生活的若干资料[M]//张光直.中国考古学论文集.北京：生活・读书・新知三联书店，2013：121-122.

② 马沙克.冰河时期的艺术与符号[M]//克劳利，海尔.传播的历史：技术、文化与社会.董璐，何道宽，王树国，译.北京：北京大学出版社，2011：16.

③ 张光直.中国远古时代仪式生活的若干资料[M]//张光直.中国考古学论文集.北京：生活・读书・新知三联书店，2013：121-122.宋兆麟认为，在原始宗教产生和形成的阶段是没有巫师的，当时每个氏族成员都是虔诚的信仰者，又是宗教的具体执行者，如向神叩头、作揖、献祭，巫术等。后来才由年长者或氏族长从事较多的宗教祭祀和巫术活动。参见宋兆麟.巫与巫术[M].成都：四川人民出版社，1989：26-73.

④ MERCIER N，LE QUELLEC J，HACHID M，et al.OSL dating of quaternary deposits associated with the parietal art of the Tassili-n-Ajjer plateau (Central Sahara)[J].Quaternary geochronology，2012(10)：367-373.

⑤ 斯塔夫里阿诺斯.全球通史：上[M].董书慧，王昶，徐正源，译.北京：北京大学出版社，2005：9.

⑥ 青海省文物管理处考古队.青海大通县上孙家寨出土的舞蹈纹彩陶盆[J].文物，1978(3)：49.

⑦ 张光直.仰韶文化的巫觋资料[M]//张光直.中国考古学论文集.北京：生活・读书・新知三联书店，2013：135.

的规范化了的写实方式，直接表现了当时严肃而重要的巫术礼仪”①。

1976 年起，考古学家盖山林在内蒙古阴山地区发现了各个时期的大量岩画。他考证后提出这里的岩画最早可上溯至新石器时代。② 其中有一幅拜日图，他认为是“巫或普通牧民顶礼膜拜太阳的场面”，“充分反映了古代牧民的精神世界”。③

1995 年，青海省海南藏族自治州同德县宗日遗址（公元前 3600—公元前 2000 年）出土了类似的“舞蹈纹”彩陶盆。青海艺术研究所的霍福通过符号分析，认为图画中的舞蹈者在进行一种原始的迎日送日的巫筮仪式，这种原始宗教舞蹈世俗化后，成为后世“连臂舞”的最初意义和形态。④ 古陶瓷学者欧阳希君持不同看法，认为这是一种“丰产巫术”，所表现的内容主题是一种交感巫术⑤和生殖崇拜，属巫术仪式性舞乐。⑥

二、民族志

19 世纪中叶以来，民族志对近现代少数民族的原始社会遗留形态进行了长期的实地观察和记录。巫术仪式是这些记录中常见的内容，为我们了解史前传播的具体形态增添了丰富的素材和参照，某种程度上也反映出最早的人类组织的结构方式和运行模式。⑦ 令人惊讶的是，无论是早期历史人物的偶然记录，还是近代人类学者的专业考察，都显示来自中国云南的土人、古纳西族、东北的古赫哲族，与来自北美大陆、亚非孤立岛屿上的土著，拥有大致类似的巫术传统。

这里首先要提到的是马可·波罗描述的 13 世纪晚期云南保山地区的巫术仪式。《马可·波罗游记》某种程度上可作为一本“世界地理志”或“业余

---

① 李泽厚.美的历程[M].北京：文物出版社，1981：15.

② 考证过程参见盖山林.阴山岩画[M].北京：文物出版社，1986：340-349.

③ 盖山林.阴山岩画[M].北京：文物出版社，1986：210.

④ 霍福.青海宗日舞蹈盆的文化符号学分析[J].青海民族研究，2005(3)：48-54.

⑤ 弗雷泽认为，巫术是因果观念的错误联想，主要类型包括模拟巫术和交感巫术。交感巫术的基本思路是，事物一旦互相接触过，它们之间将一直保留着某种联系，即使它们已相互远离。在这样一种交感关系中，无论针对其中一方做什么事，都必然会对另一方产生同样的影响。弗雷泽.金枝[M].徐育新，汪培基，张泽石，译.北京：大众文艺出版社，1998.

⑥ 欧阳希君.古代彩陶中的原始舞蹈图[J].文物与鉴赏，2011(3)：62-66.

⑦ 民族志是人类学的写作文本和研究方法，是人类学者在野外实地考察或参与的基础上，对于特定人群生活和习俗的记录。西方民族学（人类学）兴起于 19 世纪中叶。20 世纪以前，民族志和古籍记载是人类学家、历史学家考察史前史人类社会的主要路径。恩格斯.家庭、私有制和国家的起源[M]//中共中央马克思恩格斯列宁斯大林著作编译局.马克思恩格斯选集：第四卷.北京：人民出版社，2012：第四版序言.到 20 世纪初，考古学加入进来，成为史家重建古史的重要方法。

民族志”，其实地考察和周详记录初具近代民族志风范。相关内容摘录于下：

在这个地区（云南保山）中，既没有庙宇，也没有偶像，居民只崇拜家中的长者或祖宗，认为自己的生存是靠自己的祖宗，自己所有的一切都是祖宗赐予的。他们没有任何文字，只要想到他们所居的林深叶密的山地和野蛮的情形，就不会感到奇怪了……

当土人彼此进行交易，为了债务或信用，需要签订某种契约时，他们的头领就会取来一块方木，在上面划一些痕迹表示数目，然后将其一分为二，双方各执一半，这种方法和我们的符木一样，当债务到期时，债务人必须如数归还，而债权人则缴出他所执的一半，这样双方都会感觉十分满意。

在这个省和建都的各城市，以及永昌和押赤中找不出一个具有医学知识的人，当一个重要人物生病的时候，他的家眷便派人到那些用祭品供奉偶像的巫师家中，将病人的症状告诉他们。

于是巫师便会奏起各种响亮的乐器，同时跳起舞蹈，唱起颂歌，敬奉他们的偶像。这种行为一直持续不断，直到魔鬼附在他们中间的一个人身上，才停止奏乐。然后家属便向这个人询问病者患病的原因，以及疗治所用的方法。恶魔于是借此人的口答道，这种病是因为冒犯了某个神灵，巫师于是向这个神祷告，请求他赦免病者的罪孽，并许诺在病愈后，病人当牺牲自己的血以报神恩。恶魔如果看出病人的病没有恢复的希望，便宣称他对某神的冒犯过于严重，任何牺牲都不能奏效。反之，当他觉得这种病大概可以治愈，便索取若干黑羊作为敬神之物，并下令让巫师和他妻子一起来祭神。他认为这样也许可以得到神的恩赐。

病人的亲属马上答应一切要求，于是他们亲手宰杀黑羊，将它们的血洒向天空。男女巫师则焚起香烛，让香气充满病人的屋子，他们有时还用芦荟制造出一种烟雾，然后他们将用煮肉的汤和香料制成的液汁，喷入空中，同时又笑又唱又舞，意在娱神。这种仪式完毕后，他们就会将牺牲的肉以及酬神所剩的加入香料的液汁，用兴高采烈的表情来大嚼大饮。

巫师们吃过这些东西，收过酬劳费后，便扬长而去。如果承蒙上帝的眷佑，病人恢复了，他们就归功于自己所酬谢的偶像；如果病人死了，他们便指责那些烹调敬神供品的人在奉神之前已经品尝过供品，致使这种仪式完全失效了。

不过，大家不要以为这种仪式是每个病人都能办得起的。其实，这种仪式只是为贵人或财主而设的，每个月恐怕只有一两次。不过在契丹和蛮子省的一切崇拜偶像的居民中，由于缺少医生，这种仪式是很普遍的。[①]

该记录中的环境因素，比如无庙宇无偶像的祖先崇拜、无文字而使用记事符号、出现等级分化等，反映出新石器晚期原始部落的某些特征。巫医治病是巫术仪式的典型场景之一。[②] 从记录中可以发现，与一般部落成员不同，巫医敬奉的是具有偶像的神，他是唯一可以与神和恶魔沟通的人。沟通的方式主要是演奏乐曲、跳舞、歌唱和祷告。巫医仪式中有诸多象征符号，比如黑羊之血、香烛、芦荟烟雾、肉汤和香料汁液等，也包括各种声音、体态所指代的符号和语言。巫医掌握了对象征符号以及病因的诠释权，可以针对不同的结果描述不同的原因，其中涉及对神的冒犯，暗含的生命观是对神的服从。他自己则是神的代言人。

民族学视野中对部落仪式的记载，最早可见 1851 年美国人类学者摩尔根（Lewis Henry Morgan）考察印第安易洛魁人（Iroquois）[③]母系氏族社会时，对部落内的宗教仪式做的记录。他说，易洛魁人有六种一年一度的宗教节日（枫树节、栽种节、浆果节、青谷节、收割节、新年节）。这些都是联合成一个部落的所有氏族的共同节日。每到节日，各个氏族都会选出“司礼”，与部落的首领（他们是当然的司礼）一起主持仪式。“这些司礼在职权上是平等的，没有居首职的人，他们也没有僧侣团体的特征”[④]。

摩尔根还发现，虽然北美印第安各部落分布广泛，但他们的仪式活动有颇多类似之处。

各部落一般都在每年固定的季节举行宗教庆典，届时举行祭祀、舞蹈和竞技。在许多部落中，巫术会是这些仪式的重点。通常在举行巫术会之前数周或数月即发出通告，以唤起大众对这次仪式的兴趣。

……

舞蹈是美洲土著的一种敬神的仪式，也是各种宗教庆典中的一项

---

① 波罗．马可·波罗行纪：第二卷［M］．上海：上海书店出版社，2001：295-299.

② 从性质上看，巫术有白巫术和黑巫术。白巫术指医病巫术；黑巫术指咒人巫术。地域特征方面，在中国巫术有占卜、算卦、风水、命相等形式；西方有午夜聚合、向魔鬼礼拜、巫师奉命与信巫者“预表”等。参见王晓云．浅析宗教和巫术的差异［J］．江汉大学学报，2002（6）：79-83.

③ 易洛魁人是北美印第安人的一支，生活在美国纽约州、威斯康星州、宾夕法尼亚州、俄亥俄州，以及加拿大的安大略省和魁北克省。他们长期实行母系氏族制，信仰多神和自然。摩尔根于 1847 年被易洛魁人中的塞内卡部鹰氏族收为成员。

④ 摩尔根．古代社会［M］．杨东莼，马雍，马巨，译．北京：商务印书馆，1981：78-80.

> 节目。世界上没有任何地方的野蛮人像美洲土著那样专心致志地发展舞蹈。他们的每一个部落都有十至三十套舞蹈；每一套舞蹈都有其专门的名称、歌曲、乐器、步法、造型和服装。某些舞蹈是所有部落共有的，如战争舞。特殊的舞蹈是专有财产，它们属于某一氏族或专属于某一舞蹈社团，这种舞蹈社团可以时时接收新成员。达科他人、克里人、鄂吉布瓦人、易洛魁人和新墨西哥的村居印第安人，其舞蹈在一般特色方面、在步法方面、在造型和音乐方面都是相同的；关于阿兹特克人的舞蹈，就我们所确知而言，也与此相同。这是一个普及于印第安部落的制度，并与他们的宗教信仰和崇拜神明的制度有着直接的关系。①

美洲土著仪式的突出特点是“以舞敬神”，并根据不同的语境和愿景发展出不同类型的舞蹈，包括专门的名称、歌曲、乐器、步法、造型和服装。值得注意的是，摩尔根在研究易洛魁联盟的内部结构时，第一次把氏族作为古代社会组织的基层单位加以论述，提出氏族是进行经济生产和分配的单位，其构成了社会仪式和礼仪的基础。

1906 年到 1908 年，英国人类学者拉德克里夫-布朗（Alfred Radcliffe-Brown）在安达曼群岛（the Andaman Islands）考察原始部落时，记录了土著岛民的多种仪式，包括成人礼（食猪和食龟）、婚礼和媾和仪式等。这些仪式大部分已经约定俗成，氏族成员共同参与，没有主持人。

布朗特别记录了一次巫术仪式，他称之为“哑剧”表演。表演者 Kobo 是当地的巫医，据说因为一次死而复生获得了特别的法力。

> 表演于某天下午在村子里常用的舞场上进行。表演者坐在舞场一端的一个棚屋里，腰带后插着一束树叶，有点像公鸡尾巴那样伸出来，此外并无其他装饰。观众有成年男女和儿童，大家坐在已打扫干净的舞场边上。
>
> ……表演者开始唱一首歌，……表演者唱完，妇女合唱队就开始一遍又一遍地反复唱歌曲的叠句部分，并拍大腿打着节拍。表演者从棚屋里出来，表演了一段舞蹈，接着做了一个手势，合唱队随即停止唱歌，他又回到棚屋里。就这样，他唱了好几首歌，每首都重复几次，并跳了许多短舞。几乎每次跳舞的时候，他都是将平常跳的舞步简单改动一下。
>
> ……一个舞蹈是表现森林精灵。表演者先把自己藏在一道菖蒲叶子做的帘子后面，在那儿唱一首歌。这些树叶代表一丛菖蒲棕榈，即森

① 摩尔根.古代社会[M].杨东莼，马雍，马巨，译.北京：商务印书馆，1981：112-113.

林精灵最爱出没之处。唱了一会之后，表演者手里拿着弓和箭走出来，边跳舞边假装要向观众射箭。[①]

安达曼群岛的巫医仪式是巫医与岛民共同参与的活动。巫医的装扮，比如腰带后插着的树枝，应该具有特别的象征意义。巫医的领唱和舞蹈、村民的合唱和节拍组成了共同的意义空间。不断地重复、指挥和简单的变动都是在强化这种象征或者意义。而巫医表演的精灵，则体现了人神沟通的重要一面，其中演绎的或简单或复杂的故事，也是在强化这个群体的仪式感和认同感。布朗进一步提出，仪式维系着群体感情，是社会团结的黏合剂，“社会的章法同样依赖于这种感情”[②]。

1914 年到 1918 年，英国人类学者马林诺夫斯基(Bronislaw Malinowski)对新几内亚处于原始部落阶段的岛民进行了田野考察。他发现在这些人的生活中，“所有与危险、强烈的欲望和感情有关的人生重要阶段，都有巫术的伴随”[③]。特罗布里恩德群岛土著的村落中央有被称为“baku”的空地，是部落仪典和节日活动的举办场所。

> 舞蹈在一年中只有一次，与一种叫作 milamala 的收获节庆有关。届时，死者的灵魂也从图马阴间返回出生地。舞蹈有时持续几个星期或几天，有时则发展成为一种叫 usigola 的舞蹈节，这时候，土著人天天都跳舞，为期一个多月，许多其他村落的人来观舞，也有食物分派。举行 usigola 时，人们穿着盛装，脸上涂上油彩，身上插上鲜花，戴上贵重的饰物，头部插上白鹦羽毛。舞蹈的形式多是围成一圈，圈子中间的人一边唱歌、一边打鼓，其他人跟着跳舞。有些舞蹈还使用雕了图案的盾牌。[④]

特罗布里恩德群岛原始土著的巫术仪式已经固定化和模式化。这个阶段的巫术仪式已经不是在解决某个紧迫的现实问题，而是更强调形式、强调参与。这种目标，也是通过各种象征性的服饰、歌舞来体现的。节日被赋予的神话意义以及现实愿景，逐渐成为一种价值和传统。马氏提出，宗教使人类生活神圣化，并通过仪式使社会契约公开化，增加了个人安全感和社会凝聚力。

1922 年，美籍奥地利人约瑟夫·洛克(Joseph Charles Francis Rock)到云南西北部采集植物标本，同时受约在《国家地理》杂志发表纪实文章介绍

---

① 布朗.安达曼岛人[M].梁粤，译.桂林：广西师范大学出版社，2005：119-120.

② 布朗.社会人类学方法[M].夏建中，译.济南：山东人民出版社，1988：148.

③ 马林诺夫斯基.西太平洋的航海者[M].梁永佳，李绍明，译.北京：华夏出版社，2001：380.

④ 马林诺夫斯基.西太平洋的航海者[M].梁永佳，李绍明，译.北京：华夏出版社，2001：51.

滇西北民族风情。洛克记录了1928年10月24日晚丽江玉湖村古纳西族巫医的降神仪式。纳西族的巫医被称为“吕波”。仪式开始时，朝着村中大路的门口的桌子上摆着盛有米或麦子的器物，上面插着香炷和纸旗，还有一盏罂粟籽油灯。“吕波”先拜祭巫术之神 Dja-ma，然后手执小锣，开始吟诵“世日少”(咒语)，请出地域神或山神，之后则请出当事人的家神。放着供品的桌子随后移向里屋门口，“吕波”站在桌上，对着大门吟唱。与当事人病痛有关的鬼魂一一降临。

> 此时院子里满是跪着的人。当“吕波”叫出某个鬼的名字或描绘出它，听众一旦听出他所叫的鬼名是他们某个已死的亲属之名时，他们立刻发出哀号，混合着呻吟、心碎的哀叹和抽泣。纳西人爱搞这样的降神会，院子里挤满了渴盼听到鬼说话的人。①

不难发现，洛克对云南古纳西族巫医的记载与600年前马可·波罗对云南保山巫医的记载有颇多近似之处，尤其是用魔鬼的口来说明病因。这个传统或许还有更为悠久的源流。

1930年起，英国人类学者普里查德(Edward Evans-Pritchard)记录了多次苏丹阿赞德人(the Azande)的降神会。举行降神会的原因一般是某家遭受了不幸。普氏发现，“主人举办降神会，向乡邻开放他的庭院并雇请表演者，也是获取公众支持，让公众认可他的困难、尊严和名声的一种方式”②。降神会的现场包括若干巫医、鼓手、合唱男孩和男女观众。鼓手从现场年轻人和男孩中选出，这种挑选是随意的，谁先拿到鼓谁就担任鼓手；降神之前，巫医会吩咐所有小男孩从观众中出来，在鼓的旁边排成队，为巫医的歌声伴唱；人群中的每一位观众也会在一定时候为表演者伴唱。

> 一个魔法师在鼓的前面表演，竭尽全力跳跃转体，而其他的巫师在他后面排成一行，舞蹈的幅度小一些，并会随着前面那位舞者的歌声一同唱。有时候两三个巫医会一起走到鼓前，共同表演。如果有观众想问问题，他或者她会对其中某个巫医提问，这个巫医就会随着鼓点独舞，进行一段生动热烈的个人表演以示回应。当他气喘吁吁，不能继续跳下去的时候，就会摇动手铃，示意鼓手停下来。他弯着身子歇口气，或者跌跌撞撞的，好像喝醉了一样，就在这个时候，他会对观众提出的问题给出类似神谕的答案。③

---

① 洛克.献给中国西藏边疆的萨满教[M]//和志武，等.中国原始宗教资料丛编.上海：上海人民出版社，1993：241-242.

② 普里查德.阿赞德人的巫术、神谕和魔法[M].覃俐俐，译.北京：商务印书馆，2006：180.

③ 普里查德.阿赞德人的巫术、神谕和魔法[M].覃俐俐，译.北京：商务印书馆，2006：174.

在普里查德的著述中,还引用了人类学前辈拉吉在其著作《阿赞德人》中对巫医情绪化表演的记录:

> 我曾见过有人处于疯狂的激情之中,在令人激动的锣鼓、手铃和拨浪鼓的合奏音乐中沉醉,然后昂着头,用刀划开胸脯,直到血流如注,从身上淌下来。另外还有人割开舌头,血混着唾沫从嘴角流出来,一直淌到下巴,然后随着汗水流走。如果他们割开了舌头,就会在跳舞的时候把舌头伸出来,向观众展示他们的技艺。他们气势凶恶,睁大眼睛,张着嘴做出一副怪相,好像只有因身体的紧张和疲惫而扭曲的外形还不够可怕。①

特定情况下,巫医利用心理作用或药物进入自我催眠和自我暗示的状态。这恐怕就是他们做出恐怖举止而浑然不觉的原因。疯狂的、令人震惊的表演对观众的心理产生巨大的冲击力和说服力,而这种情绪化的表演也更适合营造神鬼降临的情境。西方学者概括说,巫术的要旨就在于借助一种异己的幻觉力量(魔鬼)作用于被施巫者。它需要有两个条件:一是巫师能够证明主人魔鬼赋予他一种神奇的力量;二是被施巫者的信仰。② 巫医通过自己或其他人的口来发布神谕或代替魔鬼发言,是中外巫医仪式极富模式化的一个方面。

1930年,民族学家凌纯声对东北的古赫哲族进行了田野考察。在《松花江下游的赫哲族》的民族志著作中,有不少对当地萨满和宗教活动的记录。他说,"第一次遇到萨满,看见他所穿奇异的服装,不以为他是戏台上的优伶,必定当他是庙观里的神偶";"他的外形充满了神秘的色彩,尤其是在夜间,再加上神鼓神咒的声音,真易引人到不可思议的境地"。

根据他的记录,赫哲族的萨满不是世袭的,也没有某阶级或某种人的限制,完全凭神的选择,通过"领神"的程序来确定。萨满于每年春季二三月及秋季七八月举行"跳鹿神"的重要仪式,为自己的家属及合屯人民消灾祈福。举行此仪式时,屯中人家医病跳神许愿得愈者,及求子得子者,亦趁此还愿:

> 萨满于早数日通知要还愿的人家,预备祭品。是日,日上三竿,萨满预备出发手续。先在家中将爱米(辅助萨满通达神明之神)及神具由箱中取出供在西炕上,在神前烧香草、敬酒食。萨满坐在南炕上向爱米祷告,自述本人所领之神及神具,并告以今日为合屯人民消灾求福请诸神降临,各显威灵。祷告毕,有屯中少年若干人,击鼓摆腰铃助兴。每人走三圈,其人数五六人或六七人无一定限制。各人摆铃毕,萨满头戴

---

① 普里查德.阿赞德人的巫术、神谕和魔法[M].覃俐俐,译.北京:商务印书馆,2006:178-179.

② 王晓云.浅析宗教和巫术的差异[J].江汉大学学报,2002(6):79-83.

> 神帽，身穿神衣神裙，足登神鞋，手戴神手套。胸配布克春，萨拉卡，额其和(此三者皆为保护萨满抵抗鬼怪之神)及护心镜。俟穿戴整齐，旁人在其神帽前及后护心镜上喷洒，此时萨满又取鼓坐炕沿上，再祷告一次毕，乃下炕至门口开始跳神。自右而左跳转三圈，然后整队而出。神队的排列，第一人手持鸠神旗杆，第二人手提一串三个或四个爱米，第三人手托鹰神，第四人手持神刀，第五人击鼓，击鼓的人数不一定，有一二人或三四人者，第六为萨满，后随屯中男女看热闹者甚众。……神队在路中唱鸠神歌，因为鸠为领路的神鸟，叫他好好地领路，萨满一人独自先唱，众人随声和之。①

古赫哲族巫术仪式兼具巫术与宗教的特征。许愿还愿、定期仪式、程式固定等，颇具宗教色彩。跳鹿神仪式是一个群体参与的传播活动，目的是为整个村屯祈福。在萨满的带领下，参与者进行列队游行，并伴之以歌舞、击鼓和摆铃。领唱和合唱也是其中重要内容。

需要说明的是，虽然民族志对原始仪式的记录非常丰富，但其反映的历史阶段未必与考古分期充分契合，很可能在同一个观察切面上杂糅多个历史时期的某些特征。即便如此，民族志仍然是我们了解史前传播不可替代的参考资料，是将零散无序的原始材料生动化和具体化的可靠手段。民族志中巫术仪式对象征符号的运用及其功能，我们会在下文中解读。

三、古史传说中的仪式

了解原始仪式的第三个途径，是那些追述上古人类生活状况的古史传说②。所谓古史传说，是文字产生之前，用“口耳相传”的方法流传下来的历史记录③，其中不乏对无文字时代巫术仪式的描述。当然，相比民族学专业细致的田野考察和记录，古史记载更显粗略。原因是它更侧重古圣人的“圣道王功”④。不过从圣人活动的片段描述中，我们还是能够领略其反映出来

---

① 凌纯声.松花江下游的赫哲族：上册[M].广州：国立中央研究院历史语言研究所，1934：102-125.

② 关于古史传说的真实性，钱穆认为：“中国古代历史传说，极富理性，切近事实，与并世其他民族追述古史之充满神话气味者大不相同。如有巢氏代表巢居时期，燧人氏代表熟食时期，庖牺氏代表畜牧时期，神农氏代表耕稼时期。此等名号，本非古所本有，乃属后人想象称述，乃与人类历史文化演进阶段，先后符合。此见我中华民族之先民，早于人文演进，有其清明之观点与合理的想法。”徐旭生认为，传说时代史料的可靠性确实比历史时代要差，但是古史传说总有它历史方面的质素、核心，并不是完全虚构的。疑古学派的成绩很大，但治学方法却很有问题。钱穆.国史大纲[M].北京：商务印书馆，1991：9；徐旭生.中国古史的传说时代[M].北京：文物出版社，1985：20-23.

③ 徐旭生.中国古史的传说时代[M].北京：文物出版社，1985：19.

④ 顾颉刚.与钱玄同先生论古史书[M]//顾颉刚.古史辨：卷一.上海：上海古籍出版社，1981：59.

的某些历史特征。

上古巫舞记录多见于《吕氏春秋·古乐》。其中有对朱襄氏、葛天氏、阴康氏等三皇时期的部落首领主持巫术仪式的描写。首先是“朱襄氏之乐”：

> 昔古朱襄氏之治天下也，多风而阳气畜积，万物散解，果实不成，故士达作为五弦瑟，以来阴气，以定群生。

这是以音乐形式的巫术来驱散因干旱导致“万物散解、果实不成”的灾害，可能是上古一种“求雨”的巫术仪式。在古史话语中，乐、歌、舞都可看作代表整体巫术仪式的概念。再看“葛天氏之乐”：

> 昔葛天氏之乐，三人操牛尾，投足以歌八阕：一曰《载民》，二曰《玄鸟》，三曰《逐草木》，四曰《奋五谷》，五曰《敬天常》，六曰《达帝功》，七曰《依地德》，八曰《总禽兽之极》。

“葛天氏之乐”被认为是中国第一部有文字记载的歌舞。葛天氏是“三皇时君号”[①]，为中国音乐、舞蹈的始祖。其所授“操牛尾”之舞乐，包括“操牛尾”“投足”动作以及八段唱词，被认为是上古的巫术乐舞。[②] 从“逐草木”“奋五谷”的唱词判断，有农业祭的色彩；而从“玄鸟”“天常”“帝功”“禽兽之极”等内容分析，又包含图腾崇拜的内容。宋代罗泌《路史·禅通纪》对此事的演绎略有不同：

> 葛天者，权天也。爰拟旋穹，作权象，故以葛天为号。其为治也，不言而自信，不化而自行，汤汤乎无能名之。其及乐也，八士捉扲投足、搡尾叩首，角乱之而歌八终。块柎瓦缶，武臬从之，是谓广乐。

罗泌将葛天氏之乐形容为“无言而信，不化而行”的圣人之治，并将“乐”作为仪礼的体现和基本形式。这个记载明显经过了神圣化的处理。《吕氏春秋·古乐》还记载了“阴康氏之舞”：

> 昔陶唐氏（实为阴康氏）[③]之始，阴多，滞伏而湛积，水道壅塞，不行其原，民气郁阏而滞著，筋骨瑟缩不达，故作为舞以宣导之。

说的是阴康氏通过舞蹈来疏导体内的湿气。这说明仪式性的舞蹈还有健体功能。当然，这个仪式更主要的指向可能还是让洪水返其本原，不要泛滥。《吕氏春秋·古乐》还记载黄帝“命伶伦与荣将铸十二钟，以和五音，以施英韶。以仲春之月，乙卯之日，日在奎，始奏之，命之曰《咸池》”。在特定的时间演奏特定的钟乐，应该也是一种仪式性很强的活动。

---

① 汉代高诱《吕氏春秋·训解》说，葛天氏是“三皇时君号也”。皇甫谧《帝王世纪》谓“有巢氏之后有葛天氏等，皆袭伏羲之号”。三皇时代大致对应新石器时代。

② 钟仕伦.从“维岳降神”到“以舞降神”：先秦自然审美观述略[J].文艺理论研究，2012(4)：18.

③ 毕沅和陈其遒都认为此为阴康氏之误，此处不再阐释。

古史中还有不少神农氏(炎帝一系的始祖)带领部落人民进行农业祭的传说。比如《路史》中所说“春间焚封,豨[xī]块桴土鼓以致敬于鬼神,而上下达矣”。此说应取自《礼记·明堂位》:“土鼓、蒉桴[kuì fú]、苇籥[yuè],伊耆氏(神农)之乐也。”文中说神农氏制作了“土鼓”(郑玄注《礼记》引杜子春云:“土鼓以瓦为匡,以革为两面,可击也”),用“蒉桴”(用草和土抟成的鼓槌)击打,以敬奉鬼神。《周礼·春官·籥[yuè]章》又说:“凡国祈年于田祖,龡[chuī]《豳[bīn]雅》,击土鼓,以乐田畯。”可见击土鼓乃是典型的农业祭仪式。神农氏擅长的乐器除了土鼓之外,还有苇籥,就是芦苇做的笛子。

古史记载,神农氏还是每年年终百神之祭——“蜡祭”的始创者。《礼记·郊特牲》说:“天子大蜡八。伊耆氏(神农)始为蜡。蜡也者,索也。岁十二月,合聚万物而索飨之也。”说的是每到年终,天子祭的神有八个,神农氏是蜡祭的开创者。司马贞《三皇本纪》也说:“(神农)以火名官,斫木为耜,揉木为耒,耒耨之用,以教万人。始教耕,故号神农氏。于是作蜡祭。”《路史·禅通纪》中对神农氏“蜡祭”的过程有详细描述:

> 每岁阳月,盍百种、率万民,蜡戏于国中,以报其岁之成。故祭司啬,山林、川泽,神示在位,而主先啬,享农及邮表畷,禽兽猫虎,水防昆虫,而祝之曰:“土反其宅,水归其壑,昆虫亡作,草木归其泽,苇钥土鼓,榛杖丧杀。”

这段描写应该是罗泌从《礼记·郊特牲》中“移植”而来的,将天子祭祀的场景完全转移在神农氏身上,其祝辞很明显也是后人所作。在罗泌对古史的重新演绎中,刑天“作扶犁之乐,制丰年之咏”;祝融(祝诵氏)也是以乐化民的王者:“听弇州之鸣鸟,以为乐歌。作乐属绩,以通伦类、谐神明,而和人声,是以耳目为之节文也。”节文就是礼仪的意思。“以耳目为之节文”就是用音乐教育人们懂得礼节。

古史传说虽然粗略,且越晚近,主观性和修饰性越明显,但是如果与今天的考古分期、人类学记录、古地理气候学相对照,自有其参照意义和诠释价值。如顾颉刚所说,“我们在这上,即不能知道某一件事的真确的状况,但可以知道某一件事在传说中最早的状况”①。

四、原始仪式的结构和功能

根据目前掌握的各方面材料,我们认为,氏族社会早期(旧石器时代晚

---

① 顾颉刚.与钱玄同先生论古史书[M]//顾颉刚.古史辨:卷一.上海:上海古籍出版社,1981:59.

期到新石器时代),原始宗教活动已经兴起。[①] 具有原始宗教性质的仪式应该是人类最早的传播活动之一。这个阶段,我们引用考古学家的概念,称之为"使用象征物的仪式阶段"[②]。

原始仪式是以氏族或部落为单位、具有实用性的群体性活动,是一套表达着基本集体情感和欲望的东西的集合。[③] 当经验性的手段难以解决现实问题,人们便借助"超自然秩序的重复表演"[④]来"减缓横亘在无能与欲望之间的,可能会威胁到他们事业成功的张力"[⑤]。因此,做出仪式的决定往往与村民社会生活中的危机有关。[⑥] 其出现的场合,一般是获得猎物、治愈疾病、重生、丰产等现实难以实现的情境。

美国人类学者克拉克洪(Clyde Kluckhohn)在考察了那伐鹤印第安人(navajo)的仪式后总结:"焦虑"(比如说对健康的担忧)是导致巫术仪式的直接原因,因此那伐鹤人的仪式基本上都是"治疗性"的。[⑦] 布朗对安达曼人的仪式也有类似的看法:"由于跳舞时社会处于非常欢快的状况,社会活跃性在舞蹈中达到了极致,所有社会情感在舞蹈中都得到了愉快、强烈的宣泄,因此可以通过歌唱跳舞来抵消黑暗造成的不利状况"[⑧]。可见原始仪式的初始功能是宣泄和疏导情绪,通过群体活动将人们心理上的"不确定性"转化为稳定性。

人类对仪式的依赖固然与生存危机有关,但更大程度上是出于人类自身的心理机制。福山认为,人类天生是群居的动物,人类从没作为隔离的个体而存在,人类的社交性不是因历史和文化产生的,而是天生的;[⑨]林语堂有同样的观点:"因为没有人能孤独地在世上生活,而一切宗教必须克服人类灵魂的孤独问题。人类灵魂的孤独,是一切宗教,一切俱乐部、社会、教会,及国家等组织存在的理由。"[⑩]作为群体活动的原始仪式,应该是先民获得精

---

① 弗朗西斯·福山指出,从考古迹象上看,我们尚未发现没有宗教的原始社会。福山.政治秩序的起源[M].毛俊杰,译.桂林:广西师范大学出版社,2012:37.

② 贝萨拉特.文字的先驱[M]//克劳利,海尔.传播的历史:技术、文化与社会.董璐,何道宽,王树国,译.北京:北京大学出版社,2011:18-27.

③ 德国学者卡西尔认为,礼仪(仪式)是一种社会现象,而不是个人现象。它不是思想和观念的表达,而是一套表达着基本集体情感和欲望的东西的集合。参见卡西尔.符号、神话和文化[M].李小兵,译.上海:东方出版社,1988:185.

④ 福山.政治秩序的起源[M].毛俊杰,译.桂林:广西师范大学出版社,2012:38.

⑤ 普里查德.原始宗教理论[M].孙尚扬,译.北京:商务印书馆,2001:48.

⑥ 特纳.仪式过程:结构与反结构[M].黄剑波,柳博赟,译.北京:中国人民大学出版社,2006:10.

⑦ 克拉克洪.神话和仪式:一般的理论[J].哈佛神学评论,1942(1):45-79.

⑧ 布朗.安达曼岛人[M].梁粤,译.桂林:广西师范大学出版社,2005:248.

⑨ 福山.政治秩序的起源[M].毛俊杰,译.桂林:广西师范大学出版社,2012:25,34.

⑩ 林语堂.从异教徒到基督徒[M]//林语堂.林语堂全集:第十卷.北京:群言出版社,2010:112.

神支柱的途径之一。

仪式实现上述功能的途径就是符号的传播。即使是最为古老的形态，原始仪式传播也是完整的“象征符号”[①]传播过程。它包括表演的行事层面与叙事的话语层面[②]，即象征物的制作和传递，以及共同社会心理下形成的意义的重复肯定或创造性表达。氏族成员以平等身份参与集体性表达的过程，并对叙事的构建共同作出贡献。

具体来说，巫术—宗教仪式是一种极尽手段的“情绪性表演”[③]。它使用了当时能运用的所有象征手段，包括表现图腾的装束（面具、服饰），标志性的体态语言（动作、舞蹈），象征物（神山、树木、祭台、石器、骨器、陶器等），符号化的色彩或文身，以及可能的咒语和节奏（人声、乐声[④]）。通过象征符号，“仪式和语言一样，承载和传递集体讯息”[⑤]。

民族学对仪式中象征符号的使用有深入的探讨。马林诺夫斯基在对“西北美拉尼西亚”土著进行田野考察后总结，巫术行为永远包含三个要素：说唱咒语、仪式行为和主礼的人。他认为，咒语或语言象征是仪式的基础，至于主持人的熟练程度和仪式行为的顺畅程度，不过是保证传播和流传有效性的前提。[⑥] 遗憾的是，此论断缺乏考古材料的佐证。在考古材料所构建的史前仪式的拼图中，“语言”是永远无法重构的环节；稍微有迹可循的是体态语言，我们还可以从史前的斑驳图案中，去猜测人物肢体动作所代表的意义。[⑦]

普里查德则通过阿赞德人（the Azande）巫医的“降神会”说明仪式以舞

---

① 特纳指出，“田野调查中观察到的象征符号，从经验的意义上说，指的是仪式语境中的物体、行动、关系、事件、体态和空间单位”。特纳.象征之林：恩登布人仪式散论[M].赵玉燕，欧阳敏，徐洪峰，译.北京：商务印书馆，2006：19.

② 哈里森.古代艺术与仪式[M].刘宗迪，译.北京：生活・读书・新知三联书店，2008：2.

③ 马林诺夫斯基.巫术、科学、宗教与神话[M].李安宅，译.北京：中国民间文艺出版社，1986：54.

④ 与中原地区仰韶文化存在于同一时期的长江下游的河姆渡文化（公元前5000—公元前3000年），出土了相当多的骨哨，一般认为是狩猎时模拟动物声音的狩猎工具。陶埙也是河姆渡的出土遗物，只有吹孔而无音孔，其用途尚无考证。

⑤ 美国人类学者玛丽・道格拉斯观点，参见伍思诺，等.文化分析[M].王宜燕，戴育贤，译.台北：远流出版社，1999：109.

⑥ 马林诺夫斯基.巫术、科学、宗教与神话[M].李安宅，译.北京：中国民间文艺出版社，1986：123.这里涉及口头语言的产生时间。语言演化方面的探究，至今没有令人信服的观点。

⑦ 如果可追溯（能够被记录），语言当然是史前传播核心的研究内容，可惜的是语言的产生（尤其是单音节语言）要远早于文字的出现。如摩尔根所指出的，语言的起源是公认的讨论不出结果的问题。因此这个问题似乎已经被放弃了。能够假定的是思想早于语言，手势语言早于音节分明的语言。按照这种假定，人类发出的声音最初是用来辅助手势的，等到这些声音逐渐具有固定的意义，便在这个意义范围内取代了手势语言，或者与手势语言结合在一起。摩尔根推测，语言和手势均产生于蒙昧阶段，并肩发展，臻于兴盛，而在进入野蛮阶段很久之后，二者仍结合在一起。摩尔根.古代社会：上[M].杨东莼，马雍，马巨，译.北京：商务印书馆，1981：42-43.

蹈和音乐为主要元素。巫医通过鼓声、哨声、手铃、合唱使表演者激动,使观众兴奋,而舞蹈是"一种更有说服力的表演,因为它具有更大的公开性和戏剧性,能够有效地维护和灌输巫术信仰"①。布朗对此持完全相同的看法。他指出,对于安达曼岛人来说,唱歌和跳舞只是同一个活动的两个方面。②凌纯声认为,赫哲族萨满的跳神就是"以歌舞事神",打击乐器中的鼓与声乐中的唱歌是仪式中经常使用的工具。③

1950 年到 1954 年间,英国人类学家维克多·特纳(Victor Witter Turner)对赞比亚西北部(前身为北罗德西亚)处于母系氏族阶段的恩登布人(Ndembu)进行田野考察。他将恩登布人的仪式分为"生命转折仪式"和"困扰仪式"。前者指个人生长或社会化重要阶段的仪式,比如成年礼和葬礼;后者指生命、生活危机情况下的仪式,分为狩猎、生殖和治疗仪式。他发现在仪式情境之下,"几乎每一件使用的物品、每一个做出的手势、每一首歌或祷告词,或每一个事件和空间的单位,在传统上都代表着除了本身之外的另一件事物"④。在描述恩登布人"穆坎达割礼"仪式时,特纳借用美国社会心理学者科尔特·卢因(Kurt Lewin)⑤的"场域理论",将其表述为"仪式场域",认为所有象征符号的意义不是孤立的,而是依照时间和空间上相互依赖的方式表现出有效的统一。⑥

在此基础上,特纳对象征符号的功能进行了深入讨论。他将"支配性象征符号"⑦作为仪式的基本单位,认为它有三个特点:"浓缩性",即一个简单的形式表示许多事物和行动;"多义性",即不同的意义统一于单一的象征符号中;"两极性",即符号意义分"感觉极"和"理念极",前者包括那些激起人的欲望和情感的所指,后者则能使人发现规范和价值。他指出,仪式通过象征符号,"使不能直接被感觉到的信仰、观念、价值、情感和精神气质变得可见、可听、可触摸……并能为有意图的公众行动所利用"⑧。

象征符号的意义,从功利性的"感觉"表达,演化为概括化、理性化的"理

---

① 普里查德.阿赞德人的巫术、神谕和魔法[M].覃俐俐,译.北京:商务印书馆,2006:164-267.

② 布朗.安达曼岛人[M].梁粤,译.桂林:广西师范大学出版社,2005:248.

③ 凌纯声.松花江下游的赫哲族:上册[M].广州:国立中央研究院历史语言研究所,1934:143-145.

④ 特纳.仪式过程:结构与反结构[M].黄剑波,柳博赟,译.北京:中国人民大学出版社,2006:15.

⑤ 以人类行为"场域理论"(Field Theory)著称的美国社会心理学家,也是传播学四大奠基人之一,传播学把关人理论的创立者。

⑥ 特纳.象征之林:恩登布人仪式散论[M].赵玉燕,欧阳敏,徐洪峰,译.北京:商务印书馆,2006:268-286.

⑦ 特纳并没有直接给出支配性象征符号的定义。从书中上下文分析,所谓"支配性象征符号"之于仪式类似于文本中的"关键词",起到了规定核心意义,确立观念指向的作用。

⑧ 特纳.象征之林:恩登布人仪式散论[M].赵玉燕,欧阳敏,徐洪峰,译.北京:商务印书馆,2006:28-49.

念”传递，标志着原始宗教（巫术—宗教）向宗教的蜕变。巫术产生于人的某种直接且紧迫的需要（包括生理和心理），因而具有强烈的实用性和功利性；而宗教则更强调共同的信仰、规范和共同的仪式，并使人们在此基础上结成统一的社会群体。[①]

五、仪式传播[②]：社会秩序的最初线索

人类学和民族学有意识地将仪式代入文化学、社会学，乃至政治学和传播学的视野之下，并为之提供多维度的解读。仪式表面上是象征符号的汇集，实际上是宇宙观和价值观的传递。马林诺夫斯基认为，“巫术的功能在使人的乐观仪式化，提高希望胜过恐惧的信仰。巫术表现给人更大的价值，是自信力胜过犹豫的价值，永恒胜过动摇的价值，乐观胜过悲观的价值”。[③]英国人类学者玛丽·道格拉斯认为，仪式的参与者不论是否有意，都“参与肯定并再创造基本社会关系与共同把持的价值”[④]。随着早期共同体的发展，仪式逐步脱离其初始功利目的，实现更为深入的社会功能。

涂尔干（Émile Durkheim）分析了仪式与传统的关系，认为仪式权威与传统权威的来源是一致的：“人们举行仪式，是为了将过去的信念保存下来，将群体的正常面貌保持下来，而不是因为仪式可能会产生物质效果。于是，信仰者自己对仪式的解释，就表明了仪式得以产生的深刻原因。”[⑤]

仪式对风俗和传统产生影响的前提是，它具备完整和统一的阐释和价值系统。作为观念传播的范畴，为仪式提供合法性的是“神话”（或者说叙

① 涂尔干.宗教生活的基本形式[M].渠东，汲喆，译.上海：上海人民出版社，1999.

② 1998年，罗森布尔提出了“仪式传播”的概念。他提出“仪式传播”既包括“作为传播现象的仪式”，也包括“作为仪式现象的传播”，前者指具体的仪式活动，后者指传播的仪式化。他还特别指出，仪式是维护社会秩序最合适的方式，而仪式传播是保持社会和谐的必要手段。刘建明.“传播仪式观”与“仪式传播”概念再辨析[J].国际新闻界，2013(4)：168-173.本书的研究基本处于实体性仪式传播范畴，也涉及其社会功能。

③ 马林诺夫斯基.巫术、科学、宗教与神话[M].李安宅，译.北京：中国民间文艺出版社，1986：77.

④ 伍思诺，等.文化分析[M].王宜燕，戴育贤，译.台北：远流出版社，1999：109.

⑤ 涂尔干.宗教生活的基本形式[M].渠东，汲喆，译.上海：上海人民出版社，1999：491.涂尔干是社会学的奠基人之一。他所说的仪式在外延上更为狭义，指的是作为宗教表现形式的、正式的仪式行为。

事)。神话是对仪式的阐释,相应地,仪式也往往是对神话的表现。[①] 从性质上说,神话与巫术都是人类通过符号操控理性和经验之外空间的手段,它们具有天然的契合性。普里查德指出,舞蹈的动作像言语一样充满意义,其中包含了巫师和人们对它的解释。[②] 马林诺夫斯基认为,每一类咒语都有说明它怎么存在的故事,并保证其在时间上的传送,这样的"谱系",或者说"传统的护照"就是巫术神话。[③] 大部分人类学者都通过神话去解释仪式中象征符号的意义,并利用神话中的结构模式来解释象征符号之间的关系。[④] 鲁迅曾判断中国最早的神话小说《山海经》是古代的"巫书"。[⑤]

布朗在描述安达曼岛阿卡拜尔部落的巫术仪式时,讨论了它的神话来源。在部落中,流传着"蝉"的传说:某个祖先杀死了一只蝉,蝉在临死前发出哭喊,于是世界就为黑夜所笼罩。阿卡拜尔人的祖先们发明了松香做的火把,并用唱歌跳舞的方式消除危险,在连续的歌舞之后,光明终于回来了。阿卡拜尔巫术仪式大部分安排在夜晚,要点燃松香,要载歌载舞,实际上包含着宇宙观(夜晚是造成社会不安的根源之一)、自然观(齐心协力的敬神歌舞才能把白天要回来)、价值观(那个杀死蝉的祖先"恶行有恶果")等诸多方面的含义。[⑥]

神话(叙事)对仪式的贡献除了阐释功能外,还有规则功能。克拉克洪认为,在那伐鹤人当中,神话不仅起到证明仪式行为合理性的作用,也有加强别的习惯行为的道德作用。[⑦] 仪式的规定性很大程度上来源于"禁忌"。

---

① 人类学者对于仪式和神话孰先孰后争论颇多。克拉克洪认为,先后之争没有必要,神话和仪式都是象征的程序,并因此紧密联系在一起。神话是一个语词构成的象征系统,而仪式是由目的和行动组成的象征系统。两者都是针对同一类型的情景且以同一感情形式来对待的象征过程。参见克拉克洪.神话和仪式:一般的理论[M].宋立道,译.//史宗.20世纪西方宗教人类学文选.上海:上海三联书店,1995:142-167;我国学者中,宋兆麟认为,神话是在对神的祭祀过程中产生的"幻想性和积累性的描述"。中国古代神话中的"盘古开天地""女娲补天""精卫填海""后羿射日"等,都是人们利用主观的想象去征服自然;而汉族关于龙的神话、苗族关于枫树的神话、纳西族关于虎的神话、满族关于鸟的神话,则是图腾崇拜所派生出来的故事。参见宋兆麟.巫与巫术[M].成都:四川民族出版社,1989:311-312.

② 普里查德.阿赞德人的巫术、神谕和魔法[M].覃俐俐,译.北京:商务印书馆,2006:193.

③ 马林诺夫斯基.巫术、科学、宗教与神话[M].李安宅,译.北京:中国民间文艺出版社,1986:123.

④ 特纳.仪式过程:结构与反结构[M].黄剑波,柳博赟,译.北京:中国人民大学出版社,2006:14.特纳对这种演绎的方法论有点保留,由于恩登布人缺乏关于神话、宇宙论和宇宙起源论的叙述,他更倾向于从象征符号本身入手,用归纳的方法探讨其中的意义。

⑤ "记海内外山川神袛异物及祭祀所宜""所载饲神之物多用糈(精米),与巫术合,概古之巫书也"。鲁迅.中国小说史略[M]//鲁迅.鲁迅全集:第九卷.北京:人民文学出版社,2005:19.

⑥ 布朗.安达曼岛人[M].梁粤,译.桂林:广西师范大学出版社,2005:245-250.

⑦ 克拉克洪.神话和仪式:一般的理论[M].宋立道,译//史宗.20世纪西方宗教人类学文选.上海:上海三联书店,1995:142-167.

朱天顺认为,图腾崇拜的基本特征除了视崇拜对象为本族血缘祖先之外,还包括禁食禁杀该物类。[①] 一般而言,每一个禁忌背后都存在相应的神话故事,比如对安达曼人来说,杀"蝉"应是一大禁忌。布朗指出,这些禁忌看起来没有实际意义,其实是"安达曼人对他们的生活、自然观念以及与这些观念有关的情感进行表达、使之系统化的手段"[②]。特纳则将仪式定义为"规定性正式行为"[③]。他在分析恩登布人禁食某些食物、禁食盐的风俗时说,"禁忌的遵从不仅使仪式权威外化,还使得仪式权威的传播可感观"[④]。

仪式的规定性和权威化是共同体秩序的反映形式和来源之一。杜威说:"社会不仅因传递和传播而存在,更确切地说,它就存在于传递和传播中。"[⑤]针对仪式中常见的整齐划一的舞蹈动作,德国哲学家卡西尔(Ernst Cassirer)判断,"舞蹈姿势一致性的来源是对迷信禁忌的恐惧"。他认为,仪式的严密施行,意味着行使仪式的过程中人们逐渐丧失其主体性。他们融合在一起,作为一个整体去行动、思考和感受。[⑥] 布朗则从心理学分析,"舞蹈使人感到自己受到一种奇特的约束,或受到一种奇特力量的作用,当他让自己服从于这种约束或力量时,它就会使人产生一种自我放任的愉悦感",这种心理最终导致"舞蹈中个体的人格服从于共同体强加于他身上的行为"[⑦]。

借助仪式人类学的理论,我们发现巫术仪式逐渐脱离原初设定,转而成为权力表征或者政策内容的潜在因子。弗雷泽曾提出,社会控制的起源就是巫术,因为巫术将传统、氏族和社会权力相联系,给社会提供一种秩序线索。[⑧] 马林诺夫斯基继承了弗雷泽的判断,认为巫术神话更重于给施术者找社会权力上的依据,制定仪式,保障信仰。[⑨]玛丽·道格拉斯又继承马氏的观点,指出仪式有助于形成"象征性边界"(Symbolic Boundary),在文化和社会秩序上划分边界,区隔群体。[⑩]

---

① 朱天顺.中国古代宗教初探[M].上海:上海人民出版社,1982:111-112.

② 布朗.安达曼岛人[M].梁粤,译.桂林:广西师范大学出版社,2005:245.

③ 特纳认为仪式是"人们在不运用技术程序,而求助于物质或神秘力量的信仰的场合时的规定性正式行为"。见特纳.象征之林:恩登布人仪式散论[M].赵玉燕,欧阳敏,徐洪峰,译.北京:商务印书馆,2006:6-7.

④ 特纳.象征之林:恩登布人仪式散论[M].赵玉燕,欧阳敏,徐洪峰,译.北京:商务印书馆,2006:212-238.

⑤ 凯瑞.作为文化的传播[M].丁未,译.北京:华夏出版社,2005:3.

⑥⑦ 卡西尔.符号、神话和文化[M].李小兵,译.北京:东方出版社,1988:185.

⑧⑨ 马林诺夫斯基.巫术、科学、宗教与神话[M].李安宅,译.北京:中国民间文艺出版社,1986:123-125.

⑩ 伍思诺,等.文化分析[M].王宜燕,戴育贤,译.台北:远流出版社,1999:83-134.

涂尔干也曾区分过巫术礼仪与宗教礼仪可能带来的不同结果,他认为前者是可以选择的,忽视它会招致坏运气,而后者是强制的,不遵守它就是犯罪。① 如果将这两者放在历时的维度进行考察,似乎也可以得到类似弗雷泽的结论。

同样是从观念层面和历时层面出发,传播学者凯瑞(James W. Carey)提出了“传播的仪式观”。他认为“传播的仪式观不是指空间上讯息的拓展,而是指在时间上对社会的维系;不是指分享信息的行为,而是共同信仰的表征……其核心则是将人们以团体或共同体的形式聚集在一起的神圣典礼”②。

第二节　传播政策的起源:仪礼独占与扩散

新石器时代晚期(约公元前3000年到公元前2000年之间,这个时期以龙山文化为代表,上承仰韶文化,下接二里头文化,是史前社会向古代国家演变的过渡期),仪式传播呈现出与社会结构更加紧密的联系。祭祀是趋于规范和模式化的仪式传播,是人神沟通的礼仪化渠道。它发祥于氏族,进而扩散到部落③,“在维系秩序、行政管理和风俗等方面”④发挥作用。在上古中国,宗教仪式助推社会结构形成秩序模式,遂成礼乐制度的主要源头。

仪式的独占是传播政策的起源。专职巫师的出现及其对礼器的垄断,意味着祭祀成为少数人的特权和象征。⑤ “国之大事,在祀与戎”。在部落兼并走向专制国家的过程中,统治阶层通过“绝地天通”垄断祭祀仪礼,独占意识形态。

新石器时代晚期仪礼转型的过程中,史前传播的另一个倾向愈加明显,即仪礼在不同谱系文化之间扩散。因仪礼独占及其扩散产生的文化涵化和整合,其意义并不亚于兼并战争对古代中国文明所起的催生作用。

---

① 涂尔干.宗教生活的基本形式[M].渠东,汲喆,译.上海:上海人民出版社,1999.

② 凯瑞.作为文化的传播[M].丁未,译.北京:华夏出版社,2005:28.

③ 摩尔根.古代社会[M].杨东莼,马雍,马巨,译.北京:商务印书馆,1981:78-80.

④ 卡维斯·里德的观点,转引自普里查德.原始宗教理论[M].孙尚扬,译.北京:商务印书馆,2001:57.

⑤ 恩格斯认为,祭祀是部落或部落联盟最高代表的特权和象征。参见恩格斯.家庭、私有制和国家的起源[M]//中共中央马克思恩格斯列宁斯大林著作编译局.马克思恩格斯选集:第四卷.北京:人民出版社,2012:103.

一、古史传说中的“绝地天通”

五帝到三代初①是上古部落集团迈向古代国家的过渡阶段，也是“古史传说”追述渐丰的时代。在古史的描述中，五帝②“征伐”与“教化”并举。处于萌芽时期的古代国家，通过长期的资源兼并和意识形态建构，逐步壮大自己的“肌体”和精神力量。张光直提出，在政治权力获取和增加的过程中，曾在石器时代早期就以“传者”面貌出现的“巫”，他们的“作业”与所代表的宇宙观，发挥了极大的作用。③

有学者认为，五帝乃至三代，“君及官吏皆出自巫”④。古史显示，上古帝王或都具有“大巫”的性质。王充《论衡》中引《山海经》故事，透露出黄帝的“巫师”身份：

> 沧海之中，有度朔之山，上有大桃木……上有二神人，一曰神荼一曰郁垒，主阅领万鬼。害恶之鬼，执以苇索而以食虎。于是黄帝乃作礼，以时驱之，立大桃人，门户画神荼、郁垒与虎，悬苇索，以御凶魅。

在神话中，黄帝承担了沟通上神、作法驱鬼的巫觋之责。他发明了桃人与门神，带领大家避免恶鬼的侵害。论其时，黄帝是黄河流域部落联盟的首领，此传说从侧面印证了当时“王”与“巫”的相关性。

司马迁综合《尚书》《春秋》《大戴礼记・五帝德》等史料，在《史记・五帝本纪》中对第二代帝王颛顼的政务情况有一段概括，透露出颛顼与巫教活动之间的关系：

> 帝颛顼高阳者，黄帝之孙而昌意之子也。静渊以有谋，疏通而知事，养材以任地，载时以象天，依鬼神以制义，治气以教化，絜诚以祭祀。北至于幽陵，南至于交阯，西至于流沙，东至于蟠木。动静之物，大小之神，日月所照，莫不砥属。

“有谋”“知事”“养材”描述的是颛顼的智识，而“载时以象天，依鬼神以制义，治气以教化，絜诚以祭祀”指的是他的治理手段。这些手段大部分和“巫”的功能有关，尤其是“依鬼神以制义”的说法，意即他所讲的道理是按照

---

① 三代初指夏、商、周早期。有学者比较后提出，古史有关上古部落集团的文化成就、社会发展程度、分布、迁徙等的传说，与考古学所提供的族群迁徙踪迹、社会发展程序基本能够相互印证。参见吴少珉，赵金昭.二十世纪疑古思潮[M].北京：学苑出版社，2003.

② 此处据司马迁《史记・五帝本纪》，指黄帝、颛顼、帝喾、唐尧、虞舜五帝。

③ 张光直.中国古代王的兴起与城邦的形成[M]//张光直.中国考古学论文集.北京：生活・读书・新知三联书店，2013：387.

④ 李宗侗.中国古代社会史[M].台北：台北华冈出版公司，1954：118.

鬼神的意志去裁制的。徐旭生提出,这一句明指他是鬼神的代表,就是说他是“大巫和宗教主”。[①]

古史记载颛顼有一项重要的功绩,就是被称为“绝地天通”的祭祀改革。[②] 在进行兼并战争的同时,优势集团通过文化输出达到思想同化的目的。其中核心内容就是信仰的传播及垄断。这可能是中国历史上关于传播政策的最早记录。古史中,“绝地天通”有《尚书》和《国语》两个版本,其中的主人公(政策制定者)不同,前者说是帝尧,后者说是帝颛顼。《尚书·周书·吕刑》[③]讨论此事时间较早,首先录之于下:

> 王曰:若古有训,蚩尤惟始作乱,延及于平民,罔不寇贼,鸱义奸宄,夺攘矫虔。苗民弗用灵。制以刑,惟作五虐之刑,曰法。杀戮无辜。爰始淫为劓、刵、椓、黥。越兹丽刑并制,罔差有辞。民兴胥渐,泯泯棼棼,罔中于信,以覆诅盟。虐威庶戮,方告无辜于上。上帝监民,罔有馨香德,刑发闻惟腥。皇帝哀矜庶戮之不辜,报虐以威,遏绝苗民,无世在下。乃命重、黎,绝地天通,罔有降格。群后之逮在下,明明棐常,鳏寡无盖。皇帝清问下民,鳏寡有辞于苗。德威惟畏,德明惟明。

《吕刑》记录了周穆王与吕侯关于刑律的讨论,其中涉及上古帝王的一项大政。周王说:当年蚩尤作乱,平民陷于寇掠贼害;其后苗王制定酷刑之法,屠戮无辜,导致苗风蠹坏。上神考察民间,认为此为血腥恶政。皇帝同情平民的不幸,一方面以威德治天下,另一方面赶尽杀绝那些滥杀的苗裔。同时任命重和黎两人,禁止地民和天神直接沟通。于是刑有威德,政治昌明。

《十三经注疏》中孔颖达正义认为文中“皇帝”是指“帝尧”,因为“重、黎是帝尧之事”“三苗帝尧所诛”。不过《国语·楚语》中又有颛顼“绝地天通”的事迹。孔颖达引《楚语》的话解释说,颛顼时代,九黎乱德,先有“绝地天通”之举;帝尧时代,“三苗复九黎之德。尧复育重、黎之后,不忘旧者,使复典之,以至于夏、商”。因此,《尚书》和《国语》应该说的是前后两件事。这么说来,“绝地天通”的政策经颛顼、帝尧,至于夏商,历时近千年。

《尚书》版本中最大的疑问,是“绝地天通”与三苗之乱之间的逻辑关系。其中给出的线索是“苗民弗用灵”以及“罔有降格”,前者是“绝地天通”的原

---

① 徐旭生.中国古史的传说时代[M].北京:文物出版社,1985:76.

② 徐旭生将“绝地天通”称为宗教改革。从概念上来说,宗教与原始宗教或巫教之间的关系甚为复杂,中外又有不同的宗教观和宗教发展史,实非此处可以说清道明,稳妥起见,此处用“祭祀改革”。

③ 先秦所传《尚书》经秦焚书亡佚。汉初,秦博士伏胜传二十八篇。后学者递相授受,分大小夏侯及欧阳三家。

因,后者是结果。徐旭生将这里的"灵(靈)"解释为"巫"。[①] 他列举《说文解字·玉部》的说法:"灵(靈),巫也。以玉事神。从玉,霝声。或从巫。"又有学者考证说,"灵"为楚地方言,《楚辞》中"灵"多指神或扮神之巫觋[②]。

因此"苗民弗用灵"直译就是苗民不用巫。结合《国语》中"三苗复九黎之德""家为巫史"的说法。此句不是说三苗没有信仰,而是"非所祭而祭之"[③]。具体而言,这里的"灵",指的不是苗蛮集团自己的神,而是在颛顼时代就被立为正统的华夏集团的神。由此推论,"绝地天通"的目的就是隔绝人民与神的直接沟通,遏绝了恶神乱法、信仰冲突导致社会混乱的可能性。前面诸多蚩尤作乱、苗王恶法、苗人无信、民弗用灵的陈述都是为"绝地天通"所做的铺垫。而"罔有降格"是指"绝地天通"之后,祭祀的权利为特权阶层所垄断,人民被剥夺了直接与神沟通的权利,从此"人神不扰,各得其序"。

下面再看《国语》的版本。从行文逻辑上来说,《国语》版本更加完整,符合古史叙事传统。它先描述出一个完美的上古之世,然后异端出现了,信仰颠覆、秩序混乱,最后圣人出现了,以大智慧恢复秩序、再创和谐。《国语·楚语下》中记载,楚昭王请大臣观射父解释"绝地天通"这个传说,观射父说:

> 古者民神不杂,民之精爽不携贰者,而又能齐肃衷正。……如是则明神降之。在男曰觋,在女曰巫。是使制神之处位次主,而为之牲器时服,而后使先圣之后之有光烈,而能知山川之号、高祖之主、宗庙之事、昭穆之世、齐敬之勤、礼节之宜、威仪之则、容貌之崇、忠信之质、禋洁之服,而敬恭明神者,以为之祝。

上古之世,民神分离,社会和谐,在神使(巫觋)的排定下,万物皆有其序。这里说万物有序的前提,就是人民按照巫觋的安排去崇拜神。巫觋的安排内容,是"使制神之处位次主,而为之牲器时服",即为神定主次,并给予相应的牺牲供祭(制定仪礼)。有学者认为,这意味着巫师职责的专业化,"把宗教事业变成了限于少数人的事业,这是一种进步的现象"[④]。但到了颛顼主政时期,这个情况有所改变。蚩尤氏的后裔九黎族在民间推行巫教,导致民神混杂、思想领域混乱:

---

① 徐旭生.中国古史的传说时代[M].北京:文物出版社,1985:106.

② 王人恩.说"灵""巫"——读楚辞九歌札记[J].西北师范大学学报,1984(2):39-42.

③ "非所祭而祭之"在后世被称为"淫祠",《新唐书·狄仁杰传》中记载:"吴楚之俗多淫祠,仁杰奏毁一千七百所,唯留夏禹、吴太伯、季札、伍员四祠。"所谓"淫"即惑乱人心之意。明朝有魏校在广东禁淫祠之举。"绝地天通"一方面是隔绝苗民与本族神祇的沟通,另一方面是建立祭祀的等级秩序,也包含垄断祭祠权力的意思。

④ 徐旭生.中国古史的传说时代[M].北京:文物出版社,1985:83-84;杨向奎.中国古代社会与古代思想研究[M].上海:上海人民出版社,1962:163.

及少皞(少昊)之衰也,九黎乱德,民神杂糅,不可方物。夫人作享,家为巫史。

"少昊"传说中是黄帝之子,自那个时候起,天人的和谐就不复存在了。所谓"民神杂糅""家为巫史",指"人鬼亦可以为神祇",家家各有祭祀之神,并发展出诠释其合法性的相关叙事。这直接造成了社会秩序的混乱,颛顼意识到问题的严重性,于是:

乃命南正重司天以属神,命火正黎司地以属民,使复旧常,无相侵渎,是谓绝地天通。其后,三苗复九黎之德。尧复育重、黎之后,不忘旧者,使复典之,以至于夏、商。

颛顼禁止民间私自进行祭神活动,将设祀敬神的权力收归有司,被称作"绝地天通"。按《国语》说法,"绝地天通"的政策历经颛顼、尧、舜、禹多代,一直有所沿用。[①] 三苗后来重蹈九黎之乱,尧[②]重新启用相关制度,这就是《尚书》所说的内容。千年整饬之后,处于不同社会阶层的人们,渐渐有了各自的祭祀对象:"天子遍祀群神品物,诸侯祀天地、三辰及其土之山川,卿、大夫祀其礼,士、庶民不过其祖。"这就是《尚书》中所说的"罔有降格"。

"绝地天通"的实质是官方成为神人沟通的唯一中介和代言人,成为仪式传播的垄断者和天命的诠释人。张光直指出,"沟通手段的独占是中国古代社会的一个重要现象"。此时的"仪式"(礼仪),不再是"超自然秩序的重复表演",按福山的说法,已经演变为"区分群体,标记边界,使之有别于其他群体"[③]的意识形态工具。所谓边界或等级,在中国古代语境中,被称为"命"。《左传·鲁成公十三年》中刘康公说:

吾闻之,民受天地之中以生,所谓命也。是以有动作礼义威仪之则,以定命也。能者养以之福,不能者败以取祸。是故君子勤礼,小人尽力,勤礼莫如致敬,尽力莫如敦笃。敬在养神,笃在守业。

因此,"绝地天通"不仅仅是隔断人神沟通渠道的祭祀改革,而且是通过垄断仪式活动,为排定次序、标记等级创造条件。其中包含着神权到王权,宗教秩序到社会秩序转化的内在因素。《左传·昭公十七年》描述:"自颛顼以来,不能纪远,乃纪于近,为民师而命以民事,则不能故也。"这里说的是颛顼祭祀改革对于古代官僚体制形成的助推作用。之前纪官使用图腾,如太昊以龙纪官,炎帝以火纪官,黄帝以云纪官,少昊以鸟纪官。改革之后,各部落不能用神性图腾纪官,转而使用更为接近实际的民事纪官,比

---

① 《尚书孔氏传》说:"帝(舜)命羲、和,世掌天、地、四时之官,使人、神不扰,各得其序,是谓'绝地天通'。"

② 平定三苗者为舜,参见《尚书·尧典》。

③ 福山.政治秩序的起源[M].毛俊杰,译.桂林:广西师范大学出版社,2012:37-38.

如句芒(农业)、祝融(军事)、后土(建筑)、蓐收(民政)、玄冥(刑律)五官。[①]这对健全政府职能，提高行政效率有所促进。当然此时的图腾则转变为皇家专用的徽记。

另一方面，“绝地天通”很可能也切断了各部落与上古文化传统之间的联系。从意识形态的角度看，祭祀改革无疑是一场文化改革。这场改革的核心，是为新的等级秩序提供合法性。《楚语》中观射父就提出祭祀文化的整合功能，比起取悦神灵获得赐福要来得重要[②]:“祀所以昭孝息民、抚国家、定百姓也，不可以已。夫民气纵则底，底则滞，滞久而不振，生乃不殖。其用不从，其生不殖，不可以封。”祭祀是用来宣扬孝道、教育百姓、安抚国家、稳定社会的，不可以废除。人民放纵就会堕落，就会不服从上面的命令。因此，祭祀的社会功能是“上所以教民虔也，下所以昭事上也”，祭祀使统治者得以教会老百姓学习敬畏，也使老百姓得以表现他们对统治者的服从。柳宗元对这一段记述的评价为“夫祀，先王所以佐教也，未必神之”[③]，是同样的意思。

也有学者指出，《国语》中观射父的一番言语，主要是追忆原始宗教发展历史的。[④] 从巫教发展史角度看，“绝地天通”作为信仰同化的主要手段，不可避免地包含了主流大巫(宗教主或大祭司)对地方小巫(这里是指九黎和苗蛮巫师)的迫害。大巫所代表的是系统的、定型的、抽象的、较高等级的社会意识，而小巫代表的则是自发的、孤立的、具象的、较低等级的社会意识。他们对神的态度有根本的不同。巫术在某种程度上是利用神、控制神，而祭司则是崇拜神、取悦神。这种原则区别，是历史上存在祭司无情迫害巫师这种情况的内在原因。[⑤] 此处不赘述。

二、考古材料中的仪礼独占

“绝地天通”在考古材料中对应的是“仪礼独占”[⑥]。社会分化、礼器垄断

---

① 《汉书·百官公卿表·第七上》:“《易》叙宓羲、神农、黄帝作教化民，而《传》述其官，以为宓羲龙师名官，神农火师火名，黄帝云师云名，少昊鸟师鸟名。自颛顼以来，为民师而命以民事，有重黎、句芒、祝融、后土、蓐收、玄冥之官，然已上矣。”

② 陈来.春秋时期的人文思潮与道德意识[J].中原文化研究，2013(2):11.

③ 柳宗元.非国语译注选[M].北京:人民出版社，1976.

④ 许兆昌.重、黎绝地天通考辨二则[J].吉林大学社会科学学报，2001(2):106.

⑤ 王晓云.浅析宗教和巫术的差异[J].江汉大学学报，2002(6):106-107.

⑥ 一般意义上，“仪礼”指的是礼仪制度，比如《仪礼》一书，就是对“冠昏丧祭射乡朝聘”八种礼仪制度的解释。“仪礼”一词在今天考古领域中有较多运用，内涵也有所延展。本文传播史语境下的仪礼是礼(礼义)和器(载体)的统一体。它包含内容和形式两个维度:一方面是作为传播内容存在的“礼义”，具体包括程式规范和观念体系；另一方面是以传播形式存在的“礼器”，这是礼的具象和物化形式，或者说象征物。仪礼是仪式的历史产品，是仪式的物化、制度化和知识化。

的情况在新石器晚期(约公元前 3000 年—公元前 2000 年)的文化遗存中普遍存在。1983 年,考古工作者在辽宁牛河梁红山文化[①]遗址清理发掘时,发现由祭坛、神庙[②]和积石冢群组成的祭祀性建筑群。[③] 伴随女神头像,玉 、石佩饰和大量陶器的出土,他们判断,这是一处新石器时代晚期(公元前 3500 年前后)的祭祀场所。[④] 有学者分析,此处巫教活动已超出氏族祭祀的范畴,可能是一个更大的文化共同体共同祖先所处的圣地,其出土的动物塑像和祭器应该是为祭祀服务的。[⑤] 考古学家们还从写实性的女神塑像判断,红山先民已从自然崇拜、图腾崇拜进入到祖先崇拜。[⑥]

2002 年,在"女神庙"西南 4 000 米的一处墓葬中,出土了一件玉人(高 18.5 厘米)。玉人质地为黄绿色,身材短小清瘦,双目微闭,眉头锁起,双手抚于胸前,五指分开。考古学家认为,此人体态颇似萨满教的"以气作法"[⑦],很可能是个巫师形象。墓主人也被推测为红山文化晚期的大巫或者萨满。[⑧] 研究者进而指出,牛河梁"坛、庙、冢"三位一体的遗址,以及诸多法器和玉人巫师形象的出土,已经形成一个完整的物证链,证实了红山巫师阶层的存在。[⑨]

与仰韶期相比,牛河梁红山文化呈现清晰的祭祀文化特征。仪式制度

---

① 红山文化是河北北部、辽宁西部大凌河与西辽河上游流域活动的部落集团创造的新石器时代农业文化。经碳 14 测定,存在时间约为公元前 4000—前 3000 年。红山文化遗存最早发现于 1921 年。1935 年对热河省赤峰红山后遗址进行了发掘,1954 年提出了红山文化的命名。70 年代末在辽西地区开展了大规模的调查,发现了近千处遗址,并对辽宁凌源、喀左东山嘴、建平牛河梁遗址群开展了大规模的发掘。梁思永、尹达、裴文中等认为红山文化是南北文化接触后产生的一种新文化。苏秉琦、郭大顺也认为,红山文化与南北史前交汇有直接关系。牛河梁遗址属于红山文化晚期遗存,位于辽宁省建平县、凌源市交界处牤牛河山梁上,因其山下的牤牛河而得名。

② 关于此建筑的性质,考古学界仍有争议。参见安志敏.关于牛河梁遗址的重新认识——非单一的文化遗存以及"文明的曙光"之商榷[J].考古与文物,2003(1).另可参见许宏.围观牛河梁"女神庙"[EB/OL].(2010-05-25)[2014-03-27].http://blog.sina.com.cn/s/blog_5729cae10100ixgb.html.

③ 方殿春,魏凡.辽宁牛河梁红山文化"女神庙"与积石冢群发掘简报[J].文物,1986(8):1-17.

④ 类似祭祀场所和女性雕像在东欧捷克的下维斯特尼采和西伯利亚东部的马耳他遗址也有发现,距今 20 000 年左右,属于旧石器时代后期。女性全身像是远东至辽西及渭河流域的特色。参见宫本一夫.从神话到历史[M].桂林:广西师范大学出版社,2014:71,281.

⑤ 孙守道,等.牛河梁红山文化女神头像的发现与研究[J].文物,1986(8):18-24.

⑥ 苏秉琦观点。郭大顺也认为,牛河梁遗址中坛、庙、冢三位一体是史前时期祖先崇拜与天地崇拜相结合的反映。参见郭大顺.红山文化与中国文明起源的道路与特点[M]//红山文化研究——2004 年红山文化国际学术研讨会论文集.北京:文物出版社,2006:46-54.另有自然崇拜说,参见卜工.牛河梁祭祀遗址及其相关问题[M]//卜工.卜工考古文存.北京:科学出版社,2016.

⑦⑧ 以气作法是萨满教的特征,参见郭大顺.红山文化"玉巫人"的发现与"萨满式文明"的有关问题[J].文物,2008(10):83.

⑨ 李世龙.红山巫师:被完整考古资料形成物证被锁定的阶层[J].学术交流,2010(5):179-183.

化、用具礼器化[①]的迹象明显。祭祀地点远离人类聚落，表明仪式从日常生活中脱离，形式趋向固定和严格；遗址中发现大面积的红烧土和红烧土质的建筑遗构，可能是经常焚烧通神之物的结果；另有大量非实用玉器、陶器出土，说明具有象征意义的器具已经普遍使用。[②]

玉器是红山文化主流的象征符号载体之一。[③] 从陪葬内容判断，该文化区有明显的崇玉观念。[④] 张光直解释说，红山先民们相信玉器是自然生成之物，有沟通天地的特殊功用。另外在萨满文化里，人和动物在品质上是相等的，人类沟通天地最主要的助手是动物。因此红山文化遗存中很多玉器都是动物造型，意味着“通神的媒介”[⑤]。

牛河梁遗存中的玉器同时具有身份符号功能。考古人员发现，玉器在丧葬礼中有着严格的使用条件：积石冢中处于中心位置的墓穴“唯玉为葬”；而越向墓地边缘，随葬品规格越低，伴之以次等玉器，以及数量不等的猪、狗等；再低等级的墓葬只有陶器陪葬，甚至没有陪葬品。个别墓葬“以非实用的玉器为几乎唯一随葬品，而‘排斥’与生产、生活有关的陶、石器的习俗”[⑥]，基本坐实其时存在不事实际生产的社会阶层的猜测。考古学家也因此推断中心大墓的主人可能是首领或大巫。[⑦] 特权阶层将玉器随葬，揭示玉器在社会结构中的身份标记作用。

进一步推论，如果玉器确有祭祀礼器的性质，那么特权阶层对其的独占，意味着祭祀仪礼已经成为某个社会集团的特权；而玉器社会身份的标记作用，则意味着原始礼器向神权、族权或王权象征转化的可能。张光直判

① 此处指器物脱离实际功能，成为仪式的用具或者反映社会特权和等级秩序的象征物。参见高炜.龙山时代的礼制[M]//《庆祝苏秉琦考古五十五年论文集》编辑组.庆祝苏秉琦考古五十五年论文集.北京：文物出版社，1989：235-236.

② 乌兰.红山文化中晚期的祭祀活动及其特点初探[J].内蒙古社会科学，2013(3)：57-61.

③ 西辽河流域兴隆洼文化遗址出土的玉器是迄今所知中国年代最早的玉器，此文化因最早在内蒙古敖汉旗兴隆洼发现而得名。同类文化性质的遗址还有内蒙古林西县白音长汗、克什克腾旗南台子、辽宁阜新县查海遗址等，正式发掘出土的玉器总数已达100余件。经放射性碳素测定，兴隆洼文化的年代为公元前6200—前5400年。有学者认为，兴隆洼文化中的玉器以装饰用途为主。早期玉器讲究实用和审美价值，到新石器时代晚期，才逐渐发展成为祭祀用的礼器。参见白银亮.礼起源于原始宗教祭祀新论[J].世纪桥，2008(4)：45-46.

④ 在发现的20余处遗址中的已挖掘的第2、3、5地点里，所有墓葬品几乎都是玉器，最多的一墓达20件。有些彩陶虽然明显不是生活用品，但只放在墓室外。

⑤ 张光直.谈琮及其在中国古史上的意义[M]//文物出版社.文物与考古论集——文物出版社成立30周年纪念.北京：文物出版社，1986：252-260.

⑥ 郭大顺.红山文化与中国文明起源的道路与特点[M]//赤峰学院红山文化国际研究中心.红山文化研究——2004年红山文化国际学术研讨会论文集.北京：文物出版社，2006：46-54.

⑦ 毕玉才，刘勇，郭大顺.追寻红土下的秘密[N].光明日报，2009-04-24.

断,红山文化时期萨满法器的独占,是社会上层人士的必要条件。[①] 弗雷泽曾推测"王出于巫"的演化过程:"在世界很多地区,国王是与古代巫师或巫医一脉相承的继承人。一旦一个特殊的巫师阶层已经从社会中被分离出来和委以安邦治国的重任以后,这些人便获得日益增多的财富和权势,直到他们的领袖脱颖而出,发展成为神圣的国王。"[②]恩格斯则认为,"祭祀的权限是他作为部落或部落联盟的最高代表而被赋予的"[③]。弗氏和恩格斯关于巫—王身份转化的逻辑似乎略有不同,但都肯定巫、王权力的相关性。

对于新石器时代晚期"神权独占""巫王合一"的情况,红山文化并非孤证。同时期的其他文化遗存显示出基本相似的史前社会拼图。

1987 年 5 月,浙江余杭县安溪乡瑶山发生盗掘文物情况。浙江文物考古研究所对盗掘现场进行了抢救性发掘清理。历时一个月的野外工作,共发现了一处良渚文化[④]时期的祭坛遗迹和 11 座同时期的墓葬。瑶山是安溪乡下溪湾村的一座小山,海拔 35 米。发掘地点在瑶山山顶的西北部。祭坛(红土台)靠北而墓葬居南。考古人员发现,墓葬越靠近红土台,随葬器物就越多,比如 M12 居中,随葬品最多。考古人员判断这里的红土台是"以祭天礼地为主要用途的祭坛。同列墓中随葬品的多寡,以近祭坛内重(红土台)者最丰……很可能是死者生前在祭祀典礼中的地位和作用的一种反映"。[⑤]

位于祭坛中间位置的 M7 墓是保存完好的墓穴之一。考古人员根据大量的玉器随葬品推断,墓主人的身份应该是巫觋,可能是祭坛的主事者。这种情况在域外史前人类遗存中就有出现,比如中美洲玛雅文化的祭坛上就埋有巫师。[⑥]而祭祀重器被集中于少数人的墓葬中,应该意味着祭祀权力独占的情况。

M7 墓中发现了代表神权的"玉琮"与代表世俗权力的"玉钺"。"玉琮"2 件置于墓中部,大约相当于死者的腹部;"玉钺"置于东侧,大概是左手的位置。琮与钺作为一个人的随葬品,很可能意味着墓主人"巫王合一"的身份特征。考古学者严文明还发现琮和钺上刻画的人物形象和服饰与墓主人的

---

① 张光直.连续与破裂:一个文明起源新说的草稿[M]//张光直.中国青铜时代.北京:生活·读书·新知三联书店,1999:484.

② 弗雷泽.金枝[M].徐育新,等译.北京:大众文艺出版社,1998:85.

③ 恩格斯.家庭、私有制和国家的起源[M]//中共中央马克思恩格斯列宁斯大林著作编译局.马克思恩格斯选集:第四卷.北京:人民出版社,2012:103.

④ 良渚文化是分布在太湖流域的新石器时代文化,存在时间约为公元前 3200 年—前 2000 年。最早于 1936 年在浙江杭县(现属杭州市余杭区)发现,以早期的赵陵山和张陵山、中期的瑶山和反山、晚期的寺墩和福泉山为典型。

⑤⑥ 浙江省考古研究所.余杭瑶山良渚文化祭坛遗址发掘简报[J].考古,1988(1):32-54.

随葬物品有相似之处，他推测说：

> 假如这刻画的形象是神，那么墓主人显然已把自己当作神的化身或代言人；假如刻画的形象就是墓主人本身，因这形象不只见于一墓，那就说明当时首领的服饰已有定制。这些墓主人手执玉钺，说明他掌握军队指挥权；随葬玉琮，说明他掌握贯通天地的特权和宗教权力；墓中的丰富随葬品说明他具有经济特权；而营建那样巨大的墓地当然需要有征发劳力的权力。这样的人物自然已经不是一般意义上的氏族和部落首领，而多少具有一些王者的特征了。[①]

“玉琮”是良渚文化的标志性礼器，其在祭祀仪式上的使用方法已不可考，但从其神人兽面、附饰卷云的纹路以及出现的情境考察，显然具有神灵崇拜以及持有者身份记号的二元符号意义。这一点，与牛河梁红山文化玉器透露出的信息大致相同。日本学者宫本一夫认为，在良渚文化时期环绕太湖各个地区形成了以父系血缘单位为核心的阶层改造，地域首领拥有玉琮等玉器，并通过向位居下层的区域首领分配玉器，形成了依靠祭祀统治系统维持的同盟关系。此时“社会群体的团结通过祭祀活动得以实现，已形成了宗教祭祀国家的原型”。[②]

与良渚文化几乎同一个时期的龙山文化[③]，则从更多的维度提供了祭礼转型的证据。龙山文化是新石器晚期遗存，广泛分布于山东、河南、山西、陕西等省。根据碳 14 测年，存在时间大概是公元前 2600 年—前 2000 年。张光直根据考古资料判断，龙山文化的宗教仪式中，除了仰韶期已经存在的祭社以外，已经出现了制度化的祭祖与专业性的巫师。这个时期祭祀活动的特点是，“仪式不是以全村的福祉为念，而是以村内一部分人的福祉为念”[④]。

龙山期社会呈现出诸多新兴面貌。夯土城墙出现在章丘城子崖、邹平丁公、临淄田旺等多处。这是成规模的城墙第一次出现在中国史前考古工作者的视野里。虽然这些城址面积各不相同(大的 40 余万平方米，小的不足 10 万平方米)，但可能意味着中国的村落发展已经进入到另一个阶段。严文明推测，“这样的城不但要有统一的规划，还要组织大量的劳动力才能完成”

---

① 严文明.中国新石器时代聚落形态的考察[M]//《庆祝苏秉琦考古五十五年论文集》编辑组.庆祝苏秉琦考古五十五年论文集.北京：文物出版社，1989：36.

② 宫本一夫.从神话到历史[M].桂林：广西师范大学出版社，2014：158-159.

③ 新石器晚期遗存，铜石并用时代文化。因 1928 年首次发现于山东历城龙山镇(今属章丘)而得名。距今约 4600—4000 年。分布于黄河中下游的山东、河南、山西、陕西等省。

④ 张光直.中国远古时代仪式生活的若干资料[M]//张光直.中国考古学论文集.北京：生活·读书·新知三联书店，2013：126-127.

“应是某种政治、文化中心的象征”。[①] 张光直则判断，此时人类逐渐放弃游耕的方式，采用定耕的方法；夯土城墙应是史前聚落的防御墙，说明村落或部落之间经常发生战争。[②]

墓葬仍然是考古学者了解龙山文化社会状况的主要依据。从墓葬形态分析，龙山期社会呈现明显的等级分化。考古学者根据墓穴规模、葬具有无、随葬品的优劣多寡，将山东诸城呈子遗址的97座墓葬分为4个类型。第一类为大墓，共5座，占全部墓葬的5.7%，这类墓葬有二层台、木椁，随葬品质高量多，随葬猪下颌骨和薄胎黑陶高柄杯；第二类11座，占13%，墓穴略小，葬具不普遍，随葬品较多；第三类共17座，占20%，均为小墓，无葬具，随葬品数量少，质量差，一般不超过3件；第四类共54座，占62%，墓穴仅有尸骨，无葬具和随葬品。[③]

这种墓葬等级及其数量呈金字塔式比例关系，在陶寺文化以及海岱文化各类墓葬中都有体现。考古学家判断，其时家族之内，以及家族与家族之间都产生了贫富和阶层分化。在呈子遗址中，还出现了“童墓厚葬”的情况，被认为是社会地位世袭制的反映。[④]

考古学者于海广根据随葬形制，判断龙山文化有一个“礼仪化”陶器群类，包括高柄杯、鼎、罍、甗、鬶、罐、壶、匜、单把杯等。他判断，这些器物既可在祭祀、庆典等场合使用，也可以作为随葬品入葬。他特别指出，“商周时期的礼器使用中，用数量多少来表示等级的制度，就可以在山东龙山文化中找到渊源”[⑤]。考古学者刘莉认同龙山文化存在以数量表示等级的制度。她认为，墓葬中的猪头骨或下颌骨，包括陶器的数量都与送葬人的多少有关。社会地位较高的人往往有较多的亲属和社会关系，从这个意义上说，数量多少象征着死者的社会身份和财富。[⑥]

考古学者高炜从陶寺文化早期有规则的礼器使用中判断，龙山时期已经形成早期的“礼制”，那些“社会一般成员的小墓，其中少数可有猪下颌骨一至数枚，或随葬实用的小型石钺(墓主身份应是战士)，一部分死者有小件

---

① 严文明.略论中国文明的起源[J].文物，1992(1)：40-49.

② 张光直.中国相互作用圈与文明的形成[M]//张光直.中国考古学论文集.北京：生活·读书·新知三联书店，2013：162.

③④ 何德亮.山东龙山文化与中国古代文明的起源[J].文物春秋，2002(1)：13-15；刘莉.山东龙山文化墓葬形态研究[J].文物季刊，1999(2)：34-36.

⑤ 于海广.山东龙山文化大型墓葬分析[J].考古，2000(1)：61-67.

⑥ 刘莉.山东龙山文化墓葬形态研究[J].文物季刊，1999(2)：34-36.

装饰品。总的来说，他们与礼是无缘的"①。宫本一夫也认为，身份秩序对应着陶器的器种构成，这不仅是随葬陶器多少的问题，而是体现出当时已经按身份秩序不同来随葬特殊的陶器，而使这种随葬方式成为可能的正是当时的社会规范和社会秩序："通过祭祀用具来规定身份秩序的现象说明，仪礼作为一种维持社会秩序的精神规范发挥着作用。"②

呈子遗址墓葬中，等级高的墓穴周围往往有较多祭祀性质的灰坑，这不仅表明祖先崇拜在龙山期的重要性，同时说明"死者的社会地位是其是否成为受到崇拜的祖先，并享受后代祭祀的主要因素"。③ 刘莉推测，新石器时代祭祖仪式存在"集体祖先"到"个人祖先"崇拜的转换过程。其依据是，仰韶早中期（比如山西龙岗寺遗址）的墓葬制度，尚没有等级分化的迹象。其时的祭祀坑不是针对某一个墓葬，而是对整个墓地中的所有墓葬进行祭祀。所祭祀的祖先应该"包括这一社会团体中所有死去的成员，祖先崇拜仪式的举行，很可能代表着整个社会集团的共同利益"。而在龙山期（比如山东诸城呈子遗址），祭祀坑仅针对那些高等级大墓，接受祭献的祖先是那些生前享有较高社会地位的家族中的某人。此类祭祖仪式似乎只能由血缘关系密切的亲属成员参与。④

张光直曾认为龙山期的仪式有一大部分与村落中亲族集团的祭祖有关。此时，村落中虽然仍然存在以村落全体为基础的社祭和渔猎祭，但是其在考古材料中显示出来的重要性，远不如以个别亲族团体为基础的祭祖仪式，"而且可能与一部分人而非全体有密切关系"。他推测，在龙山期及殷商时代，祭祖与祭社的主祭人物很可能是同一个人。这是因为中国古代社会中主持祭祀人物的双重身份：他们一方面是村落或王国的政治首领，另一方面是某亲属团体的代表。⑤

与农业祭相比，祭祖仪式是一种强调亲团观念的传播形态。它的直接诉求是祈求本宗亲属的繁殖与福祉，但更重要的一项功能，是借助仪式的手段，以增强与维持同一亲团的团结，加深亲团成员对本亲团之来源与团结的

---

① 高炜.龙山时代的礼制[M]//《庆祝苏秉琦考古五十五年论文集》编辑组.庆祝苏秉琦考古五十五年论文集.北京：文物出版社，1989：239.

② 宫本一夫.从神话到历史[M].桂林：广西师范大学出版社，2014：291.

③ 刘莉.山东龙山文化墓葬形态研究[J].文物季刊，1999(2)：46.

④ 刘莉，星灿.中国祖先崇拜的起源和种族神话[J].南方文物，2006(3)：123-124.

⑤ 张光直.中国远古时代仪式生活的若干资料[M]//张光直.中国考古学论文集.北京：生活・读书・新知三联书店，2013：131-132.

信念。① 团结信念的加强,有赖于仪式本身所带来的凝聚力,以及仪式背后承载宇宙观和价值观的神话传说所提供的观念整合。张光直认为,中国古代国家的起源,与亲团观念的形成和传播有密切联系:“按史籍记载,商周秦以及其他三代时的大国,其统治集团都有始祖起源的神话。对照现在考古学的成果,它们的始祖时代,只有追溯到龙山期的可能。而龙山期各区域的不同文化传统,正好与他们的个别的始祖传说相扣。”②

三、仪礼扩散

考古材料显示,新石器时代晚期仪礼转型的过程中,史前传播的另一个倾向愈发明显,即仪礼在不同谱系文化之间扩散。虽无证据表明这种扩散是理性选择的结果,但并不妨碍我们将其看作史前部落从不自觉到自觉地探索和发挥文化传播功能(或策略)的一种实践。考古学者推测,大概从公元前 4000 年开始,不同区域的文化彼此密切联系起来,形成了一个“相互作用圈”(Sphere of interaction)③。经过千百年的相互影响和相互激发,这个“相互作用圈”基本框定了古代中国的地理和文化版图。④

张光直根据新石器时代各文化区考古遗存分析,在公元前 5000 年以前,各区域文化基本分立、各具特色;而到公元前 4000 年前后,华北和华南的文化开始显露出一种“互相连锁的、程序的、不可动摇的证据”。比如在华北,仰韶、大汶口、红山和土珠山各类型文化之间相互影响明显:整组的大汶口陶器在河南数处发现,最西到达偃师;同时,仰韶文化对大汶口陶器及其彩陶的影响也很显著。⑤

考古人员发现,牛河梁红山文化遗存中的“玉巫人”,“既可以从辽西地区兴隆洼文化石雕整身人像上找到源头,又可以在稍晚的安徽含山凌家滩

---

① 张光直.中国远古时代仪式生活的若干资料[M]//张光直.中国考古学论文集.北京:生活·读书·新知三联书店,2013:121-122.

② 张光直.中国远古时代仪式生活的若干资料[M]//张光直.中国考古学论文集.北京:生活·读书·新知三联书店,2013:121-122.原载于台湾《“中央研究院”民族学研究所集刊》1960 年第 9 期的 253-269 页.以及张光直.中国相互作用圈与文明的形成[M]//张光直.中国考古学论文集.北京:生活·读书·新知三联书店,2013:185.

③ Sphere of interaction 的概念来自 Interaction sphere in prehistory。参见 CALDWELL J R,HALL R L.Hopewellian studies[J].Illinois state museum scientific papers,1964,12(6):135-143. 这个名词主要用来指称各区域之间在葬仪上或宗教上的相互作用。转引自张光直.中国相互作用圈与文明的形成[M]//张光直.中国考古学论文集.北京:生活·读书·新知三联书店,2013:156.

④ 严文明.中国史前文化的统一性与多样性[J].文物,1987(3):38-50.

⑤ 张光直.中国相互作用圈与文明的形成[M]//《庆祝苏秉琦考古五十五年论文集》编辑组.庆祝苏秉琦考古五十五年论文集.北京:文物出版社,1989:3-4.

文化中找到其影响”[①]。出土于不同地点的三尊人像的基本动作都是双臂屈肘贴于胸前，并作出神灵附体的痴迷表情。如果它们之间的确实存在相互影响的话，那就说明新石器时代中晚期祭祀仪式（包括程式和象征物）在一个相当大地域内存在扩散与融合。

良渚文化也有明显的对外扩散的现象。广东的石峡文化遗址、陕北的芦山峁遗址、江苏新沂花厅大汶口文化遗址[②]都发现了良渚文化玉琮的踪迹。广东曲江石峡遗址 105 号墓冢的大玉琮，与 1973 年在江苏吴县草鞋山良渚文化出土的玉琮，“从玉料的选择、内圆孔的对钻到浅雕花纹几乎一模一样”[③]。

考古学家吴汝祚针对玉琮的扩散提出：玉琮所具有的神圣性和神秘性使得其不可能用一般的交换方式取得，那么玉琮的传播是不是应该另有一种特殊的传播方式，以确保玉琮的特有性能？他认为，玉琮的传播意义重大，不仅仅是将器物传向四方，而且是把玉琮包含的礼制也传到那里。所谓“器以藏礼”（《左传・成公二年》），玉琮的传播其实是把玉琮所包含的神权统治方式传至其他地域及文化中去。[④]

严文明认为，仪礼扩散应该与古史传说中各部落集团的经常迁移、相互交往乃至发生战争的情境有关。[⑤] 红山文化、良渚文化和龙山文化大致对应传说中“神农氏世衰”而“诸侯相侵伐”[⑥]的五帝时代。当时中国的政治景观是平原河谷中分布着成千上万的大小古国。[⑦] 国与国之间“可能发生交换、

---

① 辽宁省文物考古研究所.牛河梁第十六地点红山文化积石冢中心大墓发掘简报[J].文物，2008(10)：4-14.兴隆洼文化因首次发现于敖汉旗宝国吐乡兴隆洼村而得名，大致分布于内蒙古林西县白音长汗、克什克腾旗南台子、辽宁阜新县查海等。经碳 14 测定，兴隆洼文化距今约 8 200 年—7 400 年，是新石器时代聚落遗址。凌家滩遗址 1985 年发现于安徽省含山县铜闸镇凌家滩村，遗址总面积约 160 万平方米，经测定距今约 5 300 年—5 600 年，是长江下游巢湖流域迄今发现面积最大、保存最完整的新石器时代聚落遗址。

② 石峡文化是中国岭南地区的新石器时代晚期文化，因广东曲江石峡遗址而得名，主要分布在北江、东江的中上游地区，年代约公元前 3000—前 2000 年。芦山峁遗址属新石器时代龙山文化，位于延安市宝塔区碾庄乡芦山峁村。花厅遗址属于新石器时代的大汶口文化，位于江苏新沂马陵山西麓，年代约公元前 3000 年。

③ 广东省博物馆，曲江县文化局石峡发掘小组.广东曲江石峡墓葬发掘简报[J].文物，1978(7)：1-15.

④ 吴汝祚.良渚文化礼制的形成及其影响[J].杭州师范学院学报(社会科学版)，2001(1)：33-37.

⑤ 严文明.中国史前文化的统一性与多样性[J].文物，1987(3)：38-50.

⑥ 史记・五帝本纪.

⑦ 苏秉琦.辽西古文化古城古国[J].文物，1986(8)：41-44；车广锦.论古国时代[J].东南文化，1988(5)：8-18.

贸易关系,也可能见面成仇,建立敌对关系”[①]。《史记》记载,由于“神农氏弗能征,黄帝乃习用干戈,以征不享”。传说黄帝三战炎帝于阪泉之野,后擒杀蚩尤于涿鹿之野,“天下有不顺者,黄帝从而征之,平者去之,披山通道,未尝宁居”。这可以旁证当时征伐之烈、交往之繁。部落间的掠夺战争,以及征服之后的“享献”都可能是“玉琮”或相关仪礼得以传播的路径。[②]

将考古材料与古史传说中“苗民弗用灵”的说法相对照,如果这里的“灵”真的指“玉”、从“巫”的话,那么中原集团在说这句话的时候,是带有文化优越感的。[③] 刘莉认为各部落贵族之间可能存在着权力象征物的“远程交换”(政治结盟),龙山文化中象征社会等级的玉器、鼍鼓及蛋壳陶都可能是交换的物品。用鳄鱼皮制成的鼍鼓,是当时贵族身份的象征。所有龙山文化遗址中,只在三个大墓中发现了鼍鼓,包括山西的陶寺、山东的朱封和尹家城。但鳄鱼只是山东的地域性动物,鼍鼓的产地应该也在山东,那么山西陶寺大墓出土的鼍鼓应该就是跨地区远程交换来的。刘莉推测这些礼仪用品可能“既是社会地位的标志物、结盟的象征媒介,也是扩大政治影响、传播共同信仰和仪式的工具”。世界其他地区的古文化中都有类似情况出现,是社会阶层形成发展时期的一个重要现象。[④]

龙山末期众多城邑之间的敌对关系固然是中国国家文明起源的关键,[⑤] 但是通过文化交流和仪礼扩散达成的意识形态之整合,其意义并不亚于兼并战争对于古代中国文明所起的催生作用。或者说,这种敌对和兼并关系,

---

① 张光直.中国古代王的兴起与城邦的形成[M]//张光直.中国考古学论文集.北京:生活·读书·新知三联书店,2013:380-381.

② 史前阶段人类迁徙也是仪礼得以传播的途径,其原因众多,包括战争、自然灾害等。兼并战争中失败的部落首领会带着族人流亡异地;而史前的大洪水也可能导致先民从海拔较低处向较高地区迁移。实际上,文化传播的路径远比我们想象的要复杂和充分。比如说婚姻,摩尔根在《古代社会》中专门论述了母系氏族社会“外婚制”的情况。恩格斯认同他关于母系氏族内部禁止通婚,必须在氏族以外娶妻的结论。不管是婚姻,还是其他方式,人员的流动必然带来仪礼的扩散。法国人类学家莫斯在《礼物》一书中提出,原始社会中的交换是社会、宗教、法律、经济和道德的综合反映,交换的基础是对等性原则。列维·斯特劳斯则指出,“在经济社会里,交往总在三个层面上完成:妇女的交往(指外嫁或换婚)、商品和服务的交往、信息的交往”。普通交换结构扩展了复杂的间接交换网络,促成了组织形式的多样化,有益于社会的整合和团结。斯特劳斯.结构人类学[M].谢维扬,俞宣孟,译.上海:上海译文出版社,1995:32.

③ 实际情况也可能与古史叙事正相反。王桐龄在《中国民族史》中说:“当时苗族文化相当发达,第一发明刑法;第二发明武器;第三发明宗教。后来汉族所用之五刑、兵器及甲胄,而信奉之鬼神教,大抵皆苗所创,而汉族因袭者。”

④ 刘莉.山东龙山文化墓葬形态研究[J].文物季刊,1999(2):45-46.

⑤ 关于三代城邑之间的关系,参见张光直.中国考古学上的聚落形态——一个青铜时代的例子[M]//张光直.中国青铜时代.北京:生活·读书·新知三联书店,1993:107-121.

很可能是以征伐开局，以仪礼收官。对于政治意义下的群体统合而言，仅仅地域上的兼并是不够的，实现精神世界的统合才是维系群体统合的关键。《国语》云“夫祀，国之大节也”，后世也有“礼乐征伐自天子出”的说法，都揭示出文化统合在国家建构中的核心地位。

不难发现，考古学所揭示的仪礼转型及其扩散的脉络与古史叙事略有不同。考古材料显示仪礼转型是人类社会的自然演变过程：沟通手段的垄断始于等级分化，在部落或部落联盟内部实现；之后伴随着兼并战争和仪礼扩散，在更大区域实现“绝地天通”，为古代文明的产生创造条件。而《国语》中观射父首先勾画了一个“民神不杂”的理想时代，这在考古材料中无迹可寻，并且无法推论，反倒是“民神杂糅”的第二阶段更符合原始精神生活的初始情境。当然，颛顼对九黎的整治以及尧舜对于三苗的教化，又从侧面印证了考古材料所呈现的中原部落扩张过程中伴随着军事征伐可能存在文化融合和仪礼扩散，或者说“移风易俗”的情况。张光直根据考古资料判断，不同区域文化“相互作用圈”的完整性在龙山时期进一步加强，不但可以看到物质文化形式上的类似性，而且可以看到彼此相似的社会组织和意识形态上的演进趋势。可见在许多方面，古史传说与考古材料呈现出了某种内在的互释性。

总的来看，到新石器时代晚期，原始仪式从氏族内部扩散到更大的共同体——部落或者部落联盟，转型为一种更具程式和礼仪的祭祀文化。巫师（或祭司）逐步专职化，象征物转化为代表神权的礼器并外化为权力象征。权力者通过独占礼器和沟通手段，获得上层人士的社会标记。高炜指出：“虽然当时并无成文法可循，但却存在某种约定俗成的‘规则’，使贫富、高下、贵贱在墓葬形制和随葬品方面表现得如此判然有别而又井然有序。有关的‘规则’，实则是已经并非完全处在萌芽状态的‘礼制’。”①

因此，仪礼转型为早期政治秩序的形成提供了意识形态基础。祭祀仪式被认为是古礼的主要源头。郭沫若说，“大概礼之起起于祀神，故其字后来从示，其后扩展而为对人，更其后扩展而为吉、凶、军、宾、嘉的各种仪制。

---

① 高炜.龙山时代的礼制[M]//《庆祝苏秉琦考古五十五年论文集》编辑组.庆祝苏秉琦考古五十五年论文集.北京：文物出版社，1989：239-240.也有学者认为龙山时代的礼器还不适合说成为制度，原因是地域分歧性还很强，不相为用，与商周青铜礼器比较，尚不够普遍化，比如在龙山文化系统中，不论陶寺文化的龙盘鼓磬、山东龙山文化的蛋壳黑陶，还是良渚文化的玉琮，甚至在同一地区或文化类型中都尚未出现明显的差序格局。参见杜正胜.从三代墓葬看中原礼制的传承与创新——兼论与周边地区的关系[M]//中国社会科学院考古研究所.中国商文化国际学术讨论会论文集.北京：中国大百科全书出版社，1998：220.

这都是时代进展的成果”。[①] 王国维对此持相同观点。[②] 政治学者福山则认为,在早期社会,宗教在社会组织走向复杂一事上,扮演了至关重要的角色。没有宗教,很难想象人类社会会超越团队的水平,它是凝聚社会的源泉。[③]

仪礼转型不仅是人类传播活动的自然进程,而且是国家起源时代走向社会秩序和文化统合的必然路径。按照传播学者凯瑞的说法,“传播的起源及最高境界,并不是指智力信息的传递,而是建构并维系一个有秩序、有意义,能够用来支配和容纳人类行为的文化世界”[④]。那么,带有官方意志标记的仪式转型——“绝地天通”(或仪礼独占)恐怕就是中国古代传播政策的起源。

① 郭沫若.孔墨的批判[M]//郭沫若.十批判书.北京:中国华侨出版社,2008.

② 王国维.释礼[M]//王国维.观堂集林.石家庄:河北教育出版社,2003.

③ 福山.政治秩序的起源[M].毛俊杰,译.桂林:广西师范大学出版社,2012:37-38.

④ 凯瑞.作为文化的传播[M].丁未,译.北京:华夏出版社,2005:7.

第二章
巫祝[1]时代:明命鬼神为黔首则

中国古代传播政策的核心在于树立政教。古史中的虞舜时代出现了比较明显的政教崛起迹象。祭祀仪式中的乐与舞在“祭上帝”“明帝德”的基础上发展出新的意义,那就是被后世称为“天命”的政权合法性的象征。自夏启开始,成为领导者的依据不是蒙昧时期的能力标准,而是更符合巫祝时代世界观的“天命”及其相应的礼制。

考古材料方面,走向初期国家的曙光在二里头文化中显现。“礼仪建筑”(宫殿等)、礼器群、礼器生产和分配制度等反映礼制完善程度的指标趋于齐备,以仪礼为基础的等级制已经逐步成型。以二里头文化为先导,青铜文化在殷商达到极盛。青铜礼器在形制上更复杂和丰富,负载了更多的符号功能,尤其是纹饰和铭文的运用,强化了礼器的身份指向和权力象征。

巫与巫教对于文字和意识形态的垄断应是文化转折(从神话到历史)时期的真实情况。巫史在创制文字、强化文化话语权的同时,终结了中国的神话时代。以巫为主导的殷人祭祀活动分为三类,即天帝崇拜、自然崇拜和祖先崇拜。卜辞所见,商末已经存在初步划分嫡庶贵贱的宗法制。伴随着古代国家的形成,国王在神权和王权的加持下获得了垄断物质与精神资源的绝对权力。

---

① “祝”者咒也,本是巫医治疗疾病的一种方法。《灵枢·贼风》中说:“黄帝问曰:其祝者而已者,其故何也?岐伯曰:先巫者,因知百病之胜,先知其病之所从者,可祝而已矣。”这就是中医的祝由之法。后流变为“祭主赞词”(《说文》),孔颖达认为“读策告神谓之祝”。“巫祝”也是上古事神之人的统称。

第一节 古史:巫行教化

五帝到夏商的千年间,部落(后为城邦)之间的征伐不断。与此同时,它们互相之间的交流和融合也在缓慢地进行着。《尚书·大禹谟》记载,虞舜统治时期,有苗(三苗)再次作乱。此时,虞舜已经衰老,于是派刚刚摄政的夏禹去讨伐:

> 正月朔旦,受命于神宗,率百官若帝之初。帝曰:"咨,禹!惟时有苗弗率,汝徂征。"禹乃会群后,誓于师曰:"济济有众,咸听朕命:蠢兹有苗,昏迷不恭,侮慢自贤,反道败德;君子在野,小人在位,民弃不保,天降之咎。肆予以尔众士,奉辞伐罪。尔尚一乃心力,其克有勋。"
>
> 三旬,苗民逆命。益赞于禹曰:"惟德动天,无远弗届。满招损,谦受益,时乃天道。帝初于历山,往于田,日号泣于旻天,于父母,负罪引慝。祗载见瞽叟,夔夔斋栗,瞽亦允若。至諴[xián]感神,矧[shěn]兹有苗。"
>
> 禹拜昌言曰:"俞!"班师振旅。帝乃诞敷文德,舞干羽于两阶,七旬有苗格。

所谓"受命于神宗"应该是在神庙前接受神旨的仪式。禹像舜当年一样,获得了统率百官的权力。禹召集各部落的战士誓师南征,战争持续了三十多天,苗民仍旧顽强抵抗。益劝禹说,只有以德服人方能得到神的庇佑,有苗才会不战而降。于是禹班师回朝。舜对苗倍加安抚,通过仪式展示天意,有苗乃服。① 所谓"舞干羽",包括执"干"的武舞,和执"羽"的文舞。这恐怕就是最早的通过舞乐展示文成武德,显示朝廷的"软实力"。

以"舞干羽"为代表的"诞敷文德"的做法在后世成为宫廷乐舞的主要形式。《史记·孝文本纪》载:"景帝元年十月,诏曰:盖闻古者,祖有功、宗有德,制礼乐各有繇。歌者,所以发德也;舞者,所以明功也。高庙酎[zhòu],奏《武德》《文始》《五行》之舞。"裴骃集解引孟康曰:"《武德》,高祖所作也;《文始》,舜舞也;《五行》,周舞也。《武德》者,其舞人执干戚。《文始》,舞执羽钥。《五行》,舞冠冕,衣服法五行色也。"

这里提到的以歌发德,最早见于帝喾时代。《吕氏春秋·古乐》记载,起初帝颛顼曾经命飞龙作《承云》之乐,"以祭上帝"。到了帝喾时代发生变化,命咸黑歌《九招》《六列》《六英》,又命令捶制造各种乐器,"乃令人抃,或鼓

---

① 从古史记载来看,三苗的屈服只是暂时的,最后连帝舜也死在征伐三苗的途中。《史记》记载"舜崩苍梧之野";《淮南子·修务训》说,"舜征三苗,道死苍梧"。

鼙、击钟磬、吹苓、展管箎。因令凤鸟、天翟舞之。帝喾大喜，乃以康帝德”。其后，帝舜沿袭帝喾的传统，令质修《九招》《六列》《六英》，“以明帝德”。上文帝舜用干羽之舞向有苗“诞敷文德”，应该就是同样用法。帝舜之后，又有夏禹以治水之大功德，“命皋陶作为夏籥《九成》，以昭其功”。上古舞乐本为一体，唐人石倚诗《舞干羽两阶》曰：“干羽能柔远，前阶舞正陈。欲称文德盛，先表乐声新。”就是这个意思。杜佑在《通典》中阐述了上古圣人舞干羽与后世礼乐的关系：

> 乐之在耳者曰声，在目者曰容。声应乎耳，可以听知；容藏于心，难以貌观。故圣人假干戚羽旄以表其容，发扬蹈厉以见其意。声容选和，则大乐备矣。

古史记载，唐尧最早将礼乐作为国之大事，命令大贤掌管。《孔子家语·五帝德》①中说：

> 孔子曰：“高辛氏之子，曰陶唐。其仁如天，其智如神。就之如日，望之如云。富而不骄，贵而能降。伯夷典礼，夔、龙典乐，舜时而仕，趋视四时，务先民始之。流四凶而天下服。其言不忒，其德不回。四海之内，舟舆所及，莫不夷说。

古史传说中，伯夷、夔、龙是五帝时期的贤臣。他们在尧时举用，其中伯夷为大祭司，主管四岳之祀；而夔、龙为乐官，专司舞乐。从他们主司内容上看，巫的色彩相当浓厚。《尚书·舜典》中对帝舜时代礼乐官吏的职责安排还有生动的描述：

> 帝曰：“咨！四岳，有能典朕三礼？”
>
> 佥曰：“伯夷！”
>
> 帝曰：“俞，咨！伯，汝作秩宗。夙夜惟寅，直哉惟清。”
>
> 伯拜稽首，让于夔、龙。
>
> 帝曰：“俞，往，钦哉！”
>
> 帝曰：“夔！命汝典乐，教胄子，直而温，宽而栗，刚而无虐，简而无傲。诗言志，歌永言，声依永，律和声。八音克谐，无相夺伦，神人以和。”
>
> 夔曰：“于！予击石拊石，百兽率舞。”
>
> 帝曰：“龙，朕堲谗说殄行，震惊朕师。命汝作纳言，夙夜出纳朕命，

---

① 此书据唐代孔颖达《礼记正义序》所引郑玄《六艺论》“戴德传《记》八十五篇，则《大戴礼》是也”之说，可推其书成于西汉末，作者为其时礼学家戴德（史称大戴）。学界对于该书的成书年代尚有争议。同样内容可见《孔子家语》卷五“五帝德之二十三”。1973年，河北定县八角廊西汉墓出土的竹简《儒家者言》，内容与今本《家语》相近。关于此书真伪，至今仍有争议。

惟允。”

所谓“三礼”，或曰丧、葬、祭之礼，或曰天、地、人之礼。[①] 四岳（朝臣之首[②]）推荐伯夷作为礼仪、典秩（祭祀）之官。所谓“夙夜惟寅，直哉惟清”，按《朱子语类》的说法，是“人能敬，则内自直；内直，则看得那礼文分明，不糊涂也”。这应该是对祭祀之官的基本要求。朱熹指宋太常寺有“直清堂”之设。可见，掌管宗庙礼仪之机构最早也可上溯到虞舜、伯夷时期。

对于舜的拟议，伯夷一开始并未接受，推荐夔、龙二人。舜不许，另命夔为乐官，以诗乐教训贵族二代，通过音律调和，领会神人和谐之旨。所谓“诗言志，歌永言，声依永，律和声”，是传说中舜规定的文艺创作总原则。

上述记载透露出，伯夷、夔、龙三人的职责，包括典礼祭祀、文艺创作、教育、民情和民意的沟通，这些思想和文化工作被列为官方政务的重要内容。古史中舜的时代，出现了比较明显的政教崛起迹象。与征伐相比，文德教化似乎更被强调，礼乐也在萌芽之中。《史记·五帝本纪》认为舜的时代正是文治之始：

> 皋陶为大理，平，民各伏得其实；伯夷主礼，上下咸让；垂主工师，百工致功；益主虞，山泽辟；弃主稷，百谷时茂；契主司徒，百姓亲和；龙主宾客，远人至；十二牧行而九州莫敢辟违。唯禹之功为大：披九山，通九泽，决九河，定九州，各以其职来贡，不失厥宜，方五千里，至于荒服。南抚交阯、北发，西戎、析枝、渠庾、氐、羌，北山戎、发、息慎，东长、鸟夷，四海之内咸戴帝舜之功。于时禹乃兴《九招》之乐，致异物，凤皇来翔。天下明德皆自虞帝始。

当然，此时的“礼乐”仍处于巫祝文化及“绝地天通”的时代大背景之下，政教处于初级阶段，传播范围也是有限的。古史中的礼乐传播活动，基本上是由上古帝王（大巫）直接主持的，他们都擅长巫的基本功课——“以舞降神”。黄帝之乐为《云门》和《咸池》、炎帝之乐为《下谋》，颛顼之乐为《六茎》，帝喾之乐为《五英》，帝尧之乐为《大章》。沿袭巫的传统，舜和禹本人直接从事乐舞的创作或表演。舜“作五弦之琴，以歌《南风》”，并作《文始》之舞；禹

---

① 参见清代王士禛的《池北偶谈·谈艺六·三礼》：“杨太史用宾《致知小语》云：《周礼》《仪礼》《大戴礼》，曰《三礼》；丧礼、葬礼、祭礼，亦曰三礼；天神、人鬼、地祇，亦曰三礼。”这里提出三种解释，第一种说法显然在此不适用。

② 《尚书·周书》云：“唐虞稽古，建官维百，内有百揆、四岳，外有州牧、侯伯。”孔安国传曰：“尧舜考古，以建百官。内置百揆、四岳，象天之有五行；外置州牧十二及五国之长。上下相维，内外咸治。”孔颖达疏云：“唐尧、虞舜考行古道，立官惟数止一百也。内有百揆、四岳者。百揆，揆度百事，为群官之首，立一人也；四岳，内典四时之政，外主方岳之事，立四人也。外有州牧、侯伯，牧，一州之长；侯伯五国之长，各监其所部之国”。“四岳，职掌天地，当是朝臣之首。”

“乃兴《九招》之乐，致异物，凤皇来翔”[①]。

在上古传说的祭祀舞蹈中，最著名的莫过于禹创造的“禹步”。西汉扬雄《法言·重黎》云：“姒氏治水土，而巫步多禹。”传说中，禹步是“夏禹所为术，召役神灵之行步”。晋朝李轨在注解《法言》时分析，禹在治水的过程中，脚部受伤，因此跛足，民间巫师在祭祀时，一并模仿了祭祀仪式上领舞的禹之跛足步法。今人宋兆麟也判断“禹步”具有“巫舞”性质。[②]

另外，禹的继承人启也有主持巫舞的传说。《山海经·海外西经》说，“大乐之野，夏后启于此舞《九代》，乘两龙，云盖三层。左手操翳，右手操环，佩玉璜”。这里的“翳”是指鸟的羽毛。无论在古史还是民族志中，鸟羽都是巫术仪式的重要道具。《大荒西经》则记载：“西南海之外，赤水之南，流沙之西，有人珥两青蛇，乘两龙，名曰夏后开。开上三嫔于天，得《九辩》与《九歌》以下。此天穆之野，高二千仞，开焉得始歌《九招》。”这里描述的是启上天取得乐舞的故事。

在文字充分发挥传播符号功能之前，以声音、体态为传播形式的歌、乐、舞承担着主要的文化符号功能。比如巫舞的手势就被认为是“举行祈祷祭祀礼仪时作为人与神、神与鬼、鬼与人相互沟通的媒介，传达信息的外在符号，表达思想感情和意图的图像标记”[③]。因此，巫对于乐舞形式的独占，其实也是对符号定义权的垄断。

在走向古代国家的过程中，舞乐逐步被添加了更多的政治意义。《史记·夏本纪》中描述了舜确认禹为继任者之后，夔主持大典的情况：

> 于是夔行乐，祖考至，群后相让，鸟兽翔舞，箫韶九成，凤皇来仪，百兽率舞，百官信谐。帝用此作歌曰：“陟天之命，维时维几。”乃歌曰：“股肱喜哉，元首起哉，百工熙哉！”皋陶拜手稽首扬言曰：“念哉，率为兴事，慎乃宪，敬哉！”乃更为歌曰：“元首明哉，股肱良哉，庶事康哉！”（舜）又歌曰：“元首丛脞哉，股肱惰哉，万事堕哉！”帝拜曰：“然，往钦哉！”于是天下皆宗禹之明度数声乐，为山川神主。

这段话直译大概是：夔指挥乐队演奏，先祖的灵魂降临了，各方诸侯互相揖让。百兽摇摆，箫韶[④]九转，凤凰飞来，百官和谐。帝王和官吏皆有仪式

---

① 史记·乐书.

② 宋兆麟.巫与巫术[M].成都：四川民族出版社，1989：343.

③ 周冰.巫、舞、八卦[M].北京：新华出版社，1993：3.

④ 这里的“箫韶”是历史上流传甚广的宫廷礼乐。鲁昭公二十五年（公元前517年）孔子在齐国欣赏韶乐之后，感慨“不图为乐至于斯”，竟然“三月不知肉味”。如果这里的韶乐指的就是舜韶的话，那么《箫韶》很可能长期作为先秦各朝祭祀、典礼的制式官乐，并有向贵族，甚至民间流传的倾向。

性的话语，天下都认可禹的治理和礼乐秩序，将其认定为天下之共主。从描述的内容看，到这个时候，乐与舞在“祭上帝”“明帝德”的基础上发展出新的意义，那就是被后世称为“天命”的政权合法性的象征。

今人恐怕很难想象作为“巫王”的君主带领众巫在神殿前、宗庙外翩翩起舞的景象。不过从五帝时代到夏、商，这个场景可能一直存在。通过巫的祝祭活动，夏将其掌握的国家政权及权力说成是神授的；商则“率民以事神”①，乃有“天命玄鸟，降而生商”②之说。此时，成为领导者的依据不是蒙昧时期的能力标准，而是更符合巫祝时代世界观的“天命”。天命话语从超自然神上帝、天地神祇、祖先神三大板块式信仰系统中获得营养，进而为后来的帝系叙事提供支持(或者说，为中国古代诸天子提供了证明其合法性的方法论)。宋镇豪提出，夏商时代的乐，是与“礼”一样的社会精神支柱，是借乐舞的形式内容，序贵族集团内部上下尊卑等级之别，是重要的政治典章制度。③

巫教仪式在经历了漫长的征伐和统治经验的洗礼之后，到三代逐步转化为“合鬼与神，教之至也”④的工具。古史中存在“神判法”的记载。《论衡·是应篇》说“觟𧣾者，一角之羊也。性知有罪。皋陶治狱，其罪疑者令羊触之。有罪则触，无罪则不触”。这是说皋陶通过异兽来审案的事。《山海经·海内南经》也记载：“夏后启之臣曰孟涂，是司神于巴人。请讼于孟涂之所，其衣有血者，乃执之。”这也是明显的神判法，是巫“以刑为教”的具体体现。

巫王通过垄断祭祀以及神话阐释，完成了特定环境下巫行教化的制度设计，尤其是成为后世礼乐的主要源头。《礼记》中，孔子详细解释了巫与礼的逻辑关系：

> 明命鬼神，以为黔首则。百众以畏，万民以服。圣人以是为未足也，筑为官室，设为宗祧，以别亲疏远迩，教民返古复始，不忘其所由生也。众之服自此，故听且速也。

孔子将巫与礼结合起来，不过他认为让万民“敬鬼神，畏法令”只是初级阶段，更重要的是“筑为官室，设为宗祧”，即建立宫殿和宗庙，划分等级，建立秩序。“于是乎有天、地、神、民、类物之官，是谓五官，各司其序，不相乱

---

① 礼记·表记.

② 诗经·玄鸟.

③ 宋镇豪.夏商社会生活史[M].北京：中国社会科学出版社，1994：454-460.

④ 礼记·祭义.

也”①。这概括了从巫祝文化走向礼乐文明的历史方向。

第二节 二里头文化的仪礼体制

公元前2000年前后，中原文化迈向早期国家的迹象更加明显，考古材料显示出清晰的文明脉动。1959年，考古学者徐旭生在河南偃师二里头踏查夏墟时发现大型“都邑”遗迹。第二年，考古工作者在二里头文化②发现迄今为止时间最早、规模最大、保存较好的“宫殿建筑夯土基址”③。

“一号宫殿建筑群”基址面积约有1万多平方米。建筑的主体殿堂为平面三间，正对南面有塾房的南大门，东面还有一个独立的居室。四周有廊庑环绕，中间是一宽广的庭院。考古学者许宏认为，这很可能是统治者进行祭祀活动、发布政令的礼仪性建筑。不过究竟是宗庙还是“朝堂”，抑或别的建筑，学界尚无统一意见。④

许宏将“礼仪建筑”作为礼制完善程度的尺度之一。⑤二里头大型夯土台基址(一、二号宫殿)基本确立了后世宫庙类建筑的基本布局：土木结构，形制方正，坐北朝南，中轴对称，封闭式布局。此种建筑模式被解释为“王权的一种象征”⑥。许宏引申说：“中国传统政治的特点是不让看。账本、宫殿、地图都不让看。政治的运作是隐蔽而神秘的，而不是开放的，是不可参与

---

① 礼记·祭义.

② 二里头文化1953年最早发现于河南登封县(现登封市)玉村遗址。至今已经发现的二里头文化遗址不少于250处，经过正式发掘的约50处。依据目前的考古资料判断，二里头文化的分布中心是河南中、西部的郑州、洛阳地区和山西省西南部的运城、临汾地区，向西突入了陕西关中东部、丹江上游的商州地区，南及豫鄂交界地带，往东至少分布到豫东开封地区，北抵豫北沁河岸边。根据碳14测年，该文化存在的时间是公元前1900年至前1500年。根据该遗址的文化特征，考古学者夏鼐认为该文化“即使不是中国文明的开始，也是接近于开始点了”。参见夏鼐.中国文明的起源[M].北京：文物出版社，1985：96.

③ 中国社会科学院考古研究所.偃师二里头：1959—1978年考古发掘报告[M].北京：中国大百科全书出版社，1999：151.美国学者索普认为，将大型的夯土基址简单判定为“宫殿”颇为不妥，他指出只有掌握了遗址中人类活动的充分证据时，才可以判断这些建筑的功能。这样的建筑，不妨称作宫殿式庙宇，可能具有多功能用途。因为参考中国传统的宫殿形式，二里头的宫殿只有一个单一空间的前庭，无法容纳觐见的百官，不符合西周对于廷的描述，所以它可能是某种类似宗庙的建筑。参见陈淳，龚辛.二里头、夏与中国早期国家研究[J].复旦大学学报(社会科学版)，2004(4)：89.

④ 许宏.最早的中国[M].北京：科学出版社，2009：92.

⑤ 许宏.礼制遗存与礼乐文化的起源[M]//中国社会科学院考古研究所夏商周研究室.三代考古(一).北京：科学出版社，2004：21.

⑥ 中国社会科学院考古研究所.偃师二里头：1959—1978年考古发掘报告[M].北京：中国大百科全书出版社，1999：193.

的。表现在政治空间上，就是高墙、围合、封闭、高台、中轴对称的形态，经历代王朝不断演绎，发展到极致便是明清紫禁城。中国传统政治空间的核心特征，在公元前1700年前后的二里头，就已然形成了。”①

考古学视野中礼制完善的另一个尺度是礼器群。② 如前文所说，礼器群可能肇端于龙山期。不过类似群、组的出现并不等于礼制已经形成，还要看社会的中上层是否已普遍使用礼器，并依照等级的高低形成一套使用礼器的规则，包括形成规范而系统的礼器系列。③ 二里头文化因其与商代礼器，尤其青铜礼器的承接性，被认为是三代青铜文化的先导。

二里头文化的礼器遗存同样大部分取于墓葬。④ 考古发掘显示，二里头宫殿区以北集中分布着一些可能与宗教祭祀有关的建筑和遗迹，主要包括高出地表的圆形建筑和低于地面的长方形建筑。许宏判断，高出地表的圆形建筑基址可能是祭坛；低于地面的长方形建筑，可能是古代文献中的祭祀设施“墠”[shàn]。在两类建筑内经常发现有随葬铜、玉礼器的贵族墓。目前已知这片祭祀建筑以及贵族墓集中区东西绵延300多米。此类贵族葬制的主要特征是：“长方形竖穴土圹；以单人仰身直肢葬为主；葬具采用棺椁；以成套的礼乐器随葬；有明显的等级差别，墓葬规模、棺椁的有无和复杂程度以及随葬品的种类和数量与墓主身份成正比。其渊源可上溯至龙山时代”。⑤

由铜器、漆器和陶器组成，用以“明贵贱，辨等列”⑥的礼器群，是二里头

① 李伟.二里头：寻找中国之始[J].三联生活周刊，2012(40).

② 许宏认为礼器有广义和狭义之分，广义的礼器指新石器时代晚期起，以陶器为主的某些器物有脱离日用品而具有某种特殊用途和意义的趋势，并在原始宗教活动中承担了某种功能，这为后来的礼器制度奠定了基础，这些器物与华夏礼乐文明没发现有直接承继关系，或属于那些礼乐文明问世前就退出历史舞台的文化共同体；狭义的礼器则是指与三代礼器群有直接承继关系、作为华夏礼乐制度的物化形式的器物。就目前考古发现而言，这一意义上的礼器仅可上溯至龙山时代，限于少数几支考古学文化。参见许宏.礼制遗存与礼乐文化的起源[M]//北京大学中国考古学研究中心.古代文明：第3卷.北京：北京大学出版社，2004：94.

③ 杜正胜.从三代墓葬看中原礼制的传承与创新——兼论与周边地区的关系[M]//中国社会科学院考古研究所.中国商文化国际学术讨论会论文集.北京：中国大百科全书出版社，1998：220.

④ 丧葬礼比较容易保留相关礼器组合和遗迹，成为考古学上探索古代礼制的主要研究对象。这固然是一种幸运，也是一种无可奈何的局限。

⑤ 许宏.礼制遗存与礼乐文化的起源[M]//北京大学中国考古学研究中心.古代文明：第3卷.北京：北京大学出版社，2004：91.

⑥ 左传·隐公五年.

葬礼制度的特点。礼器群主要包括陶盉[hé]、漆觚[gū]和铜爵的基本组合。[①] 二里头文化是迄今为止发现的最早使用复杂的合范技术生产青铜容器的文化阶段。龙山文化以陶器为主的各形制礼器在二里头文化中呈现青铜化的倾向,包括爵、斝[②][jiǎ]、盉、觚、鼎等多种形制青铜器已经出现。材质、工艺,以及价值的提升似乎意味着礼器的垄断和权威性在不断地加强。有学者指出,二里头遗址三、四期青铜容器的出现,昭示着与国家起源相关的高级祭祀活动的诞生。[③]

以酒器为核心的礼器群,是二里头文化时期礼器的重要特征,成为统治阶层的专属随葬品。以酒器象征身份的现象最早见于大汶口文化,承于二里头文化。在二里头文化的阶层秩序中,下位有鼎、罐、盆、豆等日用陶器,上位则是爵、斝、盉、觚等酒器。酒器成为礼器的基本原因,一般认为是酒的迷幻作用,使得古代人把它当作通神的手段。[④] 由此,墓主人将世俗权力与神权揽于一身的猜测,再次得到证明。三代青铜礼器群皆以爵和斝为代表,成为礼仪当中的重要制度。《诗经·大雅·行苇》有云:“或献或酢,洗爵奠斝。”

在二里头贵族墓葬中,还发现多件随葬铜铃。此类铜铃多放置于墓主人的腰部和手部。1962年出土的铜铃顶部有两个半圆形孔,中间有居中的突出桥形钮,似为悬铃锤之用;1975年出土的铜铃则配有玉铃舌。种种迹象显示,此物应为礼乐结合的标志性象征物,一方面为身份之象征,另一方面更有实际用途,很可能是主持仪式之用。宫本一夫认为,在陶寺文化时期,鼍鼓、特磬、铜铃等乐器,是墓主人具有祭祀权力的标志,是阶层最高者的专属随葬品;二里头文化延续了这种传统,随葬铜铃同样代表了祭祀权,是威权与财富的象征。商周以青铜彝器为中心的青铜文化特征,包括其所代表的社会意义和内涵,大概来源于此。[⑤] 二里头遗址中还出土了陶埙,应该也是用做乐器的。

宫本一夫提出,在二里头文化二期、三期遗址中,墓葬品所显示的阶层

---

① 中国社会科学院考古研究所.偃师二里头:1959—1978年考古发掘报告[M].北京:中国大百科全书出版社,1999;郑光.二里头遗址的发掘——中国考古学上的一个里程碑[M]//中国先秦史学会,洛阳市第二文物工作队.夏文化研究论集.北京:中华书局,1996.

② 斝在陶器中属于炊器类,而不属于酒器,二里头时代,正是因为在日常生活中用处不大,或使用不便,或制造不易,斝才开始较多地用于礼仪,与世俗器相区别,其功用也从炊器类转变为酒器类。换言之,青铜斝的出现与礼制直接相关,很可能是下葬时需要使用的礼器。参见李朝远.二里头文化的青铜斝[M]//李朝远.青铜器学步集.北京:文物出版社,2007:194-195.

③ 梁宏刚,孙淑云.二里头遗址出土铜器研究综述[J].中原文物,2004(1):36.

④ 许宏.最早的中国[M].北京:科学出版社,2009:110.

⑤ 宫本一夫.铜铃:早期青铜器文化缩影[N].中国社会科学报,2011-05-12.

至少存在五个级别:没有或极少随葬品的为最下级;用基本日用陶器随葬的为高级;没有日用陶器,陪葬酒器的为再高一级;除陶制酒器组合外,还伴有玉器的为更高级;陪葬青铜礼器、铜铃、酒器、玉器、漆器的为最高级。他提出,中原青铜器是作为一种身份标志或是仪礼制度及礼乐的道具发展形成的。二里头文化把青铜器的位阶标志发展到更高的水平,而且标志着上层阶层地位的青铜礼器,仅见于二里头遗址。到二里头文化四期,在其他地区比如河南荥阳、新郑、洛宁,安徽肥西等地都发现爵、斝、铃等青铜器,这意味着青铜礼器的阶层秩序范围得到空间上的扩展。①

二里头遗址发现了最早的铸铜作坊的痕迹。宫殿区南侧发现有坩埚碎块、陶范、铜渣和浇铸台等。考古工作者判断此地为一处铸铜作坊。1980年,该处周边又发现残存的两段宽约1米的夯土墙。东西一段长100米,南北一段长80米。根据测算,此夯土墙的建造时间应早于宫殿基址。许宏推测,如果这段夯土墙的功能是封闭作坊区的话,那么说明生产青铜器和绿松石器等礼器的地点,很可能被列为"国之禁地",进行了严密的保护。这种格局不仅意味着当权者垄断了礼器制品的生产与分配,而且透露出礼器在国家政治格局中占据着重要地位。② 宫本一夫则提出,这说明二里头文化的首领在仪礼制度上采取的也是一元化管理。③ 如果情况真是如此,那在某种程度上,《礼记》中"礼不下庶人"的情况在二里头文化就已出现了。

在宫殿夯土基址上还发现有祭祀用的墓葬。二里头遗址墓葬呈现出新的形态。遗址内罕见统一安排死者的公共墓地,墓葬散布于宫室之内、居所近旁、房基路面之下。许宏认为,此种情况可能意味着此地居民间彼此缺乏直接的血缘关系。他进一步推论说,这可能是一处早期的移民城市,"二里头遗址的人口是由众多小规模的、彼此不相关联的血亲集团所组成,同时他们又受控于一个城市集合体"④。

种种迹象表明,二里头文化(尤其是二期、三期)时期,以保证阶层体制的仪礼为基础建立的等级制已经逐步成型。⑤ 从地层关系以及碳14的测定可知,该文化应该晚于龙山,早于殷商。按照古史分期,对应传说中的夏代。不过,夏在没有同时代文字材料发现的情况下,作为一个王朝的存在还无法

---

① 宫本一夫.从神话到历史[M].桂林:广西师范大学出版社,2014:344-346.

② 李伟.二里头:寻找中国之始[J].三联生活周刊,2012(40).

③ 宫本一夫.从神话到历史[M].桂林:广西师范大学出版社,2014:346.

④ 许宏,刘莉.关于二里头的省思[J].文物,2008(1):47.

⑤ 宫本一夫.从神话到历史[M].桂林:广西师范大学出版社,2014:348.

得到证明。[①] 于是，许宏将二里头文化称为“最早的中国”[②]；宫本一夫则描述为“走向初期国家的曙光”[③]。

第三节 先鬼后礼：殷墟和卜辞中的祭祀

1975年冬，在全国农业学大寨运动的火热氛围中，河南安阳小屯村社员筹划平整村北100米处的一片岗地。此前，小屯北地曾发现殷代房屋遗存和玉、石圆雕物品数件。考古人员判断，这块未经发掘的岗地，极可能埋藏有殷代文化遗存，于是在1976年春抢先对其进行发掘。在一座殷代房基之下，发现了殷王武丁的配偶妇好之墓（当时称五号墓）[④]。

此时，距离殷墟的第一次发掘已经过去了近半个世纪。位于河南安阳小屯的殷墟是中国历史上第一个有文献可考，并被甲骨文证实的都城遗址。《古本竹书纪年》记载，自盘庚徙殷到商纣灭亡的273年间，商朝一直以此为都。[⑤] 王国维则根据甲骨卜辞的内容，考证商王世系是可信的，并认定《竹书纪年》之说符合历史事实。殷墟从1928年开始发掘，在发现的众多墓葬中，只有妇好墓是可与甲骨卜辞相印证、可确切断定墓主与墓葬年代且未遭盗掘、保存完好的王室墓。[⑥]

“妇好”是殷商晚期地位显赫的人物，其在武丁期卜辞中的记录多达170多条。据考证，她是殷王武丁的三个法定配偶之一，庙号为“辛”，即乙、辛周祭祀谱中的“妣辛”。生前参与国家大事、从事征战、主持祭祀等，很可能兼有巫的身份。此墓随葬器物1 928件，其中青铜礼器210件。在这些礼器当中，最醒目的是一对后母辛方鼎。根据鼎中铭文“后母辛”考证，此鼎或是妇好的母族为其所做的祭器。此鼎比1939年出土的后母戊大方鼎略小，但是功能应该是相同的，都是为了祭祀位高权重的“母权”人士。

鼎在古史中的地位非同一般，被描述为国家和天命的象征。对鼎的解释，最早见于《左传·宣公三年》：

> 昔夏之方有德也，远方图物，贡金九牧，铸鼎象物，百物而为之备，使民知神、奸。故民入川泽山林，不逢不若。螭魅罔两，莫能逢之，用能

---

① 许宏，刘莉.关于二里头的省思[J].文物，2008(1)：49.

② 许宏.最早的中国[M].北京：科学出版社，2009.

③ 宫本一夫.从神话到历史[M].桂林：广西师范大学出版社，2014：313-348.

④ 中国社会科学院考古研究院.殷墟妇好墓[M].北京：文物出版社，1980：1.

⑤ “自盘庚徙殷，至纣之灭，二百七十三年，更不徙都”，见范祥雍.古本竹书纪年辑校订补[M].上海：上海人民出版社，1957：21.

⑥ 中国社会科学院考古研究院.殷墟妇好墓[M].北京：文物出版社，1980：1.

协于上下以承天休。桀有昏德，鼎迁于商，载祀六百。商纣暴虐，鼎迁于周……

这里说的是“鼎”所负载的权力象征和政教意义。其所描绘的“远方图物”“铸鼎象物，百物而为之备，使民知神、奸”，实为鼎的传播功能和价值。这一点，在春秋及以后的传播实践中逐步实现，这里暂不展开。至于鼎的政治意义，各朝都有类似《左传》的说法。比如《汉书·郊祀志》：

闻昔泰帝兴神鼎一，一者一统，天地万物所系象也。黄帝作宝鼎三，象天地人。禹收九牧之金，铸九鼎，象九州。皆尝鬺享上帝鬼神。其空足曰鬲，以象三德，飨承天祜。夏德衰，鼎迁于殷；殷德衰，鼎迁于周；周德衰，鼎迁于秦；秦德衰，宋之社亡，鼎乃沦伏而不见。

国家重器，天地所象，惟有德者得之。这就是中国古代文化中“鼎”所包含的政教意义，而其源头就在殷商的青铜时代。青铜彝器（礼器）到晚商已经发展成熟，大体分食器、酒器、水器、乐器四大类，形制上更复杂和丰富，负载了更多的符号功能。比较突出的就是纹饰和铭文的运用。以妇好墓青铜器为例，动物纹和几何纹兼用、纹上加纹的设计已经非常普遍。动物纹包括非写实的饕餮、夔、龙、凤、怪鸟、怪兽和写实的虎、牛头、蛇、鸱鸮[chī xiāo]、鸟、鱼、龟、蝉、蚕，并有少量人头纹。几何纹包括雷纹、云纹等。①

饕餮为上古凶兽，有首无身。② 饕餮纹（有学者称为兽面纹）最早见于良渚文化的陶器和玉器，带有浓厚的巫术背景。青铜器上使用饕餮纹见于二里岗文化，③应是从陶器和玉器形制中转化而来的。殷墟时期饕餮纹被大量使用在青铜祭器、礼器之上，它融合了人面与兽面的特征，线条峻厉，给人以神秘、森严之感。李泽厚说这是巫的杰作，是对原始力量的符号幻想。④ 至于商周青铜器上的大量动物纹样，张光直推测，动物是巫师用来沟通天地的助手，将这些动物刻画在巫师作法的青铜器之上，就是为了辅助巫师以法器

---

① 中国社会科学院考古研究院.殷墟妇好墓[M].北京：文物出版社，1980：18-19.

② 《吕氏春秋·先识览》说，“周鼎著饕餮，有手无身，食人未咽，害及自身”。

③ 商代前期遗址。1950 年秋，郑州市东南郊二里岗建设工地发现磨光石器和绳纹陶片。1951 年，夏鼐带领考古队进行挖掘考察后，根据南关外所采集的标本，确认此“属于殷代的遗址”。在地层关系上，此类遗存（尤其是人民公园遗址）叠压在龙山文化之上、殷墟文化层之下，应属于商文化。1954 年，学者将这个商代前期的遗存称为“二里岗文化”。20 世纪 60 年代，在郑州市内发现了商代城址，城墙周长 6 960 米，面积约 25 平方千米，是所发现的商代前期规模最大的城址，被学界称为“郑州商城”。在该城附近发掘出青铜器、骨器和陶器的作坊遗址，并出土了大量青铜器和玉器。《郑州商代城遗址发掘报告》认定其为一座二里岗文化时期的商代前期“都邑”。宫本一夫认为，在该城的东北角除存在宫殿区外，还设有园池，“宫殿和园池是东亚都城构造的原点，两者的存在说明当时王权已经建立”。

④ 李泽厚.美的历程[M].北京：文物出版社，1981：36-37.

沟通鬼神。这些青铜器制作困难，只有统治阶级才做得起，也是战争抢夺的对象。能够独占青铜器的人，就获得了政治权力。因此在《左传》中出现“九鼎”的说法也是一种很自然的演化。①

值得一提的是，日本学者平尾良光运用荧光 X 射线的铅同位素比值分析法，根据青铜器的成分推测其产地，发现二里头文化青铜器的原材料出产于华北及黄河下游地区，而二里岗文化以后的青铜器还使用四川等长江上游地区所产铜矿石。② 这一方面说明商王朝青铜铸造业的地位和规模，另一方面也反映了商王朝的广域统治和前所未有的领导力、组织力。商代后期，青铜文化的分布范围几乎涵盖了整个中国大陆。③

青铜铭文的出现强化了礼器的身份指向和权力象征。为青铜器铸铭文的做法始现于殷墟文化。妇好墓出土的不少礼器和少数乐器、武器上铸有铭文。商代青铜器铭文是金文的源头，④是与甲骨文同时期的中国最早的文字。商代铭文最常见的内容是族氏铭文、族氏铭文加祖先称谓，单纯的“某作某器”等。商代晚期青铜器上则出现了长达 50 字的记事铭文。记事内容包括赏赐、周祭、行猎、巡视等情况。其中以赏赐仪式为核心。赏赐物一般为贝、玉、祭肉等；赏赐的场所有宗庙、寝宫、军舍等；赏赐者为商王、王子或者职司。⑤

大量的青铜礼器和随葬只是王陵祭祀的一个方面。1976 年春，在安阳武官村北殷王陵区，发现了 250 座商代祭祀坑，在发掘出的 191 个祭祀坑中，共埋有奴隶 1 178 人。从人骨的情况观察，凡成年者都是处死后扔进坑中的，凡少年和儿童都是被活埋的。

人牲（人祭）的情况最早见于龙山文化时期。⑥ 河南登封王城冈的一处灰坑中有 7 副人骨架，处于两层夯土之间，研究者认为其是奠基礼用的人牲。⑦ 二里头遗址宫殿建筑附近的灰坑中，也发现了非正常埋葬的人骨形态，据推测是举行与宫殿建筑有关的宗教仪式时的人牲。到二里岗文化先商时期，人牲的现象更为普遍。商代的人牲祭祀，以武丁时最盛行。⑧ 甲骨

---

① 张光直.商周青铜器上的动物纹样[J].考古与文物，1981(2)：53-68；张光直.中国古代王的兴起与城邦的形成[M]//张光直.中国考古学论文集.北京：生活·读书·新知三联书店，2013：393-394.

② 宫本一夫.从神话到历史[M].桂林：广西师范大学出版社，2014：360.

③ 李伯谦.中国青铜文化结构体系研究[M].北京：科学出版社，1998：17.

④ 严志彬.商代青铜器铭文研究[M].上海：上海古籍出版社，2013：导言.

⑤ 严志彬.商代青铜器铭文研究[M].上海：上海古籍出版社，2013：337-344.

⑥ 一说大汶口文化时期。

⑦ 河南省文物研究所，中国历史博物馆考古部.登封王城冈与阳城[M].北京：文物出版社，1992：39-42.

⑧ 晚商人牲祭祀的使用逐渐减少，甚至少于后来的西周、春秋时期。

中有人祭内容的卜辞 1 992 条,使用人牲数量不少于 14 000 人,其中武丁时期祭祀就用了 9 021 人,最多一次祭用了 500 个人牲。[①]

如果说商代青铜礼器是威严之中带有“狞厉之美”[②]的话,那么各种祭祀仪式上的人牲则完全是残忍和暴虐的体现,是统治阶层在神权背书下宣示其生杀予夺特权的祭礼。张光直特别指出,青铜时代的人牲,“是通过把异族人当作牺牲,以促进群体的团结,同时提高王的权威。随着王权的发展,在另一方面这种敌视和歧视异族的意识也作为一种维持社会组织的社会机能发挥着作用”。他的依据是,在甲骨卜辞中,有北方名为“羌”的部族被俘获并用作牺牲的记载。不过日本学者岛帮男考证之后提出,以卜辞为基础的“人牲说”是“从字释角度派生的臆说,而未从卜辞的用法上得到确证”。[③]

对商代祭祀的更完整和确切的记录呈现在商代官方档案——甲骨卜辞之中。甲骨文的发现要早于殷墟的发掘。1899 年,时任清廷国子监祭酒的王懿荣在一味中药“陈龟板”(安阳当地称“龙骨”)上发现契刻文字。作为金石学家,他考证其为殷商时代的文字,并收集了第一批甲骨。之后,考古学者罗振玉调查出甲骨出土的地点就在河南安阳的小屯村。这才有了后来殷墟的发掘。从 1928 年到 1937 年的 10 年间,国立中央研究院历史语言研究所考古队共进行了 15 次发掘,获字甲 24 900 多片。[④] 由于刻卜辞的甲骨只集中出于安阳,学界认为甲骨卜辞很可能是殷代王室的内部档案。[⑤]

甲骨文是中国迄今为止发现最早的成系统文字,但它应该不是中国最早的文字。各地新石器时代遗存中多有早于殷商时代、近似文字的刻画符号出现,比如河南舞阳贾湖遗址的甲骨契刻符号(距今 8 000 年左右),安徽蚌埠双墩遗址的刻画符号(距今 7 000 年左右),浙江省平湖市庄桥坟遗址出土的良渚文化刻画符号(距今 5 000 年左右),等等。这些符号因为不具系统性,目前只被视为“记事符号”。宋兆麟还提出有两种符号与文字起源有密切关系:一种是仰韶文化陶器上的刻画符号;另一种是大汶口文化陶尊上的象形文字。他同时提出,“文字即刻在陶尊上,且多涂有红色,均具有祭器的特征”。[⑥]

文字的出现和使用应该与巫和巫教有着内在的关联性。关于文字的起

---

① 胡厚宣.中国奴隶社会的人殉和人祭[J].文物,1974(8):45.

② 李泽厚.美的历程[M].北京:文物出版社,1981:37.

③ 岛帮男.殷墟卜辞研究[M].濮茅左,顾伟良,译.上海:上海古籍出版社,2006:644.

④ 彭秀良.安阳殷墟发掘的前前后后[J].文史精华,2011(2):37-43.

⑤ 陈梦家.殷墟卜辞综述[M].北京:中华书局,1988:636.

⑥ 宋兆麟.巫与巫术[M].成都:四川民族出版社,1989:316.考证参见邵望平.远古文明的火花——陶尊上的文字[J].文物,1974(1):74-76.

源，主流历史观一直存在“群众创造文字”的说法。但是从甲骨文产生的情境来看，事实并非如此。李先登在《试论中国文字的起源》中提出：“文字是社会公认的一大批有一定的形、音、义的符号，人们不可能生而知之，也不能人人都来创制。文字必须经过专门学习才能掌握，文字必须有专门的阶层掌握、记录与世代教授、流传。……根据文献记载，这批人可能就是古代的巫史。虽然‘黄帝之史仓颉’不见得实有其人，但文字确是古代专门的知识阶层创制产生的，从陶符到文字是一个质变，文字的产生是一个创造的过程，而那种简单地认为文字是群众创造的观点是片面的，不符合历史实际的。”①宋兆麟也从民族学的角度考证许多民族的文字是由巫师发明和使用的：“最早的文字是巫师创造的，早期文字是巫师文字。”②

巫与巫教对于文字和意识形态的垄断应是文化转折（从神话到历史）时期的实际情况。巫史在创制文字、强化文化话语权的同时，终结了中国的神话时代，让我们第一次从同时期的文字记载中，获得了商代王室祭祀的实际情况。殷人不问苍生问鬼神，“率民以事神，先鬼而后礼，先罚而后赏”的统治观得到了卜辞的证实。

所谓卜辞，是刻画在龟甲和牛胛骨上的商朝王室的占卜记录，“卜问的内容以有关于自然神祇与祖先祭祀的最多，卜问祭祀的日期、用牲的种类和数目；有关于风、雨、日食等天象天变的；有关于年成与耕作的；有关于对外战争与边鄙入侵的；有关于时王的田猎、出行、疾病、生子等的；以及有关于今夕来旬吉凶的卜问。”③

陈梦家将殷人祭祀活动分为三类，即天帝崇拜，崇拜上帝及其臣正；自然崇拜，崇拜土地诸祇；祖先崇拜，祭祀先王、先妣等。④ 岛帮男借鉴前人成果，将殷王室的祭祀活动分为对先王先妣的“内祭”和对自然神（主宰自然现象或使自然物神格化）、高祖神（殷氏远祖）及先臣神（使先臣神格化）的“外祭”⑤。

祖先崇拜是殷王室祭祀活动的核心内容。20 世纪 40 年代中叶，董作宾通过卜辞记载发现，殷人祭祀祖先是有一定制度的，即以五种祀典（五祀）按照一个既定的祀序，对自上甲以来的祖先进行周而复始的、连续不断的祭祀（周祭）。可以说是每天必祭、每旬必祭、每年必祭。周祭中先王祀序与王位

---

① 李先登.试论中国文字的起源[J].天津师范大学学报，1985(4)：75-79.

② 宋兆麟.巫与巫术[M].成都：四川民族出版社，1989：315.

③ 陈梦家.殷墟卜辞综述[M].北京：中华书局，1988：636.

④ 陈梦家.殷墟卜辞综述[M].北京：中华书局，1988：646.

⑤ 岛帮男.殷墟卜辞研究[M].濮茅左，顾伟良，译.上海：上海古籍出版社，2006：96-343.

序列的一致性证明,商代已经十分注重传统之法,并通过祭祀形成礼制,为世俗权力提供合法性来源。在周祭中有"示册"的祭仪,就是将先祖先妣的名号、五祀及祭日之祀的祀典献给神灵,这是与世俗权力互为表里的神授仪式。

王国维在《殷周制度论》中断言殷商没有嫡庶及宗法。这种观点被卜辞材料所动摇。周祭中先王先妣的祭祀次序显示,先王无论直系、旁系,甚至那些曾立为太子、但未即位者都予以祭祀;先妣却是有选择进行祭祀的,即只有直系先王的配偶,并曾立为正后者才能入祀,祭祀次序的安排又都是以所配先王的祭祀次序排列的;另外对近世直系先王还特别进行单独祭祀,先妣则无此待遇。有学者指出,这些都说明到了商代晚期,女性的社会地位已大大地低于男性,这时已有了贵贱嫡庶的宗法制了。①

为这种宗法制提供支持的,就是更为复杂和制度化的祀礼。日本学者岛帮男结合诸家释义,对卜辞使用祖先祭(五祀)的祭祀用语和用法进行考证,概括了如下十数种祭礼②:

示册:献典册于神(典册中为殷人先祖先妣的名号,五祀及祭日之祀的祀典)。

升:祭仪名,祭祀山川丘陵。

岁:载牲之义,内祭外祭祭礼用语。

絜:禋祀,升烟(香气)祭天。

夕:前夕祭。

祼:灌酒。

酒:供酒。

牢:牺牲。

古:求福的祭祀用语。

奏:"登歌"舞乐。

食:上供(与牢相同),以干肉上供。

冒:以肉祭祀。

往:进酒。

酱:进以肉糜。

告:告知以方国来寇、征伐、田游、出步、虫害、疾病、王尤、妖孽等。

衣:合祭先王之礼。

---

① 常玉芝.商代周祭制度[M].北京:中国社会科学出版社,1987:307.

② 这里所列举的祭法名称是与甲骨文所对应的后世文字,是岛帮男根据各家释义加以考证确定的。

御:害患之禁的祭礼。[①]

外祭的祭祀用语与内祭大致相同,另有若干用语不见于内祭。如"沈",沉牛于水中,是祭川的祭仪;"瘗",瘗埋,祭地之仪。[②] 内、外祭之分缘于祭祀对象的不同,某种程度上也是对仪式传播的形式和范围加以限定。内祭后来成为宗庙之祭,是在专用屋宇之中祭祀帝王或诸侯的祖先;外祭则演变为祭祀上帝、天、地、山川、先古的五祀。由卜辞所见,商代宗庙建筑也有功能区分,如东室、南室、大室、小室等是祭祀之所;宗、家、室、亚等是藏主之所。立于宗庙的先王的神主,被称为"示",示又有大小之别,"大示"是直系先王,"小示"是包括旁系先王的。大示常用牛牲,小示常用羊牲。

王国维提出,殷周制度之间的关系是政治和文化的突变,是"旧制度废而新制度兴,旧文化废而新文化兴"[③]的转折。这种说法虽为古史所支撑,但是当今学者通过新的考古材料,尤其是考证甲骨卜辞后认为,商周之间的继承性同样是很重要的一方面。所谓"尊尊之统""亲亲之义"的礼教实践在殷商时代已经初步开始了。[④]

巫祝文化到殷商时期走到了顶点。常玉芝认为,"宗教在商人社会中占有绝对的统治地位"。[⑤] 由卜辞所见,当时的王室活动、国家政事、征伐决定皆发之于鬼神(占卜),应之于鬼神(祭祀)。古史中也不乏类似记录,比如《尚书·盘庚》中,盘庚在迁殷之后发表的演说就提到"肆上帝将复我高祖之德,乱越我家。朕及笃敬,恭承民命,用永地于新邑。肆予冲人,非废厥谋,吊由灵各;非敢违卜,用宏兹贲"。意思是,迁都的大计划来自占卜,传达的是上帝的意旨,我可不敢违背。由《盘庚三篇》反映的情况来看,迁都的阻力主要来自贵族和官员,民众虽有意见但是不成气候。所以盘庚在说服前者的时候,多方阐释自己的理由,包括占卜带来的上帝意旨;而对于后者,他直接恫吓说,"乃有不吉不迪,颠越不恭,暂遇奸宄,我乃劓殄灭之,无遗育,无俾易种于兹新邑"。意思是让行为不轨的人断子绝孙。对待不同的对象,商王的说服策略也有不同。

伴随着古代国家的形成,国王在神权和王权的"加持"下获得了绝对的权力。鬼神世界观与更加系统和制度化的祭礼制度为这种权力提供了思想支持。由于其一直贯彻借助神鬼力量的恐吓政治,自然导致了民风"荡而不

---

① 岛帮男.殷墟卜辞研究[M].濮茅左,顾伟良,译.上海:上海古籍出版社,2006:481-579.

② 岛帮男.殷墟卜辞研究[M].濮茅左,顾伟良,译.上海:上海古籍出版社,2006:660.

③ 王国维.殷周制度论[M]//王国维.观堂集林.石家庄:河北教育出版社,2003.

④ 商中期以前,王位继承沿袭的是兄终弟及制,之后则演变为父死子继制。《吕氏春秋》记载纣王是以嫡长子身份继承王位,说明商代末年或已形成嫡长子继承制。

⑤ 常玉芝.商代周祭制度[M].北京:中国社会科学出版社,1987:307.

静、胜而无耻”[①]的结果。“不问苍生问鬼神”的残暴统治,不仅导致了殷商的灭亡,还为周公制礼提供了合法性和元政策基础,进一步催生了“上以风化下”的礼乐文化。

① 礼记・表记.

第三章
观风化俗：先秦早期的朝野对话

政治秩序初步形成以后，传播政策因官方教化和民间批评的互动而深入和具象化。林语堂提出："即便是在君主专制政体下，中国的马儿也一直在坚持同骑师对话。"①这种朝野对话正是新型传播政策得以构建和发展的原动力。

一方面是"上以风化下"。官方垄断祭祀仪式，歌、舞、乐带上了政教（乐教）色彩。周公制礼作乐，孔子"迩之事父，远之事君"的"诗教"活动将文艺推上了政治的祭坛，并改变了礼不下庶人的状况。在这个阶段，官方的传播政策很大程度上体现为文艺的政教化。

另一方面是"下以风刺上"。民谣和讽刺诗是早期民间批评的主要形式。通过采诗官的"采诗"和乐工（太师）的"陈诗"，"舆人之诵"得以出现在朝堂。采诗官和太师因此被认为是最早的记者和编辑。

官方在通过采诗了解民情的同时，更通过赋颂歌赞的形式来达到"上风化俗"的目的。"观风"与"化俗"并行，是西周官方传播政策的显著特点。

---

① 林语堂.中国新闻舆论史[M].刘小磊，译.上海：上海人民出版社，2008：4.

第一节　上以风化下：周公制礼与孔子诗教

帝辛（商纣）五十二年十二月，周武王在孟津大会诸侯，作《泰誓》[①]举兵伐殷："今殷王纣乃用其妇人之言，自绝于天。毁坏其三正，离遏其王父母弟，乃断弃其先祖之乐，乃为淫声，用变乱正声，怡说妇人。故今予发维共行天罚。勉哉夫子，不可再，不可三。"[②]此前因纣王无道，"殷之大师、少师乃持其祭器奔周"。[③] 帝辛（商纣）五十三年正月，武王率诸侯之兵与纣师决战于牧野。

周人问鼎后，改变殷人"先鬼而后礼"的统治模式，"尊礼尚施，事鬼敬神而远之"[④]，开启了中国的礼乐文明。其中的标志性事件，就是周公制礼作乐。周公（姬旦）是周文王四子、武王姬发之弟，协助武王伐纣，功勋卓著。武王去世后，成王年幼，周公摄政七年。"一年救乱，二年克殷，三年践奄，四年建侯卫，五年营成周，六年制礼乐，七年致政成王。"[⑤]周公制礼的经过，《尚书・大传》这样描述：

> 周公将作礼乐，优游之三年，不能作。君子耻其言而不见其从；耻其行而不见其随。将大作，恐天下莫物品知；将小作，恐不能扬父祖功业德泽。然后营洛以观天下之心。于是四方诸侯率其群党，各攻位于其庭。周公曰，"示之以力役且犹至，况导之以礼乐乎？"然后敢作礼乐。书曰："作新大邑于东国洛，四方民大和会，此之谓也。"

周公制礼是政治和道德秩序的重构。这里的"优游"应作"犹豫"解。周朝建立之初局势不稳，周公摄政的前三年一直忙于讨伐管蔡和淮夷；除此之外，周公还面临着合法性危机。周公的兄弟管叔、蔡叔散布流言说，周公觊觎成王的王位，太公望和召公奭[shì]对此将信将疑，这就是史上所谓的"周公恐惧流言日"[⑥]。在这种情况下，周公对作礼乐非常谨慎。于是先完成了

---

① 帝王文告在古史叙事中源远流长。传说中，夏启伐有扈氏作《甘誓》，胤侯伐羲和作《胤征》，商汤讨伐夏桀作《汤誓》；牧野之战后，武王有《牧誓》，周公还有《大诰》等。这些都是官方为解释征伐目的，标榜奉天伐罪所作的文告，即战前动员。这些文告的发布与相应的占卜、祭告仪式一起，成为最早的政治传播的事例。

② 史记・周本纪.

③ 史记・殷本纪.

④ 礼记・表记.

⑤ 王闿运.尚书大传补注[M].北京：中华书局，1991.

⑥ 白居易《放言五首之三》云："周公恐惧流言日，王莽谦恭未篡时。向使当初身便死，一生真伪复谁知？"

三件大事：一是平定了殷商遗害和淮夷之乱（克殷、践奄）；二是建立了分封制（建侯卫）；三是迁都洛邑（营成周）。

周朝坐稳天下，分封制是关键。武王灭商后，臣服六百五十二国，动乱隐患犹存。周公在摄政的第四年，"立七十一国，姬姓独居五十三人焉。周之子孙，苟不狂惑者，莫不为天下之显诸侯"。这就是所谓的"封建亲戚，以藩屏周"。[①] 班固评价此封土建君之制"关诸盛衰，深根固本，为不可拔者也"[②]。

管蔡、淮夷之乱说明周朝对于东部的控制非常薄弱。西周的疆域东至于海，而都城远在丰镐（又称宗周，今西安附近），迁都势在必行。周公于是问卜于神。《史记》载："周公复卜申视，卒营筑，居九鼎焉。曰：'此天下之中，四方入贡，道里均'。""营洛"既是时势需要，也是周公官观验"天下心"的手段。周公将都邑建设任务分派给诸侯，诸侯率其手下各就其位。周公看到这个情景，认为颁布礼乐的条件已经成熟了。

《礼记·明堂位》记载："六年诸侯朝于明堂，制礼作乐，颁度量，而天下大服。"其实在周公摄政的前五年，制礼的基础工作基本完成，包括前面的封建之制以及都邑之制都是其中的内容。"明堂朝觐"只是水到渠成地颁布典章和确立礼乐制度。周公"制礼作乐"的具体内容，各家有不同概括。王国维解读为：

> 欲观周之所以定天下，必自其制度始矣。周人制度之大异于商者，一曰立子立嫡之制，由是而生宗法及丧服之制，并由是而有封建子弟之制，君天下臣诸侯之制。二曰庙数之制。三曰同姓不婚之制。此数者，皆周之所以纲纪天下。其旨则在纳上下于道德，而合天子、诸侯、卿大夫、士、庶民，以成一道德之团体。周公制作之本意实在于此。[③]

王国维此说侧重礼法制度建设方面，将周公制礼的内容归纳为嫡庶之制、宗法及丧服之制、封建之制、君天下臣诸侯之制、庙数之制和同姓不婚之制。通过礼法教民以德，进而形成文化的共同体。游国恩则从礼和乐两方面概括这些制度：

> 西周文化在长期积累和损益前代经验的基础上空前提高，其主要精神在敬天事神，而更重人事。从此出发，一切典章制度颇为完备。例

---

① 荀子·儒效.

② 汉书·诸侯王表序.

③ 王国维.殷周制度论[M]//王国维.观堂集林.石家庄：河北教育出版社，2003：232.

如礼有吉、凶、宾、嘉、军五种①,尊卑、长幼、亲疏、贵贱各有差等。乐有“房中”“雅”“颂”之分,舞有“大武”“勺”“象”之别。这就是传说中周公制礼作乐的基本内容。②

至于礼和乐的关系,《礼记》说得很清楚:“乐者,天地之和也;礼者,天地之序也。和故百物皆化,序故群物皆别。”又说,“礼乐皆得,谓之有德”。③ 这就是说,礼强调的是“别”,即“尊尊”,是政治秩序的来源;乐讲究的是“和”,即“亲亲”,是《毛诗序》所谓“风以动之,教以化之”的媒介,是来自意识形态的保障。治国之法,就在于以制度纲纪天下,以道德统一思想,两者本为一体。周公摄政第六年,《尚书·大传》描述的“明堂朝觐”一幕,是礼乐相和的生动写照:

> 卜洛邑、营成周、改正朔、立宗庙、序祭祀、易牺牲、制礼乐,一统天下,合和四海。而致诸侯,皆莫不衣绅端冕,以奉祭祀者。太庙之中,缤乎其犹模绣也。天下诸侯之悉来进受命于周公,而退见文武之尸者,千七百七十三诸侯。皆莫不磬折、玉音,金声、玉色。然后周公与升歌,而文武诸侯在庙中者伋然渊其志、和其声,愀然若复见文武之身,然后曰“嗟子乎,此盖吾先君文、武之风也夫”。

周公代表周天子在明堂接受诸侯朝觐。“明堂者,天子大庙”④,是供奉文王、施礼教化之处。《礼记·明堂位》对诸侯在朝觐中的位置排列还有详细说明:

> 昔者,周公朝诸侯于明堂之位。天子负斧依南乡而立;三公,中阶之前,北面东上;诸侯之位,阼阶之东,西面北上;诸伯之国,西阶之西,东面北上;诸子之国,门东,北面东上;诸男之国,门西,北而东上;九夷之国,东门之外,西面北上;八蛮之国,南门之外,北面东上;六戎之国,西门之外,东面南上;五狄之国,北门之外,南面东上;九采之国,应门之外,北面东上。四塞,世告至。此周公明堂之位也。明堂也者,明诸侯之尊卑也。

朝觐之礼,就是为了明君臣之义。“明堂朝觐”是周公对诸侯等级观念的一次宣教和展示。天子,公、侯、伯、子、男,夷、蛮、戎、狄、采各居其位。其

---

① 所谓吉、凶、宾、军、嘉五礼:以吉礼事邦国之鬼神示,以凶礼哀邦国之忧,以宾礼亲邦国,以军礼同邦国,以嘉礼亲万民。

② 游国恩,等.中国文学史:第一册[M].北京:人民文学出版社,2003:9.

③ 礼记·乐记.

④ 蔡邕的《明堂月令章句》云:“明堂者,天子大庙,所以祭祀。夏后氏世室,殷人重屋,周人明堂,飨功、养老、教学、选士皆在其中。故言取正室之貌则曰大庙,取其正室则曰大室,取其堂则曰明堂,取其四时之学则曰大学,取其圆水则曰辟雍,虽名别而实同。”

效果类似今天各类会议上的领导排位。通过主次位置的排定，具体而微地体现上下尊卑和权力层次。朝觐之礼伴以严格的大礼乐（祀仪、舞乐、颂词等综合符号系统），让尊尊、亲亲之义达到形式和内容的统一，以收感知内化和观念强化之效。

这次朝觐很可能是周公所制礼乐第一次展现在诸侯面前。这里的“文武之尸”是指在祭祀乐舞仪式上扮演被祭之人——文王、武王的“尸扮”[①]；“磬折、玉音，金声、玉色”都是舞乐之声；“升歌”则是指吟唱歌颂文王、武王的祭祀诗《清庙》。[②]《诗经》中“颂”的首篇即为《清庙》。此诗传说是周公专为“称美文王”所作。[③] 诗云：

於穆清庙，肃雍显相。
济济多士，秉文之德。
对越在天，骏奔走在庙。
不显不承，无射于人斯！

此诗的大意，《毛诗序》解释道：“清庙，祀文王也。周公既成洛邑，朝诸侯，率以祀文王也。”郑玄笺云：“清庙者，祭有清明之德者之宫也，谓祭文王也。天德清明，文王象焉，故祭之而歌此诗也。庙之言貌也，死者精神不可得而见，但以生时之居，立宫室象貌为之耳。成洛邑，居摄五年时。”郑玄提出《清庙》作于周公摄政第五年，就是迁都洛邑之时。

周公制礼是殷周统治观由巫祝文化的鬼神主导，转变为礼乐文明的敬神、尊礼、重德的标志性事件。自此，神权让位于政治；“礼”从宗教仪式脱胎为政治生活中的典章制度和教育内容。礼乐的传播方式同时发生改变。西周在取舍殷商“以巫为教”经验的基础上，发展出“国学乐教”的王官之学。

国学是中国最早的教育机构之一，专为贵族子弟所设，有“四学”（东、南、西、北）“五学”（辟雍、成均、上庠、东序、瞽宗）之称。西周“四学”的活动，基本和礼乐有关：南学“成均”为学乐之所，由大司乐主之；北学“上庠”，为学书之所，由诏书者主之；东学“东序”，为学干羽籥之所，由乐师主之；西学“瞽宗”，为演礼之所，由礼官主之。[④] 其中“大司乐”的职能是：

---

① 刘汉光.寓言体式与戏剧的因缘试探[J].艺术百家，2006(7)：33.

② 《尚书大传》云：“周公升歌《清庙》而弦文武。”朱熹《诗集传》云：“此周公既成洛邑而朝诸侯，因率之以祀文王乐歌。言：於！穆哉！此清静之庙！其助祭之公侯皆敬且和，而其执事之人又无不执行文王之德。既对越其在天之神，而又骏奔走其在庙之士。如此，则是文王之德，岂不显乎？岂不承乎？信乎，其无有厌射于人也！”

③ 王褒《四子讲德论》曰：“周公咏文王之德，而作《清庙》，建为《颂》首。”《刘向传》曰：“文王既没，周公思慕，歌咏文王之德，其诗云：‘肃雍显相，济济多士，秉文之德。’”

④ 梅雪林.中国古代的乐教渊源[J].音乐艺术，2013(2)：81-93.

大司乐掌成均之法，以治建国之学政，而合国之子弟焉……以乐德教国子：中、和、祇、庸、孝、友；以乐语教国子：兴、道、讽、诵、言、语；以乐舞教国子：舞《云门》《大卷》《大咸》《大磬》《大夏》《大濩》《大武》。[①]

西周体制“学在官府，以吏为师”。大司乐既是宫廷礼乐的主管官员（乐官之长），也是国学乐教的掌管者（学政之长）。他传授的乐德、乐语、乐舞，是乐教的核心内容。其中乐德用于培养国子（贵族二代）的德行和处世之道，即“中、和、祇、庸、孝、友”；乐语用于培养国子的政治能力和素养，即“兴、道、讽、诵、言、语”；乐舞用于培养与神灵和祖先沟通的能力。《礼记·内则》记载了国子学乐的过程：“十有三年，学乐，诵《诗》，舞《勺》；成童，舞《象》，学射御；二十而冠，始学礼。”说明“乐”在很长一段时期内占据了国家教育的主体地位。

今人马银琴提出，所谓“乐语”就是立足于歌辞的“诗言”与“诗义”之教。“萌芽于西周中期的引诗、赋诗，正是实施乐语之教的成果与表现。乐语之教使乐歌的文辞受到了很大的重视”。[②] 当然，从“乐语”发展到后来孔子提倡的“诗教”还需要一个历史过程。

早期诗歌（即“诗教”之“诗”）的起源归纳起来有两个方面。一个是来自官方，脱胎于巫祝文化的“祝辞”或“祭祀诗”[③]；另一个是来自民间反映民众生活和意见的“民谣”。中国最早的诗歌集《诗经》收集了不同来源的诗歌，并将其归纳为“风、雅、颂”三个类别。其中“颂”的部分，就是宗庙祭祀诗，内容多是歌颂祖先功业；而“风”的部分，则是从十五个地区采集来的民歌或民谣；“雅”的部分，是贵族所作的朝会、宫宴时的乐歌。

后人或认为“颂”是《诗经》中艺术价值最低的部分。但从政教角度看，整本《诗经》都是“上风化下”的材料，价值上当无伯仲。刘勰在《文心雕龙》中提出《诗经》的实质就是赋颂歌赞：“《诗》主言志，诂训同《书》，摛风裁兴，藻辞谲喻，温柔在诵，故最附深衷矣。赋颂歌赞，则《诗》立其本。”[④]《毛诗大序》对诗的渊源及作用这么描述：

情发于声，声成文谓之音。治世之音安以乐，其政和；乱世之音怨以怒，其政乖；亡国之音哀以思，其民困。故正得失，动天地，感鬼神，莫近于诗。先王以是经夫妇，成孝敬，厚人伦，美教化，移风俗。

---

① 周礼·春官宗伯·大司乐/小师.

② 马银琴.论孔子的诗教主张及思想渊源[J].文学评论，2004(5)：71-80.

③ 比如《礼记·郊特牲》中记载的传说由神农所创作的“蜡辞”：“土反其宅，水归其壑，昆虫毋作，草木归其泽！”

④ 文心雕龙·宗经.

从渊源来看，诗最早是“乐”的一部分，与舞、歌、乐等符号系统共同承担着“以歌发德”的功能。随着政治秩序和社会文化的发展，政教需要更为明确和独立的新型符号和话语系统。于是诗逐渐从仪式中剥离开来，成为后世“经夫妇，成孝敬，厚人伦，美教化，移风俗”的工具。“诗教”的提倡和主导者孔子在阐述自己的教育模式时说“兴于诗，立于礼，成于乐”①，这就从形式上将“诗”与“礼”“乐”区分开来，并将“诗”作为教育的起点。

冯友兰指出，儒家以艺术为道德教育的工具，诗歌就是主要手段之一②。孔子在《论语》中鼓励年轻人要多学诗，因为“诗可以兴、可以观、可以群、可以怨；迩之事父，远之事君；多识于鸟兽草木之名”。③ 他认为，学习《诗经》可以发情志、观风俗、习社交、发不平；近可事父，远可事君；再不济也可以学些鸟兽草木之名。孔子还特别指出，从人的品性，即是否“温柔敦厚”，就可以看出他有没有接受过“诗教”；如果真的把“诗”学好了，则可以达到“温柔敦厚而不愚”的立人效果。④

“周公制礼”到“孔子诗教”的一个明显进步是，西周早期的礼乐制度基本上“不下庶人”，局限于贵族官僚阶层，而孔子作为私学教育的代表，在礼崩乐坏的历史情境下，是基层政教的推动者和实践者。孔子一开始就将教化的视线聚焦于民众。他批评三代的上风下渐的不同影响时说：

> 夏道尊命，事鬼敬神而远之，近人而忠焉，先禄而后威，先赏而后罚，亲而不尊；其民之敝：蠢而愚，乔而野，朴而不文。殷人尊神，率民以事神，先鬼而后礼，先罚而后赏，尊而不亲；其民之敝：荡而不静，胜而无耻。周人尊礼尚施，事鬼敬神而远之，近人而忠焉，其赏罚用爵列，亲而不尊；其民之敝：利而巧，文而不惭，贼而蔽。⑤

三个“其民之敝”就是孔子评价三代治道的落脚点。在此背景下，他的“诗教”之论应是周公礼教思想的进一步发展和完善。他更强调治国之道（比如仁）对于民风的影响，更强调贯通上下的政教效果。当然，孔子在提出“兴于诗、立于礼、成于乐”教育方案的同时，还提到“民可使由之，不可使知之”的驭民方法论，这是孔子政教思想的另一个侧面。

《史记》记载孔子按照“礼义”的标准，对诗歌进行了筛选，将收集到的西

---

① 论语·泰伯.

② 冯友兰.中国哲学简史[M].北京：北京大学出版社，1985：26.

③ 论语·阳货.

④ 礼记·经解.原文为：“孔子曰：‘入其国，其教可知也。其为人也，温柔敦厚，诗教也；疏通知远，书教也；广博易良，乐教也；絜静精微，易教也；恭俭庄敬，礼教也；属辞比事，春秋教也。故诗之失愚，书之失诬，乐之失奢，易之失贼，礼之失烦，春秋之失乱’。”

⑤ 礼记·表记.

周到春秋中叶的3 000多篇诗歌编选为305篇：

> 古者诗三千余篇。及至孔子，去其重，取可施于礼义，上采契后稷，中述殷周之盛，至幽厉之缺，始于衽席，故曰"《关雎》之乱以为风始，《鹿鸣》为小雅始，《文王》为大雅始，《清庙》为颂始"。三百五篇孔子皆弦歌之，以求合韶武雅颂之音。礼乐自此可得而述，以备王道，成六艺。[①]

司马迁说，孔子的删诗比例几乎十去其九，并严格统一其体制，将其分为风、雅（大雅、小雅）、颂，定其四始。礼乐自此成为六艺的教育内容。"孔子删诗"是中国文化史上的一桩公案，争议超过千年。汉唐以前，学者们一般认同"孔子删诗"之说；宋代以后，尤其是朱熹否定此说之后，越来越多的学者持质疑态度，包括晚近的疑古派和当代的《诗经》研究者。钱穆提出，孔子未曾删诗，《诗经》其实源于周公的制礼作乐：

> 诗经乃古代王官之学，为当时治天下之具；则其书必与周公有关，必然与周公之制礼作乐有关，必然与西周初期政治上之大措施有关。……诗三百，彻头彻尾皆成于当时之贵族阶层。先在中央王室，流衍而及于列国君卿大夫之手。又其诗多于当时之政治场合中有其实际之应用。……诗三百，本都是一种甚深美之文学作品也。惟周公运此种深美之文学作品于政治，孔子又转用之于教育，遂使后人不敢仅以文学目诗经。抑且循此以下，纵使其被认为一种极精美之文学作品，亦必仍求其能与政教有关，亦必仍求其能对政教有用。此一要求，遂成为此下中国文学史上一传统观念。[②]

钱穆的推论是有道理的。史书中有周太师"采诗""编诗"之说，似也佐证了《诗经》本就是王官之学的说法。而孔子在《诗经》定本过程中所起的作用，恐怕还有待于进一步的考证。研究西周到春秋时期的传播政策，《诗经》是一个极好的标本。它不仅包含了官方教化的"颂"，而且包含了民间刺上的"风"、政治献诗的"雅"，反映了传播领域中统治阶层"观风化俗"的政治理念及其较高的宽容度。西周采诗制度就是这种政策的生动体现。

第二节　下以风刺上：民谣与采诗制度

政治秩序形成以后，传播政策因官方教化和民间批评的互动而深入。林语堂提出："即便是在君主专制政体下，中国的马儿也一直在坚持同骑师对话。"这种朝野对话正是新型传播政策，即"观风化俗"得以发展的原动力。

---

① 史记·孔子世家.

② 钱穆.读诗经[M]//钱穆.中国学术思想史论丛(一).台北：东大图书公司，1976：99.

民间批评的最早工具是“民谣”(也可称“歌谣”“谣谚”或“讽刺诗”)。民谣本是一个自发和自在的存在,随着政治统治的深入,逐步演化为民众想法和意见的载体。

民谣产生于民众的生产和生活之中。鲁迅将最早的民谣称为“杭育”派。[①] 早期的民谣重写实而无雕饰,比如被认为是最早猎歌的《弹歌》中有:“断竹,续竹,飞土,逐宍[ròu]。”这是对猎户断竹做弓,以弹打猎过程的白描。上古时期的中国处于农耕社会的初级阶段,男耕女织,自给自足。此时人们的生活单纯而封闭,人们对气候和四时的变化比对朝代更替更为关心。据传为帝尧陶唐氏时的民谣《击壤歌》就唱道:

> 日出而作,日入而息。凿井而饮,耕田而食。帝力于我何有哉?[②]

大意是:我吃自己的,喝自己的,皇帝老儿又与我有什么关系呢?其实不只是农夫不关心朝政,部落首领同样对自己治下的情况摸不清楚。《列子·仲尼》篇中有如下记载:

> 尧治天下五十年,不知天下治欤,不治欤?不知亿兆之愿戴己欤,不愿戴己欤?顾问左右,左右不知。问外朝,外朝不知。问在野,在野不知。尧乃微服游于康衢,闻儿童谣曰:“立我蒸民,莫匪尔极。不识不知,顺帝之则。”尧喜问曰:“谁教尔为此言?”童儿曰:“我闻之大夫。”问大夫,大夫曰:“古诗也。”

部落时代的首领已经发觉信息沟通不畅的问题。当时不论是尧本人,还是在朝或在野的人士,都对民间情况茫然无知。尧只好自己去民间走访,听到康衢童谣之后大喜,认为天下大治。所谓“不识不知,顺帝之则”,大意是乡野之民不需要知道更多的事情,只要顺乎自然法则就好。《列子》又名《冲虚经》,是道家典籍,此传说颇合道家无为而治的意旨。

朝堂与民间的对话始于朝野之间身份的分立。从五帝到三王,中国逐渐向早期国家转变。国家强制行使对人民的管辖权。古史记载,到夏朝,已经“官百”[③],“贡赋备矣”[④]。林语堂说,一个国家,不管它是民主制、有限君主制还是绝对君主制,在治人者和治于人者之间,总是有着潜在的敌意。[⑤] 社会转型时期,沟通的必要性在于它能兵不血刃地减轻敌意,促进社会整合,

---

① 鲁迅.门外文谈[M]//鲁迅.鲁迅全集:第六卷.北京:人民文学出版社,2005.

② 出自皇普谧的《帝王世纪》,一说此歌为汉人伪托之作,此论见袁行霈的《中国文学史》。

③ 礼记·明堂位.

④ 史记·夏本纪.

⑤ 林语堂.中国新闻舆论史[M].刘小磊,译.上海:上海人民出版社,2008:3.

为政权提供合法性的基础。于是,自有国家始,“上以风化下,下以风刺上”①,教化与批评的互动同时展开。

《史记》记载,夏的最后一位皇帝桀无休止地盘剥夏民,强迫他们劳役,民众愤怒道:“时日曷丧,予及女偕亡!”②这个该死的太阳什么时候衰亡呀?我们都愿意与你同归于尽!

民谣反映了民众的生活、情绪和意见。今人吕肖奂指出,民谣“是真正的民间声音”,“是政治的文学和政治的问题”。③ 林语堂则提出,中国新闻事业产生于民谣。④ 朱传誉持类似看法,认为歌谣“是我们今天研究新闻起源的重要资料”⑤。各朝各代,民谣都是社会舆论的重要载体。即使到今天,还有类似的、俗称为“段子”的民谣在民间流传。

不过现在我们看到的古代民谣,绝大多数只是民间口头批评的变体,并不能与真正的民间话语等而观之。《左传》说“士传言,庶人谤”⑥,士人言辞可以形诸笔墨,庶人的批评却只能止于口头。我们不难发现,得以被记录并流传下来的民谣大都排比有序,对仗工整,显然是被精心修饰过的。《汉书·食货志》记载了“太师”筛选民谣的过程:“孟春之月,群居者将散,行人(采诗官)振木铎循于路,以采诗献之,太师比其音律,以闻天子。”所谓“比其音律”,就是按照音韵节奏进行重叠和复沓的改造。民谣起初并不合乐,只是比较粗糙的“徒歌”⑦。而士人的加工和转呈,是民间意见得以呈现在朝廷的关键。或者说,那些经过士人润色和提高、具有一定艺术水准的作品,才有可能陈于朝堂或载于史册,用于箴谏君主⑧或者警示后人。我们也得以从这些附载着历史线索的民谣上,了解到当时民间批评的基本情况。

在各类典籍中,比较集中地收集民间歌谣的是《诗经》《乐府诗集》《古乐苑》《古今风谣》《古谣苑》等诗歌集,《左传》《史记》《汉书》《宋书》等正史以及历代笔记中也有不少记录。

《诗经》是我国最早的诗歌总集,记载了西周至春秋中叶的歌谣。其中

---

① 《诗经·周南·关雎序》:“上以风化下,下以风刺上,主文而谲谏,言之者无罪,闻之者足戒,故曰风。”

② 史记·卷三·殷本纪第三.夏桀曾说过“吾有天下,犹天之有日也,日有亡乎?”(语出《韩诗外传》卷二),故民间有与日偕亡之语。

③ 吕肖奂.中国古代民谣研究[M].成都:巴蜀书社,2006:12-14.

④ 林语堂.中国新闻舆论史[M].刘小磊,译.上海:上海人民出版社,2008:14-15.

⑤ 朱传誉.先秦唐宋明清传播事业论集[M].台北:台湾商务印书馆,1988:2.

⑥ 左传·襄公十四年.

⑦ 朱传誉.先秦唐宋明清传播事业论集[M].台北:台湾商务印书馆,1988:5.

⑧ 《左传·襄公十四年》:“史为书,瞽为诗,工诵箴谏”。孔颖达疏:“诗辞自是箴谏,而箴谏之辞,或有非诗者,如《虞箴》之类,其文似诗而别;且谏者万端,非独诗箴而已。”

160篇“十五国风”基本上取自民间，包括农事诗、爱情诗、徭役诗等。一些作者佚名的作品，对当时的社会制度甚至统治者本人进行了批评。人们比较熟悉的有《魏风·硕鼠》：“硕鼠硕鼠，无食我黍！三岁贯女，莫我肯顾……”

《毛诗序》认为这首诗是在批评魏君的贪婪：“《硕鼠》，刺重敛也。国人刺其君重敛，蚕食于民，不修其政，贪而畏人若大鼠也。”①《魏风·伐檀》也是类似的作品，其中“不稼不穑，胡取禾三百廛兮？不狩不猎，胡瞻尔庭有县貆兮？彼君子兮，不素餐兮”，也是对上位者的嘲讽。

《陈风·株林》篇，则是以民众问答、君臣对话的方式，用白描手法批评陈灵公君臣的淫乱：

胡为乎株林？从夏南！匪适株林，从夏南！
驾我乘马，说于株野。乘我乘驹，朝食于株！

陈灵公及其大臣孔宁、仪行父看上了一名大臣的妻子夏姬，夤夜出宫去找她。路人看到了，虽然都知道是怎么回事，但还是故意问道：“他们是急匆匆地去株林吗(夏姬住所)?”旁人也心领神会地回答：“是去找夏南吧(夏姬之子)!”问者继续戏谑道：“真的不是去株林吗?”旁人继续起哄说：“真的是去找夏南啊!”途经株野、快到株林时，陈灵公志得意满，叹道：“乘马出游的感觉真是畅快啊。”旁边的大臣凑趣道：“如此驱驰赶路，到了株林还赶得上早饭呢。”《毛诗序》评价说：“《株林》，刺灵公也。淫乎夏姬，驱驰而往，朝夕不休息焉。”

《鄘风·相鼠》则是卫国民众批评统治阶级荒淫无道的诗，诗的第一章说：“相鼠有皮，人而无仪。人而无仪，不死何为?”如此言语，算是痛斥了。在《国风》中，还有《邶风·新台》《齐风·南山》《鄘风·相鼠》《鄘风·墙有茨》等篇章，都是底层民众批评上位者的民谣。

值得一提的是，春秋时期，卫、鄘、邶皆为卫地，十五国风中来自卫国的讽刺诗占了很大比例②，这是一个有趣的现象。究其原因，大概与该国的经济、地理形势有关。程俊英分析，卫都是一个商业发达的中原都市，是商人的必经之地，他引用魏源的话说：“商旅集则货财盛，货财盛则声色辏。”③商业繁荣使卫人的流动性和开放性较强，也造就了卫地娱乐业的发达。人们见多识广，加上其时昏君淫奢，民众负担沉重，导致人民对政治不满，对统治者的讽刺成为民众娱乐的重要内容。《汉书·地理志》就说卫地的风诗“或抒黍离之悲，或刺昏君无道，感叹世事人生，悲郁凄恻”。

---

① 诗经·魏风·硕鼠序.

② 在160篇十五国风中占了39篇，其中卫风10篇，鄘风10篇，邶风19篇。

③ 程俊英.诗经漫话[M].上海：上海文艺出版社，1983：10.

在"国风"的各类讽刺民谣中，真正的政治歌谣并不多见，居多的是"饥者歌其食，劳者歌其事"的不平之鸣。这种底层色彩浓烈、源自切身体会的民歌是早期民间批评的代表。

大部分政治歌谣出现在《诗经》的 46 篇"雅"中。"雅"分"大雅"与"小雅"，大都是当时贵族所作。当时的士大夫借用歌谣来表达自己的政治见解。据记载，"昔周厉王好专利，芮良夫谏而不入，退赋《桑柔》之诗以讽"。《大雅・桑柔》是《诗经》中的名篇，其结语云：

> 大风有隧，有空大谷。维此良人，作为式穀。维彼不顺，征以中垢。
>
> 大风有隧，贪人败类。听言则对，诵言如醉。匪用其良，复俾我悖。
>
> 嗟尔朋友，予岂不知而作。如彼飞虫，时亦弋获。既之阴女，反予来赫！
>
> 民之罔极，职凉善背。为民不利，如云不克。民之回遹，职竞用力。
>
> 民之未戾，职盗为寇。凉曰不可，覆背善詈。虽曰匪予，既作尔歌。

贵族所作政治歌谣具有明显的讽谏色彩。作者芮良夫（芮伯），是分封于芮地的诸侯，在朝中担任卿士。厉王亲近荣夷公导致国事倾颓。他劝说厉王改弦更张，厉王不听，他于是退而赋诗。文中"听言则对，诵言如醉。匪用其良，复俾我悖"批评厉王只听阿谀奉承，对于所进忠言则以为狂悖，如此下去"民之回遹，职竞用力"，即百姓必将走上邪僻（反抗）的道路。不过几年（公元前 841 年），国人暴动，厉王被流放于彘。

类似的出自士大夫之手的歌谣还有《大雅・瞻卬》《小雅・正月》《小雅・巧言》等。这些诗篇立意高远，用笔细致，与《国风》的乡间之音、不平之声风格迥异。即使如此，我们仍然将这些歌谣看作是民间批评的一部分。在中国古代的社会环境中，士大夫很大程度上扮演了民意代言人的角色。民众通过他们向统治阶层反映民间疾苦，而他们也借助民意来推销自己的政治主张。

《诗经》之外的其他典籍中也记载了不少反映民间意见的歌谣。比如《左传・襄公三十年》所述民间对子产改革的议论：

> 子产从政一年，舆人诵之曰："取我衣冠而褚之，取我田畴而伍之。孰杀子产，吾其与之！"及三年，又诵之曰："我有子弟，子产诲之；我有田畴，子产殖之。子产而死，谁其嗣之？"①

《吕氏春秋・乐成》记载孔子刚在鲁国任职时民众对他的评价："麛[mí]裘而韠[bì]，投之无戾；韠而麛裘，投之无邮。"大意是，你对鲁国没什么贡

① 杨伯峻.春秋左传注[M].北京：中华书局，1981：1182.

献，竟也能穿鹿皮的衣服，抛弃这个人（孔子）吧，不用顾虑。《左传·宣公二年》记载，宋国华元在与郑国军队交战时被俘，后逃回宋国。这一年宋国筑城，华元作为主持者四处巡视。民众鄙其无能，传唱道："睅其目，皤其腹，弃甲而复。于思于思，弃甲复来。"大意是鼓着眼，挺着肚，丢盔弃甲溜回来；连鬓胡，长满腮，丢盔弃甲逃回来。

在先秦早期，民间的声音已经获得了朝堂的回应。清人刘毓崧在《古谣谚》序文中说："盖谣谚之兴，由于舆诵。为政者酌民言而同其好恶，则刍荛[ráo]葑菲，均可备询，访于輶[yóu]轩。昔者观民风者，既陈诗，亦陈谣谚。"民谣成为统治阶层了解民意的主要途径，采诗①和陈诗制度应运而生。

《汉书·艺文志》记载："古有采诗之官，王者所以观风俗、知得失、自考政也。"东汉何休注释："男年六十、女年五十无子者，官衣食之，使之民间采诗，乡移于邑，邑移于国，国以闻于天下。故王者不出牖户，尽知天下所苦，不下堂而知四方。"②设采诗官到民间采诗，是上古下传的一种政治和文化制度。唐人白居易这样评价采诗制度："采诗官，采诗听歌导人言。言者无罪闻者诫，下流上通上下泰。"③

从采诗官的职能上看，它可以说是我国最早的采访部门，是当时统治阶层了解国情、民情的重要手段。梁启超曾说，《诗经》"犹如后世民报"④；胡适也将诗人和采诗官比作现代的报馆记者与访员，认为那些描写人生苦痛与时政利弊的民谣便是报纸、便是舆论。⑤

为与采诗制度相配合，西周设置了陈诗、编诗的官员，就是乐工，他们的负责人叫太师。⑥ 我们今天看到的西周民谣，其实都曾配有乐曲，但是随着周朝王室衰微，乐官流落民间，乐谱也逐渐流失，后来虽经孔子"正乐"，但春秋后期再次失传，"诗三百"仅有歌词流传了下来。

在西周时期，乐工，尤其是太师，是歌谣的最后审定者。史载西周时朝廷"命太师陈诗以观民风"⑦，所谓"陈诗"就是把歌谣唱出来，以艺术的形式来反映民间风俗。《国语·鲁语下》记载了太师编辑民谣的过程，"正考父校商之名颂十二篇于周太师"，说宋国大夫正考父将"商颂"十二篇献于周太师

---

① 采诗制度是否真实存在之考证，参见朱传誉.先秦唐宋明清传播事业论集[M].台北：台湾商务印书馆，1988：14-16.

② 何休.春秋公羊传注疏[M].上海：上海古籍出版社，2014.

③ 白居易.采诗官[M]//白居易.白居易全集.上海：上海古籍出版社，1999：27.

④ 方汉奇.中国新闻事业通史：第一卷[M].北京：中国人民大学出版社，1992：29.

⑤ 胡适.白话文学史[M].长春：吉林出版社，2016.

⑥ 朱自清.经典常谈[M].北京：生活·读书·新知三联书店，1980.

⑦ 礼记·王制.

尹吉甫。而《诗经》后来仅存有《商颂》五篇，因此有学者分析，这是周太师在十二篇的基础上删减而成的。[①] 尹吉甫是周宣王的辅政大臣，他不仅是《诗经》的编辑者，而且创作了《大雅·崧高》和《大雅·烝民》等诗篇。

这里不能不提献诗的制度。它与采诗一样是民谣采集的主要形式。《国语·周语》说"故天子听政，使公卿至于列士献诗"。其创作主体是贵族和官吏，比如芮良夫和尹吉甫。一些美妙的词句，只能是出自这些智识阶层人士之手。

太师是将所采或所献之诗最终呈现在君主面前的把关人。朱自清指出，"太师们是伺候贵族的，所搜集的歌儿自然得合贵族们的口味"[②]，他判断《诗经》的编审权很可能就在周王朝的太师之手。由此观之，太师便是最早的编辑，有挑选和润色之责。

采集和编审后的民歌，除了让统治者娱乐、了解民情外，还有"补短移化，助流政教"[③]的作用。如前文所说，"民间采诗，乡移于邑，邑移于国，国以闻于天下"[④]，采诗的最终目的还是要"闻于天下"。"诗三百"中，除了反映下层民众情绪的"风"，贵族、士大夫政治观点的"雅"之外，还有为统治者歌功颂德的"颂"，这些颂歌在各地祭祀仪式上不断被传唱，对于政权的合法性无疑具有强化作用。比如《鲁颂》四篇，都是歌颂鲁公的功业的。其中《閟宫》篇赞美鲁僖公的武功：

> ……公车千乘，朱英绿縢，二矛重弓。公徒三万，贝胄朱綅，烝徒增增。戎狄是膺，荆舒是惩，则莫我敢承。俾尔昌而炽，俾尔寿而富。黄发台背，寿胥与试。俾尔昌而大，俾尔耆而艾。万有千岁，眉寿无有害。
>
> 泰山岩岩，鲁邦所詹。奄有龟蒙，遂荒大东。
> 至于海邦，淮夷来同。莫不率从，鲁侯之功。
> 保有凫绎，遂荒徐宅。至于海邦，淮夷蛮貊。
> 及彼南夷，莫不率从。莫敢不诺，鲁侯是若。……

"诗三百"中，颂诗的比例并不高，大部分是反映下层社会生活、青年男女爱情以及统治者贪淫无道的歌谣。由此可知，当时采诗、献诗、陈诗的宽容度非常高。这就为后世强调"诗教"的学者们出了个大难题，于是各种奇葩诠释纷纷出现，比如将《关雎》之篇附会为后妃之德就是明显一例。

---

① 唐红丽.周朝太师尹吉甫或将房县民歌收入[N].中国社会科学报，2012-06-18.其实删减民谣的更可能是孔子。

② 朱自清.经典常谈[M].上海：上海古籍出版社，1999：23-30.

③ 史记·乐书.

④ 何休.春秋公羊传注疏[M].上海：上海古籍出版社，2014.

前文提到，刘勰认为《诗经》之本是“赋颂歌赞”。这或许是从整个采诗制度的角度说，官方在通过采诗了解民情的同时，更通过赋颂歌赞的传播来达到“上风化俗”的目的。“观风”与“化俗”并行，是西周到春秋阶段官方传播政策的显著特点，而“赋颂歌赞”的功能设定似也预示着采诗制度的未来走向。采诗的传统一直延续到汉、魏、六朝，其歌颂性质渐重，讽谏功能消退，最后只剩下“夕郎所贺皆德音，春官每奏唯祥瑞”①的声声赞歌。

本章的开头写武王起兵伐纣，在孟津向天下发布《泰誓》檄文。此文除了列举商纣的罪状外，还有很重要的一句话：“天视自我民视，天听自我民听。百姓有过，在予一人，今朕必往。”②大意是天意即民意，老百姓在抱怨，我就该有所行动，这次一定前往讨伐。如果说“天视自我民视”是自国家形成以后最早的民意的观点和民本的思想，并由此衍生出德政和德教的传统，那么西周时期观风化俗的政策渊源，早就蕴含在国家缔造者的政治理念当中了。

---

① 白居易.采诗官[M]//白居易.白居易全集.上海：上海古籍出版社，1999：27.

② 《尚书・周书・泰誓》，此说应与《尚书・虞书・皋陶谟》“天聪明自我民聪明，天明畏自我民明畏，达于上下，敬哉有土！”同源。说的都是天意来自民意，当政者应该敬畏百姓的意见。

第四章
春秋横议:禁言与纳谏

春秋时期,周王室衰微,礼崩乐坏,私学盛行。贵族和庶民之间兴起了"士"的阶层。这些人能读会写,同时抱团议政,游走于庙堂与江湖之间,其影响力远大于民众的街谈巷议。

当时官方政治传播与民间议政手段都有所发展。子产铸刑鼎是官方政治传播的创举,而民间则有"悬书"相抗衡。

邓析子之诛体现了统治阶层控制思想和传播活动的决心。子产禁"悬书"的做法,说明媒介只能作为统治者驭民教化、利用民意的工具。孔子用"聚徒成群""饰邪营众""反是独立"的理由诛杀少正卯,以思想、言论罪人的倾向已经显现。鲁迅称之为"可恶罪"。

作为君主专制体制内的补阙手段,谏议制度在春秋时期已经产生。它是臣子谏诤和君主听谏二位一体的政治安排。谏议和纳言既是政治需要,也是"君臣之义"的道德建设手段。

第一节　子产:存乡校与铸刑鼎

春秋时期,郑国乡间存在着一个类似于今天"公共空间"[①]的场所——"乡校"。所谓"乡校",西晋杜预解释为"乡之学校"[②]。清代顾炎武则认为,

① 此说源于哈贝马斯"公共领域"的概念,但情境和指向大不相同,这里取其广义,指民众自由议政的空间,是舆论得以形成的场所。

② 春秋左传注疏・襄公三十一年.

“设乡校、存清议于州里”，目的是“以佐刑罚之穷”。[①] 不过从史书对于乡校的描绘来看，这不过是村民劳作后或农闲时用来休息、闲聊的场所。直到今天，各地乡镇还有这类民众聚集交流的茶肆或闲馆。《左传·襄公三十一年》记载了当时的政治家关于郑国乡校存废的一番争论。

郑人游于乡校，以论执政。然明谓子产曰：“毁乡校，何如？”子产曰：“何为？夫人朝夕退而游焉，以议执政之善否。其所善者，吾则行之；其所恶者，吾则改之。是吾师也，若之何毁之？我闻为忠善以损怨，不闻作威以防怨。岂不遽止？然犹防川，大决所犯，伤人必多，吾不克救也；不如小决使道，不如吾闻而药之也。”然明曰：“蔑也今而后知吾子之信可事也。小人实不才。若果行此，其郑国实赖之，岂唯二三臣？”仲尼闻是语也，曰：“以是观之，人谓子产不仁，吾不信也。”

郑人在乡校休憩时，有时议论官府的施政。郑大夫然明对当时的执政卿子产（约公元前543—前522年担任执政官）提议废止乡校。子产不同意，说：人们休息的时候到这里小聚一下，议论一下施政的好坏。他们喜欢的，我们就推行；他们讨厌的，我们就改正。这是我们行动的指引，为什么要毁掉它呢？对我来说，迅速制止这些议论很难吗？然而用威压来阻止批评，就像堵塞河流来解决洪水一样：河水大决口造成的灾难，反而会伤害更多的人；不如开个小口导流，然后再针对意见解决问题。

然明和子产的对话可能是最早的官方对于公共空间存废的政策讨论。然明对民间议政的态度在管理者中具有代表性，他认为民间讨论会扰乱人心，影响国家政令的施行。而子产认为民意是为政的基础，是施政的良方，这显然继承了西周创立者“天视自我民视，天听自我民听”，以及邵公“防民之口甚于防川”的政治理念。[②] 孔子称其“仁”大概也在于此。当然子产此举还有具体的语境，很可能与他正在推行的土地和财政制度改革有关，他希望通过上下沟通给改革带来民众的支持，并借助民意制约贵族势力，推进新政。

子产是郑穆公之孙、贵族子国之子，是春秋时期有名的改革家。在子产的改革措施之中，保存乡校只是所谓“立谤政”措施所附带的。他更大的举措是使用官方媒体来发布刑法，这就是“铸刑鼎”。根据《左传》和《吕氏春秋》记载，子产于昭公六年（公元前536年）“铸刑书于鼎”[③]，这也是统治阶层

---

① 日知录·清议.

② 在子产之前，就有管仲提出“俗之所欲，因而予之；俗之所否，因而去之”的观点，与子产不毁乡校的观点吻合。先秦史籍，甚至历朝史书在叙事和价值观上的一致性，是一个非常值得关注的现象。

③ 左传·昭公六年.

第一次在公共场所向民众正式公布成文法典。相比于原来夏、商实施的“刑不可知,则威不可测”和“临事议制”的管制传统,此举被认为是中国法制史上一大进步。当然这也是传播史和媒介史上的创举。

关于鼎的象征意义,前文已有谈及。在商朝晚期,鼎已经作为文字传播(铭文)的载体被使用。到春秋时期,鼎的传播功能被进一步挖掘出来。子产将鼎作为法律的传布载体,一方面是用其权威性,当然还有不易损坏和易于长期保存等实用性。从传播的手段和对象来看,它已经具有传播媒介的基本特征,比如功能的专一性、信息传递的公开性;还有古代官方公告的许多元素,比如单向性和权威性。我们可以将其看作古代官报的先声。纵观中国古代官报(邸报)发展历程,政令、法令是官报发布的重要内容,其源头应该于此。

“刑鼎”在郑国的出现绝非偶然。郑国地处中原腹地,魏源《诗古微》中说郑国“据天下之中,山河之会,商旅之所走集也”。由于周围强国环伺,国内资源匮乏,郑国建国之初就确立了工商立国的方针,郑国国君与商人签订了维护商业的誓约:“尔无我叛,我无强贾,毋或匄夺。尔有利市宝贿,我勿与知。”[①]大意是,只要你(商人)不背叛我(国君),我就不会强买货物,不会侵犯你的权益,你发了大财,我也不眼红。

在契约立国的方针之下,手工业和贸易成为国家的经济支柱。子产新政就是通过土地和赋税的改革,将农民从土地上解放出来,发展手工业和商业。改革是对贵族和民间利益的重新划分,需要通过法律把相关制度确立下来,并力求得到朝野上下,尤其是民间的了解和支持。这是“刑鼎”出现的背景。

子产“铸刑书于鼎”遭到了传统势力的强烈反对。《左传》记载,子产的好友、晋国大臣叔向批评他更改“临事议制”的旧例,他认为只要遵守礼制,“民于是乎可任使也,而不生祸乱”。但是百姓如果懂法,就会懂得规避,丧失敬畏,“不忌于上,并有争心”。叔向断言,如果子产一意孤行,“作封洫,立谤政,制参辟,铸刑书”,那么老百姓“将弃礼而征于书。锥刀之末,将尽争之。乱狱滋丰,贿赂并行,终子之世,郑其败乎!”大意是子产的这些新政措施,包括改革土地制度(作封洫),改革赋税制度(制参辟),制定刑法、铸刑书于鼎(立谤政、铸刑书),将会导致老百姓抛弃礼制,而去计较法律条文,最后的结果是道德腐败、秩序混乱,郑国离灭亡不远了。

叔向的批评代表了当时不少士大夫的观点。孔子就是铸刑鼎的强烈反

---

① 左传·昭公十六年.

对者。据《左传·昭公二十九年》(子产铸鼎23年后)记载,孔子斥责晋国赵鞅学子产铸刑书于鼎。

> 冬,晋赵鞅、荀寅帅师城汝滨,遂赋晋国一鼓铁,以铸刑鼎,著范宣子所为刑书焉。仲尼曰:"晋其亡乎! 失其度矣。夫晋国将守唐叔之所受法度,以经纬其民,卿大夫以序守之。民是以能尊其贵,贵是以能守其业。贵贱不愆,所谓度也。文公是以作执秩之官,为被庐之法,以为盟主。今弃是度也,而为刑鼎,民在鼎矣,何以尊贵? 贵何业之守? 贵贱无序,何以为国? 且夫宣子之刑,夷之蒐也,晋国之乱制也,若之何以为法?

与叔向一样,孔子把晋国"铸刑书于鼎"称为"乱制",认为其会导致民众倚重法律,而不去尊重贵贱等级,由此产生的礼教秩序混乱将导致国家的灭亡。

上述对于是否公布刑法的争论,是不同治国理念的碰撞。而这种碰撞,在礼崩乐坏的春秋时期,是再正常不过的现象。无论是然明,还是叔向和孔子,都秉持着一种观点,即任何有损于等级秩序稳固的政策,包括存乡校(民众议政)、立谤政(以法律代礼法),都是乱世之兆。

子产的改革标志着新型社会控制模式的可能性。"不可知,不可测"是人治政府保持统治权威、维护等级秩序(礼)的秘技。至今许多国家的相关部门仍然拒绝信息公开,说明这种治国理念仍然很有市场。孔子是这种神秘主义的支持者,他有一句著名的话是"民可使由之,不可使知之"①,意思是对老百姓你只能告诉他做什么,而不能告诉他为什么。子产改革的进步性在于,他试图证明政治公开和透明会比神秘和封闭更具有长治久安的效果。

叔向对郑国的预言说对了一部分。子产改革开始后,一时"民口喧哗"②,铸刑书于鼎激发了人们议政议法的热情,官方与民间的对话大规模地展开。出于传统思维惯性,大多数人对子产新政表示不满,但是几年之后,民间舆论又有了明显的转折。《左传·襄公三十年》记载了在子产执政时期民谣的变化:

> 子产从政一年,舆人诵之曰:"取我衣冠而褚之,取我田畴而伍之。孰杀子产,吾其与之!"及三年,又诵之曰:"我有子弟,子产诲之;我有田畴,子产殖之。子产而死,谁其嗣之?"

子产新政的第一年并没有得到舆人,即社会底层的民众的支持。百姓们控诉道:"计算我的家产而收财物税,丈量我的耕地而征收田税。谁杀死

---

① 见《论语·泰伯》,由于句读的不同,会有不同的解释,这里用最普遍的解释。

② 吕氏春秋·离谓.

子产，我就助他一臂之力”。但是三年后，老百姓尝到了改革的益处，就换了说法：“我有子弟，子产教诲；我有田畴，子产栽培。子产走后，谁来继承？”

子产与叔向的制度之争，最后以子产的胜利而告终。司马迁评价子产说：“为相一年，竖子不戏狎，斑自不提挈，童子不犁畔；二年市不豫贾；三年，门不夜关，道不拾遗；四年，田器不归；五年，士无尺籍，丧期不令而治。”①子产以其开明的改革措施成为春秋时期评价最高的政治家。

第二节　悬书之禁

政治家子产还有铁腕的一面。这表现在他对著名讼师邓析子的处理上。春秋时代，随着子产用文字颁布法律，一些士人也开始通过公开的传播手段用文字发表意见。

“士”的兴起是春秋时期的一大景观。分封制度的解体导致了贵族地位的下降和庶民地位的上升。在贵族和庶民之间兴起的“士”的阶层，就是早期的知识分子②。这些人能读会写，同时抱团议政，游走于庙堂与江湖之间，其影响力远大于民间的街谈巷议。林语堂认为，这些“士人充当着非官方批评家的角色。他们与现在的公共批评一样，真正代表老百姓的呼声”。③

史书记载，子产公布刑法后，“郑国多相县（悬）以书者”④，即郑国民间很多人用“悬书”形式对子产的刑法进行评论。“悬书”是春秋时期出现的一种言论发布形式，《广雅·释言》说“悬者，抗也”，今人陈奇猷解释说“悬书者，以书相对抗也”⑤。据新闻史学者方汉奇考证，悬书的主要形式是“庶民将意见写在缣帛上悬挂出来，公之于众”⑥。春秋时，悬书是民间针对官方的政策提出反对意见的媒介，其功能与“鼎”恰恰相反。

从学者的考证结果来看，悬书出现的时间比“刑鼎”要早。方汉奇在《中国新闻事业通史》中引用了《史记·晋世家》的一则故事：晋文公重耳回国当了国君，跟随他流亡的五个大臣中，只有割肉饲主的介子推没有得到爵赏，介子推的门客觉得不公平，就写了悬书挂在宫门口：“龙欲上天，五蛇为辅。

---

① 史记·循吏列传.

② 由于周王室式微，圣王不作，许多士大夫返归民间，私学兴盛，民间知识分子大量出现。

③ 林语堂.中国新闻舆论史[M].刘小磊，译.上海：上海人民出版社，2008：9.

④ 吕氏春秋·离谓.

⑤ 陈奇猷.吕氏春秋校释[M].北京：学林出版社，1984.

⑥ 方汉奇.中国新闻事业通史：第一卷[M].北京：中国人民大学出版社，1992：24-25.从当代的考古学成果看，悬书所悬者当不是缣帛，而是简牍，即在刻有字的竹简。参见徐燕斌.汉简扁书辑考——兼论汉代法律传播的路径[J].华东政法大学学报，2013(2)：50-62.

龙已升天,四蛇各入其宇,一蛇独怨,终不见处所"①。这个故事发生在晋文公元年,即公元前636年。方汉奇说,"由于悬书有煽动舆论的作用,很快被统治者禁绝"②。实际上一直到子产铸鼎的公元前536年,这种言论发布方式仍然存在。

在子产刑法的批评者中,有一个很有名的士大夫,叫邓析(邓析子)。邓析不仅是最早的私学老师之一,并且是最早的诉讼专家之一。③ 在子产公布刑法之后,邓析的学塾就热闹起来了,原因是他擅长教人打官司。《吕氏春秋·离谓》记载:

> 子产治郑,邓析务难之,与民之有狱者约:大狱一衣,小狱襦袴。民之献衣襦袴而学讼者,不可胜数。以非为是,以是为非,是非无度,而可与不可日变。所欲胜因胜,所欲罪因罪。

子产制定和颁布成文法的一个副产品,就是从事法律服务的人出现了。从上述记录看,邓析的工作类似于今天的律师,向民众提供法律咨询。他和有官司的民众约定的报酬是:大案一件衣服,小案一条短裤,求教者纷至沓来。所谓"以非为是,以是为非,是非无度,而可与不可日变",是说邓析善于咬文嚼字,钻法律的空子,对法律条文基于委托人利益作出不同的解释,给司法官员造成很大困扰。在中国古代,讼师背负着"教唆词讼"的恶名,为官方所不喜。孔子说,"听讼,吾由人也,必也无讼乎"。意思是我对诉讼的态度,是无讼。

除了指导词讼之外,邓析还通过悬书批评子产刑法中的漏洞,同时向大家推荐自己所写的刑法——"竹刑"。据《吕氏春秋》记载,针对邓析的批评,"子产令无县(悬)书,邓析致之。子产令无致书,邓析倚之。令无穷,则邓析应之亦无穷矣"④。大概的意思是,子产下令禁止"悬书",邓析就改用"致书",即写信的方式来批评;子产又下令禁止"致书",邓析就用"倚书",即在寄送的包裹中夹带书简的方式批评他。

邓析的做法对子产贯彻刑法、推行新政造成了困扰。《吕氏春秋》上说,当时"郑国大乱,民口喧哗",结果是"子产患之,于是杀邓析而戮之,民心乃服,是非乃定,法律乃行"。子产铸"刑鼎"、禁"悬书"的做法,反映出早期官方对于媒介的基本态度:媒介只能作为统治者驭民教化、利用民意的工具,

---

① 关于悬书的记载,《史记·晋世家》的原话是"介子推从者怜之,乃悬书宫门曰……"。从行文看,"悬书宫门"更似仅仅陈述动作的语句。这是一个孤立的行为,还是当时"悬书"已经制度化,仍需考证。

② 方汉奇.中国新闻事业通史:第一卷[M].北京:中国人民大学出版社,1992:24-25.

③ 冯友兰.中国哲学简史[M].北京:北京大学出版社,1985:82.

④ 吕氏春秋·离谓.

而当民众提出质疑，并利用媒介维护自身利益的时候，子产果断封禁了事。在治人者与治于人者实力悬殊的情况下，统治者不可能主动放弃对舆论的绝对控制，即使是思想开明的子产也不例外。后世的媒介政策，在相近的社会条件下，基本上没有跳出这个模式。

关于邓析之死，历史上有两个版本。《吕氏春秋》记载邓析为子产所杀，而《左传》则记载邓析为后来的郑国执政驷歂所杀。原因是邓析的《竹刑》没有得到国君的批准就四处传播，驷歂“杀邓析，而用其《竹刑》”。

邓析本为郑国大夫，弃庙堂而讼辩于江湖。“不法先王，不是礼义”①，不承认君王的权威，终为体制所不容。荀子评价说，邓析“甚察而不惠，辩而无用，多事而寡功，不可以为治纲纪。然而其持之有故，其言之成理，足以欺惑愚众”②。从“欺惑愚众”的评价来看，邓析堪称当时的舆论领袖。

子产和邓析的矛盾，代表着先秦时期官方和民间对话的高潮。从“男女有所怨恨，相从而歌”③的民谣，到“处士横议”的悬书，中国的民间批评进化到了公开的文字阶段，这是质的飞跃。从此以后，虽然民间议政因官方政策有起有落，但这股由士大夫阶级引领的民间批评的潮流却从未停止过。

春秋时期被用于民间批评的传播媒介“悬书”，在邓析事件后被禁止了。但是悬书本身的生命并没有被终结，而是被政府收为己用。春秋后期出现了“布法象魏”的法律公布手段④。战国时典籍《周礼》描写道：“正月之吉，始和布治于邦国都鄙，乃县（悬）治象之法于象魏，使万民观治象，浃日而敛之。”⑤所谓“象魏”就是宫门前的双阙（楼台），每当新法出台，国家将法律悬于双阙之上，让民众观看十日。据方汉奇考证，这种做法一直延续到南北朝，而“后世公布于宫门外的朝报，宫门抄，显然就是这一传播方法的继续”⑥。

第三节　孔子诛少正卯

邓析离世两年之后，即鲁定公十一年（公元前 499 年），鲁国摄政相孔子以“聚徒成群”“饰邪营众”“反是独立”的理由，在宫门东观诛杀大夫少正卯。

①② 荀子・非十二子.

③ 春秋公羊传・宣公十五年.

④ 李玉洁.春秋时期郑国的成文法与“悬书”[J].中州学刊，2007(1)：187-191.

⑤ 周礼・大司寇.

⑥ 方汉奇.中国新闻事业通史：第一卷[M].北京：中国人民大学出版社，1992：24-25.

《荀子·宥坐》记载：

> 孔子为鲁摄相，朝七日而诛少正卯。门人进问曰："夫少正卯，鲁之闻人也，夫子为政而始诛之，得无失乎？"孔子曰："居！吾语女其故。人有恶者五，而盗窃不与焉：一曰心达而险，二曰行辟而坚，三曰言伪而辩，四曰记丑而博，五曰顺非而泽。此五者，有一于人，则不得免于君子之诛，而少正卯兼有之。故居处足以聚徒成群，言谈足于饰邪营众，强足以反是独立，此小人之桀雄也，不可不诛也。是以汤诛尹谐，文王诛潘止，周公诛管叔，太公诛华仕，管仲诛付里乙，子产诛邓析、史付，此七子者，皆异世同心，不可不诛也。《诗》曰：'忧心悄悄，愠于群小。'小人成群，斯足忧矣。"

"少正卯"是鲁国知名人士，"少正"是官名，以官为氏，以卯为名。他曾做过私学老师，和孔子齐名。《论衡·讲瑞》记载了两人讲学过程中的一段往事："少正卯在鲁，与孔子并。孔子之门，三盈三虚，唯颜渊不去。"说的是孔子的学生几次满堂，几次跑光，都跑到少正卯那儿去听课，只有颜渊知道孔子是圣人，没有离开。这或许就是孔子所指控的"居处足以聚徒成群，言谈足于饰邪营众"的来历。

当然少正卯的最大罪状则是"强足以反是独立"，即他可以以非为是，自成一说。孔子将其概括为"五恶"：一是内省通明但用心险恶（心达而险）；二是行事邪僻又顽固不化（行辟而坚）；三是说话伪逆还巧言善辩（言伪而辩）；四是记述诡异而见识广博（记丑而博）；五是支持错误甚至变本加厉（顺非而泽）。

孔子的"五恶"，与《管子·法禁》①中的"四禁"——"行辟而坚，言诡而辩，术非而博，顺恶而泽者，圣王之禁也"——说法几乎一致。另外《礼记·王制》中提出的"四诛"应也与"四禁""五恶"同源：

> 析言破律，乱名改作，执左道以乱政，杀；作淫声异服，奇技奇器以疑众，杀；行伪而坚，言伪而辩，学非而博，顺非而泽以疑众，杀；假于鬼神、时日、卜筮以疑众，杀。此四诛者，不以听。

这段话的大意是，有四种罪可以不审即杀：一是议论法令、另辟规则以乱政；二是庸俗色情、奇技淫巧以疑众；三是心怀险恶、奇谈怪论以诱众；四是装神弄鬼、算命占卜以惑众。

《礼记·王制》记录了古代王者治理天下的制度。其"四诛"中的第一和第三杀，与孔子列举的少正卯的罪恶如出一辙。如此看来，孔子"朝七日而杀少正卯"，完全符合圣王之道。他甚至援引"子产诛邓析"等七个例子，说

---

① 《管子》被认为是稷下管子学派推尊管仲之作的集结，应是战国时所作。参见胡家聪.管子新探[M].北京：中国社会科学出版社，2003：2，20-23.

明这种“小人之桀雄”[①]是非杀不可的。

综合少正卯和邓析等人的特点可知，孔子所谓“小人之桀雄”，当符合两个基本条件，首先是思想犯，即主流不容的异端；其次是言论或传播犯，即舆论领袖。这种人的存在，让孔子等卫道之人忧心不已。

孔子诛少正卯的做法在宋以前，基本上是被赞赏的。西汉刘安在《淮南子·汜论训》中说：“故圣人因民之所喜而劝善，因民之所恶而禁奸。故赏一人而天下誉之，罚一人而天下畏之。故至赏不费，至刑不滥。孔子诛少正卯，而鲁国之邪塞；子产诛邓析，而郑国之奸禁。以近喻远，以小知大也。”

宋以后有不少学者对孔子之举持否定态度，如刘敞并不认为少正卯是“民之所恶”，他在《公是集》中说：“仲尼与之并居，不能以义服其心；与之立教，弗能使弟子不叛己。是鲁国之人，莫不以是人为贤也。民以为贤，仲尼始为政七日而诛之，百姓不知是仲尼嫉贤也？嫉贤而惑民，何以为政？”王若虚则在《滹南集》中评论：“少正卯，鲁之闻人，自子贡不知其罪，就如孔子之说，亦何遽至于当死？而乃一朝无故而尸诸朝，天下其能无议？而孔子之心亦岂得安乎？夫卯兼五者之恶，借或可除，而曰‘有一于人，皆所不免’，然则世之被戮者不胜其众矣。”

孔子此事，由《荀子·宥坐》最早记载。《史记》采其说，《尹文子》《说苑》《孔子家语》《淮南子》等书也都沿袭这种说法。自南宋开始，渐渐有学者质疑此事的真实性。朱熹在《晦庵集》中说：“若少正卯之事，则予尝窃疑之。盖《论语》所不载，子思、孟子所不言，虽以《左氏春秋》内外传之诬且驳而犹不道也，乃独荀况言之，是必齐鲁陋儒，愤圣人之失职，故为此说以夸其权耳。”

钱穆则断言此事为捏造：“荀卿先倡非十二子之论于前，其徒乃造为孔子诛少正卯之事于后，战国事如此例者甚多。”钱氏所说的“非十二子之论”指《荀子·非十二子》“知而险，贼而神，为诈而巧，言无用而辩，辩不惠而察，治之大殃也。行辟而坚、饰非而好、玩奸而泽、言辩而逆，古之大禁也”之说。其中说法，与《荀子·宥坐》中孔子所言的“五恶”近乎一致。只是不知道谁先谁后，谁引用谁的。在颇多学者否认此事的同时，反对意见依然存在。学者李零认为，“此说是先秦两汉旧说，宋以来否定此说，皆出卫道，毫无根据”[②]。

“孔子诛少正卯”的真实性在此不做更多讨论。不过少正卯和邓析一样，还是成了传播政策史上具有标志性的文化符号。此事中包含的对士人思想言论罪的指控，在后世造成了切切实实的影响。汉唐以来，颇多士人以

① 荀子也称：“少正卯鲁之闻人，聚徒成群，小人之杰雄。”

② 李零.丧家狗——我读论语(修订版)[M].太原：山西人民出版社，2010：10.

"少正卯之恶"罪人或获罪。

东汉末年,杜乔上书指斥梁冀兄弟"有正卯之恶,未被两观之诛"(公元147年);魏晋之际(公元263年),钟会劝司马昭杀嵇康的时候也援引此事,嵇康被诛于市;北宋之际,政敌之间常常互相指责对方是"少正卯":何郯弹劾夏竦(公元1048年),欧阳修、刘敞等弹劾刘昌期(公元1059年),李定弹劾苏轼(公元1079年),苏辙等弹劾吕惠卿(公元1086年),要不就是引用"学非而博""行伪而坚""言伪而辩"的罪名,要不就是直指对方是"异端害道""鲁之少正卯"[①];南宋庆元二年(公元1196年),就连否认孔子诛少正卯之事存在的朱熹,也被沈继祖劾六罪,"请加少正卯之诛,以为欺君罔世、污行盗名者戒"[②]。

至于那些未用"少正卯"之罪名,却行思想、言论罪之实的更是源源不断。汉代戴长乐告发杨恽、明代张问达劾李贽、清代归庄评金圣叹、赵申乔劾戴名世等皆为此类。

第四节 大谏之官:谏议制度的产生

春秋时期下情上达的主要方式,除了民间自发的、以"悬书"和"乡校"为代表的"士人议"与"舆人谤"[③],还有体制内的"谏"。中国古代政治话语中的"谏",专指官员或士大夫通过当面或书面的形式向君主提出批评和建议。在先秦时期,由于君主独裁和昏庸造成王朝更替不断,迫使统治阶级不得不去寻求一些补救的办法。谏议制度就是君主专制的补充手段之一。[④]"谏"是臣子谏诤和君主纳言二位一体的过程。在历史叙事中,谏议和纳言既是政治需要,也是"君臣之义"的道德建设手段。

谏议制度的形成是一个漫长的历史过程。上古而下,治人者往往与基层社会隔绝,大部分时间处于"顾问左右,左右不知;问外朝,外朝不知;问在野,在野不知"[⑤]的状态。古史中上古帝王们已采取各种手段加强与民间的沟通。《管子·桓公问》披露:"黄帝立明台之议者,上观于贤;尧有衢室之问者,下听于人也。"明台、衢室应该是黄帝、尧采纳民意的场所。再比如《吕氏春秋》记载:"尧有欲谏之鼓,舜有诽谤之木。"[⑥]尧时代,民众就可击鼓谏言;

① 以上案例参见方晓.孔子诛少正卯·思想言论罪[EB/OL].(2009-06-01)[2016-07-21].https://book.douban.com/review/2050542/.

② 宋史·卷三十七.

③ 左传·襄公十四年.

④ 刘泽华,王连升.先秦时代的谏议理论与君主专制主义[J].南开学报,1982(1):58-66.

⑤ 列子·仲尼.

⑥ 吕氏春秋·自知.

舜时代，百姓更可以在木头上刻写议政之词。到了夏禹时代，不仅立谏鼓，而且设五种乐器区分不同性质和内容的意见。《鬻子》载："禹之治天下也，以五声听，门悬钟鼓铎磬，而置鞀[táo]，以得四海之士。为铭于簨簴[sǔn jù]，曰：'教寡人以道者击鼓，教寡人以义者击钟，教寡人以事者振铎，语寡人以忧者击磬，告寡人以狱讼者挥鞀。'"①

除了上述这些与民间沟通的方式，传说虞舜时期还设立了纳言之官。《尚书·舜典》记载舜帝任命"龙"为"纳言"："龙，朕堲谗说殄行，震惊朕师。命汝作纳言，夙夜出纳朕命，惟允。"舜说：我苦于谣言盛行，特任命你为"纳言"之官，全天候传达我的真实政令。孔颖达疏曰："纳言，喉舌之官，听下言纳于上，受上言宣于下，必以信。"②舜后来与禹谈及臣下的责任，似乎是个更详细的注解：

> 帝曰："吁，臣哉，臣哉！臣作朕股肱耳目。予欲左右有民，女(汝)辅之。余欲观古人之象，日月星辰，作文绣服色，女明之。予欲闻六律五声八音，来始滑，以出入五言，女听。予即辟，女匡拂予。女无面谀。退而谤予。敬四辅臣。诸众谗嬖[bì]臣，君德诚施皆清矣。"③

舜认为，为臣子的应该是帝王的臂膀和耳目。王希望扶助百姓，大臣是助手；王希望制作符合传统和天象的服饰，大臣要落实、明确服饰的等级；王希望通过音律来考察治乱、取舍意见，大臣是耳目；王有不对，臣要指出来；臣不能当面奉承，背后诽谤。这恐怕是最早的关于臣子直谏的要求了。

不过历史证明，上下沟通的障碍有时候并不在臣子方面。统治者不听劝谏和压制民意的情况并不鲜见。前文提到，《大雅·桑柔》就是"昔周厉王好专利，芮良夫谏而不入，退赋《桑柔》之诗以讽"。《国语》中还有"邵公谏厉王弭谤"的记载，说的是周厉王在位时(约公元前878—前841年)，由于施政暴虐，被百姓公开批评，所以他找巫人监视舆论，并杀掉那些批评者，一时人们不敢出声，"道路以目"。大臣邵公劝厉王说，"防民之口，甚于防川。川壅而溃，伤人必多，民亦如之。是故为川者决之使导，为民者宣之使言"。这段话经常为后人所引用，其大意是，防范老百姓的嘴，比防备洪水更为不易；堵塞河道会造成决口，会伤害很多的人，堵住老百姓嘴巴的后果也是一样；因而治水只能以疏通为主，治民要善于引导并且让人说话。

厉王与邵公的争论说到底是治国理念的分歧。在开明政治家的眼中，完全排斥民意的舆论政策被认为是不成功的制度，是暴政。邵公"防民之

---

① 鬻子·禹政第六.

② 尚书正义：卷三"舜典第二".

③ 史记·夏本纪.《尚书·益稷》有载，文略不同。

口，甚于防川”的观点，是对武王“天意即民意”思想的进一步发展。而厉王的观点恰恰相反，他认为专断比议论更有序，禁言比开放更有效。厉王不听邵公之劝，三年后国人暴动，放逐了厉王。

西周到春秋时期，因类似原因被放逐的君主不止厉王一个。《左传·襄公十四年》有“师旷论卫人出其君”的记载，说的是卫国人因为卫君放纵无道将其驱逐，晋悼公认为此举太过分了，大臣师旷却认为，这是卫君不听劝谏、肆意妄为的必然结果：

> 天生民而立之君，使司牧之，勿使失性。有君而为之贰，使师保之，勿使过度。是故天子有公，诸侯有卿，卿置侧室，大夫有贰宗，士有朋友，庶人、工、商、皂、隶、牧、圉皆有亲暱，以相辅佐也。善则赏之，过则匡之，患则救之，失则革之。自王以下各有父子兄弟以补察其政。史为书，瞽为诗，工诵箴谏，大夫规诲。士传言，庶人谤，商旅于市，百工献艺。故《夏书》曰：“遒人以木铎徇于路，官师相规，工执艺事以谏。”正月孟春，于是乎有之，谏失常也。天之爱民甚矣，岂其使一人肆于民上，以从其淫而弃天地之性？必不然矣。

师旷对政治治理中的君臣（师）相辅、官民互动进行了总结。他认为，社会各阶层都应该通过自己的方式对政治进行补察，君主尤其要倾听官员和百姓的意见，随时对政策做出修正。所谓“官师相规，工执艺事以谏”就是师旷心中理想的制度方案。①

有关谏诤之官的最早记载出现在周朝，当时有进谏君主得失的官员“保氏”。《周礼》说“保氏掌谏王恶”。不过“保氏”的主要职责是教育太子，即“养国子以道，乃教之六艺”②，所以其还不是专门的言官。台湾学者陶百川指出：“中国祖先虽早知谏的重要性而躬行实践，但它的理论则在周朝方始

---

① 《书·胤征》中有“官师相规，工执艺事以谏。其或不恭，则有常刑。”孔颖达疏曰：“百工虽贱，令执其艺能之事以谏上之失常”。“工执艺事以谏”指优人通过艺术手段委婉地提出建议。王国维将先秦早期的艺术形式分为两种，一种是巫觋，一种是俳优。王国维在《宋元戏曲史》提出，俳优出现在春秋时期，“巫与优之别：巫以乐神，而优以乐人；巫以歌舞为主，而优以调谑为主，巫以女为之，而优以男为之……后世戏剧，当自巫、优二者出”；又说“古代之优，本以乐为职，故优施假歌舞以说里克”。“优施说里克”的事情发生在春秋晋献公（公元前676—前651年）时期。《国语·晋语二》记载了优施与献公夫人骊姬私通，用歌舞通过大臣里克之妻劝里克投靠骊姬之事：“优施起舞，谓里克妻曰：‘主孟啖我，我教兹暇豫事君。’乃歌曰：‘暇豫之吾吾，不如鸟乌；人皆集于苑，己独集于枯。’”另外《史记·滑稽列传》记载了“优孟衣冠”的故事。楚国名相孙叔敖死后，儿子落魄。一个叫孟的艺人为之不平，穿了与孙叔敖一样的衣冠去见楚庄王，神态竟和孙叔敖一模一样，庄王以为其人复生，恭请他做宰相。孟趁机以孙叔敖子很穷为辞进行规劝，庄王于是封赠其子。这是典型的“工执艺事以谏”，并被统治者所接受的范例。

② 周礼·地官·保氏.

形成，《国语》所记召公谏厉王的话以及《左传》子产不毁乡校的故事，都很透彻、深入和动人。”①

春秋初年齐桓公设“大谏”，为言官的雏形。《吕氏春秋・勿躬篇》记载管仲对齐桓公说：“早入宴出，犯君颜色，进谏必忠，不辟死亡，不重富贵，臣不若东郭，请置以为大谏。”意思是东郭牙此人正直无私，能冒着杀头的危险犯颜直谏，肯定是忠臣，应该让他当“大谏”之官。管仲是春秋时期的名相，他看重纳谏对国家的益处，认为“主恶谏则不安”②。春秋时类似官员的设立已经比较普遍，晋国的中大夫、赵国的左右司过、楚国的左徒，都属于言官性质。

谏议制度的核心价值是君臣之义。首先体现在臣子对君主的忠心上。《孝经・事君》中提出“君子之事上也，进思尽忠，退思补过，将顺其美，匡救其恶”，《孝经》将“谏诤”列为“孝”的基本要求，并引用曾子的话：

> 昔者天子有争（同诤）臣七人，虽无道，不失其天下。诸侯有争臣五人，虽无道，不失其国。大夫有争臣三人，虽无道，不失其家。士有争友，则身不离于令名。父有争子，则身不陷于不义。故当不义，则子不可以不争于父，臣不可以不争于君。③

曾子认为，诤子、诤友、诤臣是修身、齐家、治国、平天下的必要条件，当君父不义之时，“子不可以不争于父，臣不可以不争于君”。因此，法国汉学家汪德迈提出，谏议基本上是义务，是孝所要求的一种严格的义务。④

“君臣之义”的另一个方面，则是君主对谏诤的容忍和接纳。晋大夫范文子就通过总结先王的统治经验，来教导刚刚加冠的赵文子：

> 兴王赏谏臣，逸王罚之，吾闻古之王者，政德既成，又听于民，于是乎使工诵谏于朝，在列者献诗使勿兜，风听胪言于市，辨祆祥于谣，考百事于朝，问谤誉于路，有邪而正之，尽戒之术也。⑤

意思是中兴之主欢迎谏臣，而享乐之主讨厌谏臣，通过各种手段了解民意，才是有效进行社会治理、防止国家衰亡的有力手段。这里提到的“有邪而正之”，是指谏议制度的另一个功能，就是监察之责。

齐桓公时期的官僚体系中，“大谏”为监察之官。⑥ 自秦之后各朝虽有言官

---

① 杨庆东.我国古代“言官谏诤”制度的演进及启示[J].中共云南省委党校学报，2005，6(3)：87.

② 管子・形势解.

③ 孝经・谏诤.

④ 汪德迈.中国谏议制度[M].许明龙，译//龙巴尔，李学勤.法国汉学.北京：清华大学出版社，1996(1)：40.

⑤ 国语・晋语六.

⑥ 齐桓公改革宫廷官制，在相之下，设立大司行、大司田、大司马、大司理、大谏等五官，分别掌管外交、经济、军事、刑法、监察。

专设，但其功能与监察颇有重合，至宋朝“台谏合一”①，谏官的功能被纳入御史台系统，专门的谏议机构逐渐消亡。因此，后世学术界大都将谏议制度纳入监察制度来论述。不过近来有学者提出，言官谏诤制度是在原始民主基础上兴起的一种舆论监督工具，②是中国古代政治体制中的重要组成部分，在本质上体现了民主决策的部分特性，③因此建议将其剥离监察系统来考察。

谏议制度对上的谏诤功能和对下的监察功能其实并不矛盾。言官的职能本身就具有两面性。一方面，是对君主的决策提供咨询和匡正；另一方面，需要对民间和朝臣的动态进行监督和把握。这两者是相辅相成的，在功能上更有重合之处，后来出现“风闻奏事”的御史机构，也与此有关。当然由于视角不同，研究的侧重或有差异，比如我们这里讨论的主要是它的议政功能。先秦思想家有大量关于劝谏和纳谏的观点和论说，为谏议制度提供了丰富的理论内涵。归纳起来，主要包括社稷论、疏导论、补短论、易位论等。④

社稷论认为，君主与社稷即国家政权不是合二为一的。孟子说：“民为贵，社稷次之，君为轻。”⑤荀子则认为，为了安社稷，应该勇于进谏，直至“抗君之命，窃君之重，反君之事，以安国之危”⑥。

疏导论认为，对民意应该听取和疏导，而不应该压制，压制只能使君民之间产生隔阂，最终造成国家动荡。“邵工谏厉王弭谤”和“子产不毁乡校”中“防民之口，甚于防川”以及“小决使导”的观点为这个理论提供了有力的依据。

补短论认为，君主无论在能力上，还是对事物的认识方面，都有局限性。君主要巩固自己的统治，就应该用贤纳谏，用君子的智慧来弥补自己的不足。《吕氏春秋・自知》说：“人主欲自知，则必直士。故天子立辅弼，设师保，所以举过也。”

易位论认为，君主有过不改，就可取而代之。孟子说：“君子大过则谏，反复之而不听，则易位。”⑦所谓易位，就是取而代之。⑧

除了上述思想和著述之外，谏议制度还有一个重要的来源，就是中国历史上言者无罪的传统。“言者无罪”出自《诗经・周南・关雎》的序，原话为

---

① 到宋真宗年间，《天禧诏书》诏令御史言事。参见张明华.试论北宋时期的“台谏合一”[J].许昌师专学报，1998，17(3)：64-66.

② 杨庆东.我国古代“言官谏诤”制度的演进及启示[J].中共云南省委党校学报，2005，6(3)：87-89.

③ 晁中辰.中国古代谏议思想与谏议制度刍议[J].东岳论丛，2010(9)：63-67.

④ 谏议理论的分类梳理，参见刘泽华，王连升.先秦时代的谏议理论与君主专制主义[J].南开学报，1982(1)：58-66.

⑤ 孟子・尽心下.

⑥ 荀子・臣道.

⑦ 孟子・万章下.

⑧ 刘泽华，王连升.先秦时代的谏议理论与君主专制主义[J].南开学报，1982(1)：58-66.

“言之者无罪，闻之者足以戒”。孔颖达注解说，《诗经》通过歌谣委婉地进行讽喻，“不直言君之过失，故言之者无罪”。这种说法后来推广到所有建言的士人，为他们提供一种道义上的保护。但如苏亦工所说，中国“言者无罪”的理想，发明虽早，但却长期停留在观念的层面，始终未能真正落实到制度和实践的层面。①

春秋时期谏议制度主要分“诗谏”和“史谏”两种。② 前文提到的献诗、陈诗手段，就是谏君的途径。《诗经》中“雅”的部分，有很多表现了贵族和士大夫通过诗来进行“讽谏”。《小雅·节南山》的“家父作诵，以究王讻”，《小雅·四月》的“君子作歌，维以告哀”，《大雅·尾劳》的“主欲玉女，是用大谏”等，都反映了当时的诗谏情况。

除《诗经》外，其他古籍中也有以诗谏君的例子。《左传·昭公十二年》记载子革对楚灵王说：

> 昔穆王欲肆其心，周行天下，将皆必有车辙马迹焉。祭公谋父作《祈招》之诗以止王心。王是以获没于祗宫。……其诗曰：“祈招之愔愔，式昭德音。思我王度，式如玉，式如金。形民之力，而无醉饱之心。”

这个故事说的是周穆王意图放纵、想要周游天下，祭公谋父作了《祈招》这首诗来劝谏他，穆王因此得以善终于祗宫。

春秋谏议的另一个类型是“史谏”。《汉书·艺文志》说：“古之王者，世有史官，君举必书，所以慎言行，昭法式也。左史记言，右史记事，事为春秋，言为尚书，帝王靡不同之。”史官的记载对君主有震慑作用。《国语·鲁语上》记载了“曹刿谏庄公如齐观社”一事：

> 庄公如齐观社。曹刿谏曰：“不可。夫礼，所以正民也。是故先王制诸侯，使五年四王、一相朝。终则讲于会，以正班爵之义，帅长幼之序，训上下之则，制采用之节，其间无由荒怠。夫齐弃太公之法而观民于社，君为是举而往之，非故业也，何以训民？土发而社，助时也。收攟而蒸，纳要也。今齐社而往观旅，非先王之训也。天子祀上帝，诸侯会之受命焉。诸侯祀先王、先公，卿大夫佐之受事焉。臣不闻诸侯相会祀也，祀又不法。君举必书，书而不法，后嗣何观？”公不听，遂如齐。

鲁庄公要到齐国去观看祭社，曹刿劝谏说：这不符合国君的礼仪，国君的举动史官一定要加以记载。记载而不合于法度，后代子孙会怎么看？此

① 苏亦工.试论中国诗教传统的社会批评功能：从言者无罪到表达自由[J].政法论坛，2011，29(5)36-37.

② 朱传誉.先秦唐宋明清传播事业论集[M].台北：台湾商务印书馆，1988：53-64.下文中部分例证来自此书。

书中同时记载了“里革更书逐莒太子仆”的事：

> 莒太子仆弑纪公，以其宝来奔。宣公使仆人以书命季文子曰：“夫莒太子不惮以吾故杀其君，而以其宝来，其爱我甚矣。为我予之邑。今日必授，无逆命矣。”里革遇之，而更其书曰：“夫莒太子杀其君而窃其宝来，不识强固又求自迩，为我流之于夷。今日必通，无逆命矣。”明日，有司复命，公诘之。仆人以里革对。公执之，曰：“违君命者，女亦闻之乎？”对曰：“臣以死奋笔，奚啻其闻之也！臣闻之曰：‘毁则者为贼，掩贼者为藏，窃宝者为宄，用宄之财者为奸。’使君为藏奸者，不可不去也。臣违君命者，亦不可不杀也。”公曰：“寡人实贪，非子之罪。”乃舍之。

里革就是太史克，他看到君主即将犯错，不惜更改君主的命令，以死相争，终于得到君王的认可。而上文曹刿“以史相谏”则没有被庄公所接受。

尽管各朝各代政治家和思想家都非常重视“谏诤”的政治功能，甚至设立专门的机构去从事这项工作，但是“谏诤”从性质上来说并不是一项“硬性的政治制度”。无论是“言者无罪”还是“反复之而不听，则易位”，都没有制度上的保障。所凭者仅为臣工的政治责任感和道德操守，以及君主的开明和容忍。如此，诤臣的下场就可想而知了。《吕氏春秋》说：“世主之能识论议者寡”[①]“无功不得民，则以其无功不得民伤之；有功得民，则又以其有功得民伤之。人主之无度者，无以知此，岂不悲哉！比干、苌弘以此死，箕子、商容以此穷，周公、召公以此疑，范蠡、子胥以此流”[②]。意思是能接受批评的君主太少了，如果大臣的意见无效，那么就以无效意见来惩罚他，如果大臣的意见有效，就以刁买民心的罪名来惩罚他。由于君主喜怒无常，历史上的许多名臣都因为劝谏而被杀死、被闲置、被怀疑、被放逐。战国时屈原直谏楚怀王，却屡遭排挤。怀王崩，顷襄王听信小人谗言，将其流放。流放期间，屈原依旧坚持进言，惹怒顷襄王后被驱逐。无奈与绝望间，屈原最终投江自尽。

即便如此，“谏诤”在中国古代仍然被视为所有文人士大夫应该具有的基本道德操守，是臣子必须尽的义务。如春秋时晋大夫史墨所说：“夫事君者，谏过而赏善，荐可而替否，献能而进贤，择材而荐之，朝夕诵善败而纳之。”[③]在中国古代中央集权制度的形成过程中，臣子很早就被忠孝道德绑架在专制主义的战车之上，成为鞠躬尽瘁又可弃可换的螺丝钉。

---

① 吕氏春秋・遇合.

② 吕氏春秋・离谓.

③ 国语・晋语九.

第五章
战国争鸣:稷下论政与归心于壹

战国时期士人议政达到高潮,出现诸子百家争鸣的局面。齐国以稷下学宫养士,采取"不治而议论""不任职而论国事"的政策,成为百家争鸣的中心和主要基地。

与齐国不同,秦国采取的是"归心于壹"的强国模式。商鞅的核心观念是"壹教","所谓壹教者,博闻、辩慧、信廉、礼乐、修行、群党、任誉、清浊,不可以富贵,不可以'评刑',不可独立私议以陈其上……"。商鞅统一思想是为了贯彻"农战"的霸道之策,即将国家所有的注意力集中于耕种和战争,从而迅速实现国富兵强。为了达到这个目的,商鞅开创了中央集权的制度模式。这个模式涵盖重农抑商、愚民管制、户籍束缚等诸多方面。商鞅的思想专制为法家的集大成者韩非所肯定,并成为李斯文化政策的源泉。

第一节　稷下学宫:齐国不治议论

士人议政到战国时达到了高峰。此时民间知识分子被列为"士农工商"四民之首,无论是数量还是质量上都有了很大的提升,布衣卿相屡见不鲜。在文化上,更出现了诸子百家争鸣的局面。[①] 民间士人的兴盛源自私学的兴

① 据《汉书·艺文志》的记载,当时数得上名字的流派一共有189家,其共有4 324篇著作。其后的《隋书·经籍志》《四库全书总目》等书则记载"诸子百家"实有上千家,但影响较大的不过几十家。只有十家被发展成学派。这十家包括:法家、道家、墨家、儒家、阴阳家、名家、杂家、农家、小说家、纵横家。西汉人刘歆在《七略·诸子略》中将小说家去掉,称为"九流"。俗称的"十家九流"就是从这里来的。

起。春秋以前，官方垄断教育资源，贵族子弟要想接受教育，必须到官府学习，教他们的老师都是当时官员，这就是所谓的“官师合一”。通过行政与教育的紧密结合，官方牢牢地控制着意识形态领域。

春秋中晚期王室衰微，权力下移，“学在官府”的垄断局面被打破。《史记·历书》记载：“幽厉之后，周室微，陪臣执政，史不记时，君不告朔，故畴人子弟分散。”官家学者流落各地，典章图籍散落民间，结果是民间私学逐渐兴旺。前文提到的邓析、少正卯以及孔子都创办过私学，孔子更被认为是民间教育的先行者。“士”与官府脱离，以文化传播者和阐释者的身份出现，是先秦传播格局的重大转折。

由于周王和诸侯都无力掌控意识形态，民间的学术教育和研究获得了自由与开放的发展空间，经过数百年的孕育，在战国时期迎来了收获期。有学者依据《汉书·古今人表》将战国与春秋时期的有名人物加以比较，发现在春秋时期，出身寒微、来历不明的“新人”占总人数的 26%，战国时则增加到 55%。①

士人阶层的崛起恰逢群雄逐鹿的战国时期，此时主流意识形态尚未形成，强国之道还在求索之中，士人们获得了推销主张、施展抱负的良机。频繁的兼并战争带来的生存压力也迫使统治者们放下身段，向民间求言和求贤。《战国策》记载齐威王（公元前 378 年—前 320 年）接受邹忌的建议，鼓励国民大胆批评自己：“能面刺寡人之过者，受上赏；上书谏寡人者，受中赏；能谤议于市朝，闻寡人之耳者，受下赏。”②这恐怕是战国时期最为开放的舆论政策了。据史书记载，“令初下，群臣进谏，门庭若市；数月之后，时时而间进；期年之后，虽欲言，无可进者。燕、赵、韩、魏闻之，皆朝于齐。此所谓战胜于朝廷。”③

齐威王的政策一方面是当时尊贤纳士的风气使然，另一方面也来自齐国善听民意的传统。齐国的第一任诸侯王姜尚在即位之初，便提出“因其俗，简其礼，通工商之业，便渔盐之利”的因地制宜的国策，结果是“人民多归齐，齐为大国”。后来，齐桓公的大臣管仲进一步提出“俗之所欲，因而予之；俗之所否，因而去之”的政策，重视民众诉求，获得了民众的支持，齐桓公因此成为春秋时的第一个霸主。应该说，齐国之所以能够不战而屈人之兵，与它广开言路、顺应民意的舆论政策有很大的关系。

除了开放言路，齐国受到战国初期魏文侯尊礼子夏、建立西河之学的启

---

① 许倬云.春秋战国间的社会变动[M]//中央研究院历史语言研究所.历史语言研究所集刊.1963(34 下):559-587.

②③ 战国策·齐策.

发,把建立智库作为塑造国家软实力的重要一环,创建稷下学宫。此后,养士之风大兴,以稷下学宫、战国四公子以及秦相吕不韦的智囊团规模最大。[①]

徐干的《中论・亡国》说:“齐桓公立稷下之宫,设大夫之号,招致贤人而尊宠之。”[②]齐国将学宫建于国都临淄城门附近的稷门,位置显赫,规模宏伟。到齐威王、宣王时已经成为百家争鸣的中心和主要基地,囊括了当时几乎所有的学派,被誉为最早的高等学府。余秋雨认为,稷下学宫在齐国,既是智库,又是学堂,还是一个交流思想文化的场所。[③] 如此说来,其性质更像今天的社会科学院。《风俗通义・穷通》说:“齐威、宣王之时,聚天下贤士于稷下,尊宠之,若邹衍、田骈、淳于髡之属甚众,号曰列大夫,皆世所称,咸作书刺世。”

“作书刺世”说明批判政治是稷下学宫的主要功能之一。《新序・杂事》说:“稷下学者喜议政事”,《史记・孟荀列传》也说:“自邹衍与齐之稷下学者……各著书言治乱之事,以干世主。”由此,稷下学宫成了一个特定条件下,思想独立、观点多元的“公共空间”。在这里,学者们可以自由讨论公共事务,批评政事。

齐王虽然是学宫的金主,但是并没有对稷下学者的自由讨论进行过多干预,而是采取“不治而议论”[④]“不任职而论国事”[⑤]的政策。这种不当官只议政、学术独立、言论自由的运作方式,说明稷下学宫虽然是官办机构,却是“独立于政治建构之外的公共交往和公众舆论”[⑥]的场所。另外,这种公办但以私人传授和思想独立为核心,同时又打破私学壁垒、兼容并包的办学模式,是战国时期私学制度的延伸,也为后人提供了一种难得的办学模式。余秋雨称誉道:即使到今天,稷下学宫还在社会的公私领域传授着课程。[⑦]

当然,这里说的公共空间与当下学界所讨论的,尤其是哈贝马斯的“资产阶级公共领域”不是一回事。稷下学宫是诸侯借用民间智慧,塑造官方话语的一种手段。说到底,它是为一家一姓所用的公共空间,设计性远大于自发性。当然,在特定的时间和地点,各种因素不期而遇,使稷下学宫在以文化专制和舆论一律为主流的中国舆论发展史中,形成独立性和多元化兼具

---

① 稷下学宫最盛时有学者上千人。战国四公子,即齐国的孟尝君、魏国的信陵君、赵国的平原君、楚国的春申君,他们养士多达几千人。战国后期秦国的吕不韦也有食客三千。

② 此桓公非春秋五霸中的齐桓公姜小白,而是战国时的齐桓公田午。

③ 余秋雨.问学余秋雨:与北大学生谈中国文化[M].西安:陕西师范大学出版社,2009:26.

④ 史记・田敬仲完世家.

⑤ 盐铁论・论儒.

⑥ 许纪霖.近代中国的公共领域:形态、功能和自我理解[J].史林,2003(2):80-92.

⑦ 余秋雨.稷下学宫[M]//余秋雨.中国文脉.武汉:长江文艺出版社,2013.

的公共空间，确实堪称绝响。

同为公共空间，稷下学宫与前文提到的子产时期的“乡校”不同。一个是国策论坛，各家精英济济一堂，坐而论道，为的是自己的主张能被国君采纳，退而求其次，也能够著书立言、闻达于诸侯；另一个则是国都近郊自在自发的农闲聚会，民众不平则鸣，谤议朝政，更具民间色彩。

有研究者特别指出，稷下学士的议政也非直接问政，而是将政治问题学术化。他们立足于建立理论体系，对切实推进和改革为政操作则兴趣缺缺。因此，议政而不参政，重理论思考而轻实用操作是稷下议政的主要特点。①

在议政论政的同时，稷下学者在学术方面取得了丰硕成果。他们的著作涉及政、经、兵、史、历、数、医、农等诸多领域，其中更不乏集大成者，这些成果促进了战国时期思想文化的繁荣，也丰富了中国古代学术思想。郭沫若这样评价稷下学宫：“周秦诸子的盛况是在这儿形成了一个最高峰的。”②

应该说，稷下学宫这一特殊的公共论坛出现在齐国有其特殊性。除了当时私学兴盛、士人崛起的宏观因素之外，齐国本身的社会条件和文化传统也是重要原因。齐国商品经济发达，最盛时曾出现“商贾归齐如流水”的局面。商品的流通促进了人口的流动，人口的流动带来思想的碰撞和交流。齐国的文化因此呈现重商、开放和包容的特征。另外，齐地有重文轻武的传统，统治者崇尚黄老之学，提倡无为而治，在文化政策上并不强求思想和舆论的一律。这些都为君主开放言路、士人自由议政提供了广阔的空间。

从齐国稷下学宫的兴旺，以及前文涉及的春秋时郑国、卫国民间议政盛行的社会条件来看，言论自由与市场流通之间似乎存在着互为因果、相辅相成的关系。开放的市场有助于自由的公共舆论的形成，而思想的开放也有助于商品经济的发展。有意思的是，与稷下学宫处于同一个时代的商鞅变法则从反面证明了这个相关性，即如果要控制舆论，最有效的莫过于限制市场流通和人员流动，构造封闭而统一的社会空间。

在稷下的自由讨论中，同时存在着学派之间的互相攻击，这种攻击甚至没有底线。比较典型的是孟子对墨家的评论。

> 圣王不作，诸侯放恣，处士横议。杨朱墨翟之言盈天下。天下之言，不归杨则归墨。杨氏为我，是无君也；墨氏兼爱，是无父也；无父无君，是禽兽也。公明仪曰：“庖有肥肉，厩有肥马，民有饥色，野有饿莩，此率兽而食人也”。杨墨之道不息，孔子之道不著，是邪说诬民、充塞仁

---

① 王长华.春秋战国士人与政治[M].上海：上海人民出版社，1997：226.

② 郭沫若.十批判书·稷下黄老学派的批判[M]//郭沫若.郭沫若全集：历史编第二卷.北京：人民出版社，1982：156.

> 义也;仁义充塞,则率兽食人,人将相食。吾为此惧。闲先圣之道,距杨墨,放淫辞,邪说者不得作。①

孟子对杨朱和墨翟的评论可谓一针见血,荀子也给出了类似“欺惑愚众”的评语,但是将其比作无父无君的“禽兽”则超出了学术讨论的范畴,结论“邪说者不得作”埋下了罢黜异端学说、重农抑商等伏笔。

稷下学宫存世150余年,随着齐为秦所灭而消失。自此,愚民政策和文化专制逐步成为中国古代文化的主流,它吸收或改造了百家理论中符合专制的部分,彻底背离了稷下学宫所倡导的“不治而议论”的言论开放路线。

第二节 商鞅变法:秦国归心于壹

在齐国开放士人议政、试图以软实力“战胜于朝廷”的同时,地处关中的秦国已经启动走向“虎狼之国”的改革,秦孝公任用商鞅(公孙鞅),推行另一种“归心于壹”②的强国模式。

秦孝公前的秦国,地处一隅,国穷民弱,长期以来,被山东诸侯视为夷狄,排除于中原诸国之外。秦孝公即位后,耻于“诸侯卑秦”的现状,于公元前361年颁布了《求贤令》:“宾客群臣有能出奇计强秦者,吾且尊官,与之分土。”③商鞅听说后大为意动,从魏国前往秦都,先后将帝道、王道和霸道说与秦孝公,最终孝公选择了霸道,即用暴力手段进行快速改革。

在变法之前,商鞅与大臣甘龙有一段争论。商鞅认为“民不可与虑始而可与乐成。论至德者不和于俗,成大功者不谋于众”,甘龙则反驳说,“圣人不易民而教,知者不变法而治。因民而教,不劳而成功;缘法而治者,吏习而民安之”④。这一段话,长期被解读为改革派与保守派之间的辩论,不过从国家治理的角度来分析,却是独裁与教化的观念之争。从商鞅的话中,我们不难发现他对民意的无视,强调一种推土机摧枯拉朽式的改革,而这种改革也只能靠严刑峻法来保障。

商鞅崇尚刑名,不过这种法治是一种走向极端的社会控制模式,尤其排斥民间舆论。《史记·商君列传》中有一段很有趣的记载:

> 令行于民期年,秦民之国都言初令之不便者以千数。……行之十年,秦民大说,道不拾遗,山无盗贼,家给人足。民勇于公战,怯于私斗,

① 孟子·滕文公下.
② 商君书·一言.
③ 史记·秦本纪.
④ 史记·商君列传.

乡邑大治。秦民初言令不便者有来言令便者，卫鞅曰“此皆乱化之民也”，尽迁之于边城。其后民莫敢议令。

商鞅变法之初，许多秦人跑到国都反映新法令不便；十年后，新法大见成效，那些人又跑来反映新法的好处。不料这些称道新法的人却被商鞅认作乱民，全部被流放到边地去了，从此民众再不敢对法令发表任何意见了。商鞅的观点是，“辩慧，乱之赞也”①，即辩论是动乱的开始。对商鞅来说，人民只需要切实遵守法令就行了，至于言论，无论是批评还是赞颂都是不允许的。

商鞅此举我们可以在《商君书・慎法》找到解释。他说：“夫以法相治，以数相举者，不能相益；訾言者，不能相损。民见相誉无益，相管附恶；见訾言无损，习相憎不相害也。夫爱人者，不阿；憎人者，不害，爱恶各以其正。”大意是，法的作用在于让相互吹捧的行为在关系密切的人当中产生不了好处；让相互诋毁的行为在相互憎恶的人当中产生不了损害，如此，就不会有人去偏私吹捧和恶意贬损他人了。

由此观之，商鞅的法代替了所有社会调节杠杆，他所谓的法治，就是极端的人治和官治。所以商鞅的法，其核心就是政府的政策和权威性。他所禁止的，就是人们对政府权威提出的挑战。

商鞅推行的文化和舆论专制的更具体的思想观点，集中于后人为他编纂的《商君书》里。在他的思想体系中，有一个核心观念是“壹教”。“所谓壹教者，博闻、辩慧、信廉、礼乐、修行、群党、任誉、清浊，不可以富贵，不可以‘评刑’，不可独立私议以陈其上……”②壹教既是文化政策，也是教育政策和舆论政策，简单来说就是以法为教，废除私学，禁止士人议政。士人不能因为上述列举的八项华而不实的技能而获得社会地位，不能运用这些技能去评论、更改法令刑罚，更不能拿私家学说去妨碍当朝的农战大策。

商鞅的治国与舆论政策一脉相承。统一思想是为了贯彻“农战”的霸道之策，即将国家所有的注意力集中于耕种和战争，从而迅速实现国富兵强。为了达到这个目的，商鞅开创了中央集权的制度模式。这个模式涵盖重农抑商、愚民管制、户籍改革等诸多方面。

首先，重农抑商。重农抑商的传统在中国流行了两千年，其滥觞者便是商鞅。为此他颁布了《垦草令》，制定出二十种重农和开垦荒地的办法。一方面刺激农业发展，一方面打压工商业。商鞅治下禁止粮食贸易，商人和农民都不得卖粮，甚至连为商业贸易和人口流动服务的旅馆业也予以禁止。

---

①② 商君书・赏刑.

其次，愚民政策。《商君书·弱民篇》头一句就是“民弱国强，民强国弱，故有道之国，务在弱民。”他认为“民不贵学问则愚，愚则无外交，无外交则国安而不殆”，意思就是老百姓不崇尚学问就不会与外界交往，封闭的生活环境能保障国家稳定。《商君书》认为，民众受了教育，就有了思考的能力；有了思考的能力，就会对政策产生怀疑，如此则会损害君主的权威和尊严，破坏统一的政治格局。据史书记载，商鞅变法之初就“燔《诗》《书》以明法令”[①]，这是中国历史上焚书的源头。对此商鞅解释道：“农战之民千人，而有《诗》《书》辩慧者一人焉，千人者皆怠于农战矣。”意思是一颗老鼠屎坏了一锅粥，一个有书的聪明人就会使得一千个普通人不专注于国家策略。

再次，禁止民众自由迁徙。《商君书·垦令》中说：“国之大臣诸大夫，博闻辨慧游居之事，皆无得为；无得居游于百县，则农民无所闻变见方。农民无所闻变见方，则知农无从离其故事，而愚农不知，不好学问。愚农不知，不好学问，则务疾农。知农不离其故事，则草必垦矣。”此策将民众束缚在土地之上，让其一心务农，这是中国户籍制度之始。

最后，民间舆论被认为是影响社会稳定的杂音。《商君书·说民》有云：“国有礼有乐，有诗有书，有善有修，有孝有弟，有廉有辩——国有十者，上无使战，必削至亡；国无十者，上有使战，必兴至王。”商鞅认为，辩论缺乏效率，是国运衰亡的标志。这个观点至今仍有市场。他同时认为，社会稳定和繁荣来自上层建筑的改革，但必须保持社会基础的稳定性。《弱民篇》说：“主操权、利；故主贵多变，国贵少变。”这就是商鞅变法的真相所在。

采取一系列措施之后，效果明显。“秦妇人婴儿皆言商君之法”，秦国上下终于“归心于壹”。后人多将“道不拾遗，山无盗贼，家给人足”以及“妇人婴儿皆言商鞅之法”作为商鞅改革的政绩，这其实是严刑峻法和思想控制造就的极端和不正常的社会状态。

商鞅的改革举措在特定历史语境下有其合理性，但是一旦被认为是成功模式，则后患无穷。“智者”赵良曾劝商鞅说：教化百姓比命令百姓要更深入人心，让百姓模仿君臣的行为比命令百姓更为迅速。如今您却违情背理地建立权威、变更法度，这不是对百姓施行教化啊。但是商鞅根本听不进去。

商鞅的改革举措被法家的集大成者韩非所肯定。公元前223年，韩非提出系统的禁书理论。《韩非子·和氏》篇这样援引商君的往事：“商君教秦孝公以连什伍，设告坐之过，燔《诗》《书》而明法令，塞私门之请而遂公家之劳，

---

① 韩非子·和氏.

禁游宦之民而显耕战之士。”然后为其背书，说：“夫冰炭不同器而久，寒暑不兼时而至，杂反之学不两立而治”[1]“故明主之国，无书简之文，以法为教；无先王之语，以吏为师”[2]。这些观点最后都成为李斯文化政策的源泉。

① 韩非子·显学.
② 韩非子·五蠹.

第六章
秦汉相袭:从言禁到大一统

我国有着悠久的“禁言”传统。《管子》的“四禁”、《礼记》的“四诛”、孔子的“五恶”、荀子的“非十二子之论”,为中国的言论和思想管制提供了依据。对于异端言论,部分先秦政治家建议“不听而诛”。

诽谤罪是因言获罪的基本形态之一。战国时齐威王设有“诽谤”之罪。到秦时,其内涵发展为“非上”,即对以皇帝为首的当政者进行人身或者政策上的非议。“非上”是秦代为官者的大忌。秦简有“喜非其上则身及于死”的类似警告。言禁政策被认为是秦朝灭亡的重要原因之一。

汉初的主流意识形态是黄老之学,惠帝废“挟书律”,使诸子学说复苏。武帝即位后,重构意识形态,选择了“大一统”和“崇儒术”的治国方略。“推明孔氏,抑黜百家”的思想和文教政策为后世大多数朝代所沿袭。

第一节　书同文与焚书令

始皇二十六年(公元前221年),秦并天下,首先改革符制:水为德,黑为贵,六为纪。《史记·秦始皇本纪》记载:

> 始皇推终始五德之传,以为周得火德,秦代周德,从所不胜。方今水德之始,改年始,朝贺皆自十月朔,衣服旄旌节旗皆上黑,数以六为纪,符、法冠皆六寸,而舆六尺,六尺为步,乘六马。更名河曰德水,以为水德之始,刚毅戾深,事皆决于法,刻削毋仁恩和义,然后合五德之数。于是急法,久者不赦。

同年,立郡县,将百姓更名为“黔首”,“一法度衡石丈尺,车同轨,书同文字"。这里的"书同文字",一般解读为以小篆为全国统一通行的文字。其依据是许慎《说文解字》中对大篆、小篆、隶书递变历史的记述:

> 其后诸侯力政,不统于王。恶礼乐之害己,而皆去其典籍,分为七国。田畴异亩,车涂异轨,律令异法,衣冠异制,言语异声,文字异形。秦始皇初兼天下,丞相李斯乃奏同之,罢其不与秦合者。斯作《仓颉篇》,车中府令赵高作《爰历篇》,太史令胡毋敬作《博学篇》。皆取史籀大篆,或颇省改,所谓小篆也。
>
> 是时,秦灭书籍,涤除旧典,大发吏卒,兴戍役,官狱职务繁,初有隶书,以趣约易,而古文由此而绝矣!

官方专门颁布李斯的《仓颉篇》、赵高的《爰历篇》、胡毋敬的《博学篇》为文字范本,推行小篆。公元前219年,始皇帝开始出巡各地,先后刻其丰功伟绩于七处石上,用的也都是小篆。郭沫若评价"书同文字"的历史价值时说:"中国文字的趋于一统,事实上并不始于秦始皇,自殷代以来,文字在逐渐完密的同时,也在逐渐普及……秦始皇的书同文字,是废除了大量区域性的异体字,使文字更进一步整齐简易化了。这是文化上的一大功绩。"①

有学者研究近年来公布的"秦简"后提出,秦代"书同文字"不仅仅是统一字形和字体,而且包括统一官方文书和相关制度,比如用词、用语、名称等。其政治意义,一是为了宣传统一国家的政治观念和合法性,二是宣传皇帝权力的神圣性。② 这与前文所载秦朝进行"符制"改革的目的是一致的。

秦始皇在施行"书同文字"的同时,进一步强化了文化方面的管制。引文中许慎提到,自秦灭书籍,"古文由此而绝矣"。说的是秦朝大规模的"焚书"行为导致古代文字就此湮灭。

焚书之事起于公元前213年秦始皇在咸阳宫举办的宴会。来自齐地的名士淳于越③以殷周封建古制批评秦朝的郡县制度。始皇将其意见交给臣下讨论。李斯上书驳斥这些儒生"不师今而学古,以非当世,惑乱黔首"④,并由此批评私学制度和百家学术:

> 今皇帝并有天下,别黑白而定一尊。私学而相与非法教,人闻令下,则各以其学议之,入则心非,出则巷议,夸主以为名,异取以为高,率群下以造谤。如此弗禁,则主势降乎上,党与成乎下。禁之便。臣请史官非《秦记》皆烧之。非博士官所职,天下敢有藏《诗》、《书》、百家语者,

---

① 郭沫若.古代文字之辩证的发展[J].考古学报,1972(1):10.

② 臧之非.从里耶秦简看"书同文字"的历史内涵[J].史学集刊,2014(2):27-31.

③ 齐国稷下学者淳于髡后人,淳于宗祠有"滑稽载传,博士知名"之联,前指淳于髡,后指淳于越。

④ 史记·秦始皇本纪.

悉诣守、尉杂等烧之;有敢偶语《诗》《书》者弃市;以古非今者族;吏见知不举者与其同罪。令下三十日不烧,黥[qíng]为城旦。所不去者,医药、卜筮、种树之书。若欲有学法令,以吏为师。①

在这个政策文件中,李斯阐述了专制国家舆论控制的基本逻辑,将国家变乱归罪于私学制度。他认为,私学之教导致各家非议国家政策,损害君主的权威,并结党造谤于朝堂与民间,必须禁止。针对李斯的建议,《史记·秦始皇本纪》载"制曰'可'",意思就是皇帝在李斯的奏书上批"可",这些建议随即成为国家的法令,这就是历史上有名的《焚书令》。《史记·李斯列传》也记载:"始皇可其议,收去《诗》、《书》、百家之语以愚百姓,使天下无以古非今。"

《焚书令》集中反映了秦王朝的文化与舆论政策,主要包括三个方面:首先是禁书,《诗》《书》和百家言论都被禁毁,《史记·六国年表》记载史书也是禁毁的重点:"秦既得意,烧天下诗书,诸侯史记尤甚,为其有所刺讥也。诗书所以复见者多藏人家,而史记独藏周室,以故灭。惜哉惜哉。";其次是禁言,以古非今、议论当世法令和政策被禁止;最后是禁私学,以吏为师,以法为教,将教育收归官府,官方重新掌握意识形态。《焚书令》标志着春秋战国以来私学传统的中止,②"数百年来盛行于各国的私学制度,遂一变而为官学制度"③。

文中提到的"非博士官所职,天下敢有藏《诗》、《书》、百家语者,悉诣守、尉杂等烧之",似乎也意味着并非焚尽天下诗书,而是恢复了春秋战国之前的官书垄断制度。如章学诚所说:"秦人禁偶语《诗》《书》,而云'欲学法令者,以吏为师',其弃《诗》《书》? 非也。其曰'以吏为师',则犹官守学业合一之谓也。由秦人以吏为师之言,想见三代盛时,礼以宗伯为师,乐以司乐为师,诗以太师为师,书以外史为师,三易、春秋亦若是而已矣,又安有私门之著述哉?"④

李斯的"三禁"政策有着久远的历史渊源。中国古代最早禁言之事为《国语·周语》所载的"周厉王止谤":"厉王虐,国人谤王。召公告曰:'民不堪命矣!'王怒,得卫巫,使监谤者。以告,则杀之。国人莫敢言,道路以目。"有关言论罪的最早记载也出现在西周。《周礼·地官·大司徒》中有"造言

---

① 史记·秦始皇本纪.

② 雷戈.权力规范学术的思想史实践——从焚书令看意识形态对知识形态的区分与控制[J].南京大学学报(社会科学版),2006(2):63.

③ 马非百.秦集史·教育志[M].北京:中华书局,1982:732.

④ 章学诚.文史通义校注[M].北京:中华书局,1994:951.

之刑”，郑玄注：“造言，讹言惑众。”这里的“造言”和“讹言”就是我们现在说的“谣言”，即传播的虚假之事。

春秋以降，禁言范围从“讹言”扩展到“思想”。《管子》的“四禁”、《礼记》的“四诛”、孔子的“五恶”、荀子的“非十二子之论”，[①]既指言论罪，又是思想罪，为中国的思想管制提供了最早的依据。对于思想异端，不少先秦政治家建议“不听（审）而诛”。子产“废悬书”，邓析和少正卯之诛可以说是后世禁书和禁言的先声。

李斯“三禁”思想的直接来源是《商君书》“归心于壹”，《荀子》“齐言行、一统类”和《韩非子》“以法为教”的政教观。如前文所说，商鞅文化政策的核心是“壹教”：“所谓壹教者，博闻、辩慧，信廉、礼乐、修行、群党、任誉、清浊，不可以富贵，不可以‘评刑’，不可独立私议以陈其上……”[②]“壹教”之说集文化政策、教育政策和舆论政策于一身，推行法教，废除私学，禁止议政。

荀子是李斯的老师。他在《荀子・非十二子》中系统批评了孟子、邓析、墨翟、子思等十二人的学术思想，提出“一天下、建国家”的总方略：“齐言行，一统类，而群天下之英杰，而告之以大古（道），教之以至顺。奥窔[ào yào]之间，簟席之上，敛然圣王之文章具焉，佛然平世之俗起焉；六说者不能入也，十二子者不能亲也。”他认为，国家的统一与思想的统一相辅相成，国家的教化应该只限于“告之以大道，教之以至顺”，从而取得“齐言行，一统类”的效果。至于十二子的“六说”，则无立锥之地。

韩非是荀子的弟子，李斯的同学。《韩非子》肯定商鞅“燔《诗》《书》而明法令”[③]的手段，更加具体地提出“故明主之国，无书简之文，以法为教；无先王之语，以吏为师”的政教方案。其理据是“儒以文乱法”，“是故乱国之俗：其学者，则称先王之道以藉仁义，盛容服而饰辩说，以疑当世之法，而贰人主之心”[④]。

以上三人的观点总结了商鞅变法、秦国六世崛起、秦始皇吞并诸侯的实践经验，被证明是强国定鼎的成功学。秦国建国后，秦相李斯继承了前人全面控制思想和言论的传统，在立法方面尤有建树。后世学者们综合《焚书令》以及其他史料，归纳出秦朝因言获罪的诸多类型，包括“以古非今罪”“妄言罪”“非所宜言罪”“偶语诗书罪”“诽谤和妖言罪”等。在曾宪义、王利民主

① 具体内容参见本书第四章“孔子诛少正卯”部分。

② 商君书・赏刑.

③ 韩非子・和氏.

④ 韩非子・五蠹.

编的《中国法制史》中,秦朝的七项主要刑事罪名中与言论有关的占了四项。[①]

"以古非今罪",指以先王之政批评现行的政策和制度。前文提到的李斯与淳于越的论战,其起因就是淳于越以殷周封建之制质疑秦朝郡县制度。李斯随后起草的《焚书令》便规定:"以古非今者族。"以古非今的思想渊源,可见《荀子・非十二子》:"略法先王而不知其统,犹然而材剧志大,闻见杂博,案往旧造说,谓之五行,甚僻违而无类,幽隐而无说,闭约而无解。案饰其辞而祇敬之曰:此真先君子之言也。"《韩非子・五蠹》则说:"其言古者,为设诈称,借于外力,以成其私,而遗社稷之利",又说"举先王、言仁义者盈廷,而政不免于乱"。

"偶语诗书罪",一般认为是引用《诗》《书》及其他诸子理论来批评时政。但也有学者提出不同看法。《焚书令》规定"偶语《诗》《书》者弃市"。所谓"偶语",裴骃《史记集解》引应劭之语:"禁民聚语,畏其谤己。"张守节的《史记正义》曰:"偶,对也。"《高祖本纪》中"约法三章"时提到"父老苦秦苛法久矣,诽谤者族,偶语者弃市",其注释也是引用了应劭的说法:"秦法禁民聚语。偶,对也。"由此可见,"偶语"用今天的话说,就是"对话",而秦代的法令对于几个人凑到一起谈论什么,是严厉禁止的,犯者要受到"弃市"的惩罚。刘邦"约法三章"中少了"诗书"二字,亦可证明,"禁民聚语"并非仅限于谈论"诗书",而是禁止一切"偶语"。

"妄言罪",指散布反对或推翻秦朝统治的言论。据《史记・项羽本纪》记载:"秦始皇游会稽,渡浙江,梁(项梁)与籍(项羽)俱观,籍曰:'彼可取而代之也'。梁掩其口曰:'毋妄言,族矣!'"《史记・郦生列传》也提供了相应的佐证。郦食其去见陈留县令,"说之曰:'夫秦为无道而天下畔之,今足下为天下从,则可以成大功。'陈留县令曰:'秦法至重也,不可以妄言,妄言者无类'."在秦朝,获妄言罪者将被处以族刑(无类)。

"非所宜言罪",就是说了不该说的话,至于什么是不该说的,法律并无具体规定。此罪出现在秦二世时期。《史记・叔孙通列传》记载:秦末,"陈胜起山东,使者以闻,二世召博士诸儒生问……诸生或言反,或言盗。于是二世令御史案诸生言反者下吏,非所宜言"。秦二世认为那些将陈胜起义定性为造反的儒生,虽然说的是真话,但是他们不可以说。

"诽谤和妖言罪",就是对以皇帝为首的当政者的言行的非议。这是秦代运用最多、影响最大的言论罪,见于《史记・秦始皇本纪》记载的"始皇帝

---

① 曾宪义,王利明.中国法制史[M].北京:中国人民大学出版社,2009:56-57.

坑儒生制”:“卢生等吾尊赐之甚厚,今乃诽谤我,以重吾不德也。诸生在咸阳者,吾使人廉问,或为妖言,以乱黔首。”公元前210年,李斯与赵高矫始皇旨,命扶苏自裁,其中一项罪名是“数上书直言诽谤我所为”(《史记·李斯列传》)。公元前206年,刘邦攻入咸阳,对父老们说:“父老苦秦苛法久矣,诽谤者族,偶语者弃市。”这句话也可佐证诽谤确为秦王朝的首要恶法。

言论入刑是秦法的特色,标志着国家对舆论的调控从幕后走向了台前,对意识形态的控制亦成为国家治理的基本环节。此后,民间学术和民间议政的栖身空间变得更为狭窄,如唐朝刘蜕在《投知己书》中说:“及秦世为之妖言,东汉为之党禁,公道畏忌,相顾而野死。”民意虽可压制,但难以消弭庙堂和民间的对立状态。清朝陈恭尹的《读秦纪》所谓“谤声易弭怨难除”,就是此意。言禁政策被认为是秦朝灭亡的重要原因之一。明朝霍韬在总结秦亡教训时说:“谓忠谏为诽谤,谓深计为妖言,秦所以失天下也。”①

第二节 秦汉诽谤法的兴废

秦汉法律制度中,“诽谤罪”是因言获罪的基本形态之一。诽谤入刑的最早记载出自《七国考·齐刑法》:“《琐语》云:齐威王时,国中大靡,民不衣布,于是威王造锦绣之禁,罪若诽谤王矣。”②这说的是齐威王年间,奢侈之风兴起,老百姓没有按照身份穿葛麻布衣,而是使用国君才能用的丝绸制品,威王禁止民众穿丝绸衣服,老百姓穿丝绸衣服的罪如同诽谤君王一样。这个记载从侧面说明齐威王时已经有诽谤法的存在了。③

诽谤一词,本无贬义。《庄子》说:“高论怨诽,为亢而已矣。”诽谤不过是表达不同意见而已。《说文》解释为“放言曰谤,微言曰诽”,即公开表达不满

---

① 此为霍韬引用贾谊《治安策》所作的论述,贾谊原文为“胡亥今日即位而明日射人,忠谏者谓之诽谤,深计者谓之妖言,其视杀人若艾草菅然。岂惟胡亥之性恶哉?彼其所以道之者非其理故也”。来源也可见《大戴礼记·保傅第四十八》,原文为“故今日即位,明日射人,忠谏者谓之诽谤,深为计者谓之訞诬,其视杀人若芟草菅然。岂胡亥之性恶哉?彼其所以习导非其治故也”。

② 安作璋,陈乃华.秦汉官吏法研究[M].济南:齐鲁书社,1993:219.原文见明朝董说的《七国考》卷12,田齐刑法,“锦绣之禁”。其书引用大量古籍材料,一说引据不够严谨,比如文中所引用的《琐语》,是晋太康年间从汲郡魏襄王墓中出土的战国时代的竹书,按国别记录了卜梦妖怪诸事,体例类似《国语》。

③ 关于诽谤罪出现的时间,法学史中一般采用清末法学者沈家本“诽谤罪系出于秦”之说。今人潘良炽则提出诽谤罪在西周晚期时就已出现,其证据一是《史记》中记载的“厉王禁谤”,二是《左传·昭公二十七年》中记载“仁者杀人以掩谤”的说法。从上述史籍的上下文,以及“禁谤”与“掩谤”的内容来看,笔者并不能得出其时已有诽谤罪名的结论。参见潘良炽.中国古代诽谤罪兴废时间考辨[J].四川文理学院学报,2005(6):32-35.

叫谤,私下表达不满叫诽。到秦代前后,其内涵扩展为"非上",即对以皇帝为首的当政者进行人身或者言行的非议。① 此时,"诽谤"不仅被赋予了贬义,而且是法律严禁的行为。

古籍中"非上"说法始见于秦相李斯所作的著名的《焚书令》:"古者天下散乱,莫之能一,是以诸侯并作,语皆道古以害今,饰虚言以乱实,人善其所私学,以非上之所建立。"②大意是,诸侯时期,士人言必称先王,借古讽今,私学大行其道,非议当朝之政。最近的考古发现,北大所藏秦简《从政之经》、睡虎地秦简《为吏之道》、岳麓秦简《为吏治官及黔首》,都有"喜非其上则身及于死"的类似警告。据学者考证,此项官吏守则,应该在公元前221年之前就存在了。③

诽谤法的直接记载出于"始皇帝坑儒生制"。蔡邕说,"制书,帝者制度之命也,其文曰'制'"④。《秦会要》卷六有:"制者,王者之言,必有法制也。"在周代,帝王的命令叫命,秦始皇灭六国后,改命为制。⑤ 制从此成为颁布皇帝重要法令的专用文书。"始皇帝坑儒生制"就是秦始皇针对文化问题颁布的法律和政策文书。其内容如下:

> 吾前收天下书不中用者尽去之。悉召文学方术士甚众,欲以兴太平,方士欲练以求奇药。今闻韩众去不报,徐市等费以巨万计,终不得药。徒奸利相告日闻。卢生等吾尊赐之甚厚,今乃诽谤我,以重吾不德也。诸生在咸阳者,吾使人廉问,或为妖言,以乱黔首。于是使御史悉案问诸生,诸生传相告引,乃自除犯禁者四百六十余人,皆坑之咸阳。使天下知之,以惩后。⑥

这段"制"的大意是:我日前将没用的书付之一炬,然后召集众多学者和术士为太平盛世献计献策。方士们畅言通过炼药来获得长生不死之道,但是方士韩众一去不归,徐福等人花费巨资却一无所得。最终方士之间的互相揭发拆穿了这个弥天大谎。还有卢生等人,我敬重他们,给他们赏赐,他们却诽谤我,说我乐于刑杀,贪于权势,为我求药不值得。我派人在咸阳调查那些读书人,发现这些人经常散布妖言,扰乱民心。于是要求御史审问诸生,诸生互相检举揭发,最后甄别出犯禁者四百六十余人,都坑杀于咸阳。现在公告天下,以警后人。

---

① 吕红梅,刘卫庄.秦汉时期诽谤罪论考[J].石河子大学学报(哲学社会科学版),2013,27(5):113-116.

② 史记·秦始皇本纪.

③ 朱凤瀚.北大藏秦简《从政之经》述要[J].文物,2012(2):74-79.

④ 裴骃《集解》引蔡邕语.

⑤⑥ 史记·秦始皇本纪.

“制”中的“犯禁”，就是指“诽谤”“妖言”之罪。由此可知，秦始皇“坑儒”的直接原因就是诸生议论时政的“诽谤和妖言”。公元前 206 年，刘邦入咸阳，将这项苛政作为推翻秦政府的合法性理由，与百姓“约法三章”：

> 父老苦秦苛法久矣，诽谤者族，偶语者弃市。吾与诸侯约，先入者王之，吾当王关中。与父老约法三章耳：杀人者死，伤人者刑，及盗抵罪。余悉除去秦法。诸吏人皆案堵如故。凡吾所以来，为父老除害，非有所侵暴，无恐！①

在这里，刘邦将“诽谤”和“偶语”列举为秦朝恶法的代表，并承诺彻底废除秦法。《史记·高祖本纪》记载，刘邦“乃使人与秦吏行县乡邑，告谕之。秦人大喜，争持牛羊酒食献飨军士”。不过，刘邦的承诺并没有兑现，陈栎的《历代通略》记载汉初“礼仪律令制多袭秦”。公元前 202 年，刘邦命萧何按照秦法作律九章，“秦之族诛法、连坐法、挟书令、妖言令、诽谤法等酷法实际上得到了恢复”②。鲁迅在《而已集》里说：“刘邦除秦苛暴，与父老约法三章耳。而后来仍有族诛，仍禁挟书，还是秦法。法三章者，话一句耳。”

《汉书·刑法志》载，汉初时的律法规定：“当三族者，皆先黥，劓，斩左右止，笞杀之，枭其首，菹其骨肉于市。其诽谤詈诅者，又先断舌，故谓之具五刑。”在夷三族的罪犯中，如果有同时犯诽谤和“詈诅”③罪的，还要“先断舌”，这就是“具五刑”。

到汉惠帝十一年（公元前 196 年），舆论政策呈现“宪令宽赊”④的迹象，政府内部要求废止诽谤和妖言法的呼声渐高。《汉书·高后纪》载，吕后元年（公元前 187 年）春正月诏令：“前日孝惠皇帝言欲除三族罪、妖言令，议未决而崩，今除之。”这说明当时官方对于妖言罪的存废尚有争议，结果废除派占了上风。颜师古注解说：“罪之重者戮及三族，过误之语以为妖言，今谓重酷，皆除之。”不过这项诏令似乎有所反复或者并未实施，因为九年之后，即

---

① 史记·高祖本纪.

② 胡兴华.《新语》对汉初统治思想的影响及其在思想史中的地位[J].边疆经济与文化，2004(10)：94-96.

③ 即后文文帝诏书中所说“祝诅”之罪，也称为“祝咒”“诅咒”。在汉代，诅咒皇帝系大逆死罪，高级官员亦不得私下进行祝咒，武帝时丞相刘屈氂即因此罪腰斩。《汉书·息夫躬传》记载：息夫躬致仕后，“夜自被发，立中庭，向北斗，持匕招指祝盗”，为人告发，指其“候星历，视天子吉凶，与巫同诅咒”而下狱死。

④ 后汉书·党锢列传序.

文帝二年（公元前178年）五月，汉文帝接受大臣贾山和贾谊的意见，[①]再次颁布《除诽谤法诏》，宣布开放言禁。颜师古因而指出："高后元年诏除妖言之令，今此又有妖言之罪，是则中间曾重复设此条也。"汉文帝的《除诽谤法诏》是舆论史上的著名政策文件，诏文中说：

> 古之治天下，朝有进善之旌、诽谤之木，所以通治道而来谏者也。今法有诽谤、妖言之罪，是使众臣不敢尽情，而上无由闻过失也。将何以来远方之贤良，其除之。民或祝诅上，以相约而后相谩，吏以为大逆，其有他言，吏又以为诽谤，此细民之愚，无知抵死，朕甚不取。自今以来，有犯此者，勿听治。[②]

这段法令的大意是：古代时治理天下，朝廷专设进言的旌旗、批评的谤木，是为了使上下通达、言路顺畅。今天的法律有诽谤和妖言的罪名，这就使众臣不敢建言，而皇上也就无法听到过失了。这样的朝廷，又怎么能吸引远方的贤良？所以诽谤罪必须废除。百姓商量一起去祝诅君上，但其后拖延中止，官吏就据此判百姓大逆不道之罪，而冒犯言论，官吏又加以诽谤的罪名，这些举动是源于小民的无知，仅仅因为无知就判其死罪，朕认为甚不恰当。从今以后，对这种未付诸行动的言论不必理会。

从社会背景上看，言禁的废除首先和汉初政府的休养生息政策相关。司马迁在《史记·吕太后本纪》中说："孝惠皇帝、高后之时，黎民得离战国之苦，君臣俱欲休息乎无为，故惠帝垂拱，高后女主称制，政不出房户，天下晏然。刑罚罕用，罪人是希。民务稼穑，衣食滋殖。"《汉书》中，班固也有着类似的评述。

另外，废除言禁很大程度上与汉政府确立"教化"政策有关。汉初，高祖命陆贾著书总结前朝成败教训，要求他"著秦所以失天下，吾所以得之何，及古成败之国"。陆贾多次要求刘邦注意《诗》《书》的重要性，并在自己的著作《新语》中，提出德治、教化、无为的治国方略，认为"教化不行，则政令不从"。他指出，要想长治久安，首先要"正风俗，通文雅"，"礼义不行，纲纪不立，后世衰废，于是后圣乃定五经，明六艺"，如此方能"上之化下，如风之靡草也"。

在"辨风俗"的基础上，政府"赏善恶而润色之，兴辟雍庠序（学校）而教诲之"。大力推进民众教化，达到"明父子之礼，君臣之义"的目的。帝王们

---

① 参见《资治通鉴》关于贾山谏言的记载，"秦皇帝居灭绝之中而不自知者，何也？天下莫敢告也。其所以莫敢告者，何也？亡养老之义，亡辅弼之臣；退诽谤之人，杀直谏之士"；以及贾谊的《治安策》，其中有"及太子既冠成人，免于保傅之严，则有记过之史，撤膳之宰，进善之旌，诽谤之木，敢谏之鼓，瞽史诵诗，工诵规谏，大夫进谋，士传民语。习与智长，故切而不悔；化与心成，故中道若性"之语。

② 汉书·文帝纪.

经常参与“亲耕”“亲桑”“劝孝”“布衣”等公关活动，为天下垂范。比如文帝、景帝多次“亲耕”“亲桑”，武帝除了建立太学外，还“亲耕籍田以为农先，劝孝弟，崇有德，使者冠盖相望，问勤劳，恤孤独，尽思极神，功烈休德未始云获也”[①]。

将教化纳入治国的政策体系当中，为汉朝赢得了政通人和的政治局面。“汉初政策经此转变之后，历经惠帝、高后、文帝、景帝，直至汉武帝即位，稳定持续了六十年。”[②]

言禁政策虽然在文帝时有所缓和，但是不久之后再次收紧。史载汉武帝建元六年（公元前 135 年），董仲舒“居舍，著《灾异之记》。是时辽东高庙灾，主父偃疾之，取其书奏之天子。天子召诸生示其书，有刺讥。董仲舒弟子吕步舒不知其师书，以为下愚。于是下董仲舒吏，当死，诏赦之。于是董仲舒竟不敢复言灾异”[③]。这里的“刺讥”就是指诽谤行为。汉武帝即位第六年，汉室宗庙接连起火，董仲舒擅长天人沟通、灾异推理，于是撰文加以分析，认为灾异与皇帝的施政有关，但其草稿未及上奏就被偷出来交给了皇帝。武帝召集学者，包括董仲舒的弟子吕步舒讨论该书内容，他们认为文中有批评讽刺的成分。董仲舒论罪该被处死，后被赦免，从此不敢再谈灾异之事。

学者认为，诽谤和妖言罪的重设时间在文帝后元元年与武帝元狩元年之间，理由是武帝时期淮南王刘安谋逆案（公元前 122 年）的主要罪状之一就是“妄作妖言”[④]。刘安是刘邦之孙，其父刘长是汉文帝的同父异母弟，曾因谋反罪被流放于蜀，死于途中。当时民间有“一尺布，尚可缝；一斗粟，尚可舂。兄弟二人不能容”的歌谣。到孝武年间，刘安同样因谋反罪而被举报。武帝召集诸侯王和大臣讨论处理相关事宜，胶西王刘端认为，“淮南王安废法行邪，怀诈伪心，以乱天下，荧惑百姓，倍畔宗庙，妄作妖言”，因此建议“当伏其法”[⑤]。

汉武帝时期，为了防备诸侯、将士造反，重用张汤、杜周等酷吏，律法逐渐转向严苛。《史记·平准书》载：“自公孙弘以《春秋》之义绳臣下取汉相，张汤以峻文决理为廷尉，于是见知之法生，而废格、沮诽，穷治之狱用矣。其明年，淮南、衡山、江都王谋反迹见，而公卿寻端治之，竟其党与，坐而死者数

---

① 汉书·董仲舒传.

② 胡兴华.《新语》对汉初统治思想的影响及其在思想史中的地位[J].边疆经济与文化，2004(10)：94-96.

③ 史记·儒林列传.

④ 吕宗力.汉代“妖言”探讨[J].中国史研究，2006(4)：39-58.

⑤ 史记·淮南衡山列传.

万人,长吏益惨急而法令明察。”这段话大意是自从公孙弘为相、张汤为廷尉,相继出现了“见知不举报”“不行天子之命”“诽谤祝诅”等罪名,官府对这些罪行彻底查办,牵连甚广。比如淮南、衡山、江都王的谋反案,牵连致死者达数万人。

所谓“公孙弘以《春秋》之义绳臣下”,是指研究《公羊春秋》的学者公孙弘当政后,施行“《春秋》治狱”的方法。《盐铁论·刑德》解释说:“《春秋》之治狱,论心定罪。志善而违于法者免,志恶而合于法者诛。”简而言之就是以礼代律,依宗法及身份等级之伦理观断事。公孙弘能够因此“取汉相”,说明他的主张是被汉武帝认可的。在这种思想的指导下,廷尉张汤提出了比诽谤法更为严厉的“腹诽罪”。所谓“腹诽罪”是一种集言论和思想罪于一身的罪名,意指心怀不满,暗中非议皇帝。“腹诽”之说可以上溯到李斯《焚书令》所说的“入则心非,出则巷议”之语。上文胶西王刘端所说“怀诈伪心,以乱天下”也同此义。腹诽罪往往与谋逆罪联系在一起,在定罪量刑上比诽谤罪更具有主观性和随意性。

《汉书·窦婴传》记载,武帝时丞相田蚡揭发魏其侯窦婴、大将灌夫意图谋反,“魏其、灌夫日夜招聚天下豪杰壮士与论议,腹诽而心谤,仰视天,俯画地,辟睨两宫间,幸天下有变而欲有大功”。虽然完全是莫须有的罪名,但是因为涉及谋逆,灌夫被诛灭九族,窦婴后来也被谣言所污而斩首于市。

按照司马迁的观点,汉代腹诽法出台于公元前 117 年前后,大司农颜异因为腹诽罪而被处死。《史记·平准书》记载:“异与客语,客语初令下有不便者,异不应,微反唇。(张)汤奏当异九卿见令不便,不入虎穴言,而腹诽,论死。自是之后,有腹诽之法,以此而公卿大夫多谄谀取容矣。”颜异因为反对汉武帝和张汤的货币政策,而被张汤陷害,其罪名竟然仅仅是努了努嘴。从此之后,大臣们不敢再提反对意见。

武帝时名臣汲黯对张汤治狱之法有所不满,说“天下谓刀笔吏不可以为公卿,果然。必汤也,令天下重足而立,侧目而视矣!”大意是,如果按张汤之法行事,必令天下人恐惧得双足并拢站立而不敢迈步,眼睛也不敢正视了。汲黯曾受到诽谤的指控。公元前 120 年,汉武帝得少数民族牧民暴利长献神马,亲自作《太一之歌》以记其盛,将此歌作为宗庙祭祀之用。汲黯进言:“凡王者作乐,上以承祖宗,下以化兆民。今陛下得马,诗以为歌,协于宗庙,先帝百姓岂能知其音邪?”武帝默然,丞相公孙弘马上说:“黯诽谤圣制,当族。”[①]汲黯凭借武帝的信任才侥幸躲过杀身之祸。

---

① 语见《史记·乐书》,胡三省注《资治通鉴》时,认为此话未必是公孙弘所说,因为公孙弘已经于元狩二年(公元前 121 年)死了。

汉宣帝时，廷尉史路温舒上书呼吁改革治狱之策，废除诽谤之法。他说："臣闻秦有十失，其一尚存，治狱之吏是也。……正言者谓之诽谤，遏过者谓之妖言。……誉谀之声日满于耳，虚美熏心，实祸蔽塞。此乃秦之所以亡天下也。……唯陛下除诽谤以招切言，开天下之口，广箴谏之路，扫亡秦之失，尊文武之德，省法制，宽刑罚，以废治狱，则太平之风可兴于世。"地节元年(公元前69年)，虽然宣帝下诏重审治狱，但诽谤妖言之法并未废除。

公元前53年，杨恽因为诽谤朝廷被腰斩。杨恽是司马迁的外孙，为人廉洁无私，但生性刻薄。宣帝五凤二年，太仆戴长乐告发他宣扬"正月以来，天阴不雨"是朝政毁败之相。结果杨恽因"怨望"和"妖言"被贬为庶人。两年后，他又因为《报孙会宗》书中"田彼南山，芜秽不治"，以及后来"县官不足为尽力"之语，被判"大逆"，处以腰斩。[①] 东汉张晏在《汉书注》中解释说，所谓"田彼南山，芜秽不治"的祸心在于"山高在阳，人君之象也；污秽不治，朝廷荒乱也"。如此附会，被认为是中国文字狱之始。

汉哀帝绥和二年(公元前7年)，哀帝下诏再次废除"诽谤抵欺法"[②]。之后又有息夫躬案。息夫躬原为哀帝朝左曹光禄大夫，因"虚造诈谖之策，欲以诖误朝廷"[③]被贬回乡。乡有盗贼，息夫躬向友人学习"祝盗"之法，求神灵降灾于盗贼。后被举报，说他心怀怨恨，讥笑朝廷所任用的人，观察星象以预测天子的吉凶，与巫师一起诅咒皇帝。哀帝派御史缉拿息夫躬，息夫躬死于狱中。宋代史学家马端临在《文献通考》中针对汉代诽谤法评论说：

> 汉高帝入关，约法三章，除秦苛娆，而首及诽谤偶语之酷，则当亟除之矣，而卒不曾除。至高后元年，有诏除其法矣，而又不克除。文帝之时，复有此诏。然自景、武而后，则一用秦法，凡张汤、赵禹、江充、息夫躬之徒，所为诬害忠鲠、倾陷骨肉，坐以深文、中以危法者，不曰"诽谤不道"，则曰"诅祝上，有恶言"。盖此二法者，终汉之世，未尝除也。

言禁政策在东汉时期同样被广泛运用。两次党锢之祸中，使用最多的罪名就是"诽讪朝廷"。章帝元和元年(公元84年)，孔子的后裔孔僖和好友崔骃在太学议论汉武帝的功过。邻房的学生梁郁听闻，上书揭发他们"诽谤先帝，刺讥当世"。孔僖上书汉章帝申辩道："臣之愚意，以为凡言诽谤者，谓实无此事而虚加诬之也。至如孝武皇帝，政之美恶，显在汉史，坦如日月，是为直说书传实事，非虚谤也……且陛下即位以来，政教未过，而德泽有加，天下所具也，臣等独何讥刺哉？假使所非实是，则固应悛改；倘其不当，亦宜含

---

① 资治通鉴·卷二十七.
② 汉书·哀帝纪.
③ 史记·息夫躬传.

容,又何罪焉?”①

孔僖用“实无此事而虚加诬之”来界定“诽谤”的罪名,是对于中国诽谤法的极大贡献,可惜的是由于时代局限,无力推动诽谤法的定罪原则从“非上”走向“虚谤”。公元84年到149年这六十余年当中,东汉先后四次颁布关于“妖言”连坐者的特赦令,这从一个侧面说明当时妖言之狱的酷烈程度。史料记载,永元十二年(公元100年),东平、清河妖言案“所连及且千人”。

诽谤和妖言法的多次废立,如同儿戏,很大程度上缘于君主专制下的立法和执法体系。在秦汉的立法体系当中,“律”之上,还有更高阶的“诏令”存在。《汉书·宣帝纪》注称:“天子诏所增损,不在律上者为令。”专制君主的诏令凌驾于普通成文法之上,可以对成文法随意增损,具有最高的法律效力。于是诽谤法的废立也只在君主的一念之间。晋代范宁说“废兴由于好恶”。更为严重的是,君主的好恶成为执法者的行事标准。《文献通考·刑考二》说“张汤为廷尉,所治,即上意所欲罪,予监史深刻者;上意所欲释,予监史轻平者”。张汤的治狱原则就是看皇帝的脸色行事,皇帝想治罪,就罗织罪名,皇帝想轻饶,那么就大事化小。

在这种制度条件下,诽谤和妖言罪演变为统治者诛杀臣下、政客们排除异己的“欲加之罪”。窦婴、灌夫、颜异、杨恽,包括张汤本人都在政治斗争中因诽谤中伤而死。② 而统治者本人,对因言获罪所展示出的人人自危的示范效应更是乐观其成。宋人胡寅总结说:“妖言令之始设也,必谓其摇民惑众,有奸宄(轨)贼乱之意者。及其失也,则暴君权臣,假此名以警惧中外、塞言路也。”③

程树德在《汉律考》中指出:“是此法终汉世未尽除也。不惟汉世,后代亦然。自秦汉迨至明清,坐妖言者不胜枚举。”在中国历史上,言禁政策虽早被打上恶法的烙印,也历经多次废除,却依然屡废不止,应该是由于思想控制与君主专制唇齿相依的利害关系。

第三节　除挟书律和抑黜百家

汉惠帝四年(公元前191年),“三月甲子,皇帝冠,赦天下。省法令妨吏民者。除挟[jiā]书律”④。这里的“挟书律”也称“挟书令”,应劭注:“挟,藏

① 后汉书·儒林列传上.

② 资治通鉴·卷二十.

③ 马端临.文献通考[M].杭州:浙江古籍出版社,2000.

④ 汉书·惠帝纪.

也。”此律脱胎于秦始皇三十四年(公元前213年)李斯的《焚书令》,其中说“天下敢有藏《诗》、《书》、百家语者,悉诣守、尉杂等烧之……令下三十日不烧,黥为城旦”。意思是,如果有非法藏书而不烧者,其会被流放至边境服四年的劳役和兵役。结合相关史料,此罪之后加重为“敢有挟书者族”[①],即如果藏有违禁书籍,将承担族诛的后果。

前文提到,汉初“礼仪律令制多袭秦”,“挟书律”也沿袭了下来。直到汉惠帝加冠之时,此律才得以废除。此时距李斯立法已经过去了22年。“挟书律”导致的直接后果是,绝大部分先秦文献就此失传。刘歆对“挟书律”给汉初带来的文化萧条进行了记载:

> 陵夷至于暴秦,燔经书,杀儒士,设挟书之法,行是古之罪,道术由是遂灭。汉兴,去圣帝明王遐远,仲尼之道又绝,法度无所因袭。时独有一叔孙通略定礼仪,天下唯有《易》《卜》,未有它书。至孝惠之世,乃除挟书之律,然公卿大臣绛、灌之属咸介胄武夫,莫以为意。至孝文皇帝,始使掌故晁错从伏生受《尚书》。《尚书》初出于屋壁,朽折散绝,今其书见在,时师传读而已。《诗》始萌芽。天下众书往往颇出,皆诸子传说,犹广立于学官,为置博士。在汉朝之儒,唯贾生而已。至孝武皇帝,然后邹、鲁、梁、赵颇有《诗》《礼》《春秋》先师,皆起于建元之间。当此之时,一人不能独尽其经,或为《雅》,或为《颂》,相合而成。《泰誓》后得,博士集而读之。故诏书称曰:“礼坏乐崩,书缺简脱,朕甚闵焉。”时汉兴已七八十年,离于全经,固已远矣。[②]

汉初只遗留《易》《卜》二书。惠帝虽然废除了“挟书律”,但是在整理典籍方面并没有很好地推进。[③] 文帝以后,天下所传诸子之书,都是口传教文,而非原书。武帝时,各地文士慢慢收集整理出《诗》《礼》《春秋》等书。汉武帝哀叹道:“礼坏乐崩,书缺简脱,朕甚闵焉。”

当时众多治经的学者中,有一位专心致志于《春秋》的整理并有所成就。《汉书》描述此人“下帷讲诵,弟子传以久次相授业,或莫见其面。盖三年不窥园,其精如此。进退容止,非礼不行,学士皆师尊之”。这人就是景帝时博士董仲舒。《史记·儒林传》云:“汉兴至于五世之间,唯董仲舒名为明于《春秋》,其传公羊氏也。”刘向更是推崇他,将其比作伊尹、吕望、管仲、晏婴。刘

---

① 《汉书·惠帝纪》中张晏之注。

② 汉书·刘歆传.

③ 陈静认为,“除挟书律”的另一个文化影响是正式废止了自西周以后延续了九百多年的官书垄断禁令,使得书籍可以自由收藏、自由复制、自由流通。《史记》就是第一部以社会公众为读者的史书。中国书籍从此进入了公众传播的新时代。参见陈静.西汉“除挟书律”与中国书籍面向公众时代的开启[J].江淮论坛,2005(2):94-99.

向之子刘歆则评价说："仲舒遭汉承秦灭学之后，《六经》离析，下帷发愤，潜心大业，令后学者有所统一，为群儒首。"①

对儒学的发展来说，董仲舒还有一项更大的贡献，即《汉书》所说的"仲舒对册，推明孔氏，抑黜百家"。所谓"对册"，就是以书面形式回答君主的提问。董仲舒在给武帝的对策中，提出崇孔氏、抑百家的建议，自此确立了儒家思想的正统和主导地位。这就是后人所总结的"罢黜百家，独尊儒术"②。其来源是《汉书·董仲舒传》"举贤良对策"第三策最后一段话：

> 《春秋》大一统者，天地之常经，古今之通谊也。今师异道，人异论，百家殊方，指意不同，是以上亡以持一统；法制数变，下不知所守。臣愚以为诸不在六艺之科、孔子之术者，皆绝其道，勿使并进。邪辟之说灭息，然后统纪可一而法度可明，民知所从矣。

这里有几个关键词对后世影响很大。首先是"大一统"，董氏提出，《春秋》所蕴含的大一统观念，是天地间不变的准则，如今百家各持其方，法制无法推行，都是缺乏统一思想的缘故；其次是"绝其道"，那些不属于六艺之科、孔子之术的杂音，应该废止。思想和规则统一了，政治秩序也就彰明了。

汉武年间持崇儒术、绌百家观点的并非董氏一人，董氏也未必是首倡者。班固在《汉书·董仲舒传》中说："自武帝初立，魏其、武安侯为相而隆儒矣。及仲舒对册，推明孔氏，抑黜百家。"从时间先后上看，魏其侯（窦婴）、武安侯（田蚡）"隆儒"应该在董氏之前。《史记·儒林列传》有更详细的记载：

> 及今上（孝武）即位，赵绾、王臧之属明儒学，而上亦乡之，于是招方正贤良文学之士。自是之后，言《诗》于鲁则申培公，于齐则辕固生，于燕则韩太傅；言《尚书》自济南伏生；言《礼》自鲁高堂生；言《易》自菑川田生；言《春秋》于齐鲁自胡毋生，于赵自董仲舒。及窦太后崩，武安侯田蚡为丞相，绌黄老、刑名百家之言，延文学儒者数百人。而公孙弘以春秋白衣为天子三公，封以平津侯。天下之学士靡然乡风矣。

司马迁的记载中并没有突出董仲舒对册之事。他提出，在武帝即位之初，就有赵绾、王臧推崇儒学。武帝本人也倾向于此，并开始招纳治经饱学之士，董仲舒就是其中之一。其后由于窦太皇太后反对，赵绾、王臧下狱自杀。建元六年（公元前 135 年），窦太皇太后去世。丞相田蚡再兴儒学，"绌黄老、刑名百家之言"。武帝任命治"公羊春秋"的平民公孙弘为丞相。此后天

---

① 汉书·董仲舒传.

② 易白沙.孔子平议[M]//陈独秀，等.新青年.上海：上海书店，2011.此说应是易白沙概括而成，《史记》《汉书》《资治通鉴》中皆无同样的说法。乾隆四十年（公元 1775 年），乾隆首提"罢黜百家，专崇孔氏"。见高宗实录：卷九八一[M]//清实录：第二一册.北京：中华书局，1986：96.

下崇儒便成风气。由此观之，就“崇儒”和“绌百家”而言，赵绾、王臧等人明儒学，田蚡绌黄老百家，公孙弘因精通《春秋》而升至丞相，这些都是标志性事件。而这项政策背后真正的推动者则是汉武帝。汉武帝从加强中央集权政治制度的角度出发，选择了“大一统”和“崇儒术”的治国方案。

汉武帝之前，国家的主流意识形态是黄老之学。惠帝废“挟书律”，使诸子学说复苏，其中尤以道家影响较大。汉初经济疲弱、民生困难，“君臣俱欲休息乎无为”，黄老“无为而治”“宽刑简政”“省苛事，薄赋敛，毋夺民时”的思想正对其症，于是居于主导地位，并助力“文景之治”的形成。

随着国家经济情况逐步好转，诸侯割据、势大难制的问题越来越突出。景帝平七国之乱虽然基本解除了诸侯国对中央权力的威胁，但是并没有根除它们再次坐大的可能性。其时社会矛盾突出，边患频仍，黄老之学已经不能满足统一国家建构的基本要求。武帝即位后，尤其在崇尚道家学说的窦太皇太后去世后，重构主流意识形态，为国家“大一统”提供思想支持，为中央专制集权提供合法性就是大势所趋。无论是推明孔氏，抑黜黄老、刑名百家之言，还是颁布于元朔二年(公元前 127 年)的“推恩令”都是从政治和思想角度加强中央集权的主要措施。《汉书・武帝纪》记载，元朔五年(公元前 124 年)，武帝下制诏要求改革博士制度，在全国形成学儒之风，他说：

> 盖闻导民以礼，风之以乐。今礼废乐崩，朕甚闵焉，故详延天下方闻之士，咸登诸朝。其令礼官劝学，讲义洽闻，举遗兴礼，以为天下先。太常议，与博士弟子，崇乡里之化，以厉贤材焉。

他要求太常讨论给博士配弟子的制度，激励乡间礼乐教化。公孙弘由此建议道：

> 闻三代之道，乡里有教，夏曰校，殷曰庠，周曰序。其劝善也，显之朝廷；其惩恶也，加之刑罚。故教化之行也，建首善自京师始，繇(由)内及外。今陛下昭至德，开大明，配天地，本人伦，劝学兴礼，崇化厉贤，以风四方，太平之原也。古者政教未洽，不备其礼，请因旧官而兴焉。为博士官置弟子五十人，复其身。太常择民年十八以上仪状端正者，补博士弟子。郡国县官有好文学，敬长上，肃政教，顺乡里，出入不悖，所闻，令相长丞上属所二千石。二千石谨察可者，常与计偕，诣太常，得受业如弟子。一岁皆辄课，能通一艺以上，补文学掌故缺；其高第可以为郎中，太常籍奏。即有秀才异等，辄以名闻。①

---

① 汉书・儒林传.

公孙弘提出鼓励教化要从京师做出榜样,建议给博士官配五十弟子,由太常录取。各地有品性端良、文学功底扎实的年轻人也可以推荐入太常受业。为此,朝廷在长安建立太学。这些受业的弟子,如果学有所成,则可以被直接任命为官,成绩好的可以为郎中。另外,朝廷也会在各地官员空缺中补充熟悉经艺的人员。这就是所谓的"学优则仕"和"以文学礼义为官"。《汉书》记载,此建议被武帝认可,"自此以来,公卿大夫、士吏彬彬,多文学之士矣"。

一系列政策推出之后,研习儒经便成上下风气,"自武帝立五经博士,开弟子员,设科射策,劝以官禄,讫于元始,百有余年,传业者浸盛,支叶蕃滋,一经说至百余万言,大师众至千余人,盖利禄之路然也"[①]。一方面是儒学大兴,另一方面是各派儒士各承师说,解说纷纭。比如《春秋》,就有鲁学的《谷梁传》和齐学的《公羊传》的争议。政治理念上,《公羊传》强调"天人感应",认为君权不是绝对的,而《谷梁传》更尊奉君权。武帝时,董仲舒、公孙弘所治"公羊"学盛行;而到了宣帝时代,"谷梁"学则后来居上。《汉书·儒林传》记载:

> 宣帝即位,闻卫太子好谷梁春秋,以问丞相韦贤,长信少府夏侯胜,及侍中乐陵侯史高。皆鲁人也,言:"谷梁子本鲁学,公羊氏乃齐学也,宜兴谷梁"。时千秋为郎,召见,与公羊家并说,上善谷梁说,擢千秋为谏大夫给事中。……自元康中始讲,至甘露元年(公元前53年),积十余载,学者皆明习。

对于当时儒家纷争的情况,东晋范宁在《谷梁传》的序言中说:"而汉兴以来,环望硕儒,各信所习,是非纷错,准裁靡定。故有父子异同之论,石渠分争之说。"其孙范晔有同样说法:"自武帝以后,崇尚儒学,怀经协术,所在雾会。至有石渠分争之论,党同伐异之说。守文之徒,盛于时矣。"[②]

所谓"石渠分争"是指宣帝甘露三年(公元前51年),官方在皇家藏书楼石渠阁举办辩经大会,萧望之等五经大儒二十三人参加,史称"石渠阁会议"。这是武帝推孔之后,第一次由官方主办的儒学研讨会,官方应该是希望就五经文本的解读,以及由此形成的宗法礼制内容达成一致意见。由于此次会议的文件汇编《石渠议奏》佚失,我们难以获知当时辩论的具体情况。[③] 但是从相关的历史记录和评价上看,诸家各持己见,互相攻击,争夺儒

---

① 汉书·儒林传.

② 后汉书·党锢列传序.

③ 对于涉及此事的史料,《后汉书·舆服志》梁刘昭注、《毛诗正义》与《礼记正义》的唐孔颖达疏中各保存了一条,唐杜佑的《通典·礼典》保存了十一条,后者内容真伪尚待考证。

道的解释权。其中,“望之等十一人各以经谊(义)对,多从谷梁。由是谷梁之学大盛”[①]。在汉宣帝的授意下,“谷梁”学成为儒学主流。此次会议的结果是,增设博士至十四人,博士员中,“《易》增立‘梁丘’,《书》增立‘大小夏侯’,《春秋》增立‘谷梁’”[②]。

五经博士在石渠之会后还有变化,“至元帝世(公元前 75—前 33 年),复立‘京氏易’。平帝时(公元前 9 年—6 年),又立‘左氏春秋’‘毛诗’‘逸礼’‘古文尚书’。所以罔(网)罗遗失(逸),兼而存之,是在其中矣”。五经博士的演变某种程度上反映了儒学内容的不断丰富,并为后世提供了思想教化的主要素材。

石渠之会开创了由皇帝裁定经书是非的先河。会议期间,宣帝“乃召五经名儒太子太傅萧望之等大议殿中,平公羊谷梁同异”[③]。这是皇帝首次以文化最高统治者的角色出现,并以大宗师身份裁决文化思想争议。东汉中元二年(公元 57 年),明帝亲临太学辟雍,“正坐自讲。诸儒执经问难于前。冠带缙绅之人圜桥门而观听者,盖亿万计”。建初四年(公元 79 年),朝廷“大会诸儒于白虎观,考详同异,连月乃罢。肃宗(章帝)亲临称制,如石渠故事。顾命史臣,著为通义”。这就是史上有名的“白虎观议奏”和《白虎通义》。“熹平四年(公元 175 年),灵帝乃诏诸儒正定《五经》,刊于石碑,为古文、篆、隶三体书法以相参检,树之学门,使天下咸取则焉。”[④]

汉武帝“推明孔氏,抑黜百家”的思想和文教政策为后世绝大多数朝代所沿袭,儒家伦理道德自此独霸意识形态,成为主流价值观,对我国政治、文化、教育,包括共同民族心理和知识分子品性的养成产生了深远影响。“推明孔学”可以说是继上古“绝地天通”之后的第二个千年之政,它为汉武以降的两千多年政治和文化传播划定了主要内容。

---

① 汉书·儒林传.
② 汉书·宣帝纪.
③ 汉书·儒林传.
④ 后汉书·儒林列传.

第七章
东汉清议和党锢

东汉清议是秦汉以后士人议政的首个高峰，它源自东汉后期士大夫阶层中品评人物的风气，后演变为对统治阶层（尤其是外戚和宦官）的批判。

清议发轫于地方，士人通过风谣和题目来臧否人物、评议时政，形成影响力。许邵（许子将）、许靖所主持的"月旦评"执人物品评之牛耳，掌握了民间舆论的话语权。清议盛行的内在原因是官方对意识形态控制的弱化。汉朝"察举""征辟"的选官制度也助推了民间清议的影响力。曹丕实施九品官人法，标志官方将人物的评价权收为己有。

桓灵时代，官方执政偏离了士大夫们所崇尚的儒家礼制。以士大夫和太学生为代表的民意与以外戚和宦官为代表的统治阶层发生了有组织的对抗。"是时太学生三万余人，皆推先陈蕃李膺，被服其行。由是学生同声，竞为高论，上议执政，下议卿士"，这直接导致了两次"党锢"的出现。

清议运动开启了朝堂与民间舆论互动的新模式。它既是政治腐败时代的一股清流，又带有"饰伪以邀誉，钓奇以惊俗"[①]的原罪色彩。口舌未必能救国，但若官方将民意和士人禁锢，则会加速国家的灭亡。

第一节　清议活动与月旦评

东汉的清议运动在舆论史上占据重要的地位。林语堂认为，"东汉时的舆论表达之有力，是后来的朝代无法超越的"，是"舆论和皇权之间第一次出

① 资治通鉴・卷五十一.

现了有组织的对抗”。[①]

所谓“清议”，源自东汉后期士大夫阶层中品评人物的风气，后演变为对统治阶层（尤其是外戚和宦官）的批判。郭沫若认为，“清议”是东汉后期官僚和知识分子“对当权的统治者不断地发出抗议，形成一种社会舆论”[②]。南朝范晔将“清议”表述为“激扬名声，互相题拂，品核公卿，裁量执政”[③]。所谓“激扬名声，互相题拂”，指士大夫和儒生之间互相标榜；而“品核公卿，裁量执政”主要是批评宦官专权乱政。司马光认为，清议除了口舌救国的功能之外，还有“饰伪以邀誉，钓奇以惊俗”的色彩。

“清议”产生于两汉特殊的政治和文化氛围之中。范晔在《后汉书·党锢列传序》中分析说：

> 及汉祖仗剑，武夫勃兴，宪令宽赊，文礼简阔。绪余四豪之烈，人怀陵上之心。轻死重气，怨惠必雠；令行私庭，权移匹庶。任侠之方，成其俗矣。自武帝以后，崇尚儒学，怀经协术，所在雾会。至有石渠分争之论，党同伐异之说。守文之徒，盛于时矣。至王莽专伪，终于篡国。忠义之流，耻见缨绋，遂乃荣华丘壑，甘足枯槁。虽中兴在运，汉德重开，而保身怀方，弥相慕袭，去就之节，重于时矣。

清议运动得益于自西汉开始的“宪令宽赊，文礼简阔”的政治环境。汉初采取郡县制与分封制并举的“郡国并行制”，中央权威有所削弱，出现“令行私庭，权移匹庶”的权力下移情况。武帝以后，独崇儒学，士人自战国后再度崛起，游学与学术讨论逐渐盛行，至宣帝时出现“石渠分争”的盛况。王莽僭政期间，士人不愿为官，自我流放于山野，学术也由此回到民间。后光武重兴汉祚，但是士人们重节尚义，评议朝政已成风气。

东汉时期，知识分子在民间获得了生存空间。首先是私学再度繁荣——“四海之内，学校如林，庠序盈门”[④]。《后汉书》中记载，“若乃经生所处，不远万里之路；精庐暂建，赢粮动有千百。其耆名高义开门受徒者，编牒不下万人，皆专相传祖，莫或讹杂”[⑤]。新文化运动中陈独秀提倡“以独立之生计，成独立之人格”，东汉时期恰好达到了这样的条件。其次，儒家伦理道德渐成社会主流价值观。士人们通过价值观的重构，一定程度上摆脱了对朝廷的依附，产生了集体认同。余英时将其描述为士人群体之觉醒，认为这

① 林语堂.中国新闻舆论史[M].刘小磊，译.上海：上海人民出版社，2008：31.

② 郭沫若.中国史稿：第二册[M].北京：人民出版社，1963：152-160.

③ 后汉书·党锢列传序.

④ 东都赋.

⑤ 后汉书·儒林传.

是清议兴起的主要原因之一。[①] 这个时代，士大夫的突出特点是重名誉甚于生命，清代学者赵翼在《二十四史札记》中评价说"东汉士大夫，以气节相尚，故各奋死与之支柱，虽湛宗灭族，有不顾焉"。

东汉清议发轫于地方。士人通过臧否人物来评议时政，形成影响力。清议品评的形式主要有两种，一种是"风谣"(或称民谣、谣谚、谣言、童谣)，即用韵语来评价个人的学术、品行、性格和操守，如士林中传颂的"五经继横周宜光""道德彬彬冯仲文""万事不理问伯始，天下中庸有胡公""天下无双江夏黄童"[②]等。另一种是"题目"(品题)，指用称号来指目人物。《后汉书》载：荀淑有"神君"之号；"俭绲靖焘汪爽肃专，并有名，时人谓之'八龙'"；桓灵之间清流中有"三君""八俊""八顾""八及""八厨"等称号。无论是风谣还是题目，其核心都是践行儒家道德的意识形态，并借此掌控民间话语权。

清议盛行的深层次原因是官方对意识形态控制的弱化。东汉君主大多短寿，有的年纪很小就即位为帝，因此外戚坐大、宦官专权的情况不断出现。真正掌权的要么是嚣张的皇太后(邓太后除外)，要么是不识字的宦官。这种情况下，汉武帝时就着手进行的意识形态布局出现错乱，主流价值观与帝王的威权产生了冲突，最突出的表现是官办太学竟然成为清议的重镇。

汉朝"察举""征辟"的选官制度也助推了民间清议影响力的扩大。汉朝起用官吏时，在民间的，乡党的意见很重要；在太学中的，学中之语则是依据。所以"乡里之号""时人之语""学中之语""天下之称"，都是有力的荐举状。[③] 正是由于清议可以左右民间舆论并进而影响仕人前途，于是"自公卿以下，莫不畏其贬议，屣履到门"[④]。顾炎武总结说："两汉以来，犹循此制，乡举里选，必先考其生平，一玷清议，终身不齿。"[⑤]

比如冀州名士崔烈"因傅母入钱五百万，得为司徒"，即通过买官得到司徒的职位。被曝光后"声誉衰減，久之不自安"，"问其子钧曰：'吾居三公，于议者何如？'钧曰：'大人少有英称，历位卿守，论者不谓不当为三公；而今登其位，天下失望。'烈曰：'何为然也？'钧曰：'论者嫌其铜臭。'烈怒，举杖击之"。虽然崔烈从才能上说完全可以位列三公，但是由于买官得位，即使后来身死国难，也难逃诟病。

东汉后期涌现出一批著名的批评家，包括郭泰、许邵、许靖、郭林宗等。

---

① 余英时.汉晋之际士之新自觉与新思潮[M]//余英时.士与中国文化.上海：上海人民出版社，2003:287-400.

② 见《后汉书》卷十一、卷三十八、卷七十四、卷八十。

③ 侯外庐.中国思想通史：第二卷[M].北京：人民出版社，1957.

④ 后汉书・党锢列传序.

⑤ 日知录・清议.

史载“泰之所名，人品乃定，先言后验，众皆服之”[1]，其品评的名士包括孟敏、黄宪、袁闳等；许邵、许靖兄弟二人“俱有高名，好共核论乡党人物，每月更其品题，故汝南俗有‘月旦评’焉”[2]；而经郭林宗点评而出名的士人多达六十余人，[3]是以“天下言拔士者，咸称许、郭”。

许邵、许靖所主持的“月旦评”可能是最早的人物评论杂志。二人为汝南名士，常在每月初一发表对当时政治、文化人物的品评并传之于天下（具体传播方式尚有待考证）。被评价的人物“所称如龙之升，所贬如坠于渊”。宋人秦观赞叹说，“月旦尝居第一评，立朝风采照公卿”[4]。那些获得月旦高评，成为达官显宦的士人，在朝堂上的气势超过公卿大臣。于是许邵视野所及之处，无论是大贵族还是官员，都谨言慎行，生怕获得差评。比如当时的大贵族袁绍“去濮阳令归，车徒甚盛。将入郡界，乃谢遣宾客，曰：‘吾舆服岂可使许子将见’，遂以单车归家”[5]。今人朱子彦认为，月旦评具有鲜明的时代特征和很强的舆论监督作用。[6]

对许氏兄弟的“月旦评”，也有学者持批评意见。三国诸葛恪说：“自汉末以来，中国士大夫如许子将（许邵）辈，所以更相谤讪，或至于祸，原其本起，非为大仇。惟坐克己不能尽如礼，而责人专以正义。”[7]意思是他们自己没有达到“礼”的要求，却站在道德制高点上对他人求全责备。晋人葛洪则认为：“汉末俗弊，朋党分部，许子将之徒，以口舌取戒，争讼论议，门宗成仇。故汝南人士无复定价，而有月旦之评。魏武帝亦深疾之，欲取其首。尔乃奔波亡走，殆至屠灭。”[8]葛洪认为月旦评垄断了士人的民间排序，导致结党营私，应该予以取缔。

葛洪说“魏武帝（曹操）亦深疾之，欲取其首”。曹操对民间清议深恶痛绝似乎另有缘故。史书记载，“曹操微时，常卑辞厚礼，求为已目，劭鄙其人而不肯对。操乃伺隙胁劭。劭不得已，曰：‘君清平之奸贼，乱世之英雄。’操大悦而去”[9]。曹操名微之时，曾千方百计“求为已目”，并借此被举为“孝廉”，步入官场，但是执政以后，却果断禁绝。可见在布衣走向权位的不同阶

---

① 后汉书·郭泰传.李贤注引谢承书。
② 后汉书·许劭传.
③ 朱子彦，李迅.论东汉末年汝南郡的月旦评[J].学术月刊，2002(9)：84-90.
④ 语出秦观的《孙莘老挽词四首》。
⑤ 后汉书·许劭传.
⑥ 朱子彦，李迅.论东汉末年汝南郡的月旦评[J].学术月刊，2002(9)：84-90.
⑦ 三国志·诸葛恪传.
⑧ 抱朴子外篇·自叙.
⑨ 后汉书·许劭传.

段，其对清议的看法是不同的。清议对这些政治家来说，是未仕之蜜糖、执政之砒霜。曹丕继承魏王之位后，变两汉察举制为“九品官人之法”，由郡守任命中正之官，职掌用人的品第。自此，评议士人之权收于政府手中。

第二节　党议与党锢

清议真正干预政治，是在东汉桓帝和灵帝时代。其时“主荒政谬，国命委于阉寺，士子羞与为伍，故匹夫抗愤，处士横议”①。单超、曹节、侯览、张让等宦官把持了桓灵时代的朝政，横征暴敛，卖官鬻爵，②天下大乱。诸葛亮《出师表》中“亲小人，远贤臣，此后汉之所以倾颓也。先帝在时，每与臣论此事，未尝不叹息痛恨于桓灵也”指的就是这个时代的事。林语堂还特别指出，士人之所以强烈反对当时的统治秩序，还有一个原因是对宦官的性别和身份持有偏见。③ 宦官专权固然与士大夫们崇尚的礼制相悖，但其内在的愤懑之意不仅来自政治，更出自人格上的歧视。

在这种背景下，以士大夫和太学生为代表的民意与以外戚和宦官为代表的统治阶层发生了正面的碰撞，并直接导致了两次“党锢”的出现。所谓“党锢”或“党禁”是针对当时“部党”与“党议”之说而来的。范晔曾用“党同伐异”来形容当时的士人。西汉时由于儒生对五经的理解不同，经学家各立门户，观点和志趣相投者引为“同志”，共同批判异见者。到东汉后期，党人之议、门宗成仇的现象更为明显。《后汉书·党锢列传序》记载：

> 初，桓帝为蠡吾侯，受学于甘陵周福。及即帝位，擢福为尚书。时同郡河南尹房植，有名当朝，乡人为之谣曰：“天下规矩房伯武，因师获印周仲进。”二家宾客互相讥揣，遂各树朋徒，渐成尤隙，由是甘陵有南北部。党人之议，自此始矣。

投门结派为士人提供了快捷的晋身之阶。吕思勉在《秦汉史》中说，“当时之士，所以趋之若鹜者，一则务于立名，一亦以汉世选举，竞尚声华，合党连群，实为终南捷径耳”。士人的这些小心思，为清议的正当性蒙上了阴影，难免会被坐以“克己不能尽如礼”以及“争讼论议，门宗成仇”的罪状，而“合党连群”这一点更为历代官家所忌，为后来的党锢提供了口实。东汉后期，

---

① 后汉书·党锢列传序.

② 《后汉书·崔寔传》中记载，“灵帝时，开鸿都门榜卖官爵，公卿州郡下至黄绶各有差。其富者则先入钱，贫者到官而后倍输，或因常侍、阿保别自通达。是时，段颎、樊陵、张温等虽有功勤名誉，然皆先输货财而后登公位”。

③ 林语堂.中国新闻舆论史[M].刘小磊，译.上海：上海人民出版社，2008：34.

清议之风自民间流入太学。袁宏在《后汉纪》中描述道：

> 是时太学生三万余人，皆推先陈蕃李膺，被服其行。由是学生同声，竞为高论，上议执政，下议卿士，范滂岑晊之徒，仰其风而扇之。于是天下翕然，以臧否为谈，名行善恶，托以谣言，曰："不畏强御陈仲举，天下模楷李元礼。"公卿以下皆畏，莫不侧席。

处于京师的太学逐渐成为"清议运动"的重镇。太学始建于汉武帝元朔五年(公元前124年)，是汉代推行教化的重要机构。最早的太学设博士专门讲授五经，置博士弟子五十名。后科目、师生渐增，到东汉桓帝时，太学生规模已经达到三万余人，是官方通过儒道掌控意识形态的关键场所。为了增强太学对读书人的吸引力，国家将官吏的补选与太学的培养挂钩，实行"学优则仕"的制度。正是这个政策与后来宦官集团任人唯亲、卖官鬻爵等侵夺仕路的做法产生了冲突，太学生与当权者之间出现了不可调和的矛盾。

汉桓帝永兴元年(公元153年)，冀州刺史朱穆因打击地方宦官势力被治罪。"太学书生刘陶等数千人诣阙上书"[①]，指责宦官的罪恶，表示愿意代替朱穆服刑劳作，汉桓帝于是不得不赦免朱穆。汉桓帝延熹五年(公元162年)，议郎皇甫规被宦官诬陷，也以严刑治罪，"太学生张凤等三百余人""诣阙讼之"，使皇甫规得到赦免。[②]

太学生的两次请愿运动为宦官所忌，他们利用各种机会打击清流势力。桓帝延熹九年(公元166年)，术士张成纵子杀人，时任河南尹李膺将其子诛杀。张成的弟子牢修向朝廷诬告李膺"养太学游士，交结诸郡生徒；更相驱驰，共为部党；诽讪朝廷，疑乱风俗"。史载张成与宦官颇有来往，甚至为桓帝占卜。于是桓帝下令逮捕李膺等二百余人，并在全国捉拿其余党人。一时舆论大哗，上书喊冤者众多，甚至有些"党人"自请入狱，桓帝迫于压力，于永康元年(公元167年)赦免了李膺等二百余人，但这些人必须被终生禁锢乡里，不得为官。这就是第一次党锢。

灵帝建宁二年(公元169年)九月，中常侍侯览指使乡人朱并诬告山东名士张俭与同郡二十四人"别相署号，共为部党，图危社稷"。十月，大长秋曹节下令搜捕余党，"司空虞放、太仆杜密、长乐少府李膺、司隶校尉朱寓、颍川太守巴肃、沛相荀昱、河内太守魏朗、山阳太守翟超、任城相刘儒、太尉掾范滂等百余人，皆死狱中"，"其死徙废禁者，六七百人"。[③] 张俭逃亡得免。这就是第二次党锢之祸。

---

① 后汉书·朱穆传.
② 后汉书·皇甫规传.
③ 后汉书·党锢列传.

第二次党锢时，汉灵帝年方14岁。他问曹节等人为什么要诛杀党人，曹节回应说："皆相举群辈，欲为不轨。"灵帝又问："不轨欲如何？"曹节对曰："欲图社稷""上乃可其奏"。[①] 针对党锢之祸的缘由，范晔认为"夫上好则下必甚，矫枉故直必过，其理然矣。若范滂、张俭之徒，清心忌恶，终陷党议，不其然乎！"[②]司马光评论说："党人生昏乱之世，不在其位，四海横流，而欲以口舌救之，臧否人物，激浊扬清，撩虺蛇之头，践虎狼之属，以至身被淫刑，祸及朋友，士类歼灭而国随以亡，不亦悲乎！"他非常欣赏郭泰在乱世之中的做法，"泰虽好臧否人伦，而不为危言核论，故能处浊世而怨祸不及也"[③]。

今人评价说，清议运动的精神领袖陈蕃、李膺、范滂之死，说明了道德主义在专制体制内的不堪一击。"这样的朝廷，除了残存的强制力，已无任何号召力。对社会的号召力已降临到一批以人格魅力和精神力量为感召的士人身上，他们被朝廷驱赶到民间遭到禁锢"[④]。这恐怕是东汉党锢的真正含义。

顾炎武也认为，"天下风俗最坏之地清议尚存，犹足以维持一二，至于清议亡，而干戈至矣"[⑤]。公元184年，黄巾之乱爆发，汉王朝逐步走向灭亡。

---

① 资治通鉴·孝灵皇帝上之上.

② 后汉书·党锢列传序.

③ 资治通鉴·孝灵皇帝上之上.

④ 鲍鹏山.清流：道德清洁工[J].领导文萃，2004(10)：132-137.

⑤ 日知录·清议.

第八章
唐代邸报：中央与地方的信息博弈

唐代邸报（进奏院状）是中国古代官报的前身，它是中央与地方信息博弈的结果，体现的是唐代政治格局变化的条件下，信息主导权乃至社会控制权的易手。

邸报产生的直接推动力并不是来自中央政府，而是来自藩镇。在中央管理失灵的情况下，藩镇强力推动了朝集制度向进奏院制度的转变。进奏院状的出现，就是这项制度改革带来的结果之一。

中央与地方信息不对称的情况向来存在，并成为评判政治秩序稳定与否的指标之一。在汉唐中央强势的时代，朝廷一直牢牢掌控着信息传播渠道和内容。中央政府所控制和使用的信息传播的渠道主要有两个：公文和悬书（扁书、榜文）。除严管正规的传播渠道之外，中央政府严格控制皇室和政务信息的外泄。汉唐以降，有“漏泄省中语”之重罪。

随着藩镇上升到了优势地位，很大程度上获得了政治主导权，信息主导权便同时易手。信息与政令的流向，清晰地反映出时代的政治秩序和权力格局。

第一节　邸报与邸制

自唐代始，中国进入古代官报时期。所谓“官报”，是报业类型化后，史家给予政府机关报的称谓。比如戈公振在《中国报学史》中将中国古代报纸阶段概括为“官报独占时期”。这个时期被认为是中国新闻事业发展的最初阶段。戈公振对我国的官报源流进行了最早的梳理：

> 邸报始于汉唐，亦称杂报、朝报、条报……历代因之。清初改名京报，亦称塘报、驿报；外此又有宫门抄、辕门抄，论折汇存之类……清末预备立宪，由政府刊行政治官报，后改名内阁官报，各省亦有官报。民国成立，又改名政府公报，各省亦改名公报。至是，官报遂成国家之制度矣。[①]

如戈氏所说，虽然“官报”到民国才正式成为国家制度，成为现代意义上的“政府机关报”，但其源头，可上溯到千年前的汉唐。戈氏这里所说的“邸报”是古代官报的统称，各朝尚有“朝报”等不同说法。[②] 本书沿用“邸报”之说。

新闻史家对邸报产生的年代有较大分歧。[③] 戈公振认为是汉朝，[④]方汉奇则持唐论。日本学者曾我静部雄提出，“在纸张之上，以木板印刷术印邸报，当自唐开始”。[⑤]

进奏院状（或称“状报”）是邸报最早的称谓和表现形式。目前掌握的最早关于“状报”的记载，一说出自唐代诗人王建写于唐代宗大历年间（公元766年—779年）的题为《赠华州郑大夫诗》。诗中有“报状拆开知足雨，赦书宣过喜无囚”的句子。[⑥] 此说在时间判断上可能有误。[⑦] 而方汉奇所举唐代孟棨所著《本事诗》中关于韩翃的记载，“留邸状报：制诰阙入，中书两进名……曰：与韩翃”，是德宗建中初年的事，发生在公元780年前后，应为最早的记录。

另外，根据近代发现的敦煌“归义军进奏院状”，现存最早之邸报出现在唐僖宗在位期间（公元873年—888年）。方汉奇指出，唐代“进奏院”的大发展，是在大历、建中（唐德宗年号，约公元780年—783年）以后的一百年间。[⑧]

学界对于唐代邸报（进奏院状）是否具有报纸的性质同样存在争议。吴

---

① 戈公振.中国报学史[M].上海：商务印书馆，1927：24.

② 戈氏所谓“条报”“杂报”并非古代报纸专称，参见朱传誉.先秦唐宋明清传播事业论集[M].台北：台湾商务印书馆，1988：111.

③ 倪延年.中国古代报刊发展史[M].南京：东南大学出版社，2001；方汉奇.中国新闻事业通史：第一卷[M].北京：中国人民大学出版社，1992.

④ 戈公振在题为《中国新闻业事业之进化》(1929)的文章中明确提出，“汉时发明了纸笔墨等文具以后，于文化上的进展上帮助不少；而报纸的滥觞亦复发轫于这个时候”。

⑤ 朱传誉.先秦唐宋明清传播事业论集[M].台北：台湾商务印书馆，1988：109.

⑥ 倪延年.中国古代报刊发展史[M].南京：东南大学出版社，2001.

⑦ 黄卓明.中国古代报纸探源[M].北京：人民日报出版社，1983：21.此说有误，王建生于大历二年(公元767年)前后，卒于大和五年(公元831年)，46岁入仕。如果按此说法该诗写于公元766年—779年，当时王建不到10岁，显然可能性不大。因此，此诗的写作年代应该略晚才对，最大可能是王建入仕之后，也就是公元813年以后。

⑧ 方汉奇.中国新闻事业通史[M].北京：中国人民大学出版社，1992：36.

廷俊认为,“归义军进奏院状”只具有情报性质;[①]张国刚认为,它只是政府官文;[②]方汉奇则认为,它具有某种报纸的性质,但还不具备正规报纸的要素,只能属于一种由官文书向正式官报转化过程中的原始形态的报纸。[③]

任何意义都是特定语境下的表达。关于邸报的来源和性质,需要结合当时的政治制度和媒介环境,进行更为深入的分析。邸报产生的制度载体是“邸”(进奏院)。因此“邸”的性质和功能很大程度上决定了邸报的实质意义。管翼贤指出,“中国官报的勃兴和京都驻在官的机关,即官邸的存在,有不可分离的关系”[④]。方汉奇同样认为,唐代报纸的发展,与唐代邸务与藩镇制度的发展紧密相关。[⑤]

“邸”,按戈公振的说法,是“各省驻京代表办事处”[⑥]。关于邸制的流变,唐人柳宗元在《邠宁进奏院记》中有过记述:

> 凡诸侯述职之礼,必有栋宇建于京师。朝觐为修容之地,会计为交政之所。其在周典,则皆邑以具汤沐;其在汉制,则皆邸以奉朝请。唐兴因之,则皆院以备进奏,政以之成,礼于是具,由旧章也。[⑦]

古代有在官署墙壁上题记的习俗,用来记载该机构的源起和职能。本文就是柳宗元为邠宁进奏院所写的“记”。按吴廷俊对柳文的解释,“邸”在周朝时,称为“邑”[⑧],仅为招待所性质;在汉朝时,则改名为“邸”,兼有办事处的功能;至唐则为“进奏院”,作为藩镇在京师的代理机构,其职能得到了强化。[⑨]

当代考古证据表明,“邸”在秦代就已出现。20 世纪 90 年代,陕西西安秦甘泉宫遗址出土的封泥中,发现了多枚“郡左邸印”“郡右邸印”。学者判断,这可能就是朝廷统一管理的各郡设于咸阳的郡邸机构。[⑩]

汉代出现了更多有关“邸”的记载。甘肃敦煌悬泉遗址出土的汉简中有多条涉及“郡邸”的材料。[⑪] 比如下面一条:

---

① 吴廷俊.中国新闻史新修[M].上海:复旦大学出版社,2008:9-11.

② 张国刚.两份敦煌“进奏院状”文书的研究[J].学术月刊,1986(7):57-62.

③ 方汉奇.中国新闻事业通史[M].北京:中国人民大学出版社,1992:60.

④ 管翼贤.新闻学集成:第七卷[M]//管翼贤.民国丛书.上海:上海书店,1989:3.

⑤ 方汉奇.中国新闻事业通史[M].北京:中国人民大学出版社,1992:35.

⑥ 戈公振.中国报学史[M].上海:商务印书馆,1927:24.

⑦ 柳宗元集·卷二十六·记官署.

⑧ 《仪礼·觐礼》中记载了“天子赐舍”,《礼记·王制》也说“方伯为朝天子,皆有汤沐之邑于天子之县内”。

⑨ 吴廷俊.中国新闻传播史稿[M].武汉:华中科技大学出版社,1999:9.

⑩ 周伟洲.新发现的秦封泥与秦代郡县制度[J].西北大学学报,1997(1):82.

⑪ 侯旭东.从朝宿之舍到商铺——汉代郡国邸与六朝邸店考论[J].清华大学学报,2011(5):32-43.

初元元年闰月癸巳朔丙申，敦煌大守千秋、长史奉憙、丞破胡谓过所县津：遣渊泉亭长韩长逐命三辅、陇西、上郡、西河郡。乘用马二匹，当舍传舍、郡邸，从者如律令。

这是西汉元帝年间官吏出差时所持的介绍信，其时“郡邸”已经是相当普遍的机构了。汉代历史文献中，邸的出现频率也很高。据统计，《史记》中有关汉邸的记载25见，《汉书》59见，《后汉书》23见。[①] 宋人王应麟在《玉海》的“邸驿”一节中指出，汉代已经有健全的邸驿制度，包括“刺史邸、郡国邸与县邸”[②]（相当于今天的省驻京办、市驻京办和县驻京办）。

汉灭亡后，邸的制度为各朝所沿用。隋朝一统天下，为加强对地方的控制，推行朝集制度，邸演变为朝集使的住所。当时仅东都洛阳上春门外夹道南北，就有“诸侯邸百余所”[③]。至唐朝，沿用隋制。唐初贞观年间，唐太宗曾下诏“就京城内闲坊，为诸州朝集使造邸三百余所”[④]。安史之乱后，州邸被藩镇主导的上都进奏院代替，“唐藩镇皆置邸京师，以大将领之，谓之‘上都留后’，后改为‘上都知进奏院’”[⑤]。目前可考的唐朝进奏院的数目为50余家，这与唐后期藩镇数目基本一致。[⑥]

“邸”的性质和功能，在朝代和制度变迁中发生了改变，尤其是受到了两汉以降不断沿革的上计制度、朝集制度和进奏院制度的直接影响。[⑦] 因此，除了“通奏报，待朝宿”[⑧]等与朝觐事务相关的基本功能外，邸逐渐承载了更多的社会职能。

“邸”在汉代有一项重要的功能，就是为“上计吏”提供固定居所。上计吏的出现源于两汉时期的上计制度（即年终审计制度）。卫宏的《汉旧仪》引《朝会上计律》说：“常以正月旦受群臣朝贺，天下郡国奉计最贡献。”[⑨]每年年底各地的上计吏前往京师向中央汇报当年业绩和政情，同时进献贡品，一般

---

① 黄春平.汉代邸报问题辨析——兼论戈公振的“邸报说”[J].中国社会科学院研究生院学报，2009(4)：112-119.

② 王应麟.玉海[M].扬州：广陵书社，2003：3159-3162.

③ 晁载之.续谈助[M].北京：中华书局，1985.

④ 唐会要・卷二十四.

⑤ 李焘.续资治通鉴长编：卷十[M].北京：中华书局，2004.

⑥ 李永.唐朝已现“驻京办”进奏院[N].光明日报，2010-05-11(12).

⑦ 胡宝华.唐代朝集制度初探[J].河北学刊，1986(3)：73-75；曾我部静雄.上计吏与朝集使[M]//见氏.中国社会经济史研究.东京：吉川弘文馆，1976：371-403；雷闻.隋唐朝集制度研究[M]//荣新江.唐万籁俱寂：第七卷.北京：北京大学出版社，2001：289-310；张国刚.唐代进奏院考略[J].文史，1983(18)：83-92.

⑧ 黄春平.汉代邸报问题辨析——兼论戈公振的“邸报说”[J].中国社会科学院研究生院学报，2009(4)：112-119.

⑨ 王应麟.玉海[M].扬州：广陵书社，2007：3386.

会得到君主的亲自接见。东汉大臣应顺在永元十年(公元 98 年)曾建言:为了方便上计吏朝会,朝廷应该给百郡的上计吏提供馆舍。[①] 于是上计吏到长安住在郡邸逐渐成为定制。[②] 上计吏在年终常驻郡邸,也为"邸"增加了更多的职能。在沟通不畅的时代,上计吏定期往返,成为中央与地方信息上传下达的重要媒介。因此汉代王充有"得诏书到,计吏至,乃闻圣政"[③]之说。

到隋唐时期,"上计"制度演变为"朝集"制度,上计吏也被朝集使替代。《大唐六典》载:"凡天下朝集使,皆令都督、刺史及上佐更为之。若边要州都督、刺史及诸州水旱成分,则他官代焉。皆以十月二十五日至于京都,十一月一日户部引见讫,于尚书省与群官礼见,然后集于考堂应考绩之事。元日陈其贡篚于殿庭。"[④]。可见,朝集使与上计吏有继承性,但身份要比上计吏来得显赫,除了承担岁贡与考绩的事务,同时具有万邦来朝、供奉皇室的象征意义。[⑤]

唐代朝集制度虽上承上计制度,其实际的政务职能反倒有所虚化。中央强调其象征意义,地方大员们则更看重朝集制度给他们个人的政治生命带来的机遇。担任朝集使可以使远处一隅的官员接触朝廷中枢,通过关系运作来获得中央的认可。《资治通鉴》载:"朝集使往往赍货入京,及春将还,多遣官。"[⑥]于是地方上有资格担任朝集使的,都争相入朝。比如武周时期,云集洛阳的朝集使一次达两千八百人。柳宗元说"会计乃交政之所",一方面当然是说"邸"具有一定的商业色彩,比如担负商铺或钱庄的职能;[⑦]另一方面,则点出"邸"是地方官员交结京官的重要场所。

这种情况下,朝集使对中央政府有较强的依附性。它的信息功能也以上传,即向中央通报地方情况为主,中央朝廷占据绝对主动地位。[⑧]

不过如果中央权力旁落,朝集制度往往难以为继。隋炀帝大业十二年(公元 616 年),天下大乱,"朝集使不至者二十余郡"[⑨],直到唐高祖武德年间朝集制度才逐渐恢复。安史之乱时,该制度又一度废止,后来唐德宗推行削藩,为加强中央权威于建中元年(公元 780 年)重设,到贞元三年(公元 787

---

① 全汉文·卷三十三.

② 侯旭东.从朝宿之舍到商铺——汉代郡国邸与六朝邸店考论[J].清华大学学报,2011(5):32-43.

③ 论衡·须颂.

④ 大唐六典·卷三.

⑤ 申忠玲.唐代朝集制度的废止及其原因[J].青海师范大学学报,2009(6):76.

⑥ 资治通鉴·卷二百一十二.

⑦ 侯旭东.从朝宿之舍到商铺——汉代郡国邸与六朝邸店考论[J].清华大学学报,2011(5):32-43.

⑧ 李永.从朝集使到进奏官——兼谈中国古代的"驻京办事处"[J].天府新论,2011(6):132-136.

⑨ 资治通鉴·卷一百八十三.

年),削藩遇挫,唐德宗被迫下诏废止朝集制度。诸镇进奏官制度逐渐成为主导。

进奏院始现于唐代宗大历十二年(公元777年),这正是朝集制度中止的空档期。史载"诸道先置上都邸务,名留后使,宜令并改为上都进奏院官"①。进奏官是藩镇主动设置的,原名上都邸务留后使,中央通过改名的方式,被迫认可了它的存在。不过名曰"进奏",其服务的对象却是各地藩镇。进奏院官的出现是中央与地方权力消长的具体体现,进奏官虽由中央任命,②但只对地方官负责,不受朝廷管辖,其性质也"名曰接应,实则刺听"③,具有情报机关的性质,为藩镇提供中央乃至全国的军政信息。

进奏院信息功能的强化,甚至可以从唐初州邸以及后期进奏院的建造位置的变化,得到相关的印证。在中央强势的年代,比如贞观年间,州邸的位置在"闲坊",也就是长安偏远的城区,比如永崇坊、怀贞坊(隋代更远,在待贤坊);而藩镇强势的年代,比如唐代宗大历年间,各镇进奏院的位置则在皇城、兴庆、太极、大明四宫围绕下的外郭城,其中三分之二的进奏院集中在崇仁、平康两坊。④ 徐松的《西京城坊考》记载,大历年间崇仁坊内就设置了20多家进奏院。这里距国家中枢只有咫尺之遥,是信息灵通之所,因此进奏院有"逐信息而居"的特点。

贞元十二年(公元796年),邠州刺史张献甫新修邠宁进奏院,于是邀请柳宗元撰写《邠宁进奏院记》,这成为后人研究唐进奏院的有限史料之一。文中对当时进奏院的权力和功能有详细的描写:

> 稽疑于太宰,质政于有司,下及奔走之臣,传遽之役,川流环运,以达教令……故领斯院者,必获历阊阖,登太清,仰万乘之威,而通内外之事。王宫九关而不间,辕门十舍而如近,斯乃军府之要枢,邠宁之能政也。⑤

张献甫是当时的一品大员,地方实力派,官至邠宁节度使加检校左仆射。进奏官为其代言人,拥有巨大的权威。所谓"稽疑于太宰,质政于有司"是指进奏官可以为了地方利益质疑中央决策;而"历阊阖,登太清,仰万乘之威,而通内外之事"是指他可以直驱宫禁,探查内政。柳文或有夸张,但是史上确有"唐季藩镇跋扈,邸官皆得入见天子"⑥的说法。进奏官与上计吏和朝集使最大的

---

① 李永.从州邸到进奏院:唐代长安城政治格局的变化[J].南都学坛,2010,30(2):31-32.

② 相关情况参见《全唐文》第七五〇卷"杜牧三"的《柳师元除衢州长史知夏州进奏等制》《景思齐授官知宣武军进奏官制》等文。

③ 许月卿.百官箴[M].芜湖:安徽师范大学出版社,2015.

④ 李永.从州邸到进奏院:唐代长安城政治格局的变化[J].南都学坛,2010,30(2):31-32.

⑤ 柳宗元集·卷二十六·记官署.

⑥ 吴廷俊.中国新闻传播史稿[M].武汉:华中科技大学出版社,1999:9.

不同是,他常驻京师,真正成为中央与地方之间信息沟通的枢纽。

以上朝觐制度、上计制度、朝集制度和进奏官制度,基本上勾画出“邸”在时代、制度变迁中的基本发展脉络,以及性质和功能的改变:从单纯的“修容之地”到“交政之所”,再到“通内外之事”的“军府之要枢”。“邸报”(进奏院状)就是在这样的制度背景下应运而生的。

第二节 进奏院状的产生

戈公振认为,邸报产生的原动力是“君主固极留心边事,而诸侯之心怀叵测者,又极注意皇室之动静,则传递消息之方法,因政治上的需要与交通书写之便利,自宜较前代为进步也”①。他就此结论道:“通奏报云者,传达君臣间消息之谓,即‘邸报’之所由其也。”②

朝廷有上下沟通信息的需要固然是新型传播方式产生的大背景,但是邸报产生的直接推动力并不是来自中央政府,而是来自藩镇。戈氏曾特别指出,邸报的发行与汉唐的藩镇制度有密切关系。③ 曾虚白则认为此种趋势自汉代起就已出现——“各藩王与汉武帝之间关系密切,对于京师的政治情报,必定有殷切的需求。”④

这种情势在唐代安史之乱后,发生了质的变化,此时藩镇上升到了优势地位。在争夺政治主导权的过程中,尤其是在中央管理失灵的情况下,藩镇强力推动了朝集制度向进奏院制度的转换。进奏院状的出现,就是这项制度改革带来的明显结果之一。它不仅标志着政治秩序和权力格局的变化,更意味着信息主导权的易手。

中央与地方的信息不对称由来已久,中央对社会的控制一般通过信息垄断而实现。当时信息传播的渠道主要有两个:公文和悬书(扁书、榜文)。

首先,是正规的信息传递形式——公文(或官文书)⑤。公文在国家管理过程中的重要性不言而喻。王充指出,汉“以文书御天下”⑥。公文中很大一部分信息在政府内部闭环流动,还有一部分信息需要在社会上传播。公文

---

①② 戈公振.中国报学史[M].上海:商务印书馆,1927:3.

③ 戈公振.中国报纸进化之概观[J].国闻周报,1927,4(5).

④ 曾虚白.中国新闻史[M].台北:政治大学新闻研究所,1977.日本学者楚人冠、美国学者白瑞华也有类似表述。

⑤ 唐代下行公文有六种类型:制、敕、册、令、教、符;上行公文也有六种类型:表、状、笺、启、辞、牒;平行公文有三种:关、移、刺。

⑥ 论衡·别通.

抵达基层并使民众知晓的主要手段有两个，一个是转抄，一个是聚民宣读。汉代郡国众多，西汉平帝时有103个，东汉顺帝时有105个，一份需要公布于天下的诏令，在丞相签署下发后，最后到达“亭里”，辗转抄录的份数，达到数万份；诏令到达地方后，还有一项重要的程序，这就是宣读。《汉书·贾山传》载：“臣闻山东吏布诏令，民虽老羸瘙疾，扶杖而往听之，愿少须臾毋死，思见德化之成也。”口头传播到汉代仍然是官方主要的政令传播方式之一。

其次，汉唐时期还有一些带有信息发布性质的扁书（榜文）。当时国家的制诏大都要求“扁书乡亭市里高显处”或“明白布告”。陈盘认为：“简册之文之悬于门户者，皆可以扁书称之。”[①]因此其性质应与前文之“悬书”无二。方汉奇考证说，唐代已经存在经由中书省的政事堂将某些文件和政事活动“条布于外”的制度。[②] 悬书本起自民间，后为官方所用，即法制史中的“布法象魏”制度。[③]被新闻史家引用颇多的孙樵的《读开元杂报》，不过是对这些公告的转抄而已。[④]

除上述正规的传播渠道之外，中央政府严格控制皇室和其他涉密政务信息的外泄。汉唐以降，有“漏泄省中语”之重罪。“易储废后”“科举选士”“人士调整”“财政决策”等信息都在严格禁止传播的范围之内。[⑤]《唐律疏议·职制律》中“泄漏大事”条规定：“诸漏泄大事应密者，绞。非大事应密者，徒一年半；漏泄于蕃国使者，加一等。仍以初传者为首，传至者为从。即转传大事者，杖八十；非大事，勿论。”[⑥]在中央主导信息政策的条件下，邸报这种密级难判、信息外溢的传播形式显然不符合中央规制，也不可能出自中央政府之手。

换句话说，只有在政局失衡、信息控制失灵的条件下，新型传播手段才有可能获得生存空间。唐代的藩镇制度正好为其提供了规避中央管理的必要条件。我们在唐代进奏院状的相关记载中不止一次地发现中央信息控制失灵的迹象。比如李商隐的《为濮阳公论皇太子表》，这是李商隐执笔，于开成三年（公元838年）为泾原节度使王茂元所写的给朝廷的上书。开篇就说：“臣某言：今月某日，得本道进奏院状报，今月六日，宰臣郑某等率三省官属入论皇太子事者。”太子李永是唐文宗长子，因其母失宠，杨贤妃受宠，文宗欲废皇太子。王茂元上书回护太子，隐斥贤妃。文中提到披露“易储”情况

---

① 陈盘.汉晋遗简识小七种[M].上海：上海古籍出版社，2009：96.

② 方汉奇.中国新闻事业通史[M].北京：中国人民大学出版社，1992：60.

③ 参见本书第四章。

④ 该文中有“此皆开元政事，盖当时条报于外者”。参见孙樵.经纬集：三卷（影印本）[M].上海：上海古籍出版社，1979：9.

⑤ 陈玺.唐代“漏泄省中语”源流考[J].华东政法大学学报，2012(1)：109-111.

⑥ 据陈玺文所说，此中所谓“大事”虽然特指“潜谋讨袭及收捕谋叛之类”，但司法上并未形成具体认定标准，裁断时具有随意性。

的进奏院状报显然已经触及了朝廷最核心的机密，有悖于唐律，但是由于藩镇势大，朝廷对此“漏泄大事”只能不闻不问。

有一个明显的现象是，在藩镇占据信息主导权之后，史籍上提到，状报的频次，从最早的唐德宗年间《全唐诗话》的记载开始，呈逐渐密集之势。到了晚唐时期，进奏院状则成为非常普遍的信息来源。《全唐文》收录的李商隐275篇执笔公文中，17篇的信息来源是进奏院状。另一名专职幕僚崔致远，其《桂苑笔耕集》收录的公文中，也有10余处提到“进奏院状”。

从媒介格局上看，到中晚唐时期，“悬书”和“进奏院状”形成了古代全新的信息发布架构。① 两者虽然性质迥异，一个代表中央对信息的掌控，另一个代表地方不断扩大的知情权，体现了两种截然不同的信息走向，但是在传播路径和传播内容上又具有承接和互补性。一方面，邸报的主要内容来源于政府的公告(悬书)；另一方面，邸报在扩大信息容量的同时，扩大了读者群，也间接地为悬书找到了更多的受众。这种承接性为以后的中央政府收编邸报创造了条件。

当然，从宣传效果上看，邸报在传播的深入程度和社会影响上，或者远不如条布于外的悬书和榜文。② 朱传誉在《宋代新闻史》中说，榜文的“读者对象，主要是一般民众，内容广泛，读者普遍，传播功能尤胜于报纸”。这个判断放在唐朝同样适用。

第三节　进奏院状的性质

对进奏院状性质的判定，应根据它的实际内容。目前可供考证的进奏院状报有两个来源，一个是仅有的两份敦煌进奏院状，另一个是古籍中的相关记载。下面是其中一份“敦煌进奏院状”③的基本内容：

上都进奏院　　　　　　　　　　　状上

---

① 关于中央政府信息发布的源头，近年来有新的考古发现。张涛根据居延和敦煌两个地区的烽燧遗址出土的汉简，在1998年提出西汉末年已经有了报纸。2004年，陈力丹发表文章对张的观点表示认同。黄春平则认为，烽燧文告尽管在很多方面有着与唐代邸报相同的特征，但它只是政府的下行布告，不属于古代报纸。参见张涛.“府报”探源[M]//方汉奇.新闻春秋.成都：四川大学出版社，2003：55-61；陈力丹.发现“府报”——我国古代报纸的历史前推800年[J].当代传播，2004(1)：27；黄春平.从出土简牍看汉帝国中央的信息发布——兼评张涛先生的“府报”说[J].新闻与传播研究，2006(4)：112-119.

② 民间转抄悬书或公文的情况还有待进一步考证，“杂报”或者“条报”是否真实存在也是一个问题。《读开元杂报》应为佐证之一。

③ 该状现藏于巴黎图书馆，编号为P3547。方汉奇.中国新闻事业通史[M].北京：中国人民大学出版社，1992：56-57.

当道。贺正专使押衙阴信均等,押进奉表函一封,玉一团,羚羊角一角,牦牛尾一角,十二月二十七日晚到院。二十九日进奉讫。谨具专使上下共二十九人,到院安下,及于灵州勒住人数,分析如后:一十三人到院安下,押衙阴信均、张怀晋、张怀德,衙前兵马使曹先进、罗神政、刘再升、邓加兴、阴公遂、阴宁君、翟善住,十将康文胜,长行王养养、安再晟。一十六人灵州勒住,衙前兵马使杨再晟、十将段英贤、邓海君、索赞忠、康叔达、长行十一人。一、上四相公书启各一封,信二角,王相公,卢相不受,……,右谨具如前,其敕书牒并寄信四段,并专使押衙阴信均等押领。四月十一日离院讫。……某年某月某日 谨状

这份进奏院状所报,是发生在唐僖宗乾符四年(公元877年)十二月二十七日至乾符五年四月十一日之间的归义军节度使派遣的贺正(贺岁)专使一行29人在京师的活动情况。

从格式上看,该状具有明显的官文书色彩,属于唐六种上行文书中的"状","状"是下级僚属向上级官员汇报和沟通的文书体裁之一。但从内容和行文上看,它与寻常的官样公文有所不同,似乎更注重信息的传递,是一种非典型性公文。当时普遍的"状"的写法往往带有四六骈文的色彩,不妨参见李商隐的《为荥阳公上集贤韦相公状》:

伏见制书,伏承加集贤殿大学士。恩极台阶,荣兼秘殿。通凤池于册府,擢鸡树于书林。中外具瞻,遐迩增慰。相公黄中禀气,素尚资仁。片玉一枝,已光于昔日;前筹五鼎,果庆于兹辰。……

从史料中判断,进奏院状作为一种非典型性公文,在晚唐已经成为普遍和稳定的信息来源。李商隐长期担任地方大员的幕僚,《全唐文》收录的其275篇执笔公文中,17篇的信息来源是进奏院状。从这些间接性记载中,我们发现当时的进奏院状的内容主要涵盖了以下方面:

(1)君主动态。如《代安平公华州贺圣躬痊复表》:"臣某言:今月某日,得本道进奏院报,以圣躬痊和,右仆射平章事臣涯等奉见圣躬讫,社稷殊祥,生灵大庆。"

(2)皇室动态。如《为濮阳公奉慰皇太子薨表》:"臣某言:今月某日,得本道进奏院状报,今月某日,以皇太子奄谢东宫,辍今月十三日至来月一日朝参者。前星失色,少海惊波,欷结一人,悲缠万国。臣某诚涕诚咽,顿首顿首。"

(3)朝政情况。如《为荥阳公至湖南贺听政表》:"臣某言:臣得本道进奏院状报,某月日,宰臣某等恳悃上言,请从听断。特降优旨,俯赐依从。普天率土,莫不庆幸。臣某中谢。"

(4)军事情况。如《为荥阳公贺幽州破奚寇表》:“臣某言:臣得本道进奏官某状报,某月日,幽州节度使张仲武奏破奚北部落及诸山奚。除旧奚王匿舍朗所管外,杀戮首领丁壮老幼,并杀戮羊牛焚烧军帐器械等,计二十万,刺史已下面皮一百具,耳二百只,奚车五百乘,羊一万口,牛一千五百头者。天声远叠,庙略遐宣,白虏获于宁台,赤夷浮于燕路。臣某中贺。”

(5)星象气候。如《为荥阳公贺老人星见表》:“臣某言:臣得本道进奏院状报,司天监李景亮奏,八月六日寅时,老人星见于南极,其色黄明润大者。圣惟合德,神实效祥,必垂有烂之文,以表无疆之祚。臣某中贺。”

(6)官吏任免。如《为荥阳公谢除卢副使等官状》:“右。臣得进奏官某状报,臣所奏卢某等二人,奉某月日敕旨,赐授前件官充职者。”

从这些上行公文中(包括送达君主的表和上级官僚的状),我们不难发现,进奏院状是晚唐时期上下认可的信息来源,藩镇对于此类信息的采制和传递并无掩饰。另外,从内容上考察,进奏院状是对传统信息传播方式的补充和加强。它的内容一般公文不会涉及,但又是地方所需的信息。比如说前文谈到的关于易储的争议,就不可能在公文中下发,但是此类信息又事关藩镇切身利益。

再比如刘禹锡代杜佑所写的《谢男师损等官表》,文中说“伏见今月一日制,授臣长男师损秘书省著作郎,次男式方太常寺主簿。又得进奏官裴遘状报,付承圣恩,特降中使送官告到臣宅,分付师损者。宠渥非常,授任不次,惊跃无措,腼惧失容”。这里涉及“制”和“状报”两种文书对同一事件的表述,侧重各有不同。一个纯属官牍,另一个则注重事件的细节描述。可见,状报对于一般公文来说更加强调信息的功能性,体现了进奏官根据“当道”需要,对信息进行甄选的独特视角。

另外,还有学者提出,进奏院状在时效上可能要优于一般的公文。史载唐朝韩翃被任命驾部郎中、知制诰的消息,不是得之于中书省的文书和官告,而是得之于“留邸状报”①。一般的官文书必须走正常的发报程序,而进奏院状在传报的过程中,省略了这些程序,收发唯进奏官一人而已,在时效上有一定优势。

综合进奏院状的传播内容、形式、途径和手段,我们发现,进奏院状应该类似于今天的“内参”(内部参考),主要目的是由驻京进奏院官采制中央和各地信息,提交藩镇首脑做决策参考。它是情报,但并不是密级很高的情报;它是官文书,却是非典型性公文。由于藩镇在管理信息上的不成熟,出

---

① 方汉奇.中国新闻事业通史[M].北京:中国人民大学出版社,1992:43.

现了情报外溢,即转抄导致读者群扩大的现象。

当然,还有一种可能性值得探讨。当代现行的“内参”制度,有上行公文转为下行刊物的实例,即根据内容的敏感度和对象的级别,经过传抄,对信息进行小众传播。唐代藩镇是不是存在于一定范围内传抄状报的制度,这个范围到底有多大,尚无实证。从史籍透露的情况看,能接触状报的主体是各镇长官及其幕僚,读者范围从原则上说应有限制。

最后从历史流变的角度考察,宋以下邸报应该是脱胎于唐代的进奏院制度及进奏院状。宋代中央政府对进奏院制度的改革,以及“定本”和“判报”制度的出现,就是在中央强势背景下对前朝制度的一种继承和革新。因此,说唐代的进奏院状报是官报之源应该没错。

从媒介政策的角度看,虽然“终有唐一代,中央政府对于类似的报纸活动都不曾留意,从未颁行过具体的管理措施”①,但正是从这个时候起,官方开始逐步接触到“状报”这一正式公文之外的信息传播方式;而信息与政令的流向,更清晰地反映着时代的政治秩序和权力格局。②

作为邸报最早形式的“进奏院状”,它的基本目的是满足藩镇的信息要求。从更深的层次上考察,进奏院状报是中央与地方进行信息博弈的结果。这种博弈表面上看是来自于各自信息的不充分,实质上来自两者信息的不对称。信息垄断是进行社会控制和实现社会权力的基本手段。强势一方总是倾向于主导信息的流动。因此进奏院制度的建立,以及进奏院状报的产生体现的是唐代政治格局变化的条件下,信息主导权乃至社会控制权的易手。

从邸的出现到进奏院状报的出现,是千年酝酿到一朝破题的过程,是传统与现实的碰撞、混沌到有序的革新。我们发现,政策拟定未必是中央政府的特权,很多时候是各方面环境“倒逼”的结果。既得利益方往往缺乏革新的动力,而新进利益方则往往倾向于推广新的制度和手段。当然其最终的结果,一方面取决于国家基本制度的框架,另一方面则取决于政治秩序的强弱格局。虽然统治者本人更愿意将信息封闭、垄断并控制信息的流动,但是在不同情境下,中央政府扮演着主动或被动的不同角色。宋代政府对进奏院制度的改革则是另一个有关中央集权的故事了。

---

① 程丽红.清代报人研究[M].北京:社会科学文献出版社,2008:13.

② 邓小南.政绩考察与信息渠道——以宋代为中心[M].北京:北京大学出版社,2008.4.

第九章
宋代的传播政策：控传报、禁小报

“千载之演进，造极于赵宋”[①]。中国有明确的传播政策自宋代始。与前朝相比，虽然在疆域的广度上，赵宋或许没有实现真正意义上的统一，但其统治力所达到的深入程度，却是前代难以企及的。这与朝廷对信息渠道的重视和经营直接相关。[②]

自秦汉以下，历代统治者都力图通过对信息的获取和渠道的控制来完善官僚机制。赵宋“可得而闻，不可得而测；可得而信，不可得而诈”的传播政策，相比“刑不可知，则威不可测”，“民可使由之，不可使知之”[③]的传统理念，显示出前所未有的开放性。不过，君主专制本身却排除了让社会信息充分流动的可能性。诚如学者邓小南所说：“君主政体下对于信息的重视是从属于政局稳定的。”[④]

因此，中央政府的传播政策只能在沟通需要和有效控制之间寻找契合点。将唐及五代隶属藩镇的邸报系统收编为中央喉舌，是赵宋的创造，体现着决策层统治思路的变化，也是君主专制理性发展的结果。当然，与此同

---

① 陈寅恪，邓广铭.宋史职官志考证序[M]//陈寅恪.会明馆丛稿二.上海：上海古籍出版社，1980：245.

② 邓小南.宋代信息渠道举隅：以宋廷对地方政绩的考察为例[J].历史研究，2008(3)：136-140；朱瑞熙.中国政治制度通史：宋代卷[M].北京：人民出版社，1996：134-158.

③ 语出《论语·第八章·泰伯篇》，此章最早的古注为郑玄的“民，冥也，其见人道远。由，从也。言王者设教，务使人从之。若皆知其本末，则愚者或轻而不行”。何晏的《集解》中有：“由，用也。可使用而不可使知者，百姓能日用而不能知。”朱熹的《集注》曰：“民可使之由于是理之当然，而不能使之知其所以然。程子曰：‘圣人设教，非不欲人家喻而户晓也；然不能使之知，但能使之由之尔。’”

④ 邓小南.宋代信息渠道举隅：以宋廷对地方政绩的考察为例[J].历史研究，2008(3)：136-140.

时,传播活动的进化终于激活了信息本身所具有的流动性、实用性和商业价值,媒介第一次呈现出发展方向上的诸多可能。

在宋王朝,中国古代传播政策的特定情境基本成型。中央、地方、民间组成传播权力博弈的三极。一方面,中央集权强化,中央政府在与地方实力派的角逐中占据了绝对优势地位,地方的信息诉求被严重压制,只能在各种非法活动或者灰色地带中偶露真容;另一方面,文化和商品流通的繁荣,催生了小报这一具有新闻和商业色彩的民间传播媒介,虽不为官方所认可,但在整个宋王朝屡禁不绝,表现出强大的生命力。宋代的传播政策,基本上就围绕着“控传报、禁小报”这个中心展开,而以邸报为代表的中央官报则成为传播政策的最大公约数。

第一节 进奏院改制

宋承唐制。宋初中央和地方的信息交流,大体沿袭唐及五代的“地方主导型”进奏院旧制。宋代史学家马端临的《文献通考·职官考十四》记载:

> 国初缘旧制,皆本州镇补人为进奏官,其军监场务,转运司则差知后官或副知掌之,逐州就京师各置进奏院。

此时的进奏院仍由各州镇自行设置,进奏官也由各州镇自己任命,军监、场务则由各道转运司(使)派遣“知后官”或“副知”掌管。① 马端临的说法与宋代史学家李焘在《续资治通鉴长编》中的记载基本一致。

据统计,当时全国有二百五十多个州,设有驻京进奏院二百多个。② “五代以来,支郡不隶藩镇者,听自置邸,隶藩镇者,则兼领焉。”③那些不隶属于藩镇的州郡都会设置自己的进奏院,如果隶属于藩镇,则由藩镇进奏院代领。宋太宗太平兴国年间清理进奏院,当时各地驻京的进奏吏(包括进奏官、知后官与副知)仍得二百之数。

宋初进奏官拥有较高的政治地位。史书记载:“国初,进奏官循五季旧例,假官至御史大夫。”④按唐制,御史大夫为从三品官,但多为兼任虚职,是为“假官”。此时进奏官的角色与前朝一样,具有明显的两面性。表面上承担着朝廷与地方的公文和信息中转,实质上是州镇在京师的代言人和情报

---

① 宋初因袭唐制,全国设 13 道,到宋太宗太平兴国四年,改设 21 路,各路皆设转运使(司),转运使原掌一路运输,后掌财赋,并监察地方官吏,实为府、州以上行政长官。

② 方汉奇.中国新闻事业通史:第一卷[M].北京:中国人民大学出版社,1992:63.

③ 李焘.续资治通鉴长编:卷二三[M].北京:中华书局,2004.

④ 王栐.燕翼诒谋录:卷四[M].北京:中华书局,1981:41.

官。他们的核心任务是监视朝廷动向,并根据搜集的中央和各地政治军事信息,向本州镇军政长官报告。编写和传送进奏院报状(宋代邸报的官方称谓为进奏院报状)就是其中一项传统职责。

但是此景不长,宋太祖(赵匡胤)黄袍加身(公元959年)不到二十年,脱胎于汉唐的藩镇制度便走向了没落。太祖当政初期,虽然国家尚未统一,与南方割据政权的战争依然激烈,但是他已经着手推动政治体制向中央集权的方向转变。

清代毕阮的《续资治通鉴・宋纪二》记载太祖向宰相赵普问策:"自唐季以来数十年,帝王凡易八姓,战斗不息,生民涂地,其故何也? 吾欲息天下兵,为国家计长久,其道何如?"赵普回答:"陛下言及此,天地人神福也。此非他故,方镇太重,君弱臣强而已。今欲治之,惟稍夺其权,制其钱粮,收其精兵,则天下自安矣。"赵普认为,要实现赵宋的长治久安,就必须改变藩镇坐大、君弱臣强的政治格局。

之后宋太祖通过两次"杯酒释兵权",化解军方和藩镇的势力。建隆二年(公元961年),宋太祖宴请侍卫马步军都指挥使石守信、殿前都指挥使王审琦等军事大员,劝他们主动释去兵权;开宝二年(公元969年),宴请节度使王彦超、武行德、郭从义、白重赞、杨廷璋,劝他们罢镇改官。到宋太宗太平兴国年间,宋廷废除支郡制度,彻底瓦解了节度使的权力基础,节度使自此沦为虚衔。这些措施从根本上杜绝了在宋代重现藩镇军事割据的可能。

随着藩镇制度的消亡,进奏官的政治功能逐渐丧失,其身份从"军府之要枢"向没有职级的普通"皂隶"转换,"不复齿于衣冠之列"①。他们一大早在右掖门外接收朝廷公文,然后奔波于各衙门之间,向门下省和各部衙投递本地章奏文书。这种既无前朝"朝集使"之实惠,也无过往"进奏官"之权势的职位,导致"外州将吏多不愿久住京师,故长吏募京师人或以亲信为之"②。州镇随意安置进奏官的人选,也说明在中央集权的大趋势下,进奏官对于地方的重要性已经大不如前了。

此时进奏院旧制面临的更大挑战是,它与朝廷加强中央行政的导向产生了冲突。进奏院由各地自设,邸吏散居京城,单独办公,这就导致其工作方式具有分散和不可控的特点。李焘在《续资治通鉴长编》中描述了进奏官的工作状态:"晨集右掖门外廊,受制敕及诸司符牒,将午,则各还私居,事颇稽缓、泄漏。"王辟之在《渑水燕谈录》中也有类似记载:"国初,州郡自置邸吏散在都下,外州将吏不乐久居京师,又符移行下率多稽迟,或漏泄机事。"进

---

① 王林.燕翼诒谋录:卷四[M].北京:中华书局,1981:41.

② 李焘.续资治通鉴长编:卷二三[M].北京:中华书局,2004.

奏官将公文带入私宅处理，极易造成“稽缓”（拖延）与“泄漏”（泄密），这是任何正常运转的政府体系都不能允许的。[①]

太宗（赵光义）即位后，进奏院改制揭开帷幕。史载“太平兴国初，起居郎何保枢奏，置钤辖诸道都进奏院，以革其弊”[②]。经过一段时间的准备，太平兴国八年（公元983年），宋太宗“令供奉官张文璨等简阅进奏官、知后官、副知等，凡二百余人，得一百五十人，并补进奏官，每人掌二州或三州军监事，其不中选者为私名副知，去知后之名。置都进奏院于大内侧近，文璨等领之”[③]。同年，张文璨被任命为第一任监都进奏院官，为正八品。太平兴国九年（公元984年），太宗下诏，进奏院定员一百二十人[④]。早期进奏院所属进奏吏并无职级，直到宋真宗祥符二年（公元1009年）才规定：“诸州进奏官十年以上，可补三班奉职（从九品）。”[⑤]其时都进奏院隶属于枢密院系统，因此走武官序列。

进奏院改制是宋太宗大规模官制改革的一部分。这次以扩大皇权为目的的改革，其主要措施是通过分割宰相权柄和削减地方权力，将中央与地方权力集于君主一人。为了使新的中央官僚机制“如身使臂，如臂使指”[⑥]地运转，宋廷非常重视信息流转部门的整合，合并重组了职能重叠、权责不清的银台司、通进司和发敕司，一定程度上解决了公文积压、机密泄漏和行政效能低下的问题。

太平兴国改制后，在中央政府的部门序列中，都进奏院隶属银台司。银台司主管“天下章奏案牍”，一度隶属枢密院（军事系统），太宗后期转属中书门下（政事堂），神宗元丰改制后隶属门下省[⑦]（文官系统）。神宗元丰改制过程中，进奏院由隶属银台司改为由门下省给事中直管。宋代进奏院隶属关系的变化，反映了中央对文书传递系统的控制，“以文驭武”的祖宗家法，以及中央集权的强化。[⑧]

都进奏院成立后的第一项措施是将进奏官集中起来合署办公，最初办公地点是相国寺行香院，后迁至已故兵部员外郎、领枢密直学士石熙载旧

---

① 唐代针对公职人员曾颁布四项禁令：“一曰漏泄，二曰稽缓，三曰违失，四曰忘误。”

② 渑水燕谈录·卷五.

③ 李焘.续资治通鉴长编：卷二三[M].北京：中华书局，2004.对于改制时间，学者们看法尚存争议，有太平兴国六年说，有七年说，有八年说，本书从《续资治通鉴长编》。

④ 至绍兴二十八年（公元1158年），进奏院定员八十一人，后又有裁减，参见《宋会要辑稿·职官二》之进奏院。

⑤ 王林.燕翼诒谋录：卷四[M].北京：中华书局，1981：41.

⑥ 宋史纪事本末·卷二.

⑦ 石坷.宋代通进银台司归属问题探究[J].秘书，2008(9)：22-23.

⑧ 田海宾.宋代进奏院隶属关系新论[J].唐山师范学院学报，2013(11)：69-71.

第，就在大内左近。这样安排，主要是为了保证进奏院向各部门承转公文的效率。三司各给铜印一枚，代表各进奏院。各地进奏院由独立机构变为“铜印一枚”，标志着中央与地方信息控制权的强弱逆转。其后，宋太宗两次下诏，要求加强对公文、信息的传发管理。太平兴国八年（公元 983 年）十一月规定“只令在院承发文字，不得将归私家，致有漏泄”；并于端拱元年（公元 988 年）再次规定“诸路递到案牍令进奏院即时进入，无得稽滞”，以及“进奏院自今每承受宣敕、省牒，画时递发，不得稽滞”，等等。

进奏院改制的另一项重要举措是，将进奏院转化为中央政府的信息发布机构。《文献通考・职官考五》记载，太平兴国年间，太宗下令尚书省“季终，具赏罚劝惩事付进奏院，颁行于天下”。这可能是宋朝最早的关于进奏院报状使用的记载。旁证是《续资治通鉴・卷十七》记载的，宋太宗右正言王禹偁说：“臣淳化二年（公元 991 年）任商州团练副使之日……守素与臣同看报状，见李继迁进奉事……”此时距太平兴国不过数年。宋太宗至道二年（公元 996 年），又出现“朝报”一词。王禹偁在题为《有伤》的诗中写道：“壁上时牌催昼夜，案头朝报见存亡。悬车又丧司空相，延阁新薨贾侍郎。”[①]这一年的正月和二月，王禹偁好友贾黄中和李昉先后去世，其时王禹偁被贬滁州，通过朝报得知后写诗悼念。朝报是邸报的别称。此时，邸报显然已经作为中央官报，为各地送去官员升迁、得罪、存亡的消息。

至此，中央政府真正掌握了信息渠道的主导权。一方面，将分散在各地进奏官手中的公文传发渠道收归中央。另一方面，收缴了原本由地方政府所控制的邸报之独立采编权，将其由地方的耳目改造为朝廷的政令传播和教化工具。从这个意义上说，太平兴国年间的进奏院改制终于让邸报（进奏院报状）第一次以中央官报的身份出现在历史舞台上。

第二节　令格之制

作为宋王朝信息流转的中枢，进奏院的职能首先是承转公文，如孝宗年间主管进奏院的门下省给事中钱周材所概括：“进奏院自祖宗以来，依旧制，系是承发官司。”[②]所谓承发官司是指“掌受诏敕及诸司符牒，辨其州、府、军、监以颁下之。并受天下章奏、案牍、状牒以奏御，分授诸司”[③]。在进奏院承发的各类文件中，有一类特殊的“文书”，即由进奏官编写并向所领州郡传报

---

① 王禹偁.小畜集：第 1086 册[M].上海：上海古籍出版社，1987：102.

② 宋会要辑稿・职官二.

③ 宋会要辑稿・职官二.

的朝廷和各地的军政信息，这就是“进奏院报状”，或称“朝报”，也称“邸报”①。清代徐松在《宋会要辑稿》中引用了《宋会要・两朝国史志》：“国朝置进奏院于京都，诸路州郡亦各有进奏吏，凡朝廷已行之命令，已定之差除，皆以达于四方，谓之邸报……”②

作为藩镇割据产物的进奏院报状之所以没有随着藩镇制度一起被革除，是因为宋代统治者挖掘出它对中央集权的特殊功用。他们发现，这种常规公文之外的信息传播活动，不仅可以起到“庶儿朝廷命令之出，天下通知”③的作用，更可以“以迁授、降黜，示赏功罚罪，勉励天下之为吏者”④，发挥宣传示范、警惕教化之功效。比如南宋庆元二年（公元1196年），朱熹在名为“伪学之禁”的政治风波中被落职罢祠，罢官期间收到友人撰写墓志铭的邀请。他婉言谢绝：“两年以来，名在罪籍，每读邸报，观其怒目切齿之态，未知将以此身终作如何处置，然后快于其心，未尝不惕然，汗出浃背沾衣也。是以年来绝不敢为人作一字，近所祈恳，百拜而辞者，已数家矣。”⑤以戴罪之身阅读邸报上针对自己的弹章，心惊胆战之余不敢多作一字，这种寒蝉效应，正是统治者想看到的效果。朱熹从此缄口，四年后（公元1200年）卒于家中。

为了扩大思想控制，宋徽宗年间还特别规定：“每遇有制书、手诏、告词，并同赏功罚罪事迹，录付进奏院印本，送太学并诸州、军，揭示诸生。”将邸报合法的传播对象从各级官吏扩大到太学和地方的知识分子，意味着宋朝的统治触角通过信息渠道的扩张而逐步渗透到社会各个层面。邸报对于朝廷的意义正如南宋绍兴四年（公元1134年），侍御史魏矼所指出的：“国家法度森严，讲若画一……已而传之邸报，虽遐方僻邑，莫不家至户晓，此万世良法也 。”⑥

中国的官僚体系发展到赵宋时，面临着远超前代之人口和官员规模⑦的挑战。另外，宋代“重文抑武”“与士大夫共天下”的国策造就了文化、教育的繁荣，知识分子的数量和质量有了很大的提高。这种背景下，单纯靠传统的“以文书御天下”⑧，显然力所不及。因此，将各地分散的进奏院报状收编为统一的中央官报，改造为中央政府传播政令和施行教化的传播工具，是专制

---

① 邸报是历代官报的统称，朝报是宋朝官吏和士大夫对于进奏院报状的别称。

② 宋会要辑稿・职官二.

③ 宋会要辑稿・职官二之五一.

④ 宋会要辑稿・刑法二之二九.

⑤ 晦庵集・卷六十.

⑥ 李心传.建炎以来系年要录：卷八十[M].上海：上海古籍出版社，2008.

⑦ 宋代人口在大观四年（1110年）达到一亿一千二百七十五万人，GDP占到了整个世界的80%。太宗淳化年间，官员数量就达到一万七千人，真宗时，宋朝官员数量维持在一万人左右，又过了40年，到了仁宗年间，官员人数即翻了一倍还多，到了英宗时更是接近三万人。

⑧ 参见王充《论衡・别通》，原话为“汉所能制九州者，文书之力也，以文书御天下”。

集权的官僚体系理性发展的必然结果。有学者从另一个角度指出，宋代中央政治官报的出现，标志着古代信息传送制度的进化，是我国政府信息公开制度之滥觞。[①] 这种说法有一定的道理。

为了确保邸报自始至终地发挥其政治功能，减少信息流动给社会控制带来的负面影响，宋廷采用“令格之制”[②]来控制传报的内容：“凡朝廷政事施设、号令赏罚、书诏章表、辞见朝谢、差除注拟等合播告四方令通知者，皆有令格条目合报事件誊报。”[③]所谓“合报事件”的“令格条目”已不可考，但是从官方文件和相关史籍中，我们不难归纳出合报事件的主要类型：

（1）法令和诏旨。宋神宗熙宁四年（公元 1071 年）五月十八日诏：“自今朝省及都水监、司农寺等处，凡下条贯，并令进奏院摹印，颁降诸路。”所谓“条贯”，就是指规章法条。宋徽宗崇宁二年（公元 1103 年）二月二十九日，“臣僚言：‘乞诏有司，每遇有制书、手诏、告词，并同赏功罚罪事迹，录付进奏院印本，送太学并诸州军，揭示诸生。’从之”[④]。这里的“制书、手诏、告词”是指通过不同形式发布的君主命令。

（2）章奏和政令。哲宗元符元年（公元 1098 年）规定：“进奏官许传报常程申奏及经尚书省已出文字。”[⑤]所谓“常程”与“实封”[⑥]的概念相对，一个是日常政务的奏章，一个是经手者不可随意拆封的奏章[⑦]，这类奏章未必属机密文件，但进奏院也无权传报，基本是各级官吏向特定部门所上急函，具有一定的秘密和隐私性质，官员之间的来往信件也是其中一种。

（3）赏罚任免。马端临的《文献通考》载宋太宗太平兴国年间（公元 976—984 年）规定：“季终，具赏罚劝惩事付进奏院，颁行于天下。”《宋会要辑稿》载宋神宗熙宁四年（公元 1071 年）诏：“应朝廷擢用材能、赏功罚罪事可惩劝者，中书检正、枢密院检详官月以事状录付院，誊报天下。”各类文献显示，这类消息在邸报中占到了很大篇幅，如《宋史·李师中传》说：“师中始仕州

---

① 胡仙之.政务公开与政治发展研究[M].北京：中国经济出版社，2005.

② 所谓“令格”，一般指行政法，有时候也统指国家的法令或规章。《新唐书·刑法志》：“令者，尊卑贵贱之等数，国家之制度也；格者，百官有司之所常行之事也。”“令格之制”典出乾道九年（公元 1173 年），有大臣批评由六曹编辑定本，然后发付进奏院传报的方法，“沿袭向来定本之弊，皆非累朝令格之制”。见徐松《宋会要辑稿·职官二》。

③ 宋会要辑稿·职官二之五一.

④ 宋会要辑稿·职官二.

⑤ 宋会要辑稿·刑法二之四一.

⑥ 参见《全宋文》卷四七七：“内外臣僚所进文字，不限机密及常程，但系实封者，并须依常下粘实封讫，别用纸折角重封，有印者内外印，无印者于外封皮上臣名花押字，仍须一手书写。所有内外诸司及诸道州府军监，并依此例。”

⑦ 大中祥符四年二月诏：“应外州官吏奏民间利病，实封者实时进入，不得拆封。”

县,邸状报包拯参知政事。”

(4)朝廷事务。《宋会要辑稿》载神宗熙宁元年(公元1068年)十一月九日,枢密院检详吏房文字刘奉世言“系朝廷已行差除指挥及内外常程事得誊报”。常程事就是指不需要保密的日常政务,比如“辞见朝谢”等,这类消息内容广泛,甚至包括皇上起居、皇室动态,以及朝廷和地方的各项政务。

(5)天象灾异。《宋会要辑稿》载仁宗庆历八年(公元1048年)正月十二日,大臣杨孜进言:“进奏院逐旬发外州军报状,盖朝廷之意,欲以迁授降黜示赏功罚罪,勉励天下之为吏者。积习因循,将灾异之事悉报于天下,奸人赃吏、游手凶徒喜有所闻……”这段话说明,灾难、天象、祥瑞的情况也会出现在邸报上,虽被认为是前朝积习,但在赵宋前期也没有完全被禁止。

(6)军事边务。《宋会要辑稿》载孝宗乾道三年(公元1167年)十月四日,“臣僚言:‘盱眙军朝报如系本军利害者,乞用省符下本军施行,其余不系军事常程文字,一切免报。自余极边乞皆准此。’从之”。这个记载从侧面证明,军情战报也是邸报传报的内容。陆佃的《陶山集》卷八记载了神宗时期和西夏作战的情况:“伏睹进奏院报,泾原路城西安州毕功者。灵旗所指,一方尽平”,“伏睹进奏院报,收复青唐故地者”。

从上面归纳的合报内容中,我们同样可以分析出哪些信息是不能传报的。第一,需要注意“常程申奏”“内外常程事”,以及“常程文字”的说法。规定中强调“常程”,是为了强调“实封”文件以及“机密”事务是禁止传报的。仁宗皇佑四年(公元1052年)九月十七日的诏书说:“访闻诸州进奏官近多撰合事端腾(誊)报,扇惑人心,及将机密不合报外之事供申,今后许经开封府陈告。”[①]神宗熙宁六年(公元1073年)七月,检正中书五房公事吕惠卿进言:“自今实封文字及于机密者,进奏官并诸司使传报者以违制论。”[②]同年十一月,大臣刘奉世进言:“诸道进奏官依例供发,除系朝廷已行差除指挥及内外常程事得誊报外,应干实封并涉边机及臣僚章疏,或增加伪妄,并重置法。”[③]宋哲宗元符元年(公元1098年)五月十五日,尚书省再次重申:“进奏官许传报常程申奏及经尚书省已出文字,其实封文字或事干机密者,不得传报。如违,并以违制论。”[④]这些记载说明进奏官的违制行为,有很大一部分是传报实封和机密文件。

第二,需要注意“已出文字”和“已行差除”的说法。上文徐松在描述邸报时也使用了“已行之命令,已定之差除”的说法。在邸报中,只允许传报那

① 宋会要辑稿·刑法二.

② 杨仲良.皇宋通鉴长编纪事本末:卷六十一[M].哈尔滨:黑龙江人民出版社,2006.

③ 宋会要辑稿·职官二.

④ 宋会要辑稿·刑法二.

些已经定论的法令、任免信息和决策；而那些尚在讨论中，没有定论的章奏、事务则禁止传报，因此所有上行奏疏皆在此列。仁宗天圣九年（公元1031年）闰十月十五日下诏，要求官民举告进奏官“妄传除改，至惑中外”[①]的行为。神宗熙宁六年（公元1073年）吕惠卿的上书中也提到，“（进奏官）承虚进事、誊报、交构谤讪、扇惑人心者准此（以违制论）”[②]。所谓“承虚”，就是捕风捉影，将尚在讨论中的任免和决策透露于外，引发社会传言、造成社会混乱。此前熙宁四年（公元1071年），神宗下诏：“应朝廷擢用材能、赏功罚罪事可惩劝者，中书检正、枢密院检详官月以事状录付院，誊报天下。”[③]对于人事任免和官员赏罚，宋廷要求由中书省和枢密院向进奏院每月提供事状，传报内容以此为准。熙宁八年（公元1075年）四月二十六日，知通进、银台司陈绎上书：“进奏院传诏令差除章奏文字多有不实，或漏泄事端。”[④]哲宗元符元年（公元1098年）再次重申了不许传报未行差除的规定。

徽宗时期对传报章奏有了更具体的限定。宣和三年（公元1121年）四月二十四日，徽宗下诏：“臣僚章疏，不许传报中外，仰开封府常切觉察，仍管报合属去处。内黄行下臣僚章疏，自合传报；其不系敕黄行下臣僚章疏，辄传报者以违制论。”[⑤]所谓“敕黄”，是用黄色绫纸书写，以皇帝制敕的名义发出，并由尚书省签发的大臣章疏。这段话大意是，官员和地方的上行文书，绝对不许传报；下行文书中，只有那些皇帝批示认可的章疏才可以传报。不过宋廷的这项规定，似乎也没有得到有效执行。一直到孝宗乾道六年（公元1170年）四月二十八日，还有大臣报告：“近日每遇批旨差除，朝殿未退，事已传播，甚者诸处进奏官将朝廷机事公然传写誊报，欲乞严行禁止。”[⑥]

第三，需要注意“极边”即边防前线的传报政策与内地州府的相关政策有所不同。史书记载，仁宗天圣七年（公元1029年）六月十一日，“殿中侍御史朱谏言：‘河北边城每进奏院报状至，望令本州岛实封呈诸官员。若事涉机密，不为遍示。’从之”[⑦]。为了保守国家机密，发往边城的进奏院报状一般采取了实封（其他地区则采取通函）的形式，对接触信息的官员也有严格限定。南宋绍兴三年（公元1133年）正月二十八日，宋廷进一步规定：“臣僚章疏议论边计及事理要害，不许誊报。”[⑧]孝宗乾道三年（公元1167年）规定：“盱眙军朝报如系本军利害者，乞用省符下本军施行，其余不系军事常程文

---

① 宋会要辑稿·刑法二.

② 李焘.续资治通鉴长编:卷二百四十六[M].北京:中华书局,2004.

③ 宋史·职官志.

④⑤⑥ 宋会要辑稿·职官二.

⑦ 宋会要辑稿·刑法二.

⑧ 宋会要辑稿·职官二.

字,一切免报。自余极边乞皆准此。”①

第四,关于灾害的报道,朝廷政策前后也有变化。本书曾提到,唐进奏院状报中,灾异及祥瑞就是传报内容之一。这个传统在宋初被沿用。到仁宗庆历八年(公元 1048 年),大臣杨孜上书陈情:“将灾异之事悉报于天下,奸人赃吏、游手凶徒喜有所闻,转相扇惑,遂生观望,京东逆党未必不由此而起狂妄之谋。况边禁不严,细人往来。欲乞下进奏院,今后唯除改差任臣僚、赏罚功过、保荐官吏,乃得通报,自余灾祥之事,不得辄以单状伪题亲识名衔以报天下。如违,进奏院官吏并乞科违制之罪。”②仁宗接受了这个建议。需要注意的是,朝廷禁止的是灾异情况的通报,而不是具有正面效应的祥瑞情况的传报。

另外在战争年代,朝廷会采取一些特别的信息管制。比如仁宗康定元年(公元 1040 年),西夏李元昊开始发动对宋的战争。仁宗在四月二十七日下诏:“臣僚及诸色人所上章表、边事及朝廷降下制诰、宣敕文字等,令都进奏院不得传写,学士院不得漏泄于外。”③基本上禁止了所有相关军政信息的外传。陆树声的《长水日抄》记载,仁宗庆历三年(公元 1043 年)发生了王伦兵变,朝廷也严禁报道:“朝廷不欲人知,召进奏官等于枢密院,责状不令泄漏,指挥甚严。”《续资治通鉴》记载宋仁宗皇佑四年(公元 1052 年),广西壮族首领侬智高领兵发动对宋王朝的战争:“朝廷初闻智高反,诏进奏院不得辄报。知制诰吕溱言:‘边防警急,一方有盗贼,宜令诸路闻之,共得为备。今欲人不知,此何意也!’”这件事说明官方在沟通信息和限制敏感信息时会出现进退失据的情况。

雕版印刷的运用为宋代邸报的规范化和标准化提供了技术支持。雕版印刷术到宋代已经趋于成熟。明代学者胡应麟指出:“雕本肇自隋时,行于唐世,扩于五代。精于宋人。”④北宋前期的邸报基本是抄本,或被称为“誊报”,不仅费工费时,而且不易监控,容易发生违规传报的情况。宋神宗熙宁四年(公元 1071 年)有“凡下条贯,并令进奏院摹印,颁降诸路”的记载(《宋会要辑稿・职官二》)。宋徽宗崇宁二年(公元 1103 年)又有“每遇有制书、手诏、告词,并同赏功罚罪事迹,录付进奏院印本,送太学并诸州军”的记载(《宋会要辑稿・职官二》)。这些可能指的都是雕版印的邸报。到徽宗政和二年(公元 1112 年),第一次确切出现用雕版印刷邸报的记录。陈均的《九朝编年备要》记载,潮州贡士林伯达参加科举考试,其策论被认为“议论不正,有害学术”,受到“编管永州”的处分,知贡举蔡嶷等人也受到牵连,“降斥有差”。

① 宋会要辑稿・职官二.
② 宋会要辑稿・刑法二.
③ 宋会要辑稿・仪制七.
④ 胡应麟.少室山房笔丛[M].上海:上海书店出版社,2015.

《群书考索》记载因此事提举秦凤等路学事许毂上奏，“乞以屏斥林伯达、责降蔡嶷等事镂板，布之天下”。宋徽宗表示认可。到南宋时期，用雕版印刷邸报成为常态。建炎初年(公元 1127 年)宰相李纲“命进奏院邸吏分两番赴行在，增给食钱。朝廷差除，镂板传报外路”[①]。为了避免手抄报带来机密泄露，绍兴三年(公元 1133 年)，高宗进一步下诏：“臣僚章疏议论边计及事理要害，不许誊报，合厘为在京法应赏功罚罪，每月下六曹取索，择其可以惩劝事上省。进奏院承受镂板，颁降诸路州军监司及在京官司。”[②]

从上面所归纳的传播内容来分析，宋廷对邸报的定位非常明确，只能是官方的喉舌和政治工具。将传报局限于“已行之命令”和“已定之差除”，目的就是将其功能严格限定在传达政令和施行教化方面，将其塑造为中央集权的黏合剂。但是对于邸报的读者，尤其是各级各地官吏、文人士大夫来说，官报中信息的数量、质量和效率却更加重要。如此，提供方的初衷与使用方的需要之间就出现了脱节。

在各方势力的利益交织之下，进奏官成了炙手可热的“高危”职业。为了减少政治风险，同时获得寻租收益，他们往往采取两面手法。在发布邸报时“迎合意旨，多是删去紧要事目，止传常程文书”[③]；另外，通过“单状”“小报”等非法传播手段将违禁内容传播于市。对新闻的封锁反而促成了民间信息流动的繁荣，这一点恐怕是政策制定者始料未及的。

针对进奏官违规现象屡禁不止的情况，宋廷采取了重罚违法者、重奖举报者、同事间连坐的措施。进奏官的违法行为一般都被科以违制之罪。违制，两汉时称“废格”，指官吏违反或不执行制书或诏令的规定。汉景帝时规定“敢有议诏及不如诏者，皆腰斩”[④]。《违制律》出现在晋代，隋代改名为《职制律》。唐宋皆设《职制律》，内容基本相同。《宋刑统·职制律·八门》中记载：“诸被制书有所施行而违者，徒两年。失错者杖一百。”宋代对违制进奏官的处罚以“命官除名、余人决配”[⑤]为主。宋代一般不杀文人，流放是死刑之下最重的刑罚。

另外，根据神宗、哲宗时代的记载，凡告发得证者都可以得到二百到三百贯的赏钱(其时一贯钱兑一两银，三百贯相当于一品大员一个月的俸禄)。

宋廷还制定了进奏官之间互保的制度，真宗大中祥符元年(公元 1008 年)诏书：“不得非时供报朝廷事宜。令进奏官五人为保，犯者科违制之

---

① 梁溪集·卷一七五.

② 宋会要辑稿·职官二之四八.

③ 李心传.建炎以来系年要录：卷一七一[M].上海：上海古籍出版社，2008.

④ 汉书·高五王传.

⑤ 杨仲良.皇宋通鉴长编纪事本末：卷第六十一[M].哈尔滨：黑龙江人民出版社，2006.

罪。"[①]出了违制事故,不只当事人,保人也要同时受罚。史载"乾道六年(公元1170年)八月四日,尚书省言:'进奏院违戾约束,擅报告词,系厅司刘资、冯时立承发朝报,保头人侯革。'诏并送临安府,各从杖一百断罢"[②]。除了当事人被判一百大板之外,保人也同样处罚。

朝廷鼓励进奏官之间互相监督,如举报属实,则不到年限就可以得到升迁机会。即使是参与了违法行为的官员,如果出面揭发,就既往不咎,如数赏钱。不过从实际效果上看,进奏官违制传报的情况并没有因官方的四面围堵和严刑峻法得到根本遏制。

第三节 定本兴废:事前检查制度

为了保证中央官报更忠诚地服务于专制政体,进奏院改制15年后宋廷建立传播内容的把关制度,即定本制度,对邸报进行"事先检阅"[③]。史载真宗咸平二年(公元999年)六月下诏:"进奏院所供报状,每五日一写,上枢密院定本供报。"[④]也就是说,进奏院报状的内容,需要经当时的最高主管部门枢密院审定后才能传报。我国新闻检查制度便滥觞于此。

定本制度的推出可能还有另一个原因。太平兴国改制后,中央虽然接管了报状的采编权,但进奏院报状并没有马上进化到全国统一的阶段,基本上还是采取各州进奏官自行传发各州报状的方式,内容也不一致。太宗雍熙三年(公元986年)还特别规定:"开封府进奏官,止依例供申本府报状,诸州不许申发。"[⑤]太宗端拱二年(公元989年),有大臣上书:"史官年(应为言),当馆旧例,差知书库刘襄抄录报状,供应攒日历。今缘宣命,不能抄录诸州杂报,窃虑有误编修,诏史官仍旧逐一抄录。"[⑥]这些都说明,当时的报状应该存在不同的版本。这种"诸州杂报"的情况显然与中央控制信息流动、统一传播内容的目标背道而驰。因此定本制度的出台,可能还有统一官报形式和内容的用意。

定本制度在宋代并非一劳永逸之设,而是几经兴废。它的取消和恢复,不仅与自身的利弊有关,还与当时的政治环境有密切联系。[⑦]

神宗熙宁四年(公元1071年),定本制度进行了第一次改革。《宋史》记载:"先是,进奏院每五日具定本报状,上枢密院,然后传之四方。而邸吏辄

---

①② 宋会要辑稿·职官二.

③ 朱传誉.宋代新闻史[M].台北:中国学术著作奖助委员会,1967:19.

④ 宋会要辑稿·职官二.

⑤ 宋会要辑稿·职官二之四四.

⑥ 宋会要辑稿·职官一八之七八.

⑦ 魏海岩.宋代定本制度存废新考[J].新闻与传播研究,2012(2):87.

先期报下，或矫为家书，以入邮置。奉世乞革定本，去实封，但以通函腾报。从之。"①这里透露出定本制度面临的一个重要挑战，就是邸吏在送审之前就将邸报伪装成家书，通过邮驿送往地方。在这种情况下，当时的枢密院官员刘奉世建议"革定本"。《宋会要辑稿》记载他于熙宁四年十一月七日上书说：

> 旧条，进奏院每五日令进奏官一名于合(閤)门抄札报状，申枢密院，呈定录供逐处。仍实封，一送史馆，一送本院时政记房。然进奏官已自传报，则五日行遣，显属烦文，欲乞罢此。诸道进奏官依例供发，除系朝廷已行差除指挥及内外常程事得誊报外，应干实封并涉边机及臣僚章疏，或增加伪妄，并重置法。其报状仍委本院监官逐月抽摘点检。

定本制度的基本程序是，进奏院每五天派遣一个进奏官到合(閤)门司去采录信息、编辑报状，编录完的草案则交给枢密院，由枢密院"定录"，就是定本；确定下发的定本后，还需要将其送到史馆和枢密院时政记房存档(这两个机构都是宋代的修史机构)。这就是所谓的"五日行遣"。因此，理论上从采录到定本传报最少需要五天。不过结合庆历八年(公元1048年)，秘阁校书、知相州杨孜所说的"进奏院逐旬发外州军报状"可推测，邸报发行的实际周期大概是十天。李焘在《续资治通鉴长编》中记载了刘奉世上书的另一个版本，透露出传发迟缓应该是邸吏提前传报的直接原因：

> 检会旧条，进奏院每五日令进奏官一名于合(閤)门钞札报状，申枢密院呈定，依本写录，供报逐处。缘四方切欲闻朝廷除改及新行诏令，而进奏官亦仰给本州，不免冒法，以致矫为家书发放，监官无由禁止，日虞罪戾。而枢密院所定报状递到外州，往往更不开省，徒为烦费。欲乞自今罢枢密院五日定本报状，许诸道进奏官且依例供发。应朝廷已差除指挥事及中外常程申奏事，并许节写，通封誊报。其实封文字及事涉边机，并臣僚章疏等，不得传录漏泄。犯者，其事虽实，亦从违制科罪，赦降不原。若增加虚妄，仍编管。如敢承虚撰造，致传报者，并行严断。事理重者，以违制论。

熙宁时期，是王安石变法的关键阶段。新法公布密集，人事变动频繁，官员和士大夫们迫切希望获得最新的政令与任免消息。但是按照邸报的传报周期，即使不算邮驿时间，获得信息也要在十天之后，以至于"偏州下邑往往有经历时月不闻朝廷诏令"。所以邸报到时，早已时过境迁，对官员和士大夫们研判时局毫无助益。于是在地方首长的威逼或利诱下，进奏官经常越过定本环节，直接向所领州府发送报状。由于牵扯到台前幕后的各方势

---

① 宋史·刘奉世传.

力,官小职微的监进奏院官对此束手无策。而那些经枢密院定本之后的邸报,由于消息陈旧,地方官吏往往“更不开省”,即不经拆封,就直接投入故纸堆中去了。

综合上述情况,刘奉世认为五日定本的制度已经流于形式,不如干脆革除。从枢密院的角度,他提出三项改革建议:第一,放弃枢密院“五日行遣”的僵化规定,改为进奏院逐月按例自查(如果是逐旬发报的话,那么逐月点检,其实也是事后检查了);第二,由对传报内容的全面检查改为“抽摘点检”,就是抽查;第三,改“实封”的传发方式为“通函”(或称为“通封”),此举一方面将邸报内容与“实封”文件在性质上区分开来,另一方面也减少了不必要的程序,提高了传报效率。

如果进一步分析,我们会发现,刘奉世提出的三条举措似乎并不能解决进奏官提前传报、监进奏院官对此束手的问题。客观来说,新办法中进奏院每个月进行的自身的“抽摘检点”似乎比枢密院的“五日定本”更加于事无补。

刘奉世改革之所以能够进行,其实是因为此前另一项改革措施的出台。同年十一月一日,神宗颁下诏书:“应朝廷擢用材能、赏功罚罪事可惩劝者,中书检正、枢密院检详官月以事状录付院,誊报天下。”此时,担任枢密院检详官的正是刘奉世本人。这条诏令的实质是将进奏院排除在中央官报的编辑业务之外,将编辑权赋予政治上更可靠的中书检正官和枢密院检详官。因此,将进奏院排除在信息处理环节之外,由监管部门掌握内容源头,直接供报才是熙宁改革的真正用意所在。

换句话说,将编辑权赋予检正官和检详官与取消定本制度,这两个相隔七天、在史籍中看似不相关的举措,其实是一揽子改革的前后步骤。前者是作为后者的替代方案先一步出台的。

史书记载,皇帝对于刘奉世直接插手邸报编辑业务的做法非常满意。不久之后,“神宗称其奉职不苟,加集贤校理、检正中书户房公事”[①]。由此,刘奉世将中书检正的职位也一并拿下了,真正成为熙宁时期中央官报第一人。

关于熙宁改革的定性,学界尚存争议。大多数学者,包括《宋史》《续资治通鉴长编》的记载,都认为原来的定本制度在此时被废除。不过台湾学者朱传誉的《宋代新闻史》,是将刘奉世的改革作为咸平二年“定本”的升级版来讨论的。也就是说,他认为刘的措施不是对定本制度的颠覆,而是完善和

---

① 宋史·刘奉世传.

发展。这恐怕是来自于他对定本概念的不同界定。

不过就事论事，无论是将编辑权赋予检正官和检详官，还是“其报状仍委本院监官逐月抽摘点检”，即事后检查，都从根本上改变了咸平二年所制定的，由进奏官编辑、枢密院审定的事前审查模式。关于这个问题的认定，也是我们判定绍圣和元祐年间定本存废的一个依据。

“定本制度”在宋哲宗元祐元年（公元 1086 年）很可能再次恢复，并在宋哲宗绍圣元年（公元 1094 年）再度废止。我们可以从《宋会要辑稿》的记载中得到相关蛛丝马迹：“绍圣元年十月二十一日，枢密院言：‘熙宁四年中书札子，应擢用材能，赏功罚罪，可为惩劝者，中书委检正官、枢密院委检详官逐月录事状付进奏院，誊报天下，元祐初辄罢。’诏今年十月后如熙宁旧条。”由中书省和枢密院“逐月录事状付进奏院”，如上文所说，是废除定本的替代方案，这个措施在“元祐初”废除，说明定本制度很可能在元祐元年（公元 1086 年）恢复。而绍圣元年（公元 1094 年）恢复熙宁旧条，就是再度恢复该替代措施，也意味着定本制度再次被废。[①] 这个判断的基本前提是，咸平二年的“定本”制度与熙宁四年的改革措施是不相容的。

从历史背景上看，元祐元年王安石变法失败，保守派当权，恢复大量元丰改制前的旧制。不过短短几年之后，保守派的靠山高太后去世。素来仰慕神宗风采的哲宗皇帝恢复新法。这个时期的政局变化与我们判断的定本存废的时间节点基本吻合。

徽宗宣和三年（公元 1121 年）再次出现有关定本制度的记载。徐松的《宋会要辑稿》记载徽宗下诏“进奏院朝报非定本事辄传报者，令尚书省检会以降指挥，别行措置约束取旨”。说明“定本制度”在此时或此前再次恢复。

宋廷南渡后，初期仍旧保持徽宗时的定本旧制。据专家考证，在秦桧执政期间，还施行过宰相“亲自定本”的制度。到宋高宗绍兴二十六年（公元 1156 年），右正言凌哲上书说：“国家自祖宗时置进奏院，若朝廷之号令、政事注拟、赏罚之类皆付之邮传，播告天下。比年以来，用事之臣乃令本院监官先次具本，纳于时相，谓之定本。动辄旬日，俟许报行，方敢传录，而官吏迎合意旨，多是删去紧要事目，止传常程文书。偏州下邑往往有经历时月不闻朝廷诏令，切恐民听妄生迷惑，有害治体，望将进奏院定本亟行罢去。以复祖宗之旧，以通上下之情。”[②]由于定本程序经常拖延十多天，并且进奏吏常

---

① 关于元祐、绍圣时代“定本制度”的存废情况，新闻史学者有不同意见，请参见朱传誉.宋代新闻史[M].台北：“中国学术著作奖助委员会”，1967；丁淦林.中国新闻事业史新编[M].成都：四川人民出版社，2008；魏海岩.宋代定本制度存废新考[J].新闻与传播研究，2012(2)：87.

② 李心传.建炎以来系年要录[M].上海：上海古籍出版社，2008.

过度审查，所以信息时效和质量常受到损害，因此凌哲建议废除定本，恢复进奏院自编自查模式。于是朝廷在“绍兴二十六年二月庚辰，罢进奏院定本朝报”。

宋孝宗乾道六年(公元1170年)六月十九日，中书门下省建议：“近来进奏官辄于六部等处抄录指挥，又将传闻不实之事便行传报。欲令左右司将六曹刺报状内合报行事写录定本，呈宰执讫，发赴进奏院，方许报行。”孝宗下诏：“今后妄行传报，如违，依听探传报漏泄法科罪。”[①]在定本制度缺席的背景下，社会上出现大量不实传闻。宋廷再次尝试从源头上下手，对信息进行控制：由左右司根据六曹(六部)公事，选取适当内容提供传报。所谓左右司，其实就是熙宁年间的中书检正官和枢密检详官。这里虽然有“呈宰执”的要求，但是除了大权独揽、事必躬亲的秦桧，宰相一般不会管审稿那么具体的事务，基本上还是左右司自己作主。[②] 这相当于部分恢复熙宁改革举措，也有综合咸平和熙宁两种方案的考量。

不过这种综合手段并没有获得实效。到乾道九年(公元1173年)，有大臣提出由六曹编辑定本，然后发付进奏院传报的方法，“沿袭向来定本之弊，皆非累朝令格之制”，既无效率，又过于随意。建议将传报内容的审查权再次收归对传播业务比较专业的门下后省。三月二十一日，孝宗下诏“进奏院依旧隶门下后省，合传报事令本省录合报事件付本院报行，余依已降指挥”[③]。基本恢复了定本旧制，只是将枢密院替换为门下省。光宗时期重申“门下省定本，经由宰执始可报行”的规定。由此一直沿用到宋末。

一项制度的利弊只能在长期的使用过程中被更多地发现。定本制度有效地控制了邸报的传报内容，将其塑造为传达政令、教化受众的工具。但是它也在很高程度上损害了信息的新闻价值和时效，最终导致民间传闻、小报的流行。

我们发现，即便在定本制度缺席的各个阶段，中央政府对媒介的控制从来没有缺席。官方会通过其他手段加强对信息渠道的管理。比如神宗熙宁年间“中书检正、枢密院检详官月以事状录付院，誊报天下”；孝宗时期，“令左右司将六曹刺报状内合报行事写录定本，呈宰执讫，发赴进奏院，方许报行”。这些都跳出了原来由进奏院采编、门下省给事中判报的标准模式，都是有益的尝试。当然，客观评价，这些措施又陷入了以监管之手直接开展实际业务的怪圈，对于官报编发的专业化、正规化和制度化弊大于利。这也是

---

① 宋会要辑稿·职官二.

② 朱传誉.宋代新闻史[M].台北：“中国学术著作奖助委员会”，1967：23.

③ 宋会要辑稿·职官二.

定本制度在绕了两百年的圈子之后又回到起点的原因所在。

第四节 小报之禁

宋代小报是民间自办发行、靠售卖生存的非法出版物，是中国历史上最早的非官方报纸。“小报”之称，颇为传神，其实这并非其固定报头或报名，只是民间对此类传播形式的习惯性统称。《宋会要辑稿》记载宋神宗熙宁二年(公元1069年)，监察御史里行①张戬向朝廷报告，“窃闻近日有奸妄小人肆毁时政，摇动众情，传惑天下，至有矫撰敕文，印卖都市，乞下开封府严行根捉造意、雕、卖之人行遣”②。这应该是目前可见的最早关于小报的记载。“矫撰敕文，印卖都市”，正是小报这种非法出版物的基本特征；而“造意、雕、卖之人”，当指小报的策划撰稿、雕版和售卖者，囊括了小报的整个生产链。

两宋时期的中国是世界上经济最先进的地区。工业化、商业化、货币化和城市化方面都领先于世界。③ 与前代相比，宋代商业活动的一大变化是商品交换从物质生活领域扩展到了精神生活领域。④ 民间信息活动伴随着文化的兴盛、出版业的发达以及城市市场的繁荣而活跃起来。

对于民间的新闻传播活动，宋廷秉持严厉查禁的态度。论其原因，南宋绍兴二十六年(公元1156年)的吏部尚书周麟之讲得很清楚：“使朝廷命令，可得而闻，不可得而测；可得而信，不可得而诈，则国体尊而民听一。”⑤所谓“国体尊”就是尊奉当前政体的合法性，“民听一”，即民众从官方垄断的信息渠道获得消息。

客观地说，“可得而闻，不可得而测”的传播政策，相比前代的“民可使由之，不可使知之”的治国理念还是有很大进步的。即便如此，小报这种民间私自发行、脱离政府监管的传播渠道仍然超出专制政体的宽容度之外，所以自小报诞生之日起，朝廷的压制和打击就没有停止过。

小报在很大程度上是宋朝这个封建专制肌体上孕育出来的“恶之花”。周麟之就认为，“小报出于进奏院”。小报的两个直接源头都与官方有关，一个是进奏官的违规传报，一个是邸报的商品化。

---

① 北宋前期，御史多为兼任。太平兴国三年(公元978年)设监察御史，为正名举职的开始。当时资历浅的官员任御史，加“里行”。

② 许多论文将此事落在英宗治平三年，细查原书，英宗治平三年冠于该段文字之首，引用者以为段内都是该年之事，其实该段中另有神宗熙宁年间之划分，可能被引用者忽略。

③ 弗兰克.白银资本：重视经济全球化的东方[M].刘北成，译.北京：中央编译出版社，2000：158.

④ 初德维.宋代的商业活动及特点[J].价格与市场，1999(11)：43.

⑤ 周麟之.海陵集：卷三[M]//纪昀，等.文渊阁四库全书：第1142册.厦门：鹭江出版社，2004.

小报的源头之一是进奏官的违规传报。在“定本”管理和“令格之制”的高压下,邸报的内容被有效地控制。各级官吏很难通过合法渠道获得自己所需要的时政信息。既然此路不通,进奏官就另辟蹊径。上文提到过,大中祥符元年(公元1008年),真宗下诏:“不得非时供报朝廷事宜。令进奏官五人为保,犯者科违制之罪。”所谓“非时供报”,就是指进奏官绕过定本制度,将朝廷未行之“命令”和未定之“差除”进行传报。

进奏官传递敏感信息的主要手段是“别录单状”。《宋会要辑稿》记载天圣九年(公元1031年)闰十月十五日,宋仁宗在诏书中斥责:“诸路进奏官报状之外,别录单状……妄传除改,至惑中外,自今听人告捉勘罪告停,告者量与酬赏。”“单状”本是官文书形式之一,[①]由于书写简单、传带方便,被进奏官用来进行体制内的非法信息传递。虽几经查禁,但是无法遏止。到仁宗庆历八年(公元1048年),仍有大臣上书“今后唯除改差任臣僚、赏罚功过、保荐官吏、乃得通报,其余灾祥之事,不得辄以单状伪题、亲识名衔以报天下”。为了防止进奏官在各类文书中夹带“单状”,神宗于元丰元年(公元1078年)发布更加严格的管理措施,“发过文字并供检纳中书。有夹带书简,亦尽录同申。臣僚所发私书,委开封府下逐家取副本。或无底,令追省抄录,申府缴奏”。朝廷要求对于所有进奏院传发文件以及夹带书简,都必须录下底本待验。

神宗年间,非法传报不可避免地从体制内蔓延到民间。熙宁二年(公元1069年)出现前文所提“矫撰敕文,印卖都市”的现象。到南宋高宗年间,进奏官与民间消息掮客相互勾结的情况已经非常普遍。根据《宋会要辑稿》所载,绍兴五年(公元1135年)高宗下诏:“进奏院如将不系合报行事辄擅报行,及录与诸处札探人传报者,许人告,赏钱三百贯。”这里的札探人,就是来自小报的刺探情报者。小报所刊载的内容与邸报类似,以官员的任免和升迁、皇帝的诏书和法令、大臣的奏议和台谏等时政信息为主。因此其信息来源也只能是政府内部。周麟之在绍兴二十六年(公元1156年)给朝廷的奏章中明确指出小报与进奏官的关联性:“小报出于进奏院,概邸吏辈为之也。比年事有疑似者,中外未知,邸吏辈必争以小纸书之,飞报远近,谓之小报。”[②]此处“小纸”“小报”与“单状”一脉相承,应该是“单状”的民间变体。此中所谓“邸吏辈必争以小纸书之,飞报远近”的描述意味深长。一个“争”字,一个“飞”字写尽了朝野上下对于小道消息的迫切需要。

---

① 单状是宋代很普遍的文书形式之一。如嘉祐六年八月二十九日诏书:“仍令详议、详断官每至月终,各具所断未了公案道数、承受月日,朱书大中小事元限月日,作单状。”

② 周麟之.海陵集:卷三[M]//纪昀,等.文渊阁四库全书:第1142册.厦门:鹭江出版社,2004.

进奏官非法传报的现象之所以越演越烈，主要是因为强大的社会需求。这种需求很大程度上来自官僚体系本身。宋廷威权不彰，政令无常为历代罕见。如宋仁宗康定元年(公元1040年)正言孙沔所说："窃见近来臣僚凡有起请，或请利害，随即颁布，……或未燢逾时，或方经月，有称未便，又复冲变。"[①]在这种情况下，官员们迫切需要最新的朝廷信息，帮助他们在诡谲的政治风云中洞察时局，保全仕途乃至身家性命。但由于宋廷的消息封锁政策，基层僚属尤其是地方官吏难以从正当渠道获取充分信息。因此地方大员往往会不惜代价，甚至结交身份远低于己的进奏吏去刺探内幕。对这种情况，中央政府心知肚明。比如熙宁年间(公元1069年)，枢密院检详官刘奉世就说："缘四方切欲闻朝廷除改及新行诏令，而进奏官亦仰给本州，不免冒法。"[②]

信息不对称是专制政体强化中央集权、制约地方权力的重要手段之一。因此，中央政府不可能与地方共享信息控制权。另外，朝廷也不会因为地方官探求小道消息就痛下狠手去激化中央与地方的矛盾。权衡之下，朝廷往往将"冒法""违制"的板子打在进奏官的身上。当然对朝廷而言，进奏官最大的问题不是违反制诏，而是在信息博弈中倒向了"侯牧"(即地方实力派)一边。有官员一针见血地说，进奏官"以贱吏而敢与侯牧交通，罪固不容于诛矣"[③]。虽然朝廷严惩进奏吏未尝没有杀鸡儆猴的意味，但实际上它不可能去追究其背后地方首长的责任。这也是非法传报不可能禁绝的根本原因。

进奏官冒法还有进奏院自身体制的原因。进奏官责任与地位不匹配的问题从太平兴国改制起就非常突出。高宗建炎二年(公元1128年)给事中刘珏上书说："进奏院人吏数少，所报文字太多，抄写不办，诸处拖下供给，养赡不足，沿路递铺有力不胜而弃掷文书者，有受财赂而藏匿文书者。"[④]这段话客观反映出进奏官的职业困境及其灾难性后果。都进奏院是宋廷所有信息的中枢，责任重大。但该院及院官的地位一直很低下，监官为八品官。院官(进奏官)更是养赡不足，晋升艰难，一般要服务十年以上才能得到补官从九品的机会。一方面掌握机要，另一方面职微俸缺，"守金山，吃穷饭"的落差导致进奏官热衷于"传播权力寻租"。

进奏官腐败有多种形式。最主要的方式是通过泄露机密、把持章奏、交

---

① 孙沔.上仁宗皇帝乞诏令先定议而后行·宋朝诸臣奏议[M].上海：上海古籍出版社，1999：208.

② 李焘.续资治通鉴长编：卷二百八十八[M].北京：中华书局，2004.

③ 宋会要辑稿·刑法二.

④ 宋会要辑稿·职官二之四九.

结官吏和贩卖信息来寻租。

首先是私报机密。熙宁八年(公元1075年)四月二十六日,知通进、银台司陈绎上书:“进奏院传诏令差除章奏文字多有不实,或漏泄事端,惟是监官得人,可绝其弊。今勾当院林旦先任台官,言事不实降黜,乞别与差遣。”不过换掉勾当进奏院官,其弊端也未革除。元丰元年(公元1078年)大臣吕嘉问、何琬互奏不法事,“琬奏才至,而嘉问辩论继上,琬以为有从中报嘉问者”①。收到何琬的上诉后,神宗调取九月后所有发往江宁的文件,发现是河南府左军巡判官华申甫“以私书报之”,华申甫又是从检正中书吏房王陟臣处获知该情况的,而中书检正恰是都进奏院的上官。② 因此,消息很可能与负责章奏往来的都进奏院有关。中书检正本人都出了问题,可见当时进奏院系统寻租情况之普遍。

其次是章奏运作。这是进奏官靠山吃山的拿手好戏。《宋会要辑稿》记载,绍兴元年(公元1131年)十月七日的诏书说:“今后进奏院应承受文字并仰依限投下,……如敢依前邀阻,乞觅钱物或藏匿文书,许诣尚书省越诉。犯人取旨,监官失觉察重行责黜。”进奏官敲诈上书官吏(邀阻)的情况非常普遍,如果拿不到好处,他们就不去投递相关文书,甚至将文书藏匿起来,让朝廷查无可查。绍兴十一年(公元1141年),大理寺勘进奏官樊永寿将奏章藏匿于家中,被朝廷查获。门下后省上书说:“进奏官承受外路文字,虽有都簿,自行批收,遂得私匿。……日令本院计都收件数,旬终赴本省结押,抽摘检点。其进奏官邀阻,不即批收抄发,并都簿隐漏名件,并依不应为辞遣,受财者从重,仍立赏许告。”

再次是交结官吏,结成利益联盟。开禧十七年(公元1222年)四月九日,有大臣报告说:“今进奏有邸吏,各分郡以掌之……其如利己自营,务求巧便,……于是部曹寺监之吏,有因州郡委嘱,冒充承受。郡守明知其人可以倚仗,委心屈己而听之,动以二三千缗捐予其家,供请托之费。或驰书要位,控露款私,必使委曲投陈,探求意向。或公衔列事,未即缄封,必使审细斟量,旋行改易。又甚至结连吏党,□倡浮言,附托贿徒,播誉虚说。守之所短则多方掩覆,更谓循良;守之所忌则撰事兴诬,力为排訾。”③进奏官勾结中央部衙的下级官吏,通过章奏运作敲诈地方官员。州郡官员就范后,进奏官摇身一变,成为权力掮客,只要收到好处,就极尽造假歪曲、污蔑掩盖之能事,成为宋代官僚体系中的一大毒瘤。

---

① 宋会要辑稿·职官二.

② 李焘.续资治通鉴长编:卷二百九十八[M].北京:中华书局,2004.

③ 宋会要辑稿·刑法二.

最后是通过贩卖信息获得直接的经济收益。南宋绍兴五年(公元1135年)高宗严禁进奏院“将不系合报行事辄擅报行,及录与诸处札探人传报者”,说明当时进奏官与民间探报者之间存在着利益交换。光宗绍熙四年(公元1194年)有大臣呈报,京都有探子通过“省院之泄漏”得撰小报,又通过省部、寺监、知杂司及进奏官的“传授”,“遍达于州郡监司”。结果是朝野“皆以小报为先而以朝报为常,真伪亦不复辨也”。在整个小报的撰发过程中,都有进奏官的影子。因此,该官员建议采取“其进奏官令院官以五人为甲,递相委保觉察”①的监控措施。

概而言之,信息不对称导致了各方(中央、地方、民间)信息博弈的激化,并与进奏官的信息寻租行为一拍即合。原本被朝廷垄断的信息由于邸吏的非法传报出现外溢,成为小报的信息来源。因此,体制内的信息泄露才是小报得以存在的生命线。这一点,官方看到了,也从没有放松过监管,但难以脱离治标不治本的困境。

小报的源头之二是邸报的商业化。两宋时期,邸报逐步由王谢堂前燕,进入了寻常百姓家。据《靖康要录》记载,钦宗靖康二年(公元1127年),开封“凌晨有卖朝报者,并所在各有大榜揭于通衢”②。虽然此事背后的策划者是入城两天的金人,是特定时间出现的特殊现象,但是我们认为,金人此举只是借用了已有的传播渠道,当时大宋的邸报应该是可以公开买卖的。至于南宋,据宋代笔记《西湖老人繁胜录》记载,临安府(杭州)的“诸行市”中,有“卖朝报”一行,混迹于诸如“卖字本”“笛谱儿”“手巾架”“字牌儿”等百行之中;宋代周密的《武林旧事》在“小经纪”(小生意)一节中,也记载临安城里有“供朝报”这一生意,与“拄杖、粘竿、风幡、钓钩、钓竿、食罩”等同类。可见在南宋,朝报(或过期朝报)是相当常见的普通商品。

早在北宋徽宗年间,邸报的公开化就有迹可循。据《宋会要辑稿》,建中靖国二年(公元1102年),皇帝下诏,“每遇有制书、手诏、告词,并同赏功罚罪事迹,录付进奏院印本,送太学并诸州、军,揭示诸生”。也就是说,当时的普通读书人已经可以合法阅读邸报了。大观四年(公元1110年)十月六日,徽宗下诏“近撰造事端,妄作朝报,累有约束,当定罪赏,仰开封府检举,严切差人缉捉,并进奏官密切觉察”。如果市面上不存在朝报的流通,那么便不可能有冒充现象。又据《宋史·曹辅传》记载:“政和(公元1111年—1118年)

---

① 宋会要辑稿·刑法二.

② 据《靖康要录》所记载:宋钦宗靖康二年(公元1127年)二月十三日凌晨,金人通过朝报和大街上贴出大榜的方式,诳称允许百官士庶推举赵氏贤者为帝,其实是诱骗他们集中起来推戴张邦昌为楚帝。

中，帝多微行。始民间犹未知。及蔡京谢表有'轻车小辇，七赐临幸'语，自是邸报闻四方。"虽然不能根据这段记载判定当时就有售卖邸报的行为，但邸报已经深入民间当无疑问，不然就不会出现蔡京刚上谢表，民间就得知皇帝微服私访的情况。

宋代官方对邸报的公开化是支持的。南宋绍兴四年（公元 1134 年），侍御史魏矼说道："国家法度森严，讲若画一。凡成命之出，必先录黄；其过两省，则给、舍得以封驳；其下所属，则台谏得以论列；已而传之邸报，虽遐方僻邑，莫不家至户晓，此万世良法也 。"[①]可见，官方希望那些经过审查的邸报将国家政策传播到穷乡僻壤，直到家喻户晓。在邸报走入民间的过程中，难免有逐利者看到其中的商机，将其兑现为商品收益。于是在城区行市中，朝报成了公开的售卖物品。

综上所述，由于进奏官的信息寻租，小报才有了稳定的信息来源；而邸报的商业化，则为小报开辟出了一条体制外生存之道。最早的民间报纸也正是通过"妄作朝报"的方式迈出了市场化的第一步。

从目前掌握的史料上看，小报很可能在北宋神宗年间出现，历哲、徽、钦之世在民间逐步发酵，到北宋时期，终于步入了"日书一纸"的成熟阶段。

前引的宋神宗熙宁二年（公元 1069 年）张戬向朝廷报告的"有矫撰敕文，印卖都市，乞下开封府严行根捉造意、雕、卖之人行遣"，是关于此类非法出版物最早的记载。其中"造意、雕、卖"，基本与今天的策划、撰稿、印刷、售卖的报纸编发环节相符。

宋代何薳的《春渚纪闻》记载了哲宗时代民间信息传播的情况："毕渐为状元，赵谂第二。初唱第，而都人急于传报，以蜡版刻印，渐字所模点水不着墨。传者厉声呼云：'状元毕斩第二人赵谂。'识者皆云不详。而后，谂以谋逆被诛，则是毕斩赵谂也。"这是一段非常巧合的旧事。由于蜡版中"渐"字的三点水不着墨，所以在印刷单页中没有显示，被传者认为状元为"毕斩"，恰吻合日后赵谂被斩首。其发生年代，据《九朝编年备要》记载的"赵谂，江津人。少敏给，绍圣初擢甲科"应是在宋哲宗绍圣元年（公元 1094 年）。据此可知，在哲宗年间已经有"以蜡版刻印"的传单了，其形式类似今天的号外。

徽宗时代的记载，来自前引的宋徽宗大观四年（公元 1110 年）十月六日的诏书："近撰造事端，妄作朝报，累有约束，当定罪赏，仰开封府检举，严切差人缉捉，并进奏官密切觉察。"此项命令可能与一桩伪造诏书案有

---

① 李心传.建炎以来系年要录：卷八十[M].上海：上海古籍出版社，2008.

关。《宋会要辑稿》记载了当时民间流传一道假冒皇帝斥责前宰相蔡京的诏书："前宰相蔡京目不明而强视，耳不聪而强听，公行狡诈，行迹谄谀，内外不仁，上下无检，所以起天下之议，四夷凶顽，百姓失业，远窜忠良之臣，外擢暗昧之流，不察所为，朕之过也。今州县有蔡京踪迹，尽皆削除；有朋党之辈，悉皆贬剥。仰内外文武臣僚无隐。"这个事情让徽宗"深骇闻听"，要求官府"内外收捕"。登载此伪诏的假"朝报"，应该就是民间流通的小报。其形式为矫诏，应该是倒蔡派利用小报在发表政见。此案最后也不了了之。

徐梦莘的《三朝北盟汇编》记载了钦宗年间民间新闻传播活动的情况。靖康二年(公元 1127 年)金人攻陷开封后，宋臣黄潜善遣小吏李宗混入开封侦察，回来后，"并出京城印卖推戴权、立邦昌文字一纸，金人伪诏一纸，邦昌榜示赦文一纸，邦昌迎立孟太后书一纸"。结合《靖康要录》记载，开封"凌晨有卖朝报者，并所在各有大榜揭于通衢，云金人许推择赵氏贤者。其实奸伪之徒假此以结百官使毕集也"。两者反映的都是靖康二年开封城内的消息传播情况。《靖康要录》中，城内印卖的"朝报"其实是金人或伪朝用来发布消息的假"朝报"。而李宗获得的几张纸，或许是假"朝报"，或许是民间自行搜集印发的传单，尚难定论。如果是后者，当为小报性质。当时金人立张邦昌为大楚皇帝，金兵退走后，邦昌去除帝号，迎孟太后垂帘听政，被封郡王。虽然城破朝改，但民间传播未受影响，其内容与史书记载也高度吻合。①

虽然北宋已经有小报的存在，但官方文件中尚无"小报"的概念。一般以"妄作朝报"的形式叫卖于市，以"内探录"的名义流传于缙绅士大夫之家。② 史籍中的"小报"一词，最早出现在南宋高宗绍兴二十六年(公元 1156 年)吏部尚书周麟之的一篇奏折中，该文后来被收录在他的文集《海陵集》中，题为《论禁小报》。《论禁小报》对小报的来龙去脉详加笔墨，对小报的社会影响也有所评述，反映了他对小报性质的基本判断，是关于此问题最早的政策文件。

> 小报者出于进奏院，盖邸吏辈为之。比年事有疑似，中外不知，邸吏必竞以小纸书之，飞报远近谓之小报。如曰："今日某人召，某人罢去，某人迁除。"往往以虚为实，以无为有。朝士闻之，则曰："已有小报矣！"州郡间得之，则曰："小报到矣！"他日验之，其说或然或不然。使其然焉，则事涉不密；其不密焉，则何以取信？此于害治，虽若甚微，其实不可不察。臣愚欲望陛下深如有司，严立罪赏，痛行禁止。使朝廷命

---

① 张邦昌对小报的传报不制止，也是想通过媒体向外界展示自己并无篡位之心。

② 方汉奇，丁淦林，黄瑚，薛飞.中国新闻传播[M].北京：中国人民大学出版社，2002.

令,可得而闻,不可得而测;可得而信,不可得而诈;则国体尊而民听一。

周麟之认为,小报的传播特点是"以虚为实,以无为有",对国家管理的影响,看似轻微,实际削弱了朝廷命令的权威性和执行力,最终会影响到政体的合法性,因此必须严令禁止。历朝历代,官方打压的前奏往往是"妖魔化"。周麟之的论证过程也恰恰如此,首先站在道德制高点上,将造谣惑众的帽子扣到了小报的头上。高宗是否接受他的建议,史书中并无明文。不过绍兴年间,洪迈在其《容斋五笔》中提到"禁小报"①,但考察原文,尚不能确定与当时的朝廷政策有关。

宋廷针对小报的正式政策出自南宋孝宗淳熙十五年(公元 1188 年),皇帝诏书中说:"近闻不逞之徒,撰造无根之语,名曰小报,传播中外,骇惑听闻。今后除进奏院合行关报已施行事外,如有似此之人,当重决配。其所受小报官吏,取旨施行。令临安府常切觉察,御史台弹劾。"②淳熙十六年(公元 1189 年)再次下诏:"今后有私撰小报,唱说事端,许人告首。"③至此,宋廷明确了"禁小报"的政策,基本依据是"撰造无根之语"。其实从小报的信息来源看,完全臆造无根之事的可能性并不大,但这么说无疑可以渲染小报的社会危害,为官方查禁提供合法性。

绍熙四年(公元 1193 年),又有大臣上书:"比来有司防禁不严,遂有命令未行,差除未定,即时誊播,谓之小报。始自都下,传之四方,甚者凿空撰造,以无为有,流布近远,疑悟群听。且常程小事,传之不实,犹未害也,倘事干国体,或涉边防,妄有流传,为害非细。乞申明有司,严行约束,应妄传小报,许人告首。根究得定,断罪追赏,务在必行。"④其时宰相为韩侂胄,力主北伐。此文加罪小报"或涉边防",本无实据,只是迎合意旨之语。至于"事干国体"应该承自周麟之的"国体尊而民听一"之说。当时朝野"皆以小报为先,而以朝报为常,真伪亦不复辨也"。小报对官方发布的邸报造成了很大的挑战,朝廷的话语权随着传播渠道的丧失已经逐步边缘化了。

为了扭转这个局面,宁宗嘉泰三年(公元 1203 年)颁布的"庆元条法事类",对惩治小报作出更为严厉的规定:"诸听探传报漏泄朝廷机密事者,若

---

① 原文为"进奏院报状,必载外郡谢上或监司到任表,与夫庆贺表章一篇。凡朝廷除郡守,先则除目,但云:'某人差知某州,替某人。'及录黄下吏部,则前衔后拟云:'某官姓名,宜差知或权知、权发遣。某州、军州兼管内劝农营田事,替某人。到任成资阙,或云年满。仍借紫借绯,候回日却依旧服色。'外官求休致,则云:'某州申某官姓名,为病乞致仕。'或两人三人后,云:'某时已降敕,命各守本官致仕。'今不复行,但小报批下。或禁小报,则无由可知。此必一宰相以死为讳者,故去之。外官表章闻,有一二欲士大夫见之者,须以属东省乃可。郡守更不报细衔。礼文简脱,一至于此"。

②③④ 宋会要辑稿·刑法二.

差除，流二千五百里。主行人有犯加一等，并配千里。非重害者徒三年，各不以荫论。即传报实封申奏应密之文书，并撰造事端誊报惑众者，并以违制论。以上事理重者奏裁，各许人告。于事无害者杖八十。”

在朝廷不断打压的氛围之中，小报不仅没有走向没落，反而变得更加职业化、专业化和商业化。史书记载了绍熙年间的情况：

> 访闻有一使臣及合（閤）门院子，专以探报此等事为生。或得于省院之漏泄，或得于街市之剽闻，又或意见之撰造，日书一纸，以出局之后，省部、寺监、知杂司及进奏官悉皆传授，坐获不赀之利，以先得者为功。一以传十，十以传百，以至遍达于州郡监司。人情喜新而好奇，皆以小报为先，而以朝报为常，真伪亦不复辨也。

专业探报的出现，以及“日书一纸”的常态化，让小报逐步深入官吏和民众的日常生活。它的发行范围，不只是民间，而且通过省部、寺监、知杂司和进奏院，遍达于中央和地方各级机关。换句话说，它的存在价值不仅通过了市场的检验，而且通过了官方专业人士和士大夫的检验，读者当中就包括朱熹这样的大儒。① 小报或有假新闻，但是没有如朝廷说的那么严重，朝廷妖魔化小报，其实另有目的。小报的成功之处在于，它为了迎合读者的需要，部分实践了对新闻价值的追求。宋代赵升的笔记《朝野类要》记载南宋时期，社会上“有所谓内探、省探、衙探之类，皆衷私小报，率有漏泄之禁，故隐而号之曰新闻”。这不是传播史上第一次出现“新闻”的称谓，但是其内涵最接近于今天的“新闻”。

第五节　出版政策

赵宋采取“用武开基，右文致治”②的国策，以文教治国，于是文人和文章鼎盛。《宋史·艺文志》记载，两宋“君臣上下未尝顷刻不以文学为务。大而朝廷，微而草野，其所制作、讲说、记述、赋咏，动成卷帙，累而数之，有非前代之所及也”。精神产品的极大丰富，加以印刷术的成熟及商品流通的发达，造就了出版业的黄金时代。

精神财货的广泛流通是宋代商品经济的特色。书肆成为城市商业中不可缺少的组成部分。孟元老的《东京梦华录》记载，北宋东京相国寺每月五次开放“万姓交易”，“殿后资圣门前，皆书籍、玩好、图画……”；另外，皇城东南角“其下每日自五更市合，买卖衣物书画珍玩犀玉”。到了南宋，首都临安

① 见宋代朱熹的《答蔡季通书》：“适见小报，元善已得浙江提举。”

② 宋真宗语，出自《宋会要辑稿·崇儒四之二六》。

更是全国的出版销售中心,叶德辉的《书林清话·卷二》说“书棚、书铺,风行一时”。据王国维考证,至今能找到店铺名号的还有十六家之多。[①] 书肆或印发书籍目录广而告之,或发表声明严防盗版,[②]市场之繁荣可见一斑。

宋代出版业分“官刻”和“私刻”两大类。官刻分“中央”与“地方”,私刻分“家刻”和“坊刻”。[③] 官刻是两宋出版业的主流,以正经、正史为主,教化功能明显,特点是名家主持、精于校勘;家刻多为钟鸣鼎食之家自印,主要供藏书传承之用,以刻印精美著称;坊刻为书商刻印之书,以贩卖营利为目的,所刻多为四部经典的名家注本、科举参考书、唐宋名家诗文、通俗文学读物,以及民间实用之书。坊刻本是宋代出版业不可或缺的部分,是官刻本的有力补充。特点是种类丰富,行销广泛,不过质量和内容参差不齐。

宋代建设“文治之朝”[④],给予民间较大的出版自由。[⑤] 熙宁九年(公元1076年)苏轼尝言道:“余犹及见老儒先生,自言其少时,欲求《史记》《汉书》而不可得,幸而得之,皆手自书,日夜诵读,惟恐不及。近岁市人转相摹刻诸子百家之书,日传万纸,学者之于书,多且易致如此。”[⑥]所谓“市人转相摹刻”“日传万纸”指的就是私刻书籍。明人胡应麟也认为:“雕本始唐中叶,至宋盛行,荐绅士民,有力之家,但笃好则无不可致。”[⑦]宋代对于出版业最具深远意义的措施就是官方不搞垄断,坚持向民间大胆开放。[⑧] 所以它造就的不是某个阶层的精英化,而是整个社会的精神文明。难怪朱熹评价说“国朝文明之盛,前世莫及”[⑨]。

当然赵宋对出版业并非一味放任,其政策走向非常清晰,带有明显的双重标准。一方面是大力推动官刻深入民间,另一方面则是逐步加大对民间出版业的监控和管理。大宋建国伊始,官方就出台了一系列禁书政策和书籍审查制度。不过限于特定的政治时局以及治理思路,某些政策缺乏连续性和执行力,并没有对民间出版业造成根本性的伤害。

---

① 王国维.两浙古刊本考[M]//谢维扬.王国维全集.杭州:浙江教育出版社,2010.

② 比如南宋刻本《东部事略》就标注“眉山程舍人宅刊行,已申上司,不许覆板”。

③ 朱传誉.宋代新闻史[M].台北:台湾商务印书馆,1967.

④ 欧阳修于嘉祐五年(公元1060年)在其《免进五代史状》中称宋代为“文治之朝”。

⑤ 程民生.宋代社会自由度评估[J].史学月刊,2009(12):27.

⑥ 苏轼.苏轼文集:卷一一[M].北京:中华书局,1999:359.

⑦ 胡应麟.少室山房笔丛:卷四[M].北京:中华书局,1958:53.

⑧ 刘光裕.明清是中国古代出版的鼎盛时期[J].出版史料,2008(3):120.

⑨ 朱熹.楚辞集注:卷六[M].上海:上海古籍出版社,1979.

一、政策价格

太平兴国年间，宋太宗北伐范阳、南定交趾失利，被迫改变单纯以武力一统天下的策略。太平兴国七年（公元 982 年），太宗对近臣说：“朕每读《老子》至‘甲兵者，不祥之器，圣人不得已而用之’，未尝不三复以为规戒。王者虽以武功克定，终须用文德致治。”[①]此语意味着赵宋的治国思路开始从武功向“守内虚外”的文治转变。

宋代推行“文治”从劝学开始。“开卷有益”的典故便来自太宗。[②] 据《麟台故事》记载，太宗“听政之暇，观书为乐，殆至宵分，手不释卷”。他的继任者真宗也萧规曹随：“听政之暇，惟文史是乐，讲论经艺，以日系时。”真宗还专门写了一首《劝学诗》（又称《励学篇》）来倡导读书：“富家不用买良田，书中自有千钟粟；安房不用架高梁，书中自有黄金屋；娶妻莫愁无良媒，书中自有颜如玉；出门莫愁无随人，书中车马多如簇；男儿欲遂平生志，六经勤向窗前读。”[③]此诗流传甚广，传唱至今，成为历代读书人的座右铭。

在皇帝言传身教和大力倡导下，读书尚文之风渐起。不过由于战乱连年，王朝更替，许多典籍已经佚失。《史记》《汉书》等普通典籍都很难在市面上见到。雍熙元年（公元 984 年）太宗特别提出：“夫教化之本，治乱之源，苟无书籍，何以取法？”[④]于是政府一方面鼓励民间献书，丰富官方藏书，另一方面投入巨资用于勘校、刻书。

雍熙三年（公元 986 年），担任国子监祭酒的孔维被揭发挪用印书钱。史载“（孔维）受诏与学官校定《五经正义》，刻版行用，功未及毕，被病。上遣太医诊视，使者抚问。初，维私用印书钱三十余万，为掌事黄门所发，维忧惧，遽以家财偿之，病遂亟，上赦而不问。”[⑤]三十余万钱或许只是《五经正义》刻板费用的一部分。[⑥]

北宋出版业很快初具规模。景德二年（公元 1005 年），真宗到国子监视察印书库，询问经书刻版数量，国子监祭酒邢昺回答：“国初不及四千，今十余万，经、传、正义皆具。臣少从师业儒时，经具有疏者百无一二，盖不能传

---

① 李焘.续资治通鉴长编：卷二十三[M].北京：中华书局，2004.

② 宋代王辟之的《渑水燕谈录・文儒》曰：“太宗日阅《御览》三卷，因事有阙，暇日追补之，尝曰：‘开卷有益，朕不以为劳也’。”

③ 高拱.本语：卷六[M]//高拱.高拱论著四种.北京：中华书局，1993.

④ 李焘.续资治通鉴长编：卷二十五[M].北京：中华书局，2004.

⑤ 宋史・孔维传.

⑥ 按黄仁宇在《中国大历史》提出的换算公式，即 1 两金＝10 两银＝ 10 贯，“三十余万钱”相当于 300 多贯，即 30 多两黄金。

写;今版本大备,士庶家皆有之,斯乃儒者逢辰之幸也。”[①]此话虽有逢迎之味,但是建国四十年,雕版数从四千增加到十多万,种类之丰富、范围之广泛确是前所未有。

宋代官方编辑和出版机构主要是馆阁和国子监。馆阁是藏书、校勘中心,国子监则是编辑、出版中心[②]。官刻本以经、史、子、集、农、医、算、字、类和日历为主。勘校主持者皆为当时的学者大家。下面是北宋监本《春秋左传正义》校勘者的衔名:

承奉郎守光禄寺丞赵安仁书
勘官承奉郎守国子礼记博士赐绯鱼袋臣李觉
勘官承奉郎守国子春秋博士赐绯鱼袋臣孙逢吉
都勘官朝请大夫守国子司业柱国赐金鱼袋臣孔维
详勘官登仕郎守高邮军高邮县令臣刘若纳
详勘官登仕郎守将作监丞潘宪
详勘官朝请大夫太子右赞善大夫陈雅
详勘官朝奉郎守大理正臣王炳
登仕郎守大理评事臣王焕再校
文林郎守大理寺丞臣邵世隆再校
中散大夫守国子祭酒兼尚书工部侍郎柱国会稽县开国男食邑三百户赐紫金鱼袋臣孔维都校
淳化元年庚寅十月□日[③]

担任校勘官的赵安仁、孙逢吉、孔维、刘若纳、潘宪、王炳、王焕、邵世隆大都颇有时名,尤其是都校孔维,更是以博学著称。

据《宋会要辑稿・崇儒》,官本校勘采用“三校”制度。“凡校勘官校毕,送复校勘官复校,既毕,送主判馆阁官点检详校。复于两制择官一、二人充复点检官,俟主判馆阁官点检详校讫,复加点检。皆有程课。”国子监刻本称为“监本”。如同宋瓷的“官窑”一样,宋代“监本”校雠严谨,刻印精湛,是后世翻刻、翻印古代典籍的标准范本。

官方的校勘程序如此严格,缘于这些官本承担着非常重要的政治使命。仁宗宝元元年(公元1038年)规定:“自今试举人,非国子监见行经书,毋得出题。”[④]宋代士子学习以及科考的标准教材(主要是儒家经典)都必须来自监

---

① 宋史・邢昺传.

② 宋代的国子监,也是全国的最高学府、教育主管部门。

③ 王国维.五代两宋监本考[M]//谢维扬.王国维全集.杭州:浙江教育出版社,2010.

④ 李焘.续资治通鉴长编:卷一二二[M].北京:中华书局,2004:2872.

本。由此可知，官本在教养士人方面有不可替代的功用。北宋时期，正史全部由国子监校刻完毕。[①]

另外，这些书籍还要“以备朝廷宣索赐予之用”[②]。官刻书籍经常被赐予臣下和外国使臣，是朝廷宣示主流意识形态、展现国体的工具。宋太宗太平兴国八年(公元983年)，知睦州田锡“即宣圣祠建学，表请入纸国子学印经籍给诸生讲授，诏特赐之，还其纸”[③]。在中国历史上，州县学校得到皇帝赐经，这是第一次，[④]之后赐经州县学成为朝廷惯例。另外，淳化四年(公元993年)“高丽国王王治上言，愿赐板本九经书以夸示外国，诏给之”[⑤]。嘉祐七年(公元1062年)西夏求“九经”《唐史》《册府元龟》，宋仁宗下诏赐“九经”，但不给《唐史》。嘉祐八年(公元1063年)刚刚即位的宋英宗再应夏使之请，以“九经”及正义、《孟子》、医书赐之。

此外，官本还有另一项用途，即“出鬻而收其直以上于官”[⑥]，就是通过售卖为出版机构提供财源。雍熙四年(公元987年)十月的诏书上说：“国子监应卖书价钱，依旧置账，本监支用，三司不得管系。”国子监将刻本向社会售卖，回笼资金自收自支，不受国家财政系统管束。主管该项工作的机构原本叫国子监“印书钱物所”。淳化五年(公元994年)，国子监官员李至认为这个名称过于“近俗”，请旨将其改为“国子监书库官”[⑦]。

官本允许私人购买，是宋代出版事业的一大特色。雍熙三年(公元986年)，国子监刻印《说文解字》，文末附录了中书门下的牒文：“许慎《说文》起于东汉，历代传写，讹谬实多。六书之踪，无所取法。若不重加刊正，渐恐失其原流。……书成上奏，克副朕心，宜遣雕镌，用广流布。自我朝之垂范，俾永世以作程。其书宜付史馆，仍令国子监雕为印版。依‘九经’书例，许人纳纸墨价钱收赎。”有宋一代，民众只需支付纸墨成本，就可以购买书籍。这个传统成例不远，源自五代时的“九经”。

其实中国的官刻本，也是起源于五代时期的“九经”。《资治通鉴》记载，后唐长兴三年(公元932年)，“宰相冯道、李愚请令判国子监田敏校正‘九

---

① 李兴才，张树栋，等.中华印刷通史[M].台北：印刷传播兴才文教基金会，1998.

② 《宋史·职官五》卷一百六十五载，淳化五年(公元993年)，“始置国子监书库官，以京朝官充。掌印经史群书，以备朝廷宣索赐予之用，及出鬻而收其直以上于官”。

③ 陈公亮.淳熙严州图经：卷一[M].郑州：学识斋，2016.

④ 汤建华，唐金凤.宋代州县学的赐《九经》与藏书制度[J].江西农业大学学报，2006，5(2)：158.

⑤ 杨亿.杨文公谈苑[M]//江少虞.宋朝事实类苑.上海：上海古籍出版社，1981.

⑥ 见《宋史·职官五》卷一百六十五，淳化五年(公元993年)，“始置国子监书库官，以京朝官充。掌印经史群书，以备朝廷宣索赐予之用，及出鬻而收其直以上于官。”

⑦ 《宋史·职官志》记载，判国子监李至于太宗淳化五年进言：“国子监旧有印书钱物所，名为近俗，乞改为国子监书库官。”

经’,刻版印卖,朝廷从之。丁巳,板成,献之。由是,虽乱世,‘九经’传布甚广”。五代国子监刻印“九经”带来的革命性变革,不仅表现为雕版印刷的普遍使用,更为重要的是,它带来了官本的商品化,进而促成整个出版业的市场化。今人刘光裕认为,“九经”的出版,创造了集校书(辑)、刻印(复制)、售卖(发行)于一体的出版模式。它是中国官府第一次向民间售书,开启了我国书籍生产面向市场的先河。①

值得说明的是,宋代“九经”指的是《周易》《尚书》《毛诗》《礼记》《周礼》《仪礼》《春秋》《公羊传》《谷梁传》九部儒家经典,②是朝廷用儒家思想统一社会意识的主要载体。两宋时期,“九经”被官方定为士子最主要的教科书,是贡举的主要科目,同时也是唯一的既用来赐予外邦,也可以在边贸互市(榷场)上流通的书籍。③

宋廷对于官方出版业的政策导向,主要体现在价格政策上,即官刻本采取成本销售策略。前引雍熙三年(公元986年),朝廷规定,国子监刻本“许人纳纸墨价钱收赎”。真宗天禧元年(公元1017年)曾有大臣建议将监本提价,被皇帝否决。史载:“上封者言:‘国子监所售书,其直尤轻,望念增定。’帝曰:‘此固非为利,正欲文籍流布耳。’不许。”④可见宋朝统治者对于书籍的功用有着清晰的认识,更注重“文籍流布”,而非出版获利。

当时的文人士大夫对于官本价格的波动,也异常敏感。史载宋哲宗元祐初年(公元1086年)前后监本加价出售,为此太学博士陈师道上言道:“伏见国子监所卖书,向用越纸而价小,今用襄纸而价高。纸既不迨,而价增于旧,甚非圣朝章明古训以教后学之意。臣欲乞计工纸之费以为价,务广其传,不亦求利,亦圣教之一助……诸州学所买监书系用官钱买充官物。价之高下,何所损益。而外学常苦无钱,而书价高,以是在所不能有国子之书,而学者闻见亦寡,今乞止计工纸,别为之价,所冀学者益广见闻,以称朝廷教养之意。”⑤

对陈师道的话语,可以从以下几方面解读。首先是官本的主要目的是“务广其传”,而不是求利;其次是体制内流通的问题,官本的最主要流通范

① 刘光裕.明清是中国古代出版的鼎盛时期[J].出版史料,2008(3):117-118.

② 关于宋代“九经”有多种说法,本书从汤建华、唐金凤说法,“九经”为“三礼三传诗书易”。见汤建华,唐金凤.宋代州县学的赐《九经》与藏书制度[J].江西农业大学学报,2006,5(2):158.

③ 真宗景德三年(公元1006年)九月,诏:“如闻契丹缘诸色人将书籍赴榷场交易,自今除九经书疏外,违者案罪,其书没官。”北宋神宗元丰元年开始“禁榷场贩卖除九经疏之外的书与北客”。见《续资治通鉴长编·卷二八九》。

④ 毕沅.续资治通鉴:卷三十三[M].北京:中华书局,1957.

⑤ 陈师道.后山集[M].长春:吉林出版集团,2005.

围是官方的教育系统，即“诸州学”，采取高价策略属于自己赚自己的钱，没有意义；最后是体制外传播的问题，即“外学”的问题，如果价高，那么监本就无法获得广为教养的效果。因此陈师道对于国子监一方面降低纸的档次，另一方面提高销售价格的做法非常反感。

哲宗采纳了陈师道的建议，恢复了只收取工本费的书价制度。《仲景全书四种》中记载了哲宗元祐三年(公元1088年)牒文：“八月一日奉圣旨：令国子监别作小字雕印，内有浙路小字本者，令所属官司校对，别无差错，即摹印雕版，并候了日，广行印造，只收官纸工墨本价，许民间请买。”为了进一步降低社会购书成本，类似医书这样的监本还采取小字雕印。

当然，朝廷未必意识到，能够采取如此强有力的定价策略，并不取决于官方的开明或智慧，而是来自印刷技术进步带来的改革红利。从更为宏观的视角来看，宋代能够成就“东方的文艺复兴”[①]，由科技革命带来的传播方式的进化功不可没。

隋唐五代，书籍以手抄为主。唐代虽已有雕版印刷技术，但基本局限于神像、经咒、发愿文及历书印制。公元9世纪时，诗歌印本也有出现。五代时期，官方开始大规模刻印儒家书籍。到了宋代，在崇尚文教的国策影响下，印刷技术的革新演变为整个行业的更新换代。明代学者胡应麟说：“凡书市之中，无刻本则抄本价十倍。刻本一出，则抄本咸废不售。”[②]今人田建平认为，雕版印刷术的普遍使用，扩大了书籍的生产规模，导致成本下降和价格平民化，这在中国书籍史上堪称“书价革命”。这一革命的结果是，彻底改变了书籍生产和销售的小众化、贵族化历史，实现了书籍生产和消费的大众化。书籍价格开始反映生产成本与利润的比例关系。[③]

在市场的基础上，政府对于书价的调控便显示为政策价格。采取低价策略一方面当然是为了降低社会近用成本；另一方面，也是为了让官刻本在与坊刻本竞争中占据价格优势。宋代的出版物流通市场是多元和开放的。在利润驱动之下，市场的参与者之间存在着越来越激烈的竞争。在官方采取成本价格的强势高压下，坊刻本广泛刊印开本与字体皆小的巾箱本，降低生产成本。所谓“巾箱本”，类似今天的袖珍本，出现于五代之南齐。[④] 南宋

---

① 中国社会科学院历史研究所编译组.宫崎市定论文选集[M].北京：商务印书馆，1963：177.

② 胡应麟.少室山房笔丛：卷四[M].上海：上海书店出版社，2005.

③ 田建平.书价革命：宋代书籍价格新考[J].河北大学学报，2013(9)：47-57.

④ 据宋代戴埴《鼠璞》的解释：“今之刊印小册谓巾箱，起于南齐衡阳王钧手写《五经》置巾箱中，诸王从而效之。古未有刊本，虽亲王亦手自抄录，今巾箱刊本无所不备。嘉定间，近又盛行，第挟书非备巾箱之藏也。”

嘉定年间,朝廷借口巾箱本被士子用来在科考中作弊,[①]"从学官杨璘之奏,禁毁小板"[②]。朝廷的禁令没有维持很久,嘉熙前后,巾箱本照常盛行。宋代文人近视眼不少,欧阳修、苏东坡、王安石等皆是,不知是否为此类小字本的牺牲品。

官刻本强烈的政治属性,掩盖了官方出版业的商品属性。宋代书籍看似定价不高,其实"利润丰厚"[③]。田建平专门考证了南宋嘉祐年间畅销万册的《杜工部集》,发现其单本生产成本为 1 136 文(理论费用,主要为雕版成本,不算纸费)。[④] 一万册生产成本,如不算纸墨,理论上也是 1 136 文。也就是说,如印刷一万本,每本成本才为 0.1136 文。官方售价每本 1 000 文,那么理论上其利润也是 1 000 文。田建平判断,当时的苏州公使库靠发行《杜工部集》至少赚了 9 000 贯。史书证实,用这些利润修建一所规模宏大的官署还绰绰有余。[⑤] 当然,如果销售量很低,那么成本比重就会增加,售价也会提高,比如同样生产成本的《小蓄集》,由于销售量不大,定价在 3.85 贯,是杜书的三倍多。

官本利润率的高低取决于发行量的多少。两宋时期由官方垄断的日历等销售量极大的日用书籍,更是一本万利的买卖。熙宁四年(公元 1071 年)二月二十三日,神宗下诏:"民间毋得私印造历日;令司天监选官,官自印卖;其所得之息,均给在监官属。"既然有息,肯定是赚钱的。据考证,之前民间小历价格,每本为"一二钱",而官方所刻印大历,"每本直钱数百"[⑥],乾道四年(公元 1168 年)所印《历日》,每本售价为"三百文"。如果按《元丰九域志》所载,神宗时期全国有 16 569 874 户,那么朝廷一年日历的收入可谓一笔巨资。[⑦] 有意思的是,这笔钱中央政府是不要的,所谓"均给在监官属",就是说由司天监保管并支配这笔钱。

国子监也是自收自支。朝廷每年给国子监的预算不知几何,但根据它所控制的发行渠道,以及销售利润率推测,其自给自足绝对有余。这就难怪

---

① 用来作弊者为"挟带本",是书商刻印的一种儒经解题之类的小册子,专供科举考生挟带作弊之用,开本与巾箱本类似。

② 戴埴.鼠璞[M].北京:商务印书馆,1939.

③ 程民生.宋代社会自由度评估[J].史学月刊,2009(12):27.

④ 田建平.书价革命:宋代书籍价格新考[J].河北大学学报,2013(9):47-57.

⑤ 郑虎臣的《吴都文粹》记载:"嘉祐中,王琪知制诰守郡,始大修设厅,规模宏壮,假省库钱数千缗,厅既成,漕司不肯破除,时方贵杜集,人间苦无全书,琪家藏本雠校素精,即俾公使库钱镂版,印万本,每部为直千钱,士人争买之,富室或买十许部,既偿省库,羡余以给公厨。"

⑥ 李焘.续资治通鉴长编:卷二百二十[M].北京:中华书局,2004.

⑦ 北宋一年的财政收入,最高时能达到一亿两白银。盐、茶、酒、矾的垄断专卖所得利润,是其中重要的组成部分。

淳熙年间国子监祭酒孔维随意私用 30 万钱(300 贯),事发后用家财偿还,太宗会视而不见了。30 万钱对于宋廷和国子监来说都不是什么大数字。

在尽量降低售价的同时,官方采取垄断专卖的发行方式,禁止民间翻印转卖经义之书。据《续资治通鉴长编》卷二二六载:"熙宁八年(公元 1075 年)七月,诏以新修经义付杭州、成都府转运司镂版,所入钱封椿库,半年一上中书,禁私印及售之者,杖一百,许人告,赏钱一百千。从中书礼房请也。"这个记载披露了不少有价值的信息。第一,地方刻印官本的收入需要每半年一次上交中书省,这与国子监自收自支的财政系统并行不悖。第二,这个建议是中书礼房提出的。那么钱的去向应该是礼房(相当于礼部),而不是代表中央财政的三司。第三,中书省是将其作为一项重要的财政来源来看待的。第四,中书礼房是教育主管部门,"新修经义"的镂版应该是指地方州县印刻的教材,因此可推测朝廷应该是垄断了所有教材的出版发行。从上述记载的逻辑关系中,我们应该可以判断,禁止民间翻印官本主要是出于经济角度的考量。

不过这个规定并没有维持很久。徽钦时代,金人将宋朝的两个皇帝和监版悉数掠去。后来南宋国子监出于保护文化的需要,对民间翻刻旧监本的做法采取默许的态度。①

概而言之,宋廷对于官本的低价策略和保护政策对推行主流价值观产生了深远的影响。《宋史·艺文志》评价说:"宋有天下,先后三百余年。考其治化之污隆,风气之离合,虽不足以拟论三代,然其时君臣,汲汲于道艺;辅治之臣,莫不以经术为先务;学士缙绅先生,谈道德性命之学不绝于口。岂不彬彬乎进于周之文哉!"足见赵宋文治策略的成功。

二、禁书流变

中国禁书理论和实践起自战国时期。商鞅变法时期,为了达到"归心于壹"的目的,"燔《诗》《书》以明法令"②。开启了中国古代禁书的先河。后韩非子以"杂反之学不两立而治"③"故明主之国,无书简之文,以法为教"④等理论为商鞅之举背书。

秦代将禁书范围扩大化。李斯在《焚书令》中说:"臣请史官非《秦记》皆烧之。非博士官所职,天下敢有藏《诗》《书》、百家语者,悉诣守、尉杂等烧

① 李明杰.宋代国子监的图书出版发行[J].出版科学,2007(6):68-71.

② 韩非子·和氏.

③ 韩非子·显学.

④ 韩非子·五蠹.

之；有敢偶语《诗》《书》者弃市；以古非今者族；吏见知不举者与其同罪。令下三十日不烧，黥为城旦。所不去者，医药、卜筮、种树之书。”世上仅留“医药、卜筮、种树之书”，足见秦朝书禁之彻底。《文献通考》提出秦焚书主要针对的是民间藏书，诗书百家可能仍然在“博士官者存之”。《史记》中也记载，秦二世时，博士可引公羊、谷梁等经传。

史书中，没有出现过两汉期间禁书的记载。[①] 汉高祖在“约法三章”中承诺，尽废“偶语诗书”等秦法。体现书禁的“挟书律”由惠帝于公元前 191 年废除。之后汉武帝虽然有“抑黜百家”之名，却并未真正禁止百家的著作，甚至命谒者陈农求遗书于天下。今人孙景坛认为，汉武政策实为“绌抑黄老，崇尚儒学”，在汉代不仅百家存在，而且还发展出一种新的学说——谶纬学。[②] 而正是这些谶纬之书为后世的书禁定下了基调。

借助天人感应学说以图文隐语预言政治的“谶”，以及用阴阳神学注释圣人经典的“纬”，在汉代大行其道。王莽、刘秀都曾通过谶纬来标榜自己上位的合法性。中元元年（公元 56 年），刘秀“宣布图谶于天下”[③]，将“谶纬”确认为官方的独占话语。由于谶纬在窃国篡权上有特殊功用，所以民间谶纬成为后世当权者重点防范的对象。

三国时曹操“科禁内学及兵书”[④]，拉开了汉代之后禁书活动的帷幕。所谓“内学”（又称秘学）就是谶纬之学。曹操之法规定，凡藏谶纬之书和兵书而且“匿不送官”者有罪。将谶纬与兵书联系在一起，在史上常见。由于阴阳五行、方术巫法在古代军事中有广泛应用，所以兵书中有很多是兵阴阳家的著作。[⑤]

西晋泰始三年（公元 267 年），晋武帝司马炎“禁星气、谶纬之学”。其后，

---

① 汉初立法沿用秦律，仍旧不许私人藏书，不过这是汉袭秦制的短暂惯性，惠帝即位后，很快就废除了挟书令。

② 孙景坛.汉武帝“罢黜百家、独尊儒术”子虚乌有——中国近现代儒学反思的一个基点性错误[J].南京社会科学，1993(6)：90-96.

③ 后汉书·光武帝纪.

④ 裴松之.裴松之注三国志[M].天津：天津古籍出版社，2009.

⑤ 邵鸿.兵阴阳家与汉代军事[J].南开学报（哲学社会科学版），2002(6)：81.

后赵石虎[①]、前秦苻坚[②]、梁武帝[③]、北魏太武帝[④]、北魏孝文帝[⑤]等皆下诏禁谶纬。其中苻坚在公元375年不仅禁谶纬，而且因为“增崇儒教”，禁老、庄之学。另外，北魏太武帝（公元446年）和北周武帝（公元574年）先后灭佛。此后，儒、佛、道之争致各自经典成为禁书一事，在历史上多次重演。

公元581年，杨坚建立隋朝，用谶纬给自己贴上合法性标签：“朕应箓受图，君临海内。”待政权基本稳定之后，他于公元593年下诏：“私家不得藏纬候，图谶。”[⑥]同年，他扩大了禁书的书单，下诏“人间有撰集国史、臧否人物者，皆令禁绝”[⑦]。这是秦以后第一次禁私人修史。隋炀帝即位后，“乃发使四出，搜天下书籍与谶纬相涉者，皆焚之”[⑧]。

唐代首次禁书是在贞观二十年（公元646年）禁《三皇经》。这次禁书非常偶然。这本道家典籍中有“凡诸侯有此文者，比为国王。大丈夫有此文者，为人父母。庶人有此文者，钱财自聚。妇人有此文者，必为皇后”的话，这本为夸张戏谑之语，李世民看到后却当真了：“《三皇经》文字既不可，又语妖妄，宜并除之。即以老子《道德经》替之。有诸道观及百姓人间有此文者，并勒送省除毁。”[⑨]现在看来，朝廷之禁反倒成就了该书之名。

到了高宗时期，继续深化前期的禁书政策，在《大唐律》中纳入更多的禁书种类：“诸玄象器物、天文图书、谶书，兵书、七曜历、《太一》、《雷公式》，私家不得有，违者徒二年。私习天文者亦同。”（《唐律疏议·卷九》）《太一》与《雷公式》都是天象、历法之书。玄宗开元年间又增加“诸阴阳术数，自非婚丧卜择，皆禁之”[⑩]。唐武宗灭佛（公元845年）的时候，佛经再次成了禁书。

五代后周广顺年间（公元953年），周太祖郭威沿袭唐律，命令“今后所有玄象器物、天文、图书，谶书、七曜历、《太一》、《雷公式》，私家不得有及衷私传习；如有者，并须焚毁”。但是“其诸阴阳、卜筮、占算之书，不在禁限”[⑪]。

---

① 后赵石虎“禁郡国不得私学星谶，敢有犯者诛”。见《晋书·石季龙载记上》。

② 前秦苻坚“禁老庄图谶之学”，语出《晋书·苻坚载记上》。

③ 梁武帝萧衍“禁畜谶纬”。见《南史·阮孝绪传》。

④ 《魏书·世祖纪下》载，北魏太武帝拓跋焘于太平真君五年（公元444年）诏“私养师巫，藏挟谶记、阴阳、图纬、方技之书”，不得容匿。限今年二月十五日止，“过期不出，师巫身死，主人门诛”。

⑤ 《魏书·高祖纪上》载，北魏孝文帝拓跋宏大和九年（公元485年）诏：“图谶之兴，起于三季。既非经国之典，徒为妖邪所凭。自今图谶、秘纬及名为《孔于闭房记》者，一皆焚之，留者以大辟论。”

⑥⑦ 隋书·高祖纪.

⑧ 隋书·经籍志.

⑨ 法苑珠林·卷五十五.

⑩ 资治通鉴·卷一百十四.

⑪ 王溥.五代会要：卷十一[M].上海：上海古籍出版社，1978.

公元955年,周世宗柴荣再次灭佛。

宋代立国319年,书禁政策从未缺席。在承袭前代的基础上,宋代书禁具有鲜明的时代特征。权力更替、臣僚党争、民族冲突、强化集权都可能成为新一波书禁的助推器。学者林平在《宋代禁书分期述略》中,按宋代禁书的发展脉络,将其分为四个时期。笔者认为,这样的划分,有助于使两宋的禁书史更加清晰。下面结合林平的四分法,笔者将总结出的四个阶段逐段叙述。

第一阶段是沿袭期。从太祖朝到太宗朝,基本沿袭前朝的禁书政策,对民间谶纬、天文、历书加以限禁。宋太祖登基后第四年(公元963年)颁布的《宋刑统·职制律》中规定:“诸玄象器物、天文图书、谶书、兵书、七曜历、《太一》、《雷公式》私家不得有,违者徒二年。私习天文者亦同。其纬候及论语谶不在禁限。”此法条比五代时增加了兵书,指的是《太公六韬》《黄石公三略》之类。

九年后的开宝五年(公元972年),太祖下诏规定“禁元象器物、天文、图谶、七曜历、《太一》、《雷公式》、六壬遁甲等不得藏于私家,有者并送官”①。除去了兵书禁令,增加六壬遁甲。同年十一月,“禁释道私习天文地理”②。值得一提的是,宋代禁书罪的构成要件与前朝基本类似,收藏禁书不会获罪,只有收藏并且隐匿不报,即不上交的情况下,才会追究刑责。

宋代岳珂的《桯史》中有“艺祖禁谶书”一篇,涉及史上著名的《推背图》之查禁过程。文中说:“唐李淳风作《推背图》。五季之乱,王侯崛起,人有幸心,故其学益炽,闭口张弓之谶,吴越至以遍名其子,而不知兆昭武基命之烈也。宋兴,受命之符尤为著明。艺祖即位,始诏禁谶书,惧其惑民志,以繁刑辟。然图传已数百年,民间多有藏本,不复可收拾,有司患之。一日,赵韩王以开封具狱奏,因言‘犯者至众,不可胜诛’。上曰:‘不必多禁,正当混之耳。’乃命取旧本,自验之外,皆紊其次而杂书之,凡为百本,使与存者并行。于是传者懵其先后,莫知甚孰讹;间有存者,不复验,亦弃弗藏矣。”

艺祖就是宋太祖。他一开始想通过查禁方式杜绝此书,但由于该书在民间流传时间很长,收藏很普遍,无法根禁,于是就采取另一个办法,即杜撰众多伪版散布民间。一时间,民间版本各异,真假难辨,于是藏书之风渐息。可见,书禁言禁未必要固守禁令的形式,将水搅浑或许效果更好。

开宝九年(公元976年),太宗四处搜捕民间的天文术数者:“令诸州大索明知天文数术者传送阙下,敢藏匿者弃市,募告者赏钱三十万。”③太平兴

---

① 毕沅.续资治通鉴:卷七[M].北京:中华书局,1957.

②③ 李焘.续资治通鉴长编:卷十三[M].北京:中华书局,2004.

国二年(公元 977 年)十月,太宗再次下诏:“两京诸道阴阳卜筮人等,向令传送至阙,询其所习,皆懵昧无所取。盖矫言福祸,诳耀流俗,以取赀耳。自令除二宅及易筮外,其天文、相术、六壬遁甲、三命及其阴阳书,限诏到一月送官。”[①]在官方的高压政策之下,民间天文术士陆续被送到开封。“诸道所送知天文、相术等人,凡三百五十有一。十二月丁巳朔,诏以六十有八隶司天台,欲悉黥面流海岛”[②]。一共找到 351 人,太宗考核后留下 68 人供职于司天台,其余众人脸上烙印,流放海外。看来,朝廷谶纬之禁并非绝对禁止,只是为了独占话语权并为己所用。

据林平统计,宋初禁书不少于 6 次,2 次在太祖朝,4 次在太宗朝。其中 5 次为禁谶纬,1 次禁吴铉所定《切韵》。[③] 据《续资治通鉴长编》卷二十四记载:“太平兴国八年(公元 983 年)六月,杭州进士吴铉尝复位《切韵》,及上亲试,因捧以献。既中第,授大理评事,史馆勘书。铉所定《切韵》,多吴音,增俗字数千,鄙陋尤甚。寻礼部试贡举人,为铉《韵》所误,有司以闻,诏尽索而焚之。”吴铉本身为吴人,其注音带有浙江方言,与官方推行的官韵有悖,故禁之。这是史上第一次出现字书、韵书之禁。应该说,官方统一用韵对当时的教育和创作有正面的影响。

第二阶段为发展期。真宗、仁宗、英宗三朝,首先沿袭宋初的政策。景德元年(公元 1004 年)正月,真宗下诏:“图纬、推步之书,旧章所禁,私习尚多,其申严之。自今民间应有天象器物、谶候禁书,并令首纳,所在焚毁,匿而不言者论以死,募告者赏钱十万,星算伎术人并送阙下。”[④]

真宗天禧元年(公元 1017 年),婺州百姓黄衮击登闻鼓,告发州民袁象“家藏禁书,课视星纬,妖妄惑众”。袁象承认与州民童拱、进士吴昌言“私课星历,讹言切害”,并将星纬之术传授徐赞、仲严,当地官员张亶、曹允恭也让其算过命。于是皇帝下令将象、拱、昌言处死,将赞、严流海岛,将亶、允恭除名、发配,而告发者黄兖补三班奉职。[⑤] 朝廷对谶纬惩办之严可见一斑。

虽然查禁森严,但是星象算命之说已浸染各个阶层。朝廷大员与民间豪门以结交术士、私藏星纬为常。天禧三年(公元 1019 年),宰相王钦若因为结交道士被贬。当年,“商州捕得道士谯文易,畜禁书,能以术使六丁六甲神,自言尝出入钦若家,得钦若所遗诗。帝以问钦若,谢不省,遂以太子太保

---

① 李焘.续资治通鉴长编:卷十七[M].北京:中华书局,2004.

② 李焘.续资治通鉴长编:卷十八[M].北京:中华书局,2004.

③ 林平.宋代禁书分期述略[J].中华文化论坛,2007(1):57.

④ 此诏书为真宗《禁习天文星算相术图诏》,见《宋刑统》“禁玄象器物”条。

⑤ 李焘.续资治通鉴长编:卷八十九[M].北京:中华书局,2004.

出判杭州”[①]。天禧四年(公元 1020 年),定陶县尉、当地豪强麻士瑶因私蓄天文禁书被杖杀于青州。

真宗时代,重新明确兵书之禁。景德三年(公元 1006 年),真宗在《禁天文兵书诏》中开宗明义:“天文兵法,私习有刑,著在律文,用防奸伪。”[②]同年下令“申严私藏天文、兵法之禁,星算术数人,所在悉部送赴阙”。

宋廷禁兵书可能还有更为实际的目的。宋臣富弼于仁宗景祐元年(公元 1034 年)的上书中论武举武学,谈到禁书时直言:“国家所禁者,盖恐生变。”[③]由此看来,禁止兵书主要是为了防止内乱。[④] 当然,这和禁谶纬的初衷是一致的。

宝元二年(公元 1039 年),耿从古揭发进士高肃私藏兵书《六壬玉钤》,让仁宗大为震惊。他下令“虑愚民或多抵冒,因召司天监定合禁书名揭示之”。司天监、学士院受命制定了一卷十四门类的《禁书目录》[⑤],规定“除《孙子》、《吴子》、历代史、《天文》、《律历》、《五行志》并《通典》所引诸家兵法外,余悉为禁书”[⑥]。司天监主办此事,证明此次禁兵书,仍然与谶纬相关。庆历七年(公元 1047 年)仁宗又下诏重申:“自今策试武举人,毋得问《阴符》诸禁书。”[⑦]

这个时期民族关系紧张,防止外患是朝廷面临的另一个主要挑战。于是禁书的范围扩大到一些可能透露大宋内情的书籍。真宗景德三年(公元 1006 年)九月有诏曰:“如闻契丹缘诸色人将书籍赴榷场交易,自今除九经书疏外,违者案罪,其书没官。”[⑧]当然,这只是禁止除“九经”书疏外的书籍在边境互市上流通,并不是全面的禁书。

景祐二年(公元 1035 年),臣僚上言:“驸马都尉柴宗庆印行《登庸集》中,词语僭越,乞毁印版,免致流传。诏付两制看详,闻奏翰林学士章得像等看详,《登庸集》词语体制不合规宜,不得摹版传布,诏宗庆悉收众本,不得流传。”[⑨]这是宋史中第一次出现文集被禁之事。该书语词如何“僭越”和“不合时宜”,史书并未说明。不过这次禁书为未来限禁个人作品埋下了伏笔。

---

① 宋史・列传第四十二.

② 佚名.宋大诏令集:卷一九九[M].北京:中华书局,2009:734.

③ 富弼.上仁宗论武举武学[M]//赵汝愚.国朝诸臣奏议.台北:文海出版社,1970:891.

④ 魏鸿.宋代“崇文抑武”治国方略与孙子兵学研究[J].滨州学院学报,2009(4):9.

⑤ 王应麟.玉海・卷五十二[M].扬州:广陵书社,2016.

⑥ 李焘.续资治通鉴长编・卷一二三[M].北京:中华书局,2004.

⑦ 李焘.续资治通鉴长编:卷一百六十一[M].北京:中华书局,2004.

⑧ 宋会要辑稿・职官三六.

⑨ 宋会要辑稿:刑法二.

另外，为了保证朝廷政策的权威性和严肃性，朝廷还禁止民间私写私刻敕书、刑书。仁宗景祐三年（公元 1036 年），“禁民间私写编敕、刑书，及毋得镂版”[①]。庆历二年（公元 1042 年），“杭州知府言，知仁和县太子中舍翟昭应，将《刑统》正本改为《金科正义》，镂版印卖。诏转运使司鞠罪、毁其板”[②]。

据林平统计，这一时期的书禁应不少于 22 次。除天文、谶纬外，书禁的类型有所增加，兵书、编敕、刑书、文集都在毁禁之列，对输至境外的图书也有严格限定。

第三阶段是高潮期，即神宗到高宗时代。这个时期最突出的是由党争带来的书禁。只要一方得势，则不论曲直地禁毁不同政见者的文集。这个阶段，禁书政策出现缺乏理智、较为极端的状况。[③]

神宗元丰二年（公元 1079 年），御史里行何正臣，御史中丞李定、舒亶等人摘取苏轼《湖州谢上表》中的语句，构陷苏轼谤讪新政。苏轼因此被贬黄州任团练副使。此事史称“乌台诗案”（乌台是御史台的别称）。乌台诗案牵连甚广，经御史台查证，收藏苏轼诗文的人有司马光、范镇、张方平、王诜、苏辙、黄庭坚等，共计二十九位。这些人全都获罪或被罚。

一系列诬陷和书禁就此开始。元祐初哲宗即位，大权落入支持旧党（“元祐党人”）的高太后之手。元祐四年（公元 1089 年）发生“车盖亭”诗案。高太后接到知汉阳军吴处厚举报，新党大将蔡确游览安州车盖亭时，在诗中引用唐代郝处俊谏高宗传位于武后事，是在影射她。结果蔡确被流放岭南新州。其后，王安石编纂的《字说》被攻击是“糅杂释老，穿凿破碎，聋瞽学者”[④]，被朝廷查禁。[⑤]

高太后死后，哲宗重新启用新党，元祐党人再次被打倒。《神宗实录》曾被旧党以“刊落事迹，变乱美实，外应奸人诋诬之辞”[⑥]的罪名禁毁，又被新党重新修订。

党争对出版业的影响在徽宗时期达到高潮。崇宁二年（公元 1103 年），徽宗下诏将元祐党人的著作，如“三苏”（苏洵、苏轼、苏辙）集，苏门学士黄庭坚、张耒、晁补之、秦观及马涓文集，范祖禹《唐鉴》，范镇《东斋记事》，刘攽

---

① 李焘.续资治通鉴长编：卷一一九[M].北京：中华书局，2004.

② 宋会要辑稿・刑法二之二六.

③ 林平.宋代禁书分期述略[J].中华文化论坛，2007(1)：57.

④ 晁公武.郡斋读书志：卷四[M]//孙猛.郡斋读书志校证.上海：上海古籍出版社，1990.

⑤ 据《宋史》评价，《字说》一书，“多穿凿附会，其流入于佛、老，一时学者无敢不传习，主司纯用以取士，士莫得自名一说，先儒传注一切废而不用”。

⑥ 绍圣元年翟思语，语出李焘的《续资治通鉴长编・卷八十三》。

《诗话》，僧文莹《湘山野录》等的印版，悉行焚毁。① 宣和五年（公元1123年）七月，他再次下诏："今后举人传习元祐学术，以违制论。印造及出卖者与同罪，著为令。现印卖文集，在京令开封府，四川路、福建路令诸州军毁版。"诏文还说："自崇宁以来，京贼用事，至于苏轼、黄庭坚文集，范镇、沈括之杂说，畏其或记祖宗之事，或记名臣之说，于己不便，故一切禁之。购以重赏，不得收藏。"②朝廷还试图禁毁司马光的《资治通鉴》，因书前有神宗所作的序，才没有下手。

南宋高宗年间，又有王（王安石）学、程（程颐）学之争。禁书的范围再次扩大。绍兴十七年（公元1147年），左修职郎赵公传上言："近年以来，诸路书坊将曲学邪说不中程之文擅自印行，以瞽聋学者，其为害大矣。望委逐路运司差官讨论，将见在版本不系六经子史之中，而又是非颇缪于圣人者，日下除毁。"③所谓"曲学"，是对程颐之学的污称，所禁的曲学之书，就是程学的著作。其实早在绍兴十四年（公元1144年），就有右正言何若建议："自赵鼎倡为伊川（程颐）之学，高闶之徒从而和之，乃有横渠《正蒙书》《圣传十论》，大率务为好奇立异，而流入于乖僻之域。顷缘闶为国子司业，学者争投所好，于是曲学遂行。虽然，凡试于有司者，未有不志于得也。伏望申戒内外师儒之官，有为乖僻之论者，悉显黜之。如此，则专门曲学不攻自破矣。"④

王学、程学之争的背后，其实是秦桧与赵鼎的矛盾。《宋史·选举志》认为："程、王之学，数年以来，宰相执论不一，赵鼎主程颐，秦桧主王安石。"这两个人在高宗时先后担任宰相，是战和之争的领军人物。由于秦桧"赞成和议，自以为功。惟恐他人议己，遂起文字之狱，以倾陷善类"。

这个时期的另一个特点是禁野史。《宋会要辑稿·刑法二》记载高宗绍兴十五年（公元1145年），发生了司马光曾孙司马伋主动要求查禁《司马温公记闻》（又名《涑水记闻》）的事。司马伋的上书中说："建州近日刊行《司马温公记闻》，其间颇关前朝政事。窃缘曾祖光平日论著即无上件文字，妄借名字，售其私说。"高宗于是"诏委建州守臣，将不合开板文字并行毁弃"。

此前一年，"秦桧奏乞禁野史，上曰：'此尤为害事。如靖康以来，私记极不足信'"。其实秦桧担心民间对其有负面的评价，因此图书文字"凡有一言

---

① 无名氏《宋史全文》记载，崇宁二年，徽宗下诏"毁《东坡文集》，《唐鉴》，《马子才文集》，秦学士豫章，三苏《文集》，《东斋记事》，《豫章书简》，《湘山录》，《眉山集》，《别集》，《东坡词》，《刘贡父诗话》，晁、张、黄先生《文集》，秦学士文。"见佚名.宋史全文[M].台北：文海出版社，1970.

②③ 宋会要辑稿·刑法二.

④ 李心传.建炎以来系年要录：卷一五二[M].上海：上海古籍出版社，2008.

一字稍涉忌讳者"[①],都在禁毁之列。此后,"野史之禁兴,告讦之风炽"[②]。在这种情况下,司马伋举报市面上借名司马光的假史书,很可能是撇清关系的无奈之举。[③] 其实不只是司马家,汝阳王明清也将自己先人所辑《国朝史述》以及其他书稿上交,"不复敢留,悉化为烟雾"。另外,绍兴十七年(公元 1147 年),"言者论会稽士大夫家藏野史以谤时政",结果是,"李光家藏书万余卷,其家皆焚之"[④]。

秦桧所禁者还不仅限于野史,日历、起居注、时政之类的官方档案文件,"稍及于己者,悉皆更易焚弃"[⑤]。当然,秦桧禁书还有打击异己,在朝廷推行自己的内政外交路线的目的。[⑥]

这个阶段,由民族矛盾带来的书禁措施越发严厉。沈括在《梦溪笔谈》中记载,神宗时代,"凡国人著述,惟听刊行境内,有传于邻境者死"。哲宗时代,因外交而划定的禁书范围逐渐扩大。

元祐五年(公元 1090 年),哲宗诏令:"凡议时政得失,边机军事文字,不得写录传布。本朝会要、实录,不得雕印,违者徒二年,告者缗钱十万。内国史、实录仍不得传写;即其他书籍雕印者,选官详定,有益于学者,方许镂版。候印讫,送秘书省。如详定不当,取勘施行。诸戏亵之文,不得雕印,违者杖一百。委州县监司、国子监觉察。"[⑦]此类书禁由不许交易演变为不得雕印,呈明显扩大化倾向。这种边事紧张、文化设防的政策对当时的文化传播产生了较大影响。

这条诏令源自苏辙出使北方后,在元祐四年(公元 1089 年)向朝廷的进言。他说,大宋的书籍,"北界无所不有",其中"臣僚章疏及士子策论,言朝廷得失、军国利害,盖不为少,兼小民愚陋,惟利是图,印行戏亵之语,无所不至,若使尽得流传北界,上则泄漏机密,下则取笑夷狄,皆极不便"[⑧]。为了国防安全,禁止时政策论、边事军机的传播还可理解,不过为了国家的体面,连通俗读物都要禁止,实在是因噎废食。这在一定程度上暴露出大宋在处理邦交时的忐忑心态。

---

① 赵翼.廿二史札记:卷十六[M].南京:凤凰出版社,2008.

② 王明清.挥麈录:卷四[M].上海:上海书店出版社,2009.

③ 另一种说法是此为秦桧支持的王学与司马光宿怨导致。见骆玉丽.秦桧禁野史浅析[J].高等函授学报,2010(10):63-65.

④ 李心传.建炎以来系年要录:卷一五六[M].上海:上海古籍出版社,2008.

⑤ 王明清.挥麈后录:卷一[M].北京:中华书局,1961.

⑥ 骆玉丽.秦桧禁野史浅析[J].高等函授学报,2010(10):63-65.

⑦ 宋会要辑稿·刑法二之三八.

⑧ 苏辙.北使还论北边事札子五道[M]//曾枣庄,刘琳.全宋文.上海:上海辞书出版社,2006:358-359.

禁止天文、象法书籍仍旧是这个时期书禁的主要内容。大观元年(公元1107年),徽宗下诏说:“天文等书,悉已有禁,奉法弛慢,私藏盗习尚有之。一被告讦,归诖误抵罪。可令诸路应系禁书限一季首纳,并与免罪。不首,复罪如初。”[①]结果政和三年(公元1113年)仍有臣僚报告:“访闻比年以来,市民将教法并象法公然镂版印卖,伏望下开封府禁止。”[②]徽宗“诏印版并令禁毁,仍令刑部立法申枢密院”。可见朝廷查禁的效果一直不明显。

熙宁八年(公元1075年),朝廷严禁民间私印经书:“诏以新修经义付杭州、成都府路转运司镂版,所入钱封椿库,半年一上中书。禁私印及鬻之者,杖一百,许人告,赏钱二百千。从中书礼房请也。”[③]关于这项禁令产生的原因上一节已讨论过,此处不再赘述。

除了垄断经书的解释权,宋代对其他学术思想也严加防范。宋徽宗大观二年(公元1108年)朝廷下诏:“诸子百家之学非无所长,但以不纯先王之道,故禁止之。”[④]徽宗废百家可能与其崇尚道教的方针有关。禁百家之后,徽宗将矛头指向佛教。重和元年(公元1118年)四月,徽宗下令将佛教中诋毁道、儒二教的书籍尽行焚毁。

据林平统计,这一时期禁书不少于63次,位居宋代各个时期禁书之最。这个时期的显著特点是因人而禁书,为私而废史,书禁逐步走向随意和极端。

第四个阶段是稳定期。从孝宗朝一直到宋末,书禁的类型基本稳定。其一是因为民族问题而禁时务策;其二是因为党禁而书禁;其三是继续禁私史。

南宋淳熙二年(公元1175年)二月,孝宗诏令“自今将举人程文,并江程地理图籍,兴贩过外界货卖或博易者,依与化外人私相交易条法施行”[⑤]。所谓程文,是士子在科举时所作文章之优秀者,里面可能涉及国家对于民族关系的对策。

孝宗淳熙九年(公元1182年)给事中施师点进言:“文字过界,法禁甚严,人为利回,多所抵冒。窃见书坊所印时文如诗、赋、经义、论,因题而作,不及外事。至于策试,莫非时务,而临轩亲试,又皆深自贬损以求直言,所宜禁止印卖。”孝宗于是“诏诸路转运司行下所部州军,将见卖举人时务策并印版日下拘收焚毁,令礼部检坐见行条法,申严禁约,勿致违戾”[⑥]。施师点是南宋

①② 宋会要辑稿·刑法二.

③ 李焘.续资治通鉴长编:卷二百六十六[M].北京:中华书局,2004.

④⑤ 宋会要辑稿·刑法二.

⑥ 宋会要辑稿·选举.

名臣，其建议从国家安全的角度来说，不失中肯。

光宗绍熙四年(公元1193年)六月十九日，又有大臣报告："朝廷大臣之奏议、台谏之章疏、内外之封事、士子之程文，机谋密画，不可漏泄。今乃传播街市，书坊刊行，流布四远，事属未便，乞严切禁止。"于是光宗下诏，要求"四川制司行下所属州军，并仰临安府、婺州、建宁府照见年条法指挥，严行禁止。其书坊见刊板及已印者，并日下追取，当官焚毁，具已焚毁名件申枢密院。今后雕印文书，须经本州委官看定，然后刊行。仍委各州通判专切觉察，如或违戾，取旨责罚"①。将时务策的禁令扩大到奏议、章疏、程文，其实已经没有多少是出于国家安全的考虑，更多是出于控制信息流动的本能。

宁宗时代，韩侂胄力主北伐，战争气氛渐浓。当时颁布的《庆元条法事类》中规定，"缘边事机密，凡时政、边机文书，禁止雕印"，违者要受到"杖一百"或"流三千里"的严厉处罚。其实这不过是对前期政策的重申而已。

宁宗嘉定六年(公元1213年)十月二十八日，有大臣上奏："国朝令甲，雕印言时政、边机文书者皆有罪。近日书肆有《北征谠议》《治安药石》等书，乃龚日章、华岳投进书札，所言间涉边机，乃笔之书，锓之木，鬻之市，泄之外夷，事若甚微，所关甚大。乞行下禁止，取私雕龚日章、华岳文字尽行毁版。其有已印卖者，责书坊日下缴纳，当官毁坏。"②此类书籍，都是官员章疏文字。这从侧面说明当时的民间读者对这类信息有一定需求。由于违法者甚众，处罚措施多以焚毁印版为主，无法获得应有的效果。

宁宗庆元年间，爆发了"庆元党禁"。韩侂胄与赵汝愚之间的政争演化为对理学(道学)的禁止。理学被污为"伪学"，赵汝愚和朱熹等五十九人遭到贬斥。据《宋会要辑稿·崇儒》，庆元二年(公元1196年)，朝廷毁禁的理学书籍包括七先生的《奥论发枢百炼真隐》、江民表的《心性说》、李无纲的《文字》、刘子翚的《十论》、潘浩然的《子性理书》等。庆元四年(公元1198年)，国子监再次焚毁一批"主张伪学，欺惑天下"的书籍。庆元党禁历时六年，四书五经等儒家经典都成为不能引用的禁书。科举考试中，稍涉义理之学者，一律不予录取。

中国历史上的历次党争，都是颠倒是非、党同伐异，毫无底线可言。党争不仅是对文化的摧残，更是对民气士风的败坏。

党禁与史禁是孪生兄弟。《宋会要辑稿》记载，宁宗嘉泰二年(公元1202年)二月二十八日，新差权知随州赵彦卫言："恭惟国家祖功宗德，超冠百王；真贤实能，远逾前代。史馆成书，有《三朝国史》《两朝国史》《五朝国史》，莫

①② 宋会要辑稿·刑法二.

不命大臣以总提，选鸿儒以撰辑，秘诸金匮，传写有禁。近来忽见有本朝《通鉴长编》《东都事略》《九朝通略》《丁未录》与夫语录、家传，品目类多，镂版盛行于世。其间盖有不曾彻圣听者，学者亦信之，然初未尝经有司之订正。乞尽行取索私史，下之史馆，公共考核，或有裨于公议，即乞存留，仍不许刊行。自余悉皆禁绝。如有违戾，重置典宪。”对于私史的审查与禁绝，体现出官方对民间舆论的忌惮和钳制。

两宋虽有开明之名，但所禁书籍相比秦代也不遑多让，基本涉及所有类别的图书。朝廷对禁书持明显的双重态度。民间不许流通的，在统治阶层或可畅行无阻。无论是谶纬、兵书，还是时政、经史，都被当权者垄断了使用权、诠释权甚至定价权。比如从太祖一代起，对谶纬之士的态度都是为我所用者待为上宾，不为所用者流于海岛。至于时政、军机、经史，更是特权阶级的“禁脔”，名义上是为了警惕外敌，更多是为了钳制思想、防范内乱。宋代是出版业的黄金时代，但是这种缺乏制度保证的繁荣注定是脆弱的。

三、出版审查

宋代出版审查与定本制度的思路如出一辙，都是通过事前审查去控制传播内容。有宋一代内外矛盾突出，出版审查主要围绕两个主题：一个是预防边机外泄，可概括为“攘外”；另一个是加强对国人思想的控制，可表述为“安内”。

宋代的出版审查因为边患而获得合法性。宋人张耒曾说：“为今中国之患者，西北二虏也，……君臣不以挂于口而虑于心者，数十年矣。”①在这种焦虑心态之下，限制图书外流成为宋朝君臣构筑心理长城的重要手段。有意思的是，每次因为边患而收紧的图书外流，到最后总能演变为对国内出版的严控。北宋末年，民间有“不管太原，却管太学；不管防秋，却管《春秋》，不管炮石，却管安石”等“十不管”民谣，不啻为当时文化管制“守内虚外”的真实写照，其中逻辑颇堪玩味。

宋人罗壁的笔记《罗氏识遗・卷一》中，描述了宋初的出版状况以及最早的出版审查措施。

> 蔡氏云：古书自篆籀变而为隶，竹简变而为缣素，缣素变而为纸，纸变而为摹印。摹印便而书益轻，后生童子习见以为常，与器物等藏之者，只观美而已。余谓书少而世不知读，固可恨。书多而世不知重，尤可恨也。唐末年犹未有摹印，多是传写，故古人书不多而精审，作册亦

---

① 张耒.柯山集：卷四十[M]//王云五.丛书集成・柯山集附拾遗.北京：商务印书馆，1935.

> 不解线缝，只叠纸成卷，后以幅纸概黏之。（犹今佛老经）其后稍作册子，后唐明宗长兴二年宰相冯道、李愚始令国子监田敏校六经，版行之，世方知镌甚便。宋兴，治平以前，犹禁擅镌，必须申请国子监。熙宁后方尽弛此禁。然则士生于后者，何其幸也！

从这段话中，我们不难体会宋代读书人对于出版及出版自由的态度。罗璧是宋末元初人，先后担任宋、元两代的官员。文中对于出版业的发轫与革新如数家珍；对于晚辈在有书可读的条件下，好藏书而不读书的行为恨恨不已。他披露英宗治平元年（公元 1064 年）以前，曾禁止民间擅刻书籍，刊印书籍必须申请国子监；神宗熙宁元年（公元 1068 年）以后，政府废除此禁令。他感慨道："读书人生于熙宁之后，是多么幸运的事！"

有同样感慨的，还有苏轼。他在熙宁九年（公元 1076 年）说："余犹及见老儒先生，自言其少时，欲求《史记》《汉书》而不可得，幸而得之，皆手自书，日夜诵读，惟恐不及。近岁市人转相摹刻诸子百家之书，日传万纸，学者之于书，多且易致如此。"①

将上述记载两相印证，我们可以就宋廷最早的出版审查情况做一判断。首先，刻印书籍"必须申请国子监"的制度，应该是从宋初开始的，但具体时间、内容和原因均不详；其次，该制度在熙宁年间废止了，苏轼文中"近岁"一词基本确定了这个时间节点；最后，最为重要的是，熙宁年间宋廷"弛禁"的对象应该是民间出版行为，不然不会有"近岁市人转相摹刻诸子百家之书，日传万纸"的说法。②

根据史料，我们对宋代出版审查的起始年代还有进一步的推论。大中祥符二年（1009 年）真宗下诏："读非圣贤之书，及属辞浮靡者，皆严谴之。已镂版文集，令转运司择官看详，可者录奏。"③为了加强文集出版管理，防止"非圣贤之书"，即不符合主流意识形态的内容出现，朝廷诏令各地将已经镂版文集交各路转运司审看后，才可以印刷发行。按照朱传誉的说法，宋代的出版审查机构在"中央是国子监，地方是转运司选官审阅"④。从逻辑上判

---

① 苏轼.苏轼文集：卷一一[M].北京：中华书局，1999：359.

② 有学者提出，宋初的"擅镌"之禁指的是，翻印监本"九经"的人必须先请求国子监批准，以此来保护国子监对于监本的专有权。参见郑成思.中外印刷出版与版权概念的沿革[M]//中国版权研究会.版权研究.北京：商务印书馆，1995：113-115；邓建鹏.宋代的版权问题——兼评郑成思与安守廉之争[J].环球法律评论，2005(1)：71-80.这个说法可能有误，因为整个北宋没有放开过监本的民间翻印。熙宁九年，官方还发布民间翻印《五经正义》之禁。参见李明杰.宋代国子监的图书出版发行[J].出版科学，2007(6)：68-71.

③ 宋史・本纪第七.

④ 朱传誉.宋代新闻史[M].台北：台湾商务印书馆，1967：216.

断,上文罗璧所说的雕版必须“申请国子监”的规定,即确定中央一级审查机构的时间,应该在朝廷确定地方审阅机构之前。可见,宋廷最早的出版审查制度,应该出现在真宗大中祥符二年(公元1009年)之前。

仁宗时代,朝廷对书籍进行出版审查的要求,因为外敌压力而变得迫切。《宋会要辑稿·刑法二之十六》记载,仁宗天圣五年(公元1027年),“中书门下言,北戎和好已来,岁遣人使不绝,及雄州榷场商旅往来,因兹将带皇朝臣僚著撰文章印本传布往彼,其中多有论说朝廷防遏边鄙机宜事件,深不便稳”。中书门下省认为,“防遏边鄙机宜”外泄的源头是民间自行刻印的文集印本。于是仁宗诏令:“今后如合有雕印文集,仰于逐处投纳,附递闻奏,候差官看详别无妨碍,许令开版方得雕印,如敢违犯,必行朝典,仍候断遣迄,收索版印,随处当官毁弃。”

此次朝廷将审查节点提前到刻版之前,即由真宗时代“样本送审”改为“原稿送审”,其用意是从源头上根绝信息外流之患。仁宗此诏还细化了文集出版审查的步骤,首先是“逐处投纳、附递闻奏”,就是递交申请,同时将文本提交;其次是“差官看详”,就是主管官员审看;最后如果没有问题,颁发雕印许可。

不过,朝廷的措施没有取得预想的效果。《宋会要辑稿》记载,仁宗康定元年(公元1040年)再次有诏:“访闻在京无图之辈及书肆之家,多将诸色人所讲边机文字,镂版印卖,流布于外,委开封府密切根捉,许人陈告,勘鞫奏闻。”可见,天子脚下的书店都在肆无忌惮地印卖边机文字。关于朝廷政策难以落实的原因,至和二年(公元1055年)欧阳修在题为《论雕印文字札子》中有所分析:

> 臣伏见朝廷累有指挥禁止雕印文字,非不严切,而近日雕版尤多,盖为不曾条约书铺贩卖之人。臣窃见京城近有雕印文集二十卷,名为《宋文》者,多是当今论议时政之言。其首篇是富弼往年让官表,其间陈北虏事宜甚多,详其语言,不可流布。而雕印之人不知事体,窃恐流布渐广,传入虏中,大于朝廷不便。乃更有其余文字,非后学所须,或不足为人师法者,并在编集,有误学徒。臣今欲乞明降指挥下开封府,访求版本焚毁,及止绝书铺,今后如有不经官司详定,妄行雕印文集,并不得货卖。许书铺及诸色人陈告,支与赏钱二百贯文,以犯事人家财充。其雕版及货卖之人并行严断,所贵可以止绝者。今取进止。

这篇论述不啻为宋朝出版审查的纲领性文件。欧阳修认为,禁令难以生效的原因,不在于出版环节,而在流通环节,即“不曾条约书铺贩卖之人”。他认为,没有买卖就没有印刻。要有效控制信息传播,就要把出版和流通环节都纳入监管。出现违禁行为,不仅要毁版,更要追查流通渠道,惩办书店。

在这篇奏疏中,欧阳修将书籍审查与赵宋"守内虚外"①的国策相结合,提醒朝廷,出版审查的真正目的是净化国内出版环境。他提议将那些"非后学所须,或不足为人师法者,并在编集,有误学徒"的书籍,都纳入出版审查之列。欧阳修的建议虽为朝廷所采纳,但是没有执行多久,因为熙宁改革如期而至。

神宗熙宁年间,新政不断推出。在传播领域,擅镌之禁,包括定本制度都发生了急剧变化。如前文所说,苏轼在熙宁年间发现,原本少见的诸子百家之书,在市场上开始盛行。民间出版"日传万纸",迎来了大爆发。

有意思的是,苏轼的弟弟苏辙于哲宗元祐四年(公元 1090 年)却建议重启擅镌之禁。时任翰林学士的苏辙在出使辽国时,偶然发现其兄苏轼的《眉山集》以及自己的《服茯苓赋》都在北地流传,深为忧虑。于是上书说:

> 若使(宋书)尽得流传北界,上则泄漏机密,下则取笑夷狄,皆极不便。访闻此等文字贩入虏中,其利十倍。人情嗜利,虽重为赏罚,亦不能禁。惟是禁民不得擅开版印行文字,令民间每欲开版,先具本申所属州,为选有文学官二员,据文字多少立限看详定夺,不犯上件事节,方得开行。仍重立擅开及看详不实之禁,其今日前已开本,仍委官定夺,有涉上件事节,并令破版毁弃。如一集中有犯,只毁所犯之文,不必毁全集。看详不实,亦准前法。如此庶几此弊可息也。②

苏辙建议重新出台"擅开"之禁,并提出更为细致的改革办法:将原来地方审查的权力由转运司下放到各州,由各州配文学官二人,根据文字多少,限期结论,如果看详有误,则惩罚当事官员。苏辙特别提出,不能因一文有犯,而祸及全集,只需在文稿中删除该文即可。

元祐五年(公元 1090 年),以苏辙建议为切入点,哲宗诏令:"凡议时政得失、边机军事文字,不得写录传布。本朝会要、实录、不得雕印,违者徒二年,告者缗钱十万。内国史、实录仍不得传写;即其他书籍雕印者,选官详定,有益于学者,方许镂版。候印讫,送秘书省。如详定不当,取勘施行。诸戏亵之文,不得雕印,违者杖一百。委州县监司、国子监觉察。"③苏辙未必预料到,他所提议的有限度的审查会演变为全方位的书禁。限禁种类明显扩

---

① 宋太宗:"外忧不过边事,皆可预为之防。惟奸邪无状,若为内患,深可惧焉。"见李焘.续资治通鉴长编[M].北京:中华书局,2004:2633.

② 苏轼.栾城集[M]//曾枣庄,刘琳.全宋文.上海:上海辞书出版社,2006:358-359.

③ 宋会要辑稿・刑法二.

大,会要、实录、国史,包括通俗、色情之文都在禁止之列。这种“边事有病,文史吃药”的政策对当时的文化传播产生了较大影响。

需要指出的是,在具体审查程序上,哲宗将原来的一次审核变为两次审核。在雕版之前,要将原稿送到官府审定,在雕版之后,将样本送到秘书省再次审查。出版审查制度逐步完善。

徽宗大观二年(公元 1108 年),由于边事再度紧张,宋廷强化出版审查。三月十三日,皇帝诏书中说:“访闻虏中多收畜本朝见行印卖文集书册之类,其间不无夹带论议边防、兵机、夷狄之事,深属未便。其雕印书铺,昨降指挥,令所属看验无违碍,然后印行。可检举行下,仍修立不经看验、校定文书擅行印卖、告捕条禁颁降,其沿边州军仍严行禁止。应贩卖藏匿出界者,并依铜钱法出界罪赏施行。”[①]在军事羸弱,被动防御的情况下,朝廷只能通过出版审查来获得一点心理安慰。

同年七月二十五日,淮南西路学官苏棫上书:“诸子百家之学,非无所长,但以不纯先王之道,故禁止之。今之学者程文,短晷之下,未容无忤,而鬻书之人急于锥刀之利,高立标目,镂版夸新,传之四方。往往晚进小生以为时之所尚,争售编诵,以备文场剽窃之用,不复深究义理之归,忘本尚华,去道逾远。欲乞今后一取圣裁,傥有可传为学者式,愿降旨付国子监并诸路学事司镂版颁行,余悉断绝禁弃,不得擅自卖买收藏。”[②]

苏棫将出版审查的祸水再次引向诸子百家之学,将攘外之策再次内化为思想控制。他要求除官方认可的学术之外,禁弃其他所有学说。这标志着北宋的出版审查再次走向了极端的全面禁书。

事实证明,北宋为防止边患而控制书籍流动的做法于事无补。靖康二年(公元 1127 年),金人侵入汴梁。徽钦二帝与国子监的所有监本都被掳走,更遑论那些所谓边机文字。

南宋时期,朝廷沿袭北宋的出版审查制度,并将其正式列入编敕。南宋谢深甫监修的《庆元条法事类》,收集了南宋初年(公元 1127 年)至庆元年间(公元 1200 年)的法律条文。其中就有“诸私雕文书,先纳所属,申转运司选官详定,有益学者,听印行”[③]的规定。所谓“有益学者”的说法真实反映出朝廷设置出版审查的用意所在。

绍兴十五年(公元 1145 年)太学正孙仲鳌进言:“诸州民间书坊收拾诡僻之辞,托名前辈,辄自刊行,虽屡降指挥禁遏,尚犹未革。欲申严条制,自今

---

①② 宋会要辑稿·刑法二.

③ 谢深甫.庆元条法事类:卷十七[M].北京:国家图书馆出版社,2014.

民间书坊刊行文籍，先经所属看详，又委教官讨论，择其可者许之镂版。”[①]

这段话证明，绍兴年间，擅镌之禁一直施行。由于效果不佳，孙仲鳌要求严格法条，所有刊行书籍，除了主管官员审查以外，还需要“教官”，就是学官讨论判定。高宗从之。神宗年间，苏辙曾经提出过类似建议，但未被采纳。绍兴年间出台的政策应该是两宋时期最为广泛和完备的出版审查措施。而“所属”和“教官”可以说是中国最早的“书报检察官”。

其后宋廷多次重申擅镌之禁。宋孝宗淳熙七年（公元 1180 年）五月己卯，皇帝“申饬书坊擅刻书籍之禁”[②]。宋光宗绍熙四年（公元 1193 年）六月十九日，“臣僚言：‘朝廷大臣之奏议，台谏之章疏，内外之封事，士子之程文，机谋密画，不可漏泄。今乃传播街市，书坊刊行，流布四远，事属未便。乞严切禁止。’诏四川制司行下所属州军，并仰临安府、婺州、建宁府，照见年条法指挥，严行禁止。其书坊见刊版及已印者，并日下追取，当官焚毁；具已焚毁名件，申枢密院。今后雕印文书，须经本州委官看定，然后刊行，仍委各州通判专切觉察，如或违戾，取旨责罚”[③]。

南宋出版业非常繁荣，此处“临安府、婺州、建宁府”以及成都府，都是印刷业比较发达的地区。此诏专门针对地方州府而发，从中不难看出，政府的有限审查力量，在庞大的出版规模面前，确实有心无力。

宁宗嘉泰二年（公元 1202 年），宰相韩侂胄力主北伐，边事又趋紧张。皇帝下诏“令诸路帅、宪司行下逐州军，应有书坊去处，将事干国体及边机军政利害文籍，各州委官看详。如委是不许私下雕印，有违见行条法指挥，并仰拘收缴申国子监，所有版本日下并行毁劈，不得稍有隐漏及凭借骚扰。仍仰江边州军常切措置关防，或因事发露，即将兴贩经由地分及印造州军不觉察官吏根究，重作施行。委自帅、宪司严立赏牓，许人告捉，月具有无违戾闻奏”[④]。虽然殷鉴不远，但朝廷仍然将出版审查作为军事行动的前奏。可惜北伐开始后，宋军节节败退，开禧三年（公元 1207 年），主战派韩侂胄被史弥远谋杀。

两宋时期的出版审查政策一波三折。虽然熙宁时代放开了民间出版自由，但是那只是昙花一现。真正贯穿全宋的，仍然是经过国子监和相关部门“看详”之后，才能刊行的出版政策。不过出于种种原因，这项政策也没有完全落实，仍旧给民间出版留下了足够的发展空间。宋廷出版规制的理论和实践，为后世的各种出版检查和惩防提供了历史依据。

---

① 宋会要辑稿・刑法二.

② 宋史・孝宗本纪.

③④ 宋会要辑稿・刑法二.

第六节　公共批评

赵宋有不“以言罪人”[①]的习惯法，为民众的言论自由提供了相当大的保障。宋人王明清解释说：“太祖有约，藏之太庙，誓不杀大臣、言官，违者不祥。此诚前代不可跂及。”[②]这条祖宗家法基本为后代君主所遵守。

两宋时期舆论空间的成长是一个特殊的历史现象。它是朝堂与士人有效互动的产物。一方面，为贯彻“右文抑武”国策，朝廷承诺为士人议政提供安全保障；另一方面，士人承认赵宋统治的合法性，反贪官不反君王。林语堂认为，宋代的士人运动并无内乱和内讧的特点，其批评对象主要是卑躬屈膝的对外政策和内部的政治腐败。[③] 今人虞云国总结说，士大夫是思想自由的社会主体，而不开杀戒则是言论自由的政策保障，两者在立国百余年间推挽鼓荡，终于使士大夫养成了敢言之气。[④]

在宽松的政治环境下，宋代公共批评[⑤]的深度与广度世所罕见。乡农渔樵、贩夫走卒、勾栏优伶、士子学者都可以自由评论时政。在广泛民间议政的背景下，政府建立的太学继东汉之后，再次成为士人议政的重镇。宋代的两次主要政治运动，策源地都是太学。民间议政与太学生运动相互呼应，构成了两宋公共批评的主要线索。

一、民谣与伶人议政

宋代民间具有较大的言论自由度。南宋初年，宋臣庄绰路过赣州时，派吏卒购买日常用品，但当地人看到他们所付的钱为宋徽宗时铸造的，便拒绝了，说：“是上皇无道钱，此中不使！”[⑥]赣州百姓将宋徽宗视为无道之君，拒不使用带其年号的货币，以行动表达了对昏君的不满和蔑视。

编段子、传民谣是宋代民间议政的主要手段。《水浒传》中“智取生辰纲”一节通过白日鼠白胜之口吟唱过一首北宋民谣：“赤日炎炎似火烧，禾田垅亩半枯焦，农夫心内如汤煮，公子王孙把扇摇。”

---

① 宋仁宗曾说：“朕未尝以言罪人。”宋代程颐指出：“朝廷宽大，不欲以言罪人。”

② 王明清.挥麈后录：卷一[M].北京：中华书局，1961：69.

③ 林语堂.中国新闻舆论史[M].刘小磊，译.上海：上海人民出版社，2008：49-60.

④ 虞云国.中国古代学运的极盛时代——黄现璠先生关于宋代学生运动的研究[M]//田余庆，等.穿透历史.上海：译林出版社，2013.

⑤ “公共批评”的说法沿用林语堂评价宋朝学生请愿时使用的概念。见林语堂.中国新闻舆论史[M].刘小磊，译.上海：上海人民出版社，2008：49.

⑥ 程民生.宋代社会自由度评估[J].史学月刊，2009(12)：27.

城市商业的繁荣，带来了市民阶层的壮大。在剥削加剧、民怨沸腾的情况下，社会上流传的段子便层出不穷。比如徽宗时期，权臣童贯、蔡京投徽宗所好，通过“花石纲之役”搜罗天下奇珍，使得“东南之民，怨入骨髓”。于是就有“打破筒（童贯），泼了菜（蔡京），便是人间好世界”[①]“杀了茼蒿割了菜，吃了羔儿（高俅）荷叶在”[②]的说法在民间流传。

民谣是民众对社会不公直抒胸臆的表达，现实性与感情色彩强烈，矛头直指当朝权贵甚至皇帝本人。宋代笔记和正史中记载了许多民间批评当政者的段子。比如宋代佚名的《大宋宣和遗事》记载了徽钦时期的十多首民谣[③]。择其要者如下：

建中靖国元年（公元 1101 年），殿中侍御史龚夬上表奏言：“臣闻蔡卞落职太平州居住，天下之士，共仰圣断。然臣窃见京、卞表里相济，天下知其恶。民谣有云：‘二蔡一惇（章惇），必定沙门；籍没家财，禁锢子孙。’又童谣云：‘大惇（章惇）、小惇（安惇），入地无门；大蔡（京）、小蔡（卞），还他命债。’百姓受苦，出这般怨言。但朝廷不知之耳！”可见，民间对权臣的风评被拿来作为朝中政治攻击的依据。

徽宗大观四年（公元 1110 年），“上颇垂意花石，勔初才致黄杨木三四本，已称圣意。后岁岁增加，遂至舟船相继，号作花石纲。专在平江置应奉局，每一发辄数百万贯，搜岩剔薮，无所不到”。徽宗因为朱勔[miǎn]的马屁而兴起“花石纲之役”。当时民间有诗讽刺徽宗：“神霄新殿耸云端，像塑青华带道冠。竭力劳民运花石，不堪炮石碍游观。”

靖康元年（公元 1126 年）正月，边事紧张。徽宗下“求言诏”。其实每当金人犯边时，徽宗就会下求言之诏，但危机一过往往故态复萌，“阻抑言者”。于是当时民谣说：“城门闭，言路开；城门开，言路闭。”

同年，徽宗逊位，钦宗即位，将宰相王黼窜永州。王黼[fǔ]当政时公然卖官，受贿无数，京师的民谣说：“三百贯，曰通判；五百索，直秘阁。”意思是三百贯可买一个地方通判，五百两可买一个秘阁官员。

正史比如《宋史》中也记载了三十多首两宋的民谣。[④] 上至皇帝本人，下至朝廷重臣，都可能是民间批评的对象。其中有褒扬的，《宋史・赵昌言传》记载太宗时期，“四人者（陈象舆、胡旦、董俨、梁灏）日夕会昌言第。京师为

---

① 吴曾.能改斋漫录[M].上海：上海古籍出版社，1979.

② 杨慎.古今风谣[M]//杨慎.风雅逸篇古今风谣古今谚.上海：古典文学出版社，1958.

③ 一说 13 首，见蔡金成.宋代民间歌谣的研究[D].南京：南京师范大学，2012.不过据本人统计，该笔记中涉及民谣应该近 20 首。

④ 蔡金成.宋代民间歌谣的研究[D].南京：南京师范大学，2012.

之语曰：‘陈三更，董半夜。’”这就是后世“三更半夜”一词的来历。此类民谣中著名的还有“关节不到，有阎罗包老（包拯）”“撼山易，撼岳（岳飞）家军难”“前张（义）后杨（泰之），惠我无疆”等。贬抑的比如上文提到的讽刺章惇、安惇的“大惇小惇，殃及子孙”等。不难发现，宋时民间议政指向性很强，大多是民众针对具体官员的评价。

《宋史》中还记载了光宗年间民间对于皇帝本人的批评。淳熙十六年（公元1189年），宋孝宗让位于儿子宋光宗。然而，光宗即位后却对孝宗不孝，甚至一年多不去探望。民谣以“汝亦不来我家，我亦不来汝家”来批评崇孝之朝的皇家丑态。

值得一提的是当时批评货币政策的民谣：“使到十八九，纸钱飞上天。”由于宁宗开禧年间纸币发行泛滥，严重贬值，这首民谣以大宋国运作谶，诅咒朝廷发行的纸币只能发行到十八九界[①]，然后就要给朝廷撒纸钱了。当时宰相贾似道畏惧此谶，在第十八界（公元1264年）时不再发行纸币。1276年，蒙古军队攻占临安，距此不过十二年。

关于民谣之管理政策，可见仁宗皇佑四年（公元1052年）二月四日给开封府的诏令：“比闻浮薄之徒作无名诗，玩侮大臣，毁訾朝士，及注释臣僚诗句以为戏笑。其严行捕察，有告者优与恩赏。”[②]

民谣不过是两宋民间议政的冰山一角，当时的普罗大众还以不同的艺术方式讽刺时政。北宋神宗时有“台官不如伶官”[③]的说法，意思是御史台言官的影响力还不如一个勾栏优伶大。神宗熙宁年间，王安石力主改革，凡是反对改革的朝廷大臣，或贬或窜。

> 故臣名士，往往力陈其不可，且多被黜降，后来者乃寝结其舌矣。当是时，以君相之威权而不能有所帖服者，独一教坊使丁仙现尔。丁仙现时俗但呼之曰“丁使”。丁使遇介甫法制适一行，必因燕设，于戏场中乃便作为嘲诨，肆其诮难，辄有为人笑传。介甫不堪，然无如之何也，因遂发怒，必欲斩之。神庙乃密诏二王，取丁仙现匿诸王邸，二王者，神庙之两爱弟也。故一时谚语，有“台官不如伶官”。[④]

于是朝堂之上万马齐喑，唯有教坊使丁仙现通过戏场不断嘲笑新政。王安石恼羞成怒，谋划杀掉他，神宗得知后，命令自己的弟弟将丁仙现保护了起来。丁仙现是个很聪明的人，作为朝廷的教坊使，其所排曲目，主要供内廷饮宴娱乐助兴之用。他为自己辩护说：“前朝老乐工，间有优诨及人所

---

① 界为纸币发行周期，若干年为一界。

② 李焘.续资治通鉴长编·卷一七二[M].北京：中华书局，2004.

③④ 程民生.宋代社会自由度评估[J].史学月刊，2009(12)：27.

不敢言者，不徒为谐谑，往往因以达下情。故仙现亦时时效之。”他借用古代“采诗、陈诗”的传统，拿出“工执艺事以谏”的规矩，非常有技巧地说明自己讽刺官员的合法性。

其实，讽刺官场是戏剧舞台上惯用的包袱。其源流可远溯至春秋时郑、卫的娱乐事业。当然，官方的教坊，尤其是民间的勾栏，通过戏谑诲淫诲盗的官员获得挖苦和娱人的效果，其主要目的是吸引观众、“吐槽”社会，主观上未必有下情上达、为民请命之自觉。

宋人魏泰在笔记《东轩笔录》中说：“五代任官，不权轻重，凡曹椽簿尉，有龌龊无能以至昏不任驱策者，始注为县令。故天下之邑，率皆不治，甚者诛求刻剥，猥迹万状。至今优诨之言，多以长官为笑。”正是因为残酷的现实，才会有舞台上的发泄丑化和嬉笑怒骂。当时有官员难以接受权威受到讥讽，指责说：“俳儿优子，言辞无度，非所以导仁义，示雍和也。”[①]不过在当时“言者无罪”的大环境下，他们也无可奈何。

笔记《夷坚志丁集》记载，南宋秦桧当政时期，有一年省试，秦桧的儿子秦熺，侄儿秦昌时、秦昌龄都榜上有名。一时间“公议籍籍，而无敢辄语”。不过开春后在瓦市之中，却有两个伶人说起了“对口相声”：

> 甲：今年的主考一定是彭越。
>
> 乙：没听过本朝有此官员。
>
> 甲：彭越就是汉朝的梁王啊。
>
> 乙：彭越是古人，已死千年，怎么可能？
>
> 甲：因为上次省试主考是楚王韩信，所以今年是彭越。
>
> 乙：胡说八道！
>
> 甲：因为取三秦者，只有韩信啊！[②]

这显然是拿“秦门三子”中举来取笑。由于当时秦桧权倾朝野，此笑料“四座不敢领略，一哄而出”。秦桧知道后，碍于习惯法，“亦不敢明行谴罚”。

不过，习惯法在绝对权力面前仍然脆弱。绍兴十五年（公元1145年），秦桧获高宗赏赐宅邸，大摆筵宴时有伶人演出，唱词中有“尔但坐太师交椅”“此（二圣）环（还）掉脑后何也”之语，举座失色。秦桧大怒，忍无可忍地将这

---

① 叶廷珪.海录碎事：卷一六[M].北京：中华书局，2002.

② 原文如下：“壬戌省试，秦桧之子熹，侄昌时、昌龄，皆奏名。公议籍籍，而无敢辄语。至己丑春首，优者即戏场误为士子赴南宫，相与推论知举官为谁，指侍从某尚书某侍郎当主文柄。优长者非之曰：‘今年必差彭越。’问者曰：‘朝廷之上不闻有此官员。’曰：‘汉梁王也。’曰：‘彼是古人，死已千年。如何来得？’曰：‘前举是楚王韩信，彭越一等人，所以知今为彭王。’问者嗤其妄。且扣厥指笑曰：‘若不是韩信，如何取得他三秦。’四座不敢领略，一哄而出，秦亦不敢明行谴罚云。”

些伶人入狱,其中有人死于狱中,从此“语禁始益繁”①。可见,人治政府对于言论的宽容度是有限的。

相比之下,高宗的反应宽容得多。张端义的《贵耳集》载,绍兴初年,太尉杨存中进献二圣环,当时也有伶人在场,其冒言曰:“可惜二圣环只放在脑后。”高宗虽为之变色,但因为“工执艺事以谏”的规矩并未加罪于此人。

对于戏剧内容的管理,宋代可见者有若干。一条是周密的《癸辛杂识》外集记载的“皇城司杂敕:府倡优不得以近臣、三教诸般为戏”。另一个是陈淳的《北溪文集》卷二十七“上傅寺丞论淫戏”条陈:

> 某窃以此邦陋俗,当秋收之后,优人互凑诸乡保作淫戏,号乞冬。群不逞少年,遂结集浮浪无赖数十辈,共相倡率,号日戏头,逐家裒物,豢优人作戏,或弄傀儡。筑棚于民居丛萃之地,四通八达之郊,以广会观者。至市廛近地四门之外,亦争为之不顾忌。今秋自七八月以来,乡下诸村,正当其时,此风在滋炽。其名若曰“戏乐”,其实所关利害甚大:一、无故剥民膏为妄费;二、荒民本业事游观;三、鼓簧人家子弟玩物丧恭谨之志;四、诱惑深闺妇女外出动邪僻之思;五、贪夫萌抢夺之奸;六、后生逞斗殴之忿;七、旷夫怨女邂逅为淫奔之丑;八、州县二庭纷纷起狱讼之繁。甚有假托报私仇,击杀人无所惮者。其胎殃产祸如此,若漠然不之禁,则人心波流风靡,无由而止,岂不为仁人君子德政之累?谨具申闻,欲望台判,按榜市曹,明示约束,并帖四县,各依指挥,散榜诸乡保,申严止绝。如此则民志可定,而民财可纾,民风可厚,而民讼可简,阖郡四境皆被贤侯安静和平之福,甚大幸也。

据《西山文钞》,由于闽南俳优演剧成风,泉州知事真德秀认为其有碍农事和民风,曾于宋绍定(公元1228—1233年)年间,告示各州县“莫看百戏”。据《朱子守漳实迹纪》,宋光宗绍熙元年(公元1190年),时任漳州知府的朱熹,再次颁文严禁,于是“……俗之淫荡于优戏者,在悉屏戢奔遁”。不过这种乡村田野间庸俗露骨的棚戏根本无法禁绝,直到今天仍旧存在。

民间议政是宋代普遍的社会现象,由于其草根性,对于国家政策制度的影响往往是间接和潜在的。当然,它也为士人议政提供了源源不断的素材和舆论的支援。

---

① 岳珂.桯史[M].北京:中华书局,1981.

二、士人议政与太学生运动

士人议政的盛行与赵宋"兴文教，抑武事"[①]的国策有很大关系。太祖开国之初确立了"与士大夫共治天下"[②]的理念。今人许倬云认为，文官政治是中国专制社会自我完善和发展的必然结果。为获得治国理政的最佳效果，"中国的皇帝不得不与庞大的文官集团共治天下，内廷与外朝的区分，颇同今日企业组织董事会与公司抗衡相似"[③]。

宋代的"文教"，是文官政治、科举选官和学校教育三位一体的制度体系，其中又以兴办官学为基础。按宋臣胡瑗在《松滋县学记》中的说法，"致天下之治者，在人材；成天下之材者，在教化；职教化者，在师儒；弘教化而致之民者，在郡邑之任；而教化之所本者在学校"。宋代官学分中央与地方两类。在京师主要为国子学与太学。庆历四年(公元1044年)，仁宗下诏"天下皆立学，置学官之员"，此后各地皆设州县学，"四方万里之外，莫不皆有学"[④]。据《续资治通鉴长编拾补》统计，崇宁三年(公元1104年)，全国官办学校学生总数达到21万多人。

宋廷还大力鼓励私学。朱熹记叙道："惟前代庠序之教，不修士病无所于学。往往相与择胜地，立精舍，以为群居讲习之所。而为政者乃或就而褒表之。若此山(石鼓山，指石鼓书院)，若岳麓，若白麓洞之类是也。"[⑤]两宋私学繁盛，民间开办的书院有数百所，各地村镇开设的私塾与蒙童学馆，则难以计数。[⑥]

宋代教育体系的一个重大改革是官学中国子学与太学的合并。太学本为国子学三馆(广文、太学、律学)之一，庆历四年从国子学中分立，成为士庶子弟混杂的普通官学。而国子学只有三品以上官员、国公子孙才能入学，学生来源狭窄。到北宋后期，国子学式微，学生总共200多人，太学的学生数则达到了3 800人。太学逐步成为中央官学的主体。崇宁三年(公元1104年)，国子学停止招生。

另一个重大改革是由蔡京推动的"地方三舍法"(公元1102年)以及"八

---

① 李焘.续资治通鉴长编：卷十八[M].北京：中华书局，2004.

② 语出神宗时文彦博。李焘的《续资治通鉴长编・卷二二一》中记载，神宗说："更张法制，于士大夫诚多不悦，然于百姓何所不便？"文彦博的回答是："为与士大夫治天下，非与百姓治天下也。"实际上，宋太祖时便有类似的在各级岗位中任用文官的说法。

③ 许倬云.历史大脉络[M].桂林：广西师范大学出版社，2009：32.

④ 欧阳修.吉州学记.另可见迈柱.湖广通志[M].台北：台湾商务印书馆，1983.

⑤ 朱熹.衡州石鼓书院记[M]//朱熹.朱熹集.成都：四川教育出版社，1996.

⑥ 张全明，张舜.宋代人的读书风气与高雅境界[J].安徽师范大学学报，2009，37(1)：30.

行法”（公元 1107 年）。前者将地方学生分为三个等级，建立起毕业生升迁制，优秀的学生可以不分家庭背景地被选送到太学就读；后者则规定，“士有善父母为孝、善兄弟为悌、善内亲为睦、善外亲为渊、信于朋友为任、仁于州里为恤、知君臣之义为患、达义利之分为和，凡有上述八行实状”①者，可以免试补为太学生。此政策为更多人提供了到太学就读的机会。今人田耕宇认为，这种最高学府向下层地主阶级，甚至工商业者和自耕农开放的局面，无疑对宋代文化的整体提升有极大的促进作用。②

太学的性质决定了它的两面性。它首先是政府机关，是官方推行教化的工具，是大批官员的出身之所。宋人叶适说：“崇、观间，以俊秀闻于学者，旋为大官。宣和、靖康所用误朝之人，大抵学校之名士也。”③太学由于在意识形态和政治领域的重要地位，遂成为政治角逐的中心。

其次，它又具有体制外的特点，学生来源比较“接地气”，与草根民众保持联系。特别是在外敌压境、国内政治败坏的情况下，太学成为公共批评的重镇，甚至是多次政治运动的策源地。

宋代太学生批评时政，褒贬政要，始于神宗熙丰年间。④ 辨其初衷，则是出于党争。据《资治通鉴》记载，熙宁四年（公元 1071 年），苏颂之子苏嘉为太学生，在策论中借王莽、后周变法事，批评新政，虽然得到学校优等的评价，但是激怒王安石。王安石一怒之下尽逐学官，代之以改革派官员。宋神宗感叹道：“太学生好雌黄人物，虽执政官亦畏其口。”⑤自此，太学有“无官御史台”之称。⑥

太学生议政盛行于大观年间。徽宗大观三年（公元 1109 年），当时金兵越过长城，逐步逼近中原。内忧外患之下，太学生陈朝老上书弹劾当朝权臣：“陛下即位以来，凡五命相，有若韩忠彦之庸儒，曾布之赃污，赵挺之蠢愚，蔡京之跋扈。今复相执中何为者耶？是犹以蚊负山也，亦无损于山，若以斯人治天下，臣恐天下坠甑矣”⑦。在上书中，他列举了蔡京蠹国之罪十四条，主要是其摇摆不定的国策与外交事务的失误。

---

① 李焘.续资治通鉴长编：卷二十七[M].北京：中华书局，2004.

② 田耕宇.宋代右文抑武政策对宋型文化形成的影响[J].西南民族大学学报，2005，26(2)：212.

③ 叶适.水心集[M].北京：北京线装书局，2004：378.

④ 邓之诚提出，“熙丰之际，已稍有上书言事者”。引自黄现璠.宋朝太学生救国运动[M].上海：商务印书馆，1936：序.也可见王曾瑜.三学生、京学生与宋朝政治[J].燕京学报，2010，29(11)：111-126.

⑤ 李焘.续资治通鉴长编：卷二二六；卷二二八；卷二九九[M].北京：中华书局，2004.

⑥ 王曾瑜.三学生、京学生与宋朝政治[J].燕京学报，2010，29(11)：111-126.

⑦ 徐自明.宋宰辅编年录：卷十二[M].北京：中华书局，1986.

准备上书弹劾的还有太学生李彪："大观中，士人李彪，久留太学，慷慨好直言，睹时政之弊，欲上书论其事。蔡氏之党知之，乃密以告。元长（蔡京）大怒，付狱推治"[①]。虽然当政者极力钳制，但是太学生议政已经渐成风气。此时士人议政的性质，开始转变为沟通民意、外抗强敌、内惩腐败之政治活动。林语堂与黄现璠都将徽宗大观年间作为宋朝学生请愿之始。[②]

君主本人也避免不了太学生的评价。《大宋宣和遗事》记载，宣和二年（公元1120年）十一月，朱勔以花石纲谄媚徽宗，致民怨沸腾。有太学生邓肃上十诗，讥讽徽宗。一首诗中说：

灵台灵囿庶民攻，乐意充周百姓同。

但愿君王安百姓，圃中何日不春风。

蔡京将诗献给徽宗，鼓动道："太学生诗文以谤陛下，若不杀之，恐效尤成风，党锢之祸可鉴也。"徽宗不答，只是将邓肃取消学籍，放归乡里。

宋代针对太学生的言禁措施，以徽宗时期为最。《文献通考》记载，徽宗曾下诏："三舍生言涉诬讪并异论者，悉遣归其乡自讼斋拘之。"所谓"自讼斋"就是地方郡县设置的专门用来拘押诽谤朝政之人的场所。由此，"学规以谤讪朝政为第一等罚之首"[③]。对待士人议政，宰相蔡京则更是严苛，"不许士大夫读史作诗"[④]。马端临指出："自崇宁以来，京贼用事，以学校之法驭士人，如军法之驭卒伍，大小相制，内外相辖，一容异论者居其间，则累及上下学宫，以黜免废锢之刑待之。"[⑤]

不过在边事紧张的徽宗末年，对太学生的禁锢已经无法实现。宣和七年（公元1125年）十二月二十七日，金兵不断推进，朝政崩坏。陈朝老与陈东等太学生，再次发起了弹劾请愿行动，上书说道："今日之事，蔡京坏乱于前，梁师成阴谋于后，李彦结怨于西北，朱勔结怨于东南，王黼、童贯又结怨于辽、金，创开边隙。宜诛六贼，传首四方，以谢天下。"[⑥]学生的"伏阙上书"[⑦]得到了朝廷内外舆论的支持。靖康元年（公元1126年）正月初三，也就是上书的第五天，钦宗下诏将朱勔放归田里，贬黜王黼，赐李彦死，籍没其家资。半

---

① 曾敏行.独醒杂志：卷三[M].上海：上海古籍出版社，1986.

② 林语堂.中国新闻舆论史[M].刘小磊，译.上海：上海人民出版社，2008：51；黄现璠.宋代太学生救国运动[M].上海：上海商务印书馆，1936：绪论.

③ 沈作宾，等.嘉泰会稽志：卷一[M].北京：商务印书馆，2013.

④ 洪迈.容斋随笔[M].上海：上海古籍出版社，2014.

⑤ 马端临.文献通考[M].北京：中华书局，1986.

⑥ 宋史・忠义传.

⑦ 多指直接向皇帝上书奏事，此处特指读书人向朝廷请愿。宋陆游在《跋临汝志》中说："（欧阳澈）建炎初伏阙上书，论大臣误国。"清末有康有为公车上书，也同此义。

年之内，所谓“六贼”，或被处死，或死于疾病和仇杀。

史学家黄现璠将此时的太学生请愿称为“救国运动”，并总结说它的起因有四：一是强敌之压迫，二是朝臣之懦弱，三是小人之恣虐，四是舆论之援助。① 所谓舆论之援助，就是指强大民意的呼应。

最大规模的太学生请愿活动发生在靖康元年（公元 1126 年）二月初五。朝廷在金人的威逼下，罢免主战派李纲。陈东带领几百名太学生，在宣德门外上书请愿：“在廷之臣，奋勇不顾、以身任天下之重者，李纲是也，所谓社稷之臣也。其庸缪不才、忌疾贤能、动为身谋、不恤国计者，李邦彦、白时中、张邦昌、赵野、王孝迪、蔡懋、李棁之徒是也，所谓社稷之贼也。”②宣德门前最终聚集了声援太学生的开封军民数万人。当时李邦彦恰巧退朝而出，被军民痛打，逃回宫中。开封府知府威胁太学生说：“胁天子可乎？ 胡不退?”太学生回答：“以忠义胁天子，不愈于以奸佞胁之乎?”知府无言而退。钦宗见事态严重，只能答应恢复李纲等人的职务。

此次请愿完全是一场自发的运动，事先没有严密的组织，但随着情势发展，太学生个人的活动逐渐升格为集体性的群众运动，这在宋代开了先例。③黄现璠认为：“宋代太学生救国运动，以此次最为激烈，亦最有价值。”④虽然太学生的请愿活动获得了成功，但是官方对于类似政治运动则提高了警惕，南宋初一度下令禁止伏阙上书。

陈东本人因为连续八次上书上了朝廷的黑名单。南宋初，陈东得知李纲罢相之后再次上书，说皇帝不当即位，建议留李纲为相，罢免奸臣黄潜善和汪伯彦。官家纳言的涵养终于到了极限，在朝臣的怂恿下，宋高宗亲下御批，处死陈东与另一个上书直言的布衣士子欧阳澈。

《四朝闻见录》记载，高宗于绍兴四年（公元 1134 年）为陈东与欧阳澈平反，自省道：“古之人，愿为良臣，不愿为忠臣，惟尔东尔澈，其殆有意为忠臣乎。虽然，尔不失为忠臣，而天下后世，顾谓朕何如主也。”

秦桧执政期间，一方面对太学生上书加以严禁，另一方面开始以官途和利益动摇学生之志。宋代叶适的《水心别集》卷十三“学校”云：“朝廷以为倡乱动众者，无如太学之士。及秦桧为相，务使诸生为无廉耻以媚己，而以小利啖之，阴以拒塞言者。士人靡然成风，献颂拜表，希望恩泽，一有不及，谤议喧然。故至于今日太学尤弊，遂为姑息之地。”不过此风并不长久。秦桧

---

① 黄现璠.宋代太学生救国运动[M].上海：上海商务印书馆，1936：绪论.

② 宋史·忠义传.

③ 王曾瑜.三学生、京学生与宋朝政治[J].燕京学报，2010，29(11)：111-126.

④ 黄现璠.宋代太学生救国运动[M].上海：上海商务印书馆，1936：绪论.

死后，太学生黄作、詹渊等人上书议政，宋高宗当即“诏作、渊皆送五百里外州编管”，以为镇压。

绍兴三十年(公元1160年)，和战之争再起。高宗命汤思退等人主持北伐。思退为秦桧余党，踟蹰不前。“于是太学生张观等七十二人，上书论思退、王之望，尹穑等奸邪误国，招致敌人，请斩之，思退忧悸死。”①此前，朝廷一再防止士人伏阙上书。参知政事周葵威胁太学生说：“靖康军兴，有不逞之徒，鼓倡诸生伏阙上书，几至生变。若蹈前辙，为首者重置典宪，余人编配。”②但太学生不为所动，坚持上书。

“和战之取舍”③是南宋士人议政的焦点。从绍兴三十一年(公元1161年)到咸淳九年(公元1273年)的百年间，太学生上书缕缕不绝。其中著名者有：宋苞、程宏图主张武力抗金；何处恬谏免工部尚书胡椝；陈宗、陈宜中等六人上书抨击丁大全；黄恺伯率一百四十四名太学生弹劾史嵩之；叶李、萧圭批评贾似道误国；郭昌子献救亡之策，等等。

南宋太学生上书的另一个重点是“君主之行止”和“宰臣之进退”。太学生对于国家的关心演变为对朝堂的舆论监督。绍熙二年(公元1191年)，光宗纵情享受，宫中糜烂，朝堂无人敢说话。只有太学生余古上书，直言其作为是亡国之兆。绍熙四年(公元1193年)，太上皇孝宗重病，光宗不去探望。太学生汪安仁召集二百人，龚日章召集百人先后伏阙上书。光宗无奈之下，被迫到重阳宫朝见，但之后仍然享乐如旧。太学生于是作《劝乐行表》以讽之，其中有“周公欺我，愿焚《酒诰》于通衢；孔子空言，请束《孝经》于高阁”④之语。

太学生对于朝臣的监督则更见严厉。理宗时代，宰相史嵩之丁忧，拔擢亲信为替，为自己的起复做铺垫。太学生先后掀起三次声势浩大的弹劾行动，阻碍其复职。被迫退居十年后，史嵩之被理宗复职。但在太学生的口诛笔伐下，史嵩之再次致仕，郁郁而终。

另有御史中丞何澹，母亲去世本该丁忧，但是恋栈不去。太学生乔嚞、朱有成写信批评他：“谓足下自长台谏，此纲常之所系也。四十余年，以所生继母事之，及其终也，反以为生不逮而持心丧，可乎？奉常礼所由出，顾以台谏给舍议之，识者有以窥之矣。”⑤何澹这才离职而去。何澹出自太学，由于

① 宋史·汤思退传.
② 黄现璠.宋代太学生救国运动[M].上海：商务印书馆，1936：275.
③ 黄现璠.宋代太学生救国运动[M].上海：商务印书馆，1936：序.
④ 罗大经.鹤林玉露：卷十三[M].北京：中华书局，1977.
⑤ 宋史·何澹传.

排斥道学，太学生敖陶孙提议将其从学籍记录中除名，不料因此获罪，“掠治无完肤”，“送岭南编管”。

比较有名的还有驱赵运动。赵师睾以拍马屁闻于朝野。庆元四年（公元1198年），他迁工部侍郎，知临安府（京尹）。《宋史》记载：“（韩）侂胄尝与众官饮南园，过山庄，指其竹篱茅舍曰：‘此真田舍间气象，所惜者欠鸡鸣犬吠耳。’少焉，有犬嗥于丛薄之下，亟遣视之，京尹赵侍郎也。侂胄大笑。”嘉定二年（公元1210年），由于对其审判的案件有分歧，武学生周源发起免去赵师睾职务的倡议，太学生与教员群起响应。之后发展到学生罢课、教官请辞的地步。后宁宗被迫免去赵的职务。赵师睾的继任者余晦、程覃、马光祖都因为太学生的攻击而去职。京尹竟成为让官员胆寒的职位。

对于南宋时期士人议政的声势与影响，宋人周密有另一个角度的评述：“三学之横，盛于景定、淳祐之际。凡其所欲出者，虽宰相台谏，亦直攻之，使必去权，乃与人主抗衡。或少见施行，则必借秦为喻，动以坑儒恶声加之，时君时相略不敢过而问焉。其所以招权受赂，豪夺庇奸，动摇国法，作为无名之谤，扣阍上书，经台投卷，人畏之狼虎。若市井商贾，无不被害，而无所赴诉。非惟京尹不敢过问，虽一时权相如史嵩之、丁大全，不恤行之，亦未如之和也。”[①]

此时，太学近乎成为君权、相权之外的另一个权力中心，其意志可以与君权与相权抗衡。周密认为权力降临同时带来了寻租行为，比如太学生收受贿赂去建言，他认为失去制约的太学生批评破坏了正常的政治秩序和社会秩序。林语堂针对这种情况评价说，虽然太学生的公共批评很可能陷入了党派之争的窠臼，但是这些颠覆旧传统、让统治者头疼的行为未必对整个民族有害。[②]

实际上，公共空间的权力化为统治阶层招安原本软弱的知识分子创造了条件。除了各种寻租行为之外，权臣蔡京、贾似道在太学的蜕变中充当了重要的角色。王应麟的《困学纪闻》载：

> 邓志宏谓：“崇宁以来，蔡京群天下学者，纳之黉舍，校其文艺，等为三品。饮食之给，因而有差。旌别人才，止付于鱼肉铢两间。学者不以为羞，且逐逐然贪之。部使者以学官成坏为州县殿最。学校之兴，虽自崇宁，而学校之废，政由崇宁。盖设教之意，专以禄养为轻重，则率教之士，岂复顾义哉？崇宁学校之事，概见于此。昔之所谓率教者犹若此，今之所谓率教者又可见矣。”

蔡京将天下学者分为三品，各有不同礼遇，这就是“以禄养为轻重”的教

---

① 周密.癸辛杂识[M].上海：上海古籍出版社，2012.

② 林语堂.中国新闻舆论史[M].刘小磊，译.上海：上海人民出版社，2008：57.

育方针。当政者兴致盎然，为学者不以为羞，学校之废就从这里开始了。

而贾似道则极力笼络太学生，通过改善食堂伙食使餐有鱼肉、设立奖学金、增拨学田的办法改善与太学及其学生的关系。这种将太学生的视野从社会转向眼前利益竞争的障眼法产生了效果。知识分子陷于利益挣扎的同时，士人风骨和议政勇气则不复存在。太学生“虽目击似道之罪，而噤不敢发一语，及贾要君去国，则上书赞美，极意挽留，今日曰师相，明日曰元老，今日曰周公，明日曰魏公，无一人敢少指其非”①。周密因此痛心疾首。

太学生的堕落往往成为后人诟病士人议政之由。民国史学家邓之诚认为，这是一种本末倒置的逻辑推理，“不当辨其事之是非，而当问其为处常处变，其言矜夸，人亦偶或荡佚失检，而其心则未尝不可谅。以视徒据高位，缪为解事，甘心屈辱者，情志固有间矣，此其事所以足传也”。他进一步指出，“或谓匹夫干政，处士横议，非盛世所宜，此所论者盛世耳。若天下有道，则士各勤其业，虽危言危行，其事亦不显。金人构难，非常之变，安可以盛世例之”②。

---

① 周密.癸辛杂识[M].上海：上海古籍出版社，2012.

② 黄现璠.宋代太学生救国运动[M].上海：商务印书馆，1936：邓之诚序.

第十章
以宽得之:元代传播政策

元代统治者眼中的天下不是以中原文明为轴心的同心圆,而是一个无中心的开放、多元世界。[①] 蒙元以民族制度[②]入主中原九十七年(公元1271—1368年)[③],虽然民族间等级森严,但是在文艺、出版、宗教和跨文化传播等诸多方面,呈现出超越前朝的宽容性。

这种开放的管理模式既来自幅员广大、多民族融合的社会环境和"马上得之、马上治之"[④]的粗放式执政传统,也来自汉法迟滞、管理手段落后的现实局限。所谓"用真儒以得天下,而不用真儒以制天下"[⑤]。一方面,取汉法、尊儒学、重用北方汉人,体现出当政者不拘一格、海纳百川的统治气魄;但另一方面,他们对于汉文明发自内心地忌惮。汉族文士,尤其是江南士人被排斥出官僚体制。元末明初学者叶子奇评价说:"元朝天下,长官皆其国人(蒙人)是用,至于风纪之司,又杜绝不用汉人、南人。宥密之机,又绝不预闻矣。其海宇虽在混一之天,而肝胆实有胡越之间。"[⑥]

元初到仁宗皇庆三年(公元1314年)停废科举。其结果是,不仅士人"被西风吹断功名泪",一些附着于成熟文官政治的统治政策也无由传承。皇庆

---

① 姚大力语。葛兆光,等.殊方未远:古代中国的疆域、民族与认同[M].北京:中华书局,2016:39.

② 王利器.元明清三代禁毁小说戏曲史料[M].上海:上海古籍出版社,1981:1.

③ 元朝的时间跨度一般有两种理解。一种指公元1271年以元为国号起到公元1368年灭亡为止,古有"元朝享国不及百年"之说。另一种指成吉思汗公元1206年建国到公元1368年灭亡为止。明人编纂的《元史》,便是从太祖亦即成吉思汗开始的。

④ 孟森.明史讲义[M].上海:上海古籍出版社,2002:17.

⑤ 孔齐.至正直记:卷三[M].上海:上海古籍出版社,1987:99.

⑥ 叶子奇.草木子[M].北京:中华书局,1959:81.

二年(公元1313年)虽一度恢复科举,但仁宗的《行科举诏》却特别声明"举人以德行为首,试艺则以经术为先,词章次之。浮华过实,朕所不取"的方针。于是终有元一代,词章之士始终受到排斥。①

才华之士散落在民间,给世俗文艺创作提供了前所未有的智力储备。王国维提出:"余则谓元初之废科目,却为杂剧发达之因。盖自唐宋以来,士之竞于科目者,已非一朝一夕之事,一旦废之,彼其才力无所用,而一于词曲发之。"②日本汉学家青木正儿补充说:"蒙古人的爱好歌舞癖和强制推行俗语文,这两件事在助成杂剧的盛行上,大概具有重大的关系。"③

元朝文化管制的宽松,固然与统治阶层的管理思路有关,但或许是整个国家缺乏制度建设的大环境所致。《元史》描述,"君臣之间,唯知轻典之为尚"④;史学家孟森认为,自有史以来,以元代为最无制度,所出台的法律,大多满足眼前之患,缺乏"长治久安之法度"⑤。比如对民间戏曲演出的管理,主要是为了防止民众聚集、酿成治安问题。⑥

宫廷与民间的联袂"狂欢",无法弥合深刻的社会裂痕,也没有给天下带来长治久安。洪武元年(公元1368年),明太祖朱元璋问元政得失,大臣马翌答道:"元有天下,以宽得之,亦以宽失之。"朱元璋补充道:"以宽得之则闻之矣,以宽失之未闻也,元季君臣耽于逸乐,驯至沦亡,其失在纵弛,实非宽也。"宽容和纵弛是元代传播政策所呈现出的一体两面。

第一节　十六天魔舞

朱元璋批评元朝君臣因"耽于逸乐"而失去天下,在史书中多有例证。其中以"十六天魔舞"最为有名。《元史》载,至正十四年(公元1354年):"顺帝怠于政事,荒于游乐,以宫女三圣奴、妙乐奴、文殊奴等十六人舞'十六天魔舞'。"权衡《庚申外史》载,到至正十九年(公元1359年),陈友谅、张士诚、朱元璋等割据势力坐大,帝国风雨飘摇,顺帝仍然痴迷于此,甚至在皇城中"建清宁殿,外为百花宫环绕殿侧……又酷嗜天魔舞女,恐宰臣以旧例为言,

① 查鸿德.元代作家队伍的雅俗分流[J].西南民族大学学报,2009(12):186.

② 王国维.宋元戏曲史[M].上海:上海古籍出版社,1998:77.此书中,王国维对沈德符的《万历野获编》和臧懋循的《元曲选序》中所说蒙古时代(南宋尚存),曾以词曲取士,并为元杂剧兴盛之因的说法大加驳斥。可参见胡淑芳."元以曲取士"说述略[J].中国戏曲学院学报,2005(8):45-48.

③ 青木正儿.元人戏剧概说[M].隋树森,译.北京:中国戏剧出版社,1957:8.

④ 元史·刑法一.

⑤ 孟森.明史讲义[M].上海:上海古籍出版社,2002:17.

⑥ 王利器.元明清三代禁毁小说戏曲史料[M].上海:上海古籍出版社,1981:1.

乃掘地道，盛饰其中，从地道数往就天魔舞女。以昼作夜，外人初不知也”。为掩人耳目，顺帝挖地道前往舞女处，日夜狂欢。

在明初士人的眼中，十六天魔舞被认为是元朝灭亡的祸端之一。明初国子监祭酒宋讷的《壬子秋过故宫》诗云：“禁路随人不忍行，临风立马倍伤情。千年王室山河壮，万里宫车社稷轻。金鼎夔龙兴圣殿，紫驼部落受降城。凭谁为问天魔女，唱得陈宫玉树声？”

十六天魔舞是元代晚期宫廷乐舞的代表。其雏形据考证来自藏传佛教之金刚舞。元代周宪在《王宫词》中写道：“背番莲掌舞天魔，二八华年赛月娥。本是西河参佛曲，来把宫苑席前歌。”由此观之，十六天魔舞本是河西（今宁夏、甘肃、青海）一带民间流传的赞佛乐舞。该舞表现的是菩萨拒绝天魔以色相诱的宗教故事。创编者据推测是噶玛噶举派黑帽系的上师。[①] 因该舞蹈与双修[②]有关，被元顺帝作为白日宣淫之用。不过，此舞的流变反映出元代民族文化融合的状况，尤其是胡乐输入的过程中，官方、宗教和民间在文艺传播领域的互动。

元代崇佛，尤尚喇嘛教。1253 年，忽必烈在远征大理途中，于六盘山接受萨迦派教主八思巴灌顶，皈依藏传佛教。世祖中统元年（公元 1260 年），忽必烈尊藏传佛教萨迦派首领八思巴为国师。关于这段历史，《元史》评价说：“元起朔方，固已崇尚释教，及得西域，世祖以其地广而险远，民犷而好斗，思有以因其俗而柔其人，乃郡县土番之地，设官分职，而领之于帝师。”如此看来，元世祖此举有通过佛教巩固河西地区（西北边疆）的政治目的。

至元七年（公元 1270 年），世祖“以帝师八思巴之言，于大明殿御座上置白伞盖一，顶用素段，泥金书梵字于其上，谓镇伏邪魔获安国刹。自后每岁二月十五日，于大明殿启建白伞盖佛事，用诸色仪仗社直，迎引伞盖，周游皇城内外，云与众生祓除不祥，导迎福祉”[③]。政教结合之下，宗教仪式被用来神化和巩固皇权。从此，“白伞盖佛”仪式每年举行一次，成为宗教传播、朝廷教化的盛典。

元政府将藏传佛教引入中原腹地，应该有通过宗教信仰加强汉地政治、文化统治的考虑。在官方有意识的推动下，藏传佛教迅速向中原渗透。河西礼佛乐舞的十六天魔舞，很可能在此时进入汉地。史载佛教普及的过程中，大量使用了歌舞、扮演等传播形式。元代民间有“说法队”，演员通过化装为佛、菩萨等形象，宣传佛教教义，引导人们弃恶从善、归信佛法。说法队

---

① 黎国韬.十六天魔舞源流考[J].西藏研究，2010(2)：60.

② 双修是藏传密宗的修持之法，参见黎国韬.十六天魔舞源流考[J].西藏研究，2010(2)：61.

③ 元史・祭祀六.

扮演的角色以及佛教故事内容慢慢地融入汉地民间文艺。在元杂剧中，出现了十六天魔、四大天王等形象，并发展出专门的“十六天魔戏”。可以说，宗教内容对中原民间文艺的浸染是元代宗教传播的重要侧面。

有意思的是，宗教形式的世俗化却未必为统治者所乐见。至元十八年(公元1281年)十一月初二，作为民间杂剧的“十六天魔戏”被朝廷禁止。这是元朝历史上罕见的针对某一具体戏目的禁令。据《元典章·刑部十九》记载：

> 御史台承，奉中书省札付：据宣徽院呈，提点教坊司申，闰八月廿五日，有八哥奉御、秃烈奉御，传奉圣旨："道与小李，今后不拣甚么人，十六天魔休唱者，杂剧里休做者，休吹弹者；四天王休妆扮者；骷髅头休穿戴者。如有违犯，要罪过者。"钦此。

“宣徽院”是蒙汉结合的宫廷机构，主要执掌内廷事务，尤其是“燕享宗戚宾客之事”[①]。“提点教坊司”隶属宣徽院，是主管文艺的机构，负责艺人培训、乐舞编排并向朝廷推荐戏目。这道指令因教坊司建议而起，由忽必烈用蒙文口谕，然后由奉御官八哥、秃烈，用汉、蒙文传旨。此诏俚俗色彩浓厚，提到的“小李”可能是教坊中乐舞的负责人，主要内容是禁止在民间杂剧中表现(包括扮演和传唱)十六天魔；禁止在戏曲中出现四大天王形象，以及在乐舞中不能以骷髅头为饰物等。

关于教坊司提议禁止十六天魔戏的原因，史书并无明文解释。史家一般有以下几种猜测。其一是创制此乐舞的噶玛噶举派黑帽系得罪了朝廷；[②]其二是因其形式多淫，流入民间后于风化有伤；[③]其三是民间将佛教乐舞的内容吸收进了杂剧，触犯了佛教的尊严。[④] 藏传佛教传入中原的百余年间，影响力大致局限于宫廷和上层贵族，这种情况是统治阶层有意为之还是存在其他原因，尚需进一步探究。

不论出于何种原因，此法令都与官方的教化政策有关。防止国家典仪出现世俗化，甚至色情化的倾向，对维护等级秩序、政教威严意义重大。《元典章》卷五八中有“禁做金翅雕”“禁金翅雕皮帽顶儿”等服饰方面的禁令，其目的大概与此相同。当然，这种直接干涉演出内容和形式的禁令在《元典章》中极其少见。

针对民间的禁令并没有妨碍十六天魔舞摇身一变成为宫廷舞乐。至正

---

① 元史·百官志.

② 黎国韬.十六天魔舞源流考[J].西藏研究，2010(2)：60.

③ 王福利.元朝的崇佛及其相关的乐舞内容[J].徐州师范大学学报，2002(6)：70-77.

④ 云峰.试论元代统治者对元杂剧创作之影响[J].黑龙江民族丛刊，2006(5)：86.

十四年（公元1354年）。元顺帝妥懽帖睦尔下令编制乐舞“十六天魔舞”以赞美佛教。据《法苑珠林·佛钵部》记载，该舞主要表现形式是：

> 首垂发数辫，戴象牙佛冠，身被璎珞，大红绡金长短裙，金杂袄，云肩，合袖天衣，绶带鞋袜，各执加巴剌般之器，内一人执铃杵奏乐。又宫女一十一人，练槌髻，勒帕，常服，或用唐帽、窄衫，所奏乐用龙笛、头管、小鼓、筝、纂、琵琶、笙、胡琴、响板、拍板，以宦者长安迭不花管领，遇宫中赞佛，则按舞奏乐。宫官受秘密戒者得入，余不得预。

据考证，此舞很可能是根据民间流传的十六天魔舞，由教坊司改编而成。① 瞿佑的《天魔舞》云“新声不与尘俗同，绝技颇动君王睹”，也佐证了这个舞蹈推陈出新的转化过程。由此或许可以推测，至元十八年（公元1358年）的禁令并没有得到有效执行。

此舞进入宫廷后，被赋予了更多功能。顺帝酷爱此舞，极有可能是痴迷于其中的双修之法，《元史·哈麻传》云：“帝乃诏以西天僧为司徒，西番僧为大元国师。其徒皆取良家女，或四人、或三人奉之，谓之供养。于是，帝日从事于其法，广取女妇，惟淫戏是乐，又选采女为十六天魔舞”；也可能跟他笃信秘密法有很大关系，如他让嫔妃受大喜乐佛戒，还让人教太子秘密法。②

从“宫官受秘密戒者得入，余不得预”的说法来看，此舞初期对观礼人群有着严格限制，只有内宫及大臣之中受戒者才能参与。不过从各类记载判断，此舞逐渐走出内宫，观众也不限于受戒者。有学者指出，此舞广泛出现于宴饮、庙会等多种场合。③ 元臣萨都剌的《上京杂咏》描写了在上京观看十六天魔舞的情况：“凉殿参差翡翠光，朱衣华帽宴亲王。红帘高卷香风起，十六天魔舞袖长。”

虽然十六天魔舞取自民间，但是经皇家改造后的舞蹈，无疑代表着宫廷的时尚和上层的风气。贵族的审美倾向转而对民俗产生影响。各地名门贵胄，往往在社交筵宴中加入天魔舞作为助兴演出。杨维桢的《王左辖席上夜宴》诗中有“南国遗音夸壮士，西蛮小队舞天魔”之语。据今人王颋考证，十六天魔舞在以平江（今江苏苏州市）、杭州（今浙江杭州市）、绍兴（今浙江绍

---

① 王颋.妆女组队——“天魔”舞的传播及渊源[M]//王颋.西域南海史地研究.上海：上海古籍出版社，2005：276-292.这说明虽有禁令，但天魔舞在民间仍有传承。

② 邹代兰，郑莉.浅谈十六天魔舞[J].九江学院学报，2008(4)：105.《庚申外史》说：“帝尝谓倚纳曰，太子苦不晓秘密佛法，秘密佛法可以益寿。乃令秃鲁贴木儿教太子秘密佛法，未几，太子亦惑溺于邪道也噫。”

③ 邹代兰，郑莉.浅谈十六天魔舞[J].九江学院学报，2008(4)：103.

兴市)等路为中心的"浙西""浙东"的地区尤为普及。[①] 盘踞在该地区的反元义军也被此风侵染。明初长谷真逸《农田余话》中记载元末张士诚割据平江时,"国弟张士信,后房百余人,习天魔舞队,珠玉金翠,极其丽饰"。此事不知真伪,不过将天魔舞与最终败亡的张士诚阵营相联系,颇合明初主流意识。

十六天魔舞是元代宫廷乐舞的极端案例。将一支乐舞作为"九重城阙烟尘飞,一榻之外无可依"[②]"自古国亡缘女祸,天魔直舞到天涯"[③]的罪魁,当然是夸大其词。不过此舞倒是作为特殊的注脚解释了元代礼乐教化政策的失败。国家创立者一度强调礼乐的作用,太祖、世祖对国家礼乐建设关心备至。皇家郊祀送神乐《庆明之曲》有云:"礼成乐备,灵驭其旋。济济多士,不懈益虔。文教兹首,儒风是宣。佑我!"但是在特殊的文化情境下,统治者对于儒家礼乐的运用浅尝辄止,流于形式;上行下效的多为奢靡好乐之风。瞿佑描述,此风最盛之时,"中书右相内台丞,袖无谏章有曲谱"[④]。

朱元璋将元代的短促归于"逸乐"与"纵弛",这是从政治角度进行的解读。从文化的角度看,元朝统治者的宽容,客观上让艺术得以脱离政治化的枷锁,为其自由发展打开了方便之门。

第二节 礼乐之殇:教坊司沉浮

元代教坊司是文艺创作兼主管机关。由于统治阶层的俗乐偏好,教坊司在官僚体系中的地位远超唐宋、明清诸朝。其品级从元初的从五品,到元中期一度达到正三品。相比之下,元代国子监的品秩不过从三品而已。延祐二年(公元1315年),担任教坊使的伶人曹咬住被元仁宗任命为礼部尚书。宰相张珪极力反对:"伶人为宗伯,何以示后世!"[⑤]皇帝无奈收回成命。不然,曹咬住可能会是中国历史上行政级别最高的艺人。

在"正统"官员的眼中,教坊司一直是插科打诨的小丑形象。天历元年(公元1328年),阁僚将官吏任免的预案提交皇帝审阅,"文宗以笔涂一人姓

---

① 王颋.妆女组队——"天魔"舞的传播及渊源[M]//王颋.西域南海史地研究.上海:上海古籍出版社,2005:276-292.

② 瞿佑《天魔舞》诗结尾说:"天魔舞,不知危,高丽女,六宫妃,西番僧,万乘师。回纥种类皆台司,汉儿回避南人疑。天魔舞,乐极悲。察罕死,孛罗归,铁骑骤,金刀挥。九重城阙烟尘飞,一榻之外无可依。天魔舞,将奈何?"

③ 西隐集·客北平闻行人之语感而成诗.

④ 语出瞿佑《天魔舞》。

⑤ 元史·列传第六十二.

名，而缀将作院官间间之名。自当言：'间间为人诙谐，惟可任教坊司，若以居风纪，则台纲扫地矣。'文宗乃止"[①]。文宗准备将将作院官间间拔擢为"风纪"之官（御史），当时的御史自当劝谏说，间间此人诙谐有趣，只适合担任教坊司官员，如果担任御史一类的官员，则朝廷纲纪与体面不复存在。

朝廷内部对教坊司的身份争议经常表面化。元统元年（公元1333年）正月，群臣朝贺于大明殿。元惠宗要求教坊使侍立"正班"，以备问询。但是大朝会纠仪官、监察御史朵尔直班拒不执行，因为按规矩，教坊官只能排在百官之后，而"百官逾越班制者，当同失仪论"。他与传旨的御史大夫撒迪产生了激烈争论。撒迪威胁说："御史不奉诏耶？"朵尔直班干脆说："事不可行，大夫宜覆奏可也。"[②]大意是，这事坏了规矩，绝不可行，你直接回奏即可。

教坊司的兴衰荣辱，都源于它的出身。它虽然拥有较高的品阶，受到皇帝看重，但由于世俗出身，仍然为主流官僚体系所排斥。具体而言，在元朝的礼乐系统中，有"雅乐"与"燕乐"之分。"雅乐"专门在郊庙祭祀时使用，是国家礼乐的核心，其乐器和乐曲都有固定程式，一般传世不变；"燕乐"是宴享时演奏的音乐，旨在提供娱乐气氛，多吸收当时的民间音乐和其他民族的音乐。[③] 孔子所恶的"郑卫之音"，指的就是后者。自古以来，类似燕乐者素为礼仪之士所不喜。元廷或许缺乏"真儒"之治，但还是会偶尔表现出某些传统治理取向。

主管雅乐的"太常寺"和主管燕乐的"教坊司"和"凤仪司"，是官方主要的礼乐机构。它们的制度变迁，折射出元代在推行教化和鼓励世俗文艺方面的基本取向。

所谓"礼乐征伐自天子出"。礼乐在中国历史上一直是维护等级秩序，提供政权合法性的文化象征。蒙古人本无严谨的礼乐传统。"朝会燕飨之礼，多从本俗"[④]。在四方征伐的过程中，他们逐渐建立起相关制度。《元史·礼乐志》记述了元代礼乐制度的源起："若其为乐，则自太祖征用旧乐于西夏，太宗征金太常遗乐于燕京，及宪宗始用登歌乐，祀天于日月山，而世祖命宋周臣典领乐工，又用登歌乐享祖宗于中书省。"

按《元史》记载，"太祖初年，以河西高智耀言，征用西夏旧乐"[⑤]。这是蒙古大汗使用礼乐的最早记载，说的是太祖成吉思汗在平定西夏时，征用了西

---

① 元史·列传第二十七.

② 元史·列传第二十六.

③ 陈高华.元朝宫廷乐舞简论[J].学术探索，2005(6)：124-129.

④ 元史·礼乐志.

⑤ 元史·礼乐志.一说征用西夏旧乐的为元世祖忽必烈，参见陈高华.元朝宫廷乐舞简论[J].学术探索，2005(6)：124-129.此处从《元史》。

夏礼乐。礼乐之制，与国玺一样，具有国器的地位。在侵伐过程中，征用当地的社稷之礼，是新政府宣示统治合法性的重要手段。

征伐金国的时候，出现了同样的情景。太宗窝阔台汗五年（公元 1233 年），蒙古围困金治下的东京汴梁（今开封）。“初汴京未下，耶律楚材奏遣使入城，索取孔子五十一代孙、袭封衍圣公元措，令收拾散亡礼乐人等。”[①]城池尚未攻破，蒙古丞相耶律楚材就将孔子的后人孔元措保护起来，让其招揽礼乐人才，为统治中原做准备。同年，汴梁攻陷，大批士人北徙。时任东平路详议官兼提举学校的宋子贞多方赈救文士，且荐用之。七年（公元 1235 年），子贞被任命为“参议东平路事兼提举太常礼乐”，负责礼乐建设等事宜。公元 1234 年蒙古灭金以后，耶律楚材认为“以儒治国”的时候到了，建议“定制度、议礼乐、立宗庙、建宫室、创学校”等。[②]

窝阔台汗十年（公元 1238 年），孔元措向蒙古汗廷请求整理、搜集因战乱散落民间的礼乐人士、礼册乐器等。汗廷降旨将“亡金知礼乐旧人”及其家属遣赴东平，“令元措领之，于本路课税所给其食”。十一年（公元 1239 年），“元措奉旨至燕京，得金掌乐许政、掌礼王节及乐工翟刚等九十二人”。十二年（公元 1240 年）夏四月，“始命制登歌乐，肄习于曲阜宣圣庙”。十六年（公元 1244 年），“太常用许政所举大乐令苗兰诣东平，指授工人”[③]。

太常礼乐第一次出现在君主的祭天仪式中是在宪宗蒙哥汗二年（公元 1252 年）。大汗“闻曲阜有太常雅乐，命东平守臣辇其歌工、舞郎与乐色、俎豆、祭服至日月山。帝亲临观，饬东平守臣，员阙充补，无辍肄集”[④]。不过这次演出相当艰苦，乐工从东平（今山东泰安东平）出发前往青海日月山，五月十三日上路至八月七日抵达，整个行程将近三个月。观看演出后，皇帝要求东平官员加强乐工的人员储备和集中培训，以备国用。

元世祖中统元年（公元 1260 年），东平礼乐进入京城。忽必烈于中都（今北京）立太常寺（后为太常礼仪院），并召东平礼乐人“用新制雅乐享祖宗于中书省”。太常之设古已有之，秦时称奉常，汉以后为太常。元太常寺“掌大礼乐、祭享宗庙社稷、封赠谥号等事”。由于掌握国家重器，太常寺在政治体

---

① 耶律楚材.湛然居士文集[M].北京：中华书局，1986.

② 他的“以儒治国”的方案，在《西游录》中已有简要的记述，那就是“定制度、议礼乐、立宗庙、建宫室、创学校、设科举、拔隐逸、访遗老、举贤良、求方正、劝农桑、抑游惰、省刑罚、薄赋敛、尚名节、斥纵横、去冗员、黜酷吏、崇孝悌、赈困穷”。

③ 元史·礼乐志.

④ 元史·姚枢传.此事迹《元史》记载为宪宗蒙哥汗，但另有考证为忽必烈之误。参见陈高华.元朝宫廷乐舞简论[J].学术探索，2005(6)：124-129.此处从《元史》。

系中占据重要位置。其品秩长期维持在正二品,负责人甚至由大司徒或翰林学士高配。比如元成宗时的银青荣禄大夫、大司徒兀都带,就“领太常寺事”。

太常寺设四大部门:太庙署,“掌宗庙行礼”;郊祀署,“掌郊祀行礼”;社稷署,祭土地、五谷之神;大乐署,“掌管礼生乐工”。庙祀、郊祀和社稷是国家最重要的祭祀仪式,而“大乐”即“大成乐”,指的就是上述仪式中所奏之曲,也称雅乐。大乐署的乐工队伍就是以东平乐工为基础,分成登歌、宫县两个乐队。“凡乐郊社、宗庙则用宫县工三百有一人;社稷则用登歌工五十有一人。”①

“礼”与“乐”是国家祭典(庙、郊、社)的两个核心内容。而国家祭典的意义和内容,重在教化,如前引皇家郊祀送神乐《庆明之曲》所说:“礼成乐备,灵驭其旋。济济多士,不懈益虔。文教兹首,儒风是宣。佑我!”

在建设太常礼乐系统的同时,燕乐系统也开始建立。中统元年(公元1260年),蒙元设“仙音院”(后称玉宸院),这是仪凤司的前身。最初,仪凤司“秩正四品,掌乐工、供奉、祭飨之事”,下设云和署“掌乐工调音律及部籍更番之事”、安和署“职掌与云和(署)同”、常和署“管领回回乐人”、天乐署“管领河西乐人”。

中统二年(公元1261年),设立教坊司。教坊司“秩从五品,掌承应乐人及管领兴和等署五百户”,下设兴和署“掌天下优人”、祥和署“掌杂把戏”、广乐库“掌乐器等物”②。仪凤、教坊二司功能上有所交叉重叠,在制度变迁中,结构和人员不断调整。③

燕乐系统参与的最大规模的演出活动是至元七年(公元1270年)开始的“游皇城”仪式。这一年,忽必烈接受帝师八思巴的建议,举行“白伞盖佛”仪式,并安排礼乐队伍周游皇城。这成为对元代官方文艺团体的大检阅。游皇城的路线是从崇天门(约今午门)出宫,到东长安街的庆寿寺(原双塔寺),再到北海南岸,最后从皇城后门——东华门回来。这次游行活动中,仪凤、教坊两司艺人全部出动,皇家仪仗首尾排列近30里:“教坊司云和署掌大乐鼓、板杖鼓、筚篥、龙笛、琵琶、筝、纂七色凡四百人;兴和署掌妓女杂扮、队戏一百五十人;祥和署掌杂把戏男女一百五十人;仪凤司掌汉人、回回、河西三色细乐,每色各三队凡三百二十四人。”(《元史·祭祀志》)

粗略计算,两司参加游皇城的舞乐人员即达千人以上。在演出内容上,

---

① 元史·礼乐志.蒙古太常与大乐令之设,在太宗时代就有记载,《元史》有前后矛盾之处。

② 元史·礼乐志.

③ 陈高华.元朝宫廷乐舞简论[J].学术探索,2005(6):124-129.

各民族、各门类文艺形式兼容并呈。“游皇城”仪式逐渐发展成整个大都的节日庆典。元代笔记《析津志·岁记》记载，每当二月十五日，皇城内“凡社直一应行院，无不各呈戏剧”；“仪凤、教坊诸司乐工戏伎竭其巧艺呈献，奉悦天颜。次第而举，队子唱拜，不一而足”。这项活动从一个侧面反映出官方鼓励民间文艺的态度。

教坊司是元代最重要的文艺主管部门，是大元乐府[①]的缔造者。教坊之设始于唐代。武德时禁中设内教坊习雅乐，供庙祀宴飨之用；开元二年，玄宗于太常寺外，置内教坊于蓬莱宫侧，掌雅乐，左右教坊于宫外，掌俳优杂技；两宋、金、西夏等朝承袭唐制，皆设教坊司而职司略有调换。元代教坊沿袭旧制，但功能更趋复杂，兼顾礼仪、朝会、燕享、乐户、民间文艺管理等职能。

元代教坊司首先是皇家娱乐活动的提供者。叶子奇在《草木子》中云：“散乐则立教坊司，掌天下妓乐。有驾前承应、杂戏、飞竿、走索、踢、弄、藏等伎。”从这个角度看，教坊司一方面是官方文艺作品的创作和文艺活动组织者，另一方面是民间与官方文艺作品的沟通者，不断将草根创制的精彩的文艺节目引荐至朝堂，其中就包括在市井中盛行的杂剧。后世所传许多元杂剧结尾有“使命”上场封赠，宣读敕语，或者“谢万万岁当今圣明主”“永保皇图万万龄”等曲文。这些程式表明它们是承应宫廷的作品。

据记载，元代内宫所演出的杂剧剧目，包括《伊尹扶汤》《尸谏灵公》《吕蒙正》等。[②] 其中，《尸谏灵公》[③]由于蕴含的忠君精神，被统治者大加赞赏，统治者遂要求“奉宣赍与中书省，各路都教唱此词”。此事说明当时的统治阶层在通过文艺作品进行风俗教化方面并非无所作为。

教坊司还是民间文艺管理者，“掌天下妓乐”。前引至元十七年（公元1281年）忽必烈关于查禁“十六天魔”的诏令，就是由教坊司提议，并由教坊司监督执行的管理法令。不过这种管理规定在元法令中相当稀少，说明教坊司对于世俗文艺的干预力度可能并不大，主要还是为了向统治者提供娱乐素材。

由于统治者对俗乐的偏好，以及元代世俗文艺的普及和发达，教坊司在

---

① 元代罗宗信的《中原音韵·序》曰：“世之共称唐诗、宋词、大元乐府，诚哉！”

② 兰雪主人的《元宫词》云：“尸谏灵公演传奇，一朝传到九重知，奉宣赍与中书省，各路都教唱此词。”“初调音律是关卿，《伊尹扶汤》杂剧陈。传入禁苑宫里悦，一时咸听唱新声。”杨维桢的《元宫词》描述：“开国遗音乐府传，白翎飞上十三弦。大金优谏关卿在，《伊尹扶汤》进剧编。”明代姚旅的《露书》卷十三载：“元大内杂剧，许讥诮为谑。尝演《吕蒙正》。”

③ 《孔子家语·困誓第二十二》记载，卫国大臣史鱼推荐贤良，揭露奸邪，不为国君采纳，死后则以尸谏。卫灵公被打动，采纳了他的意见。

元代官僚体系中占据了显赫的位置。据《元史·百官志》记载,中统二年(公元 1261 年)教坊司刚设时,为从五品机构;至元十二年(公元 1275 年)升正五品;十七年(公元 1280 年)改提点教坊司,隶宣徽院,秩正四品;二十五年(公元 1288 年)隶礼部。"大德八年(公元 1304 年)升正三品。延祐七年(公元 1320 年)复正四品。"元代礼部尚书不过正三品,教坊司在大德年间竟达到这个品秩,远高于唐、宋、明、清诸朝。

即便如此,文艺官员仍旧难以进入"正班"。原因在于,元代统治者对俗乐的重视只是在玩乐方面,并未将其纳入国家教化和管理的框架之中。《元史》记载泰定二年(公元 1325 年),吏部尚书、大朝会纠仪官曹元用建议,太医、仪凤、教坊等官,在朝会之时"不当序正班,当自为一列,后皆行之"。文宗天历二年(公元 1329 年),礼部主事陈思谦进言:"教坊、仪凤二司,请并入宣徽,以清礼部之选。其官属不当与文武臣并列朝会,宜置百官之后、大乐之前。"诏从之。

雅俗之争,历来有之。一般看法是,雅乐是礼教之乐,燕乐则是娱乐之乐,甚至是"淫声"乃至"亡国之音"。孔子"恶郑声",恐其乱雅,将教化功能纳入文艺的评价标准。蒙元时期由于统治者的俗乐之好与汉儒传统相悖,争议久在朝堂。

明初人士多将元亡的原因归于纵欲好乐。不过,顺帝的丞相脱脱在《宋史·乐志》中,借蜀人房庶之口,为元代统治阶层俗乐偏好辩护:"世所谓雅乐者,未必如古,而教坊所奏,岂尽为淫声哉!"当然,他也认为,"由今之器,寄古之声,去怗滞靡曼而归之中和雅正,则感人心、导和气,不曰治世之音乎!"只可惜,在当时风气之下,俗雅恰如其分、各归其位是难以达成的。

第三节 茅山诗案与文字政策

元世祖至元二十六年(公元 1289 年),茅山道士许道杞状告士人梁栋在诗文中"谤讪朝廷,有思宋之心"。茅山诗案是揭示元廷文化管制走向的标志性案件。元人孔克齐的《至正直记》[①]对此有记载:

> 宋末士人梁栋隆吉先生有诗名。以其弟中砥为黄冠,受业三茅山(今江苏句容茅山),尝往还,或终岁焉。一日,登大茅峰,题壁赋长句,有云:"大君上天宝剑化,小龙入海明珠沉。……安得长松撑日月,华阳

---

① 《至正直记》,又称《静斋至正直记》《静斋类稿》,四卷,元孔克齐撰。此书是作者元末避兵四明时所作。书中记载了许多元代社会的掌故、典章,还论及书画、戏剧、文物收藏和有关诗词本事等内容,多为作者所见所闻,其中不乏怪诞不经、因果报应之事。

世界收层阴。”隆吉先生每恃己才，藐忽众人，众人多憾之，且好多言。一黄冠者与隆吉有隙，诉此诗于句容县，以为谤讪朝廷，有思宋之心。县上于郡，郡达于行省，行省闻之都省，直毁屋壁，函致京师，救梁公系于狱。不伏，但云：“吾自赋诗耳，非谤讪也。”久而不释。及礼部官拟云：“诗人吟咏情性，不可诬以谤讪。倘使是谤讪，亦非堂堂天朝所不能容者。”于是免罪放还江南。

梁栋是前朝遗民，平日爱好吟咏，为人特立独行。因其弟在茅山入道，于是经常往来其间，有时一住大半年。一日前往大茅山，兴之所至，题写《大茅峰》一诗。茅山道士许道杞与梁栋有隙，将此诗举报到句容县，称其谤讪朝廷，思念旧朝。官司一直打到礼部。

茅山诗案其实还有段前戏。宋末元初周密的《癸辛杂识》记载：“梁栋，字隆吉，镇江人，登第，尝授尉，与莫子山甚稔。一日，偶有客访子山，留饮，作菜元鱼为馔，偶不及栋，栋憾之，遂告子山尝作诗有讥讪语，官捕子山入狱。久之，始得脱而归，未几病死。余尝挽之云：‘奏邸狱成杯酒里，乌台祸起一诗间。’”梁栋本人曾经以“讥讪语”状告密友莫子山，导致后者入狱，回家后病死。其原因竟然只是莫子山没请他吃元鱼（甲鱼）。按时间推断，这大概是至元十六年（公元 1279 年）前后的事。周密曾作诗挽悼莫子山，这件事可信度颇高。

孰料同样的事十年后发生在梁栋自己身上。梁栋在大茅山因为与许道人交恶，被告谤讪。周密记载，梁弟在茅山上受到许道士的优待，于是梁栋带着家人也想优惠共沾，被许拒绝，二人反目。按照周密的版本，有心人为了坐实罪证，还将诗中“碧云遮断天外眼”一句改为“浮云暗不见青天”，据此上告朝廷，以为必然定谳。

“谤讪朝廷”在宋代是重罪。苏轼因乌台诗案而远窜，南宋也多有谤讪案例。遗民们一般认为元廷也会严厉查办。不过有意思的是，此案由县转到郡，由郡转到行省，由行省转到都省，各级官员对此缺乏章程。最后裁判此事的不是刑部而是礼部，判定结果也大出原告之意外。礼部的意见包括两个方面：第一，士人的吟咏，发乎情性，不能以诽谤来论罪；第二，朝廷应该可以接受批评的意见。所谓“倘使是谤讪，亦非堂堂天朝所不能容者”，可一窥其时统治思路的宽容。

梁栋虽然被免罪放还，但这件事却给他造成无法磨灭的心理阴影。此后，他作诗再也不留底稿。学生不明其故，他只能含糊其词：“吾诗堪传，人将有腹稿在。”

关于梁栋的结局，周密有简略记载：“于是捕至建康狱，未已病死。此恢恢之明招也。”周密对梁栋本人并无好感，并未提礼部判定和免罪放还之事。

茅山诗案四年后，又出现了一件类似的案件。担任集贤待制的冯子振因为曾经作诗赞美过罪臣桑哥，受到弹劾。《宋史》记载，至元二十九年（公元1292年），“中书省臣言：‘妄人冯子振尝为诗誉桑哥，且涉大言，及桑哥败，即告词臣撰碑引谕失当，国史院编修官陈孚发其奸状，乞免所坐，遣还家。’帝曰：‘词臣何罪！使以誉桑哥为罪，则在廷诸臣，谁不誉之！朕亦尝誉之矣。’”

这又是一个妄施于人、反诸己身的案件。桑哥是世祖朝的尚书右丞相、宣政院使，位极人臣。忽必烈甚至特批在大都为其立“德政碑”，可见圣眷之隆。至元二十八年（公元1291年），桑哥因贪赃鬻爵被下令处死。此前，冯子振在诗中曾盛赞过桑哥，但其事发后，又转而要求严惩撰写“德政碑”的官员。此举让一向仰慕其文才的陈孚不齿其为人，遂揭发他前后不一之情状。中书省根据陈孚的指控，认为冯子振不堪任用，建议发遣还乡。世祖认为，词臣应该有充分的创作空间，而不应动辄以文字论罪，从而为冯氏脱罪。

茅山诗案和冯子振案是元朝摈弃文字狱的标志性事件。究其原因，明人郎瑛说，“元主质而无文，讳多不忌，故君臣同名者众”。其时，社会上流传各类针砭时弊、凭吊宋末忠臣义士的诗文，也基本没有受到官方的追究。蒙古族学者云峰认为，正是由于元朝比较自由的思想言论环境，才使那些“借古讽今”“讥议时弊”“犯上恶言”的杂剧作品广为流传和搬演。① 其实，元朝文化管制的宽松，固然与统治阶层的管理思路有关，但语言的障碍也可能是其中的重要原因。元朝当权的官吏以蒙古人和色目人为主，大部分不通汉语，略通者也不过达到使用“俗语文”的程度，无法理解汉字的“诛心之用”。

蒙古原无文字。《长春真人西游记》记载：“蒙古俗无文籍，或约之以言，或刻木为契。”单从传播进化程度看，蒙古尚处于使用记事符号的初级阶段。不过在当时的民族交往过程中，外来语言已经渗入和使用。南宋孟珙的《蒙鞑备录》记述：“其俗既朴，则有畏兀尔为邻，每于两（西）河博易，贩卖于其国。迄今文书中自用于他国者，皆用回鹘字。”回鹘文字通过商业活动渗透进蒙古民间。

蒙古的官方文字政策始见于1204年。《元史》记载，这一年，成吉思汗攻灭乃蛮（古突厥部落），掳获乃蛮“掌印官”塔塔统阿。成吉思汗发现塔塔身怀印章并视若珍宝，非常奇怪，问道：如今你方土地人口悉归我有，你拿着这

---

① 云峰.试论元代较宽松的思想政治等人文环境对元杂剧繁荣兴盛之影响[J].民族文学研究，2005(4)：144.

个劳什子又有什么用呢？塔塔回答："出纳钱谷，委任人才，一切事皆用之，以为信验耳。"成吉思汗认为这个办法相当先进，下令以后只要有旨意，就用印章为验。看到印章上刻有文字，成吉思汗又问：你深知本国文字吗？塔塔将其所知文字（即畏兀尔文）悉数道来。成吉思汗如获至宝，命令塔塔"教太子诸王以畏兀字书国言"，即用畏兀尔字书写蒙古语来教育铁木真的子侄。慢慢地，畏兀尔体蒙古文作为国语开始使用，"凡诏诰典祀，军国期会，皆袭用畏兀尔书"①。这些文字成为今天仍在使用着的蒙古文的起源。②

在蒙古对外交往与征伐的过程中，不同语言的族群不断被纳入统治和交流圈。汉字首先通过蒙古与金的冲突进入草原。《蒙鞑备录》上说"因金国叛亡降附之臣无地容身，愿为彼用，始教之文书。于金国往来却用汉字"。那些从金国叛逃和投降的汉人官员，将女真文和汉字带入了蒙古。其时，蒙古与金的交流基本上用的都是汉字。1234 年，窝阔台汗灭金。汉字与当时的北方汉人一起进入了蒙古的官方体系。

一般认为，在塔塔统阿以后到八思巴创制新字之前，蒙古并无统一的文字体系。蒙古民间主要使用刻木结草的古法，而与其他民族之间则主要使用畏兀尔文和汉字。③ 官方文书则基本上是畏兀尔文与汉字并用。

中统元年（公元 1260 年）元世祖忽必烈在上都即大汗位，宣布实施文治，面临的第一个挑战就是语言障碍。《元史・释老传》记载忽必烈下诏说：

> 字以书言，言以记事，此古今之通制。我国家肇基朔方，俗尚简古，未遑制作，凡施用文字，因用汉楷及畏兀字，以达本朝之言。考诸辽、金，以及遐方诸国，例各有字，今文治浸兴，而字书有阙，于一代制度，实为未备……故特命国师八思巴创为蒙古新字，译写一切文字，期于顺言达事而已。

这段文字概括了元世祖朝"强制融合"的文字政策，大概的意思是：文字是制度之基，而本朝目前施用文字皆为外来，④因此当以辽、金为师，创制新字（金国文字是将契丹文与汉文加以改造后创制的女真文）。忽必烈命国师八思巴创制蒙古新字，期望这种文字能够译写域内一切文字，达成"书同文"的目标。忽必烈汗虽然将新创文字的功能简单表述为"顺言达事"，但"译写一切文字"的说法，难掩其中的宏图壮志。

八思巴于至元六年（公元 1269 年），完成了以藏文字母为基础的蒙古新

---

① 程钜夫.程雪楼文集：卷九[M].北京：中国书店，1988：774.

② 罗常培，蔡美彪.八思巴字与元代汉语：增订本[M].北京：中国社会科学出版社，2004：4.

③ 罗常培，蔡美彪.八思巴字与元代汉语：增订本[M].北京：中国社会科学出版社，2004：6.

④ 忽必烈认为畏兀尔体蒙古文只是一种文字的借用，不能算作蒙古人自己的文字。

字的创制,俗称“八思巴字”。该文与辽、金文字创制手段的区别是其中的宗教色彩。八思巴本人是藏传佛教萨迦派的第五祖,尊为国师,统天下释门。八思巴字母由梵藏字母演化而成,加以汉字篆体外形,深含佛教底蕴,似更有利于藏传佛教在各地的推广。创制完成后,忽必烈下诏:“自今以往,凡有玺书颁降者,并用蒙古新字,仍各以其国字副之。”这说明,文字政策首先关注的是政令畅通的问题。但是考虑到各地文字的普及过程,发往各处的文书仍附有当地文字的版本。

随后,政府采取了多种手段强制推行八思巴文。首先在京师设国子学,在诸路设立蒙古字学,要求贵族和官员子弟学习国语文;另外规定重要的官方文书,包括宗庙、祭祀祝文等必须用国字。

新字推行两年后,各级政府官员和民众学习新字的积极性并不高,普及速度极其缓慢。有鉴于此,忽必烈于至元八年(公元1271年)专门下诏,制定强力措施推进新字学习。措施要求中央政府官员将优秀子弟送入国子学,并在诸王及千户所在地设立教授场所;各路设蒙古字学,成为学徒者,可以免除差役,甚至授予官职;省部台院的奏目、行移文字,中书的符宝和省部台诸印信并所发铺马札子等必须用蒙古新字。《元典章》记载至元十八年(公元1281年),为整治身边大臣们的怠惰,元世祖严令“随朝见当直怯薛歹、闳者赤限一百日须管习熟会蒙古字”。

在推行八思巴字的过程中,出现了全国通用的八思巴字教材。这些教材一般由译写典籍充当,比如《通鉴节要》等直译典籍。《元史》载元廷规定,“以译写《通鉴节要》颁行诸路,俾肄习之”。除此之外,国字译《贞观政要》也承担着普及八思巴字的责任,所不同的是这套教材是针对统治阶层编写的。[①]

即使如此,被尊为“国字”的八思巴字却始终未能在民间推广,到元中后期逐步边缘化。究其原因,新字创制十五年后(至元二十一年,即公元1284年),曾有官员检讨说,“今者大元一统,蒙古字虽兴而南北之民寡于攻习,盖因施不广用不‘切’之故也”。[②] 对民间来说,各族均有其长期使用的文字,缺乏再学新字、运用新字的迫切需要。因此,国字的推行长期以来仅限于官方文件,或者说统治阶级内部,无法影响民间,更谈不上整合社会。实际上,试图以无文无字之基,创无根无源之符,来整合天下之文化,本就是一项不可能完成的事业。有学者指出,忽必烈在畏兀尔蒙古文存在的情况下,创制蒙

---

① 王风雷,孟长生.元代的蒙文教材和讲义[J].内蒙古师范大学学报,2012,25(8):3.

② 语出《元典章·卷三十一》“礼部学校”条。

古新字，其弊远远大于利，在蒙古民众中的负面影响可谓持续了数百年。[①]

在政府强制推行新字的同时，另一股文字融合的强大潮流却自然而然地产生了。在官方和民间，畏兀尔蒙语、女真语以及汉语产生了不可思议的化学反应。如王世贞在《曲藻序》中说："大江以北，渐染胡语，时时采入，而沈约四声遂阙其一。"

这包括两方面的互动。一方面是不能熟练使用汉字的统治阶层将夹生汉语加以本俗语法，比如宾语前置、谓语后置等，演化为俗语体（有称硬译体、直译体、元代白话）来进行交流，这种说话方式首先出现在官文官话之中，之后影响到民间话语方式，如前引忽必烈禁止十六天魔戏的圣旨，都是直白如俚语。全国目前尚存元代白话圣旨碑四十余块，比较典型的是大理崇圣寺的《大崇圣寺碑》，其背面刻有白话圣旨，圣旨中警告那些违反寺规的人，说"无体例的勾当休做者，若做呵，他不怕那什么？圣旨！"[②]圣旨中大量采用俗语文，引领了其在民间的运用。

另一方面，戏曲作家们为了迎合统治阶层的观赏习俗和说话方式，则把曲词的用语，弄得俚俗易懂。比较典型的是关汉卿的《哭存孝》[③]中奸人李存信上场自我介绍的一段话："米罕（肉）整斤吞，抹邻（马）不会骑，努门（弓）和速门（箭），弓箭怎的射！撒因答剌孙（好酒）见了抢着吃，喝的莎塔八（醉），跌倒就是睡，若说我姓名，家将不能记，一对忽剌孩（贼），都是狗养的！"文虽粗俗，但是作品反而更加生动，用笔更加自由，受众更是兼顾各族、各阶层。

青木正儿认为，俗语文的推广对于杂剧的盛行起到了重要作用。[④] 实际上，俗语文自上而下的使用，有助于用于口头交流的世俗语言侵入原本为文言所垄断的精英话语，对于后世汉语的演化，如白话文的形成产生一定影响。在元代，已经出现对典籍的白话体解说，如许衡的《直说大学要略》《贞观政要直说》、吴澄的《经筵讲义》等。[⑤] 至于《三国演义》《水浒传》等"以俚语著书，叙述故事"[⑥]的小说，除有宋元讲史、话本之源头外，受元代俗语文化影响的可能性也存在。

元杂剧中大量蒙古语（畏兀尔蒙语）的存在，也说明耳濡目染之下，许多

---

① 王风雷，孟长生.元代的蒙文教材和讲义[J].内蒙古师范大学学报，2012，25(8)：2.

② 通拉嘎.论"元代白话"与蒙元硬译体[J].内蒙古师范大学学报，2007，36(2)：63.

③ 《哭存孝》，元关汉卿作，写唐节度使李克用醉酒时误听奸人李存信和康君立谗言，杀死义子李存孝，酒醒后悔，与存孝妻邓夫人哭祭存孝的故事。

④ 青木正儿.元人戏剧概说[M].隋树森，译.北京：中国戏剧出版社，1957：8.

⑤ 徐大军.元代平话文本的生成[J].文学遗产，2014(2)：67-79.

⑥ 鲁迅认为市井社会中"以俚语著书，叙述故事，谓之'平话'，即今所谓'白话小说'者是也"。见鲁迅.中国小说史略[M].上海：上海古籍出版社，1998：71.

民众（尤其是中国北部民众）对于蒙语是有一定了解的。虽然元顺帝在（后）至元三年（公元 1337 年）下令禁止汉人、南人学习蒙古字，但实践证明，这种民间自发的文字融合仍发生于统治阶层、创作者和观众之间，一定程度上影响了政府的“阶层固化”措施。

因统治阶层的俚俗偏好，于不经意之间，“上以风化下”，造就多民族混合的语言系统及文艺形式，失之东隅，收之桑榆，莫过于此。不过方孝孺的《俞先生墓表》又云：“元既有江南，以豪侈粗戾，变礼文之俗，未数十年，熏渍狃狎，骨化风成。而宋之遗习，消灭尽矣。”这是另一种解读。

第四节　文艺禁毁与聚众之禁

元至正二十二年（公元 1362 年）的夏天，松江府勾栏（为戏曲演出搭建的临时性建筑）附近住户顾百一，听到勾栏中鼓声响起，知道“女官奴”们又开始排戏了，与众人一起拥进戏棚观看。旁观者越聚越多。不多时，棚屋吱呀作响，好像不堪重压，众人惊散，逃出之后发现棚屋无恙，复聚集其中观看。谁知道棚子瞬间摇摇欲坠，顾百一仓皇中四处寻找看戏的女儿，哪知道其女早已逃出，顾百一却因为躲闪不及被压死在乱木之下。史载当年松江府勾栏排戏时，棚屋倒塌，压死四十二人，其中有不少正在旁观的民众。①

元代民间文艺活动繁荣，观赏戏剧更是社会各阶层的普遍爱好。不过众人聚集、条件简陋，容易造成安全事故。政府出台了一系列禁令，制约“聚众”的行为。现存的十一条元代“文艺禁毁法令”中有七条关于“聚众之禁”②。此类禁令往往不是出于思想控制的考量，大多是出于治安管理的需要。

《元典章》记载，早在至元十一年（公元 1274 年），河北河南道巡行劝农官就上书说自己在“顺天路束鹿县（今河北辛集市）头店，见人家内聚约百人，自搬词传，动乐饮。为此，本县官取讫社长田秀井、田拗驴等各人招伏，不合纵令侄男等攒钱置面戏等物，量情断罪外，本司看详，除系籍正色乐人外，其余农民、市户、良家子弟，若有不务本业，学习散乐、搬说词话人等，并行禁约，是为长便”。此建议表面上是严格管理戏曲从业者的身份，禁止农民、市民、良家子弟学习“词话”“散乐”等民间艺术形式，实际上却是担心“人家内聚约百人”，酿成治安或政治事件。中书省批准了这个建议。同样的案例及禁令在至元十二年（公元 1275 年）、延祐四年（公元 1317 年）、延祐六年（公元

---

① 故事出自陶宗仪的《南村辍耕录》之卷二十四“勾栏压”。

② 胡海义.元代文艺政策与戏曲的发展[J].民族文学研究，2010(4)：144.

1319 年)都有出现。

至元十二年,官方禁“唱琵琶词、货郎儿人”等,理由是“聚集人众,充塞街市,男女相混,不唯引惹斗讼,又恐别生事端”[①]。

延祐四年,又禁“众唱词的,祈神赛社的”。理由是“妨碍农务,滋长盗贼”。这里唱词艺人其实是受到“祈神赛社”活动的牵连。为防止类似白莲教的结社[②]和流民动乱,元廷非常警惕各类祈神敬鬼的集会。《元典章》中有“禁聚众”作出了专门规定,包括禁跳神师婆,禁聚众作会,禁祈神赛社,禁聚众扰民,禁集场聚众等。

延祐六年,再次禁“聚众唱词的,祈神赛社的”,理由是“妄说乱言”“做歹勾当”。同年,“禁罢集场”,理由是“妨农滋盗,走透课程,生事不便”。这次禁令还特别提出,往年禁令对“起意聚众立集场唱词”的违法者,“未有定到罪名”,今后对“为首者笞五十七下,从者各减一等”,唱词主角“决四十七下”,社长等人“决二十七下”,故纵者“各加一等”,禁治不严的州县正官“各决一十七下”,失察的路府正官提调“各罚俸钞一月”等。[③] 元统治中期,政府针对民间集会和演出的禁令有进一步细化的趋向。

至元丙子年(公元 1336 年),“丞相伯颜禁戏文杂剧评话等项”[④],具体原因不详。不过结合同时禁用农家草叉(以防止南人造反)等法令可推测,此禁令大概仍旧是防止乡人积聚之举。

官方对民众聚集的敏感性,来源于无法根治的流民问题。“在大蒙古国时期,流民常达全体居民的三分之一以上,全国统一以后,流民仍然大量存在。进入 14 世纪以后,愈演愈烈。在此基础上,爆发了全国规模的农民战争”[⑤]。为防止汉人聚集,元代法律禁止 20 名以上汉人持弓箭聚众围猎。这些都是上述“聚众之禁”的大背景。

在元代禁毁文艺的刑法中,同时存在若干针对戏曲内容的禁令,比如前文提到的元世祖对于十六天魔戏的禁令。《元史》记载,其余禁令还包括“诸妄撰词曲,诬人以犯上恶言者处死”,及“诸乱制词曲为讥议者流”等。从言辞上看,一些情况下对违反者的处罚非常严厉。不过有学者考证说,这并不意味着统治阶层对戏曲的严厉控制和摧残。从“妄撰词曲”条前几句,即“诸大臣谋危社稷者诛;诸无故议论谋逆为倡者处死,和者流;诸潜谋反乱者处

---

① 见陈高华点校的《元典章·卷五十七》“刑部之十九”.王利器的《元明清三代禁毁小说戏曲史料》(1981 年版)标为“至大十二年”,陈高华版本为“至元十二年”,从陈本。

② 诸以白衣善友为名,聚众结社者,禁之。

③ 以上均出自《元典章》.

④ 长谷真逸.农田余话[M]//蒋正子.山房随笔及其他八种.北京:中华书局,1991.

⑤ 陈高华.元代的流民问题[M]//元史研究会.元史论丛:第四辑.北京:中华书局,1992:146.

死”来看,此刑实为谋逆罪的延伸。

尚需一提的是,上述禁毁命令大多出自《元典章》。《元典章》并非国家权力机关直接颁布的法规,而是江西行省下属文书机构将一些案例汇编辑抄而成的,多是一些判案记录,随意性大且不成体系。而官方最重要的法典《大元通制》中,并没有发现禁毁文艺的条款。各种记载也没有显示元代有曲家艺人因文艺犯禁被处决。胡海义认为,延祐年间的禁毁文艺政策只是当时立法高峰的产物,但总体施行相对松弛。[①]

第五节　戊午之辩与书籍禁毁

元宪宗八年(公元 1258 年)春天,开平府(即后来元上都)大安阁,五百余僧道席地而坐,壁垒分明。在僧侣的阵营中,除了少林、五台高僧外,还有不少身着藏传佛教服色的喇嘛;在道家的阵营里,则是黄冠青袍的全真派真人居前。中间高台上,坐着受蒙哥汗委托,主持僧道辩论的亲王忽必烈,忽必烈之下,则有姚枢、窦默、王磐等众多朝廷重臣,作为这次辩论的裁判人。

这是中国历史上规模最大的一场宗教辩论会,史称“戊午之辩”。辩论的核心是道与佛孰先孰后的历史疑难问题;焦点则是两本道教典籍——《老子化胡经》和《老子八十一化图》的真实性;其结果决定了百年内中原佛道的走向,以及众多道家典籍的命运。

佛道之争始于西晋惠帝时代。《老子化胡经》则是这个争议的集中体现。该书根据老子西行的传说,演化出老子骑青牛西游,命令弟子尹喜化身佛陀,教化天竺等事迹。此书历来是佛道聚讼之所在。“老子西行”说的源头是司马迁的《史记》(公元前 109—前 91 年),书中说:

> 老子修道德,其学以自隐无名为务。居周之久,见周之衰,乃遂去。至关,关令尹喜曰:“子将隐矣,强为我著书。”于是老子乃著书上下篇,言道德之意五千余言而去,莫知其所终。

老子西出函谷(一说散关)是史学界的一桩悬案,司马迁以“莫知其所终”做结,留给后人无穷想象。汉桓帝时,襄楷上书对此加以演绎(公元 164 年):“或言老子入夷狄为浮屠,浮屠不三宿桑下,不欲久生恩爱,精之至也。天神遗以好女,浮屠曰:此但革囊盛血,遂不盼之。其守一如此,乃能成道。”[②]到西晋惠帝朝(公元 290—306 年)末年,道士王浮与和尚帛远辩论两教邪正,是为佛道论衡之始。王浮屡曲,退而创作《老子化胡经》,以证明道

---

① 胡海义.元代文艺政策与戏曲的发展[J].民族文学研究,2010(4):144.

② 后汉书·襄楷传.

在佛先。此后，相关道书相继面世，如《玄妙内篇》《出塞记》《关令尹喜传》《文始内传》《老君开天经》等。后世诸朝，此经伴随佛道势力消长，载浮载沉，影响深远。

金朝末年，蒙古崛起于漠北。征战途中，成吉思汗听闻全真教长春真人丘处机长生不老的事迹，便希望其往西域一见。李志常的《长春真人西游记》记载，在耶律楚材草拟的邀请诏书中，特地援引"老子化胡"故事，希望打动丘处机：

> 云轩既发于蓬莱，鹤驭可游于天竺。达摩东迈，元印法以传心；老子西行，或化胡而成道。

此前丘处机也收到了来自金与南宋的邀约，但都没有应召。在接到成吉思汗的诏书后，却不远万里欣然前往。西行途中，他兴致勃发，诗题阎立本《太上过关图》云："蜀郡西游日，函关东别时，群胡皆稽首，大道复开基"，颇以老子化胡自况。①

金兴定六年（公元 1222 年），丘处机在兴都库什山（今阿富汗）与成吉思汗相见论道，奏对合契，受到赏识。到金正大四年（公元 1227 年），全真教受命掌管天下宗教。② 太宗九年（公元 1237 年），全真教主持刊刻《大元玄都道藏》，得到官方大力支持。此项事业历时八年，共完成经卷七千八百余卷，是元代出版界的一大盛事。与此同时，掌教李志常将《老子化胡经》（《太上混元上德皇帝明威化胡成佛经》）及据此演绎的《老子八十一化图》，印制成单行本广为散发。这个时期，道教势力迅速扩张。各地出现道教侵凌佛教、侵占佛教庙宇田产的情况。

元宪宗五年（公元 1255 年）八月，少林长老福裕代表佛门上告道教"破灭佛法，败伤风化"。虽然蒙哥汗"仅守成吉思汗遗教，对于任何宗教，待遇平等，无所偏袒"③，但是对于道教以势压人的做法颇为不满，于是召福裕及李志常等入宫当面辩论。在官方策应下，佛教在辩论中稳居上风。蒙哥汗于是要求道教主动焚毁伪经，交还佛寺三十七所。不过道士们依仗势大财雄，对圣命阳奉阴违，各类经书照样流传。佛门不断申诉，类似的辩论又进行了两次[元宪宗六年（公元 1256 年）、元宪宗八年（公元 1258 年）]。元宪宗八

---

① 任继愈.中国道教史[M].上海：上海人民出版社，1990：524.

② 卿希泰的《中国道教史》认为，此时"令掌管天下道教"。但据成吉思汗癸未年（公元 1223 年）派往迎送丘处机之宣差人阿里鲜九月二十四日的《面奉成吉思皇帝圣旨碑》言："我前时已有圣旨文字与你来，教你天下应有底出家善人教管著者，奸的歹的，丘神仙你就便理合，只你识者。奉到如此。"则丘处机所奉使命，应该是掌领蒙古治下的全部宗教。参见胡小伟.从至元辨伪录到西游记[J].河南大学学报，2004(1)：68-74.

③ 耿升.柏朗嘉宾蒙古行纪·鲁布鲁克东行纪[M].何高济，译.北京：中华书局，2002：262.

年，受蒙哥汗的委托，忽必烈主持第三次佛道大辩论，力求有所结论。在这个过程中，藏传佛教的崛起引人瞩目。

藏传佛教与蒙古高层的接触并不晚于长春真人西行。按照史料，大概在金贞祐三年（公元 1215 年）前后，西藏僧人藏巴东库瓦和他的 6 名弟子受到了成吉思汗的接见。[①] 不过，藏传佛教与蒙古的实际交往则发轫于蒙古的扩张战争。太宗十一年（公元 1239 年），窝阔台汗的次子阔端接受了一个藏文叫作“羌奥”的封地。之后阔端派军队向西藏腹地进发。太宗十二年（公元 1240 年）前后，西藏首领们开会，决定委派萨迦寺的住持作为代表，与蒙古人议和。1244 年，阔端传令召见萨迦派教主萨迦班智达。萨班应召东行，随行的还有其两个侄子八思巴和恰那多吉。阔端与萨班最终于定宗二年（公元 1247 年）前后会面。此次会谈的成果是萨班成为蒙古政府在藏地的代理人。

宪宗元年（公元 1251 年）蒙哥即大汗位，窝阔台系的势力受到打压，萨迦派被边缘化。宪宗二年（公元 1252 年），来自迦湿弥罗（今克什米尔）的那摩被蒙哥委以管理全国佛教事务的权力；[②]藏传佛教噶玛派上师噶玛拔希（白教教主）也受到重视，此人是藏传佛教史上第一位转世活佛，被蒙哥赐予黑帽，是为噶玛噶举派黑帽系之始。噶玛拔希作为佛门主力，参加了宪宗六年（公元 1256 年）和宪宗八年（公元 1258 年）的佛道辩论。

与此同时，忽必烈却与萨迦派建立了深入的利益关系。宪宗三年（公元 1253 年）在进军云南途中，他与萨迦派教主八思巴在西藏东部会面[萨迦班智达于宪宗元年（公元 1251 年）圆寂，八思巴继任教主]。接触藏传佛教重要的和本质性的教义之后，忽必烈正式皈依佛教。[③] 宪宗八年（公元 1258 年），八思巴开始向忽必烈传授藏传佛教的教义。按照后世萨迦派的说法，这是西藏人在蒙古人世界传教的真正开始。[④] 同年，第三次佛道辩论会举办。藏传佛教精英尽出，八思巴和噶玛拔希等联袂出席。在辩论的关键时刻，年仅二十三岁的萨迦派教主八思巴给了道门致命的一击。

关于此次辩论，史上有详细记载。王磐等奉敕所撰的《圣旨焚毁诸路伪

---

① 伯戴克．中部西藏与蒙古人：元代西藏历史[M]．张云，译．兰州：兰州大学出版社，2010：8-15．

② 至元十年所立正定隆兴寺内的“大朝国师南无大士重修真定府大龙兴寺功德记碑”记录：“国师南无大士，北印土迦湿弥罗国人。”

③ 《蒙古政教史》和《萨迦世系史》记载八思巴为忽必烈灌顶是水牛年（1253 年），任继愈的《中国道教史》认为是 1254 年，伯戴克则认为是 1255 年 5 月 22 日。本书从《蒙古政教史》和《萨迦世系史》。至于忽必烈皈依的目的，一说忽必烈为了对西藏加强控制，筹措粮秣，与八思巴进行了利益交换。

④ 伯戴克．中部西藏与蒙古人：元代西藏历史[M]．张云，译．兰州：兰州大学出版社，2010：8-15．

道藏经之碑》的碑文描述：决战阶段，道家再次搬出包括《史记》在内的历代史书，以证明"老子化胡说"的存在。忽必烈问"这些是什么书"？答曰"这是前代帝王之书"，忽必烈斥道："我们今天只是谈论教法，不用攀援前代帝王。"八思巴接着提问："我天竺也有自己的《史记》，你听说过吗？"答曰"未曾听闻"；八思巴说："我解释给你听，天竺频婆要罗王曾经赞佛说，'天上天下没有比佛更早的，十方世界也一样，世间所有事物，都没有比佛更早的'，当他说这话的时候，可没有提到老子啊！"道门无言以对。在"以彼之道、还施彼身"之后，八思巴又问："你们《史记》中记载了化胡的说法吗？"对曰"没有"；问"那么老子流传下来的是什么经书"？答曰"《道德经》"；问"此外还有别的经文吗"？答曰"没有"；问"《道德经》中有化胡的记载吗？"答曰"没有"；八思巴说："《史记》中既没有，《道德经》中也没有，此事只能是编造的！"道门哑口无言。尚书姚枢看时机已到，起身宣布，"道家输了"。

在此之前，佛门抓住《老君八十一化图》中无根杜撰袭仿之处，步步紧逼，占了明显的上风。参与此次辩论的大云峰住持释祥迈在奉敕所撰《大元至元辨伪录》中，从十四个方面对八十一化加以辩驳，指出"且今八十一化，其中五十余化偷佛效颦，二十余化道听途说，唯有一化言老子授尹喜道德真诀(可信)"。

此次辩论的结果是，政府命令将四十五部道经及雕版，彻底焚毁，相关碑刻和塑画之像予以清除。《老子化胡经》从此亡佚。事后看来，元代佛道辩论实为藏传佛教的上位扫清障碍。中统元年(公元 1260 年)忽必烈即大汗位，随即尊八思巴为国师。蒙哥系的那摩和噶玛拔希失去权位。至元二年(公元 1265 年)，八思巴以国师身份兼管总制院事，统领天下释门。至元七年(公元 1270 年)，更进一步被尊为"帝师"。

至元十八年(公元 1281 年)，道经禁毁范围继续扩大。《大元至元辨伪录》记载，世祖下诏，除老子《道德经》外，"随路但有《道藏》说谎经文并印版，尽宜毁去"。"有收藏道家一切经文，本处达鲁花赤管民官添气力用心拘刷，见数，分付与差去官眼同焚毁。"元代对道藏的禁毁至此到达高潮。焚毁纯阳万寿宫的《大元玄都宝藏》经版，①对道教文献的打击相当沉重。有学者统计，至元焚经加之元末战火，原来 7 800 余卷的《玄都宝藏》，到明代编纂《道藏》时，仅集 5 305 卷。②

朝廷打击道门、禁毁道藏的原因除了防止道门一家独大之外，或有树立藏传佛教为国家宗教的意图在内。蒙哥和忽必烈都崇尚藏传佛教，积极将

---

① 1250 年，朝廷旨意，荟萃各局《玄都宝藏》经版于芮城永乐纯阳万寿宫。

② 侯慧明.元刊《玄都宝藏》刻局与玄都观考[J].西南大学学报(社会科学版)，2009(1)：92-96.

其引入汉地；而选择色目人中藏人的佛教作为国教，应该与其维持等级制度，保障蒙古贵族特权的基本国策一脉相承。这种做法透露出统治阶层有通过宗教强化统治的初步想法。① 不过事情还有另一个方面。有元一代，蒙元统治者并没有将自己的信仰强加给蒙古族民众和其他民族百姓。蒙古族民众仍信萨满，其他各族也享有各自的宗教信仰自由。成吉思汗“待遇平等，无所偏袒”的宗教政策自始至终都得到了贯彻。这也是藏传佛教只是在统治阶层内部流传，而在下层人民中间没有得到广泛传播的原因。②

细查元朝对书籍的禁毁，宗教和信仰问题是基本出发点。不过这并不说明朝廷有系统地进行了意识形态建构和管控。这似乎是非常矛盾的一点，就书籍出版而言，元代或有相应检查制度。比如明代陆荣在《菽园杂记》中说：“元人刻书，必经中书省看过，下所司，乃许刻印。”清代钱大昕也说：“诸路儒生著述，辄由本路官呈进，下翰林看详，可传者命各行省檄所在儒学及书院以系官钱刊行。”③不过今人陈高华考证说，当时由政府指令出版的书籍为数有限，书院、儒学刊行的书籍，很多是自己决定的，并不存在普遍由各路呈报并经“翰林”审查批准的问题；而大量民间出版的书籍，都与政府机构没有关系。因此，元政府对书籍出版并不存在严格的管理。④

这与我们的基本判断相符。元代的文化与传播政策（书籍禁毁、文艺禁毁等）基本上是针对某些即刻的社会冲突和风险，制定的配套和连带措施往往带有地域性、短期性和局限性。蒙元时期“即刻的社会冲突”，除了佛道之争、流民问题外，还包括利用伪造经文、天文图谶来造反的江湖之患。于是，对于天文图谶的查禁，也是元代书籍禁毁的必然内容。以下略述之。

查禁天文图谶是各朝各代必做的功课，而元代的压力尤大。《大元通制条格》记载，早在至元三年（公元 1266 年），就出现“平阳路（今山西）僧观以妖言惑众伏诛”的事情。随后朝廷要求“道与中书省据随路军人匠不以是何投下诸色人等，应有天文图书，及太乙雷公式，七曜历，推背图，圣旨到日，限一百日赴本处官司呈纳。候限满日，收拾前项禁书，如法封记，申解赴部呈省。若限外收藏禁书，并私习天文之人，或因事发露及有人告首到官，追问得实，并行断罪”。

至元十八年（公元 1281 年），都昌县白莲教首领杜万一，用《五公符》《推背图》《血盆经》等书制造反元舆论，兴兵反元。朝廷在镇压的同时，再次严

---

① 程佩.蒙元时期佛道四次辩论之真相探寻[J].云南社会科学，2013(2)：163-167.

② 糖吉思.元代蒙古王室与藏传佛教的关系[J].青海民族学院学报，1999(2)：6-10.

③ 钱大昕.补元史艺文志：卷一[M].北京：中华书局，1985：1.

④ 陈高华.元代出版史概述[J].历史教学，2004(11)：13-18.

禁上述各书及其他天文图谶的流传。同年世祖下令大肆焚毁道藏，很难说与此没有内在关联，因为阴阳五行、谶纬法术是道家学说的重要构成部分。

《续资治通鉴·元纪四》记载，至元二十一年（公元 1284 年）五月，“河间任丘县民李移住谋叛，事觉伏诛。括天下私藏天文图谶《太乙雷公式》《七曜历》《推背图》《苗太监历》，有私习及收匿者罪之”。

元世祖忽必烈从至元三年到二十三年，先后发布六次禁书令，查禁天文、图谶、阴阳伪书。不过有元一代，借助宗教形式揭竿而起的农民起义此起彼伏，从来没有停止过。

第十一章
教以化俗:明代传播政策

明代的传播活动,以嘉隆为界大致分为两个阶段。前期导之于上,后期发之于下,话语权有明显下移。明中叶以前,官方通过完备的教化体系和高压手段,非四书五经不用,非濂络关闽不讲,垄断着文本的选择和诠释;嘉隆前后,书院复兴,民间讲学风行,阳明心学"始也倡之于下,继也遂持之于上",获得了主流意识形态的地位。及至晚明,清议纵横,东林及其余脉借助讲学和结社活动,推动文化的公共空间演变为政治的公共空间,争取到更大的话语权。讲坛上主角的变换,折射出官方政策的强势或者失位。

洪武时期,太祖奠定"兴学教化"和"明刑弼教"两大方略。一方面,建立从中央到地方的国家教育体系。以八股取士,四书五经、《性理大全》为指定教材,永乐时加之"专以程朱传注"①,此后两百余年,"庠序之所教,制科之所取,一禀于是"②。另一方面,"以法为教",深入乡间。拟定《御制大诰》,推行律令讲读,通过"乡饮酒礼"与"里老理讼",重构乡村礼法秩序。这个阶段的传播政策,无论是"生员不准言事"的禁例,还是编纂《孟子节文》、删除"君之视臣如草芥,则臣视君如寇仇"等观点,或是在民间推动耆老任事讲法,都是为了贯彻"立纲常""讲彝伦""正风俗"的核心价值观,从而维护大明统治的合法性。

明代中晚期,王守仁、湛若水等开启了体制外的学术传播活动。书院活

---

① 何良俊.四友斋丛说:卷三[M].北京:中华书局,1959:22.

② 高攀龙.崇正学辟异说疏[M]//纪昀,等.文渊阁四库全书:1292册.上海:上海古籍出版社,1987:441.

动一扫官学的古板说教，“始也为议论，为声气，继也遂为政事，为风俗”[①]。民间讲学和议政活动虽经官方轮番打击，但仍不断成长壮大。万历以后，“法令存而教化亡”[②]，矿税、织造害民不已，民怨沸腾：“往时私议朝政者不过街头巷尾，口喃耳语而已。今则通衢闹市唱词说书之辈，公然编成套数，抵掌剧谈，略无顾忌。”[③]其间东林党以书院为基地，“讽议朝政，裁量人物”[④]，并提出“政事归于六部，公论付之言官”[⑤]的分权之说。至明末，东林党以清议参与党争，舆论甚至左右朝局。因其与晚明乱局同步，又惹“物议横生，党祸继作”[⑥]之论。

弘治年间礼部右侍郎程敏政对太祖开创政教有一段描述：“仰惟我太祖高皇帝，以武功定海内，以文德开太平。其所以贻谋垂宪者，有《皇明祖训》，以著一代家法；有《诸司职掌》，以昭一代治典；有《大明集礼》，以备一代仪文；有《大明律》，以定一代刑制。育才，则有卧碑之条；教民，则有榜文之布；恤军士，则有条例之颁；严释老，则有清教之录；其虑周，其说详。盖自身而家而国而天下，实与古圣王相传心学之大要，不约而同也。”[⑦]

明太祖花了三十年的时间建章立制，对传播手段的运用也是帝王之中仅见，但是效果有限，徒具文而已。[⑧] 在大明登上思想专制顶峰的同时，传统道德体系开始分崩离析。“从初期井然有序自给自足的乡村社会，转变为晚期一个堕落的城市商业社会”。[⑨]

第一节　卧碑之条：生员不得言事

明洪武二十七年（公元 1394 年），南京国子监监生赵麟因为“贴没头帖子”“诽谤师长”被明太祖下令处死。[⑩] 第二年，朝廷专门编写《赵麟诽谤册》和《警愚辅教》两本宣传册并发给国子监的学生，以示警诫。

赵麟所发帖子到底是什么内容，又是如何诽谤师长的，史上并无明文。

---

① 陆陇其.三鱼堂文集：卷二[M].上海：上海古籍出版社，2003.

② 日知录・人材.

③ 沈一贯.请修明政事收拾人心揭帖[M]//《续修四库全书》编纂委员会.续修四库全书：480 册.上海：上海古籍出版社，2002.

④ 明史・列传之一百十九“顾宪成”条.

⑤ 明史・列传之一百十九“史孟麟”条.

⑥ 明史・列传之一百十九“顾宪成”条.

⑦ 程敏政.篁墩集：卷十[M].上海：上海古籍出版社，1991.

⑧ 朱永嘉.明代政治制度的源流与得失[M].北京：中国长安出版社，2015：8.

⑨ 卜正民.纵乐的困惑：明代的商业与文化[M].桂林：广西师范大学出版社，2016：英文版序.

⑩ 黄佐.南雍志：卷十[M].南京：南京出版社，2016.

吴晗在《朱元璋传》中推测赵麟是因为受到校监虐待才贴出"大字报"抗议的。[①] 此说缺乏直接证据。其推论大概是来自洪武三十年(公元1397年)的一道上谕。这道上谕记载于明嘉靖国子监祭酒黄佐的《南雍志》(南京国子监专志)中,如今保存在北京国子监碑林中的"五朝上谕碑"上。此谕不仅提到赵麟案,更涉及国子监的管理制度尤其是禁言措施。

> 洪武三十年七月二十三日,同本监教官生员一千八百二十六员名,于奉天门钦奉圣旨:恁学生每听着!先前那宋讷做祭酒呵,学规好生严肃!秀才每循规蹈矩,都肯向学,所以教出来的个个中用,朝廷好生得人。……如今着那年纪小的秀才官人每来署着学事,他定的学规,恁每当依着行。敢有抗拒不服、撒泼皮、违犯学规的,若祭酒来奏着恁呵,都不饶!全家发向烟瘴地面去,或充军,或充吏,或做首领官。今后学规严紧,若无籍之徒,敢有似前贴没头帖子,诽谤师长的,许诸人出首,或绑缚将来,赏大银两个。若先前贴了票子,有知道的,或出首,或绑缚将来呵,也一般赏他大银两个。将那犯人凌迟了,枭令在监前,全家抄没,人口迁发烟瘴地面。钦此!

在这道针对国子监师生、充满口语化的训诫中,朱元璋盛赞前任祭酒宋讷的严厉管理,说其教出的学生循规蹈矩,个个中用。他警告那些不服从管教、违反学规的学生,如果被学监抓到,全家发配"烟瘴地面";至于贴匿名大字报,诽谤师长的人,将被凌迟处死,枭首于监前。

国家最高学府采取如此恐怖的管理方式为历朝历代所罕见。不过就赵麟一案而言,虽属法外用刑,却非毫无根据。早在洪武十五年(公元1382年)八月,太祖就"颁学规于国子监,又颁禁例十二条于天下,镌立卧碑,置明伦堂之左。其不遵者,以违制论"[②]。这十二条禁例刻碑于全国学宫,是明代官学管理的基本规范之一。

卧碑的内容分为"前言"和"条例"两个部分。"前言"是礼部对出台条例的说明:

> 礼部钦依出榜,晓示郡邑学校生员为建言事由,本部照得:
>
> 学校之设,本欲教民为善,其良家子弟入学,必志在熏陶德性,以成贤人。近年以来,诸府州县生员,父母有失家教之方,不以尊师学业为重,保身惜行为先,方知行文之意。眇视师长,把持有司,咨行私事。稍有不从,即以虚词径赴京师,以惑圣听,或又暗地教唆他人为词者有之。似此之徒,纵使学成文章,又将何用?况为人必不久同人世,何也?盖

---

① 吴晗.朱元璋传[M].西安:陕西师范大学出版社,2008:335.

② 明史·选举一.

先根杀身之祸于身，岂有长生善终之道？所以不得其善终者，事不为己而讦人过失、代人报仇、排陷有司。此志一行，不止于杀身，未之止也。出榜之后，良家子弟归受父母之训，出听师长之传，志在精通圣贤之道，务必成贤。外事虽入，有干于己，不为大害，亦置之不忿，固性含情，以拘其心。待道成而行，岂不贤者欤？①

礼部此榜专门针对全国生员（学生）的言论（建言）问题。它详细解释了明代学校的功能，即“教民为善”，教导学生“精通圣贤之道”，通过“拘心”得以“成贤”。学生应该“以尊师学业为重，保身惜行为先”，至于干预诉讼、讦人过失，排陷有司，虚词教唆者，实乃“根杀身之祸于身”，甚至牵连家庭。

正文公布学校禁例十二条，要求生员“勿轻至公门”（第一条）；力劝父母“非为”之行（第二条）；不许生员建言（第三条）；精通义理者，推荐出仕（第四条）；不得辩难师长（第五条）；师长要竭忠教训，随时监督（第六条）；提调官员常加考校（第七条）；在野贤人君子，可言军民利病（第八条）；民间冤情，“非干自己者”，不得介入（第九条）；江西、两浙、江东人民，多有不干己事代人陈告者，今后若有此人，治以重罪（第十条）；各处已判决充军及相关处理，不许建言（第十一条）；如涉十恶之事，确有实据，可进京密奏（第十二条）。

圣谕相当清楚地阐明了朝廷关于学生言论的政策，包括不许建言、不许辩难、不许代人陈告冤情、不许非议判决结果等。尤其是条例第三条：

军民一切利病，并不许生员建言。果有一切军民利病，许当该有司、在野贤人、有志壮士、质朴农夫、商贾技艺皆可言之，诸人毋得阻挡，唯生员不许。②

这就是对明清学校管理影响巨大的“生员不得言事”的禁令。明代基本上是鼓励社会各界发言的。洪武九年（公元 1376 年），朝廷专门下发建言格式，“使言者直陈得失，无事繁文”；洪武十五年（公元 1382 年），“令军士建言者，所司用印实封入递奏闻，本人不必赴京”；永乐元年（公元 1403 年），“令凡有利国利民之事，不拘百工技艺之人，皆许具实敷奏”；永乐十三年（公元 1415 年），“令凡军民利病，及贪官污吏作弊害民者，许诸人具实奏闻”；宣德三年（公元 1428 年），“奏准官民建言，御史六科给事中会议奏闻”；景泰四年（公元 1453 年），“凡天下官吏军民人等，建言民情，每岁本部会官议定可否俱赴御前奏过”。③

但是生员却并不包括在“天下官吏军民人等”的范围内，他们没有“建言”的权利。其实不只是生员，教官也同样不能评点时政，《大明会典·学

---

①② 参见明代李东阳的《大明会典·卷七十六》，代县文庙明伦堂卧碑、郧县府学大成殿卧碑等。

③ 大明会典·卷七十九“建言”.

规》中记载:“又令教官等人,务要依先贤格言教诲后进,使之成材,以备任用。敢有妄生异议、蛊惑后生、乖其良心者,诛其本身,全家迁发化外。”

太祖对师生的严厉管教,或者说对官员后备人才的高压,并非突如其来,而是源自“兴学教化”乃至“以学校治民”[①]的基本国策。朱元璋的办学经验可以上溯到戎马倥偬的战争年代。元至正二十五年(公元1365年),割据江南的朱元璋将集庆路(后应天府)学改为国子学(洪武十五年改国子监)[②]。吴元年(公元1367年),他提出,“今天下初定,所急着衣食,所重者教化……足衣食者在于勤农桑,明教化者在于兴学校”[③]。在“治国以教化为先,教化以学校为本”的基本政策之下,洪武二年(公元1369年),朝廷发布兴学令,在地方建府、州、县、卫儒学。洪武八年(公元1375年),又下诏各地遍设社学,以教育民间子弟。由此,明代建构起了历史上最大规模的教育体系。《明史·选举志一》描述:

> 迄明,天下府州县卫所皆建儒学,教官四千二百余员,弟子无算,教养之法备矣……盖无地而不设之学,无人而不纳之教,庠声序音,重规叠矩,无间于下邑荒徼、山陬海涯。此明代学校之盛,唐宋以来所不及。[④]

据统计,明代地方儒学(包括府学、州学、县学和卫学)最多时达到1 743所;至于国子监,到洪武二十六年(公元1393年),在监的生员就已达到8 124人,永乐年间达到最盛,超过9 000人;另外广建社学,基本上“乡里凡三十五家皆置一学”[⑤]。以广西为例,“郡邑处处有之,大县十余所,小县一所”[⑥],共创建社学232所。明初百年间,官学基本垄断了教育体系。在宋元时期盛极一时的书院,因其私学性质,以及“讲学”、议事的教育模式,被逐渐边缘化。少数书院如洙泗、尼山,虽因太祖下诏得以重建,但只是作为祭祀之所,不复有讲学之举。

至于学校教育的目的,太祖洪武三十年(公元1397年)给国子监师生的圣谕中(即前文洪武上谕碑)说得明白,就是传播“圣贤之道”,而什么是圣贤之道呢,他在洪武十五年(公元1382年)四月对礼部官员的训话中曾有详述:“孔子明帝王之道以教后世,使君君、臣臣、父父、子子。纲常以正,彝伦攸

---

① 余志鸿.中国传播思想史:古代卷下[M].上海:上海交通大学出版社,2005:206.

② 《明太祖实录·卷十七》乙巳九月丙辰朔条载,“九月丙辰朔,置国子学,以集庆路学为之”。

③ 明太祖宝训:卷一“谕邓愈等各言便宜事”[M]//黄彰健.明实录附校勘记.北京:中华书局,2016.

④ 明史·卷六十九.

⑤ 全祖望.鲒埼亭集[M]//朱铸禹.全祖望集汇校集注.上海:上海古籍出版社,2000.

⑥ 苏浚.广西通志:学校志[M].南宁:广西人民出版社,2013.

叙，其功参于天地。”[①]所谓“先圣之道”的核心理念，就是“纲常”和“彝伦”。同年五月新太学(国子监)落成，正堂取名“彝伦堂”。《明太祖实录》记载，同月，太祖幸国子监，对祭酒等人说：“卿等为师表，正当以孔子之道为教，使诸生咸趋于正，则朝廷得人矣。”因此构建“正纲常”“讲彝伦”的核心价值观应该是明代学校教育的基本目的和内容。同年七月，御史赵仁等提出：“学校之设，本以作养人材，穷理正心，俾有实效。今天下生员多不遵师训，出位妄言，非希进用，则挟私仇，甚失朝廷教养之意。宜令有司严加禁止。”这恐怕就是该年八月，礼部“晓示郡邑学校生员为建言事由”发布禁令的直接诱因。

除了全国官学通用的这十二条禁例外，国子监另有监规，对释奠、上课、起居、饮食、衣服、澡浴及告假出入等，均有详细规定，凡小有过失动辄体罚。[②]学校对学生进行全封闭管理，如需请假必须祭酒批准。每月的初一和十五放假两天，其余都是学习时间。老师讲课，学生背书，在背书的基础上老师再进行复讲，学生再背，如此循环往复。在这个过程中，老师具有神圣不可侵犯的权威。洪武十五年所定《国子监监规》第一条规定：“学校之所，礼义为先，各堂生员，每日诵授书史，并在师前立听讲解，其有疑问，必须跪听，毋得傲慢，有乖礼法。”第二条规定：“敢有毁辱师长及生事告讦者，即系干名犯义，有伤风化，定将犯人杖一百，发云南地面充军。”第三条规定：“今后诸生，止许本堂讲明肄业，专于为己，日就月将，毋得到于别堂，往来相引，议论他人短长，因而交结为非，违者从绳愆厅究察，严加治罪。”[③]

洪武年间国子监祭酒宋讷以严格著称。《明史·宋讷传》记载：

> 时功臣子弟皆就学，及岁贡士尝数千人。讷为严立学规，终日端坐讲解无虚晷，夜恒止学舍。十八年复开进士科，取士四百七十有奇，由太学者三之二。再策士，亦如之。帝大悦。制词褒美。

宋讷的办学思想是“盖庠序，天理之心、之本所在，维持风化者，孰要于此载，是不可一日废也”[④]。因此他对学生的行为管理也是历任祭酒中最严厉的。有一次学生不小心打碎了茶盏，他为此端坐良久暗自生气，以致画工所画肖像都面带怒容。宋讷的管理方式为朱元璋所推许。《明太祖实录》记载，洪武十八年，助教金文征告其“饿死生员，克落师生廪膳”，太祖不信，以“以卑诬尊，饬非或听，祸人不浅”，诛金文征。不过《明太祖实录》同样记载，洪武十六年，宋讷祭酒任上，确实出现“监生多病肿”“令应天府潜人送还乡”

---

① 黄佐.南雍志[M].南京：南京出版社，2016.

② 郭齐家.中国古代学校[M].北京：商务印书馆，1998：151.

③ 大明会典·卷二百二十“国子监·监规”.

④ 陈子龙，等.皇明经世文编：卷五[M].台北：台联国风出版社，1968.

的情况。具体原因不详。《明史·宋讷传》记载,宋讷死后,太祖对他念念不忘,于是任命他的儿子宋复祖为国子监司业,复祖因袭乃父之制,“戒诸生守讷学规,违者罪至死”。

洪武二十七年(公元1394年),赵麟案发,按照监规本该杖一百充军,但是朱元璋却不能放过这个“诽谤师长”的“无籍之徒”,直接判其死刑,并在监前竖一旗杆,枭首示众。明初学校管理或许严苛,但是如此高压,实非多见。朱元璋此举,或还与国子监的政治地位有关。太祖曾指出:“国学者,天下贤才所萃。而四方之所取正,必师道严而后模范正。师道不立,则教化不行,天下四方何所取则?”[①]太祖这样做,暗含“明条制以立教”的长远目的。

其实洪武十五年(公元1382年),御史赵仁在建议“禁止生员妄议”的同时,并不想完全封住天下学子之口,在条陈中他补充道:“果有奇材,欲陈便民利国之术者,许与教官详议可否,同列姓名,然后上达。若其言有可取,仍命题考试,文字中式者不次擢用。如是,则可以杜绝妄言,激励士风矣。”[②]对这个建议,朱元璋当时也是认可的。不过一个月后出台的“十二条禁例”中,却完全禁绝生员言事,之后还不许教官妄议,这些恐怕非赵仁这个首倡者所能预料的。

“卧碑之条”在明代多次被用作政治斗争的工具。万历三年(公元1575年),时任内阁首辅张居正以此为成排除异见、整顿学风。他在《请申旧章饬学政以振兴人才疏》中提出:

> 我圣祖设立卧碑,天下利病,诸人皆许直言,惟生员不许。今后生员务遵明禁,除本身切己事情,许家人抱告,有司从公审问,倘有冤抑,即为昭雪,其事不干己,辄便出入衙门,陈说民情,议论官员贤否者,许该管有司申呈提学官,以行止有亏革退。若纠众扛帮,聚至十人以上,骂詈官长,肆行无礼;为首者照例问遣;其余不分人数多少,尽行黜退为民。

明万历年间,张居正提出一系列强化中央集权的改革方案,以解决吏治、财用、边患等朝廷痼疾,但是遭到了既得利益者的反对。为推进改革、排除杂音,他抬出“生员不得言事”的祖宗成法,强调官员生儒应该以经术做人,不聚党空谈:

> 圣贤以经术垂训,国家以经术作人,若能体认经书,便是讲明学问,又何必别标门户,聚党空谭!今后各提学官督率教官生儒,务将平日所习经书义理,著实讲求,躬行实践,以需他日之用;不许别创书院,群聚徒党,及号召地方游食无行之徒,空谭废业,因而启奔竞之门,开请托之

① 明太祖实录:卷一四四[M]//黄彰健.明实录附校勘记.北京:中华书局,2016.

② 明太祖实录:卷一四六[M]//黄彰健.明实录附校勘记.北京:中华书局,2016.

路。违者：提学御史，听吏部、都察院考察奏黜；提学、按察司官，听巡按御史劾奏；游士人等，许各抚、按衙门，访拿解发。

结果是刚刚恢复的书院教育遭到了沉重打击。万历七年（公元1579年）正月，神宗下诏禁毁书院，将各省私建书院一律改为诸司衙门，书院所立良田尽归里甲，各地师徒不得借此聚集会议。当时被毁书院共六十四处。

其实，学规禁例不过是朝廷“拘心”的一个外在形式。明中叶以前形成的科举、八股、程朱传注三位一体的教化体系才是大明推行“以教育治民”的核心所在。洪武年间，《大明律》、《御制大诰》、四书五经和刘向的《说苑》被确定为各级学校的指定教材。永乐十二年（公元1414年），明成祖下诏修《五经大全》《四书大全》《性理大全》。永乐十五年书成颁行全国。“成祖既修《四书》《五经大全》之后，遂悉去汉儒之说，而专以程朱传注为主。”①程朱传注成为定制的参考书和答案来源。另据徐三生的《采芹录》记载，早在永乐二年，“有饶州人朱友季献所著书，毁濂洛关闽之学，上怒曰：‘此儒之贼也。’押至饶州，声其罪杖之，焚所著书”。

明代科举制度的关键是八股取士。八股文是知识分子获得功名的唯一敲门砖。其特点是从四书五经中摘句为题，并以程朱理学的解释为讨论依据。朝廷鼓励读书人皓首穷经地“为圣人代言”。八股文的语言方式乃至思维方式，排斥个性的观点和独立的思考，有效把控了读书人的思想和行为。这种体制下培养出的读书人，虽然有不少学问精深、敢言死谏的直臣，但更多的则是死啃书本、规行矩步的腐儒。明臣宋濂评价说：“学者只以摘经以题为志，所最切者，唯四书五经之笺，是钻是窥，余则漫不加省。与之交谈两目瞪然视，舌木强不能对。”②

对太学生的言禁起自宋徽宗，“学规以谤讪朝政为第一等罚之首”（《嘉泰会稽志·卷一·学校》）。后有“卧碑之条”贯穿明清两朝，许多时候形同虚设，③但也存在近五百年。清顺治九年（公元1652年）沿袭明制，颁行全国儒学卧碑文（新卧碑八条）。第七条说，“军民一切利病，不许生员上书陈言，如有一言建白，以违制论，黜革治罪”。另外增加第八条，“生员不许纠党，多人立盟结社，把持官府，武断乡曲；所作文字，不许妄行刊刻，违者听提调官治罪”④。康乾年间再次强调“卧碑之条”。

---

① 何良俊.四友斋丛说：卷三[M].北京：中华书局，1959：22.

② 宋濂.宋濂全集[M].杭州：浙江古籍出版社，1999：390.

③ 明代王圻的《钦定续文献通考》载：明初优礼师儒，然钳束亦甚谨。其后教官之降黜、生员之谪发，皆废格不行。即卧碑亦具文矣。

④ 吴明哲.温州历代碑刻二集：下册第五〇八件[M].上海：上海社会科学院出版社，2003.

第二节　删孟与祭礼之争

洪武二年(公元1369年)八月丁祭前,朱元璋翻阅《孟子》,读到"君之视臣如草芥,则臣视君如寇仇"一段,大怒:"谓非臣子所宜言,论罢其配享,诏有谏者以大不敬论。"他认为孟子的观点颠覆了君臣之间的关系,于是剥夺其配享文庙的权利,[①]并下诏凡谏诤者以大不敬论罪。《明史》载,刑部尚书钱唐冒死入谏,曰"臣为孟轲死,死有余荣"。"时廷臣无不为唐危,帝鉴其诚恳,不之罪,孟子配享亦旋复"。太祖被迫收回成命。关于此事,野史另有演绎。明代《典故辑疑》[②]载:

> 上读《孟子》怪其对君不逊,怒曰:"使此老在今日,宁得免耶",时将丁祭,遂命罢其配享。明日,司天奏文星暗,上曰,"殆孟子故耶?"命复之。

"罢配"事件的版本众多,时间和细节或有出入,但是基本事实应该存在。[③] 放弃"罢配"后,朱元璋并未放下心中不满,反而"憎《孟子》甚矣"。洪武二十七年(公元1394年),太祖命翰林刘三吾重修《孟子》,将其中"词气之间,抑扬太过者"八十五条删去,成书《孟子节文》,颁行天下。

刘三吾奉旨所做《孟子节文题辞》[④],就删节宗旨做出了说明,应该代表了皇帝对于此事的态度:

> 抑斯类也,在当时列国诸侯可也。若夫天下一家,四海一国,人人同一尊君亲上之心,学者或不得其扶持名教之本意。于所不当言不当施者,既以言焉,既以施焉,则学非所学,而用非所用矣。……又《孟子》一书,中间词气之间,抑扬太过者八十五条,其余一百七十余条,悉颁之中外校官,俾读是书者,知所本旨。自今八十五条之内,课试不以命题,科举不以取士,一以圣贤中正之学为本,则高不至于抗,卑不至于谄矣。抑《孟子》一书,其有关于名教之大,如"孔子贤于尧舜",后人因其推尊

---

① 孟子配享文庙(文宣王庙即孔庙,明代以后简称文庙),始于北宋元丰七年(公元1084年)。文庙制度中的主祀、配享、从祀,体现了封建统治者对儒家知识分子在体制内的合法化认同,因此,孟子被赶出文庙,也就表明统治者已对孟子予以意识形态化的否定。参见杨海文.朱元璋时期的《孟子节文》事件[M]//刘小枫,陈少明.柏拉图的哲学戏剧(《经典与解释》第2辑).上海:上海三联书店,2003:259-296.

② 撰于嘉靖二十二年(公元1553年),已佚。鲒埼亭集:卷三十五[M]//朱铸禹.全祖望集汇校集注本.上海:上海古籍出版社,2000:559-561.

③ 张佳佳.《孟子节文》事件本末考辨[J].中国文化研究,2006年秋之卷:84-93.

④ 刘三吾.孟子节文[M]//北京图书馆古籍珍本丛刊:第一辑.北京:书目文献出版社,2000:955-956.

> 尧舜，而益知尊孔子之道，“诸侯之礼，吾未之学”，而知其所学者周天子盛时之礼，非列国诸侯所僭之礼，皆所谓扩前圣所未发者。其关世教，讵小补哉！

文中对删节的合法性做了辩护。从《孟子》成书的时代背景，到扶持名教的大义，力证孟子的某些言论不适当朝。其用意是将言辞的“高抗”与肢解孟子的理论体系（删书）建立直接的因果关系。定性虽然含糊，但是处罚却是果断和激烈的。除删节之外，“课试不以命题，科举不以取士”，引导文人士子停止对《孟子》精神实质的探求，自觉规避那些可能影响仕途的理论观点。

四书之中，《孟子》是限制君权理论的大本营，颇为有雄才大略的君主们所不喜。当然有气魄直接对亚圣理论进行剪裁的，也只有明太祖一人。除“草芥寇仇”①之论外，诸如“君有大过则谏，反覆之而不听，则易位”②“民为贵、社稷次之、君为轻”③“是以惟仁者宜在高位。不仁而在高位，是播其恶于众也”④等说法都在删节之列。史学家容肇祖总结了朱元璋删节《孟子》的基本原则，包括十一个“不许说”：不许说人民有尊贵的地位和权利；不许说人民对于暴君报复的话；不许说人民应有革命和反抗暴君的权利；不许说人民应有生存的权利；不许说统治者的坏话；不许说反对征兵征实同时并举；不许说反对捐税的话；不许说反对内战；不许说官僚黑暗的统治；不许说行仁政救人民；不许说君主要负善良或败坏风俗的责任。⑤

在《孟子节文》的修纂过程中，还发生了一件趣事。儒臣钱宰是主要编纂之一，由于时间紧、任务重，就抱怨道：“四鼓冬冬起著衣，午门朝见尚嫌迟。何时得遂田园乐，睡到人间饭熟时。”第二天，朱元璋召见诸儒，对钱宰开玩笑说：“昨日好诗，然曷尝嫌汝，何不用忧字？”⑥大意是说诗作得不错，但是我并没有说你来得迟啊，不妨将“嫌”字改为“忧”字，这才是忠君之义啊。钱宰吓得下跪谢罪。

“删孟”不是孤立事件，而是洪武年间加强君主专制的系列行动之一。此前洪武十三年（公元1380年）的“洪武废相”，是朱元璋向历史上权力最大的皇帝迈出的关键一步。今人杨海文认为，朱元璋废除宰相与删节《孟子》

---

① 孟子・离娄下.
② 孟子・万章下.
③ 孟子・尽心下.
④ 孟子・离娄上.
⑤ 此概括颇有民国语境色彩。参见容肇祖.明太祖的《孟子节文》[J].读书与出版，1947(4)：18-21.
⑥ 叶盛.水东日记：卷四[M].北京：中华书局，1980.

未必没有内在关联。[①] 表面上看“洪武废相”是君权与相权冲突激化的结果，但其内在动因则是皇帝主导下的君臣关系的重构，借此达到“天下一家，四海一国，人人同一尊君、亲上之心”[②]的统治目标。而通过扶持“世教”，为“君权至上”提供智力支持，则是朱元璋一直采用的、比官僚体制改革更为基础的统治策略。

朱元璋崛起于田亩，连年征战之际，从未忽视“名教”之利。《明史》记载，元至正十六年(公元 1356 年)春，他率军攻克集庆(今南京)后，第一件事就是拜谒夫子庙，行“释菜礼”(先师之礼)。同年九月，入镇江，也是先谒孔庙。明洪武元年(公元 1368 年)，太祖以太牢祀孔子于国学，又遣专使赴曲阜祭孔，曰:“仲尼之道，广大悠久，与天地并，有天下者莫不虔修祀事。朕为天下主，期大明教化以行先王之道。”语虽恭敬，却不时强调自己“有天下者”“为天下主”的身份，意味深长。

朱元璋对孔子的尊崇或许不假，他不仅保留元代为孔子加封的“大成至圣文宣王”的尊号，而且钦定释奠孔子之礼。[③] 不过洪武年间，国家政策中“抑孔”与“尊孔”的倾向确实同时存在，这似乎是矛盾的一点。这种现象集中体现在贯穿洪武一朝的祀礼争议之中。

洪武二年(公元 1369 年)，朱元璋诏令，“孔庙春秋释奠，止行于曲阜，天下不必通祀”。关于发下此诏的原因，史上并无明文，后世也多有争议。从当时大臣的劝谏之词中，或可得其端倪。《明史・钱唐传》记载，刑部侍郎程徐上疏说:“孔子以道设教，天下祀之，非祀其人，祀其道也。今使天下之人，读其书，由其教，行其道，而不得举其祀，非所以维人心、扶世教也。”言下之意是，朱元璋禁祀似乎是针对“孔子”其人，或许就是针对他在天下读书人心目中至高无上的地位，以及其所代表的强大的“道统”意识。[④]当然，此后将祭祀局限于京师[⑤]，或许还有独占其祀礼，进而垄断其学说之深层意义。

洪武四年(公元 1371 年)，京师修缮文庙。国子司业(祭酒的副手)宋濂

① 杨海文.朱元璋时期的《孟子节文》事件[M]//刘小枫，陈少明.柏拉图的哲学戏剧(《经典与解释》第 2 辑).上海:上海三联书店，2003:259-296.他认为，只有切断了传统儒家试图通过学术影响政治、通过道统提升政统的理想追求，才能保证“以后嗣君并不许立丞相，臣下敢有奏请设立者，文武群臣即时劾奏，处以重刑”的诉求得以落实。

② 刘三吾.孟子节文[M]//北京图书馆古籍出版编辑组.北京图书馆古籍珍本丛刊:第一辑.北京:书目文献出版社，2000:955-956.

③ 朱鸿林.明太祖的孔子崇拜[M]//“中央研究院”历史语言研究所出版品编辑委员会.“中央研究院”历史语言研究所集刊:第七十本.1999:483-524.

④ 余英时认为，太祖此举是为了表示他对儒、释、道三教并无偏袒之意。参见余英时.宋明理学与政治文化[M].长春:吉林出版社，2008:167-169.

⑤ 参见明代黄佐的《南雍志》。

上《孔子庙堂议》，建议规范祀典，将先圣塑像改为木主，特别提出“立四学，并祀尧、禹、汤、文为先圣”。宋濂鼓吹将此“天子立学之法”直接植入“兴学重教”的重镇——国子学，也就打破了唐宋以来孔、颜在学校祭礼中的圣师地位。此观点似乎迎合了太祖“扬治统、抑道统”之心，但是引起了士大夫们的反弹。国子助教贝琼愤而反驳：“今欲崇三皇为先圣，使居孔子之上，不足以褒其功；降孔子为先师，使混于高堂生之列，适所以贬其德。”①

《明史》记载，朱元璋并没有接受宋濂的建议，反而将宋濂“坐不以时奏，谪安远知县”。一般认为，太祖不悦的原因，肯定不是“不以时奏”（上呈奏章稽缓），而是《明史・贝琼传》中所载的“绌其说”。朱元璋贬谪宋濂，是明史上的一桩公案，也是说法纷纭。今人邓志峰认为，“宋濂此疏本意只能是张扬君道，可惜马屁拍到马腿上，朱元璋并未理解”②。不过从前后迹象上来说，太祖并非不愿意祀天子、扬君道，只是不愿意在国学中立“天子之学”。宋濂被贬之后，再未进入太学系统，但是做了十余年的太子导师去传授“天子之学”，也算是求仁得仁，偿其所愿。

据《明太祖实录》，洪武六年（公元 1373 年），朱元璋下令建立历代帝王庙：“五帝、三王及汉、唐、宋创业之君，俱宜于京师立庙致祭，其余收成贤君，令有司祭于陵庙，皆每岁春秋祭之。”该庙于洪武七年（公元 1374 年）落成。以此为载体，他宣扬君主受命于天，“敕建历代帝王庙碑”（公元 1389 年）云：“正名定统，肇自三皇，继以五帝，曰三皇曰两汉曰唐宋曰元，受命代兴，或禅或继，功相比，德相侔。”③他承认元代接续了三皇五帝的正统，用意还是落实大明统治的合法性。

“禁通祀”十三年后，在洪武十五年（公元 1382 年），朝廷许可天下学校通祀孔子。明代南京国子监专志《南雍志》记载：

> 洪武十五年夏四月丙戌，诏天下通祀孔子，赐学粮、增师生仓廪膳。上谕礼部尚书刘仲质曰：“孔子明帝王之道以教后人，使君君臣臣父父子子，纲常以正，彝伦攸序，其功参天地。今天下郡县庙学并建，而报祀之礼止行于京师，岂非阙典？卿与儒臣其定释奠礼仪，颁之天下学校，令以每岁春秋仲月通祀孔子。”

这一年，国子监的新校区于鸡鸣山下落成，“宏其规模，极其壮丽”；以郡县卫学为主体的国家基础教育体系也基本形成。将孔子祀典重新纳入官学仪礼之中，是朱元璋所作的一次重大政策调整，“此谕清楚而明确表露了朱

① 贝琼.释奠解[M]//贝琼.贝琼集.长春：吉林文史出版社，2010.

② 邓志峰.王学与晚明的师道复兴运动[M].北京：社会科学文献出版社，2004：97.

③ 陈子龙，等.皇明经世文编：卷五[M].台北：台联国风出版社，1968.

元璋利用强大的皇权,以孔子为核心构建和奠立大明一元化的学校祭祀体制的坚定立场”①。

结合前事种种,以孔子为天下师,以历代帝王为君主师,是朱元璋采取的上下有别的教化原则。所谓君主的归君主,臣民的归臣民,两者界限分明,并从不同侧面为政权合法性提供支援。至于明世宗(嘉靖)将君主与先师们在文华殿中混为一谈,并且将忽必烈移出历代帝王庙,只能说是未得乃祖真传的胡闹。乾隆皇帝批评他“置一统帝系于不问矣”,倒是一语中的。

其后洪武二十七年(公元 1394 年)出现的“删孟”事件,意味着思想专制由表及里,由形式向内容深入。此时,太祖已经无法容忍任何超出自己解释之外的孔子之道。删书是话语权垄断的极端形态,后世之中,唯有乾隆编删《四库全书》与太平天国的“删书局”可以与之相比。

孟轲是幸运的,没有生在大明。如朱元璋所说:“使此老在今日,宁得免耶。”洪武朝有一条“寰中士大夫不为君用”罪。《御制大诰三编》有云:“率土之滨,莫非王臣,寰中士大夫不为君用,是自外其教者,诛其身而没其家,不为之过。”许多民间隐逸之士因为不愿出仕而被诛杀灭族。

孟子又不如孔子幸运。终洪武一朝,《孟子》也没能恢复原貌。谏诤者也下场凄惨。康熙朝的《福建通志》记载,洪武二十八年(公元 1395 年),掌山东御史印游义生上书劝谏,“与同谏十余人言辞愤切,触上怒,系狱”,“遂吞金死。时为乙亥九月二十六日,年仅二十七”②。游义生下狱期间,有同乡太学生孙芝前来看望,“击登闻鼓奏曰:‘臣孙芝与游义生少同学,今义生坐事,臣远来,愿进一饭尽友谊。’上许之。至则御史以吞金死矣。”③正是这位孙芝,在永乐九年(公元 1411 年)继续上疏呼吁恢复全书,《孟子》在删节十七年后终得以全本面世。

《孟子节文》的编者刘三吾,“经明行修、练达时务”。于洪武三十年(公元 1398 年)因为“南北榜”案被贬谪戍边,其时已 85 岁高龄。太孙朱允炆登基后,刘三吾再度被征召还京,复原职,1400 年离世。其自画诗云:“莫怪三吾不起身,差将两足踏红尘。”至于建议“天子之学”的宋濂,同样以文名著称于当时,主修元史,太祖誉为“开国文臣之首”,后因被胡惟庸谋反案牵连,子孙被戮,流放四川途中去世。

“删孟”与“祀礼之争”是太祖挟持孔孟、独占思想领域的大胆尝试。向

① 张彦聪.祀孔与立学:宋濂“天子立学之法”与孔子圣师地位论争[J].教育学报,2015,11(4):102.

② 其考证可参见张佳佳.《孟子节文》事件本末考[J].中国文化研究,2006 年秋之卷:84-93.

③ 董应举.崇相集[M]//《四库禁毁书丛刊》编纂委员会.四库禁毁书丛刊:102-103 册.北京:北京出版社,1997.

儒道至圣开刀，拿《孟子》与祀孔说事，是君主登上世俗与思想权力巅峰的祭旗礼，是皇帝向天下读书人展现“率土之滨，莫非王臣”的宣言书。洪武一朝，废相权、戮功臣、制大诰、表笺祸等文攻武卫之事，表明太祖将“礼乐征伐从天子出”的任性君主演绎到了极致。

第三节　律令讲读：《御制大诰》和《教民榜文》

明洪武十八年(公元1385年)十一月，朝廷向天下颁布由太祖亲手拟定的《御制大诰》(又名《明大诰》)①。“大诰”之名取自《尚书·大诰》，是西周摄政周公姬旦东征管蔡之乱时，以年幼的周成王名义对臣民所做的动员文告，从而统一思想，平定叛乱。朱熹在《朱子语类》中将《尚书》中的“诰”作为专门针对百姓的一种宣传：“《周诰》等篇，只似如今榜文晓谕俗人者。”借用此名，太祖将“忠君孝亲、治人修己”的诸多案例罗列于此，逐条讲解，形成一部“刑事特别法”，宣告“能者养之为福，不能者败以取祸。颁之臣民，永以为训”。②

明《御制大诰》是中国法律和政治传播史上的一朵奇葩。这部法律的特殊性在于，一方面它独创“法外用刑，以案释律”的方法；另一方面，它贯彻“明刑弼教”③政策，以法为教深入乡间，成为明代发行量最大的全民教科书。明太祖承诺，“朕出是诰，昭示祸福。一切官民诸色人等，户户有此一本。若犯笞杖徒流罪名，每减一等；无者每加一等。所在臣民，熟观为戒”④。为推行此书，太祖将其变为让犯罪者获得轻判的护身符。

继《御制大诰》之后，太祖陆续颁布《御制大诰续编》《御制大诰三编》《大诰武臣》为其补充，重申“凡朕臣民，务要家藏人诵，以为鉴戒。倘有不遵，迁于化外。的不虚示！”严令之下，掀起了史上最大规模的普法运动。

一、明刑弼教的确立

在中国传统的治乱思维中，德治与刑罚的关系是其中的主要矛盾。相关讨论最早可见《尚书·大禹谟》中舜称赞皋陶“明于五刑，以弼五教，期于

① 明《御制大诰》颁布时间的考证，参见杨一凡.明大诰研究[M].南京：江苏人民出版社，1988：6-8.

② 明太祖实录：卷一七六[M]//黄彰健.明实录附校勘记.北京：中华书局，2016.

③ 洪武二十二年，针对《大明律》中科罪畸重的情况，皇太孙朱允炆提出：“明刑所以弼教，凡与五伦相涉者，宜皆屈法以伸情。”太祖同意将七十三条重刑条款加以改定。参见《明史·刑法志》。

④ 御制大诰[M]//杨一凡.明大诰研究.南京：江苏人民出版社，1988：252.

予治”[①]。秦汉以降多主张德礼重于刑罚,唐《永徽律疏》云“德礼为政教之本,刑罚为政教之用”。至宋末,朱熹提出重新审视教化与刑罚之间的关系,辩曰:“殊不知‘明于五刑以弼五教’,虽舜亦不免。教之不从,刑以督之,惩一人而天下知所劝戒,所谓‘辟以止辟’。”朱熹虽然强调教化的主导地位,但同时将刑罚的警惧作用提到了一个全新的高度:“故圣人之治,为之教以明之,为之刑以弼之,虽其所施或先或后、或缓或急。”[②]此说为后来统治者打着“弼教”的旗号,无节制地施用刑罚、推行重典提供了思想武器。[③]

太祖本不赞同过于强调刑罚的警惧作用。《明实录》记载,洪武二年(公元 1369 年)八月,监察御史睢稼建议:“《周官》有悬法象魏之文,《礼经》载乡饮读法之说,皆导民知礼法而远刑辟也。今新律颁布天下,乡井细民犹有不通其说者,宜仿古人月吉读法之典,命府州县长吏,凡遇月朔,会乡之老少,令儒生读律,解析其义,使之通晓,则人皆知畏法,而犯者寡矣。”太祖纠正说:“威人以法,不若感人以心,敦信义而励廉耻,此化民之本也”,“读律固可禁民为非,若谓使民无犯,要当深求其本也。”

洪武四年(公元 1371 年)六月,太祖与臣下讨论治乱之策。礼部尚书陶凯说:“仲尼有云:‘道之以政,齐之以刑。’今欲整齐风俗,使佻巧不得作,必以政刑先之,然后教化可行。”太祖又说:“教化必本诸礼义,政刑岂宜先之?苟徒急于近效而严其禁令,是欲澄波而反汩之也。”[④]不过在治吏和集权的严峻情势和迫切需要面前,朱元璋只能向现实妥协。

洪武时对吏民的明刑弼教,是将法律与传播手段紧密结合的政教形式。洪武十八年(公元 1385 年),朝廷颁布《御制大诰》,要求户有一本,熟观为戒。洪武三十年(公元 1397 年)在《大明律·吏律二·公式》[⑤]第一条中又确定“讲读律令”:

> 凡国家律令,参酌事情轻重,定立罪名,颁行天下,永为遵守。百司官吏务要熟读,讲明律意,剖决事务。每遇年终,在内从察院,在外从分巡御史,提刑按察司官,按治去处考校。若有不能讲解,不晓律意者,初犯罚俸钱一月,再犯笞四十附过,三犯于本衙门递降叙用。其百工技

---

① 此处“五刑”指“墨(鲸)、劓、刖、宫、大辟”;“五教”是父义、母慈、兄友、弟恭、子孝。

② 朱熹.朱子全书[M].上海:上海古籍出版社,2010.

③ 杨一凡.明大诰研究[M].南京:江苏人民出版社,1988:94-101.

④ 朱元璋.明太祖宝训:卷二[M]//黄彰健.明实录附校勘记.北京:中华书局,2016.

⑤ 洪武元年颁布的《大明令》二十条“吏令”中并没有此条。至于《大明律》,按《明史》所载,它“草创于吴元年,更定于洪武六年,整齐于洪武二十二年,至洪武三十年始颁示于天下”。根据此说,《大明律》在洪武二十二年成型,而明《御制大诰》的传播在洪武十八年开始,因此判断“讲读律令”至迟在洪武二十二年已经纳入《大明律》。

艺，诸色人等，有能熟读讲解，通晓律意者，若犯过失及因人连累致罪，不问轻重，并免一次。其事干谋反、逆叛者，不用此律。若官吏人等，挟诈欺公，妄生异议，擅为更改，变乱成法者，斩。

此令大概三层意思。第一，官员要通晓律意，年终考校中不能讲解者受罚；第二，百姓应该熟读讲解，能通晓者减免刑罚；第三，官员不得质疑法令，擅自改动者处斩。此令贯穿大明，后世清律几乎照抄此法。我国的法律传播由此进入了一个全新的阶段。

二、法律传播流变

回顾我国法律传播的历史，最早有“三皇设言而民不违，五帝画象而民知禁”[①]的传说；《国语・齐语》记载：春秋时期，管仲（公元前719—前645年）亦提及周昭王、穆王“设象以为民纪”的传法手段。从《尚书・吕刑》中关于周穆王制刑法的记载分析，两者应出一源。这里的“象”指的是“象刑”，即“模写用刑物象，以明示于民，示民知所愧畏其状”[②]。大概是将用刑情景用绘画的方式公之于众，以为警惧，后引申为公布法律。《管子・立政》[③]篇还提到更具体的传法方案：

正月之朔，百吏在朝，君乃出令，布宪于国。五乡之师、五属大夫，皆受宪于太史。大朝之日，五乡之师、五属大夫，皆身习宪于君前。太史既布宪，入籍于太府，宪籍分于君前。五乡之师出朝，遂于乡官，致于乡属，及于游宗，皆受宪。

按照管仲的规划，每年正月初一，国君向全国发布法令；大朝会之时，五乡（一国分五乡）乡师和五属大夫要当着国君的面学习法令；太史宣布法令后，底册存入太府，并在国君面前把法令文书分发下去；乡师出朝以后，再向本乡所属官吏颁布法令，最低到游宗（一个国家分乡、州、里、游四级行政区划）。

管仲的政见是否得以全面实施目前尚无考证。但是，管仲的传法方案以及所提出的“凡将举事，令必先出。曰事将为，其赏罚之数，必先明之”的

---

① 晋书・刑法志・第二十.

② 程大昌.考古编/续考古编[M].北京：中华书局，2008：54.另一种对“象刑”的解释是“异衣冠章服”，象征性地实施惩罚，相关考证可参见张海峰.“象刑”辨疑[J].西南政法大学学报，2010，12(3)：81-86.在《尚书》所描述的上古时期的传播图景当中，将法律以具象方式表现出来，或者以更口语化和本俗化的语言来进行交流的情况颇多，应是当时传受局限的条件下的真实反映。参见《朱子类语・尚书一》的相关说法。

③ 《管子》大约成书于战国至秦汉时期。刘向编定《管子》时共86篇，今本实存76篇，其余10篇仅存目录。

“明法”思想对后来的法律传播理论有着深远影响。在某种程度上,由于管仲辅佐齐桓公成就霸业,其方案被视为一种成功的模式。法令之畅通自此与国家之强盛、执政之贤达建立了潜在的因果关系。

有据可查的法律与传播(宣教)活动建立的直接关系,应该是从春秋子产(公元前 536 年)、赵鞅(公元前 513 年)“铸刑鼎”开始。他们在提出成文法的同时,突破了秘密法的管制思路,将刑律向大众公开。

战国前后,“悬法象魏”(将法律条文或普法图画悬挂于宫门或通衢之处)已经成为各诸侯国的常用做法。[①] 这个时期,法律传播理论逐渐丰富。商鞅继承管仲、子产的政治遗产,在《商君书·定分》[②]篇中阐述了法家由“明法”而达到“自治”的路径。此文以法制史上著名的“孝公难题”开场。秦孝公问商鞅:“法令以当时立之者,明旦,欲使天下之吏民皆明知而用之,如一而无私,奈何?”这是古今中外所有执政者都面临的难题:法令怎样才能让政府官员和人民群众明确了解并且认真遵守,在执行过程中又严格依法行事,没有偏私?

针对此问,商鞅提出一系列与传播策略紧密联系的“明法”方案。第一是“为法令”,立法“必使之明白易知,名正愚智遍能知之”;第二是“置官吏”,在中央和地方设置专职法官或法吏,进行法律解释,法官对法令的解释必须一如原意,不得篡改(民众咨询时,法官的解答记录分为两联,一联给问询者,一联封存留档,作为凭证);第三是“为禁室”,“有铤钥为禁而以封之,内藏法令一副禁室中,封以禁印,有擅发禁室印,及入禁室视禁法令,及剟禁一字以上,罪皆死不赦”,将法律藏于密室,此为最终依据,每年一次颁发给法官进行核对。不难发现,禁室之法是管仲“入籍太府”方案的进一步发展。

商鞅提出“明法”的历史语境,是在推行新政的过程中,不仅需要民众服从命令,贯彻“农战”政策,而且需要剥夺贵族权利,为改革清除障碍。因此让民众了解法律,一方面是使其主动遵守法律,即“自治”,另一方面是通过知法民众对官员和贵族阶层的权力滥用进行制约。提出“两联制”和“禁室藏法”都是为了防止权力对改革的干扰。当然“禁室藏法”还有着更深一层用意,即执政者拥有对法律的最终解释权,这和当代的法治观念有着根本的区别。因此,商鞅的“明法”观点不过是思想专制在法律领域的体现。

商鞅创制了“法律咨询”这一重要的普法形式。在商鞅的设计中,这既

---

① 参见《周礼》。“周悬象魏”除了向民众公开法令外,其内在取向是统一司法标准、严格执法、改变临事议制的传统。可参见《晋书·志三十》“刑法志”相关讨论,即“周悬象魏之书,汉咏画一之法,诚以法与时共,义不可二”。

② 关于《商君书》的作者一直存在争议。一说商鞅所作,一说伪作,一说法家类似观点之合编。

是一种传法方式，也是唯一的民众教育手段。他明确指出“为法令，置官也，置吏也，为天下师，所以定名分也”。将法律传播提升到为天下师、为天下定名分的高度，本质上是推行以法为教的文化专制，从而为强秦政治和农战政策保驾护航。

商鞅的设想到底有没有实施，至今仍为悬案。孤证是《韩非子·和氏篇》说其“燔诗书而明法令”[①]。今人徐忠明甚至认为，商鞅设计的严密的法律解释系统，在秦汉以降的帝制中国历史上，从来没有真正制定和实施。但是商鞅的法律解释制度其实预示了后世法律宣传的基本意图，即法律宣教只是为了让百姓知道法律、遵守法律、甘当顺民，而非确认民众的权利，百姓仅有义务和责任；“以吏为师”的设想与专制统治正好合拍，从而导致法律解释的唯一性和传播渠道的单一化。[②]

相比法家狭隘的设法官、备问询的消极设计，大约同时代的《周礼》透露了一种更接近“先王之教”的传法思路。首先“（大夫）受教法于司徒，退而颁之于其乡吏，使各以教其所治”，然后“（州长）各属其州之民而读法”，最后“（党正、族师）属民而读邦法”。这是从国家法律主管官员，到地方官员，再到百姓的“自上而下”的普法手段。此说似与管仲的方案也有关联，其进步性在于将体制内的传播扩散到体制外，不过一般认为，《周礼》成于战国至秦汉之间，其描述带有理想成分。如梁启超所说：“至春秋末叶，始渐有成文法公布之举。……《周官》称‘悬法象魏’之文甚多，盖战国以后之理想制度耳。”[③]钱穆也怀疑其说晚出抑或是理想中的制度。[④]《周礼》所揭示的传法路径到汉代才找到类似实例。

到战国末期，韩非子继承“商管”之说，进一步概括法家的政教思路：“明主之治国也，无书简之文，以法为教；无先王之语，以吏为师。”秦朝丞相李斯又承继了这个理念，将“以法为教”和“以吏为师”制度化。只是在恐怖专制背景下，此举不仅让法制走进了死胡同，也造成教育制度的大倒退。法律传播再次被局限于统治阶层内部，而这种有限性为统治者保留了最大的解释和裁量空间，在本质上重新回归秘密法的传统。

---

① 《韩非子·和氏篇》记载，“商君教秦孝公以连什伍，设告坐之过，燔诗书而明法令”。相关考证参见姚能海，张鸿雁.商鞅“燔诗书”辩[J].新华文摘，1987(4)：89；张炳武.“燔诗书而明法令”辨疑[J].沈阳师范学院院报，1982(1)：61-63；谭前学.商鞅“燔诗书”辨析[M]//中国秦汉史研究会.秦汉史论丛.北京：法律出版社，1992：82-86.

② 徐忠明.明清国家的法律宣传：路径与意图[J].法制与社会发展，2010(1)：3-25.

③ 梁启超.先秦政治思想史[M].北京：东方出版社，1996：62-63.

④ 温慧辉.“悬法象魏”考辨——兼论“铸刑书”与“铸刑鼎”问题[J].河南省政法干部管理学院学报，2006(3)：66.

需要提及的是，秦朝出现了将诏书刻在石上晓喻于天下的情况。始皇帝统一六国后，在出巡各地时候，刻其丰功伟绩于七处石上，后世称"秦七刻石"。二世胡亥在公元前209年出巡时发现一个问题。《史记》中记载：

> 皇帝曰："金石刻尽始皇帝所为也。今袭号而金石刻辞不称始皇帝，其于久远也如后嗣为之者，不称成功盛德。"丞相臣斯、臣去疾、御史大夫臣德昧死言："臣请具刻诏书，金石刻因明白矣。臣昧死请。"制曰"可"。

为了表明这些功绩只属于嬴政一人，官方在这七块石刻旁附上二世七十九字的诏书作为说明。这是秦代诏书颁布中极为罕见的情况。

汉以文书治(御)天下。文书的传布在国家治理中占据首要地位。包括诏书在内的各级下行文书当中，有一部分是需要民众晓喻的。《汉书·贾山传》有载，汉文帝时，"山东吏布诏令，民虽老羸癃疾，扶杖往听之"；汉武帝建元六年(公元前135年)，司马相如的《喻巴蜀檄》提到，"方今田时，重烦百姓，已亲见近县，恐远所、溪谷、山泽之民不遍闻。檄到，亟下县道，咸喻陛下意"；《汉书·黄霸传》载："时上垂意于治，数下恩泽诏书，吏不奉宣，太守霸为选择良吏，分部宣布诏令，令民咸知上意。"说的大概是宣帝地节三年(公元前67年)前后，黄霸担任颍川太守任上的事。

两汉的传法方式，除了"吏"的口头宣读，还有"粉壁""扁书""刻石"等。[①]"粉壁"，也称为壁书或题壁，是将诏书、律令写于墙壁之上的法律公布形式。考古工作者于1992年12月在甘肃敦煌甜水井(汉代悬泉置遗址)发现泥墙壁书原物"使者和中所督察诏书四时月令五十条"。此壁书经考证是西汉平帝元始五年(公元5年)太皇太后发布的诏书，共五十条，写明每月该干的事和不该干的事，所涉事项包括农林牧副渔各业。此壁书表明，汉代壁书的传播容量比我们想象的要大得多。

由于粉壁容易受到自然侵蚀，所以文字多有遗失。两汉还存在"扁书"的公布形式。所谓"扁书"，是将文字题写在木板上悬于乡亭中。《风俗演义》中说："光武中兴以来，五曹诏书题乡亭壁，岁补正，多有阙谬。顺帝永建(公元126年—131年)中，兖州刺史过翔笺撰卷别，改著板上，一劳而九逸。"从时间上看，此说或有讹误。20世纪出土的居延汉简中记录成帝永始三年(公元前14年)就有将诏书"明扁悬亭显处，令吏民皆知之"的情况，比《风俗演义》之说要早150年。汉代的"扁书"与我们所说的起自战国的"悬书"相比，也许材质不同、悬挂地点有异，但是其功能性是类似的，继承性也是显而易

---

① 汪桂海.汉代官文书制度[M].桂林：广西教育出版社，1999：156-159.

见的。

刻石也是经常使用的传法手段。《后汉书・王景传》记载王景(公元30年—85年)任庐江太守期间,“先是,百姓不知牛耕,致地力有余而食常不足。郡界有楚相孙叔敖所起芍陂稻田。景乃驱率吏民,修起芜废,教用犁耕,由是垦辟倍多,境内丰给。遂铭石刻誓,令民知常禁。又训令蚕织,为作法制,皆著于乡亭”。王景将刻石和扁书同时作为农业教育和法令传播的工具。贤良有为之官往往是擅用传播之士,这在历史上并不少见。

西晋时期,也有类似“悬法象魏”的悬书(扁书)传法。《晋书・刑法志》记载泰始三年(公元267年)创制新律,“武帝(司马炎)亲自临讲,使裴楷执读。是时侍中卢珽、中书侍郎张华又表:‘抄新律诸死罪条目,悬之停(亭)传,以示兆庶’,有诏从之”。由此推知,其时法律讲读一般只是官方内部的传释,由中央政府发布的针对“兆庶”的“悬书”似乎也不是常用的法律发布手段。

唐代或将“扁书”称为“板榜”。《唐大诏令集》“榜示《广济方》敕”记载,唐玄宗天宝五年(公元746年)敕:“宜命郡县长官就《广济方》中逐要者,与大板上件录,当村坊要路榜示。”榜示《开元广济方》是玄宗的一项德政,而其形式应该与“扁书”类似,即将内容书写在“大板”上。另外,纸张作为文字的载体,也逐渐为传法所用。唐宣宗时,韦宙为永州(今湖南永州)刺史(公元850年前后),发现该地“俗不知法,皆触罪”,他采取的解决办法是,“为书制律,并种植为生之宜,户给之”。[①] 这本手抄书包括基本法律条文,以及鼓励农耕的说教,[②]每户颁发一本。今人范忠信分析,当时法律文本一般只颁发到县级,不传至百姓。除了韦宙那样的地方官自行抄刻部分法条,向百姓宣传以外,百姓欲知法律只能“以吏为师”地问询了。[③]

到宋元,通过各类“榜文”颁布法令已经成为常态。其时榜文的材质包括纸、木板、墙壁、石碑等;复制的形式有抄写、雕印和镌刻;颁布形式有“大字楷书”的书榜、奉命“置立”的粉壁、“钉挂晓示”的板榜、“片著示人”的手榜(纸印榜)、“刻之庭石”的铭石等。[④] 据载,元代“禁夜筵宴例”就被“行太原路遍行所属,出榜安刮,置立粉壁,省谕施行”;“盗贼通例”也被“所在官司多出文榜,排门粉壁,明白晓谕”。

---

① 典出《新唐书・循吏传・韦丹附韦宙》。韦宙著名的事迹是在永州移风易俗:“初,俚民婚,出财会宾客,号‘破酒’,昼夜集,多至数百人,贫者犹数十;力不足,则不迎,至私奔者。韦宙出示约束,使略如礼,俗遂改。”

② 官方的劝农教农可以上溯到战国魏国李悝“尽地力之教”,也是古代官方主要的传播活动之一。

③ 范忠信.古代法律宣教制度及其主要特征[J].河南省政法管理干部学院学报,2007(4):23-27.

④ 杨军.宋代榜文与政治信息传播基于政治传播学视角的分析[J].思想战线,2015(3):146-152.

有意思的是,元朝至元(公元1264年—1294年)末年突现了大规模的、民间自发地获取和传播所需要的法律文件的情形。元臣郑介夫在大德年间(公元1297年—1307年)的上疏中说:

> 国家立政必以刑书为先。今天下所奉以行者,有例可援,无法可守,官吏因得并缘为欺。内而省部,外而郡守,抄写格例至数十册。民间杂探敕旨条令,刊行成帙,曰《断例条章》,曰《仕民要览》,家置一本以为准绳。①

"有例可援,无法可守"的情况大概出现在至元末到至治(公元1321年—1323年)初之间,其时《泰和律》废除,而新法(《大元通律》)未成。当时地方政府和民间只能自行类集、采编国家诏旨、条画、案例作为依据。民间汇编版本除郑氏列举《断例条章》和《仕民要览》外,还有《四库全书总目》中保留的《官民准用》一书。该条目提要转引徐天麟序说:

> 元不尚柯细,故不用太(泰)和旧例。然随事立法、前后所降格例,文墨之吏不能尽睹。及蒙省台降令,内外衙门,编类置簿检举。适有好事君子,出一编书,示余曰:"官民准用云云",则是书乃留心法律者,钞案牍而为之,非官撰也。

这种情况持续了很长时间。至治二年(公元1322年)后颁布的《元典章》,也被认为是元代中期地方官府吏胥与民间书坊商贾合作编纂的产品。②一直到元顺帝即位后,至元二年(公元1336年)四月,"禁民间私造格例",才被终结。总体来看,元代民间的法律传播是当朝"轻典为尚""随事立法"③情境下的一种表现,有其特殊性。不过这个时期以案例释法或立法的做法,对明代普法模式或有重大影响。

三、《御制大诰》及普法运动

明清以前,基层普法不足问题一直存在。究其原因,除了统治者的主观认识之外,或还在于古代社会处在国家法律和民间礼俗共治之下。基层社会长期置于宗族家法的管辖下,保持一定程度的自治。因此,明清以前即使存在如《礼记》所记载的州长、党正"读法"之事,国家法律传播的普及率和有效性仍然成疑。到了明代洪武年间,因为明太祖的主观能动性,法律对民间社会的渗透能力有了前所未有的加强。明代中央集权的强化,一定程度上

---

① 郑介夫.上太平策[M]//李修生.全元文.南京:江苏古籍出版社,1999:73-80.

② 昌彼得.跋元坊刊本《大元圣政国朝典章》[M]//台北"故宫博物院".元典章(影印本).台北:"故宫博物院",1972:卷末.

③ 张廷玉在《明史·刑法志》中认为,"元制,取所行一时之例为条格而已",可见这是一个长期的惯例。

表现为洪武时期对民间自治的摧毁和民间秩序的重构。

终洪武一朝，太祖一直尝试通过法律传播达到整个社会的综合治理。《明史·刑法》记载，在吴元年(公元1367年)命令大臣制定律法时，他就提出“法贵简当，使人易晓”。十二月，法令初成。为了避免“小民不能周知”，太祖命令“大理卿周桢等取所定律令自礼乐制度、钱粮选法之外，凡民间所行事宜，类聚成编，训释其义，颁之郡县，名曰《律令直解》”。该书完成之日，太祖“览其书而喜曰：‘吾民可以寡过矣’”。太祖来自民间，深知小民不知法、不懂法之苦。

明人朱睦㮮(朱氏后人)在《圣典》中对此事也有记载，不过太祖言语有所不同。朱元璋说道：“前代所行《通制条格》之书，非不繁密，但凭官吏弄法，民间知者绝少，是聋瞽天下之民，使之不觉犯法也。今吾以《律令直解》遍行，人人通晓，则犯法者自少矣。”太祖对法律不传之弊，可谓一语中的。

太祖对传播手段的运用是帝王当中罕见的。洪武初年，鉴于元代吏治腐败、官逼民反的教训，太祖尝试“重绳赃吏”的严刑峻法，同时将典型案例广而告之，以获震慑之效。他要求“揭诸司犯法者于申明亭以示戒”，即将犯法者名单张贴于乡里的“申明亭”中；①据《明史·刑法》，他还“累颁犯谕、戒谕和榜谕，悉象以刑，诰示天下”，通过各种榜文、象刑，将腐败案件诏告天下。

可惜这些初步手段并没有取得遏制腐败的效果，反而“法出而奸生、令下而诈起”。洪武十八年(公元1385年)初，明朝四大案之一的郭桓贪腐案发生，官方统计赃款折合精粮2 400万担。② 同年，朱元璋加大整治官吏的力度，确立“律外重刑”的政策，颁布《御制大诰》(以下简称《大诰》)，“将害民事理，昭示天下诸司”。有学者指出，这并非一般意义上的依法从重惩治贪官污吏，而是通过渲染和施行重刑来威慑和打击罪犯。③《大诰》的传播与前期宣教手段一脉相承又有所创新，将传播的有效性作为政策发挥作用的关键一环。

关于《大诰》的性质，刘三吾在《大诰后序》中说道：“是诰也，成周‘乃洪大诰治’之诰，非直州长、党正岁时所读之法可比也。玉音所临，莫不曰，‘大

① 见《明太祖实录》卷七十二：“(洪武五年二月)是月，建申明亭。上以田野之民不知禁令，往往误犯刑宪，乃命有司于内外府州县及其乡之里社，皆立申明亭。凡境内人民有犯，书其过名，榜于亭上，使人有所惩戒。”

② 《明史》载“其推原中外贪墨所起，以六曹为罪魁，郭桓为诛首。郭桓者，户部侍郎也。帝疑北平二司官吏李彧、赵全德等与桓为奸利，自六部左右侍郎下皆死，赃七百万，词连直省诸官吏，系死者数万人”。

③ 杨一凡.明大诰研究[M].南京：江苏人民出版社，1988：82-83.

哉皇言乎！一哉皇心乎！’”大意是,《大诰》非一般成法可比,是皇帝亲临教训和最高指示。由此推知,《大诰》在一定历史阶段,其地位和效力要高于其他的法律,而其社会目标也比一般规范更加深远。

从内容上看,《大诰》的基本指向是反贪腐、治官吏。整个《大诰》提供的236个条目,涉及官吏犯罪的有155条。但实践证明,光是体制内的反腐和宣教,难以达到“官钦遵之为官箴,民钦守之为彝训”的效果。结合《大诰》的其他内容不难发现,太祖颁布《大诰》本意是掀起一场全民参与的社会运动,达到“君民结合以治吏”的目的。而要达到这个目的,必须进行全方位的政策设计和引导。

第一,保障文本的最大范围传播。《大诰》及其续编、三编严格要求“家藏人诵,以为鉴戒。倘有不遵,迁于化外”;功过交换条件非常具体,“一切官民诸色人等,户户有此一本。若犯笞杖徒流罪名,每减一等;无者每加一等”;甚至鼓励民间翻刻,《大诰续编后序》云:“近监察御史丘野奏,所在翻刻印行者,字多讹舛,文不可读。欲穷治而罪之。朕念民愚者多,况所颁二诰字微划细,传刻之际,是致差讹。今特命中书大书重刻颁行,使所在有司,就将此本,易于翻刻,免致传写之误。”

第二,在社会各阶层推行《大诰》教育。洪武年间制定了一系列《大诰》教育政策,比如武臣子弟要诵习之,生员要学习之,私塾教育要讲习之,秀才科举要题试之,乡饮酒礼要讲读之,民间子弟农闲时也要讲读之,等等。太祖多次“命赏民间子弟能诵《大诰》者”。大明上下掀起了学《大诰》、讲《大诰》的社会风气。很快,学讲运动达到高潮。《明史·刑法志》记载:“于时(洪武十九年,公元1386年),天下有讲读《大诰》师生来朝者十九万余人,并赐钞遣还。”皇帝看到天下师生争讲《大诰》、恭敬来朝的景象龙颜大悦,命令赐予钱钞加以鼓励。

第三,对民间风俗,尤其是所谓“乡饮酒礼”进行改造,塑造有利于律令宣教的社会秩序和氛围。早在洪武十六年(公元1383年),朝廷就颁布了“乡饮酒礼图式”。下令各府、州、县每年正月十五、十月初一在学校中举行乡饮酒礼。在仪式中,“司正”进行训话,要求大家长幼相劝,使作臣子的人尽忠、为子弟的人尽孝,内睦宗族,外和乡里;“读律”要宣读律令,有犯罪前科的人要立着听,其他人坐着听。而在洪武十七年(公元1384年)颁布的《大诰》中,针对乡村仪礼,专设“乡饮酒礼第五十八”条,规定“年高德者居于上,高年纯笃者并之,以次序齿而列。其有曾违条犯法之人,列于外坐,同类者成席,不许干于善良之席”“所以乡饮酒礼,叙长幼,论贤良,别奸顽,异罪人”。这个仪式体现出很强烈的传播意识和秩序意识,国家法律通过在乡饮酒礼上的讲读，也逐步渗透进宗规族法。

在构造乡间规范和秩序的基础上，大明逐步建立起从中央到民间，一竿子插到底的全方位、多手段的法律传播体系。明人林希元在《王政附言书》中有言："本朝立国之初，乡闾里社莫不建学，乡置老人，教民为善；又置木铎老人，徇于道路；乡饮酒礼，行及里社，讲读律法；申明、旌善亭，建于邑里，彰别淑慝[tè]。与成周教民之法，虽不尽同，其意一也。"

第四，赋予民间揭发、除贪的特殊权力，将普法运动推向深入。《大诰》(初编)七十五则以例说法中，最引人注目的不是诸如郭桓贪腐之类的惊天大案，而是发动群众揭发、甚至直接动手除贪的两项许可令。"耆民奏有司善恶第四十五"云："民间若不亲发露其奸顽，明彰有德，朕一时难知，所以嘱民助我为此也。若有此等，许四邻及阖郡人民指实赴京面奏。"此令给予了平民直接赴京揭发奸顽的权力。"乡民除患第五十九"云："今后布政司、府、州、县在役之吏，在闲之吏，城市乡村老奸巨猾顽民，专一起灭词讼，教唆陷人，通同官吏害及州里之间者，许城市乡村贤良方正、豪杰之士，有能为民除患者，会议城市乡村，将老奸巨猾在及在役之吏、在闲之吏，绑缚赴京，罪除民患，以安良民。敢有邀截阻挡者，枭令。"此令给予了百姓直接扭送贪官、顽民上京的权力。对于这样做的原因，《大诰三编》"民拿害民该吏第三十四"解释道："以其良民自贬是非，奸邪难以横作，由是逼成有司以为美官。"同时警告，"其正官、首领官及一切人等，敢有阻挡者，其家族诛"。

于是，除了在京城出现师生们拿着语录来朝的盛大场面外，大明城乡也出现了民众手执《大诰》赴京告状，或绑缚赃吏络绎于途的千古奇观。《大诰续编》"如诰擒恶受赏第十"记载：

> 前者大诰一出，民有从吾命者。惟常熟县陈寿六为县吏顾英所害，非止害己，害民甚众。其陈寿六率弟与甥三人擒其吏，执《大诰》赴京面奏。朕嘉其能，赏钞二十锭，三人衣各二件。更敕都察院榜谕市村，其陈寿六与免杂泛差役三年，敢有罗织生事扰害者，族诛。

不过大量民众进京告状，终于让中央政府不堪重负、不胜其扰。洪武三十年(公元 1397 年)三月十九日，朱元璋"为教民事"诏谕户部尚书郁新等："民间词讼皆赴京来，如是连年不已。今出令昭示天下，民间户婚、田土、斗殴相争一切小事，须要经本里老人、里甲断决，若系奸盗、诈伪、人命重事，方许赴官陈告。"①太祖由此推出了"明刑弼教"政策的另一个重要的宣教文

---

① 张卤.皇明制书:卷八[M]//北京图书馆古籍出版编辑组.北京图书馆古籍珍本丛刊.北京:书目文献出版社,2000:287.

件——《教民榜文》。

四、《教民榜文》与乡村教化

从内容上看,《教民榜文》已经完全脱离了《大诰》官吏整治的宗旨。它将《大诰》实施过程中,涉及乡村民间管理的耆老任事、乡饮酒礼、律令讲读等经验进行修正、整合,是进一步加强对民间社会控制的宣教文件。这本共20页的小册子,主要涉及五方面的内容:

第一,建立老人理讼制度,规定"民间户婚田土斗殴相争一切小事不许辄便告官,务要经由本管里甲、老人理断。若不经由者,不问虚实,先将告人杖断六十,仍发回里甲老人理断。凡因有陈诉者,即须会议,从公部断,许用竹篾、荆条,量情决打"。此时,已经不允许村民越级上告或上访了,具体事务先由老人代表议决:"凡老人、里甲剖决民讼,许于各里申明亭议决。其老人须令本里众人推举平日公直、人所敬服者,或三名五名十名,报名在官,令其剖决。若事干别里,须会该里老人,里甲,公同剖决。但年五十之上,平日在乡有德行、有见识,众所敬服者,俱令剖决。"这是从法律上确立了老人管理民间事务的合法性。

第二,确立老人的管理责任,"老人、里甲不但与民果决是非,务要劝民为善,其本卿本里人民,务要见丁着业,凡有出入,互相周知,《大诰》内已有条款,务要申明遵守,违者论罪"。所谓"见丁着业",就是落实每个住户的身份、职业,严格身份管理。

第三,按照古法,建立木铎(木铎:以铜为之,中悬木舌)宣教制度。"每卿每里各置木铎一个,于本里选年老或残疾不能生理之人,或瞽目者,令小儿牵引,持铎循行本里。如本里内无此等之人,于别里选取。俱令直言叫唤,使众人闻知,劝其为善毋犯刑宪。其词曰,孝顺父母,尊敬长上;和睦卿里,教训子孙;各安生理,毋作非为。如此者,每月六次。其持铎之人,秋成之时,本卿本里内众人随其多寡,资助粮食"。

第四,设下田鼓,督促农事。"河南山东农民中有等懒惰,不肯勤务农业,以致衣食不给,朝廷已尝差人督并耕种,今出号令,此后止是各该里分老人劝督,每村置鼓一面,凡遇农种时月,五更擂鼓,众人闻鼓下田。"

第五,重申乡饮酒礼和律令讲读。"乡饮酒礼本以序长幼,别贤否,乃厚风俗之良法,已令民间遵行。令再申明务要依颁降法式,行之长幼序坐,贤否异席,如此日久,岂不人皆向善避恶,风俗淳厚,各为太平之良民";"民间子弟七八岁者,或十一二岁者,此时欲心未动,良心未丧,早令讲读三编《大诰》,诚以先入之言为主,使知避凶趍(趋)吉,日后皆成贤人君子,为良善之民，免贻父母忧虑，且不犯刑宪，永保身家。”

《教民榜文》透露出明显的重构民间教化、社会秩序的用意。其中作为核心控制手段的老人理讼制度，其实并非基层司法裁判权制度的创建，而是一个融律法礼义为一体、刑罚制裁与道德说教于一身的基层乡里自律体系，本质上仍然贯彻“以法为教”的基本思路。明人王艮言道：“钦惟我太祖高皇帝《教民榜文》，以孝弟为先，诚万世之至训也。”[①]今人韩秀桃也认为老人理讼的主旨仍然是“教民”，体现出洪武一朝试图在民间社会“以良民治民”的政治目标。[②]

《大明律·讲读律令》《御制大诰》《教民榜文》的推行，构成了明初“以法为教”的完整体系，取得了一石数鸟之效：不仅整顿了吏治，成功地控制了基层社会，还在一定程度上缓解了自古君王与民间隔离的统治疑难，达到了社会的综合治理。太祖继承法家传统，通过挑动吏民相争、官民相斗、民民相制[③]，成功地获得了唯一和绝对的裁判权。《御制大诰》颁行及普法运动，实为太祖帝王之术、制衡之法的综合运用，集民粹、反智、分化于一身，为后世提供了思想专制的经典案例。

五、御制书传统

《御制大诰》系列由于明显的时代限制，只运用于洪武、永乐两朝，到洪熙、宣德时已搁置不用。不过用案例或故事来推行道德说教的“御制书”传统，一直延续到正统时期。所谓“我朝列圣相承，著书立言，教训正俗，同一揆也”[④]。明代学者总结说：

> 洪武初，颁降《大明律》《御制大诰》，资治之术，为民造福之意至矣。永乐年间，天下学校居蒙颁降《为善阴骘》《孝顺事实》二书，税民以善而教民以德也。宣德年每月朔望日有司行香，率颁《里老谙明》《伦堂目壬讲前》二书，化导乡民，以是定例。正统年，复蒙颁降《五伦书》于天下学校，皆切于日用常行之间。[⑤]

《为善阴骘》(公元1419年颁)是明成祖朱棣编著的书籍，全书记录了一百六十五名有善行人士的传记，每个传记配以作者的感悟以及诗赞；《孝顺事实》是永乐十八年(公元1420年)由明成祖朱棣作序、颁行于全国的孝道学习资料。这本书将以往有孝行的二百零七人的事迹，分小传、论断、诗赞等

---

① 王艮.王艮尺牍[M]//王艮.王心斋全集.南京：江苏教育出版社，2001.

② 韩秀桃.《教民榜文》所见明初基层里老人理讼制度[J].法学研究，2000(3)：137-147.

③ 可参见《大诰续编》“互知丁业之三”：凡民邻里，互相知丁，互知务业，具在里甲、县、州、府务必周知。

④⑤ 明代戴金编的《皇明条法事类纂·卷十一》中讲说了《大明律》及御制书例。

部分加以罗列分析,用以彰显孝道;《五伦书》(公元1444年颁)采集经传子史中的嘉言善行,类分成帙,宣扬“忠、孝、悌、忍、善”为父子、君臣、夫妇、兄弟、朋友五伦道德根本。

御制书是官学的重要教材。在地方志中反映的明中期府学县学的藏书,主要包括,四书、五经、性理大全及朱熹的集注;从《大明令》《大明律》《皇明祖训》到《大明会典》《大明集礼》等七部法律的、行政的、礼仪的文献;从《大诰》到《五伦书》等六种道德手册等。[①] 可见这类御制书也是官学教化的主要内容。

明中叶以前,皇帝们在著书教化方面都还身体力行。成弘以后,此项业务逐渐荒废,不复乃祖之政。

第四节　书籍禁毁

明英宗正统七年(公元1442年),国子监祭酒李时勉向朝廷上疏,请求禁毁民间书籍《剪灯新话》。他在奏疏中说:

> 近有俗儒,假托怪异之事,饰以无根之言,如《剪灯新话》之类,不惟市井轻浮之徒争相诵习,至于经生儒生,多舍正学不讲,日夜记忆,以资谈论。若不严禁,恐邪说异端,日新月异,祸乱人心。乞敕礼部,行文内外衙门,及提调学校佥事御史,并按察司官,巡历去处,凡遇此等书籍,即令焚毁,有印卖及藏习者,问罪如律,庶俾人知正道,不为邪妄所获。[②]

李时勉身为国子监祭酒,在执掌教令的同时,自然关注世道风化。他发现学生们争相传阅《剪灯新话》等书,以致荒废正学。他鉴定之后,认为这类图书“假脱怪异之事,饰以无根之言”,任其发展下去,必然“祸乱人心”,建议英宗敕令礼部,对此类书籍加以禁毁。其中提及的“有印卖及藏习者,问罪如律”,指的应该是《大明律》“刑法一”中“凡造谶纬、妖书、妖言及传用惑众者,皆斩。若私有妖书隐藏不送官者,杖一百,徒三年”的法条。《明史》职官志中也有“兴造妖妄者罪无赦”之条,其查处正是礼部职责。英宗批准了他的建议,着礼部严查。《剪灯新话》遂成为史上第一部被官方禁毁的小说。

一、禁小说:《剪灯新话》和《剪灯余话》

《剪灯新话》是明人模仿唐传奇而写的文言小说集。作者瞿佑,生于元

---

① 卜正民.明代的社会与国家[M].陈时龙,译.北京:商务印书馆,2014:161.

② 日知录之馀·卷四.

末，少有诗名，洪武初年任临安府学教谕。洪武十一年（公元 1378 年），瞿佑将百年内“可喜可悲”“可奇可怪”之事，“援笔为文以纪之”[①]，计四卷二十一篇。故事中大多志怪、言情描写。比如第一篇《水宫庆会录》写的是儒生余善文受南海龙王之请，到龙宫为其宫殿撰写“上梁文”。为表感谢，广利王赠其珍宝。余善文致富后，便不把功名放在心里，外出学道，不知所踪。另一篇《联芳楼记》，写的是苏州薛姓富户有两个女儿兰英和蕙英，能诗会赋。薛财主还专门建了一座楼给她们，命名“兰蕙联芳楼”。楼近运河，河上有一郑姓年轻人在客船寓居。二女同时看上了郑生，一晚用网兜将其拉上阁楼，相挽上床，竭尽缠绵。从此夜夜幽会，互赠情诗。后事情败露，薛财主只好将错就错，将两女同嫁郑生。

时人对该书评价不高，明代都穆在《听雨纪谈》中说，“钱唐瞿宗吉著《剪灯新话》，多载鬼怪淫亵之事”“《剪灯新话》《剪灯余话》等话，本出名流，以皆幻设，而时益以俚俗，又在前数家下”。对于官方的查禁，作者瞿佑似有预感。在该书序言中，他写道：“笔路荒芜，词源浅狭，无嵬目鸿耳之论以发扬之耳。既成，又自以为涉于语怪，近于诲淫，藏之书笥，不欲传出。”不过他又自辩说：“今余此编，虽于世教民彝，莫之或补，而劝善惩恶，哀穷悼屈，其亦庶乎言者无罪，闻者足以戒之一义云尔。”今天看来，《剪灯新话》及其仿作上承唐人传奇，下启《聊斋志异》《子不语》《阅微草堂笔记》，对文言小说的复苏，可谓功不可没。[②]

该书面世六十年后，终被观风者举报，所幸查禁之时瞿佑已经去世十数年了。这本非主流的小说集之所以得到各阶层人们的喜传乐道，估计是因为当时文学作品过于贫乏或偏向严肃。鲁迅认为，此书“以粉饰闺情，拈掇艳语，故特为时流所喜，仿效者纷起，至于禁也，其风始衰”。[③]

仿效者中，以明人李祯（昌祺）的《剪灯余话》最为著名。李昌祺是一位有才情、有声名的儒臣，永乐二年进士，选翰林院庶吉士，后因修《永乐大典》擢礼部郎中，迁广西左布政使，任上（永乐庚子，公元 1420 年）将旅寓所采集的“近代之事”“汇为一帙”，此书本为“游戏所作”，[④]但后“亟欲焚去以绝迹。而索者踵至，势不容拒矣”[⑤]。正统七年（公元 1442 年）《剪灯新话》案发，《剪灯余话》也在被禁之列。

---

① 瞿佑.剪灯新话[M].上海：上海古籍出版社，1981：序.

② 吴志达.明代文学与文化[M].武汉：武汉大学出版社，2010：126-133.

③ 鲁迅.中国小说史略[M].北京：人民文学出版社，1973：178.

④ 李祯.剪灯余话[M].上海：上海古典文学出版社，1981：罗汝敬序.

⑤ 李祯.剪灯余话[M].上海：上海古典文学出版社，1981：自序.

虽然官方并未追究作者的责任，时人对李祯却颇多议论。都穆的《都公谈纂》中说："景泰间，韩都宪雍巡抚江西，以庐陵乡贤祀学宫，昌祺独以作《余话》不得入，著述可不慎欤！"钱谦益又说："其殁也，议祭于社；乡人以此短之，乃罢。白璧微瑕，惟在'闲情'一赋，其然岂其然乎！"①其实查禁之前，许多知识分子对此书持宽容态度。永乐庚子翰林侍读学士兼修国史曾棨认为："夫圣贤之大经大法，载之于书者，盖已家传人诵。有不可思议，有足以广材识，资谈论者，亦所不废。"翰林修撰、工部右侍郎罗汝敬在《剪灯余话·罗汝敬序》中说：

> 夫圣经、贤传之垂宪立范，以维持世道者，固不可尚矣。其稗官、小说、卜筮、农圃，与凡捭阖笼罩，纵横术数之书，亦莫不有裨于时。矧兹所记，若饼师妇之贞，谭氏妇之节，何思明之廉介，吉复卿之交谊，贾、祖两女之雅操，真、文二生之俊杰识时，举有关于风化，而足为世劝者。彼其《齐谐》之记，《幽冥》之录，《搜神》《夷坚》之志述，务为荒唐虚幻者，岂得一经于言议哉？

此说已经接近雅俗共赏、寓教于乐之论了。这些学者认为，民间某些"喜传乐道"的书籍虽然没有达到"说书者以宋儒传注为宗，行文者以典实纯正为尚"等主流意识形态的要求，但在教化风俗（为世劝）、开阔视野（广材识）、娱乐生活（资谈论）方面也有所助益。当然如李时勉般，将"志怪"或"无根之语"纳入"邪说异端"、担心其惑乱人心之人，自也不在少数。

二、魏校禁书

明代书籍禁毁的范围其实非常广泛。正德十六年（公元1521年），魏校（庄渠）督学广东巡历南雄府，为"风化事"，列举"书铺当禁之书"：

> 一曰时文，蠹坏学者心术；二曰曲本，诲人以淫；三曰佛经；四曰道经，扇惑人心。先已通行禁革，委官宜责取各铺、并地方总小甲邻佑结状，如再发卖前项书籍，重治以罪，再不许开书铺。仍大书告示、张挂关隘去处，不许从外省贩卖前项书籍，私入广东境内。不时差官盘验，以诘奸弊。②

魏校所颁布者为广东地方政策。禁书的范围包括时文、曲本、佛经、道经四大类。其中，禁时文和曲本在全国具有普遍性，而禁佛经和道经则大致是魏校本人"恶佛氏，必诋之"③的土政策。

---

① 钱谦益.列朝诗集小传[M].上海：上海古典文学出版社，1957.

② 魏校.庄渠遗书：卷九[M]//何景明，等.大复集洹词庄渠遗书.上海：上海古籍出版社，1993.

③ 檀萃.楚庭稗珠录[M]//鲁迅，杨伟群.历代岭南笔记八种.广州：广东人民出版社，2001.

对时文的禁毁是明朝出版政策的一大特色。八股文体的程式化，使得以应试为目的的范文十分畅销，这种范文被称为“时文”。《警世通言·老门生三世报恩》有入木三分的刻画：“若是三家村一个小孩子，粗粗里记得几篇烂旧时文，遇了个盲试官，乱圈乱点，睡梦里偷得个进士到手。”据《明实录》，到明中叶，“时文遍布四方，书肆资之以贾利，士子假此以侥幸”。弘治十二年（公元 1499 年），吏科给事中许天锡力陈其弊，“梓者以易售而图利，读者觊侥幸而决科。由是废精思实体之功，罢师友讨论之会，损德荡心，蠹文害道”；建议将“论范、论草、策略、策海、文衡、文髓、主意讲章之类，凡得之煨烬之余者，悉皆断绝根本，不许似前混杂刊行”。自此官方开启时文之禁。其后正德十年[①]（公元 1515 年）和嘉靖四十五年（公元 1566 年），朝廷两次下令禁止八股时文的传播。

对曲本的禁毁则可以上溯到洪武、永乐年间。永乐九年（公元 1411 年）朝廷规定，“但有亵渎帝王圣贤之词曲、驾头、杂剧，非律所该载者，敢有收藏传诵印卖，一时拿送法司究治”。[②] 其实不只是文本，官方禁令涵盖文艺作品从撰作、刻印、收藏、印卖，到装扮、演出的方方面面。洪武六年（公元 1373 年）就发布不许装扮成帝王圣贤的禁令。洪武三十年（公元 1397 年），“禁搬做杂剧”法令载入《大明律》：“凡艺人搬做杂剧戏文，不许装扮历代帝王后妃、忠臣烈士、先圣先贤神像，违者杖一百；官民之家，容令装扮者同罪。其神仙道扮，及义夫节妇，孝子顺孙，劝人为善者，不在禁限。”正德十六年（公元 1521 年），魏校在广东颁布禁戏条文，“不许造唱淫曲，搬演历代帝王，讪谤古今，违者拿问”[③]。同年祝允明撰《烧书论》，认为二十一种书在可烧之列，其中就包括“浙东戏文乱道不堪污视者”。可见当时禁曲不仅有政治需要，还有一定的文化基础。当然官方的关注点主要在亵渎帝王圣贤，读书人则往往重视移风易俗。

对佛经和道经的禁毁或非全国通例，但也与国家禁止“淫祠”的政策有关。屈大均在《广东新语》中说：“吾督学使者，在嘉靖时有魏公校者，……大毁寺观淫祠，以为书院社学，使诸童生三时分肄歌诗习礼演乐，禁止火葬，令僧尼还俗，巫觋勿祠鬼，男子皆编为渡夫。”所谓淫祠，就是“非所祭而祭之”。[④]《大明会典》规定，“其不安奉祀之神”一律禁止祭祀。广东地方法规

---

① 正德十年十二月禁科举时文：“凡场屋文字句语雷同即系窃盗，不许誊录，其书坊刊刻一应时文悉宜烧毁，不得鬻贩。”

② 顾起元.客座赘语：卷十[M].北京：中华书局，1987：346.

③ 魏校.庄渠遗书：卷九[M]//何景明，等.大复集洹词庄渠遗书.上海：上海古籍出版社，1993.

④ 礼记·曲礼.

中记载,吴廷举于弘治二年(公元1489年)任顺德知县,颁《禁淫祠条约》,毁淫祠二百二十五所。[①] 魏校做广东提督期间,在各府县清除佛道寺观,同时"追出袈裟、法衣、神像、经箓之类,当官烧毁"。[②] 由此可见,佛经、道经的禁毁应该是与禁"淫祠"相关的行动。当然有学者指出,由于禁书范围表述过于笼统,实施起来并不容易。[③] 魏校禁令从一个侧面说明,当时书籍的种类数量,以及书籍的编辑、出版、售卖和流通规模或已达到相当繁荣的程度。

三、禁私史:《皇明通纪》

各朝对书籍的禁毁,一般有共性。《大明律·礼律二》所规定的"凡私家收藏玄象器物、天文图谶、应禁之书,及历代帝王图像、金玉符玺等物者,杖一百"等条款,就基本沿袭前朝。各朝各代的统治者都认为自己是天命所归,因此必然垄断人神沟通。不过禁藏"历代帝王图像"则是明朝特色,太祖对自家"帝系"的合法性维护甚严,若有违犯,则治以犯上亵渎之罪。

与此相关的,就有对稗官野史的禁毁。隆庆五年(公元1571年),朝廷下令焚毁民间史书《皇明通纪》(又名《皇明资治通纪》),史馆不得采用。《皇明通纪》上起洪武,下至正德,是首部编年体明代通史。[④] 作者陈建,出身官学教授,官至信阳县令,48岁致仕回乡,专事著述。按陈建所说,《皇明通纪》是在好友黄佐的鼓励下,效法司马迁、班固、荀悦、李焘等史家,"搜载当时累朝制治之迹"而完成的明史专著。明代学者沈德符的笔记《万历野获编·卷二十五》中,对"焚通纪"一事有完整记录和评述:

> 《皇明资治通纪》,嘉靖间广东东莞县人陈建所纂,载国初以至正德事迹,皆采掇野史,及四方传闻,往往失实。
>
> 至隆庆间给事中李贵和上言:"我朝列圣实录,皆经儒臣纂修,藏在秘府。建以草莽僭拟,已犯自用自专之罪,况时更二百年,地隔万余里,乃以一人闻见,荧惑众听,臧否时贤,若不禁绝,为国是害非浅。乞下礼部追焚原板,仍谕史馆勿得采用。"上从之。
>
> 按此书俚浅舛讹,不一而足,但版行已久,向来俗儒浅学,多剽其略,以夸博洽。至是始命焚毁,而海内之传诵如故也。近日复有重刻行世者,其精工数倍于前,乃知芜陋之谈,易入人如此。迩年吾乡又有《永

---

① 陈献章.陈献章集[M].北京:中华书局,1987:102.

② 魏校.庄渠遗书:卷九[M]//何景明,等.大复集洹词庄渠遗书.上海:上海古籍出版社,1993.

③ 张晓芝.明代禁小说令与小说的发展[J].四川师范大学学报,2013,40(4):125.

④ 陈建.皇明通纪[M].北京:中华书局,2008:前言.

昭二陵信史》者，其书以嘉靖初元为始，似续陈建所著，然专借以报夙仇，且屡改易以行垄断，抑《通纪》之不若矣。宜亟付秦焰，免致讹惑后学可也。

此文信息颇多，应代表了当时一部分官员和学者的看法。第一，沈德符评价此书道听途说，往往失实。这恐怕是野史通病。不过此书叙事生动、浅显俚直，却又为"俗儒"所喜。第二，工部给事中李贵和给出的罪名，首先是"越职僭拟"。明朝史书的纂修，本应由官方主导(经儒奉旨)，如果僭拟，则犯"自用自专之罪"。《明实录》记载，天启六年(公元1626年)广西副使曹学佺因为其所著《野史纪略》直书"梃击案"始末，就被魏党以"私撰野史"夺职为民，"书版行抚按官追毁"。第三，李贵和认为，以个人所见"臧否时贤"，社会危害很大，官方不能赋予其话语权。第四，禁毁结果，海内传诵如故，有重刻、续写的现象，说明官方政策效果不佳，且无连续性。第五，沈德符认为，对于民间出现的"舛讹"野史，应该迅速扑灭，无使蔓延，稍有拖延，则无可收拾。

《皇明通纪》的流行与当时国史缺位有很大关系。洪武皇帝对自己的出身讳莫如深；成祖也曾诏令焚毁有关"靖难"的史料，当时史官被迫将真实事迹"摇手革除"，"而子虚乌有皆佐笔端"①。一般认为，明代只有《明实录》一类可堪"国史"之用。但实际上，它是政府档案的汇编，因此长期以来"藏于金匮石室"，只能算是"备史"，不能看作"正史"。因此王世贞指出："国史之失职者，未有甚于我朝者也。"②黄佐也说："我朝自太祖开基，圣子神孙垂光继照，垂二百祀矣，而未有记者。"③时人评价说，《皇明通纪》出版后，才"使穷乡下邑略知本朝沿革"④，"国家聋瞽，至是始有目有耳"⑤。

对于稗官野史的价值，王世贞有言："野史人臆而善失真，其征是非、削讳忌，不可废也。"此论似比沈德符更加客观。《皇明通纪》的价值除了"直笔"记史之外，还引发了民间续写补订的风潮。谢国桢认为："明代史学，自陈氏《通纪》流传宇内，人各操觚，遂成一时风气。"⑥从更长远的角度看，如日本史学家内藤湖南指出，"明中叶出现的大量野史、掌故之书，虽然对后人了解正确的事实并无甚作用，但却能帮助我们了解哪些是明代人所认为的事

---

① 王士慎.古夫于亭杂录：卷四[M].北京：中华书局，1988：87.

② 钱茂伟.明代史学的历程[M].北京：社会科学文献出版社，2003：77.

③ 陈建.皇明通纪[M].北京：中华书局，2008：序.

④ 叶权.贤博编[M].北京：中华书局，1987：37.

⑤ 瞿九思.万历武功录[M].台北：艺文印书馆，1980.

⑥ 谢国桢.增订晚明史籍考[M].上海：上海古籍出版社，1981：自序.

实”。① 具体地说,通过野史文字,可以深入了解当时社会,尤其是该史家所处地区面貌与该时代某些群体思想。②

四、禁学术著作:李贽之死

明代出版管理,在万历以前,基本采用举报和事后追究的模式。根据万历年间礼部尚书冯琦的笔记可知,万历二十九年(公元1601年),朝廷出台了事前审查的法令。《宗伯集》卷五十七记载:

> 近日非圣叛道之书盛行,有误后学。已奉明旨,一切邪说伪书,尽行烧毁。但与其焚其既往,不如慎其将来。以后书坊刊刻书籍,俱照万历二十九年明旨,送提学官查阅,果有裨圣贤经传者,方许刊行;如有敢倡异说,违背经传,及借口著述,创为私史,颠倒是非,用泄私愤者,俱不许擅刻。如有不遵提学查阅,径自刻行者,抚、按、提学官及有司将卖书、刊书人等,严行究治,追板烧毁,等因。奉圣旨,俱依拟着实行,……坊间私刻,举发重治,勿饶。

在这条题为《为尊奉明旨开陈条例以维世教疏》的文章中,冯琦提到万历二十九年(公元1601年)朝廷下令所有刊刻书籍必须送提学官审阅,如有自行出版者,必将严究。其中特别提到“创为私史”和“违背经传”两种情形。在此项禁令中,只提到对卖书(销售环节)、刊书(印刷环节)的惩罚措施,并无针对禁书作者的处罚措施。不过第二年,李贽案发,年逾76岁的李贽被缉拿进京。这是很少见的对书籍作者的追究。

万历三十年(公元1602年),礼科都给事中张问达上书神宗,以“邪说乱道”“惑乱人心”的罪名控告学者李贽。《神宗实录》记载其《劾李贽书》如下:

> 李贽壮岁为官,晚年削发。近又刻《藏书》《焚书》《卓吾大德》等书,流行海内,惑乱人心。以吕不韦、李园为智谋;以李斯为才力;以冯道为吏隐;以卓文君为善择佳偶;以秦始皇为千古一帝;以孔子之是非为不足据。狂诞背戾,不可不毁。
>
> 尤可恨者,寄居麻城,肆行不简。与无良辈游庵院,挟妓女白昼同浴;勾引士人妻女;入庵讲法,至有携枕而宿者,一境如狂。又作《观音问》一书,所谓观音者,皆士人妻女也。后生小子,喜其猖狂放肆,相率煽惑。至于明劫人财,强搂人妇,同于禽兽而不之恤。而来缙绅士大

① 内藤湖南.中国史学史[M].马彪,译.上海:上海古籍出版社,2008:213.

② 庄兴亮.明代史家陈建的学术生平及其《皇明通纪》研究述评[J].史学史研究,2013(4):36.

> 夫，亦有诵咒念佛，奉僧膜拜。手持数珠，以为戒律；室悬妙相，以为皈依。不知尊孔子家法，而溺意于禅教沙门者，往往出矣。
>
> 近闻贽且移至通州，通州距都下四十里。倘一入都门，招致蛊惑，又为麻城之续。望敕礼部檄行通州地方官，将贽解发原籍治罪。仍檄行两畿及各布政司，将李贽刊行诸书，并搜简其家未刻者，尽行烧毁，无令贻祸后生，世道幸盛。

将全文罗列于此，是为展现“以言论罪”的官方逻辑。客观而言，第一段或有所据，第二段则为风闻，第三段则全是臆测。黄仁宇评论说，张问达奏疏具有的煽动力，主要来自于其使用的“罗织”手法，“将一些单独看起来不成其为罪状的过失贯穿一气，使人觉得头头是道。另外，把可能的后果作为现实的罪行，也是大明司法中由来已久的习惯。而全部问题，说到底，还在于它牵涉到道德的根本”①。

李贽是以“离经叛道”为标签的明代思想家。与瞿佑、李祯和陈建一样，都有官学教授的经历。不过让其名重当时的，则是其特立独行的思想和行为。李贽思想出自王守仁、王畿和王艮一脉。他反对当时占据主流意识形态地位的程朱理学，特别是“格物致知”的学说，进一步提出“童心”说；他反对神化孔子，提出“不以孔子是非为是非”；他反对根据儒家经典阐释的礼教秩序，认为“穿衣吃饭，即人伦物理”；他秉持新的历史观，重新评价秦始皇、吕不韦、李斯，乃至卓文君等人的历史位置；他提倡功利，挖苦道学先生们“本为富贵，而外矫词以为不愿，实欲托此以为荣身之梯，又兼采道德仁义之事以自盖”等。李贽观点与当朝正统思想相左，他又不愿委曲求全，45 岁时便辞官回乡，开始设坛讲学，先后完成《焚书》《藏书》等著作。

万历十六年（公元 1588 年），李贽在麻城城外建“芝佛院”，作为出家、著述和讲学之所。其往来弟子中，有不少是官眷女子甚至孀妇。或许是由于其言论出格，或许是由于其行为有悖，当地政府一度想驱逐他。到万历二十九年（公元 1601 年），芝佛院终于被一场大火烧毁。据说纵火者是当地官吏和缙绅所指使的无赖。② 李贽被迫以 75 岁高龄迁往通州。第二年，张问达的控告递到了御前，危言麻城之祸又将在京城重演。神宗看完奏疏后批示说：

> 李贽敢倡乱道，惑世诬民，便令厂卫五城严拿治罪。其书籍已刻未刻，令所在官司尽搜烧毁，不许存留。如有徒党曲庇私藏，该科道及各有司访奏治罪。

万历三十年（公元 1602 年）三月，李贽在狱中自尽。其主要著述，如《焚

---

① 黄仁宇.万历十五年[M].北京：中华书局，2006：204.

② 黄仁宇.万历十五年[M].北京：中华书局，2006：201-202.

书》和《藏书》等遭到禁毁。据统计，明代共有 12 位作者的 31 部学术作品被禁，其中李贽作品占了 11 部。[①] 按李贽本人的说法，以“焚书”和“藏书”为书名，就是预料到其书为当时不容。论其吋(公元 1584 年)，王守仁已可从祀孔庙，获得了主流意识形态的认可。但李贽的理论对“六经”和“语孟”具有完全的颠覆性，官方无法容忍。在《焚书》卷三“童心说”中，李贽说：

> 夫六经、《语》、《孟》，非其史官过为褒崇之词，则其臣子极为赞美之语。又不然，则其迂阔门徒、懵懂弟子，记忆师说，有头无尾，得后遗前，随其所见，笔之于书。后学不察，便谓出自圣人之口也，决定目之为经矣，孰知其大半非圣人之言乎？纵出自圣人，要亦有为而发，不过因病发药，随时处方，以救此一等懵懂弟子，迂阔门徒云耳。药医假病，方难定执，是岂可遽以为万世之至论乎？然则六经、《语》、《孟》，乃道学之口实，假人之渊薮也，断断乎其不可以语于童心之言明矣。呜呼！吾又安得真正大圣人童心未曾失者而与之一言文哉！

李贽案后，礼部尚书冯琦上《正士习疏》建议：“一切坊间新说，皆令地方官杂烧之。”疏进不报。另据《明神宗实录》，当年礼部“条陈取士十五款”，最后一款云“凡书必有裨经传者方许刊行，非圣叛道之书有禁”。

客观而言，明代对禁书案件的处理，与后世相比，远谈不上严厉。明朝皇帝一般不会因为禁书而杀人。关于《剪灯余话》等的案件也没有追究作者本人。而按照黄仁宇的说法，李贽案件审讯完毕后，镇抚司建议不必重判，只需押解回原籍了事。根据成例，这种处罚实际上就是假释。至于焚书之议，神宗在万历二十九年(公元 1601 年)冯琦上疏时叹道：“即如烧毁异说，去年亦奉有明旨，督学而下何曾禁止一处，烧毁一书？等经学于弁髦，得诏书而挂壁，如此即朝廷之上三令五申，亦复何益？”(《宗伯集・卷五七》)可见许多禁书的诏令并没得到地方官员的执行。难怪袁中道说：“当龙湖(李贽)被逮后，稍稍禁锢其书，不数年后盛传于世，若揭日月而行，则本朝之宽大，与士大夫之淳厚，其过宋朝也远矣。”[②]

五、《水浒传》之禁

上引四位禁书作者，瞿佑、李祯、陈建、李贽，都在官学系统任过职，却都有“离经叛道”之举。对他们的违禁作品，文人士大夫表示欣赏和认可的也不在少数。这说明太祖构筑的专制教化体系，并非铁板一块。尤其是“土木堡之

---

① 李璇.明清两朝的禁书与思想专制[D].长春：吉林大学，2009：11.

② 袁中道.龙湖遗墨小序[M]//李寿和.袁小修小品.北京：文化艺术出版社，1996.

变”(正统十四年,公元 1449 年)后,皇帝的权威受到削弱,文官集团掌握了更大的权力,士大夫的独立意识有所回归。因此,袁中道所谓“本朝之宽大”,与“士大夫之淳厚”,或许就是一码事。嘉隆以后,系统性的意识形态管制渐行渐远,而出版的黄金时代已近在眼前。生活在嘉靖至万历时期的江阴人李诩说:“余少时学举子业,并无刊本窗稿……今满目皆坊刻矣,亦世风华实之一验也。”①

根据《明代版刻综录》中所列 7 740 种图书统计,洪武至弘治时期的 137 年里,共著录图书 766 种,正德、嘉靖、隆庆 66 年间,有 2 237 种,而万历至崇祯 71 年间,达到 4 720 种。至于小说、戏曲类图书,明代初期和中期加起来百来种,到后期则至少有 1 000 多种;私人撰写的史书,初期和中期不到一百种,后期则不下千种。②

明代对出版的管理曾有系统化的迹象。《明宪宗实录》记载成化十年(公元 1474 年)十一月,官方公布禁书的目录。“备录其妖书名目榜示天下,使愚民咸知,此等书籍,决无证验,传习者必有刑诛,不至再犯。”这次公布的妖书名目计 95 种,是中国禁书史上首次公布禁书书目。另外如冯琦所说,万历二十九年(公元 1601 年),朝廷颁下诏旨,所有刊刻书籍必须送提学官审看。不过这两项制度,似乎都无下文。缪咏禾认为:“总的说来,明代对出版的管理是比较宽松的,不像宋朝那样前后数十次颁布禁令……更没有禁止书籍流向外国的法规。到了明朝后期,《金瓶梅》这样的书竟至‘悬诸国门’,私人撰写的当代国史也到处流传,出现了我国出版史上的活跃时期。”③

明崇祯十五年(公元 1642 年),清军攻克松山,各地叛乱频仍。六月,崇祯敕令查禁《水浒传》:“着地方官设法清察本内,严禁《水浒传》,勒石清地,俱如议饬行。”这道禁令源起刑科左给事中左懋第的一道上书,他认为《水浒传》是李青山啸聚梁山的起因,将其定性为“贼书”:

> (李青山)诸贼以梁山为归,而山左前此莲妖之变,亦自郓城梁山一带起。臣往来舟过其下数矣。非崇山峻岭,有险可凭;而贼必因以为名,据以为薮泽者,其说始于《水浒传》一书。……(此书)不但邪说乱世,以作贼无伤,而如何聚众竖旗,如何破城劫狱,如何杀人放火,如何招安,明明开载,且预为逆贼策算矣。臣故曰:此贼书也。……此书荒唐不经,初但为隶佣瞽工之书,自异端李贽乱加圈奖,坊间精加缮刻,此书盛行,遂为世害。而街坊小民将宋江等贼名画为纸牌,以赌财物,其来尤久。小民一拈其事,不至于败行荡产不止。始为游手之人,终为穿

① 李诩.戒庵老人漫笔:卷八[M].北京:中华书局,1982.

② 缪咏禾.中国出版通史:明代卷[M].北京:中国古籍出版社,2008:10.

③ 缪咏禾.中国出版通史:明代卷[M].北京:中国古籍出版社,2008:21.

> 窬劫掠之盗，弊全坐此。皆《水浒》一书为之崇也。……臣请自京师始，《水浒传》一书，书坊不许卖，士大夫及小民之家俱不许藏，令各自焚之。乃传天下，凡藏《水浒传》书及版者，与藏妖书同罪。市有卖纸牌及家藏纸牌并牌模者、并以纸牌赌财物者，皆以藏《水浒传》之罪罪。①

左懋第除了要求焚毁书及刻版外，连水浒人物的纸牌及模板也不放过，建议如果有人借此赌博，以藏《水浒传》之罪论处。他提出的平匪方案，包括“焚贼书、易贼地名、正其必不肯作贼之心”。他认为把书烧了，把地名改了，人心就正了，做贼的人就少了。崇祯觉得很有道理，让兵部下文，在山东和其他各地查禁《水浒传》。此前清军逼近畿内，兵部主事沈迅有“以天下僧人，配天下尼姑，编入里甲，三丁抽一，朝夕训练，可得精兵数十万”②的条陈。应该说，此时水浒之禁已经不属教化问题，只是对民变乱局的一种无可奈何的反应。沈迅与左懋第先后为大明死节，其人品见识都是一时的翘楚。

自此到清末，《水浒传》一直背负着“亲匪”“诱恶”的罪名，成为朝廷禁毁的对象。乾隆十八年上谕：“水浒、西厢记等小说翻译（为满文），使人阅看，诱以为恶……愚民之惑于邪教，亲近匪人者，概由看此恶书所致”③。“诲盗”之名，跟随《水浒传》达二百年之久。

第五节　讲学风行与书院禁毁

嘉靖十六年（公元 1537 年），御史游居敬上书弹劾湛若水“倡其邪学，广收无赖，私创书院”，请求皇帝“戒谕以正人心”。《明世宗实录》记载：

> 御史游居敬论劾南京吏部尚书湛若水：“学术偏颇，志行邪伪，乞赐罢黜。仍禁约故兵部尚书王守仁及若水所著书，并毁门人所创书院。戒在学生徒，毋远出从游，致妨本业”。下吏部覆言：“若水尝潜心经学，希迹古人，其学未可尽非。诸所论著，容有意见不同。然于经传，多所发明。但从游者日众，间有不类，因而为奸，故居敬以为言。惟书院名额，似乖典制，相应毁改。”上曰：“若水已有旨谕留。书院不奉明旨，私自创建，令有司改毁。自今再有私建者，巡按御史参奏 。”

从官方记载看，游居敬上书基本出于学术之争，担心湛若水败坏士风。吏部却并不认为阳明及若水的学说如何有悖经传，并没有禁毁其书。不过

---

① 王利器.元明清三代禁毁小说戏曲史料[M].上海：上海古籍出版社，1981.

② 文秉.烈皇小识：卷六[M]//台湾银行经济研究室.台湾文献丛刊 263 种.台北：台湾大通书局，1972：152.

③ 王利器.元明清三代禁毁小说戏曲史料[M].上海：上海古籍出版社，1981：43.

私建书院有违典制，嘉靖帝下令禁毁王湛两派私创的书院。

第二年（公元1538年），吏部尚书许瓒上条陈“地方事宜所宜裁革者”，将禁毁的范围扩大至所有私建书院：

> “擅改衙门，另起书院，刊刻书籍，甚为民害。今后额设衙门，不许擅自更改书院、官房。应创建者必须请旨，教官生员悉令于本处肄业。不许刊刻书籍、刷印送人，糜费民财”。……上嘉其悉心民隐，令所司严禁厘正。

嘉靖年间官员“擅改衙门”、私建书院已成风气。按官方政策，创建书院必须得到中央批准（奉明旨），山长也多由皇帝任命。许瓒此条陈除了重申朝廷制度外，还有减少百姓负担的理据（书院自行刊刻书籍，通过摊派增加百姓负担）。世宗赞其“悉心民隐”就在于此。此事的另一个版本，《皇明大政纪》载许氏语，云：

> 近来抚按两司及知府等官，多将朝廷学校废坏不修，别起书院，动费万金。征取各属师儒赴院会讲，初发则一邑制装，及舍，供亿科扰尤甚。日者南畿各处，已经御史游居敬奉行拆毁，人心称快。而诸未及，宜尽查算。如仍有建者，许抚按据奏参劾。

明代王圻的《续文献通考》也有大致相同的记载：“（嘉靖十七年）瓒复言：‘抚按司府多建书院，聚生徒，供亿科扰，宜撤毁’。诏从其言。”乾隆年间胡建伟的《澎湖纪略》引用了王圻的说法，并将此事作为明朝禁书院的开始。

一、私学流变

讲学是民间自发的教化活动，或者说思想传播活动，其传统可上溯至先秦私学。春秋以前，官方垄断教育资源，贵族子弟要想接受教育，必须到官府学习，教他们的老师都是当时官员，这就是所谓的“官师合一”。春秋中晚期王室衰微，学术下移，“学在官府”的局面被打破。《史记·历书》记载：“幽厉之后，周室微，陪臣执政，史不记时，君不告朔，故畴人子弟分散。”官家学者流落各地，典章图籍散落民间。“这些文化官吏由于失去了世袭的职守，流落于社会之后，便成了历史上第一批专靠出卖知识文化糊口的士”①。民间私学逐渐兴旺，寒门子弟获得教育机会。

春秋中晚期，民间讲学比较普遍。当时的著名学者中，孔子、邓析子、少正卯、伯丰子都曾设坛讲学。儒家学者一般以孔子作为私人讲学的创始

① 郭齐家.中国古代学校[M].北京：商务印书馆，1998：43.

者[①]，大概是取其影响力和象征意义。私学兴起是战国时期士人阶层形成的主要动因，并为后来的百家争鸣做了人才和思想上的准备。战国诸子，包括孟子、荀子、庄子和墨子，他们的社会身份之一都是私学教师。

到秦统一六国，丞相李斯在《焚书令》中力陈私学之弊："私学而相与非法教，人闻令下，则各以其学议之，入则心非，出则巷议，夸主以为名，异取以为高，率群下以造谤。如此弗禁，则主势降乎上，党与成乎下。禁之便。"他建议"若欲有学法令，以吏为师"。这就回到"以法为教""官师合一"的老路上。于是，"数百年来盛行于各国的私学制度，遂一变而为官学制度"[②]。李斯之说是后世私学禁毁观点的经典表述，既是一种思想观，也是一种教育观和舆论观。

汉初官学未备，私人讲学首先恢复。《澎湖纪略》说："郡国往往有夫子庙而无校官，且不置博士弟子员。其学士尝课试供养与否，不见经传。然诸儒以明经教于其乡，率从之者数百人"。武帝以后，私学为儒学所垄断。到东汉时期，经师的讲学已经非常普遍。范晔的《后汉书·儒林传》有论："自光武中年以后，干戈稍戢，专事经学，自是其风世笃焉。其服儒衣，称先王，游庠序，聚横塾者，盖布之于邦域矣。若乃经生所处，不远万里之路，精庐暂建，赢粮动有千百，其耆名高义开门受徒者，编牒不下万人，皆专相传祖，莫或讹杂。"

魏晋南北朝时，战乱频仍，官学衰微，思潮纵横。儒道佛玄四家的私学都有长足发展。西晋晋武帝以及北魏太武帝时期都有禁毁私学的情况，不过总体来说，教育中心逐步由官学向私学转移。就类型而言，既有民间学者兴办的民间私学，又有门阀地主设立的门第私学和宗族私学。[③]

隋唐时代，官学再次兴旺。武则天当政期间，压抑世族，奖励寒门，生途不复以经学为意，"学校顿时隳废"。玄宗即位后，重视民间教育，于开元二十一年（公元 733 年）下诏"许百姓任立私学"，私学逐步繁荣。

五代十国时期，"干戈兴，学校废"[④]。私学成为占主导地位的教育形式。书院作为新型的教学组织形式，在此时就已出现。[⑤] 李国钧的《中国书院史》列举了 14 所五代时期较出名的书院，包括江西的华林书院，福建的蓝田书院等。

---

① 顾宪成说"讲学自孔子始"。陈时龙.明代中晚期讲学运动 1522-1626[M].上海：复旦大学出版社，2007.

② 马非百.秦集史[M].北京：中华书局，1982：735.

③ 史仲文，胡晓林.中国魏晋南北朝教育史[M]//史仲文.中国全史：三十八卷.北京：中国书籍出版社，2014.

④ 新五代史·一行传.

⑤ 盛朗西认为书院之制始于唐末之五代。参见盛朗西.中国书院制度[M]//周予同，等.民国丛书第三编.上海：上海书店，1991：1；郭齐家认为书院萌芽于唐末，形成于五代，大盛于宋代，参见郭齐家.中国古代学校[M].北京：商务印书馆，1998：130；陈时龙认为书院讲学始于宋朝，参见陈时龙.明代中晚期讲学运动 1522—1626[M].上海：复旦大学出版社，2007.

宋朝鼓励私学。朱熹记叙道："惟前代庠序之教，不修士病无所于学。往往相与择胜地，立精舍，以为群居讲习之所。而为政者乃或就而褒表之。若此山（石鼓山，指石鼓书院），若岳麓，若白麓洞之类是也。"①两宋私学繁盛，民间开办的学院有数百所，各地村镇开设的私塾与蒙童学馆，则难以计数。② 北宋诸儒，多讲学于私家，南宋诸儒多讲学于书院。③ 尤其是南宋理宗时期解除了对理学的禁令后，学院讲学之风更盛。据邓洪波统计，在两宋七百多所书院中（绝大多数诞生于南宋），民办书院占了八成以上，他认为"宋代是民办书院主宰天下的时代"④。淳熙二年（公元 1175 年）吕祖谦在江西信州主持鹅湖之会，会上朱熹与陆九渊两个学派就学术问题展开了激烈争辩。淳熙八年（公元 1181 年），朱熹邀请陆九渊到白鹿洞讲学，并把他的讲义刻在石上，立于园内。这就为两个不同的学派共同讲学、互相论辩树立了榜样，开书院"讲会"制度之先河。⑤

不过宋代书院有明显的官学化迹象。这主要表现为两种方式：一种是私人将所建书院，及藏书、田产等捐赠给官府，获得官职（即"以学舍入官"），朝廷对书院赐院额，并赐书、赐田等，任命书院学官，将其纳入官学体系；另一种是地方长官直接利用当地财力兴建书院并上报，由朝廷赐院额，或赐书、赐田，纳入地方官学。《澎湖纪略》有云："宋咸淳三年（公元 1267 年），将乐邑人礼部尚书冯梦得奏建龟山书院。度宗敕赐'龟山书院'四字匾额，仍诏郡县拨田奉祀，兼惠养诸生。此闽省书院之设，其可知者，实肇端于此也。"当然在南宋理学家的观念中，书院本应该以学术研讨和交流为重。朱熹说："前人建书院，本以待四方士友，相与讲学，非止为科举计。"⑥

元朝统治者对书院采取了提倡保护和加强控制的政策。世祖至元二十八年（公元 1291 年），诏令"先儒过化之地，名贤经行之所，与好事之家出钱粟赡学者，并立为书院"。据统计，元代书院超过四百所。⑦ 不过元朝书院的兴盛却来自书院的官学化。朱彝尊说："书院之设，莫盛于元，设山长以主之，给廪饩以养之，几遍天下。"⑧所谓"设山长以主之，给廪饩（公家配给生活物资）以养之"就是指任命山长、分配学田的官方措施。托身官府固然带来了

① 朱熹.朱熹集：卷七十九[M].成都：四川教育出版社，1996.

② 张全明，张舜.宋代人的读书风气与高雅境界[J].安徽师范大学学报，2009，37(1)：30.

③ 盛朗西.中国书院制度[M]//周予同，等.民国丛书第三编.上海：上海书店，1991：27.

④ 邓洪波.中国书院史[M].北京：东方出版中心，2004：121.

⑤ 郭齐家.中国古代学校[M].北京：商务印书馆，1998：133.

⑥ 朱熹.朱子语类[M].北京：中华书局，1986.

⑦ 王颋.元代书院考略[M]//郭齐家.中国古代学校.北京：商务印书馆，1998：138.

⑧ 朱彝尊.日下旧闻（北京都邑志）[M].北京：国家图书馆出版社，2017.

书院表面上的兴旺,但是也让其失去了真正的学术精神,程钜夫在《东庵书院记》中批评道:“徒知假宠于有司,不知为教之大。”

明政府对书院的态度起初“因元之旧”。《续文献通考》记载:“洪武元年(公元 1368 年),立洙泗尼山二书院,各设山长一人。”又据《慈溪县志·慈湖书院》,同年,朱元璋下诏“改天下山长为训导,书院田皆令入官”,试图将书院纳入官学体系,不过效果不彰。“诸旧书院以不隶于官”,最终没有纳入太祖构建的大明教育体系(太学、府县卫学、社学)。洪武五年(公元 1372 年),他下令“革罢训导,弟子员归于邑学”。之后近百年,书院讲学基本处于沉寂状态。

明初书院衰落的另一个原因是科举制度的侵蚀。洪武三年(公元 1370 年)朝廷规定,“使中外文臣皆由科举而进,非科举者毋得为官”。宣德后又规定,“科举必由学校”,科举取士的学生必须来自官学。《明史·宋讷传》记载:“洪武十八年(1385 年)复开进士科,取士四百七十有奇,由太学者三之二。”国家取仕摆脱了对民间教育的依赖。洪武、永乐期间,有名学者都集中在南北国子监。

二、讲学复兴

明代讲学及书院复兴是因为官学再次衰微。土木堡之变后,明朝元气大伤,资财匮乏。据《明史》,景泰元年(公元 1450 年),“以边事孔棘,令天下纳粟纳马者入监读书,限千人止”。景帝为了筹集军饷军备,将太学纳入军事服务的范畴,实行“纳粟入监”,即地方儒生通过向国家提供资财交换得到监生的资格。到“成化中,监生之纳草纳马者,动以万计”。纳监制度不仅导致太学生素质普遍下降,还致使士气士节沦丧。许多监生被分配到地方官学担任教职,又影响到地方学校的教育质量和风气。民国余毓堂评价说:“教官之职重矣哉,人才所自出也。自纳粟例开,猥琐者流皆得随班,因资司铎夤序,所谓教所谓谕者遑可问哉?”①另外,景泰年间也出现了捐纳授实官的情况,这就打破了洪武、永乐所做出的“科举必由学校”的制度设计。

在这种背景下,“国学之制渐隳,科举之弊孔炽,士大夫复倡讲学之法,而书院又因之以兴”②。成化前后,一些著名的学者,如胡居仁、陈献章开始

① 梁仁志.明代捐纳与官学教育的衰败[J].上海:华东师范大学学报(教育科学版),2005(4):77.

② 盛朗西.中国书院制度[M]//周予同,等.民国丛书第三编.上海:上海书店,1991:82.

了讲学活动，而地方官们也开始推动在体制内创建书院。[①]《续文献通考》记载："宪宗成化二十年(公元1484年)，命江西贵溪县重建象山书院；孝宗弘治元年(公元1488年)，以吏部郎中周木言，修江南常熟县学道书院；武宗正德元年(公元1505年)，江西按察司副使邵宝奏修德化县濂溪书院。其时各省皆有书院，弗禁也"。

在这个阶段，未经中央批准的私建书院也开始出现，但基本上都有官方背景。《王文成公年谱》载，正德三年(公元1507年)，王守仁因谏言被贬贵阳做龙场驿站驿丞，建龙冈书院教化当地夷人。"春至龙场，居久，夷人亦日来亲狎，以所居湫湿，乃伐木构龙冈书院，及寅宾堂、何陋轩。"正德四年(公元1508年)，王守仁受提学副使聘请，主持贵阳书院。正德十一年(公元1515年)前后，王守仁开始了军旅生涯，但并未放弃讲学，"聚徒于军旅之中"[②]。正德十三年(公元1517年)前后，陈献章学生湛若水筑西樵讲舍、白沙书院，与守仁相应和。当时王守仁以"致良知为宗"，湛若水以"随处体验天理为宗"，各立宗旨，学者分为王、湛之学。[③]

嘉靖元年(公元1522年)王守仁丁忧守制，回乡后在越中稽山书院讲学，当时有来自浙江、湖广、南赣等地数百人听讲。嘉靖四年(公元1525年)，王守仁在绍兴建阳明书院，留下四句教法："无善无恶心之体，有善有恶意之动。知善知恶是良知，为善去恶是格物。"嘉靖七年(公元1529年)，王守仁去世。其弟子多热衷讲学讲会，宣传心学。《明儒学案·南中王门一》说："阳明殁后，(钱)绪山、(王)龙溪所在讲学。于是泾县有水西会、宁国有同善会、江阴有君山会、贵池有光岳会、太平有九龙会、广德有复初会、江北有南谯精舍、新安有程氏世庙会、泰州复有心斋讲堂，几乎比屋可封矣。"[④]同时，各地广建王派书院，如安福复古书院，青田混元书院，辰州虎溪精舍，万安云兴书院，韶州明经书院，溧阳嘉义书院，宣城志学书院、水西书院、崇正书院等。[⑤]

嘉隆以后，明代主流思潮明显地由程朱理学转向心学。《明史·儒林传》说："宗守仁者曰姚江之学，别立宗旨，显与朱子背驰。门徒遍天下，流传

---

① 据曹松叶统计，明代书院共计1 239所，嘉靖年间兴建最多，占总数的37.13%，万历年间其次，占22.71%。所有书院中，民办的占18.98%，地方官办的占47.13%，中央及其他官府办的占17.88%。参见郭齐家.中国古代学校[M].北京：商务印书馆，1998：170.

② 明史·东林诸儒传.

③ 明史·湛若水传.

④ 讲会是书院讲学的一种形式，其目的在相互探讨争辩，阐述一个学派的精义。南宋的鹅湖之会，首开不同学派同台辩论之先河，奠定了书院讲会的传统。明代王守仁重振理学，讲会乃大盛。参见周德昌.中国教育史研究：明清分卷[M].上海：华东师范大学出版社，1995：102.

⑤ 盛朗西.中国书院制度[M]//周予同，等.民国丛书第三编.上海：上海书店，1991：82.

百余年,其教大行,其弊滋盛。嘉隆而后,笃信程朱,不迁异说者,无复几人矣。"另外经过多年发展,书院几乎"一变而为宗教性质","其时社会势力固不下于政府"①。心学思潮借助体制外自发产生的讲学教化运动,成功实现了话语权的下移,进而获得了政治合法性。前文提到嘉靖十六年(公元1537年)、十七年(公元1538年),"世宗力禁"王湛二派书院,一定程度上是当时占据主流意识形态的程朱思潮对王湛学说发起的围剿,"而终不能止"②。甚至在朝廷颁布禁毁政策以后,不少书院顶风兴办。到嘉靖末年,素喜"良知之学"的首辅徐阶也加入讲学行列,朝野讲学之风更盛。③

三、张居正禁讲学

徐阶把自己称作姚江弟子,其弟子张居正虽师承王学,却更讲求实务,生平言行,"纯是法家路数"④,而且"最恶讲学,言之切齿"⑤。万历七年(公元1579年),张居正在一封信中解释了厌恶讲学的原因:"夫昔之为同志者,仆亦尝周旋其间,听其议论矣。然窥其微处,则皆以聚党贾誉,行径捷举……其徒侣众盛,异趋为事,大者震撼朝廷,爽乱名实;小者匿藏丑秽,趋利逃名。嘉隆之间,深被其祸,今犹未殄,此主持世教者所深忧也。"⑥

早在嘉靖三十九年(公元1560年),张居正任国子监司业,与都察院御史耿定向和王派信徒何心隐(本名梁汝元)会于城东显灵宫。张何两人性情、观点格格不入。据耿定向描述,当时何张狂傲物,"俯首凝睇,目江陵(张居正)曰,'公据大学,知大学道乎'?"张听若不闻,"游目而摄之曰,'尔意时时欲飞,却飞不起也'。"张走后,何面有忧色地说:"夫夫也,无目所及不多见,异日必当国,杀我必夫也。吾党学应移别掉,不则当北面矣。"⑦对于此事,何心隐自己回忆,张居正离开后,他对耿定向说,"张公必官首相,必首毒讲学,必首毒元"。⑧

---

① 盛朗西.中国书院制度[M]//周予同,等.民国丛书第三编.上海:上海书店,1991:82.

② 沈德符.万历野获编:卷二十四[M].北京:中华书局,2005.

③ 沈德符记载,"嘉靖末年,徐华亭(阶)以首揆为主盟,一时趋骛者,人人自托吾道。凡抚台在镇,必立书院,以鸠集生徒,冀当路见知。……于是,三吴闲竟呼书院为中丞行台矣"。参见明代沈德符的《万历野获编·卷二十四》的"书院"条目。《明史·东林诸儒传》也评价说,"正(德)嘉(靖)之际,王守仁聚徒于军旅之中,徐阶讲学于端揆之日,流风所被,倾动朝野,于是缙绅之士、还佚之老,联讲会、立书院,相望于远近"。

④ 嵇文甫.晚明思想史论[M].北京:东方出版社,1996:79.

⑤ 沈德符.万历野获编:卷八[M].北京:中华书局,2005.

⑥ 张居正.张太岳文集:卷二十九[M].上海:上海古籍出版社,1984.

⑦ 耿定向.耿天台先生文集:卷十六[M].台北:文海出版社,1970.

⑧ 何心隐.上祁门姚大尹书[M]//何心隐.何心隐集.北京:中华书局,1960.

何心隐是王派传人，其师颜山农是徐樾门生，而徐樾出于王艮之门。黄宗羲的《明儒学案》称，阳明先生之学，“传之颜山农、何心隐一派，遂复非名教之所能羁络矣”。何心隐受王艮“万物一体”“体用一源”思想影响，以“师友”说论证君臣父子、士农工商在道德人格上的平等，打破了传统的“五伦”观念。李贽评价他的学说“人伦有五，公舍其四”①。他坚持王艮“庶民式”讲学②传统，“以化俗为己任，随机指点，农工商贾，从之游者千余。秋成农隙，则聚徒谈学。一村既毕，又之一村，前歌后达，弦诵之声洋洋然也”。③何心隐有一段话或可以揭示其进行“庶民式”讲学的缘由：

> 商贾之大，士之大，莫不见之，而圣贤之大则莫之见也。农工欲主于自主，而不得不主于商贾。商贾欲主于自主，而不得不主于士。商贾与士之大莫不见也。使圣贤之大若商贾与士之莫不见也，奚容自主其主，而不舍其所凭以凭之耶？④

万历三年（公元 1575 年），已任内阁首辅的张居正在《申旧章饬学政以振兴人才疏》中正式提出禁止讲学，整顿教育风气：

> 圣贤以经术垂训，国家以经术作人，若能体认经书，便是讲明学问，又何必别标门户，聚党空谭！今后各提学官督率教官生儒，务将平日所习经书义理，著实讲求，躬行实践，以需他日之用；不许别创书院，群聚徒党，及号召地方游食无行之徒，空谭废业，因而启奔竞之门，开请托之路。违者：提学御史，听吏部、都察院考察奏黜；提学、按察司官，听巡按御史劾奏；游士人等，许各抚、按衙门，访拿解发。⑤

此时何心隐正在湖北四处讲学。对于张居正禁止讲学的做法，他早有所料，却不以为然，撰写《原学原讲》驳斥张居正的所作所为，还准备上书与其辩论。万历五年（公元 1577 年），他成为湖广当局的通缉对象。主办此案的湖广巡抚王之垣在《历仕录》中记载说，“湖广有大奸何心隐，……假以聚徒讲学为名，扰害地方。中间不法情罪甚多，各省历年访拿不获，俱有案卷。万历七年，新店把总朱心学于祁门县捉获。予发按察司侯廉使查卷提干连人问理，本犯在监患病身故”云云。关于何心隐一案，《明神宗实录》有更为权威的记录：

> 江西永丰人梁汝元（即何心隐），聚徒讲学，讥议朝政，吉水人罗巽

---

① 李贽.续焚书[M]//何心隐.何心隐集.北京：中华书局，1960.

② 陈时龙.明代中晚期讲学运动 1522—1626[M].上海：复旦大学出版社，2007.

③ 黄宗羲.明儒学案：卷三二[M].北京：中华书局，1986.

④ 何心隐.何心隐集[M].北京：中华书局，1960.

⑤ 张居正.张太岳集[M].上海：上海古籍出版社，1984.

随之游。汝元扬言，江陵首辅专制朝政，必当入都，詈言逐之。首辅微闻其语，露意有司，令掬押之。有司承风指，毙之狱。

由此观之，欲置何心隐于死地的幕后之手应该是首辅张居正。地方官秉承意旨，“杀公以媚张相”①。承办官员王之垣在他本人的记录中将“杖杀”称为“在监患病身故”，只是为了掩盖事实真相。② 就在何心隐被虐杀的这一年年初，张居正再次出手整顿书院。《明神宗实录》记载：

万历七年（公元1579年）正月戊辰，（张居正）命毁天下书院。原任常州知府施观（民）以科敛民财，私创书院坐罪，着革职闲住，并其所创书院及各省私建者，俱改为公廨衙门，粮田查归里甲。不许聚集游食，扰害地方。仍敕各地巡御史提学官查访奏闻。

张居正以常州知府施观民私创书院为由，下令将各省私建书院一律改为诸司衙门，书院所有良田尽归里甲，各地师徒不得借此聚集会议。当时被毁书院共六十四处。《续文献通考》记载，万历十年（公元1582年），张居正再以言官之请，概行京省查革，“然不能尽撤”。张居正于万历十年（公元1582年）六月卒。万历十一年（公元1583年），吏科给事中邹元标就此事上疏说：

常州知府施观民，靡费民财，私创书院，毁之诚是矣，乃概将先贤遗迹一概拆废，臣不知其解也。彼敢于蔑先圣之道者，不过恶聚讲，假伪学以钳制天下之口耳。③

神宗接受了邹元标的建议，对被拆书院，“或概议修复，或量为调停”。不久后各地书院建设再度兴起。其中最著名的，就是京师的“首善书院”和江南的“东林书院”。

张居正锐意改革，独掌朝政十载，是史上有名的政治家。早在隆庆五年（公元1571年），他在主持辛未会试的时候，就阐明了自己的施政观点：“成宪具存，旧章森列，相与实图之而已。无不事事，无泰多事。祛积习以作颓靡，振纪纲以正风俗，省议论以定国是，核名实以行赏罚，则法行如流，而事功辐辏矣。”④嵇文甫评价他说话“绝类商鞅韩非的口吻”⑤。在传播政策方面，他仰承太祖做法，严禁生员言事和聚众议论。不过在主流思想体系整体弱化的情境下，他的言禁政策与其他改革措施一样，都没有摆脱人亡政息的命运。

---

① 李贽.续焚书[M]//何心隐.何心隐集.北京：中华书局，1960.

② 樊树志.明代文人的命运[M].北京：中华书局，2013：97-102.

③ 陈子龙.皇明经世文编：卷四百四十五“邹元标直抒肤见以光圣德以奠民生疏”.

④ 张居正.辛未会试程策二[M]//张居正.张太岳集.上海：上海古籍出版社，1984.

⑤ 嵇文甫.晚明思想史论[M].北京：东方出版社，1996：79.

四、东林兴衰

东林书院创建于北宋政和元年(公元1111年),是北宋理学家程颢、程颐弟子杨时(龟山)讲学的地方,亦名龟山书院。元至正年间,废为僧庐。万历三十二年(公元1604年),顾宪成等人修复此处并聚众讲学。顾宪成去世后,高攀龙、叶茂才相继主事。书院旧址石柱上至今仍保存着顾宪成所撰楹联:"风声雨声读书声声声入耳;家事国事天下事事事关心。"

万历二十二年(公元1594年),顾宪成在"廷推阁臣"的过程中得罪了神宗,被革职为民,回到家乡无锡,从此专心讲学。据《顾端文公年谱》,他先是"于小心斋之东辟同人堂,规制弘敞,萃四方学者及子弟甥侄";随着求学者日众,顾宪成在当地官员的帮助下重建无锡东门东林书院。书院汇集了顾宪成、高攀龙、钱一本等知名学者,"取孔孟程朱之书而阐明之,高明者闻之可入,始学者闻之不骇"。

东林诸子的思想反对王学末流空谈心性、不综实务的倾向,整体上是程朱体系,但是更强调经世致用,切合当时的学术之弊。因此《明史·高攀龙传》说其观点"粹然一出于正,为一时儒者之宗,海内士大夫,识与不识,称高顾无异词"。他们通过书院活动,"大会吴越之士,讲学其中,岁有会,月有纪,东林之名满天下矣"。①

除日常的教学活动之外,东林书院还有类似鹅湖之会的"讲会"活动。每月一小会,每年两大会,是吴越的学术盛事。② 首次大会会期为万历三十二年(公元1604年)十月初九至十一日。《顾端文公年谱》载:

> 上自京口,下至浙江以西,同志必集,相与论德论学……远近绅士及邑之父老子弟或更端而请,或环聚而观,一时相传为吴中自古以来未有之盛。

有学者认为,东林讲会是一个议论政治的讲坛。今人樊树志推断,东林讲会的内容主要还是学术研讨。理由是,《东林会约》有"九损"规定,不准在讲学的过程中评论时政:"比昵狎玩,鄙也;党同伐异,僻也;假公行私,贼也;或评有司短长,或议乡井曲直,或诉自己不平,浮也;或谈暧昧不明,及琐屑不雅,怪诞不经之事,妄也。"另外,《东林会约》也规定了讲会的基本程式:"每会推一人为主,说四书一章,此外有问则问,有商量则商量。凡在会中,

---

① 陈鼎.东林列传:卷二[M].北京:中国书店,1991.

② 据《无锡金匮县志》记载,"当宪成攀龙讲学时,岁两大会,月一小会,各三日,悉仿白鹿洞规,远近名贤,同声相应,天下学者,咸以东林为归"。

各虚怀以听,即有所见,须俟两下讨论已毕,更端呈请。”①

也有学者指出,初期的东林讲会中多有涉及是非之辩、君子小人之辩,很容易被政敌加以引申发挥,作为闲议是非的理据;书院后期在政敌环伺下,更是将讲会内容严格限制在学术范围之内。②

当然东林诸子并不是闭目塞听的乡儒,顾宪成除了学问精深外,更是以犯上直言闻名于当朝。万历二十一年(公元1593年)京察,他策划阻击内阁首辅任用私人;万历二十二年(公元1594年),又因为举荐万历皇帝所厌恶的王家屏入阁而被罢职。在当时的政治风气下,“宪成既废”反而“名益高”。《明史·顾宪成传》载:

> 当是时,士大夫抱道忤时者,率退处林野,闻风响附,学舍至不能容。宪成尝曰:“官辇毂,志不在君父,官封疆,志不在民生,居水边林下,志不在世道,君子无取焉。”故其讲习之余,往往讽议朝政,裁量人物。朝士慕其风者,多遥相应和。由是东林名大著,而忌者亦多。

在朝和在野志向相投的官员士人遥相呼应,形成了很大的声势,他们是当朝话语权的有力争夺者。而反对派们(齐楚浙党)也结成联盟,“务以攻东林排异己为事”③。顾宪成隐为东林领袖,一直处在幕后,没有直接参与到朝堂内的口诛笔伐之中。

直到万历三十八年(公元1610年),淮阳巡抚李三才因入阁一事为齐楚浙党所弹劾,顾宪成分别写信给首辅叶向高和吏部尚书孙丕扬,为李三才辩护,推荐其入阁。同为东林党的御史吴亮为了扩大影响,将两信附载于邸报上,结果天下皆知,舆论大哗。顾宪成以在野身份干预朝政,破坏了游戏规则,遭到言官的强烈抨击。

据《明神宗实录》,万历三十九年(公元1611年)五月初三,掌京畿道御史徐兆魁上疏对东林讲学进行了系统性的攻击。他说:

> 臣观今日天下大势尽趋东林。……盖无锡县有东林书院,宋儒杨时祠也。顾宪成自谪官归会林居诸臣讲学于此,未几其徒日众。挟制有司,凭凌乡曲,门遂如市矣。黄正宾者以赀郎冒迁谪名,因结淮抚,东林所至郡县,一喜一怒足系诸有司祸福。凡东林讲学所至,主从百余,该县必先设厨、传戒、执事、馆谷、程席之需,非二百金上下不能辨。会讲中必禨以时事,讲毕立刊传布远近,各邑行事有与之左者,必速改图其令乃得安。今已及浙中诸郡矣。

---

① 樊树志.明代文人的命运[M].北京:中华书局,2013:122-123.

② 金奋飞.东林书院与东林讲会探析[J].江淮论坛,2006(5):168.

③ 明史·夏嘉遇传.

徐兆魁所言有真有假，充斥夸张臆测，比如会讲中必谈政治、游学奢费、收受贿赂等。《明史·顾宪成传》就认为，徐氏所言基本属于“肆意诬诋”。徐兆魁继续引申说：

盖自假讲学以结党行私，而道德性命与功名利达混为一途，而天下之学术坏；自濡足淮扬而气节坏；自广纳贽币、庇短护贪，而天下之吏治人品并坏；自游扬之书四出，而天下之官评坏；自指摘之怨生，而移书挽单、假计典尽剪其所忌，而天下之元气坏。

这样就将矛头指向讲学活动，他指控东林通过假讲学而结党，并由此败坏学术和气节，损害吏治和官声，伤天下之元气。《明史·顾宪成传》记载，针对他的指控，光禄丞吴炯上言辩驳说：“宪成贻书救三才，诚为出位，臣尝咎之，宪成亦自悔。今宪成被诬，天下将以讲学为戒，绝口不谈孔孟之道，国家正气从此而损，非细事也。”

神宗怠政期间，“章奏多不省”，对此事继续不报。顾宪成以及东林书院没有受到直接的惩罚。但是直到万历四十年（公元1612年）顾宪成去世，来自朝野的攻击从没有停止过。此后，朝堂政治风气进一步恶化，“廷臣渐立门户，以危言激论相尚”[①]“南北党论，不可复解，而门户之祸，移之国家矣”[②]。

万历四十三年（公元1615年）到四十八年（公元1620年），梃击、红丸、移宫三案相继发生，朝内“盈廷如聚讼，与东林忤者，众目为之邪党”。因拥戴熹宗有功，东林党人多被重用，很大程度上掌握了话语权，大力排除异己。到天启初年（1601年），对手已“废斥殆尽，识者已忧其过激变生”[③]。这一年，主持东林书院的高攀龙也被重新起用。天启四年（公元1624年），高攀龙拜左都御史，弹劾崔呈秀贪污受贿，却被魏（忠贤）党反戈一击，再次被革职。

天启五年（公元1625年）三月，魏党掌权，罗罪兴狱，对东林党人进行清洗。七月，“首毁京师书院”[④]。第一个被毁掉的书院名为“首善书院”，是天启初年都御史邹元标、副都御史冯从吾建于京师宣武门内的。邹元标一直是书院讲学的倡导者，万历十一年（公元1583年），就是邹元标首先提议重建张居正禁毁的书院。首善书院建成后，他与同志相约“不言朝政，不谈执掌”，只为“倡明正学”[⑤]。但是由于他和高攀龙一起在书院内讲过学，被视为

① 明史·魏忠贤传.

② 明史·李三才传.

③ 明史·魏忠贤传.

④ 陆圻.纤言[M]//蒙正发，等.三湘从事录.北京：北京古籍出版社，2002.

⑤ 黄宗羲.明儒学案[M].北京：中华书局，1986.

东林一派。首善书院成为第一个牺牲品。八月,在御史张讷的建议下,诏毁天下书院。明代历史上第三次禁毁书院的行动就此开始。

天启六年(公元 1626 年)二月,魏忠贤命令顾秉修等撰《三朝要典》,诬陷东林党人。“御史徐复阳请毁讲学书院,以绝党根。御史卢承钦又请立东林党碑。海内皆屏息丧气”①。五月初,东林书院被彻底拆毁。同年,高攀龙自溺于家中。

到崇祯初年(公元 1628 年),魏忠贤伏诛。“御史刘士佐请复天下书院,奉旨各处书院宜表章者,着提学官尽行修复”②。之后,东林丽泽堂也被修复。关于书院之变迁,《明史·儒林列传》回溯并评价说:

> 成、弘以上,学术醇而士习正,其时讲学未盛也。正、嘉之际,王守仁聚徒于军旅之中,徐阶讲学于端揆之日,流风所被,倾动朝野。于是搢绅之士,遗佚之老,联讲会,立书院,相望于远近。而名高速谤,气盛招尤,物议横生,党祸继作,乃至众射之的,咸指东林。甘陵之部,洛、蜀之争,不烈于是矣。宪成诸人,清节姱修,为士林标准。虽未尝激扬标榜,列“君宗”“顾”“俊”之目,而负物望者引以为重,猎时誉者资以梯荣,附丽游扬,薰莸猥杂,岂讲学初心实然哉?

此论中,“名高速谤,气盛招尤”确是当时舆论形势,但是讲学并非“物议横生,党祸继作”的直接原因。万历年间,神宗懒政。中央集权语境下,皇权退居幕后,党争必然激化。而权力下移的更深层次的原因则是《明史·流贼传》所说的“草野之物力已耗,国家之法令已坏”。张居正十年改革,一朝人亡政息,正说明国运周期无可逆转地走向衰亡的一面。至于东林一脉(齐楚浙党亦然),身处晚明变局的旋涡之中,大部分时候只是随波逐流,无法真正控制国家甚至自身的走向;对于手中的舆论权力,又往往用之无度,一旦掌权,即将其视为排除异己的工具,以己是非为是非;一旦失势,则反陷众矢之的,为国柄者所忌。

当然另一方面,东林党人的道德和士气又为后世所敬仰。从魏党专权到李自成之变,“东林死节者比比”。因舆论而陷当世之毁,由烈士而得后世之名,这恐怕就是让东林书院和东林党无可奈何的相对论。

第六节 明代的邸报

万历三十八年(公元 1610 年),一份邸报改变了天下舆论的走向。《明

---

① 明史·魏忠贤传.

② 东林书院整理委员会.东林书院志[M].北京:中华书局,2004.

史·李三才传》记载，淮阳巡抚李三才因入阁事为齐楚浙党所围攻，“朝端聚讼，迄数月未已。宪成乃贻书向高，力称三才廉直，又贻书孙丕扬力辩之。御史吴亮素善三才，即以两书附传邸报中，由是议者益哗”。东林领袖顾宪成写信给首辅叶向高和礼部尚书孙丕扬，为李三才“延誉”。御史吴亮好心办坏事，将两信附在邸报上，本为壮大声势，不料却引起天下大哗，舆论逆转。此事透露出有关明朝邸报的两个信息，一是邸报可以通过某种途径附载士大夫之间的私人信件；二是邸报成为政治斗争（舆论战）的工具。仅此两点就已经大大超出前朝邸报的内容范围及社会功能。

四百年后的 2009 年，新闻史家方汉奇在集报家范光永处看到了迄今为止发现的第一份明代邸报的原件。这份单张邸报记载了明熹宗天启七年六月二十五日（公元 1627 年 8 月 6 日）的三条上谕和一道旨意。方汉奇先生认为，此报的出现，证实了明朝末年已经有了公开向公众发行的名为“邸报”的民办报纸，同时证实了明末天启年间已经有部分报纸采用雕版印刷。①

不过根据史料，雕版印刷的邸报在万历年间应已出现。② 而当时的政治敏锐者，已经预感到邸报批量化生产可能带来的社会巨变。万历三十二年（公元 1604 年），吏部左侍郎杨时乔上疏说：

> 昨卧病初起，忽闻其为书传（手抄）之邸报，刻录盛行。臣异之。以为悬书、邸报自来未有（刻录）。自今而起，窃以为世道人心何危急如此，将令国是难定，主权下移。当是难以主持公论，日为混淆，天下从此多事矣。③

将“国是难定，主权下移”归罪于邸报的刻录传播显然有些夸张，不过邸报的生存状态和发展变化，确实折射出以皇权为核心的政治体系在逐步弱化。

一、科抄之报

邸报（或邸钞、邸抄）是中国古代官报的统称。明代是邸报活动频繁的时期，它的读者主要是官员士绅，也包括有阅读能力的市井平民。对于不少人来说，读报是他们政治和日常生活的重要内容。

大明官方制度中，并没有针对邸报发报程序的完整说明。不过结合相关条例和历史记录，大致可以推断出明代邸报传发的基本流程。《大明诸司执掌》“通政司”条规定：

---

① 方汉奇.记新发现的明代邸报[J].新闻与传播研究，2009(2)：13-14.

② 以尹韵公发现的《急选报》判断，雕版印刷的邸报在万历年间可能就出现了。

③ 万历邸钞[M].扬州：江苏广陵古籍刻印社，1991：1332.

> 凡天下臣民实封入递，或人赍到司，须于公厅眼同开拆，仔细检看。事干军情机密，调拨军马及外国来降，进贡方物，急缺官员，提问军职有司官员，并请旨意定夺。事务即于底簿内誊写略节缘由，当将原来实封，御前陈奏毕，就于奏本后批写旨意，送该科给事中收转，令该衙门抄出施行。

明朝全国性的邸报传抄活动，主要通过通政司、六科（给事中）和邸吏（南明为提塘官）三个环节完成。[①] 通政司统辖"出纳诸司文书、敷奏、封驳之事"，主管章奏收受、下情上传，是官方的信息总汇；不过在章奏和谕旨传报方面，六科（吏、户、礼、兵、刑、工科给事中）处于更为核心的位置；邸吏则是将邸报传送天下的主要部门。

给事中制度在明代几经变迁。据《明史・职官志》，吴元年（公元1367年），"置给事中，掌侍从、规谏、补阙、拾遗，与起居注同置五品"；洪武六年（公元1373年），"定设给事中十二人，秩正七品，看详诸司奏本及日录旨意等事"。六科给事中在洪武十年（公元1377年）的时候"隶承敕监"。同年七月，中央设通政使司。洪武十二年（公元1379年），将承敕监给事中（即六科给事中）改隶通政司。洪武二十二年（公元1389年），改给事中为"源士"，取自"六科为事之本源"。未几，复为给事中。建文中，改都给事中，正七品。成祖初，设左右给事中，从七品。接着改"六科"，置于午门外直房，后永乐中灾，移午门外东西。英宗正统六年（公元1441年），重铸六科印，以后其体制、职责、品秩相沿未改。[②]

方汉奇指出，成祖以后"六科"便成为独立机构。[③]《明史・职官志》载六科（给事中）的主要职能是：

> 掌侍从、规谏、补阙、拾遗，稽察六部百司之事。凡制敕宣行，大事覆奏，小事署而颁之，有失封还执奏。凡内外所上章疏下，分类抄出，参署付部，驳正其违误。

结合前文，天下臣民的章疏先是递入通政司，在得到皇帝批答之后，由六科将奏章分类抄出，交有关部门奉旨执行。六科发抄的谕旨和章奏就是邸报的"母本"。方汉奇指出，六科不仅是臣僚章奏的发抄机关，而且还承担了采集、记录和为邸报提供皇帝谕旨的任务。[④] 尹韵公则认为六科就是邸报

---

① 方汉奇，等.中国新闻事业通史：第一卷[M].北京：中国人民大学出版社，1992：119.据朱传誉考证，提塘官真正承担地方和中央的信息传递和邸报传发责任是在南明福王的时代。

② 王为东，李凤鸣.明代六科给事中制度试探[J].洛阳大学学报，2004(1)：78.

③ 方汉奇，等.中国新闻事业通史：第一卷[M].北京：中国人民大学出版社，1992：121.

④ 方汉奇，等.中国新闻事业通史：第一卷[M].北京：中国人民大学出版社，1992：122.

(朝报)的编辑者:“那些可以公开发抄传报的章奏,便是朝报的报道素材;经过整理和编辑成册的章奏,便是朝报;将朝报的内容转抄传报于京城以外发行的报纸,便是邸报。”①

在官方所确定的“六科”职掌的权力当中,并没有类似“公开”、“发布”、提供“相互传报”政事信息的职能。② 法定的发布形式,包括榜示(告示)、石刻、申明亭、旌善亭等,也没有把邸报纳入其中。方汉奇先生在《中国新闻事业通史》中引用《明史·职官志》“凡内外所上章奏下,分类抄出”的表述来证明官方对“公开”发抄的认可,是值得商榷的。③ 综合相关制度,所谓“分类抄出”更有可能指的是《大明诸司职掌·通政司》所说“给事中收转,令该衙门抄出施行”④的意思。

不过其他史料又显示,从明中期开始,君臣已经熟知并运用“邸报”这种传播形式了。余继登的《典故纪闻》中记载了成化年间对邸报(传报)的禁例:

> 故事,章奏既得旨,诸司抄出奉行,亦相互传报,使知朝政。自成化时汪直用事,其党千户吴绶以为泄漏机密,请禁之。后奸人恐不便己私,遂往往禁诸传报者,然卒未有不传,亦可笑矣。⑤

余继登是万历五年(公元 1577 年)进士,曾参加纂修《大明会典》。文中提到的汪直十六岁为西厂提督,是成化时期的权宦。由于传报制度有碍其弄权,所以设法禁止。从这个记录看,明朝传报制度在成化元年(公元 1465 年)前后应已存在。一个值得关注的现象是,在当前所见的提及明朝邸报的所有史料中,绝大部分是嘉、万、天、崇年代的记录。今人任文利在《四库全书》中检索,发现最早提到邸报的明人文集是何乔新的《椒邱文集》,其中《送方伯李公赴江西序》云:“成化十有二年(公元 1477 年)冬十月,诏以河南参政隆庆李公文盛为江西布政使,邸报至汳……”⑥在此之前,明史中未出现其他任何邸报痕迹。这是比较奇怪的。

方汉奇先生曾提及 1902 年 6 月 2 日《大公报》所刊《原报》一文,此文认为明代邸报始于永乐年间,文中云“古无谓报也,自前明永乐北迁,边省去京师地鸾远,苦不得朝廷意旨,因嘱部吏日录大部征发文檄布告,疆吏时人便

---

① 尹韵公.中国明代新闻传播史[M].重庆:重庆出版社,1990:26-27.

② 至少在《明会典》《诸司职掌》《明史·职官志》中没有发现类似说法。

③ 方汉奇,等.中国新闻事业通史:第一卷[M].北京:中国人民大学出版社,1992:121.

④ 大明诸司职掌,也可见《明会典·卷二一二》.

⑤ 余继登.典故纪闻:卷十五[M].北京:中华书局,1981:275.

⑥ 任文利.邸报与中晚明政治的公开议政[J].社会,2014(3):185.

之,呼为邸报,始有报之名”①。方先生认为此说缺乏依据。不过探讨成化之前明朝邸报制度可能形成的时间,永乐北迁或是一个关键的时间点。如果此说成立,那么邸报成为官方体制就有了确实的证据。

关于邸报是否是官方体制(或只是默认),又是从什么时候起成为官方体制的,有待继续挖掘和讨论。目前可以肯定的是,六科是邸报传抄活动的核心部门,既是素材的提供者,同时又是传抄内容的把关人。《明史·王应熊传》引给事中何楷劾王应熊疏说:“故事,奏章非发抄,外人无由阅;非奉旨,……不许抄传。”②也就是说,邸报在生产之前,必须经过两个环节,一是皇帝的批准,二是六科根据旨意为发抄所做的挑选和集纳。《明史·职官志》记载,“凡六科每日接到各衙门题奏本,逐一抄写成册,五日一送内阁,以备编纂”。方汉奇认为,这类提交给内阁存档的章奏汇编,可能同时提供给各部门做参考(称为“六科纶音册子”),这就是传抄于京内外的邸报的母本。③

综合起来,邸报传布的基本流程是,首先,经过皇帝批准的章奏以及六科在朝堂上记录的皇帝的谕旨,在六科进行分类或集册。然后,各在京衙门、地方驻京邸吏派员(或雇员)在午门外的六科廊房(直房),根据六科的分类文档,抄出与本司相关的内容,以备施行;同时也可抄出其他部门的内容,提供给本司官员参考。由于抄报者身份、取向各不相同,所以同批次邸报或有不同版本,与六科的底本相比自有不同程度的删节和压缩。之后,各衙门和提塘官抄出的邸报通过多种方式(邮驿、互相传抄或民间流通)传至京师和地方官吏或士绅手中。当然这只是正常情况下的发抄流程。万历中晚期官员章奏留中不发的甚多,六科往往在没有得到旨意的情况下,按章奏副本提前抄出。

关于各省邸吏向地方抄传邸报的情况,万历时期的《保定府志》中有嘉靖四十二年(公元1563年)所上《计处驿传事宜》一文涉及:

> 查得本府原派各府县抄报银七十二两,专雇在京人抄报十本,宣化驿每五日一次差马夫取送巡抚、都察院、户工二部、兵备道,及本府正佐官各一本。为照本院既有永定驿送报,而宣化驿又送,似为重复。本府各官,同住一院,各送一本,似亦过多。今议:本院自正月至六月终止,俱永定驿送,七月防秋至十二月终止,俱宣化驿送,每月银一两。户工二部、兵备道各一本。本府共一本。轮流传看。遇各官公委,令书吏抄

① 方汉奇,等.中国新闻事业通史:第一卷[M].北京:中国人民大学出版社,1992:119.

② 方汉奇,等.中国新闻事业通史:第一卷[M].北京:中国人民大学出版社,1992:122.

③ 方汉奇,等.中国新闻事业通史:第一卷[M].北京:中国人民大学出版社,1992:123.

写传送。每本俱银七钱。每月该银三两八钱，每年该银四十五两六钱。遇闰月加银三两八钱，于存粮银内支给。庶旧规不失而浮费亦少矣。[①]

这里透露出的信息是，保定府所得邸报是雇人从京师传抄，定期（五天一次）由邮驿送回的。邸报传抄、运送所花费用由地方自筹解决。也就是说，邸报下发地方之事未必是中央体制安排，而是各级政府自主自发行为。保定府出于节约考虑，将每官一本改为一院一本，似说明邸报的收发在地方上也不是必须有的公务。邸报到达保定府后，可以由书吏再行抄传，满足相关官员的需要。以上材料从另一侧面说明了明代邸报的性质，首先它不属于官文书，因为不是法定行政事务；其次它也不是官方内参，因为它没有明确的保密措施，民间人士所看到的邸报一部分就是由官方系统辗转抄来的。所以将其归类为古代官报，应该是合适的。

总而言之，在邸报传布的整个流程中，最重要的还是六科提供的抄报底稿，说它是邸报的“母本”恰如其分，明人将邸报称为“科抄之报”[②]的原因大概也就在此。

二、科录与科参：邸报中的六科品格

万历三十五年（公元 1607 年），朝廷以科臣王元翰之请诏令禁邸报。结果引来官员们的强烈反弹，南京户科给事中段然疾呼“禁科抄之报，不使誊传，一世耳聋，万年长夜”。[③]官员对邸报的依赖绝非出于偶然，邸报是他们获知朝政、了解国事、参与政事的重要途径。

明邸报的内容与宋朝基本类似，以皇帝谕旨和官员章奏为主，涉及皇帝诏谕、章奏弹劾、官员任免、朝议状况、皇帝活动、皇室动态、军事信息、灾异现象多个方面。更为重要的是，它具有较高的政治透明度和信息还原度。

首先，邸报的内容不以君讳，不以上讳，真实反映朝堂之争。比如万历年间的“国本之争”，大臣们拥戴皇长子朱常洛，坚持无嫡立长；而神宗有意立宠妃的儿子朱常洵为太子。邸报一五一十地记录了众臣反对皇帝三王并封，呼吁早立太子，以及皇帝与朝臣争论的情况。《万历邸钞》有万历十八年（公元 1590 年）春正月朔，神宗“召见申时行等于毓德宫，雒于仁削籍”条。此篇邸钞有近一千五百字，此处略摘几段，以做说明：

先是，（雒）于仁撰《酒色财气四药箴》以进，上领之。至是元旦，召辅臣申时行四人至毓德宫暖阁，手授前疏于时行，谕处之。时行对以

① 方汉奇，等.中国新闻事业通史：第一卷[M].北京：中国人民大学出版社，1992：125-126.

②③ 《万历邸钞》1619 页，转引自尹韵公.中国明代新闻传播史[M].重庆：重庆出版社，1990：26-27.

"小臣拾闻道路之言,不足过计",力劝留中,上意稍解。因言"此等疏奏,狂妄不止于仁,如前时党杰,前日李沂皆是,这等乱说进来,就如章奏中说朕多留中不发,不知朕体病甚,灯下又览不得,以此间或迟速,而各官纷纷妄言,一本未览,一本又到,彼此攻击不止,成何朝纲,先生辈通不为朕一处也"。时行言:"人心怠玩,多不守法,致此纷纷,是臣等不能奉职之过。"上曰:"卿等不处谁处,卿等须任劳任怨,不可推诿,且卿等尚知尊朕,有上下之分,各官乃无尊卑上下,不守法,须是要处。"时行言:"容臣等拟一说贴,传谕各衙门知会。"上意渐和。

时行因奏:"臣等更有一事奏请:今皇长子已九岁,中外人情,咸谓父当册立,望皇上早定大议。"上曰:"朕知,但皇长子尚弱。"时行言:"此宗社大计,人情久仰,早定一日,则人心亦可稍安一日。近多妄议,亦皆由此。"上曰:"朕知之。"时行言:"乘此新春,请皇上早定大议,则皇长子便可习学。"上曰:"人之资质不同,虽是学问,亦由天资也,不专待教习。"时行言:"资质禀于天,学问在于人,事固不可废。昔皇上出阁讲学才六龄,便已聪悟非常。"上顾内侍张诚曰:"朕彼时才五岁,朕尚可,恐皇长子不能也。"时行言:"皇长子资质定是颖异不凡,望皇上早加教谕。"上曰:"朕知之。"

……时行等遂传谕大理寺逐于仁归。初四日,大理寺左少卿任养心以于仁疾请,遂票拟得旨,"雒于仁前出位妄言,朕始容了,今又托疾规避,姑着革了职为民"。①

大理寺评事雒[luò]于仁被革职是因为万历皇帝的丑事。万历十七年(公元1589年)岁末,雒于仁上《酒色财气四药箴》,文中说道:"皇上之恙,病在酒色财气也。夫纵酒则溃胃,好色则耗精,贪财则乱神,尚气则损肝。"万历大怒,在新年辅臣们进贺的时候提出要处置雒于仁。首辅申时行力劝神宗将疏奏留中,避免负面影响,提议让雒于仁主动辞职,神宗认可。等到大年初四辅臣票拟病退的时候,神宗气不过又下旨,说雒于仁"出位妄言""托疾规避",将其削职为民。结果此事首末,包括本来留中的雒氏上疏都被邸报披露了出来。

其实毓德宫之议中雒于仁的事只是附带,文中的主体部分记录了神宗与申时行就册立东宫事宜进行的争论。首辅的咄咄逼人和神宗的软弱退让、无可奈何跃然纸上。尹韵公认为,由邸报观之,明朝社会的政治透明度是相当高的。②

---

① 万历邸钞:上[M].扬州:江苏广陵古籍刻印社,1991:483-487.

② 尹韵公.中国明代新闻传播史[M].重庆:重庆出版社,1990:71.

其次，明邸报传播内容具有很高的可信度。以上面雒于仁的事件为例，我们将邸报内容与《神宗实录》相对照。《明实录》是官方档案，是明史的可靠的史料来源。先看万历十八年(公元1590年)正月“以正旦令节赐辅臣上尊珍馔”条：

上以雒于仁本手授时行，云：“先生每看这本，说朕酒色财气，试为朕一评。”……时行稍阅大意，上连语曰：“朕气他不过，必须重处。”时行云：“此本原是轻信讹传，若票拟处分，传之四方，反以为实。臣等愚见，皇上宜照旧留中为是，容臣等载之史书，传之万世，使万世颂。”……上复云：“如何设法处他？”时行等云：“此本既不可发出，亦无他法处之，还望皇上宽宥臣等，传语本寺堂官，使之去任可也。”上首肯，天颜稍和：“因先生每是亲近之臣，朕有举动先生每还知道些，安有是事。”时行对曰：“九重深邃，宫闱秘密，臣等也不能详知，何况疏远小臣？”上曰：“人臣事君，该知道理。如今没个尊卑上下，信口胡说。先年御史党杰也曾数落我，我也容了。如今雒于仁亦然。因不曾惩创，所以如此。”时行等曰：“人臣进言，虽出忠爱，然须从容和婉。臣等常时惟事体不得不言者，方敢陈奏。臣等岂敢不与皇上同心？如此小臣，臣等亦岂敢回护？只是以圣德圣躬为重。”上曰：“先生每尚知尊卑上下，他每小臣却这等放肆。近来只见议论纷纷，以正为邪、以邪为正。一本论的还未及览，又有一本辩的，使朕应接不暇。朕如今张灯后看字不甚分明，如何能一一遍览？这等殊不成个朝纲，先生每为朕股肱，也要做个张主。”时行等对曰：“臣等材薄望轻，因鉴人前覆辙，一应事体，上则禀皇上之独断，下则付外廷之公论，所以不敢擅自主张。”上曰：“不然，朕就是心。先生每是股肱，心非股肱，安能运动朕？既委任先生，每有何畏避，还要替朕主张，任劳任怨，不要推诿。”时行等叩头谢曰：“皇上以腹心股肱优待臣等，臣等敢不尽心图报？任劳任怨四字，臣等当书之座右，朝夕服膺。”

此条之后另有“己酉大理寺题评事雒于仁以病乞回籍”条：“上以雒于仁出位妄言，朕已姑容。今又托疾规避，令革职为民。”[①]不难发现，除了措辞有些不同，实录与邸报在内容上基本是一致的。

邸钞的真实性为时人所肯定。由于实录的编纂时间比邸钞要晚，[②]实录往往以邸钞为史料来源之一。《明史·钱龙锡传》说：“故事，纂修实录，分遣国学生采事迹于四方，龙锡言，‘实录所需，在邸报及诸司奏牍，遣使无益’。”

① 明神宗实录·卷二百一十九.

② 明代制度，嗣君登极后，才钦定监修、正副总裁及纂修诸臣，编辑先朝《实录》。而且《实录》须藏之内府，外界不得与闻。

钱龙锡为崇祯朝次辅,他认为邸报是可靠的记录。天启元年(公元1621年),史学家谈迁编著《国榷》,“汰十五朝之实录,正其是非;访崇祯十七年之邸报,补其阙文”。[①] 另有顾炎武论清修明史之事云:“修史之难,当局者自知之矣。求藏书于四方,意非不美,而西方州县以此为苦,宪檄一到,即报无书。……窃意此番纂述,止可以邸报为本。”[②]

《万历邸钞》的“影印说明”也指出,“经取明实录与之核校,除两者详细互异,各有侧重外,还有一些重要的朝政大事,人材进退,邸抄有而实录无。更有不少邸抄所录奏疏原文,为实录及诸书所失载,可补史之不足”。由此观之,似乎在约四百年前,邸报在某种程度上实现了“今天的新闻就是明天的历史”之理想。

邸报的直笔记事,来自发抄方“六科”的品格,同时反映了明代政治体制的基本面貌。明代六科不隶属于任何机构,直接对皇帝负责,虽只为七品官秩,却是“国家毗倚甚重”[③]。《明宣宗实录》记载,宣德四年(公元1429年),宣宗对六科给事中说:“朝廷置给事中,所以出纳命令,封驳章奏,关防百司之弊,而朝政阙失,庶官贤否,民情休戚皆得言之,非其他职事可比也。”

给事中的职事繁多,主要包括以下几个方面[④]:第一,“出纳帝命,行使封驳”。它是帝王的喉舌,负责向各衙门下达诏令和相关文件。在政令下达前,如果发现“有所遗失,牴牾、更易、紊乱”[⑤]的情况,还要驳回来处重拟。

第二,“侍从”之责。指的是《明史・职官志》所说的“凡日朝,六科轮一人立殿左右,珥笔记旨”,这项与“起居注”类似的职责也称为“科录”。《国朝典汇》记载,成祖曾要求,“拾遗补过,近侍之职。自今事之从脞者,尔等当悉记之,以备顾问”。

第三,规谏。即明宣宗所指“朝政阙失,军民利病,皆得言之”,甚至“与天子争可否,辨是非,正笏危论”。[⑥] 不过明代言官所控必须翔实可信,不许“风闻言事”,《明会典》载,正统四年(公元1439年)规定:“究举之事,须要明著年月,指陈实迹,明白具奏。若机密重事,实封,御前拆开,并不许虚文泛言,若挟私搜求细事及纠言不实者,抵罪。”

第四,“拾遗”“补阙”。据《明太宗实录》,永乐二年(公元1404年),成祖

---

① 黄宗羲.南雷文案[M]//黄宗羲.黄宗羲全集.杭州:浙江古籍出版社,2005.

② 顾炎武.亭林文集:卷三[M]//顾炎武.顾亭林诗文集.北京:中华书局,1959:54-55.

③ 孙承泽.春明梦余录:卷二十五[M].北京:北京古籍出版社,1992.

④ 该部门职责归纳参见张薇.六科给事中制对明代政治体制的监控和调节[J].武汉大学学报,1989(4):78-79.

⑤ 孙承泽.春明梦余录:卷二十五[M].北京:北京古籍出版社,1992.

⑥ 阎尔梅.徐州二移民集:卷九[M].台北:文海出版社,1967.

谕六科给事中,“朕日临百官,可否庶务,或有失中,尔等宜直言无隐”。给事中参与国家大事的廷议,在相关部门说明情况、内阁辅臣提出建议的情况下,“科道掌印官每次各论二员随进。如诸臣陈述未详,议拟未当者,许公同评正”①。

第五,“稽察六部百司之事”,即监察之责。对六部处理国家政务的全过程作详尽的记载,并形成档案,定期注销。同时,监察百官,“有不职者”或“有不公不法等事”,“俱得核奏”②。

顾炎武评价,六科“掌封驳之事,旨必下科,其有不便,给事中驳正到部,谓之科参,六部之官,无敢抗科参而自行者,故给事中之品卑而权特重,万历之时九重渊默,泰昌以后国论纷纷,而维持禁止,往往赖科参之力”③。

简而言之,“科抄之报”之所以能达到“用事实说话”的高水准,是因为六科执掌“科录”和“科参”。“科录”要求必须真实地记录帝王的言语以及廷对情况,既要拾遗补缺,又要直言进谏,为国家政策提供参考;“科参”就是封驳,讲求准确无误,并在不受外界影响的前提下提出建议,矫正错漏。从内容上看,“科抄”之文,与“科录”“科参”更是有着直接的关系。“科录”是邸报的信息来源,“科参”在某种程度上则是传抄文本的最后编辑和定稿。

六科及邸报的运行状态,折射出前所未有的政务开放,或者说信息公开的趋势。这与太祖、成祖在中央集权的方向下进行权力分制,加强官员监管,防范信息壅塞有关。洪武十三年(公元 1380 年)前后,太祖废中书省,在六部(吏户礼兵刑工)五府(都督府)之外,设大理寺、都察院、通政司(此时六科给事中隶属通政司,后独立)等独立机构,这就是太祖“上下相维,大小相制,防耳目之壅蔽,谨威福之下移,则无权臣之患”④的分权构想。

另外,通政司和六科的制度安排上有着明显的“防壅蔽”“稽察百司”的政治意图。关于通政司之设,太祖解释道:“通政即古之纳言……纳言之官,命令政教,必使审之既允而后出,则谗说不得行,而矫伪无所托矣,敷奏复逆,必使审之既允而后入,则邪僻无自进,而功绩有稽矣。”⑤

《明太祖实录》记载,他要求新晋的通政司官员,“审命令以正百司,达幽隐以通庶务。当执奏者勿忌避,当驳正者勿阿随,当拂尘者勿隐蔽,当引见者勿留难,毋巧言以取容,毋苛察以邀功,毋谗间欺罔公,清直亮以处厥心,

---

① 余继登.典故纪闻:卷二十八[M].北京:中华书局,1981.

② 胡应嘉.重延纳广聪明以隆新政疏[M]//孙旬.皇明疏钞.台北:台湾学生书局,1986:1401-1824.

③ 日知录集释・卷九.

④ 余继登.典故纪闻:卷三[M].北京:中华书局,1981:55.

⑤ 孙承泽.春明梦余录:卷四十九[M].北京:北京古籍出版社,1992.

庶不负委任之意”。所谓“审命令以正百司”说的是监督,“达幽隐以通庶务”说的是透明,“当执奏者勿忌避”说的是不惧,“当驳正者勿阿随”说的是直言,“当拂尘者勿隐蔽”说的是公开,“当引见者勿留难”说的是通达,“毋巧言以取容”说的是语言风格,“毋苛察以邀功”说的是工作态度,“毋谗间欺罔公”说的是守法,“清直亮以处厥心”说的是做人。

在明史上,六科给事中有一个赫赫有名的身份,就是言官[①]。明代给事中与御史两个部门组成了史上最大的言官群体。[②] 洪武年间,太祖为达到广耳目、达下情、决壅蔽的目的,赋予了言官发表意见、议论时政的自由。尹韵公认为,言官制度对于中央集权政府来说,是必不可少的。它在权力结构内部,起着制约与平衡的作用,很大程度上遏制和延缓了绝对权力所带来的各种弊端。[③] 换句话说,明太祖希望以言官政治来弥补血统主义的不足。正是强大的言官体制和敢言直谏的传统,才催生了透明度较高的政治环境。

另一个方面,言官群体是真实传播最大的需要者和受益者。明代邸报掌握在言官的手里,而邸报所传播的很大一部分内容就是言官的建言章奏。这是邸报具有高度还原性的内在原因。

明中期以后,权力下移,皇权与文官集团,以及文官集团内部对话语权的争夺趋于激烈。邸报也避免不了成为政治斗争的工具。而在传播政策层面上,皇帝和言官们围绕着“禁抄传”的多次冲突,同样反映出各权力方对于传播权的争夺。

三、禁抄之议:把关人的争夺

万历三十五年(公元1607年)八月,“给事中王元翰以辅臣之揭只宜告于密,勿不可以播远,迩请勿发抄。于是又有发抄之禁。并禁诸讪君、沽直、乱政、市名、疑辞、谩语、排挤良善者,以为皆不可传。而禁发抄之议自此始”。

这是出自《明神宗实录》的记载。吏科给事中王元翰认为内阁揭帖多涉机密大事,不应该发抄。朝廷以此为由,将那些所谓谤讪君主、沽名卖直、干乱政体、求取名声、惑乱人心、言语欺诈、排挤良善的内容都禁止了。《明神宗实录》指出,明代对于“禁发抄”的争议,就是从这个时候开始的。对于此事,王元翰的同事、吏科右给事中翁宪祥于万历三十五年(公元1607年)十月所上《时禁疑于防口,人情愈加厄塞,恳乞圣明,亟通章疏,以存清议疏》描述

---

① 一般认为,明代言官由两部分组成,一是御史,二是给事中。

② “谏官之设,明世最多”。参见徐乾学.憺园文集:卷十四[M]//四库全书存目丛书编纂委员会.四库全书存目丛书:集部.济南:齐鲁书社,1997:38.

③ 尹韵公.中国明代新闻传播史[M].重庆:重庆出版社,1990:212.

得更为清晰：

> 近该川省用兵一节，阁臣、省臣有疏，颇关中国情形，科臣王元翰触事陈言，请禁发抄。即已奉旨严禁，靡不凛凛矣。但科臣所言，惟在军国之机，而明旨所禁，并及未奉谕旨一切章奏。①

翁宪祥说，王元翰请禁发抄的原意，仅是针对涉及军机的内容。但是万历皇帝却借题发挥，对所有“未奉谕旨”的内容颁下禁令。禁抄内容的扩大为官员们了解国事造成了很大障碍。当年十一月，南京工科给事中金士衡就此事再上《言路宜通，恳乞亟宽时禁，以昭大公疏》，其中说道：“况臣待罪留垣，去京师二千余里，南北迢遥，见闻何自？即使道路偶传，终非的据，未敢陈于至尊之前。惟载之邸报，始足准凭。两月以来，音信断绝，贸贸昏昏，如聋如聩。”②邸报对于身处偏远地区的官员们来说，是唯一可靠的消息来源。万历发抄之禁后，官员们就和聋人一样，陷入了与世隔绝的状态。

就神宗禁止“未奉谕旨一切章奏”的合法性，翁宪祥进行了强力的辩驳。他认为神宗用一刀切的手段限制“擅自抄传”的行为，是本末倒置，是对言路的钳制：

> 惟愿皇上不第责臣下之擅抄以禁其流，而先须速于批发，以清其源。盖自来章疏，鲜有不得旨者。纵诸臣所言，未能悉当圣心，而一下部院，自有公议，无庸停阁。其得旨大难，特近年创见，不可为常也。迩者各衙门事体不能恪守旧规，未易缕数，要由上多变局，因下多权宜。即章疏抄传一节，皇上倘不于本原之地亟疏壅滞，仅仅欲禁其末流，恐非所以开言路也。在今日但当导之使言，不必禁之勿传。以后除事干军机者自应秘密外，其余一应章疏，宜与天下共见共闻。每疏必赐批发，敕该部院酌议，覆请可否，从违悉听圣裁，于以昭示海内。岂不明白正大。所谓擅自抄传者，不禁自无矣。

翁宪祥奏疏透露，神宗“禁抄令”所针对的，其实是“臣下之擅抄”行为，即六科在没有得到旨意的情况下，将皇上“留中”的奏疏直接按照副本内容抄出，然后提供给邸报传播。也就是说，神宗想用“非奉旨不许抄传”的制度，来防止留中的奏章外泄。翁宪祥反驳说，导致擅抄的原因不是科臣不守

---

① 此句摘自吏科右给事中翁宪祥于万历三十五年(公元1607年)十月所上《时禁疑于防口，人情愈加厄塞，恳乞圣明，亟通章疏，以存清议疏》，《万历疏钞》卷十，《续修四库全书》468册，483页。《万历邸钞》所记内容又有不同，较为简略。参见《万历邸钞》万历三十五年冬十月，1490-1492页.

② 吴亮.万历疏钞：卷十[M]//《续修四库全书》编纂委员会.续修四库全书.上海：上海古籍出版社，1995：485-486.

规矩，而是皇上批答的速度太慢，而留中（停阁）的疏奏太多。言下之意是指责皇帝首先打破了“疏不留中”的政治规矩。

万历十七年（公元 1589 年），神宗基本不再接见朝臣，不郊、不庙、不朝、不见、不批、不讲的怠政开始了。“章疏批发十无二三，寝阁十常八九”①。他经常将意见相左，尤其是批评他的奏疏“留中”。对很多奏章，他既不想回答，也不想朝臣周知、给自己造成压力，于是就干脆将其滞留宫中，当什么也没发生。翁宪祥提出，以前的章疏很少有不得旨的，皇上也应该勤于“批发”，对军事机密以外的所有奏疏一律放行，“与天下共见共闻”，这样“擅自抄传”的情况自然就不会出现了。

《明神宗实录》提出，明代“禁抄传”的争议就是从这个时候开始的。其实在成化十三年（公元 1477 年），曾经有过一次禁止传报的尝试。前文提到，余继登的《典故纪闻》记载，“自成化时汪直用事，其党千户吴绶以为泄漏机密，请禁之。后奸人恐不便己私，遂往往禁诸传报者，然卒未有不传，亦可笑矣”②。汪直十六岁任西厂提督。成化十三年（公元 1477 年），千户吴绶向其建议禁传报，表面理由是防止机密泄露，实际是为了排除政务公开对西厂弄权的妨碍。不过以汪直的势力，根本无法动摇传报体制及其背后强大的文官集团，只是徒增笑料而已。

因此，万历三十五年（公元 1607 年）的“发抄之禁”，才是两个势均力敌的政治力量——皇权与文官集团争夺章奏传播权（或者说把关权）的首次对垒。神宗在这里重申了“非奉旨不许抄传”的制度。③ 有学者考证，此制度最早在万历十七年（公元 1589 年）时任吏科给事中史孟麟的《职居言责，指摘非人，乞赐罢斥，以解党锢，以杜谗谄疏》中被提到：“三四年来，……台谏忤时，命曰好名，显者杖谪，隐者外转矣。犹惧不足以阻挠之也，于是有未奉明旨，不许发抄之令。而至今台谏，言者如故。”④如果史孟麟的说法无误的话，那么“未奉明旨，不许发抄”制度出现的年代应该就在万历十七年（公元 1589 年）前后，其基本背景则是言官与皇帝之间存在矛盾。因为这项措施与“显者杖谪，隐者外转”一样，都是皇帝打压言官的手段。

万历十七年（公元 1589 年）后六科的发抄活动，似乎并没有受制于这个制度。万历二十四年（公元 1596 年），辅臣赵志皋于《乞振朝纲疏》中指出：

---

① 吴亮.万历疏钞：卷十[M]//《续修四库全书》编纂委员会.续修四库全书.上海：上海古籍出版社，1995：485.

② 余继登.典故纪闻：卷十五[M].北京：中华书局，1981：275.

③ 崇祯朝给事中何楷说：“故事，奏章非发抄，外人无由阅；非奉旨，……不许抄传。”方汉奇，等.中国新闻事业通史：第一卷[M].北京：中国人民大学出版社，1992：122.

④ 任文利.邸报与中晚明政治的公开议政[J].社会，2014(3)：185-204.

“夫报房即古之置邮，传命令以达之远近者也。非奉命者不敢抄。今则朝奉疏而夕发抄，不待命下而已传之四方矣。”[①]也就是说，皇帝的命令基本没有得到执行。“朝奉疏而夕发抄，不待命下而已传之四方”竟成六科发抄的“常态”。而正是在万历十七年（公元1589年），神宗开始不朝不见，法令缓弛是有可能的。

直到万历三十五年（公元1607年），万历皇帝才以王元翰的上疏为由头，重提“发抄之令”，再次试图夺回奏章传播的主导权，不料却遭受了文官集团疾风暴雨般的反击。除了翁宪祥、金士衡等官员外，东林领袖顾宪成也加入讨论。他说：

> 说者以为，下不自壅，殆有为之上者然。上不自壅，殆有为之下者然。丁丑纲常诸疏，政府不欲宣付史馆，遂迁怒于执简诸君。嗣是愈出愈巧，率假留中以泯其迹，令言者以他事获罪，不以言获罪。至于迩年，且欲并邸报禁之，其故可知已。[②]

顾宪成指出，皇帝对于建言者的压制越来越巧妙。先是将奏疏留中，消除其上疏的痕迹，然后再将建言者以其他罪名惩办，以逃避天下的悠悠之口。他认为留中和禁邸报其实都是一回事，就是为了钳制言路。

根据史料分析，万历三十五年（公元1607年）的“发抄之禁”确实执行了一段时间。但是总体来说，在与文官集团争夺传播权的角逐中，万历皇帝是失败的一方，六科一直牢牢把握着传抄活动的话语权。比较切实的证据是，万历皇帝在位期间“留中”的奏疏，绝大部分重现江湖，而其载体就是邸报。天启年间，《泰昌实录》纂修官董其昌记载道：

> 天启二年（公元1622年）八月初五日，吏部一本，奉圣旨：“董其昌题充纂修官，俟《泰昌实录》稿成，前往南京采辑邸报等册，以备参订。供用就彼支给，完日回馆供事。该部知道，钦此。”臣闻命自天，感恩无地。于十月前往南京，将河南道所藏邸报，摘其未奉旨者，一一录出。太常寺祠祭司督遣僧道助写，仅得十分之三。缘事出创见，应天府例无工食。而其书充栋，就结为难。臣仍归里，大集书佣，给以纸笔。虽奉有支给之旨，不敢破用官帑。先差中书沈僎亦录七年，通共若干张，装为三百本。……兹四十八年留中之疏，有事因疏而传，言不以人而废。[③]

董其昌去南京的主要任务，是抄录河南道所藏邸报中“未奉旨者”的内容，供《泰昌实录》补订。所谓“未奉旨者”，就是后面说的万历“四十八年（公

---

①② 任文利.邸报与中晚明政治的公开议政[J].社会，2014(3)：185-204.

③ 董其昌.报命疏[M]//孙承泽.春明梦余录：卷三十二.上海：上海古籍出版社，1992：499.

元1620年)留中之疏”,相关人等抄录七年,数量多达三百本。可见,万历皇帝的“传抄之禁”最终还是没有坚持下去。

“奉旨”之禁再现朝堂是崇祯元年(公元1628年)。明思宗朱由检(即崇祯帝)刚刚即位,就诏令:“各衙门章奏,未经御览批红,不许报房抄发;泄漏机密,一概私揭不许擅行抄传,违者治罪。”①崇祯是勤政独断之主,颁布此次禁令当然是想从文官集团手中夺回信息传播的主导权。这引发了官员们对于传抄政策更为深入的探讨。这次讨论与神宗年代聚焦于“留中”和“擅抄”不同,主要集中在“禁”与“放”的关系和后果上。《天府广记·卷十·六科》记载,刑部左给事中左懋第上疏说:

> 奏疏发部,有必当密者,有不必密者。……况邸报之抄传有定,道路之讹言无端,疑揣转甚,张皇孔多。廷臣纵有所闻,未免因而箝口,何可密也?……盖人臣事君,原无不可使天下共知之言;而朝廷行事,更无不可使天下共知之事。缜密原为成事,事成便复昭然。所谓理本相成,变而不失其常也。臣今日不言,而使朝廷一时缜密之事因循沿为故例,甚至科录史馆皆不能启什袭之藏而笔之,而一时之疑信犹其小者,后世之信史何所取裁?且谓壅蔽纶綍自臣等封驳之臣始矣。

左懋第的这篇上疏承袭了六科“朝政公开”的一贯主张。所谓“人臣事君,原无不可使天下共知之言;而朝廷行事,更无不可使天下共知之事”,他提出,虽然有些奏疏应该保密,但是过多地限制邸报刊登的内容,反而会引起“讹言无端,疑揣转甚,张皇孔多”,造成舆论的混乱。左懋第还提出,对传抄活动的限制,会对史书记事造成负面影响。针对此事,当时的御史祁彪佳论述道:

> 臣愚以为不应抄传者,几先之秘,临事之谋,制胜出奇,呼吸万变者是;不妨抄传者,强弱之分,顺逆之势,去来之状,胜负之常,疆场情形,一彼一此皆是。且以言乎塘报,则将士上之督抚,督抚上之皇上,敌国之人,尚能得诸侦探,岂辇毂之下,不宜公之睹闻?以言乎章奏,则皇上下之该部,该部下之督抚,疆围之外,尚必见诸施行,岂阙庭之前,不许共相昭揭。今各科臣惟漏泄之不是虞,致缄藏之过密,略涉军务,概禁抄传。……尔来盗贼纵横,人喜语乱,自抄禁而讹言四起,纷呶万端……大凡封疆任重,欺蔽易生,自抄传禁而专困之驰奏,俱不得扬言于在廷;言路之纠弹,遂不敢凭臆于局外。……伏乞皇上于诸凡塘报、奏章,苟非密切机宜,外廷必不可预闻者,沛发明旨,照常科抄。②

---

① 孙承泽.春明梦余录:卷四十九[M].上海:上海古籍出版社,1992.

② 尹韵公.中国明代新闻传播史[M].重庆:重庆出版社,1990:85-86.

祁彪佳以为，即使那些涉及军情的章奏，也有一部分是可以抄传的。以军事机密为由来扩大禁止抄传的范围是矫枉过正，不仅会引发谣言和欺蔽，还会影响科臣的建言。他建议皇帝对于那些真正的机密文件标明清楚，其他未标识者，应该照常科抄。

陷于"求言图治"与"朝政专断"两难的崇祯皇帝最终还是接受了祁彪佳的意见。他在疏本上批复道："言官留心兵计，自可据悃陈谋，岂必尽借邸报，况前谕兵科详审本章，原非概秘示疑。今后除密切事情外，可照常发抄，以信前旨。至召对，朕自酌行，毋庸陈请也。"[①]此话透露出崇祯已经开始命令兵科（六科之一）对章奏进行详细审查，作为发抄之前的把关。这是明代史料中唯一的有关明确六科在邸报传播内容上的审查责任的记载。

言官集团与皇权最终达成妥协。皇帝拥有对敏感信息的裁判权，具体方式是在奏疏上注明不许抄传的字样；言官集团也获得了"照常发抄"的权力。李清的《三垣笔记》记载，崇祯十一年（公元1638年），崇祯向东厂总督王之心下密谕，要求改善刑罚手段，由于谕旨中涉及一些刑狱之弊，他特别在结尾注明"此密谕也，不发抄"。

崇祯十五年（公元1643年）二月，崇祯在民变边患的内外夹攻下，同意了兵部尚书陈新甲与清军议和的建议，"亲发玺书，加（马）绍愉太仆少卿衔而郑重遣之"。朝廷官员风闻耸动，但苦无证据。"一日，所遣职方郎马绍愉以密语报，新甲视之置几上。其家童误以为塘报也，付之抄传。于是言路哗然。"[②]陈新甲将密报不小心留在书桌上，家仆以为是一般奏章，直接置于可抄传的文件当中，终为邸报所抄。七月，陈新甲因此被关押，之后处死。议和之事随之流产。陈新甲成为邸报信息泄露的牺牲品。在执政的过程中，"缜密成事"与"言路开放"是一对永远的矛盾体，非独明末如此。

到崇祯晚期，朝廷对于边情军情的披露更加严格。"凡涉边事，邸报一概不敢抄传，满城人皆以边事为讳"。[③] 这是战乱时代的必然状况。王夫之针对边事保密制度发表意见说：

> 题奏得旨，科抄下部，印发邸报，使中外咸知，此固以公是非得失于天下，而令知所奉行。然在寻常铨除、降调、论劾、荐举、典礼、刑狱、钱粮、工役之类则可。即如缇骑逮问，刑科且先行驾帖，不发邸抄，况用兵大事，奸细窥觇，密之犹恐不密，乃使喧传中外，俾夷狄盗贼得以早测进

① 尹韵公.中国明代新闻传播史[M].重庆：重庆出版社，1990：85-86.

② 明史·陈新甲传.

③ 文秉.烈皇小识：卷六[M]//台湾银行经济研究室.台湾文献丛刊263种.台北：台湾大通书局，1972：151.

止乎！若仿唐、宋枢密院之遗意，专任一阁臣典司之，则凡系军情奏请、敕旨传谕及上言兵事者，不论可否从违，每科抄即送武英，应会议者即集官会议，应传谕军中镇巡将领者即弥封传谕，应知会直省督抚监司军卫调发接济者即行部知会，其建言兵事可否采用，即召赴阁熟问奏行。自余不应知闻衙门及在外官民，自不当遍令测知，一概勿得抄入邸报，敢有漏泄者，如律治之。不然，律禁漏泄，而邸报流传远迩，一何悖也！其夷虏入犯，盗寇窃发，该汛地官飞报与临阵胜败、城堡存亡、贼势衰盛及侦探敌情一应塘报，皆止抄发应与知闻衙门，俱不得抄入邸报。唯扫荡大捷，应行露布通传者，方许发抄。则机事密而人心定，斯为庙算之永贞乎！①

他提出，应该建立专司来处理军情机密，严防漏泄；军事行动只有在胜利之后，才可发抄，以获得“机事密而人心定”的效果。至于日常政务，除“缇骑逮问”之外应该正常发抄，“公是非得失于天下，而令知所奉行”。关于王夫之所说的“缇骑逮问，刑科且先行驾帖，不发邸抄”，其实早有条令，《明会典》中规定的“探听抚按题奏副封传报消息者，缉事衙门巡城御使访拿究问，斩首示众”应该与此有关。

贯穿明中晚期的关于“发抄”制度的争议，已经非常接近今天的传播政策讨论。所涉及的政务公开、把关制度、传播边界、政治讨论等都是当代政府同样面临的问题。

中晚明政治透明度和言论自由度的提高，主要是因为在皇权与文官集团的对立中，文官集团在很大程度上握有话语权。万历朝首辅申时行所言，“一应事体，上则禀皇上之独断，下则付外廷之公论”，这恐怕是太祖进行“分权”“纳言”的制度安排时始料不及的。就邸报的传报活动来说，权力下移带来的影响是官报传播呈现出前所未有的开放和自由的状态。某种程度上邸抄也成为文官集团引导舆论(外廷之公论)、制衡皇权的利器。

这种舆论生态下的一个必然发展趋势是，邸报在党争中被当作政治斗争的工具。据《明神宗实录》，万历二十四年(公元1596年)八月，大学士赵志皋在《乞振朝纲疏》中提到：

又有一番罢闲官吏、举监生儒，如乐新炉之类，藏匿京师，投入势宦衙内，作文写书，四布投递，旋即送入报房，令人抄报传示四方。夫报房即古之置邮传，命以达之远近者，也非奉命者不敢抄。今则朝奏疏而夕发抄，不待命下而已传之四方矣。近日又有刘世延一本，论臣及石星与

① 王夫之.噩梦[M]//王夫之.黄书噩梦.北京:中华书局,1956.

李祯。玩其词颇不类世延语。因查通政司并无有副本，乃知忴邪小辈假此以诬诋善类，其风岂可倡哉。

这里所反映的是政治势力（势宦）驱使罢闲文人撰写文章，登入邸报之中，传布各地，以达到其政治目的。由于奏疏留中未下，旁人也无法查证邸报中所抄报之奏疏的真假。赵志皋举例说，邸报中有刘世延谈及自己和兵部官员的奏疏，他发现文中言辞不像刘世延之语，调查通政司所存底档后发现并没有此疏，可知此为有心人伪造。明末弘光时期（公元1644—1645年），也有政客伪造奏疏并将其插入邸报的记载。李瑶的《南疆绎史》说："童氏之狱，士英虽有面劝数言，并未疏争。既乃伪具一疏，使刊'邸钞'中，题曰'内阁密奏'。"①

前文提到，万历三十八年（公元1610年），淮阳巡抚李三才因入阁事为齐楚浙党所围攻，东林领袖顾宪成写信给首辅叶向高和礼部尚书孙丕扬，为李三才"延誉"。御史吴亮将两信附在邸报上，本为壮大声势，却不料引起天下大哗，舆论逆转。此事透露出邸报可以通过某种手段附载士大夫之间的私人信件。不过当事人引导舆论的经验不足，所以才会越帮越忙。

发抄成为常态，禁抄才是特例。相对自由的发报环境之下，明代邸报呈现出超越前朝的内容范围及传播功能。权力结构的变化不仅成就了强大的官报，促成了广泛的政治讨论，而且造就了更加自由和商业化的民间报纸。

四、邸报的民间化

明代的民间报纸脱胎于强大的官报体系。它的合法性来自体制内和体制外知识分子了解政事，乃至参与政治的需要。这种需要在逐步商业化和市民化的社会环境下，进一步泛化为一种社会生活方式和商业经营方式。

政事信息的商业价值在宋代就被发现。但是宋廷一直将所谓"小报"视为非法出版物。这种非法性质，主要是因为它的信息来源——进奏官的私下传报不具合法性。这一点，在明代有所改变。由言官集团主导的，以政务公开为核心的传播政策，为邸报的民间化创造了条件。左懋第所言"人臣事君，原无不可使天下共知之言；而朝廷行事，更无不可使天下共知之事"，就是对这一政策的精辟概括。

明代史料中关于民间报纸的记载，最早出现在于慎行《谷山笔麈·筹边》中，文中有云：

南宋时，元兵南下，诏中外不许传播边事，此虽末世之政，然于军国

① 朱传誉.先秦唐宋明清传播事业论集[M].台北：台湾商务印书馆，1988：470.

> 机密亦不可不知也。近日都下邸报有留中未下先已发抄者,边塞机宜有未经奏闻先已有传者,乃至公卿往来,权贵交际,各边都府日有报帖,此所当禁也。幸而君上起居、中朝政体明如悬象,原无可掩。设有造膝附耳之谋不可使暴于众,居然传播,是何政体?又如外夷情形,边方警急,传闻过当,动摇人心,误大事矣。报房贾儿博锱铢之利,不顾缓急,当事大臣利害所关,何不力禁?

于慎行先后在隆庆、万历二朝为官,《谷山笔麈》是他在万历十九年(公元 1591 年)争国本遭贬后,家居十年中完成的。这篇名为《筹边》的文章主要议论的是边事,顺带提及万历年间报房掮客的所作所为。他认为,那些“留中未下先已发抄者,边塞机宜有未经奏闻先已有传者,乃至公卿往来,权贵交际”的报帖内容有碍军国大事和社会稳定,应该力禁。之所以判断他说的是民间报纸而不是官报,是因为“公卿往来,权贵交际”似超出了六科的抄报内容,何况还明确提及“报房贾儿博锱铢之利”,说明此类抄报行为是受到了经济利益的驱使。

万历十年(公元 1582 年)户部尚书张学颜的一份题奏中,提到“宛(平)、大(兴)二县,原编一百三十二行”,其中就包括“抄报行”[①]。方汉奇认为,这段记载说明抄送邸报,最晚在万历十年(公元 1582 年)就已经成为一个公开的社会行业,而民间报纸的出现,更应该在此之前。官方对其的态度同时说明,这是一个合法的城市行业。他同时指出,最早的民间报房很可能是从官方的提塘报房分离出来的。一些在京提塘或其下属的抄报人发现信息售卖可以牟利若干,可能就脱离了原来的隶属关系,自立报房,自行营业。[②]

关于民间报纸的从业者情况,王夫之的《永历实录》有如下记载:“曹志建,字光宇,浙江温州人。少落魄,居南京,传邸报以食。”据此推断,万历年间,“传邸报”或是落魄文人的生计之一。

对于明代民间报纸的运行状态,明代史料上罕有记载。尹韵公推测,其原因可能是明代的民间报纸也被人们称为“邸报”,由于它跟官方邸报混在一起,所以难以分辨出官方与民间的不同身份。[③] 更为关键的是,民间报纸依附于官方传抄体制,它的合法性没有受到质疑,也就不会出现在朝堂的政策讨论之中。前引的于慎行的禁止之论,也只是针对某些敏感内容,而不是反对民间办报。

---

① 此说出自万历十年户部尚书张学颜的一份题奏,见明代沈榜的《宛署杂记》。

② 方汉奇,等.中国新闻事业通史:第一卷[M].北京:中国人民大学出版社,1992:153.

③ 尹韵公.中国明代新闻传播史[M].重庆:重庆出版社,1990:112.

不过对于民间报纸的一些特点，我们还是可以通过邸报本身以及史料旁证加以分析。首先是内容方面。尹韵公认为，民间报纸除了抄传一些邸报上刊登的消息外，应该会自己寻找新闻来源。民间报房“经常派报子守候在出新闻的衙门外，或者干脆派报子打进王府和官邸，刺探最新消息动态”①。这些消息动态或者是于慎行所说的“公卿往来，权贵交际”，或者是一些机密内幕。对应宋代小报的报道方式，这应该是一种合理的推断。

其次是报道方式。在现存邸报抄本当中，有一些文章与传统官报的官牍或章奏话语相差甚大。最著名的天启年间邸报《天变邸抄》对于王恭厂灾异事件的描述，已经完全是近现代社会新闻的口吻。摘录如下：

> 天启丙寅（公元 1626 年）五月初六日巳时，天色皎洁，忽有声如吼，从东北方渐至京城西南角，灰气涌起，屋宇动荡。须臾大震一声，天崩地塌，昏黑如夜，万室平沉。东自顺城（应作“承”）门大街，北至刑部街（今西长安街），长三四里，周围十三里尽为齑粉，屋以数万计，人以万计。王恭厂一带，糜烂尤甚，僵尸层叠，秽气熏天，瓦砾盈空而下，无从辨别街道门户。伤心惨目，笔所难述。震声南自河西务，东自通州，北自密云、昌平，告变相同城中。即不被害者，屋宇无不震裂，狂奔肆行之状，举国如狂。象房倾圮，象俱逸出。遥望云气，有如乱丝者，有五色者，有如灵芝黑色者，冲天而起，经时方散。合科道意火药局失火，缉拿奸细而报，伤甚多，此真天变大可畏也！
>
> ……前门上一卖棺店，初七日有一人买棺二十四口，讶其多。又有一人至曰：“吾要买五十二口。”主人曰：“没有许多。”其人曰：“没有便小的也搭上几口罢。”主人曰：“你要几口大几口小？”其人曰：“你不要管，只与我五十二口，我回去自配。”

我们不妨对照一下《明熹宗实录》中官方话语对此事记载：

> ［天启六年（公元 1626 年）五月戊申］王恭厂之变。地内有声入，霹雳不绝，火药自焚，烟尘蔽空，椽瓦飘地，白昼晦冥。西北一带相连四五里许房舍尽碎。时厂中火药匠役三十余人尽烧死，止存一名吴二。上命西城御史李灿然查报，据奏：塌房一万九百三十余间，压死男妇五百三十七名口。

《天变邸抄》对于王恭厂爆炸事件的报道，已经接近今天的报道水准，要素也颇齐全，语言更是灵活和传神。这种报道形式并不是六科转抄奏章的习惯写法，应该是当时民间报纸派员采访编辑而成。方汉奇认为，《天变邸抄》就是

---

① 尹韵公.中国明代新闻传播史［M］.重庆：重庆出版社，1990：121.

一份明熹宗天启六年(公元1626年)五月间在北京出版的民间报纸。[①]

时效性强或是民间报纸的特色。民间报纸除了让普通士绅接触到原本只有官员才能了解的信息之外,还是一种比较及时的消息载体。这一方面当然是强化了六科的“擅抄”传统,旨意未下,甚至未经奏闻,而抄报已出;另一方面是建立自己的传发网络。尹韵公考证,民间报房的消息要比官方邸报起码早两天,一般快十天半月,特殊情况下,甚至要快几个月。[②]

以牟利为目的,而又缺乏约束的民间报纸自然会有不少弊端,也容易为政治力量所左右。至于于慎行所说传闻过当、动摇人心、不顾缓急等问题都是可能存在的。

虽然囿于史料,我们难以对明代民间报纸做出更为深入的分析,但是对于一些关键问题,比如:民间报纸的普及程度;它对于社会政治生活,尤其是对于士人议政参政的影响;它与明末商品生产与流通之间的关系;民间报纸的发报体系;六科、报房与掮客的利益关系等,都有继续探讨的必要。这些都被掩盖在皇权退居幕后,党争越演越烈,制度形同虚设的大动乱、大变局之下了。合理的推断是,在明中晚期政治透明度较高,商业化又比较充分的情况下,民间报纸必然会发挥不同寻常的社会功能。

第七节　复社运动:晚明文人结社

复社的成立,是晚明政治生活中的大事件。文人结社,起初是士大夫“以文会友”的文化活动,后转变为“以朝局为社局”[③]的政治运动。复社领袖张溥从选《国表》、立盟约开始,指点文章、拔擢新进,首染指“考试权”,再掌握“黜陟权”,更近乎形成“影子内阁”。身处里居庶常,也能遥执朝柄,这是明末文化及思想下沉导致的“主权下移”的极端状况。

复社的活动中心,是江浙鱼米之乡和商品经济最早发展的地区。这里是大明的粮仓和钱库,也是市民阶层野蛮生长的地方。晚明变局之下,复社领袖们切身感受到明王朝腐败的政治和深刻的社会矛盾。官商士绅以结社为纽带,通过重构选举文化、塑造价值认同建立起了广泛的政治联盟。他们通过舆论影响政局,通过人事渗透中枢,将民间议政、参政发挥到了极致。无论是驱逐周之夔、发布《南都防乱公揭》,还是扶持周廷儒东山再起,都证明了复社在思想上的感召力,以及行动上的执行力。对于复社运动,顺德邓

---

① 方汉奇.报纸与历史研究[J].历史档案,2004(4):31-35.

② 尹韵公.中国明代新闻传播史[M].重庆:重庆出版社,1990:119.

③ 杜登春.社事始末[M].成都:巴蜀书社,1993.

实在《复社纪略》跋中说：

> 吾国自秦后，已成专制之局；故每至其末造，而党祸遂兴。士君子生值衰时，目睹朝政之昏乱、佥人之弄权得志，举世混浊，不得不以昭昭之行自洁。其讲学著书，皆其不得已之志，思以清议维持于下。如东汉之党锢，宋之元祐，明之东林、复社，其士夫忧时若痗[mèi]之心不可见哉？惜乎！①

复社似乎比“以清议维持于下”走得更远。明代文人结社是有史以来由议政发展到参政的唯一案例（再现此种景况则是清末公车上书）。在这个过程中，它透支了专制体制可以赋予的宽容度。复社在借助大明政治体系（比如科举、荐官、言官制度）获得充分话语权的同时，却无力扶大厦之将倾，无法对既有政治体制提供建设性帮助，反倒身陷党争的泥潭，助推明帝国走向衰亡。日本学者小野和子认为，到明末“这已经不是政策水平上的问题，已到了必须从根本上追究、改造政治体制本身的存在形态了”②。

宋明以来，文化、话语及主权下移是总的趋势，到晚明达到顶峰。不过，“遥执朝政”的在野党不可能获得专制下的合法性。而针对复社最危险的攻讦，一直来自“结党恣行、把持武断”的控诉。这一点，不仅决定了复社的命运，或也决定了大明王朝陷入周期律、不可逆转地走向末路的命运。邓实所谓“清流既尽，而国亦随之以亡”③，或者诸种“党祸”“门户”之论只是这种周期律的某种表现而已。

一、《绿牡丹传奇》

崇祯六年（公元 1633 年），浙江提学副使黎元宽下令禁止售卖传奇剧本《绿牡丹传奇》，并焚毁其书籍和刻版，追究作者和幕后指使。内阁首辅温体仁的弟弟——乌程（今湖州）温育仁的仆从因此下狱。这是复社与温党冲突的开始。关于此事的前因后果，陆世仪的《复社纪略》有详细记载：

> 当天如（张溥）之选《国表》也，湖州孙孟朴淳实司邮置，往来传送，寒暑无间。凡天如、介生（周钟）游踪所及，淳每为前导，一时有“孙铺司”之目。两粤贵族子弟与素封家儿，因淳拜居周、张门下者无数。诸人一执贽后，名流自负，趾高气扬，目无前达。乌程温育仁，相国介弟也，心鄙之，着《绿牡丹传奇》诮之。一时争相搬演，诸门生深以为耻，飞书两张先生，求为洗刷；两张因亲莅浙，言之学臣黎元宽——黎与两张

① 邓实.复社纪略[M].扬州：广陵书社，2006：跋.

② 小野和子.明季党社考[M].李庆，张荣湄，译.上海：上海古籍出版社，2006：308.

③ 邓实.复社纪略[M].扬州：广陵书社，2006：跋.

同盟也，因禁书肆、毁刊本、究作传主名，执育仁家人下于狱，狱竟而后归。当是时，粤中皈命社局者，争诵两张夫子不畏强御；而娄江（张溥、张采）与乌程（温体仁）显开大隙已。

温育仁看不惯复社张溥、周钟门下"名流自负，趾高气扬，目无前达"，借宜兴人吴炳曲本《绿牡丹传奇》，影射复社士人在文会、科考中的做派，并将其搬上舞台。此剧中，"绿牡丹"是翰林学士沈重的择婿考题，求亲者需以此赋诗一首。纨绔子弟柳五柳与车尚公在考评文会中通过他人代笔窃得头两名，实学才子顾粲倒落了第三。一番波折之后，沈重以"辨真论"为题再开文会，两个假名士原形毕露，才子佳人终成眷属。剧中对明代科场的倩代之风，以及市井白丁不学无术的丑态加以戏谑。全剧情节转折，语言诙谐，引得浙中剧团竞相搬演。至于其中指代人物，清张鉴的《冬青馆甲集》卷六"书绿牡丹传奇后"解释说：

此吾乡温氏启衅于复社之原。近日读而知其故者鲜矣。书中以管色为乌有亡是之辞，其实柳五柳、车尚公、范思诃，据《复社纪略》各有指斥。其于越人，疑亦王元趾、陈章侯一流。而吴兴、沈重者，以在朝则影黎媿庵（元宽）、倪三兰；在野则影张天如、杨子常、周介生辈。大致如"风筝误""燕子笺"，亦明季文字风气所趋。

以戏文反映士人风貌，是晚明文字风气。不过对影射对象本人来说，却是如芒在背。复社诸门生致信党魁二张求为正名。张溥、张采为此事亲赴浙江，会晤学臣黎元宽，以雷霆手段禁书、毁版、抓人。关于温育仁启衅之因是史上一桩悬案。有野史说其"欲入社不得，遂请石渠（吴炳）作此词消之"①。现已无从考证。

《绿牡丹传奇》作者吴炳是才华横溢的明代剧作家，十二三岁即能填词，以文章闻名江浙，擅长编剧作曲，万历己未进士，官至永历东阁大学士。在武冈被清军俘获，不食而死，留有《绝命诗》："荒山谁与收枯骨，明月长留照短缨。五十年华弹指过，一朝梦醒便骑鲸。"

后人对吴炳及《绿牡丹传奇》多有品评。吴梅评价说："石渠此作虽伤忠厚，而文采蕴藉，不知者亦莫名所指，就文论文，固敻[xiòng]绝词坛矣。"②郑振铎评价此剧"玲珑剔透之至，不加浮饰，自然美好，是得临川（汤显祖）的真实的衣钵而非徒为貌似"③。王季思则将其列为"中国十大古典喜剧"④。刘

---

①② 吴炳.暖红室汇刻传奇：粲花斋五种[M].扬州：江苏广陵古籍刻印社，1990：吴梅跋.

③ 郑振铎.中国文学史插图本[M].北京：人民文学出版社，1957：1001.

④ 王季思.中国十大古典喜剧集[M].济南：齐鲁书社，1991：重订增注.

世珩则认为“虽诙谐所寄，而以(讽刺)结社倾动东南，延及弘光，祸犹未已”①。今人多赞赏该剧的文学价值，但是在历史上，此剧拉开了温党与复社党争的大幕。

二、民间结社的流变

中国民间结社活动可以上溯到汉代。“社”古义为土地神，后衍化为乡村行政单位。顾炎武在《日知录·社》中考证说：“社之名起于古之国社、里社，故古人以乡为社。”“后人聚徒结会亦谓之社。”西汉时官方“里社”之外的私社出现，为民间自发组织。《汉书·五行志》载，“建昭五年(公元前34年)，兖州刺史浩赏禁民私所立社”。此为官方禁止立社的最早记载。杜登春的《社事始末》解释此举“盖虑夫成群聚会，民之易于为非也”。

唐代也出现过禁社的情况。《旧唐书》记载，唐高宗咸亨五年(公元674年)下诏：“春秋二社，本以祈农，如闻此外别为邑会。此后除二社外，不得聚集，有司严加禁止。”唐景龙元年(公元707年)，朝廷又有禁断私社的命令：“敕，如闻诸州百姓，结构朋党，作排山社。宜令州县严加禁断。”②这里提到的“排山社”应属民间结社，其宗旨性质尚待考证。③

宋代官方基本上不禁止民间结社。宋人笔记中提到的社团可谓五花八门：演杂剧的有“绯绿社”，蹴球的叫“齐云社”，唱曲的有“遏云社”，相扑的有“角抵社”，射弩的有“锦标社”，喜欢文身的有“锦体社”，使棒的有“英略社”，说书的是“雄辩社”，表演皮影戏的有“绘革社”，剃头的有“净发社”，变戏法的有“云机社”，做慈善的是“放生会”，写诗的有“诗社”，讼师有“业觜社”，流氓有“没命社”，好赌的是“穷富赌钱社”，妓女则有“翠锦社”。④ 至于结社引发的祸端，宋人笔记《桐江诗话》有载：

> (元祐间，东平)王景亮与诸仕族无成子结为一社，纯事嘲诮。士大夫无问贤愚，一经诸人之目，即被不雅之名。当时人号曰“猪嘴关”。吕惠卿察访京东。吕天资清瘦，语话之际，喜以双手指画。社人目之曰“说法马留(宋朝以马留指代猴子)”，又凑为七字曰：“说法马留为察访”，社中弥岁不能对。一日，邵箎[chí]因上殿泵泄(排气)，出知东平。邵高鼻鬈髯，社人目之曰“凑氛狮子”，仍对曰：“说法马留为察访，凑氛狮子作知州。”惠卿衔之，讽部使者发以它事，举社遂为齑粉。

① 吴炳.暖红室汇刻传奇：粲花斋五种[M].扬州：江苏广陵古籍刻印社，2010：刘世珩跋.

②③ 孟宪实.唐朝政府的民间结社政策研究[J].北京理工大学学报，2001(1)：25-30.

④ 吴钩.中国的自由传统[M].上海：复旦大学出版社，2014.

即使被奚落嘲讽，身居高位的吕惠卿并没有直接取缔民间社团“猪嘴关”，而是以其他事由逼迫其解散。可见宋廷对结社是有很高宽容度的。

元代有较严格的“聚众之禁”（参见本书的元代部分）。这主要涉及两种类型，一种是《元史》中提到的与白莲教有关的结社，“诸以白衣善友为名，聚众结社者，禁之”。另一种指民间集场、神社、赛社等民众聚集和作会情况。元朝政府的“聚众之禁”主要是出于防止民变的治安目的，并不是出于意识形态的考量，所以对于民间文人会社、诗社，倒是未发现有严格的限禁措施。

至于明代，民间结社逐步繁荣。嘉靖以后，大江南北及山、陕个别地区社会经济发展，水陆交通便利，“文人的社集，到了明季最繁盛了”。① 据何宗美考证，明季文人结社总数至少达到三百家，这还只是有据可查的部分。②

清代前期禁止文人结社。顺治八年（公元 1651 年），朝廷申明教官生员约束之法，其中有“生员不许聚众结社、纠党生事，及滥刻选文、窗稿”的规定；顺治九年（公元 1652 年），礼部颁布新卧碑之条：“生员不许纠党多人立盟结社，把持官府，武断乡曲。所作文字不许妄行刊刻，违者听提调官治罪。”③《清世祖实录》记载，顺治十七年（公元 1660 年），礼科右给事中杨雍建上《严禁社盟》书，其中说道：

> 臣闻朋党之害，每始于草野，而渐中于朝宁。拔本塞源，尤在严禁结社订盟。今之妄立社名、纠集盟誓者，所在多有。而江南之苏松、浙江之杭嘉湖为尤甚。其始由于好名，其后因之植党。相习成风、渐不可长。请敕部严饬学臣、实心奉行，约束士子。不得妄立社名、纠众盟会。其投刺往来，亦不许用同社同盟字样，违者治罪。倘奉行不力，纠参处治。则朋党之根立破矣。

得顺治上谕：“士习不端，结社订盟，把持衙门，关说公事，相煽成风，深为可恶，著严行禁止。”雍正三年（公元 1725 年），朝廷颁布禁令：“严定生监假托文会，结盟聚党之禁。饬地方官拿究申革外，有远集各府州县人等，标立社名，论年序谱，指日盟心者，照奸徒结盟律，分别治罪。”④

清人笔记《研堂见闻杂记》对清初禁社背景有一段描述：“明季时，文社行。于是人间投刺，无不称社弟。本朝始建，盟会盛行，人间投刺，无不称盟弟者。甚而豪胥市狙能翕张为气势者，搢绅蹑屐问讯，亦无不以盟弟自附，而狂澜真不可挽。至康熙初年，朝廷以法律驭下，严行禁革，此风遂改。于

---

① 谢国桢.明清之际党社运动考[M].北京：中华书局，1982：7.

② 何宗美.明代文人结社综论[J].中国文学研究，2002(2)：50-54.

③ 张廷玉，等.清朝文献通考[M].杭州：浙江古籍出版社，1988：5488.

④ 张廷玉，等.清朝文献通考[M].杭州：浙江古籍出版社，1988：5498.

是不称同盟而称同学矣。”

三、应社与复社

中国古代民间社团有多种类型。李玉铨将其主要分为政治、经济、军事、文化四种。至于“文人结社”(或“文社”)的概念大致有两方面含义:一是文化人结社,特指知识分子所组社团;二是文化型会社,即以文化活动(赋诗、作文等)为主要内容的结社。文社活动既是在大的文化背景下产生的,反过来又促进和丰富了文化的发展,兼具文学性、学术性和娱乐性,有时候还涉及宗教和政治。①

文人结社始现于中唐,至宋时已出现近百家“诗社”②。元代风气渐盛。明代则达到前所未有的高潮。弘治、正德和嘉靖年间,“诗社”风行一时。到明晚期,以切磋制艺为主的“文社”在江浙一带兴起。广义上,明代书院的“讲会”也可以看作社,顾宪成就将东林书院称为“东林之社”。不过此处论及晚明结社活动,还是特有所指。明人陆世仪的《复社纪略》解释说:

> 令甲以科目取人,而制义始重。士既重于其事,咸思厚自濯磨,以求副功令。因共尊师友,互相砥砺,多者数十人,少者数人,谓之文社;即此以文会友、以友辅仁之遗则也。

今人樊树志据此概括说,科举时代,士子们热衷于所谓“制艺”,即应试的本事,以博取功名、踏上仕途。为此,他们或寻师觅友,或会集志趣相投者,互相切磋学问,交流心得,形成一个小圈子,少则十几人,多则几十人乃至几百人,称为文社。③ 可见,所谓“晚明文人结社”主要是指以研讨时文、切磋经义为内容的结社活动。这类文社在晚明变局之下,由士大夫“以文会友、以友辅仁”的文化社团转变为党同伐异的政治组织。④ 其中最著名的就是复社。

复社起源于江南应社。应社成立于天启四年(公元1624年),创立者是杨廷枢,地点是常熟县的唐市,成员基本囊括了未来复社的领袖和骨干。朱彝尊的《静志居诗话》谈道:

> 至于文社,始天启甲子。合吴郡(今苏州)金沙(今金坛)槜李(今嘉兴)仅十有一人,张溥天如、张采丰章、杨廷枢维斗、杨彝子常、顾梦麟麟士、朱隗[kuí]云子、王启荣惠常、周铨简臣,周钟介生、吴昌时来之、钱旃

---

① 李玉铨.中国古代的社、结社与文人结社[J].社会科学,2012(3):179-180.

② 周扬波.宋代士绅结社研究[M].北京:中华书局,2008:129-136.

③ 樊树志.晚明大变局[M].北京:中华书局,2015:434.

④ 谢国桢.明清之际党社运动考[M].北京:中华书局,1982:119.

彦林，分主五经文字之选。而效奔走以襄厥事者，嘉兴府学生孙淳孟朴也。是曰应社。

应社的取名来自张溥对《易》的研究。“应”的寓意与“同人”卦有关，“同人，柔得位，得中而应乎乾，曰‘同人’。同人曰：‘同人于野，亨，利涉大川，乾行也。文明以健，中正而应，君子正也。唯君子为能通天下之志”。“应社”之名意味着中正君子聚集在一起，实现服务天下的抱负。对于应社的活动内容，张溥描述说，“应社之始立也，所以志于尊经复古者，盖其志也”；孙淳解释得更详细，“文教之不通，则朋友之疏为之累也，今欲聚诸国之远，开文论志，正其法式，讫于成事，伐木酾[shī]酒，不敢忘也”。① 于是有应社之盟，约词说：“毋或不孝弟，犯乃黜；穷且守，守道古处；在官有名节。毋或坠，坠共谏，不听乃黜。洁清以将，日慎一日。”②

应社诸子在切磋制艺的同时，关注时局政事，有时直接参与社会运动。天启六年（公元 1626 年），阉党逮捕周顺昌，应社杨廷枢及徐汧[qiān]③为其筹资疏通。崇祯元年（公元 1628 年），张溥得知阉党余孽顾秉谦藏身太仓，撰檄文驱逐，一时名动天下。

崇祯二年（公元 1629 年），张溥将江北匡社、中洲端社、松江几社、莱阳邑社、浙东超社、浙西庄社、黄州质社与江南应社等合而为一建立“复社”。关于立社的目的，他说道：“自世教衰，士子不通经术。但剽耳绘目，几幸弋获于有司；登明堂不能致君，长郡邑不知泽民。人材日下、吏治日偷，皆由于此。溥不度德、不量力，期与四方多士共兴复古学，将使异日者务为有用，因名曰复社。”如此看来，建立复社的初衷也是复兴古学，重尊经术。几社领袖杜麟征之子杜登春证言，“复者，兴复绝学之义也”④。

张溥字天如，出身贫寒，幼时勤奋好学，读书必手抄，抄后即焚，如此七次。《明史》有“七录七焚”的佳话。年轻时关心时政，交游广阔。天启六年（公元 1626 年）为苏州民变之牺牲者撰写《五人墓碑记》，有“明死生之大，匹夫之有重于社稷也”之语。崇祯四年（公元 1631 年）进士选庶吉士，与同乡张采齐名，合称“娄东二张”，是明末首屈一指的舆论领袖。

复社建立后，张溥为其建章立制。主要包括：“毋从匪彝，毋非圣书，毋违老成人；毋矜己长，毋形彼短；毋巧言乱政，毋干进辱身。嗣今以往，犯者

---

① 张溥.五经征文序[M]//曾肖.七录斋合集.济南：齐鲁出版社，2015.

② 张采.扬子书四书稿序[M]//张采.知畏堂文存：卷三.北京：北京出版社，1998.

③ 徐汧为广应社成员。

④ 杜登春.社事始末[M].成都：巴蜀书社，1993.

小用谏,大则摈。既布天下,皆遵而守之。"[①]在建社的过程中,其门生孙淳(孟朴)上下奔走、串联传置,起到了复社秘书长的作用。陈去病的《五石脂》说:

> 复社之盛,先生(孙孟朴)实为媒介,故当时有孙铺司之目。又时有为孟朴口号云:"案头一部汉书,袖中一封荐书,逢人便说我哩天如天如。"其风趣可想矣。

所谓"铺司",递转文字之驿吏也。张溥将十五个省的文章选择评价,集册为《国表》。张采为之作序。文中将诸社姓氏详列,"以示门墙之峻";注明各自郡邑,"以见声气之广"[②]。张溥选《国表》并非选择优秀时文那么简单,实为复社的组织之法:"凡以文至者,必书生平,先乡党而次州邑,考声核实,不谋而同,是以人无滥登,文无妄予。"[③]结果,"按目计之,得七百余人,从来社集未有若是之众者。计文二千五百余首,从来社艺亦未有如是之盛者。嗣后名魁鼎甲多出其中,艺文俱斐然可观,经生家莫不尚之"[④]。

此后复社成员多出名魁鼎甲,天下士人心生向往。崇祯四年(公元1631年),吴伟业以张溥门生的身份"联捷会元、鼎甲,钦赐归娶,天下荣之。远近谓士子出天如门者,必速售。大江南北争以为然"[⑤]。当时张溥尚在京城,与伟业同列魁选,许多士子四叩遥拜,登名社录而去。崇祯六年(公元1633年),三十二岁的张溥主持虎丘大会:

> 至日,山左、江右、晋、楚、闽、浙以舟车至者数千余人。大雄宝殿不能容,生公台、千人石鳞次布席皆满,往来丝织。游于市者争以复社会命名,刻之碑额。观者甚众,无不诧叹;以为三百年来,从未一有此也!武陵、苕、霅之间为泽国,士大夫家备舱艎,悬灯皆颜"复社",一人用之,戚里交相借托,几遍郡邑。久之,泖河群盗多窃效,官司多捕获,当事颇以为诟。天如病之,力禁而不能止而谤讟[dú]兴矣。[⑥]

复社的成员,本来只是七郡人物七百余人,之后由江南扩大到江西、福建、湖广、贵州、山东、山西各省,达到二千二十五人。[⑦] 随着影响力的扩大,尤其是对政权渗透力的增强,复社掌握了一定的话语权。"考试权"首先被

---

①② 陆世仪.复社纪略:卷一[M].扬州:广陵书社,2006.

③ 张溥.国表四选[M]//曾肖.七录斋全集.济南:齐鲁出版社,2015:序.

④⑤ 陆世仪.复社纪略:卷一[M].扬州:广陵书社,2006.

⑥ 陆世仪.复社纪略:卷二[M].扬州:广陵书社,2006.

⑦ 吴应箕.复社姓氏录[M]//谢国桢.明清之际党社运动考.北京:中华书局,1982:135.据小野和子统计,《复社姓氏录》前、后、补录一起,应有三千余人。参见小野和子.明季党社考[M].李庆,张荣湄,译.上海:上海古籍出版社,2006:257.

复社操纵。①

> 每岁、科两试，有公荐、有转荐、有独荐。公荐者，某案领批，某科副榜，某院某道观风首名，某郡某邑季考前列；次则门弟子某公弟，至某公孙、某公婿、某公甥；更次则门墙某等，天如门下某等，受先门下某等。转荐者，江西学臣王应华视荐牍发时案抚州三学，诸生噪鼓，生员黜革，应华夺官，后学臣相戒不受竿牍；三吴社长更开别径，关通京师权要，专札投递，如左都商周祚行文南直学宪，牒文直书"仰甘学润当堂开拆"，名为公文，实私牍也。独荐者，公荐虽已列名，恐其泛常或有得失，乃投专札。尔时有张、浦、许三生卷已经黜落，专札投进，督学倪元珙发三卷于苏松道马元扬达社长，另换誊进，仍列高等；是大妨贤路。局外者复值岁、科试，辄私拟等第名数；及榜发，十不失一。所以为弟子者争欲入社，为父兄者亦莫不乐之子弟入社。迨至附丽者久，应求者广，才隽有文、倜傥非常之士虽入网罗，而嗜名躁进、逐臭慕膻之徒亦多窜于其中矣。②

谢国桢指出，由于复社掌握了极大的黜陟之权，所以一般士子、士大夫都想与复社联合；那一般够不上与复社联合的，就竭力造谣与复社作对。而复社的领袖，又借着民众的势力，来把持政权，扩大复社的势力。因此复社本来是士子读书会文的地方，后来反变成势利的场所。③

复社引起执政者警惕的，除了他们的声势，还在于他们以"倡明泾阳(顾宪成)之学，振起东林之绪"自矜。这引起了魏阉遗党的注意。《明史·张溥传》云："(复社)声气日广，交游通朝右，品题甲乙，颇能为荣辱。诸附丽者辄曰：'吾以嗣东林也'执政大僚，由此恶之。"

就在虎丘大会的同一年(公元1633年)，《绿牡丹传奇》及其戏剧开始在浙中传播，张溥、张采予以反击。《复社纪略》记载，"当黎元宽之究治书贾也，两张以为快；而温氏子弟以为辱，入京达之体仁，使为区处。体仁久震复社，得家报愈大恚，并恶元宽，欲逐之"。崇祯七年(公元1634年)，亲近复社的黎元宽被温体仁以"进学冒滥"的罪名革职。陆世仪指"元宽被处，半由社局起见。自此，复社诸公参论体仁无虚日矣"。之后，温体仁派心腹前往江苏为官，"伺其隙而中之"。

---

① 小野和子.明季党社考[M].李庆，张荣湄，译.上海：上海古籍出版社，2006：295.

② 陆世仪.复社纪略：卷二[M].扬州：广陵书社，2006.

③ 谢国桢.明清之际党社运动考[M].北京：中华书局，1982：136.

四、复社案

温党与复社的直接冲突，持续了将近七年的时间。其中的关键人物，是来自苏州的推官周之夔。周之夔本是复社中人（列于尹山大会名录），与张溥同年进士，本相友善。因二张属意太仓知州刘士斗为乡试考官，心恨三人。当时张溥与张采“告假归里，尝与瞻文密切相左右”，士斗“每事咨之”。①

崇祯六年（公元1633年），太仓州遭遇风灾，米价飞涨，漕粮无输。刘士斗与二张等人筹划救荒之策。苏州府胥吏宋文杰建议以各县额派军储，可抵本地漕粮十之七。张采赞同，随即写下申文《军储说》，提出“以军储代漕兑”的政策建议，文后附有张溥的跋文。有学者指出，此文代表了被卷入商品经济的太仓这一地区，特别是必须负担漕粮的该地乡绅阶层的利益。②

刘士斗以此为据申文两院，但是没有下文。反而被周之夔从张采手中骗得此文，向总漕和巡漕告发士斗与二张“紊乱漕规”。其后，士斗在代理昆山知县期间发生军民相殴的群体事件，巡漕万好善上《劾士斗书》，以周之夔之揭作为士斗“违紊漕规，致有嚣变”的依据。士斗受到降四级调用的处分。二张因此事与周之夔决裂。《复社纪略》记载：

> 士斗治娄清廉而有惠政，士民惜其去，负石迭垒国门以留，倾国数十万人为罢市。两张于公会日面责之夔，之夔几无所容；又走书都门同人之仕于朝者——若黄石斋道周、蒋八公德璟等，言之夔无端倾陷循吏。石斋诸公皆不直之夔，其房师许石门士柔书达之夔，嘱其更弦改过，否则为时贤所摈，仕途难自振矣。

苏州士民发动了数十万人的罢市。二张面斥周之夔，又传书于朝野同志，宣布周之夔的劣迹。房师许士柔给周之夔去信，要他改弦更张，不要“为时贤所摈”，否则仕途难振。之后复社正式发布檄文驱逐周之夔。檄中说，“之夔受州同林朝钦厚贿，欲荐署州正篆，故揭去刘知州以遂其私”。此后周之夔在任数月，“郡中绅士无一投刺见者”③。凡之夔以“府篆”（府长官）所荐生童，皆不被录取。各学校学生，抬城隍神像，坐在府署门口叫骂。崇祯八年（公元1635年）七月旨准致仕。周之夔临行前，写《复社或问》一编，以泄其抑郁。此文史上不传。

崇祯九年（公元1636年），市井流传托名“嘉定徐怀丹”所作《复社十大罪

---

① 陆世仪.复社纪略：卷二[M].扬州：广陵书社，2006.

② 小野和子.明季党社考[M].李庆，张荣湄，译.上海：上海古籍出版社，2006：277.

③ 陆世仪.复社纪略：卷二[M].扬州：广陵书社，2006.

檄》,文中说:

> 复社之主为张溥,佐为张采;下乱群情,上摇国是,祸变日深,愚衷哀痛。尝着其论于数年之前,而因循莫悟;今复举其十罪,开诉四方,共祈鸣鼓焉。

这十大罪状囊括了民间结社所能够涉及的所有罪名:一是僭拟天王,二是妄称先圣,三是煽聚朋党,四是妨贤树权,五是招集匪人,六是伤风败俗,七是谤讪横议,八是污坏品行,九是窃位失节,十是召寇致灾。文章最后说:

> 朋党之祸,自古有之。实因族类太别,则好恶恒僻;志气既乖,则争斗必纷。积轻成重,羽可覆舟;上误君父,下悖物情。况以越州逾郡之众、诸教杂流之技、诬罔骄狠之习、险诈谄鄙之谋,相率推戴!此狂妄之溥,采闭贤路、绝公道、布爪牙、恣贪诡,靡人不有、靡凶不为。虽社稷灵长之福万代无穷,亦岂堪此辈朘削乎!

此檄文被认为是当朝首辅温体仁所策动,[①]罗列了反对派的基本攻击名目。"下乱群情、上摇国是"说的是影响社会稳定,造成朝政紊乱;"煽聚朋党""好恶恒僻"说的是党同伐异,拉帮结派;"越州逾郡""诸教杂流"说的是党员混杂,伤风败俗;"窃位失节""妨贤树权"说的是垄断科举,遥控朝政。

崇祯十年(公元1637年),攻讦复社之风由民间转至中枢。杨彝的《复社事实》载,一月,太仓人陆文声赴京上疏说:"风俗之弊,皆原于士子,庶吉士张溥、知临川县事张彩,倡立复社,以乱天下。"陆文声经纳捐而成为监生,曾想加入复社,但是被拒绝。他也在张采手下做过事,因泄漏机密被张采杖责。[②] 陆文声到达京师后,本计划通过登闻鼓上奏,但是被首辅温体仁获知,告诉他"今朝廷所急者,张溥耳;能并弹溥,当授官如(陈)启新也"[③]。他于是将张采、张溥两人一并告发。

崇祯皇帝接到奏疏后下旨:"太仓复社结党恣行、把持武断,提学臣所职何事?致士习嚣横如此!着倪元珙一面查究惩饬,据实回奏。"他要求提学御史倪元珙彻查回奏。在得到陆文声告发的消息后,张溥进行了一系列操作,缓解复社受到的政治冲击。先是说服陆子茂贞上京,陈说自己是受到了池鱼之灾,并且许之以"善地员缺"。茂贞在父亲面前声泪俱下:"复社党羽半天下,独不为子孙计乎?"文声终于同意不再后参。然后说服倪元珙冒着丢官的危险为复社说话,派人对倪元珙说:"社中有杰才,科名恒出其中。但使社局得无恙,公祖目前虽暂屈,后必大伸。"于是倪元珙根据《府道申文具

---

① 小野和子.明季党社考[M].李庆,张荣湄,译.上海:上海古籍出版社,2006:285.

② 明史·张溥列传.

③ 陆世仪.复社纪略:卷四[M].扬州:广陵书社,2006.

疏》回奏说："臣受命督江南学政，奉有复社一案。夫结社会友，乃士子相与考德问业耳；此读书本分事，不应以此为罪。陆文声挟私憾抵欺瞒，故奏事不以实，荧惑上听。臣昧死据实以闻。"由于倪元珙奏报中倾向明显，被崇祯看出端倪，下旨"倪元珙隐徇，着降二级，调外任"①。倪元珙被降为光禄寺录事。

二月，原苏州推官周之夔在首辅温体仁的指使下，上《复社首恶紊乱漕规，逐官杀弁，朋党蔑旨疏》，疏中说：

> 至溥、采自夸社集之日，维舟六七里、祖道六百人，生徒妄立四配、十哲，兄弟尽号常侍、天王；同己者虽盗跖亦曰声气，异己者虽曾、闵亦曰逆邪。下至倡优隶卒、无赖杂流，尽收为羽翊。使士子不入社，必不得进身；有司不入社，必不得安位。每一番岁科、一番举劾，照溥、采操权饱壑；孤寒饮泣，恶已彰闻，犹为壅蔽。臣恐东南半壁，从此不可治矣！②

崇祯再次下旨，"该部速严查具奏"。负责查办的督学御史张凤翮［hé］干脆连回奏都没有了，结果也被降职使用。此波攻击复社的浪潮在崇祯十年（公元 1637 年）六月稍歇。首辅温体仁在处理钱谦益案件中得罪了司礼太监曹化淳，被迫离职。温体仁与复社的冲突，一定程度上是温与前任首辅周延儒的矛盾。张溥支持周延儒，故为温派所忌。

崇祯十三年（公元 1640 年），温体仁的继任者薛国观被崇祯赐死。复社计划拥立周廷儒复出。崇祯十四（公元 1641 年）二月，张溥与钱谦益等在虎丘的石佛寺进行策划，并通过密使将行动方案传送给能够直达天听、影响圣意的吴昌时。文秉的《烈皇小识》记载，这次行动"庶吉士张溥，礼部员外郎吴昌时为之经营，涿州冯铨，河南侯恂，桐城阮大铖等，分任一股，每股银万金，共费六万两。"另据《明史・周廷儒传》，张溥亲自与周廷儒会面，指点道："公若再相，易前辙，可重得贤声。"按吴伟业的《复社纪事》所说，张溥要求周廷儒当政后推行以下政策：

> 先生尝密疏救时十余事，要阳羡（周廷儒）以再出必行。会上虚己，属任师相，蠲逋租、举废籍、撤中使、止内操，政多可纪，悉当时所笏记。识者皆追功先生，而颇恨其身殁不究于用。阳羡亦以此不终云。

周廷儒复出后，"悉反体仁辈弊政"，多用复社之人。可惜在周廷儒入朝两个月后，张溥突然去世，年仅四十岁。关于张溥之死，计六奇在《明季北略》中认为是复社党内大佬吴昌时下了毒："昌时与张溥同为画策建功人。

---

①② 陆世仪.复社纪略：卷四［M］.扬州：广陵书社，2006.

淮安道上,张溥破腹,昌时以一剂送入黄泉,忌廷儒密室有两人也。其忍心如此。”此说缺乏切实证据。不过吴伟业的《复社纪事》对吴昌时也是颇多诟病。史上一般将张溥之死记为“病殁”。

温党与复社斗争的余波一直延续到张溥殁后。崇祯十四年(公元 1641 年),温党官员蔡奕琛因薛国观案被逮捕,仍讦张溥“遥握朝柄”,张采“结党乱政”。于是崇祯皇帝下诏令二张回奏。张采作《具陈复社本末疏》为张溥和文人结社辩护:

> 窃维文者,昭代之所重;社者,古义所不废。推广溥志,不过楷模文体,羽翼经传耳,未尝有一毫出位跃冶之思也。至于《或问》及《罪檄》,此忌溥者罗织虚无,假名巧诋,不惟生者不闻,亦溥死者不知。若使徐怀丹果有其人,臣愿剖心与质;倘其人乌有,则事必诬构。独念溥日夜解经论史,矢心报称,曾未一日服官,怀忠入地,即今严纶之下,并不得泣血自明,良足哀悼。臣虽与世隔越,孤立杜门,而兢兢勉学,颇知省察,不欲一字自欺,岂敢一字欺皇上。

疏上,崇祯帝以“书生文社不足究”,降旨勿问。[①] 另据《复社事实》,崇祯十五年(公元 1642 年),御史金毓峒、给事中姜埰各上书为复社辩白,有旨“朝廷不以语言文字罪人,复社一案准注销”。崇祯一朝关于复社“结党乱政”的争论和调查到此基本结束。

五、《留都防乱公揭》:驱逐阮大铖

崇祯十一年(公元 1638 年),南京爆发了驱逐阮大铖的舆论运动。这是晚明民间清议的标志性事件,也在一定程度上设定了复社最终的命运轨迹。清人蒋士诠的《过百子山樵旧宅》云:“复社空存防乱策,死灰难禁再燃时。”说的就是复社与阮大铖的恩怨纠葛。

阮大铖,万历四十四年(公元 1616 年)进士,本来名列东林阵营,《东林点将录》中的绰号为“没遮拦”。因不得东林重用转投魏忠贤,为吏部给事中。崇祯二年(公元 1629 年),魏忠贤倒台,他也名列“逆案”,回籍(安徽怀宁)闲居。

崇祯九年(公元 1636 年),阮大铖为了躲避战乱移居金陵。他交游广阔,“招纳游侠为谈兵说剑,觊以边才召”。阮大铖有意制造声势,是为了引起朝廷重视,得到重新起用。当年时值乡试,考试毕,复社成员“吴应箕与冒辟疆、陈定生、顾子方等大开桃叶寓馆,悉会天启阉难死者诸孤十三人”。这就

---

① 白寿彝.中国通史:下册[M].上海:上海人民出版社,1999.

是所谓“桃叶渡”社集。夏燮的《年谱》记载：

> 魏子一(东林六君子魏大中之子)出血书疏稿示社中人，因齐声痛骂怀宁，楼山(吴应箕)大快云云。盖忠节(魏大中)之死由大铖，故子一请雪之，血疏及之。值大铖方居金陵，欲以新声高会招徕天下，为夤缘起用地。复社诸君子适睹此疏，公愤填膺，于是始起留都防乱之议。

“忠节之死由大铖”，大概是指阮大铖在幕后策划弹劾魏大中一事。[①] 也有学者考证，其时阮大铖闲居故里并未参与此事，只是对人夸耀此事为自己所谋划，显示自己杀人于千里之外的本事，不料自背黑锅，时人皆谓“魏阉之恶，大铖实导之”[②]。复社的这次清议社集并没有对阮大铖的社会活动造成实质性的影响，但是为两年后更大规模的驱逐运动埋下了伏笔。

崇祯十一年(公元1638年)，崇祯帝复用中官，逆案中人看到了复出的希望。阮大铖先在怀宁创办中江社，后在金陵创群社，“假借意气，多散金钱，以致四方有才无识之士，贪其馈赠，倚其荐扬，不出门下者盖寡矣”[③]。他逐步显露出“当魁居留都”[④]的架势。复社名士吴应箕对其以逆党之身游走四方、猖狂显扬、意图复出甚为不满，访问太学生领袖顾杲(顾宪成侄子)、陈贞慧后，得到他们的附议，于是以顾杲诸人的名义草书《留都防乱公揭》，声讨阮大铖。顾、陈首先签名支持。再以密函分寄六处，征求各地复社名士的支持。

《留都防乱公揭》揭露了阮大铖在留都的八大罪状，第一是“与南北在案诸逆，交通不绝”“留都文武大吏半为摇惑，即有贤者，亦噤不敢发声”；第二是“歌儿舞女，充溢后庭，广厦高轩，照耀街衢”；第三是“丙子之有警也，南中羽书偶断，大铖遂为飞语播扬，使人心惶惑摇易”；第四是“常招求术士，妄谈星象，推测禄命”；第五是“劫持恫喝，欲使人畏而从之者”；第六是“所作传奇，无不诽谤圣明，讥刺当世”；第七是“于大臣之被罪获释者，辄攘为己功，至于巡方之有荐劾，提学之有升黜，无不以为线索在己，呼吸立应”；第八是“挟骗居民，万金之家，不尽不止，其赃私数十万”。

揭文呼吁，“夫陪京乃祖宗根本重地，而使枭獍之人，日聚无赖，招纳亡命，昼夜赌博，目今闯、献作乱，万一伏间于内，酿祸萧墙，天下事将未可知，此不可不急为预防也。阮大铖之阴险叵测，猖狂无忌，罄竹莫穷，举此数端，而人臣之不轨无过是矣。当事者视为死灰不燃，深虑者且谓伏鹰欲击，若不

---

① 明史·魏大中传.

② 凌雪，南天痕.台湾文献丛刊：第七六种[M].台北：台湾银行经济研究室，1960：439.

③ 吴应箕.留都防乱公揭[M]//吴应箕.吴应箕文集.合肥：黄山书社，2017.

④ 谢国桢.明清之际党社运动考[M].北京：中华书局，1982：174.

先行驱逐,早为扫除,恐种类日盛,计划渐成,其为国患必矣!"

陈贞慧的《书事七则》记载,此揭文在复社内部引起了争议。周镳、陈子龙赞叹此举为"仁者之勇";杨廷枢则认为"以铖不燃之灰,无俟众溺,如吾乡逐顾秉谦、吕纯如故事,在乡攻一乡,此辈窘无所托足矣"。意为穷寇莫追,不要小题大做。御史成勇本欲据揭上闻,但是顾杲与杨廷枢辩论不已,一直没有上奏。后成勇因弹劾杨嗣昌而下狱,此事便无后续。

崇祯十二年(公元 1639 年),复社人士举办金陵社集。东林子弟推无锡顾杲居首,天启被难诸家推(黄)宗羲居首,复社则以东林党人礼部主事周镳为首。在这次社集上,《留都防乱公揭》正式发布,号召驱逐阮大铖。东林党、天启殉难者后裔、复社人士等(很多是太学生、举人和进士)签名响应者共一百四十二名,其中也包括持原本持反对意见的杨廷枢。不久之后,揭文被刊刻,在南京广为流传。

《留都防乱公揭》使得南京舆论风气为之一变,人们重提"逆案",争相指责逆党。许多与阮大铖过从甚密的人,都与其断绝了来往。阮大铖"内衔日惧,独身逃匿于牛首之祖堂"。他躲在南京郊外牛首山之中,踟蹰不敢入城;指使心腹企图收买檄文,却"愈收而布愈广"[①]。这就是历史上的以舆论驱逐阮大铖之事。

时人陈维崧在《先府君行略》中议论道:"是役也,虽仅仅太学举幡乎?然义声一呼,枉正立决,使天下复知春秋之义,不陷于乱贼之诛。"今人邱荣裕则认为,此事虽然不得上闻,但已形成足以抑制阮大铖的清议正流。一百四十二位知名人士的联名表白,足以显示当时南雍的清议具有相当于舆论制裁的影响力。不过他也提到,阮大铖在弘光朝得势后,极力翻逆案、兴大狱,主要是报复复社人士发表《留都防乱公揭》使其受了羞辱。此揭文种下了弘光朝政不安的远因。[②]

南明弘光初年(公元 1644 年),马士英、阮大铖把持朝政,大兴冤狱,迫害复社人士。阮大铖编了两份黑名单,一份叫《蝗蝻录》,一份叫《蝇蚋录》,将东林和复社众人贬低为蝗虫和苍蝇,准备逐一秋后算账。不过由于清军南下迅速,他的目标没有完全达成。只是几经打击,"复社名流或死或亡,又值清兵南下,社事遂告中止"[③]。复社活动以崇祯二年(公元 1629 年)尹山大会

① 何是非.风倒梧桐记[M]//周宪文,等.台湾文献丛刊:第二五一种.台北:台湾银行经济研究室,1965:39.

② 邱荣裕.明末复社发布《留都防乱公揭》始末及其影响[J].台湾师范大学历史学报,1987(15):191-205.

③ 郭绍虞.明代文人结社年表[M]//郭绍虞.照隅室古典文学论集:上.上海:上海古籍出版社,1983:512.

始，至弘光政权灭亡（公元 1645 年）止，前后不到十七年。

南明覆亡后，阮大铖投靠金华朱大典。金华士绅闻之不忿，张贴檄文，宣布他是乱臣贼子，再次将其驱逐。朱大典只好安排他去守钱塘江防。谁知阮大铖"潜通降表于清，且以江东虚实启闻"。金华被围后，他帮助清军破城，"焚戮甚惨，以报檄讨之恨"，后猝死于清军南征途中。阮大铖在南京经营多年，被当地人称为"裤子档里的阮胡子"。《白下琐言》解释道，"阮大铖宅在城南库司坊，世人秽其名曰'裤子档'"。此为民间之风评。

阮大铖以剧作名动江左，《燕子笺》更盛行于白门。但同时吴翌凤的《灯窗丛录》中有"梨园弟子觇人意，队队停歌《燕子笺》"的记载。说的大概是弘光初年（公元 1644 年），复社两千余人大会秦淮河上，梨园子弟窥视众人心意，主动停演《燕子笺》。复社故事，前有禁毁《绿牡丹》，后有罢演《燕子笺》，说朝局如社局，社局又何尝不在戏局中得以体现，这恐怕就是朝堂政治在民间传播活动中的一种回响。

第八节　有风西来：利玛窦的传播活动[①]

万历三十八年（公元 1610 年）五月，意大利人、耶稣会士利玛窦（Matteo Ricci）于北京病逝，终年 59 岁。他的同事们希望他能葬在北京。在此之前，还没有中国皇帝向一个外国人赐予墓地的先例。为达成这个愿望，信徒李之藻专门拜访了礼部郎中林茂槐。礼部将此事上奏，并在回答神宗的问询时说：

> ……利玛窦一心只爱学习，由于不断攻读已取得很大成绩，他的出色的著作的出版就是明证。他最近刚刚死去，而他的遗体远离故土仍未下葬。……确实，他并不是作为他的国家的使节来到这里的，但他在陛下宽仁的庇护之下在此居住了很长时期，他希望被看作是我们自己人民中的一员。……因此，我代表本部门完全同意他的其他要求。极其卑微地恳求陛下恩准由本部发一指令给京城的市长，寻找一处无人居住的寺庙以及一处安葬利玛窦的土地，该寺庙即作为庞迪我和他的同伴的住所，他们可以在其中居住，自由地奉行他们所信仰的教律，尊崇上帝并向他们的上帝为陛下的福寿祈祷。……[②]

---

① 本章所涉史实，除特别标注外，基本出自利玛窦，金尼阁.利玛窦中国札记[M].何高济，王遵仲，李申，译.北京：中华书局，1983.最早拉丁文版本名为《基督教远征中国史》。

② 此文据西文译出，见利玛窦，金尼阁.利玛窦中国札记[M].何高济，王遵仲，李申，译.北京：中华书局，1983：627.

礼部尚书吴道南、郎中林茂槐等人在疏中建议,给予利玛窦的继任者庞迪我等人固定的居所和传教的权利。据《明神宗实录》,很快,明朝政府下达了"赐西洋国故陪臣利玛窦空闲地亩埋葬"的命令。同时,传教士们在北京获得了定居的场所和建立教堂的权利。《利玛窦中国札记》的作者之一金尼阁认为,"此事的成功就在中华帝国终于奠定了福音的传播"①。

《明史·意大里亚传》曾这样描述明清之际的西方传教士:"其国人东来者,大多聪明特达之士,专意行教,不求利禄。其所著书,多华人所未道,故一时好异者咸尚之。而士大夫如徐光启辈,首好其说,且为润色其文词,故其教骤兴。"说的正是以利玛窦为首的,以儒服儒观行走于士大夫之间的传教士。

《基督教在华传播史》对利玛窦的传教之旅评价说:如果基督教想在华夏立足,必须满足一个前提:或者是这个国度的文化和体制发生改变,或者是教会改造教义和习惯来适应华人的生活。前者在当时是不可能的,而利玛窦选择了后者。② 明臣邹元标在《答西国利玛窦》一文中也肯定了他的做法:"欲以天主学行中国,此其意良厚;仆尝窥其奥,与吾国圣人语不异。"利玛窦逝世后,教廷否定了利玛窦的主张,认为它是丧失原则立场的投降政策。这造成了朝廷与教会之间关系的破裂,也很快导致了第三次基督教传入活动的衰落。③

一、基督教在华传播史

明天启三年(公元1623年),陕西长安农民在挖地基时发现了一块石碑,碑额上写着"大秦景教流行中国碑"字样。明朝官员、同时也是天主教徒的李之藻和来华天主教教士们共同参详此碑拓片,确认这块石碑写的是唐代基督教传播的内容。碑文记载:

> 大秦国有上德,曰阿罗本,占青云而载真经,望风律以驰艰险。贞观九祀,至于长安。帝使宰臣房公玄龄总仗西郊宾迎入内。翻经书殿,问道禁闱,深知正真,特令传授。贞观十有二年秋七月,诏曰:"道无常名,圣无常体,随方设教,密济群生。大秦国大德阿罗本,远将经象来献上京。详其教旨,玄妙无为;观其元宗,生成立要。词无繁说,理有忘

---

① 利玛窦,金尼阁.利玛窦中国札记[M].何高济,王遵仲,李申,译.北京:中华书局,1983:628.

② 赖德烈.基督教在华传教史[M]//道风书社,等.道风译丛.雷立柏,等译.香港:道风书社,2009:85.

③ 利玛窦,金尼阁.利玛窦中国札记[M].何高济,王遵仲,李申,译.北京:中华书局,1983:中译者序言24-25.

筌，济物利人，宜行天下。”所司即于京义宁坊造大秦寺……

唐太宗贞观九年（公元635年），景教（Nestorianism，古代基督教之分支聂斯脱利派）遣教士阿罗本持经像至大唐传道。此前聂斯脱利派被主流教派打为异端后曾从叙利亚传入波斯、阿拉伯和印度等地，后从波斯传入大唐。这被认为是基督教第一次传入中国。唐代之前虽有多种基督教入华的说法，但是没有确切证据。[①]

贞观十二年（公元638年），太宗研究景教宗旨之后，认为其“济物利人，宜行天下”，遂下旨在长安义宁坊建大秦寺。其后，高宗、玄宗、肃宗等亦于各州建立景寺。代宗建中二年（公元781年）正月，于义宁坊大秦寺建“大秦景教流行中国碑”，以记述该教之流行。不过约一个甲子之后，唐会昌五年（公元845年），武宗下诏灭佛，景教也被波及。《资治通鉴·唐纪》载该年七月：

> 上恶僧尼耗蠹天下，欲去之。道士赵归真等复劝之。乃先毁山野招提、兰若。敕上都、东都两街各留二寺，每寺留僧三十人……余僧及尼并大秦穆护、祆僧皆勒归俗。寺非应留者，立期令所在毁撤，仍遣御史分道督之。

此后，外来传教士被“送还本国收管”，各地的景教寺均被关闭。景教在中原几乎绝迹，只是在西北绥远、宁夏、甘肃、蒙古、新疆等边疆民族中（尤其是克烈部、乃蛮部、汪古和畏兀尔部）还有流传。[②] 这是基督教第一次在中华传播的情况。关于景教的消亡，赖德烈分析：这可能是由于景教主要在外国人之间传播；它还可能使用佛教的外衣来推行自己的信仰，而这就牺牲了信仰的特殊性，甚至造成混淆；它们的传教活动得不到本就被打压的原生宗教的支持。所以当唐朝衰落时，景教也消失了。[③]

基督教传播的第二次勃兴是在元代。元朝建立的庞大帝国使得西方与远东的文化交往成为可能。罗马教廷的使者柏朗嘉宾在定宗元年（公元1246年）朝见了蒙古大汗贵由，呈上了教皇给蒙古大汗的信，向贵由宣讲了天主教教义。[④] 宪宗四年（公元1254年），方济各会修士卢布鲁克来到和林，

---

① 赖德烈.基督教在华传教史[M]//道风书社，等.道风译丛.雷立柏，等译.香港：道风书社，2009：44.

② 黄子刚.元代基督教研究[D].广州：暨南大学，2004.

③ 赖德烈.基督教在华传教史[M]//道风书社，等.道风译丛.雷立柏，等译.香港：道风书社，2009：51.

④ 在这个时期，至少有三批修士被派遣与蒙古人接触，只有柏朗嘉宾所率领的使团向教宗带回了关于此地区的报告。参见赖德烈.基督教在华传教史[M]//道风书社，等.道风译丛.雷立柏，等译.香港：道风书社，2009：58.

受到元宪宗蒙哥的接见,并奉命为皇家祈天祝奉,但他传教的请求遭到拒绝。至元六年(公元1269年),忽必烈委托两名意大利商人给教宗带信,要求教宗派遣一百个科学与宗教老师到大都。当时教宗正好出缺,此事一直没有完成。

第一个到达华夏的罗马公教传教士是方济各会会士若望·孟高维诺。孟高维诺于元贞元年(公元1294年)到达汗八里(大都),向元成宗呈上了教宗的信。大德四年(公元1300年),他在汗八里建立了一所教堂。到大德九年(公元1305年),已经为6 000人施洗,受洗者大多是从高加索地区来的阿兰人。大德十年(公元1306年),他建立第二所教堂。此时,他已经被视为教宗的代表,在皇宫中拥有一个正式的地位。在大德十一年(公元1307年)的春天,孟高维诺被教宗任命为汗八里的总主教。① 此后,基督教传教活动逐步扩展到杭州、泉州等地,并在当地建立了教堂和修道院。

元朝对华夏的统治在洪武元年(公元1368年)结束。随着蒙古人逐步退出中原,依附于他们的外族人也很快散去,教会也随之消亡。赖德烈提出,元末基督教衰落的原因与唐代基本类似。元朝基督教的成员也是以外国人为主,基督教在汉人中没有获得认可;另外,汉人没有与任何一个基督宗教民族有广泛而密切的交往。当蒙古人被驱逐后,基督教在汉人视野中消失得比唐朝更彻底。②

基督教传播的第三次兴起是在明朝万历年间。这个阶段的基督教东行,始于一个叫方济各·沙勿略(Francis Xavier)的耶稣会士。嘉靖三十一年(公元1552年)初,他开始筹划前往中国传教。当时除了外国官方使团外,中国禁止所有外国人进入。他打算"返回印度为果阿的总督和主教组织一个赴中国朝廷的使团",以便跟随这个外交使团进入中国。

沙勿略的计划一开始进行得很顺利,但是到马六甲后,因当地总督的反对而流产。他决定直接偷渡进入中国。嘉靖三十一年七月(公元1552年7月),他首先登上了一个离中国海岸约30海里的荒凉岛屿——上川(今广东江门上川岛)。当时它是葡萄牙人与中国的临时贸易地点。不过他没有找到任何一艘愿意带他偷渡的中国船只。在此期间,他得了热病,于1552年12月2日去世。

当时的海上霸主葡萄牙人一直想打开与中国贸易的大门。明朝政府出

---

① 上述内容来自孟高维诺在1305年和1306年写的两封信,参见赖德烈.基督教在华传教史[M]//道风书社,等.道风译丛.雷立柏,等译.香港:道风书社,2009:60.

② 赖德烈.基督教在华传教史[M]//道风书社,等.道风译丛.雷立柏,等译.香港:道风书社,2009:67.

于对外界的戒备，尤其是听说欧洲人以贸易为借口，征服了马六甲与印度，拒绝了葡萄牙使节的入境申请。但是当地政府出于贸易收益的渴求，将猜疑放置一边，逐步允许有限的贸易。嘉靖三十二年(公元1553年)，两广提督下属分巡海道副使汪柏将澳门划给葡萄牙商人作为固定贸易和居住点。① 嘉靖四十四年(公元1565年)，耶稣会在这里设立了一个常设机构负责管理日本和中国的传教事务。同年，还建了一座圣母堂。

二、肇庆经验：使徒彼得之钩

万历十年(公元1582年)，利玛窦神父被耶稣会派遣前往澳门管理当地的新信徒学校。一年后，他被选派和罗明坚神父一起去广州，与当地政府交涉在当地建立教堂的事宜。申请书中说，他们是宗教团体的成员，慕中华帝国之名，离开本土，远涉重洋；他们想留在这里度过余年，只需要一小块地方建筑房屋和一座供礼拜用的教堂；他们不会成为别人的负担，将以本国人民的捐献来养活自己。申请书中有意没有提到基督教传播。

当地官员拒绝了他们的请求。当他们返回香山时，发现城门上贴出了两广总督郭应聘签署的命令：

> 除有关本省公益之其他事项外，兹将与我们迫切攸关并涉及澳门居民之事理合通知如下。现在澳门犯罪违法之事所在多有，皆系外国人雇用中国舌人所致。此辈舌人教唆洋人，并泄漏我国百姓情况。尤为严重者，现已确悉彼辈竟教唆某些外国教士学习中国语言，研究中国文字。此类教士已要求在省城定居，俾得建立教堂与私宅。兹特公告，此举有害国家，接纳外国人绝非求福之道。上项舌人倘不立即停止所述诸端活动，将严行处死不贷。②

“舌人”是指为外国人服务的中国翻译。当教士们以为失去建立居留点的一切希望的时候，他们收到了肇庆知府王泮的来信，信中说总督已经批准他们在肇庆修建一所教堂和房屋。这个戏剧性的转折没有任何的官方说明，教士们将其归于“上帝之手”的作用。利玛窦事后才得知，当时在肇庆的教士贿赂了总督的卫士，向总督直接递上申请，总督就这样接受了申请。

---

① 嘉靖三十二年(公元1553年)，两广提督下属分巡海道副使汪柏收受葡萄牙人的贿赂，默许葡萄牙人以曝晒水渍货物为借口，在蚝镜澳强行上岸建房居住(见万历《广东史通》)。万历二年(公元1574年)驻肇两广总督杨桀，批准在香山县莲花迳设关闸与蚝镜澳分隔，派兵防守。葡萄牙国王则于稍后任命驻澳首席检察官，实施驻澳葡萄牙人的有限自治。万历十年(公元1582年)，驻肇两广总督陈瑞与葡萄牙驻澳首席检察官本涅拉及传教士罗明坚商定，驻澳葡萄牙人每年向香山县缴纳500两租金，广东官府对其居澳予以承认。明朝对澳政策基本成形。

② 利玛窦，金尼阁.利玛窦中国札记[M].何高济，王遵仲，李申，译.北京：中华书局，1983：156-157.

万历十三年(公元1585年),内地第一所基督教堂在肇庆建成。肇庆知府王泮送来他亲笔题字的两块匾额以示祝贺。一块书"仙花寺"挂于教学门首;一块书"西来净土",挂于当中圣堂。利玛窦则自署"圣童贞院"。

刚刚进入中国社会的传教士们并没有急于传播教义,而是力求融入中国人的生活,他们穿上中国百姓的普通外衣,长袍宽袖,同时塑造礼貌、和善的形象:

> 神父们开始在群众中出现时,并不公开谈论宗教的事,在表示敬意和问候并殷勤地接待访问者之余,他们就把时间用于研习中国语言、书法和人们的风俗习惯。然而,他们努力用一种更直接的方法来教导这个异教的民族,那就是以身作则,以他们圣洁的生活为榜样。他们试图用这种法子赢得人们的好感,并且逐步地不用装模作样而使他们(群众)能接受不是用语言所能使他们相信的东西。

利玛窦将主要精力放在熟悉中国国情、学习中国语言和文化上。他聘请了当地成熟译员和有声望的学者,来教导自己的汉语和经义。沈瓒的《近时丛残》说,利玛窦"自入中国来,请译字生尽译中国字义,兼请五经师,讲明经旨,饮食居室交游等费亦不少,而不见缺乏,人以此异之"①。

稍后,利玛窦与同事们尝试用适合中国知识分子水平的话语,撰写和印制了罗明坚神父所写的《天主圣教实录》(或称《天主实录》),这是传教士到中国后写的第一部中文书。肇庆知府王泮是首批读者之一。这本书印了很多册,在国内广为流传,轻易地进入了传教士们在多年努力后尚未渗入的各个地方。此事给教士们很大的启发:"基督教信仰的要义通过文字比通过口头更容易得到传播,因为中国人好读有任何新内容的书,也因为用象形文字所表达的中国著作具有特殊的力量而表现力巨大。"②

真正引发知识分子震惊的是教堂接待室墙上挂着的、用欧洲文字标注的世界全图。这幅图反映出来的世界图景,与人们心目中的"天圆地方""中央之国"之观念大相径庭。王泮希望利玛窦将这幅地图用中文标注,以便中国人可以加以研究和判断。利玛窦运用自己的数学技能,制作出了比例更大的《山海舆地全图》,用更大的中国字标记,并且加以自己的注释。在注释中,他描述了各国不同的宗教仪式,尤其是许多基督教的神迹。为了迎合中国人的习惯思维,他把中国转向地图的中间位置。关于这种做法,《利玛窦中国札记》解释道:

> 因为他们不知道地球大小而又夜郎自大,所以中国人认为所有各

---

① 林金水.利玛窦与中国[M].北京:中国社会科学出版社,1996:19.

② 利玛窦,金尼阁.利玛窦中国札记[M].何高济,王遵仲,李申,译.北京:中华书局,1983:172.

国中只有中国值得称羡。就国家的伟大、政治制度和学术的名气而论，他们不仅把所有别的民族都看成野蛮人，而且看成是没有理性的动物。他们看来，世上没有其他地方的国王、朝代或者文化是值得夸耀的。这种无知使他们越骄傲，则一旦真相大白，他们就越自卑。当他们头一次看见我们的世界地图时，一些无学识的人讥笑它，拿它开心，但更有教育的人却不一样，特别是当他们研究了相应于南北回归线的纬线、子午线和赤道的位置时。再者，他们得知五大地区的对称，读到许多不同民族的风俗，看到许多地名和他们古代作家所取的名字完全一致，这时候他们承认那张地图确实表示世界的大小和形状。从此之后，他们对欧洲的教育制度有了更高的评价。然而这还不是唯一的结果。另有一个结果也同样重要。他们在地图上看到欧洲和中国之间隔着几乎无数的海陆地带，这种认识减轻了我们的到来所造成的恐惧。为什么要害怕一个天生离他们那样遥远的民族呢，如果所有中国人都知道这一距离遥远的地理事实，这种知识会有助于排除在全国传布福音的巨大障碍。

在地图攻势获得初步成功之后，利玛窦开始用铜和铁制作天球仪和地球仪，用以表明天文并指出地球的形状。他还在家里绘制日晷或者把日晷刻在铜板上，把它们送给友好的官员，包括两广总督。

教堂中陈列了诸多来自欧洲的珍奇物品。其中有一座面向大路天天报时的自鸣钟。它的声音悠长，很远的地方都能听到。人们始终好奇于它怎么不用人敲击就自己发声。至于教堂内其他的精美钟表，欧洲图画、塑像、数学计算法、装帧精美的书籍、以及发出柔和声音的乐器，都引发了人们浓厚的兴趣。参观教堂的人越来越多。利玛窦不无得意地说："实际上正是这些有趣的东西，使得很多中国人上了使徒彼得的钩。"①

以传教为目的的利玛窦在中国首先是以文化和科技使者的身份出现的，交往对象以代表中国文化的地方官员和知识分子为主。在交往的过程中，利玛窦发现，中国的智识阶层并不像他想象的那样固执和自大，尤其在追求知识和真理方面也并不比西方学者逊色：

看来所有这些的影响以及神父们始终得体的谈话和议论，使他们逐渐对欧洲形成一个总的好印象。他们发觉，我们的科学从根本上比他们的更坚实，而且总的说来中国人，尤其是有知识的阶层，直到当时对外国人始终怀有一种错误的看法，把外国人都归入一类并且都称之为蛮夷。这样他们终于开始明白国与国之间所存在的真正区别。……

---

① 利玛窦，金尼阁.利玛窦中国札记[M].何高济，王遵仲，李申，译.北京：中华书局，1983：180.

中国人的领袖们不轻易改信新的宗教,但他们大都崇信真理,一旦知道了之后,就毫不迟疑地加以公布。

教士主要与官员和知识分子的交往,随着后者的四处任职和旅行,将宗教和教士的影响扩大到广东和广西两省。不过耶稣会的传教活动也因为当地官员的更换而受到了打击。万历十六年(公元 1588 年),广西巡抚刘继文接任两广总督。他在上任之前,就写信给岭西道(广东副使)黄时雨,说在肇庆城内的外国教士,把打听到的中国内情通报给葡萄牙人,并且要弄花招和手段来勾引无知百姓,利用谈话和书籍达到了解当地情况的目的。他要求岭西道尽快把传教士遣返澳门。

万历十七年(公元 1589 年)八月,利玛窦等人被逐出肇庆。按照利玛窦的记录,刘继文做出决定的原因,只是想将传教士的驻地"仙花寺"用于建立自己的生祠。事后的发展也大致证明了这种说法。当得知利玛窦拒绝了金钱补偿,刘继文用快船将利玛窦等人追回,当面商讨之后,同意耶稣会选择广州和肇庆之外的广东任何地点定居。利玛窦等人于是迁往韶州。刘继文几年后因贪污受贿而被罢职。

三、南昌模式:利玛窦的适应政策

之后的十年,利玛窦一直在试探与被驱逐中度过。万历十八年(公元 1590 年),利玛窦在韶州建立了第二个传教驻地。万历十九年(公元 1591 年)春节,利玛窦在当地展出了一幅圣母与耶稣及圣约翰的画像。当地居民本来就对他们居住在韶州不满,借此机会围攻了教会驻地。万历二十年(公元 1592 年),韶州又发生第二起围攻事件,利玛窦等人受伤。万历二十三年(公元 1595 年),利玛窦由韶州北行,欲赴北京,及至南京受阻。他尝试居留在南京,但是失败了,只好折返南昌,终于获得居留许可,建立了第三个传教驻地。

现实的困难使得利玛窦的传道之法更加婉转和艺术。[①] 首先改变的是服饰。起初传教士们的服饰倾向于僧侣。罗明坚等人初入广东时,希望借助佛教在中国的影响力。在韶州期间,他们削发易服,改变为和尚打扮。但是利玛窦发现,僧侣在中国社会并不受到尊重,反而会成为交往的障碍。他的学生瞿太素也建议他将僧服改为儒士的服装。在南昌期间,他终于得到

---

① 耶稣会创始人罗耀拉确立了两大传教原则,一是走上层路线,与主流社会保持良好关系;二是本土化方针,即一种倾向于以学习传教地区的语言和风俗为必要条件的灵活的传教方法。适应政策(the policy of accommodation)是耶稣会中国传教团的基本标志。参见张国刚.从中西初识到礼仪之争:明清传教士与中西文化交流[M].北京:人民出版社,2003:370.

上级的批准改变装束。[①]

利玛窦第一次穿着儒服与官员交往，是在江西樟树镇看望回乡小住的韶州知府。利玛窦记述道："在这地方，我是第一次留须出门，穿儒服拜访官吏……从前当我们穿僧服去时，受到淡薄而不热切的接待，现在则不同，穿上与他们相似的服装，能受到长时间的款待，并设宴招待我们。"[②]

利玛窦对传教方法的另一项重大革新，是在著书立说时将天主教义[③]与儒学结合起来。研读四书五经的过程中，他发现儒家思想与天主教义存在某种吻合之处。在 1595 年 11 月 4 日给罗马的信中，他说道："我们曾从他们的经籍中找到不少和我们教义相吻合的地方……如一位天主，灵魂不死不灭，天堂不朽等思想全都有。"[④]他将在肇庆时编写的《天主实录》改编为《天主实义》(初稿名为《天学实义》)。此书以"大西国利子及其乡会友与吾中国人问答之词也"[⑤]，即以"西士"与"中士"对话的形式，论证了上帝存在、灵魂不朽、死后必有天堂地狱之赏罚的教义。冯应京为此书作序时说："是书也，历引吾六经之语以证其实，而深诋谭空之误""孔子尝称西方圣人，殆谓佛与？相与鼓煽其说，若出吾六经上。"不难看出，此书将"耶儒互补"或"驱佛补儒"[⑥]的传教思想初步确立起来。利玛窦在《天主实义引》中，对此有所论述：

> 五伦甲乎君，君臣为三纲之首，夫正义之士此明此行。在古昔，值世之乱，群雄分争，真主未决，怀义者莫不深察正统所在焉，则奉身殉之，罔或與易也。邦国有主，天地独无主乎？国统以一，天地有二主乎？故乾坤之原、造化之宗，君子不可不识而仰思焉。……人流之抗罔，无罪不犯。巧夺人世，犹未餍足，至以图僭天帝之位，而欲越居其上。……窦也从幼出乡，广游天下，视此厉毒无陬不及，意中国尧舜之氓、周公仲尼之徒，天理天学，必不能移而染焉。而亦间有不免者，窃欲为之一证。……天主赏善罚恶。在肖子，如父母之恩也；在不肖，如宪判之威也。凡为善者必信有上尊者理夫世界；若云无是尊，或有而弗预

---

① 赖德烈认为利玛窦改换儒服是在 1594 年，不过按利玛窦本人叙述，应该是在南昌期间。参见赖德烈.基督教在华传教史[M]//道风书社，等.道风译丛.雷立柏，等译.香港：道风书社，2009：67.

② 计翔翔.关于利玛窦衣儒服的研究[J].世界宗教研究，2001(3)：73-84.

③ 利玛窦根据中国人"敬天"的传统习惯，借用司马迁《史记・封禅书》中"天主"(最高主宰)一词，将上帝改称"天主"，罗马公教汉译为"天主教"。参见周志斌.晚明"南京教案"探因[J].学海，2004(2)：102.

④ 利玛窦.利玛窦书信集：上册[M].罗渔，译.上海：光启出版社，1986：209，231.

⑤ 利玛窦.天主实义[M]//郑安德.明末清初耶稣会思想文献汇编：第一卷.北京：北京大学宗教研究所，2003：冯应京序.

⑥ 徐光启语。利玛窦，金尼阁.利玛窦中国札记[M].何高济，王遵仲，李申，译.中华书局，1983：448.

人事,岂不塞行善之门,而大开行恶之路也乎?①

《天主实义》分两卷八篇:第一篇论述天主是创造天地万物的主宰;第二篇论述天主就是中国人所谓的上帝;第三篇论述人的灵魂不散不灭;第四篇论证鬼神存在;第五篇批判佛教六道轮回理论;第六篇论述天堂地狱赏善罚恶理论;第七篇论述人性论和修养论,拜佛念经有害无益;第八篇介绍西方习俗,论证耶稣降生救世的事迹。作者大量援引先秦儒家的经典著作,论证了天主教的基本教义,同时批判了宋明理学和佛老二家,揭示了利玛窦的神学思想。此书问世后,流传很广,一定程度上为天主教在华传教打开了局面。该书也被反天主教人士称为"第一妖书",明清时期天主教传教史上长达百年之久的"中国礼仪之争"都与《天主实义》有关。

在南昌期间,利玛窦还用中文写了一本《交友论》。这本书搜集了哲学家、教父和其他公认作家(西塞罗、爱拉斯谟等)的思想精华,以语录、格言形式论述友谊。其中著名的句子,如"吾友非他,即我之半,乃第二我也,故当视友如己焉""孝子继父之所交友,如承受父之产业矣""君子之交友难,小人之交友易。难合者难散,易合者易散也"②颇合中国知识分子处事交友之道,为其所认同和赞赏。利玛窦对于交友的观点甚至引发了后人的关注,清代《四库全书总目·提要》就评价说:

> 万历己亥(万历二十七年,即公元 1599 年),利玛窦游南昌,与建安王论友道,因著是编以献。其言不甚荒悖,然多为利害而言,醇驳参半。如云"友者过誉之害大于仇者过訾之害",此中理者也;又云"多有密友便无密友",此洞悉物情者也;至云"视其人之友如林,则知其德之盛;视其人之友落落如晨星,则知其德之薄",是导天下以滥交矣;又云"二人为友,不应一富一贫",是止知有通财之义,而不知古礼惟小功同财,不概诸朋友;一相友而即同财,是使富者爱无差等,而贫者且以利合,又岂中庸之道乎?

《交友论》一定程度上为利玛窦打开了中国知识分子的心防,是中西文化不期而遇的一次交流和碰撞。利玛窦在万历二十七年(公元 1599 年)的一封信中这样说:"这部《交友论》使我赢得了人们的信任,同时,也使人认识了我们欧洲的作为。这部作品是文学、智慧和德行的结晶。"

让利玛窦真正获得中国知识分子尊重和敬佩的,是他对科学知识的运

---

① 利玛窦.天主实义[M]//郑安德.明末清初耶稣会思想文献汇编:第一卷.北京:北京大学宗教研究所,2003:74-75.

② 利玛窦.交友论[M]//郑安德.明末清初耶稣会思想文献汇编:第一卷.北京:北京大学宗教研究所,2003:291-300.

用和传播。在南昌，他现场表演了过目不忘、背诵中国文字的记忆术。传说他可以随意地将由500个汉字组成的列表，倒背如流；士大夫之间甚至传说他只要把中国古典著作浏览一遍，便能整卷地背出来。这种能力不仅让江西巡抚陆万陔大开眼界，而且吸引了那些为求取功名而整日背诵四书五经的士子们。当时“每天都有秀才和其他严肃人物来请我收为学生”。之后他就“记忆训练法”专门写出小册子，即《西国记法》，为学子们所追捧。在万历二十五年(公元1597年)年底的乡试中，有4 000多人慕名而来求教，这为利玛窦的传教提供了众多的对象。[①] 万历二十四年(公元1596年)，利玛窦在写给总会长的信中说：“借这些工作及其他类似的科学工作，我们获得了中国人的信任与尊重，希望天主尽快为我们打开一条出路。”[②]

利玛窦“南昌模式”成功的关键还在于他走的“上层路线”。他与江西官绅阶层有着深入的交往。让利玛窦进入南昌上流社会的关键人物，一个是韶州的官二代瞿太素，另一个是南昌名医王继楼。通过他们，利玛窦结识了江西巡抚陆万陔，终得以长住南昌，并建立传教基地。利玛窦还与南昌的两位朱姓王爷建安王和乐安王经常来往，送给他们三棱镜、圣母像，以及日晷、地球仪等特有方物，两位王爷也给他很高的礼遇。利玛窦与白鹿洞书院山长张潢的交往，为其在士大夫和学子中扩大影响打开了方便之门。

从南昌开始，耶稣会不再召集公共祈祷，而是运用中文著作来解读教义、借助科学技术来赢得尊重、通过上层和精英路线来建立人脉。这就是所谓“南昌传教模式”[③]。其中的“耶儒互补”和“驱佛补儒”是利玛窦传教思想的核心。

四、南京辩难：耶释之争

万历二十六年(公元1598年)，利玛窦再次尝试入京。这次他在北京住了一个多月，但是由于朝鲜战事吃紧，外国人被严加防范。利玛窦只好再次退回南京。在南京，他游走于高官名士之间，往来者包括南京礼部尚书王忠铭，南京刑部尚书赵参鲁、刑部侍郎王樵，南京户部尚书张孟男，礼部侍郎叶向高，吏科给事中祝世禄等。其中还包括大权在握的南京守备太监冯保。未来的内阁首辅叶向高在《赠西国诸子》诗中称赞他说：“言慕中华风，深契吾儒理；著书多格言，结交皆名士。”

---

① 黄细嘉，曹雪稚.利玛窦与“南昌传教模式”初探[J].江西社会科学，2007(3)：110-116.

② 利玛窦.利玛窦书信集：上册[M].罗渔，译.上海：光启出版社，1986：208-211.

③ 关于南昌传教模式的论述，参见黄细嘉，曹雪稚.利玛窦与“南昌传教模式”初探[J].江西社会科学，2007(3)：110-116.

利玛窦在南京交往的民间知识分子中,以焦弘与李贽最为显要。利玛窦是在焦弘的家里结识李贽的,李贽既是王学健将,又已经皈依佛门(李贽在麻城建芝佛院是万历十六年,即公元1588年),不过他对“崇儒排佛”的利玛窦似乎没有排斥,只是对于基督信仰缄口不言,保持沉默。事后李贽对利玛窦的评价颇有深意:

> 承公问及利西泰,西泰大西域人也。到中国十万余里,初航海至南天竺始知有佛,已走四万余里矣。及抵广州南海,然后知我大明国土先有尧舜,后有周孔。住南海肇庆几二十载,凡我国书籍无不读,请先辈与订音释,请明于四书性理者解其大义,又请明于六经疏义者通其解说,今尽能言我此间之言,作此间之文字,行此间之仪礼,是一极标致人也。中极玲珑,外极仆实,数十人群聚喧杂、雠对各得,傍不得以其间斗之使乱。我所见人未有其比,非过亢则过谄,非露聪明则太闷闷瞶瞶者,皆让之矣。但不知到此何为,我已经三度相会,毕竟不知到此何干也。意其欲以所学易吾周孔之学,则又太愚,恐非是尔。[①]

李贽与利玛窦相会三次,虽赞其风采,却总觉得不得要领。可见利氏将其意图掩藏得很深。李贽赠给利氏一把纸扇,题诗云:“逍遥下北溟,迤逦向南征。刹利标名姓,仙山纪水程。回头十万里,举目九重城。观国之光未,中天日正明。”[②]这应属礼节性的褒扬。不过利玛窦在真正的辩论场合,却是锋芒毕露。

南京的宗教之辩,起于万历二十七年(公元1599年)前后南京大理寺卿李汝祯(本固)的一次邀约。李汝祯以道德和学问闻名当朝,他放弃了儒家学说转而成为偶像崇拜者(佛教信徒)。他邀请利玛窦参加他的讨论。利玛窦认为,或许可以争取让这位贤人转到基督的信仰上来。《利玛窦中国札记》记载:

> 他们的谈话一开始就是讨论宗教问题。在他们的第一次辩论中,利玛窦神父逼得他不得不承认,偶像崇拜就像是一个半好半烂的苹果一样,人们可以接受其中好的部分而抛弃其余部分。他有几个弟子在场,听见他们老师承认这一点,都惊惶不止。他自己也认识到自己遇到了一个针锋相对地反驳偶像崇拜的人,似乎思想上也有点惶惑。

这次辩论只是个开始。之后李汝祯参与了一次士大夫们的讲会,会上他大谈偶像崇拜,支持王学“性无善恶论”,反对孔子学说。在座的工部主事刘斗墟与之辩论,刘认为,李汝祯违背儒家思想,赞美外来的佛教是不合适

---

① 续焚书·卷一.
② 焚书·卷六.

的，连外国人利玛窦都成了儒家弟子，反对佛教。李汝祯辩解说，已经见过利玛窦神父，"也许还需要一些时间，我们才能慢慢教育他懂得更好的东西"。此事让李汝祯觉得应该让耶释两家好好地进行一次讨论。

对利玛窦来说，进行针锋相对的宗教辩论对立足未稳的教会来说，并不是明智的选择。不过李汝祯通过瞿太素多次邀约，使其避无可避。为赢得这次辩论，李汝祯专门请到了华严宗的"雪浪大师"黄洪恩担任主辩。雪浪在大报恩寺主讲华严经三十年，深谙佛家意旨。利玛窦事后也承认，这是一位热情的学者、哲学家、演说家和诗人，十分熟悉其他教派的理论。

关于这次辩论，唯一的记录是《利玛窦中国札记》，雪浪的著作中对此没有记载。第一个回合，利玛窦提问：我愿意知道你对天地的根本原则和我们称之为天主的万物创造者有什么看法。雪浪并不否认有一个天地的主宰者存在，不过他提出，"我和在座的其他人都和他（上帝）是一样的，我看不出有任何理由，我们在哪方面不如他（上帝）"。利玛窦追问，一些显然是由天地创造者所创造出来的事物，他（雪浪）是否也能创造出来？雪浪表示他可以。房里恰好有一个火炉，里面全是闷着的炭灰。利玛窦就说，就请让我们看看你创造出一样的火炉吧！

雪浪对利玛窦的要求非常不满，他提高嗓门说，神父要他做这样的事是完全不合宜的。利玛窦也提高嗓门反驳，硬说自己能办到自己办不到的事，也是完全不合宜的。在这个环节，雪浪从华严学说（也有阳明心学的因素）出发，认为一切都是因心而起、因心存在。而利玛窦则运用归谬法（反证法）打破了雪浪的原命题。雪浪直观感觉这两者并不是一回事，但是又无法辩驳。

第二个回合，雪浪首先提问。他问利玛窦是否精通数学，因为听说利氏是一位占星家；利玛窦回答，他在这方面略有修养；雪浪问，当你看到太阳和月亮的时候，是你升到天上去了呢，还是那些星宿下降到你这里来了；利玛窦回答，两者都不是，当我们看见一个东西的时候，我们就在自己的心里形成它的影像，当我们想要谈论我们所看到的东西时，或想到它时，我们就把贮存在我们记忆中的这件东西的影像取出来；雪浪从他的座位上站起来说，这就对了！这就是说你已经创造了一个新太阳、一个新月亮，用同样的办法还可以创造任何别的东西；利玛窦反驳说，人们心里形成的影像，是太阳和月亮在心里的影子，并不是实物本身，如果一个人从来没有见过太阳或月亮，他就不可能在心里形成太阳或月亮的形象。如果在一面镜子里看见了太阳或月亮的影像，就说镜子创造了月亮和太阳，那不是太糊涂了吗？

在这个环节中,雪浪仍然是从心生万法出发,认为万物是心灵的投影。而利玛窦则认为“客观存在”才是影子的原型。

第三个回合,辩论性本善还是性本恶。利玛窦说:“我们必须把天地之神看作无限地善,这是不容置疑的。如果人性竟是如此之脆弱,甚至我们对它本身究竟是善是恶都怀疑起来的话,如果人也和上帝一样是天地的创造者,像是三淮大师(即雪浪)几分钟之前断言的那样,那么,我们就必须承认,神究竟是恶还是善,是值得怀疑的了。”按《利玛窦中国札记》记载,雪浪对此没有进行争论,而是念了几句中国成语,证明善人也可以成为恶人。利玛窦也像他的对手一样简洁地说,太阳十分明亮,以致由于它的天然固有的明亮性,它就不能不是十分明亮的。

在这个环节,利玛窦借用了儒家性善论。以太阳之光来类比性善论,则是运用物理来诠释心理。雪浪说的是恶与善之间的转化。由于资料不足,我们无法对此进行更进一步的分析,雪浪大概是持性无善恶之论。

此次辩论之后,利玛窦的才学和观点为更多人所知。更为关键的是,主流社会不再把他的基督之道当作蛮夷之学。[①] 万历二十七年(公元 1599 年)初,在工部主事刘斗墟的帮助下,传教士们在南京获得了一个固定的居所,并开辟了一个传教中心。为表庆祝,利玛窦特地在住所内向南京市民展出了准备献给皇帝的礼物。活动引起了一些混乱,但是欧洲的艺术和宗教得到了更大范围的传播。“这个时候,大家都知道了传教士到中国来是为了传播基督信仰的;中国显贵们当中那些比较大胆的人毫不迟疑地探讨起这些外国人教义中的真理。”

此后,利玛窦更加积极地出席士大夫的各种集会。他在言谈中所涉及的内容,逐渐转向欧洲基督世界的各种风俗和宗教习惯。

五、北京十年:利玛窦的遗产

万历二十八年(公元 1600 年)五月十八日,利玛窦带着庞迪我神父和准备献给皇帝的礼物再度赴京。经过了一番波折,他们于万历二十九年(公元 1601 年)一月二十四日抵达北京,向皇帝进呈自鸣钟、圣像、《万国图志》、大西洋琴等 30 余件西洋方物。利玛窦在贡物上疏中说:

> 臣本国极远,从来贡献所不通,狄闻声教文物,窃欲沾被其余,终身为氓,庶不虚生;用事离本国,航海而来,历时三年,路经八万余里,始达广东,缘音译未通,有同喑哑,僦居学习语言文字,淹留肇庆韶州二府十

---

① 利玛窦,金尼阁.利玛窦中国札记[M].何高济,王遵仲,李申,译.北京:中华书局,1983:363-369.

五年，颇知中国古先圣人之学，于凡经籍亦略诵记粗得其旨。乃复越岭，由江西至南京，又淹五年。伏念堂堂天朝，方且招徕四夷，遂奋志径趋阙廷。……臣先在本国忝预科名，已叨禄位。天地图及度数，深测其秘，制器观象，考验日晷，并与中国古法吻合。倘蒙皇上不弃疏微，令臣得尽其愚，披露于至尊之前，斯又区区之大愿。①

可惜神宗已久不上朝，利玛窦无法面见皇帝。不过他后来还是得到了神宗口谕："钦赐大西洋利玛窦等安居顺天府，禁绝一切遣回南方和大西洋之言。"②明朝政府不仅允许其居留，而且发给其米粮和津贴。获得皇帝首肯之后，利玛窦迅速打开与上层人士交往的局面。交好者包括首辅沈一贯、吏部尚书李戴、礼部尚书冯琦、刑部尚书肖大亨、翰林院庶吉士徐光启等。"自是四方人士，无不知有利先生者，主博雅名流，亦无不延颈愿望见焉。"③

利玛窦得到权贵青睐的部分原因是其秉持的"崇儒排佛"传教宗旨与当权者的思想倾向恰好吻合。万历三十年(公元 1602 年)，李贽案发，首辅沈一贯、礼部尚书冯琦反对王学左派，尤其是他们背弃儒家传统的行为。而当时许多士大夫，包括李贽和翰林黄建，都崇尚释教。顾炎武在《富平李君墓志铭》中说："当万历之末，士子好新说。以《庄》《列》百家之言窜入经义，甚者合佛老与吾儒为一，自谓千载绝学。"

利玛窦的《畸人十篇》记载了礼部尚书冯琦关于信仰危机的一席谈话："既从孔子，复由老氏，又从释氏，而折断天下心于三道也乎？又有好事者，别立门户，载以新说，不久而三教之岐，必至于三千教而不止矣。虽自曰正道、正道，而天下之道日益乖乱。上者陵下，下者侮上，父暴子逆，君臣相忌，兄弟相贼，夫妇相离，朋友相欺，满世皆诈谄诳诞而无复真心。"④

冯琦为此专门上疏神宗，指控这些官员背弃儒学，崇信邪说，给国家带来危害。《利玛窦中国札记》评价这些话"听起来仿佛是出自一个基督徒之口"⑤。神宗批复说，那些拜佛的官员应该感到羞愧，他们都应该到沙漠去，因为那里有和尚住的寺院。根据这个意旨，冯琦与内阁商议后，做出规定：所有参加文试或者科考的人，如果使用佛语，就不能获得任何学衔。此事导致不少士大夫以辞职相抗议。万历三十一年(公元 1603 年)，在京的明朝四

---

① 黄伯禄.正教奉褒[M].上海：慈母堂出版，1904：5.

② 此为口谕，参见利玛窦，金尼阁.利玛窦中国札记[M].何高济，王遵仲，李申，译.北京：中华书局，1983：422.

③ 徐光启.徐光启集：上卷[M].北京：中华书局，1963：87.

④ 利玛窦.畸人十篇[M]//郑安德.明末清初耶稣会思想文献汇编：第一卷.北京：北京大学宗教研究所，2003：9.

⑤ 利玛窦，金尼阁.利玛窦中国札记[M].何高济，王遵仲，李申，译.北京：中华书局，1983：437.

大高僧之一达观(紫柏真可)因为妖书案被迫害圆寂。这些事都变相地为天主教在北京的传播扫清了障碍。

天主教在中国得以立足,号称天主教"柱石"的徐光启、李之藻等功不可没。《明史》有云:"其(指西方传教士)所著书,多为华人所未道,一时好异者咸尚之,而士大夫如徐光启、李之藻辈,首好其说,且为润色其文辞,故其教骤兴。"实际上,利玛窦与徐光启等人的交往,今天看来,一定程度上是中西文化和科技的交流。利玛窦在京居留的十年当中,撰写和翻译的著作达 19 种(6 种收入《明史·艺文志》,13 种收入《四库全书》及其存目),其中大部分是与徐光启和李之藻合作完成的。

万历三十四年(公元 1606 年)秋,徐光启开始翻译《几何原本》。一般采取利玛窦口授,他做笔记的方式进行。我们现在所用的点、线、角、平面等几何术语,连同几何学一词本身,都是两人斟酌后确定下来的。利玛窦还与李之藻合作翻译《同文指算》。李之藻后来追忆说,在北京看过利玛窦在聚会上表演笔算,自己学习之后发现西洋算法比中国的传统算法更加便捷。于是选择西方数学家克拉维斯的《实用算术概论》译出,取名《同文指算》。这是中国传统数学向近代数学转变的重要标志。利玛窦撰写和翻译的著作还包括天文类的《乾坤体义》和《浑盖通宪图说》,数学类的《测量法义》,音乐类的《西琴八曲》等。

万历三十八年(公元 1610 年)四月,利玛窦亲自指挥建造了天主教在北京的第一座教堂,即宣武门南堂。《帝京景物略》介绍说:"堂在宣武门内东城隅,大西洋奉耶稣教者利玛窦,自欧罗巴航海九万里入中国,神宗命给廪,赐第此邸。"[①]说神宗赐宅或有误,后人考证认为,这个宅邸是教士们自己买的。[②]

一个月后,利玛窦在北京病逝。在信徒李之藻、礼部尚书吴道南、首辅叶向高等人的努力下,利玛窦得以安葬在北京。稍后,基督教士也得到中央政府承认,获得了在北京长久居留和传教的权利,这在很大程度上是利玛窦个人的荣誉和遗产。

利玛窦"和解而非对抗"[③]的传教模式应该说取得了基本成功。但是当他逝去后,教廷否定了利玛窦的策略,认为它是丧失原则立场的投降政策。这造成了朝廷与教会之间关系的破裂。[④] 利玛窦的继任者龙华民采取了激

---

① 刘侗,于奕正.帝京景物略[M].北京:北京古籍出版社,2001:152-153.

② 董焱.利玛窦在北京的传教活动及意义[C].北京史学论丛,2014:143-149.

③ 赖德烈.基督教在华传教史[M]//道风书社,等.道风译丛.雷立柏,等译.香港:道风书社,2009:98.

④ 利玛窦,金尼阁.利玛窦中国札记[M].何高济,王遵仲,李申,译.北京:中华书局,1983:24-25.

进的传教策略，排斥儒家思想，严禁中国教民祭天、祭祖、拜孔子。万历四十四年（公元 1616 年），南京礼部侍郎沈㴶连续上疏神宗，控告教会的三大罪状，包括：收买人心，意图不轨；私改历法，变乱传统；不祭祖宗，坏纲乱伦。神宗不置可否。《明神宗实录》记载，万历四十五年（公元 1617 年）十二月，北京礼部尚书兼东阁大学士方从哲以神宗名义批复："王丰肃等立教惑众，蓄谋叵测，可递送广东抚按，督令西归。其庞迪我等，礼部曾言晓知历法，请与各官推演七政，且系向化来，亦令归还本国。"南京教案对明末清初的中西文化交流有着深刻影响，它是西方基督教文化与中国传统文化在意识形态领域的一次正面冲突，[①]也预示着基督教的中华传教之路将更加曲折。

利玛窦的传教经历在 19 世纪中叶开始重演，这就是第四次传教活动。不过势易时移，此时前来中国的传教士变成了英国人，除了翻译西方教义外，他们积极通过办报来开展传教活动。清嘉庆十二年（公元 1807 年），英国传教士马礼逊抵达澳门，后转至马六甲继续他的传教事业。嘉庆二十年（公元 1815 年），第一份中文近代报刊《察世俗每月统计传》在马六甲诞生。之后在很长的时间里，传教士们成为中国近代新闻事业的启蒙者和发起者。

---

① 周志斌.晚明"南京教案"探因[J].学海，2004(2)：106.

第十二章
训士化民、校雠同文：清前期传播政策

乾隆四十三年(公元1778年)四月，皇帝策试天下贡士一百五十五人于太和殿前。在试题说明中，他对大清朝的教化政策有所解说：首先，“夫教民以实不以名，惟在督抚大吏董率属员，实力化导，使百姓迁善远罪”；其次，“化民者先训士。士之学问纰缪，学臣得以文黜之；行止颇僻，有司得以法纠之。至于聚徒讲学，渐成门户，始于骛虚名，终于受实害”；最后，“前言往行，悉载于书，……孰轶孰传，孰优孰劣，可约略指数欤。乃者命儒臣辑《四库全书》，搜访校雠”①。

这三项大政可以解释为：教化百姓问题，施行督抚负责制；训士是化民的核心，文人有思想问题，学臣因文废人，有司捉拿法办；历代群书优劣不齐，皇帝衡量取舍，为天下定本。

清代前期的传播政策一改晚明的纵弛，思想控制趋于严密。乾隆概括前朝教训言道：“盖讲学必有标榜，有标榜必有门户，尾大不掉，必致国破家亡，汉宋明其殷鉴也。”②这个讲学必有门户，结社必出朋党，党争导致国亡的逻辑链，是当时的普遍认识。

对那些“学问纰缪”的读书人，用的是文字狱。清代文字狱有多重起因，或导之于上，或发之于下；形式上有史狱、书案、诗狱之分；定罪上则有谋反大逆、违制、大不敬、不应为、上书陈言、收藏禁书之别。

所有措施之中最彻底的，还是为古今天下文章定本。《四库全书》的编纂，既是史上最大规模的书籍整理工作，也是最彻底的文字清洗运动。而这

① 清实录·高宗实录：卷一〇五五[M].北京：中华书局，1986：99.

② 乾隆.题东林列传[M]//纪昀，等.文渊阁四库全书：458册.上海：上海古籍出版社，1987：173-174.

场空前绝后的文化浩劫，就被掩盖在盛世治文、典籍大备、万世法程的宏大叙事之中。

第一节 聚众与结社之禁

清朝立国之初，便有聚众、结社之禁。在官方话语或司法适用中，这两者并无清晰界限，许多时候被混为一谈。结社当有聚众之举，而聚众则有结社之嫌。这种语义上的含糊便于统治阶层按照自己的意愿去罗织罪名。比如“哭庙案”，官方说法是“聚众倡乱”，而钱穆则解读为触及“生员结社”之忌。

无论是聚众、请愿还是结社、订盟，都是民间舆论的表达路径。改朝换代之际，其负面影响往往被夸大。朱一是的《为可堂集》评价结社立盟说：“同同相扶，异异交击。有好恶而无是非，急友朋而忘君父。事多矫激，人用偏私。始则正人开端，继乃邪正参引，后且邪人薮匿。……仆每观世务、溯祸源，未尝不叹息痛恨于先朝君子也。”由于社盟背有明季党同伐异、纯盗虚声之评，败坏风气、助推祸乱之论，为朝廷严禁提供了口实。而防止朋党、矫正士习则是衍生出的两个主要理由。

至于“聚众之禁”，纵观清朝的治安史，围绕粮食问题的聚众案件（抗粮、闹赈）在直接与政府对抗的案件类型中占了70%。[①] 从这个方面看，清前期的“聚众之禁”有着督促国课、“威劫江南”的社会控制意义。无论是清议的结社还是抗粮的聚众，生员都是其中的主体。顺治十七年（公元1660年）六月“江南奏销案”中，“苏、松、常、镇四府属，并溧阳县，未完钱粮文武绅衿共一万三千五百一十七名”[②]皆被褫夺功名。晚明宽纵遗风遭遇新朝整肃之纪，“一半清朝一半明”的士人们首当其冲。

一、哭庙案：激变良民与聚众之禁

顺治十七年（公元1660年），江苏吴县（现苏州市吴中区、相城区一带）县令任维初贪污公粮，酷刑处罚那些交不了“国课”（钱粮）的百姓，为士民所恨。顺治十八年（公元1661年）二月初一，顺治宾天诏书发至江苏。次日，江宁巡抚朱国治在苏抚大堂设灵位，全省官员哭临三日。当地秀才借此时机发难。《哭庙纪略》记载：“初四日，倪用宾等人哭庙。薛尔张作文，丁子伟于

---

① 周蓓.清代基层社会聚众案件研究[M].郑州：大象出版社，2013.

② 苏抚朱国治上疏。见清实录·圣祖实录：卷三[M].北京：中华书局，1985：70.

府教授程公翼仓处请文庙钥,诸生百余人至庙,鸣钟击鼓,即并至府堂。”

“哭庙”行为来自吴中故习——“诸生事不得直,即作《卷堂文》,以儒冠裂之夫子庙庭”[①]。这大概是江南士人在明际形成的表达不满的地方风俗。诸生在文庙哭诉后,转往苏抚大堂向诸臣请愿,并呈上揭帖。“时随至者复有千余人,号呼而来,欲逐任令。抚臣大骇,叱左右擒诸生及众,遂尔星散,止获去十一人”[②]。哭庙之举震动江苏官场。据《哭庙纪略》,道臣王纪受命过问贪污事,任维初辩解道,“抚台索馈甚急,故不得已而粜粮”。于是牵扯出了江宁巡抚朱国治。

《大清律》中有一条延自《大明律》的刑律,叫“激变良民”,其中规定:“牧民之官,如果失于抚字,而又非法行事,使民不堪,激变良民,因而聚众反叛,失陷城池者,斩。”[③]如果因官员非法行事导致民变,地方官要负责任。

《研堂见闻杂记》记载,朱国治因为此事“阴触其讳,遂唱言此谋逆者。即以银铛系诸生,闭之狱,具疏于朝,特敕大臣勘状”。据《哭庙纪略》,朱国治为掩饰自己的罪行,将此事定性为“谋逆事件”,在上疏中罗列诸生罪名:第一,抗税,“看得兵饷之难完,皆由苏属之抗纳”;第二,大不敬,“厕身学宫,行同委巷。因哀诏哭临之日,正臣子哀痛几绝之时,乃千百成群,肆行无忌,震惊先帝之灵,罪大恶极”;第三,犯上,“县令虽微,乃系命官,敢于声言扛打,目中尚知有朝廷乎”;第四,聚众,“串凶党数千人,群集府学,鸣钟击鼓,其意欲何为哉!”

其时继位大统的康熙年方八岁,辅政四大臣索尼等特派刑部右侍郎尼满、侍郎叶民等人前往江苏调查此案。朝廷对于哭庙案的重视与当时筹集军粮甚急、江苏征粮又阻力极大的社会环境有一定关系。史载当年六月,江宁巡抚朱国治上疏说:“苏、松、常、镇四府属,并溧阳县,未完钱粮文武绅衿共一万三千五百一十七名,应照例议处。衙役人等二百五十四名,应严提究拟。”朝廷批复道:“绅衿抗粮,殊为可恶,该部照定例严加议处。”[④]这就是与“哭庙案”齐名的“江南奏销案”。虽然哭庙事件或有民间抗粮的背景,但直接起因则是任维初的贪腐和苛政。朱国治将“抗粮”作为哭庙诸生的首要罪状,实是为自己脱罪的障眼法。

会审中,府学教授程邑(翼仓)供出苏州名士丁子伟、金圣叹二人。自此

---

① 钱止庵.吴门补乘[M]//钱思元,孙佩.吴门补乘·苏州织造局.上海:上海古籍出版社,2015.

② 佚名.辛丑纪闻[M].扬州:江苏广陵古籍刻印社,1986.

③ 语出《大清律·兵律·军政》。《大清律》虽是在乾隆五年定型,不过顺治三年已出台《大清律集解附例》,由于该律令与《大明律》有因袭关系,所以“激变良民”之条很可能已在其中。

④ 清实录·圣祖实录:卷三[M].北京:中华书局,1985:70.

“哭庙案”又被打上了迫害江南士人的印记。金圣叹是苏州文坛怪杰，才情出类拔萃，为人孤傲不羁，因评点《水浒传》《西厢记》，被周作人誉为小说批点的第一人①。《哭庙纪略》记载，哭庙案前一年，他的文章还被顺治帝所赞赏：“此是古文高手，莫以时文眼看他。”金圣叹引为知音，“感而泣下，因向北叩首”，后作《春感八首》之诗，其中有“何人窗下无佳作，几个曾经御笔评”的自矜之句。由此观之，说金圣叹反清谋逆应是无稽之谈。不过他离经叛道的文字和轻狂的作风却未必为士大夫所喜。负面评价当中，以名士归庄的观点比较典型：

> 苏州有金圣叹者，其人贪戾放僻，不知有仁义廉耻；又粗有文笔，足以济其邪恶。尝批《水浒》，名之曰“第五才子书”，镂版精好，盛行于世。余见之曰“是倡乱之书也”。未几，又批评《西厢》行世，名之曰“第七才子书”。余见之曰，“是诲淫之书也”。又以《左传》《史记》《庄子》《离骚》《杜诗》与前二书并列为七才子书，以小说、传奇跻之于经史子集，固已失伦，乃其惑人心、坏风俗、乱学术，其罪不可胜诛矣！②

归庄是明末清初书画家、文学家，曾为复社成员，持有反清思想。他是顾炎武好友，与后者合称“归奇顾怪”，可见其本人的风格也并非俗类。此文代表当时一部分士大夫的想法。③ 因观点相左、风格迥异便上纲上线，喊打喊杀在历代知识分子之间并不少见。由此又可见，清代禁书、文祸某种程度上并非满族统治阶级的孤立行为，而是有相当历史传统和社会基础的文化行为，其举报及推动者中又有汉族士大夫的身影。胡奇光就概括说，文祸是中国古代文化的一大弊病——文字迷信、皇权崇拜促成文字冤狱。④

史上关于金圣叹牵涉哭庙的事由说法不一。《研堂见闻杂记》说其“为《哭庙文》，亦入狱”。而《辛丑纪闻》所录朝廷定案依据是：“姚刚、丁子伟、金圣叹称：‘鸣钟击鼓，伊等亦说在倪用宾家聚会。’丁子伟、金圣叹、姚刚为首鸣钟击鼓、聚众倡乱是实。”金圣叹等的供词只是说在倪用宾家聚会，而官方则直接推导出“聚众倡乱”的罪名。同年（公元 1661 年）六月二十日，辅政四大臣代表皇帝对“哭庙”“通海”“大乘、园果”诸教案下谕旨：“谋反大逆，不分首从，皆斩，家产籍没，妻子流徙。”⑤圣旨下达后，江苏官府将“哭庙案”中的十八名秀才判处死刑，金圣叹作为首犯位列其中。七月二十三日，同案犯在

① 周作人.周作人散文全集：第八卷[M].桂林：广西师范大学出版社，2009：541-542.

② 归庄.诛邪鬼[M].上海：上海古籍出版社，1982：499.

③ 清代龚炜在《巢林笔谈》中评价金圣叹“启间巷党援之羽，开山林啸聚之端”。

④ 胡奇光.中国文祸史[M].上海：上海人民出版社，2006：6-7.

⑤ 清实录·圣祖实录：卷三[M].北京：中华书局，1985：70.

南京三山街行刑。

钱穆对金圣叹及“哭庙案”的缘由有一番解读，他说：“有名的金圣叹，就是犯了卧碑禁令而杀头了。因为当时考试官贪污，一些生员跑到明伦堂向孔子灵位哭叫，就犯了言事结社的禁令。我们从这些地方看，就可以看出清制之存心。明代是特别奖励大家发言，公开发言的。也不仅明制如是，历代都如是。只有清代才不许人讲话。”①钱穆此说有误，“生员不得言事”规条出现于明代洪武年间，并非清代创造。明中后期主权下移，才逐步流于形式。顺治八年（公元1651年）则有“生员不许聚众结社”的规定。顺治九年（公元1652年）出台的“卧碑禁令”具体表述为“生员不许纠党，多人立盟结社，把持官府”。

从官方文件上看，“金圣叹们”的罪行更有可能是“聚众倡乱”而非卧碑禁令中的“纠党结社、把持官府”。“聚众”与“结社”既相关，也有不同之处。《研堂见闻杂记》分析此事的原因是，“朝廷有意与世家有力者为难，以威劫江南人也”；牵涉此案、系狱六十三天的顾予咸在《雅园居士自叙》中提出，清廷此举是出于对“哭庙”习俗“未之前闻，张皇摭拾”；今人孙犁则认为，“当清初时，东南一带，还不巩固，时有叛乱。正在用兵，钱粮最为重要，聚众最为不法，秀才带头，尤触朝廷大忌”②。

学者巫仁恕将明清“城市集体行动事件”分为“直接与政府有关的集体行动”和“社会性冲突”两大类，前者占比为多（284件，62.4%）。而对这些集体行动的具体指向分析可知，其中，“抢粮与阻米”的占20%（91件），“反地方官”的占15.1%（69件）。“哭庙案”从性质上分析，应该属于“反地方官”的群体性事件。③

据《清世祖实录》，清廷“聚众之禁”的制度最早可见于顺治十三年（公元1656年）十一月，顺治就民间邪教聚会给礼部的上谕中说：

> 朕惟治天下必先正人心，正人心必先黜邪术。儒释道三教并垂，皆使人为善去恶，反邪归正，遵王法而免祸患。此外乃有左道惑众，如无为、白莲、闻香等教名色，邀集结党、夜聚晓散。小者贪图财利，恣为奸淫；大者招纳亡命，阴谋不轨。无知小民被其引诱，迷罔颠狂，至死不悟。历考往代覆辙昭然，深可痛恨，向来屡行禁饬。不意余风未殄堕其邪术者，实繁有徒。京师辇毂重地，借口进香，张帜鸣锣，男女杂还，喧填衢巷，公然肆行无忌。若不立法严禁，必为治道大蠹。虽倡首奸民罪皆自取，而愚蒙陷网罹辟不无可悯。尔部大揭榜示，今后再有踵行邪教，仍前聚会烧香敛钱号佛等事，在京著五城御史，及该地方官，在外著

---

① 钱穆.中国历代政治得失[M].北京：生活·读书·新知三联书店，2001：154.

② 孙犁.耕堂读书记：读哭庙纪略[M]//孙犁.孙犁文集.北京：文汇出版社，2008.

③ 巫仁恕.激变良民——传统中国城市群众集体行动之分析[M].北京：北京大学出版社，2011：57-58.

督抚按道有司等官，设法缉拿穷究奸状，于定律外加等治罪。[①]

在这个谕旨中，严禁无为、白莲、闻香等“邪教”所举办的烧香、游行、号佛等集聚活动。罪名是“小者贪图财利，恣为奸淫；大者招纳亡命，阴谋不轨”。关于民间邪教集会的禁令历朝历代大同小异。

《钦定大清会典事例》记载，雍正三年（公元1725年），针对山西和陕西两省聚众抗粮案多发的情况，清廷出台处理聚众案件的专门条例：“山陕刁恶顽梗之辈，假地方公事强行出头，逼勒平民，约会抗粮，聚众联谋，敛钱构讼，抗官塞署。或有冤抑，不于上司控告，擅自聚众至四五十人者，地方官与同城武职无论是非曲直，拿解审究。为首者照光棍例拟斩立决，为从拟绞监候，其逼勒同行之人各杖一百。”这就是之后一直被用来处理群体性事件的“山陕光棍条”。清代“光棍例”起自顺治十三年（公元1656年），是针对社会不良人士（俗称光棍）暴力犯罪制定的条例。在“山陕光棍条”中清廷首次援引“光棍例”来处理抗粮、构讼、抗官等群体性事件，并将聚众人数上限确定为“四五十人”，为首者斩立决，为从者绞监候。

乾隆十二年（公元1747年），地方灾害频仍，出现了江苏宿迁县（今宿迁市）生员王育英闹赈案等诸多群体性事件。朝廷依照“山陕光棍条”处理这些案件，但无法遏制各地此起彼伏的抢赈、闹官、阻米等案件。《清高宗实录》记载，乾隆十三年（公元1748年）五月，上谕将“山陕光棍条”进一步升级为“强盗杀人例”，地方官员可以不经汇报，先行处决“聚众抗官”的首犯：

> 凡直省刁民，因事哄堂塞署，逞凶殴官，聚众至四五十人者，为首依律斩决，仍照强盗杀人例枭示。其同谋聚众、转相纠约、下手殴官者，虽属为从，其同恶相济，审与首犯无异，亦应照光棍例拟斩立决。其余从犯照例拟绞监候。被胁同行者，照例各杖一百。如遇此等案件，该督抚先将实在情形奏闻，严饬所属立拿正犯，速讯明确，分别究拟。如实系首恶通案渠魁，该督抚一面具题，一面将首犯于该地方即行斩枭，并将犯事缘由及正法人犯姓名刻示□贴城乡，俾愚民咸知儆惕。

此后，乾隆朝逐渐形成了对聚众抗官案件“分别查办”的制度，即首先从重惩处聚众抗官的民众；等案件完结之后，再查处累民激变的地方官。[②] 乾隆四十四年（公元1779年）二月，有直隶井陉县生员梁进文等聚众抗官一案，后查明是该县知县周尚亲“藉公科敛、短价派买”，导致民众百余人前往正定府喊冤。直隶总督周元理在结案时，提出严惩首犯，其后却对周尚亲之过加以遮掩。乾隆在案情大白之后，只是将周元理革职，但保留了他的三品衔；

---

① 清实录·世祖实录：卷一〇四[M].北京：中华书局，1985：811-812.

② 清实录·高宗实录：卷一〇七八[M].北京：中华书局，1986：484.

对于聚众首犯梁进文诸人，认为其虽有缘由，但“情罪甚属可恶，自不便轻纵”[①]，梁进文诸人于同年三月被“斩决枭示”。在这次上谕中，乾隆就严厉处置该月三起聚众案件解释说：“朕意在爱民，惟恐愚氓轻蹈法网。将此旨详悉晓谕，使家喻户晓，不致以身试法；亦风淳俗厚，安享盈宁，副朕明刑弼教之至意。”[②]

乾隆五十三年（公元 1788 年），刑部规定对那些假地方公事，罢考、罢市及逞凶殴官者中的为首者“斩立决”。据《钦定大清会典事例》，嘉庆十六年（公元 1811 年），刑罚再次升级，凡擅自聚众至四五十人，“尚无哄堂塞署，并未殴官者，照光棍例为首拟斩立决，为从拟绞监候。如哄堂塞署，逞凶殴官，为首斩决枭示”。清朝“聚众之禁”至此达至最苛。只要是聚众四五十人，不论曲直，不论是否冲击官府、危害社会，首犯都将斩立决，从犯绞监候。[③]

清朝“聚众”条例，由最初“激变良民”的平衡之策，一变为“山陕光棍条”，二变为“强盗杀人例”，三变为纯粹的“聚众有罪”条例，对民众的处罚越来越严厉，对官员的制约却越来越宽纵。这就是乾隆等人“因时制宜，而辟以止辟”，从而“儆惕”天下的经世之用。

二、结社之禁[④]

顺治十六年（公元 1659 年），福建巡按李时茂上“恶棍结党立社，地方受害难堪”疏。大致内容是：“福州会闱有社党，各分门户，如至德、北林、西蓝等社。其社首陈子佳等，结众敛金，横行城市，寻非启衅，攘臂争雄。”[⑤]李时茂所指应该是横行于会试场所附近、危害地方治安的帮派组织。但是这个上疏则被有心人作为禁止士人结社的依据。

顺治十七年（公元 1660 年）正月，礼科右给事中杨雍建上“严禁社盟”疏，他借用了李时茂列举的福州案例，并引申说，“凡此恶习，皆始于儒生，而流及市井小人，尤而效之者也”。杨雍建的上疏是清廷禁止结社的政策性文件，摘要如下：

> 臣闻朋党之害，每始于草野，而渐中于朝宁。盖在野既多，类聚之

---

① 清实录・高宗实录：卷一〇七八[M].北京：中华书局，1986：485.

② 清实录・高宗实录：卷一〇七九[M].北京：中华书局，1986：500-501.

③ 相关条例梳理参见周蓓.清代社会控制机制的立法考察——以基层社会聚众案件为中心[J].中州学刊，2013(8)：126-131.

④ 清代民间结社有诸多类型，有地方帮会，有地下反清组织等。本文于传播政策范畴内，专门讨论士人结社。

⑤ 杨雍建.杨黄门奏疏[M]//《四库全书存目丛书》编纂委员会.四库全书存目丛书：986 册.济南：齐鲁书社，1997：227-228.

私,而服官必有党援之弊。如明季仕途分门立户,意见横生;其时社事孔炽,士子若狂。如复社之类,凡一盟会,动辄数千人,标榜为高,无不通名当事。而缙绅大夫各欲下交多人,广树声援。朝野之间人皆自为。于是排挤报复之端起,而国事遂不可问矣。

我皇上鉴前之弊,特谕臣子当砥砺品行、奉法尽职,不可因事疑揣、致开党兴之渐,如明末群臣,背公行私、党同伐异。大哉王言,所以扩公忠之益,塞比私之路。大小臣工,孰敢不洗涤肺肠,恪修职业,以仰副睿怀者。

臣以为,拔本塞源之道,在于严禁社盟。苟社盟之陋习未除,则党兴未可得而化也。臣闻社盟之习,所在多有,而江苏之苏松,浙江之杭嘉湖为尤甚。盖其念始于好名,而其实因之植党。于是家称社长,人号盟翁;质鬼神以定交,假诗文而要誉;刻姓氏则盈千累百,订宴会则浃日连旬。大抵涉笔成文,便争夸乎坛坫;其或片言未合,思构衅于戈矛;彼此之见既分,朋比之念愈切。相习成风,渐不可长。又有不肖之徒,饰其虚声,结交有司,把持衙门,关说公事。此士风所以日坏,而人心由之不正也。

……请敕该部再为申严行该学道,实心奉行,约束士子不得妄立社名,其投刺往来亦不许仍用"社盟"字样,违者治罪。倘学臣奉行不力,听科道参一并处治。则陋习除,而朋党之根立破。[①]

正月十五日得顺治上谕:"士习不端,结社订盟,把持衙门,关说公事,相煽成风,深为可恶,著严行禁止。"[②]细查杨雍建上疏,宗旨在"破朋党之根"。此前清廷也曾出台过禁止生员结社的禁令,不过立意显然不如杨氏"高远"。

早在顺治八年(公元1651年),朝廷就批准了礼部提交的约束教官生员之法,其中有"生员不许聚众结社、纠党生事,及滥刻选文、窗稿"[③]的规定。顺治九年(公元1652年)清廷沿袭明制,颁行全国儒学卧碑文(新卧碑八条)。第七条说,"军民一切利病,不许生员上书陈言,如有一言建白,以违制论,黜革治罪"。另外增加第八条,"生员不许纠党,多人立盟结社,把持官府,武断乡曲;所作文字,不许妄行刊刻,违者听提调官治罪"[④]。

早期清廷的结社之禁,一部分是沿袭明季规条,另一部分是为了遏止生

---

① 杨雍建.杨黄门奏疏[M]//《四库全书存目丛书》编纂委员会.四库全书存目丛书:986册.济南:齐鲁书社,1997:227-228.其内容也可见于《清实录·世祖实录》和《东华录》。

② 清实录·世祖实录:卷一三一[M].北京:中华书局,1985:1016.

③ 清实录·世祖实录:卷五十五[M].北京:中华书局,1985:438.

④ 见《温州历代碑刻二集》下册中第五〇八件,从嘉庆《瑞安县志》录入。

员的某些恶习。顺治十年（公元1653年）四月，顺治在给礼部的上谕中提到：

> 比闻各府州县生员，有不通文义、倡优隶卒，本身及子弟厕身学宫。甚者出入衙门，交结官府。霸占地土，武断乡曲。国家养贤之地，竟为此辈藏垢纳污之所。又提学官未出都门，在京各官开单嘱托；既到地方，提学官又访探乡绅子弟亲戚，曲意逢迎；甚至贿赂公行，照等定价。督学之门，竟同商贾。正案之外，另有续案；续案之外，又有寄学，并不报部入册。以致白丁豪富，冒滥衣巾；孤寒饱学，终身淹抑；以及混占优免，亏耗国课。种种积弊，深可痛恨。①

其时确实存在地方生员交结官府、横行乡里、贿赂学官、滥竽充数的情况。结社立盟、互为声援乃至影响政事、干预司法应该也是存在的。朝廷禁止结社的初衷实是整顿士人歪风。不过在这个阶段，由于清廷政事上仍以军事为主，民间结社没有受到宏观政策的强烈冲击。顺治十年（公元1653年），《圆圆曲》作者吴伟业（梅村）以诗坛盟主身份，在虎丘公开主持盟会调解慎交、同声二社矛盾，并没有受到官方禁止。此会参与士人达到五百人，是复社虎丘大会之后的又一次盛会。程穆衡的《吴诗集览》记载：

> 会日以大舟廿余横亘中流，每舟置数十座，中列优娼，明烛如繁星。伶人数部，歌声竞发，达旦而止。散时如奔雷泻泉，远望山上，似天际明星，晶莹围绕。

对当时景况，还有梅村《癸巳春日禊饮社集虎丘即事》一诗描述说“青溪胜集仍遗老，白帢高谈尽少年”。后江南士人陆銮因遭会社排斥，向朝廷举报吴梅村，其理据也不是士人结社之罪，而是附逆谋反。杜登春的《社事始末》记载：

> 杭人陆銮借江上以倾梅村，而击两社，上书告密，首及梅村。云系复社余党兴举社事，大会虎丘，将为社稷虑。

所谓“江上”应该指郑成功势力试图入长江进占江南。陆銮告发吴梅村是复社余党，与郑氏勾结意图不轨。顺治派遣朝中大员调查，最后定为诬告，将陆銮绳之以法。由此印证，当时士人社盟实非官方关注对象。直到顺治十七年（公元1660年）杨雍建上疏，将“社”与“党”有意混淆，给结社抹上“朋党”乃至亡国的政治危害性，各地社事活动才真正遭受挫折。杜登春的《社事始末》说，此后“家家闭户，人人屏迹，无有片言只字敢涉会盟之事矣”。

杨雍建的观点有一定的社会基础，代表了部分士大夫在改朝换代的大背景下对于结社的看法。晚明史家张岱提出：“夫东林自顾泾阳讲学以来，

---

① 清实录·世祖实录：卷七四[M].北京：中华书局，1985：585.

以此名目，祸我国家八九十年。以其党升沉，用占世数兴败。其党盛，则为终南之捷径；其党败，则为元祐之党碑。风波水火，龙战于野，其血玄黄。朋党之祸，与国家相为始终。”①

清初学者朱一是在《谢友人招入社书》中则说：“盖野之立社，即朝之树党也。足下不睹东林之害乎？万历中一二大君子研讲道术，标立崖畔，爰别异同。其后同同相扶，异异交击。有好恶而无是非，急友朋而忘君父。事多矫激，人用偏私。始则正人开端，继乃邪正参引，后且邪人薮匿。而百不一正焉。即正人不为邪用者几何矣？道术流而意气，意气流而情面，情面流而货赂，狐城鼠社，蔓引茹连，罔止行私，万端一例。遂致事体盅坏，国势凌夷，局改时移，垣垒石破。……朝之党，援社为重，下之社，丐党为荣。官人儒生忘年释分，口言声气，刺列社盟。公卿及处士连交，有司与部民接秧，横议朝政，要誉贵人，喧哗竞逐，逝波无砥。颠倒沦乱，蹶张滋甚。不惟汉衰党锢，召乱黄巾；降至唐季清流，祸投白马，谈之变色，听乃寒心。”

乾隆在《题东林列传》对此类观点加以概括说：“盖讲学必有标榜，有标榜必有门户，尾大不掉，必致国破家亡，汉宋明其殷鉴也。”这个讲学必有门户，结社必出朋党，党争导致国亡的逻辑链，是当时普遍认识之一。受此历史观的影响，“反朋党”成为清代政治话语中的核心内容。雍正、乾隆年间的诸多重大案件（包括文字狱），高官贵胄的生杀废黜，不少根源于此。

对于这个主流观点，社会上也存在相反意见。黄宗羲的《明儒学案·东林学案》质疑将清议作为党祸和亡国根源的说法：

> 今天下之言东林者，以其党祸与国运终始，小人既资为口实，以为亡国由于东林，称之为两党，……然则东林岂真有名目哉？亦小人者加之名目而已矣。论者以东林为清议所宗，祸之招也。子言之，君子之道，辟则坊与，清议者天下之坊也。夫子议臧氏之窃位，议季氏之旅泰山，独非清议乎？清议熄而后有美新之上言，媚奄之红本，故小人之恶清议，犹黄河之碍砥柱也。②

黄宗羲所论涉及舆论与乱世孰表孰里、孰因孰果的历史公案。他认为，社会舆论实际上是防止社会陷入动乱的安全堤坝。消灭掉批评意见，谗言就得以大行其道，小人就可以呼风唤雨。杜登春在《社事始末》的结论部分提出，社局实际上是文人血脉的延续，消灭讲学和结社，会导致世道人心的衰落：

> 盖以社局之兴衰，实有关于世道人心，非可易视也。倘社局不振，

---

① 张岱.琅嬛文集[M].长沙：岳麓书社，1985：146.

② 黄宗羲.明儒学案：卷五八[M]//沈善洪.黄宗羲全集：第八册.杭州：浙江古籍出版社，1992：726.

悠悠终古，将复社、几社之血脉一断，则东林先生讲学明道之血脉亦断矣，可不惧哉？今日者，东海琅玡，一时去国，闭门却扫，以党魁自虑，谢绝问字之徒，使后起子弟，以文章声气为讳。是余所寝食不宁，望南天而肠断者也。

杜登春的《社事始末》于康熙三十一年（公元 1692 年）所撰，其后果然出现"士人以文章声气为讳"的雍正、乾隆朝文字狱。《社事始末》也在乾隆三十二年（公元 1767 年）被禁毁。

今人何宗美提出，清朝前期的结社之禁，是专制的政治制度、发展的商品经济、变革的思想三者失衡、不相协调导致的。[①] 其后随着清朝教化政策的逐步推行，尤其科举文化的诱导，文社又回到了为科举服务的时文讨论道路上。康熙中期以后，文社开始复苏。康熙三十四年（公元 1695 年），顾嗣立到京城参加科举考试，"是秋，与吴山仑、汪武曹、张日容、吴荆山、家有常诸君举鸿笔文社，于八月十九日，大会江浙八郡名士于秀野草堂，课经义三篇全章，《惟天下至诚为能经纶天下之大经》全章，《由尧舜至于汤》全章、杂著二篇、诗二首，嘉善魏州来以下共计一百八十五人，福建张超然亦与焉"[②]。

乾隆四十二年（公元 1777 年），山西出现了友声诗社；嘉庆八年（公元 1803 年），满人福申在北京建立城西文社。[③] 清中期以后，文人社团在社会上层结构和乡土基层都有存在，而以基层文学社团为多。环太湖地区就有数百，主要从事群体性的诗文活动。[④]

第二节　陷文不活：清朝文字狱

清朝前期传播政策的突出体现是文字狱。清代文字狱有多重起因，或导之于上，或发之于下；形式上有史狱、书案、诗狱之分；定罪上则有谋反大逆、违制、大不敬、不应为、上书陈言、收藏禁书之别。

文字狱对治史产生长远影响。章太炎在《哀清史》一文中说："士人不敢记述时事以触罗网，后虽有良史，将无所征信。"[⑤]鲁迅也认为，"为了文字狱，使士

---

① 何宗美.明末清初文人结社研究[M].天津：南开大学出版社，2003：413.

② 顾嗣立.闾邱先生自订年谱[M]//北京图书馆.北京图书馆藏珍本年谱丛刊：第 89 册.北京：北京图书馆出版社，1999：70.

③ 阳达.清代科举取士与文人结社[J].湖北社会科学，2015(4)：97；朱则杰.清代诗人结社丛考[J].汉语言文学研究，2015(4)：13-14.

④ 罗时进.清代诗文家语社团流派研究[J].苏州教育学院学报，2012(2)：42.

⑤ 章太炎.章太炎全集：卷三[M].上海：上海人民出版社，2014：329.

子不敢治史，尤不敢言近代事”[①]。这正是庄氏明史案与戴名世《南山集》之狱所起到的效果。众多史料因为官方的禁毁和避讳从此湮没无闻。梁启超说：“自汉晋以来二千年，私家史料之缺乏，未有甚于清代者。盖缘康、雍、乾间文网太密，史狱屡起，禁书及违碍书什九属史部，学者咸有戒心。”[②]

文字狱对士风、文风更是贻祸无穷。张元济《明史钞略》跋云：“推其意且必谓经此惩创，自今以往当无有敢稍干犯之徒。即凡受庇宇下者，亦皆可无所忌惮，同享讳尊讳亲之利。于是人人低首，家家颂圣，专制之乐，其乐无穷。”

一、史狱：庄氏明史案

清朝文字狱最早见释函可逆书一案。顺治二年（公元 1645 年），豫亲王多铎率清军攻陷南京，弘光王朝灭亡。当时广东僧人函可正在南京，将目睹之弘光惨变记录下来，书名《再变记》。顺治四年（公元 1647 年），函可在离开南京时，被清兵搜出书稿及弘光帝致阮大铖的信件，于是身陷囹圄。[③]

函可和尚的世交洪承畴欲为其脱罪，在奏章中承认：“验笥中，有福王答阮大铖书稿，字失避忌。又《变记》一书干预时事，函可不自行焚毁，自取愆尤 。”[④]由此观之，函可获罪事由是所携带信件“字失避忌”，所写书稿“干预时事”。顺治五年（公元 1648 年）四月，吏部议奏洪承畴徇情一事时提到：“《再变记》一册，其中字迹有干我朝禁忌。”[⑤]在时任招抚南方总督军务大学士洪承畴的转圜之下，函可被轻判流放。后人评价说：“方外臣少识忌讳，遂坐文字，有沈阳之役。”[⑥]此案应为清代文字狱之始。

文字狱在不同时代有不同表现形式，宋元多为“诗案”“诗祸”，如奏邸、乌台、梅花、茅山；明代洪武年间多称“表笺祸”，诸臣以表笺言辞犯忌；[⑦]清初则多为“史案”（史狱）和“书案”。乾隆末年，赵翼在《廿二史札记》中谈到秦桧文字之祸时，提到“秦桧赞成和议，自以为巧，唯恐人议己，遂起文字之狱”，用以代指历代笔祸。此说在嘉庆时为官方意识形态所接受，于是就有

---

① 鲁迅.且介亭杂文[M]//鲁迅.鲁迅全集：第六卷.北京：人民文学出版社，1973：57-64.

② 梁启超.中国近三百年学术史[M].天津：天津古籍出版社，2003：311.

③ 此事见奉天辽阳千山剩人可禅师塔碑铭。

④ 清实录・世祖实录：卷三十五[M].北京：中华书局，1985：284.

⑤ 清实录・世祖实录：卷三十八[M].北京：中华书局，1985：306.

⑥ 丁澎.扶荔堂文集：卷十二[M].北京：学苑出版社，2010.

⑦ 明代“表笺之祸”案例多出于野史及乾隆末年赵翼的《廿二史札记・明初文字之祸》所转录内容。今人陈学霖考证“表笺之祸”是清代史学界对明太祖的污蔑。参见陈学霖的《徐一夔刑死辩诬兼论洪武文字狱案》《明太祖文字狱案考疑》等文章。

了“文字狱”之称谓。①

顺治五年（公元 1648 年），有毛重倬“坊刻制艺序”一案。所谓“坊刻制艺”是民间书坊所刻的时文选，士子们将其作为应试指导。《明清档案》②记载，该年三月，内院汉人大学士冯铨、宋全联名上了一份名为“为直纠悖乱坊刻以正人心事”的题本，称“因训课子孙，聊市坊刻”，发现孙曙、张辰、毛重倬、胥庭清、史树骏和缪慧远等人的坊刻制艺文“皆无年号”，而“凡著书必系年，以尊一统，历代皆然。今此辈删去不用，心无本朝，阳顺阴逆，罪犯不赦之条矣”；另外，此书所选制艺文“闪烁延慢”“不可理解”。此疏建议对涉案人员“严拿重拟”。摄政王多尔衮批示：“是。孙曙等俱革黜，该抚、按拿问，将不书年号、文理悖乱情由确察议罪具奏，余著部议。”③之后，清政府出台规定：“自今闱中墨牍必经词臣造订，礼臣校阅，方许刊行，其余房社杂稿概行禁止。”④对制艺文牍的审查和限制是清廷对书籍出版审查的开始，主管部门则是礼部。

顺治十八年（公元 1661 年），浙江出现“庄氏明史案”，这是清廷文化的管控走向严苛（文字狱）的标志性案件。明朝哲宗时辅臣朱国桢曾著有《明史概》一部，藏于湖州乌程（浙江省吴兴县）家中。清兵入关后，朱氏后人因生活窘迫，将其书稿抵押给乡邻富户庄氏。庄氏子庄廷鑨以史谋名，聘请当地名士，增补崇祯一朝历史，加以整理润色，取名《明史辑略》，并于顺治十七年（公元 1660 年）冬刻版售卖。在出版前，庄廷鑨因病去世，其父庄允诚为成全儿子的声名，继续将书出版，结果为吴之荣所举报，酿成了清初最惨烈的文

① 王彬.禁书文字狱[M].北京：中国工人出版社，1992：261.

② 《明清档案》全称为《“中央研究院”历史语言研究所现存清代内阁大库原藏明清档案》，由张伟仁主编，1986 年 7 月由“中央研究院”历史语言研究所出版，联经出版事业公司印行。胡坚.胥庭清和《听江冷署》[J].图书馆杂志，2001(12)：49.

③ 对于此案，国内研究文字狱史的学者一般采用《郑桐庵笔记补逸》的说法。该书记载，大学士刚林（满洲正黄旗人）以汉文教授子孙，发现坊刻八股文选“悖谬荒唐，显违功令”，便上书告发毛重倬为“坊刻制艺”所写序文犯了逆罪。刚林的上疏中说：“其序止写丁亥（即顺治四年）干支，并无顺治年号。凡书必系年号，以尊一统，历代皆然。此辈删而不用，目无本朝，阳顺阴违，逆罪犯不赦之条。”涉及“制艺序”的“毛重倬、胥庭清、史树骏、缪慧远等皆罹于网”。不过在 2001 年，今人胡坚在台湾出版的《明清档案》中发现了更为确实的记载。相关考证也可见朱琴.《郑桐庵笔记》考略[J].科技情报开发与经济，2012，22(20)：33.按《明清档案》所记，陷入坊刻制艺一案的其实是六人，而举告者则是汉人大学士冯铨和宋全，至于处理结果也不是处以极刑。今人毛文鳌从康熙刻本的陆灿《调运斋集》中《重答孙蔗庵年兄芥阁十诗》第七首诗后自注“常州毛博士重倬，余前五老会中之一也，扬州士人吴嘉纪，余二十年好友，今秋先后卒”得出毛重倬卒于康熙二十四年（公元 1685 年）仲秋，而非案发的顺治五年（公元 1648 年）前后。此为另一佐证。参见毛文鳌.清初遗民诗人吴嘉纪卒年新考[J].江海学刊，2013(4)：114.

④ 郑桐庵.郑桐庵笔记补逸[M]//上海书店.丛书集成续编：95 册.上海：上海书店，1994.

字狱。《研堂见闻杂记》对“明史案”的原因和经过有详细记载：

其(《明史辑略》)所续烈皇帝朝诸传，于我朝龙兴事有犯，诸人不察也，盛行之坊间。闻吴兴有县令挟其事，与之为难，而庄不即答，于是首之朝。天子震怒，逮系若干人，如查继佐、陆圻、范骧，皆浙中名宿；其他姻党亲戚，一字之连、一词之及，无不就捕。每逮一人，则其家男女百口，皆锒铛同缚。杭州狱中至二千余人。妇女衣带及发，悉剪去，恐其自经；男子皆锻炼极刑。攀染及江南，书贾陆德儒亦被祸。陆方嫁女，妇女杂集，质明祸发，悉就缚。天子遣两部臣至杭亲讯，今狱犹未决。

……明史之狱，发难于吴之庸(荣)。后攀染无数，凡藏书者与著书一体同罪，严旨逮捕。吴江有两生，一为潘圣章，一为吴炎，平日闭门读书，亦私着(著)《明史》一部，藏之家，未及梓。庄允成以其同心也，列之参评。后按籍擒捕，两县令、一司理登门亲缉。一则方巾大袖以迎，一则儒巾襤衫以迎，辞气慷慨。凡子女妻妾，一一呼出，尽以付之。两县令、一司理谓：“君家少子姑藏匿，何必为破卵?”两生曰：“吾一门已登鬼箓，岂望覆巢完卵耶!”悉就械，而挺身至杭就讯。既见两部官，痛骂不屈；夹二棍，骂益甚，两部官蹴其齿尽落。闻两生于我朝定鼎之后，闭关不与人通，一以著书为事。其撰《明史》也，虞山钱宗伯以书三航，供其纂辑。至今发未剪，亦首阳之民。其慨然以妻子尽出者，岂真铁石心哉！一腔热血，有难言者存矣。

明史之狱决于康熙二年(公元 1663 年)之五月二十六日，得重辟者七十人。凌迟者十八人，茅氏一门得其七，当是鹿门后人；如庄、如朱，皆在数中。朱字右明，出赀四五百万助刻，故亦株连。其余绞者数人，郡伯、司理皆与焉。外皆骈首就戮。浒墅榷关使者李继白，止以买书一部，亦与祸。书贾陆德儒及刻匠若干人，皆不免。所籍没财产，分其半于吴之庸(荣)。若范骧、陆圻、查继佐之属，皆有首在事前，得免死释归。

《明史辑略》全本今已不传。其致罪情由，此文认为“所续烈皇帝朝诸传，于我朝龙兴事有犯”。翁广平在《书湖州庄氏史狱》中称“廷鑨所著书多忌讳语”。陈寅清的《榴龛随笔》记述较为详细：“或问逆书致罪之由，余不知其细。但闻之前人曰，‘如书中所云王某孙婿，即清之德祖；所云建州都督，即清之太祖也，而直书名’。又云‘长山衄而锐士饮恨于沙磷，大将还而劲卒销亡于左衽’。如此之言，散见于李如柏、李化龙、熊明遇传中。又指孔耿为叛。又自丙辰乞癸未，俱不书清年号；而于隆武、永历即位之正朔，必大书特书，其取祸之。”由此推测，庄氏明史案的罪状可能是诽谤(或大不敬)清帝先祖和大清新朝，散布与当朝不同的历史观和话语。

民国时出现三册七卷传抄的《明史辑略》残本，即《明史钞略》，是目前发现的唯一"明史案"文字史料，1935 年由商务印书馆收入《四部丛刊》出版。对其文本分析，其犯忌文字大概有以下几种：第一，对清帝先祖直呼其名，比如对努尔哈赤的父亲不称官方所封"显祖宣皇帝"，直呼其名曰"他氏"(即塔克世)；第二，对于努尔哈赤在辽东崛起，不用官方"龙兴"话语表述，而称之"滋患"，又称清朝先祖和官兵为"贼"和"夷"；第三，对于明朝与后金的战争，以大明视角加以评价；第四，改朝换代之后仍以前朝帝号纪年。

《明史辑略》之所以出现诸多犯忌之语，可能和它以朱国桢遗稿为蓝本，没有随着改朝换代加以修订有很大关系。朱国桢是天启年间辅臣，其所记史料，皆是以晚明话语表述；另该书采用明末茅瑞征所记《五芝纪事》《明末启祯遗事》参补天启、崇祯和南明事迹，多用仇视后金的语言。以满族统治者角度看，自有诸多违碍。

《明史辑略》案发后，列参阅十八人皆系于狱，海宁名士查继佐(伊璜)被排在第一位。实际上，查氏并未参与该书校阅。沈起的《查东山先生年谱》载，查继佐得知庄氏将其列入参阅之后，特投牒于督学，称"倘若犯于所忌，间有非所宜言"。陈去病在《五石脂》中说，事后朝廷结论，查继佐虽然在此案中的作用不如吴之荣大，但也算是"首事之人"，即首告之人。

《研堂见闻杂记》对于"明史案"的记载，从侧面展现了明末清初私史撰述的面貌。首先，私史的编修是自由的，或藏于家或布之版，民间世家凭修史或藏书而博得文化身份和社会尊重；其次，私史的编撰是一项多方参与的社会活动，有实力的主编方可以邀请当时的文化名流共襄盛举；最后，私史的印刷、出版和售卖也是自由的。而这个状态在"明史案"之后有所改变。

乾隆三十九年(公元 1774 年)八月颁布的"禁书谕令"或可为此案定论："明季末造，野史甚多，其间毁益任意，传闻异词，必有抵触本朝之语，正当及此一番查办，尽行销毁，杜遏邪言，以正人心而厚风俗。"[①]乾隆时期编纂的《四库全书》是中国历史上最大的一部丛书，共著录书籍 3 461 种，被誉为古代典籍的总汇。不过与此同时，乾隆也直接掀起了史上最大规模的禁书运动，在 19 年的禁书过程中，共禁毁书籍 3 100 多种，几与所著录书籍相当。[②]其中很大部分来自私史、野史。明末清初是野史极盛的阶段，甚至到康熙年间还有成书，但是到乾隆以后就灭绝了。直到道光以后，野史才再度出现繁

---

① 清实录·高宗实录：卷九六四[M].北京：中华书局，1986：1084-1085.

② 林中清.《四库全书》禁书目录考[J].江苏图书馆学报，1991(2)：37.

荣的趋向。[1]

根据影响，史上也有将“庄氏明史案”作为清代文字狱开端的。因为文字犯禁，冤死者70余人，凡编书、作序、捐资、校书、刻书、卖书者一律判处死刑。文化专制自此走向极端。张元济《明史钞略》跋评价此案说：

其涉及清室并无讪谤语，仅偶见“建夷”及“夷氛夷寇”等字，不意竟触震怒，酿成惨狱。噫！帝王之量抑何隘耶？夫以雷霆万钧之力，加诸无拳无勇之辈，自可以为所欲为。推其意且必谓经此惩创自今以往当无有敢稍干犯之徒。即凡受庇宇下者，亦皆可无所忌惮，同享讳尊讳亲之利。于是人人低首，家家颂圣，专制之乐，其乐无穷。

当代金庸先生小说《鹿鼎记》即以此案开场。第一回目“纵横钩党清流祸，峭茜风期月旦评”，亦有所指。庄氏明史案后，《明史辑略》还有遗祸。乾隆三十七年(公元1772年)三月，河南罗山县的革职在籍知县查世柱编纂了四卷《全史辑略》，其中采辑了《明史辑略》的相关内容，查氏因“纂辑禁史，悖逆不道，拟斩立决”。后查出举报者李凤仪因“挟嫌索银起衅缘由”，查氏终得以逃脱重辟。[2] 层层文网之下，《明史辑略》终于不传于世。

二、戴名世《南山集》之狱：言语悖逆

康熙五十年(公元1711年)，左都御史赵申乔以“特参狂妄不谨之词臣，以肃官方，以昭法纪事”为题上疏参劾翰林院编修戴名世。此疏全文如下：

钦惟吾皇上，崇儒右文，敦尚正学；训饬士子，天语周详；培养人才，隆恩曲至。普天下沾濡德化者，无不恪循坊检，懔畏章程矣。乃有翰林院编修戴名世，妄窃文名，恃才放荡。前为诸生时，私刻文集，肆口游谈，倒置是非，语多狂悖。逞一时之私见，为不经之乱道。徒使市井书坊，翻刻留鬻，射利营生。识者嗤为妄人，士林责其乖谬。圣明无微不察，谅俱在洞鉴之中。今名世身膺异数，叨列巍科，犹不追悔前非，焚削书版。似此狂诞之徒，岂容滥厕清华。臣与名世素无嫌怨，但法纪所关，何敢徇隐不言？为此特疏纠参，仰祈敕部严加议处，以为狂妄不谨之戒，而人心咸知悚惕矣。伏候皇上睿鉴施行。

康熙下旨：“这所参事情，该部严察审明具奏。”[3]赵申乔的上疏从表面上看，只是要求惩戒其“狂妄不谨”的言行，不过细查其指控，其实有违逆章程、

---

① 内藤湖南.中国史学史[M].马彪，译.上海：上海古籍出版社，2008：343-345.

② 清实录·高宗实录：卷九〇四；卷九〇六[M].北京：中华书局，1986：82，116.

③ 小横香室主人.戴名世《南山集》之狱[M]//小横香室主人.清朝野史大观.上海：上海科学技术文献出版社，2010.也可见清末印行的《古学汇刊》第一集。

私刻文集、倒置是非诸多罪名。《清史稿·赵申乔传》记载，赵申乔“劾编修戴名世所著《南山集》《孑遗录》有大逆语，下刑部，鞫实坐斩”。此案定性由“狂悖”转为“大逆”，有一个罗织罪名的过程。

虽然赵申乔在疏中强调与戴名世“素无嫌怨”，据推测与两年前的进士考试有关。戴名世是安徽桐城人，以传记、史论闻名，尤其是穷二十年之著作《南山集》（即《南山集偶钞》，其门人尤云鹤辑录）在士林影响甚大。康熙四十八年（公元1609年），戴名世以五十七岁高龄考得一甲第二名进士及第，而第一名则是左都御史赵申乔的儿子赵熊诏。当时赵名不显，却力压戴氏获得状元，民间议论这是赵申乔幕后操作的结果。[①]

戴名世被举报更有可能与其直言放浪的言行有关。三十四岁时，戴名世被举荐进入国子监，他与徐贻孙、方苞、王源等人志趣相投，经常在一起“酒酣论时事，吁嗟咄嘻，旁若无人”[②]。“一时太学生皆号此数人为狂士”[③]。这些人的行为举止让老成世故之人侧目，甚至不知不觉之间就得罪了当权者。戴名世自己检讨说：“其于当世之故，不无感慨忿怼，而其辞类有稍稍过当者，世且以仆为骂人。”[④]通过科考进入官僚系统以后，他并没有收敛其言行，依旧“恃才放荡”“语多狂悖”，导致“诸公贵人畏其口，尤忌嫉之”[⑤]。

举报人赵申乔是清朝少有的清官，获康熙多次嘉奖。《清史稿》记载康熙四十一年（公元1702年），“上谕奖申乔据官清，能践其言”。康熙四十九年（公元1710年），又谕曰：“申乔甚清廉，但有性气，人皆畏其直。朕察其无私，是以护惜之。”不过康熙在朱批中也提到赵申乔是“讲道学之人”[⑥]，“生来好专擅”[⑦]。深得皇帝信任的一品风纪之臣，专疏举报权微职轻的翰林院编修（七品）戴名世，其内在用意自然不同寻常。康熙也非常重视这个案件，要求有司严加查办。以赵申乔疏中诉求判断，君臣初衷还是基于警戒妄言、整顿士风的考量。

案件先由刑部进行审理。据官方记载，戴名世在审讯中招认，“《与余生书》内，有方学士名，即方孝标。他作的《滇黔纪闻》，内载永历年号。我见此书，即混写悖乱之语，罪该万死”。《南山集》中收录戴氏《与余生书》一文，其中引用方孝标《滇黔纪闻》内容及前朝“永历”年号。刑部认为这是大逆

---

① 此说见清末周贞亮在《记桐城方戴两家书案》后附“识语”。

②③④ 戴名世.戴南山集[M].上海：大中书局，1934.

⑤ 清史稿·戴名世传.

⑥ 康熙起居注：第三册[M].北京：东方出版社，2014：2225.

⑦ 第一历史档案馆.康熙朝满文朱批奏折全译[M].北京：中国社会科学出版社，1996：1063.

之罪：

查戴名世书内，将本朝年号削除，写入永历大逆等语。据此，戴名世照律凌迟。弟平世斩决。其祖父、子孙、兄弟、伯叔父兄弟之子，俱解部立斩。其母女、妻妾、姊妹、子之妻妾，十五岁以下子孙，伯叔父兄弟之子，给功臣为奴。方孝标身受国恩，尊崇弘光、隆武、永历年号，大逆已极，依律凌迟，今已身故，应锉骨，财产入官。伊子方登峄、方云旅、方世樵照律斩决。孝标族人，不论已否孝服尽，除已嫁之女外，一应放黑龙江。汪灏、方苞，应绞立决。方正玉、尤云鄂，妻子放宁古塔。刘岩，佥妻流三千里，至配所责四十。原任尚书韩菼三十七人，俱系时文，毋庸议。余生等六人，至拿到日再结。王源、朱书已经病故，毋庸议。《南山集》版烧毁。行文各省，将方孝标、戴名世所造之书，查出烧毁。

除了《南山集》外，《孑遗录》一书也被刑部审查。该书记录了明末桐城兵乱始末，其中也是直书弘光年号，并在叙述弘光帝奔芜湖时说“圣安帝遁”，这同样被看作是有罪的。[①] 刑部定谳之后，又有九卿(六部尚书、都察院左都御史、通政使和大理寺卿)复议戴名世一案：

我朝定鼎燕京，剿除流寇，顺天应人，得天下之正，千古之所未有也。七十载万国朝宗，车书一统，薄海内外，咸奉正朔。皇上御极以来，隆礼前朝，轶古越今。天下人民，咸戴生全义育之恩，沦肌浃髓。方孝标丧心狂逆，倡作《滇黔纪闻》，以致戴名世摭饰其间。送书流布，多属悖乱之语，罔识君亲之大义。国法之所不宥，天理之所不容也。

此处，将赵申乔所诉“狂悖”更改为“悖乱”，使得案件的性质由“不谨之戒”转化为“狂逆”之罪。戴名世的《与余生书》是该案最重要的文字证据。此文主要是为了考证南明弘光、隆武、永历史迹，填补明末历史文献之不足。相关内容摘录如下：

余生足下。前日浮屠犁支自言永历中宦者，为足下道滇黔间事。余闻之，载笔往问焉。余至而犁支已去，因教足下为我书其语来，去年冬乃得读之，稍稍识其大略。而吾乡方学士有《滇黔纪闻》一编，余六七年前尝见之。及是而余购得是书，取犁支所言考之，以证其同异。盖两人之言各有详有略，而亦不无大相悬殊者，传闻之间，必有讹焉。然而学士考据颇为确核，而犁支又得于耳目之所睹记，二者将何取信哉？

昔者宋之亡也，区区海岛一隅，仅如弹丸黑子，不逾时而又已灭亡，而史犹得以备书其事。今以弘光之帝南京，隆武之帝闽越，永历之帝西

---

① 胡奇光.中国文祸史[M].上海：上海人民出版社，2006：149.

粤、帝滇黔，地方数千里，首尾十七八年，揆以《春秋》之义，岂遽不如昭烈之在蜀，帝昺之在崖州？而其事惭以灭没。近日方宽文字之禁，而天下所以避忌讳者万端，其或菰芦泽之间，有廑廑志其梗概，所谓存什一于千百，而其书未出，又无好事者为之掇拾流传，不久而已荡为清风，化为冷灰。至于老将退卒、故家旧臣、遗民父老，相继澌尽，而文献无征，凋残零落，使一时成败得失与夫孤忠效死、乱贼误国、流离播迁之情状，无以示于后世，岂不可叹也哉！……

纵观此文，不过是一篇史论而已。其中言语或有不慎，最明显的也就是使用"永历"等前朝名号。至于官方所谓《滇黔纪闻》中的诸多"悖乱之语"，文中丝毫未见。《与余生书》中还有一段对清廷的修史活动进行了评论：

前日翰林院购遗书于各州郡，书稍稍集。但自神宗晚节，事涉边疆者，民间汰去不以上，而史官所指名以购者，其外颇更有潜德幽光、稗官碑志，记载出于史馆所不及知者，皆不得以上。则亦无以成一代之全史。

这里触及的倒是清朝千方百计回避、讳饰的历史。万历以后明与后金的关系是碰不得的禁区，而戴名世却直接点出。黄裳认为，虽然官文书未明确指出，但是这段言辞很有可能是他触及逆鳞、罪及于死的因由。[①] 梁启超也认为戴名世对官修明史的批评就是他"身遘大祸"的原因。[②]

当然，刑部将其定性为"大逆"，认为其散布反清复明的主张，确实是彻头彻尾的冤假错案。康熙对此案较为谨慎，一直没有下最后结论。

康熙五十一年(公元1712年)正月，刑部等再次上奏，"察审戴名世所著《南山集·孑遗录》内有大逆等语，应即行凌迟。已故方孝标所著《滇黔纪闻》内，亦有大逆等语，应锉其尸骸"。康熙依然留置不批。直到康熙五十二年(公元1713年)二月，大学士等以刑部等衙门审拟戴名世"私造"《南山集》，照大逆凌迟一案再次请旨，终得上谕："戴名世从宽免凌迟，着即处斩。方登峄、方云旅、方世樵具从宽免死，并伊妻子充发黑龙江。此案内干连人犯，具从宽免治罪，着入旗。"[③]此时距赵申乔举报戴名世已经过了两个年头。

戴名世一案震动朝野，当时尚在潜邸的胤禛阅读《滇黔纪闻》和《南山集》二书后认为："虽皆非臣子之所宜言，实无悖逆之语，当时刑部复旨，亦未谓此外更有违碍之词，故亦以为冤。"于是在其即位后，即雍正元年(公元

---

① 黄裳.笔祸史谈丛[M].北京：北京出版社，2003：75-76.

② 梁启超.中国近三百年学术史[M].天津：天津古籍出版社，2003：199.

③ 清实录·圣祖实录：卷二五三[M].北京：中华书局，1985：506.

1723 年)特诏:“凡此案牵连隶旗籍者,尽得释归。”[1]算是为本案平反。

戴名世在《与刘大山书》中曾说自己“古文多愤世嫉俗之作,不敢示世人,恐以言语获罪”,想必对因言获罪早有预感。不过他还是认为“近日方宽文字之禁”,对朝廷的宽容度抱有某种幻想。没成想在没有切实证据的情况下,他仍然命丧文字狱的断头刀之下。此案牵连甚广,清议诸子方苞、王源、汪灏皆锒铛入狱,方苞在刑部审讯中供认说:“我不合与戴名世作序收版,罪该万死。”让这些摔斥方遒、桀骜不羁的读书人俯首低头或许才是康熙斩掉戴名世的真实目的。隐藏在“大逆”之下的新朝气象,仍然是各朝留下来的“非所宜言”“私造文集”“生员不得建言”等文化禁区。

至于举报者赵申乔,则因此被打上告密者的烙印。《清史稿・戴名世传》说“申乔有清节,惟兴此狱获世讥云”,算是该案的一个注脚。

三、雍正与吕留良:华夷之辨

雍正年间的吕留良案是一桩真正涉及意识形态之争的文字狱。此案不仅涉及满族统治的合法性,而且关系到雍正本人执政的合法性。此狱由皇帝亲自领导发起,在处置上又别出蹊径,是一场生者对死者、执政者对反对方的舆论战。

吕留良是清初名儒,祖上在明朝世代为官。清军南下时,他参加浙西抗清斗争,明亡后,返回故里浙江崇德。顺治十年(公元 1653 年),吕留良易名“光纶”,参加科举考试成诸生,之后深以为耻,誓语不仕清室。顺治十一年(公元 1654 年),他编写制艺文选《五科程墨》,一方面以此谋生,另一方面在点评中传播民族及反清思想。吕葆中在《行略》称“其议论无所发泄,一寄之于时文评语,大声疾呼,不顾世所讳忌”。康熙五年(公元 1666 年),吕留良开办“天盖楼”刻局,自刻所选时文,内有“夷夏之防,及井田、封建等语”[2]。康熙十九年(公元 1680 年),清廷征聘山林隐逸之士,吕留良拒绝为其所用,于是落发为僧。结果“身益隐,名益高”。《行略》云:“时同里陆雯若先生方修社事,操选政,每过先君,灵左请与共事。先君一为之提倡,名流辐辏,玳延珠履,会者常数千人。……人谓自复社以后,未有其盛。亦拟之如金沙娄东,而先君意不自得也。”许多士人受其思想的影响,萌生反清复明之念。吕留良在康熙二十二年(公元 1683 年)病逝,年五十五。

吕留良之狱起于雍正六年(公元 1728 年),湖南文士曾静受吕留良民族

---

① 王树民.记桐城方戴两家书案[M]//戴名世.戴名世集.北京:中华书局,1986:483.

② 原北平故宫博物院文献馆.清代文字狱档[M].上海:上海书店,1986:904.

思想影响，遣徒张熙（化名张倬）投书川陕总督岳钟琪。按《清代文字狱档·曾静遣徒张倬投书案》记载，此信有以下内容：首先"华夷之分大于君臣之伦"，满人入主是夷狄窃取王位；其次是雍正失德，有谋父、逼母、弑兄、屠弟、贪利、好杀、酗酒、淫色、诛忠、好谀十大罪状；再次，雍正执政天地不容，天下"寒暑易序，五谷少成"；最后，岳钟琪是岳飞后裔，应该继承先祖遗志，举兵反清。①

岳钟琪一面向雍正奏报，另一面设法套出幕后主使曾静。曾静被缉拿后供认，"同志之人素所宗者，系吕晚村，号东海夫子。我曾亲到其家，见其所著《备忘录》并《吕子文集》"。清廷发现曾静的著作《知新录》（阅读吕留良作品笔记）中颇多反清言论，如"华夷之分，大于君臣之伦，华之于夷，乃人与物之分界，为域中第一义""夷狄侵陵中国，在圣人所必诛而不宥者""皇帝合该是吾学中儒者做，……若论正位，春秋时皇帝该孔子做，战国时皇帝该孟子做，秦以后的皇帝该程、朱做，明末皇帝该吕子（留良）做"②。

雍正亲自审讯后认为，曾静的歪理邪说，包括之前浙省诸多"谤讪悖逆"案件（如汪景祺、查嗣庭案等），其源头都是吕留良在"造作妖妄"。由于清朝禁毁，此案重要物证《吕留良日记》（即曾静所说《备忘录》）今已不传。我们只能从雍正的某些上谕中知其大概。其"悖逆"之表现主要有以下几个方面：第一，"于康熙六年（公元 1667 年），因考试劣等，愤弃青衿，忽追思明代，深怨本朝。后以博学鸿词荐，则诡云必死，以山林隐逸荐，则薙发为僧。按其岁月，身为本朝诸生十余年之久，乃始幡然易虑，忽号为明之遗民"；第二，"敢于圣祖仁皇帝任意指斥，公然骂诅"；第三，"称我朝，或曰清，或曰北，或曰燕，或曰彼中。至于逆藩吴三桂答书亦曰情，曰往讲，若本朝与逆藩为邻敌者然"；第四，"吴三桂、耿精忠称兵犯顺，则折然有喜，惟恐其不成；于本朝疆宇恢复，则怅然若失，形于嗟叹；于忠臣殉难，则污以过失，闻其死而快意"；第五，"永历朱由榔逃缅甸，大军随至，缅甸震惧，执献军前，……满、汉官兵转于马前皆跪"；第六，"今日之穷，为羲皇以来所仅见"；第七，"怪风雷雨，细星加彗，日光磨荡"，以天象暗示天下之变。③

吕留良案牵连到他的门人。雍正七年（公元 1729 年）六月十三日上谕中提到，吕留良之徒严鸿逵"实为吕留良之羽翼，推尊诵法、备述遗言，又从而

---

① 原北平故宫博物院文献馆.清代文字狱档[M].上海：上海书店，1986：865.

② 雍正.大义觉迷录[M]//中国社会科学院历史研究所清史研究室.清史资料：第四辑.北京：中华书局，1983.

③ 蒋良骐.上谕实录·东华录[M]//原北平故宫博物院文献馆.清代文字狱档.上海：上海书店，1986：905-906.

恢张扬厉以附益之。其词有较吕留良为甚者”。严鸿逵除了与曾静、张熙等人“尺书驰问”“呼吸相应”“招纳党类”“显图不轨”外，还存在诸多悖逆之语：

> (严鸿逵)日记有云：“索伦地方，正月初三日，地裂，横五里，纵三里，初飞起石块，后出火，近三十里内，居人悉迁避。”又云：“热河水大发，淹死满洲人二万余。”又云：“十六夜，月食，其时见众星摇动，如欲堕状。又或飞或走，群向东行。”又云：“旧年七月初四日，星移，钦天监云，此星出天井垣，入天市垣，分野属吴、越，应在数年内，吴越有兵起于市井之中。”凡此荒唐叛逆之语，自康熙五十五年(公元 1716 年)，至雍正六年(1728 年)内所记载者，不可枚举。

六月十五日对内阁的上谕中，雍正又对严鸿逵之徒沈在宽提出指控，说其“亦怀不逞，附会诋讥，慕效梗化之名”。雍正列举说，“其所著诗集有云：‘更无地着避秦人。’又云：‘陆沉不必由洪水，谁为神州理旧疆？’此以本朝之宅中立极，化理郅隆，目为神州陆沉，有同洪水之患，其谬戾尤为狂肆”[①]。

曾静、张熙谋反案和吕留良、严鸿逵、沈在宽等人文字悖逆案，从雍正六年(公元 1728 年)开始立案追查，到雍正十年(公元 1732 年)结案，历时四年。最后的处置结果大出朝野意料。雍正下令免罪释放曾静、张熙等谋反犯，但对吕留良、吕葆中、严鸿逵等思想犯却相对严酷。按《东华录》“雍正十年(公元 1732 年)十二月十七日”条记载，除吕留良、吕葆中被刨棺戮尸，其子吕毅中斩决，子孙发遣宁古塔为奴外，“严鸿逵著戮尸枭示，其孙著发宁古塔给披甲人为奴；沈在宽著改斩立决；黄补庵已伏冥诛，其嫡属照议治罪；车鼎丰、车鼎贲、孙克用、周敬舆俱依拟应斩，著斩监候，秋后处决；房明畴、金子尚，俱著佥妻流三千；陈祖陶等十一人，著以杖责完结；张圣范、朱羽采、朱霞山、朱芷年，著释放”。

对曾静、张熙的特别处置与当时的舆论环境有关。雍正即位后，朝堂与民间颇多雍正弑父、逼母及矫诏即位的流言。雍正对有损其执政合法性的说法极其敏感，屡兴文字狱。曾静、张熙投书案前后，出现了陈梦雷《古今图书集成》案(康熙六十一年，即公元 1722 年)，年羹尧奏本案(雍正三年，即公元 1725 年)，汪景祺《西征随笔》案(雍正三年，即公元 1725 年)，钱名世颂诗案(雍正四年，即公元 1726 年)，查嗣庭试题案(雍正四年，即公元 1726 年)，以及谢济世注《大学》案(雍正七年，即公元 1729 年)，陆生楠《通鉴论》案(雍正七年，1729 年)等。[②] 这些文狱基本上都是皇帝直接介入审判，朱批上谕动辄洋洋千言，对意识形态的防备已经到了捕风捉影的程度。雍正十一年(公

---

① 原北平故宫博物院文献馆.清代文字狱档[M].上海：上海书店，1986：913.

② 胡奇光.中国文祸史[M].上海：上海人民出版社，2006：151-170.

元 1733 年)，针对吴茂育刊刻《求志编》一事，雍正批示道：

> 地方上匪类之为国家生民、世道人心害，甚于盗贼远矣！何者？盗贼乃有行迹之可凭，地方官员便忽于办理，亦势所不能。至于奸匪，各地方大吏不肯留神访查，尽可置之不问。此皆不知轻重，非纯臣之心。①

“文匪甚于盗贼”是雍正掀起文字狱的基本出发点，而其推论自然是“灭身不如攻心”。雍正所患者，是地方大员们不能为皇帝分忧，对涉及意识形态安全的人物及其言论缺乏政治敏锐性，这样会导致国家统治的根基不稳。有鉴于此，雍正对曾静和张熙谋反案采取了特殊的处理方法。雍正令他们携带御制书《大义觉迷录》向各地民众现身说法。《大义觉迷录》是维护满族统治合法性的思想书籍，也是雍正为自己地位的合法性辩护的自白书。此书开篇是雍正的一篇长谕，说明此书意旨；其后收录吕留良案全部谕旨、审讯、口供等官方记录；后附曾静的认罪书《归仁说》。

雍正在上谕中主要对吕留良和曾静的民族思想加以反驳。他提出“德足以君天下”“华夷一家”“大统集于外远”“有造于中国者大也”等观点为满族统治辩护；又提出文艺当“有补于治道”，文章应“平心执正”“君臣据五伦之首”等主张抨击吕、曾的悖逆之论。在文章最后他要求：

> 着将吕留良、严鸿逵、曾静等悖逆之言，及朕谕旨，一一刊刻，通行颁布天下各府、州、县、远乡僻壤，俾读书士子及乡曲小民共知之，并令各贮一册于学宫之中，使将来后学新进之士，人人观览知悉。倘有未见此书，未闻朕旨者，经朕随时察出，定将该省学政及该县教官从重治罪。特谕。

雍正为夺得舆论的主导权，不惜将皇家丑闻曝之天下，一一剖析，存在很大的政治风险；将谋反主犯曾静和张熙作为吕留良悖逆邪说的从犯，免罪不杀，与国家法度明显不合，更受到九卿朝臣的质疑。不过，他将此狱档案编为御制书，让“幡然悔悟者”现身说法，通过各级官吏进行宣讲，不避“夷狄”身份讨论“华夷一家”，破除宫禁朝堂的神秘性，尽量以“事实”来证明流言的荒谬，显示出超越时代的传播观和舆论观。

值得一提的是，雍正的御制书不止《大义觉迷录》，还有一本参与释家辩论的《拣魔辨异录》。明末临济宗僧侣法藏写了本《五宗原》，其弟子弘忍写了本《五宗救》，对当时的禅宗有所批评。雍正帝在阅读禅宗典籍时，认为法藏“无知妄说”“诳世惑人”。于雍正十一年(公元 1733 年)下谕将两书毁版，有隐匿者以不敬律论。雍正十三年(公元 1735 年)，颁布御制书《拣魔辨异

① 语出《宫中档雍正朝奏折》第二十七辑。胡奇光.中国文祸史[M].上海：上海人民出版社，2006：182.

录》，收入上谕和弘忍《五宗救》文字，并进行批驳。他要求把此书收入大藏经以传播于天下，并提出，“如伊门下僧徒固守魔说，自谓法乳不谬，正契别传之旨，实得临济之宗，不肯心悦诚服，梦觉醉醒者，着来见朕，令其面陈，朕自以佛法与之较量。如果见过于朕，所论尤高，朕即收回原旨，仍立三峰宗派。如伎俩已穷，负固不服，以世法哀求者，则朕以世法从重治罪，莫贻后悔”。梁启超评论说：“平心而论，这书所驳藏、忍之说，也许驳的不错，但这种以人主而兼教主的态度，太咄咄逼人了。”①

雍正运用御制书来解说和传播自己观点的做法，一定程度上获得了收人心、正视听的效果。今人黄裳认为，“他的努力得到了很大的成功，终于转移了一代士风，大大加强了奴性。流风余韵，至今还没有消歇净尽”②。当然在这个过程中，雍正罗织罪名的技巧也越加纯熟，比如污名化当事人、歪曲当事人供词，似是而非地攀附和引申等，这些都为其后代所“借鉴和发扬”，并在乾隆年间形成了文字狱的高潮。

雍正八年（公元 1730 年），御制书《大义觉迷录》刻版完成，颁行天下。雍正选取才学之士到各地宣讲。为了展示自己的宽宏大量，他还特别降谕子孙后代：“朕之子孙，将来亦不得以其诋毁朕躬，而追求诛戮（曾静和张熙）。”

不过在他驾崩当年，即雍正十三年（公元 1735 年）十二月，乾隆皇帝便降旨：“曾静大逆不道，虽处之极典，不足蔽其辜。”其后下令将“曾静、张熙著照法司所拟，凌迟处死。”③同时，将《大义觉迷录》宣布为禁书，在全国范围内收缴销毁，私藏者治罪。乾隆解释翻案的理由是，“然在皇考当日，或可姑容，而在朕今日，断难曲宥。前后办理虽有不同，而衷诸天理人情之至当，则未尝不一”。简而言之，就是势易时移了，最重要的一点，是乾隆没有像雍正一样面临合法性危机。与《大义觉迷录》一样，乾隆也没有按雍正的意愿，将《拣魔辨异录》纳入大藏经。

吕留良案给吕氏后人带来了长远的影响。据黑龙江省档案馆馆藏档案记载，此案一百多年后，吕氏后人吕晋来为求功名，援引嘉庆朝律“有书词狂悖者家属俱免缘坐”请求参加科举考试，被清政府以“凡吕氏发在宁古塔者永远免其捐考”之先例判决，认定吕氏系大逆之后；而且“吕晋来先人获罪之案系在案例以前似不能援引办理”，拒绝了吕晋来参加考试的请求。直到宣统元年（公元 1909 年）清政府颁发新律，解除蓄奴，吕氏子孙才摆脱了为奴作婢的命运。

---

① 梁启超.中国近三百年学术史[M].天津：天津古籍出版社，2003：22.

② 黄裳.笔祸史谈丛[M].北京：北京出版社，2003：12.

③ 原北平故宫博物院文献馆.清代文字狱档[M].上海：上海书店，1986：968.

四、胡中藻案:反朋党文字狱

发生在乾隆二十年(公元 1755 年)的胡中藻案,是乾隆为了遏制朋党亲手造成的冤狱,也掀起了乾隆朝文字狱的高潮。[①] 雍正时期的查嗣庭案是此类“反朋党”文字狱的先声。雍正四年(公元 1726 年),礼部左侍郎、江西主考官查嗣庭因科考出题“正大而天地之情可见矣”“其旨远,其辞文”“百室盈止,妇子宁止”,及日记中有“悖逆之词”获罪。雍正兴起此狱的目的,是打击权臣隆科多余党。而隆科多正是查嗣庭会试的主考官(座师),并对其多次举荐。乾隆在处置胡中藻的上谕中援引查嗣庭案:“昔皇考于查嗣庭等案,大示义正,意以狂诞之徒,必应知所畏惧,而不谓尚有胡中藻其人,自不得不申明宪典,以儆嚣顽”[②]。

胡中藻,号坚磨生,乾隆元年进士,历任翰林、内阁学士及陕西、湖南、广西学政。胡氏出于满族大学士鄂尔泰门下,与其侄鄂昌交好,被视为鄂氏一党。鄂尔泰在乾隆亲政后,与张廷玉共同主持军机处,朝中一直有鄂党、张党之论。乾隆五年(公元 1740 年),因河南巡抚雅尔图奏罢田文镜入贤良祠事,乾隆在上谕中大谈田文镜、李卫和鄂尔泰的矛盾,进而引申出鄂尔泰与张廷玉不合。此谕言道:

> 大学士鄂尔泰、张廷玉,乃皇考简用之大臣,为朕所倚任,自当思所以保全之。伊等谅亦不敢存党援庇护之念。无知之辈,妄行揣摩。如满洲则思依附鄂尔泰,汉人则思依附张廷玉。不独微末之员,即侍郎、尚书中,亦所不免。[③]

乾隆对朝臣结党一直保持警惕。乾隆七年(公元 1742 年),鄂尔泰长子鄂荣安被弹劾与左副都御使仲永檀结党营私,朝廷会审查证属实。乾隆批评说:“仲永檀如此不端之人,鄂尔泰于朕前屡奏其端正直率,则党庇之处,已属显然。”乾隆十年,鄂尔泰病逝后,党援门户倾轧依然。胡中藻与鄂昌诗文唱和,不时攻讦张廷玉一派。

乾隆二十年(公元 1755 年)新年后,乾隆以雷霆之势掀起胡中藻“悖逆”一案。二月,乾隆密谕广西巡抚卫哲治“将胡中藻任广西学政期间所出的试题及与人唱和诗文并一切恶迹,严行察出速奏”。同月,命陕甘总督刘统勋趁

---

① 乾隆二十年,皇帝在胡中藻案上谕中提到,“朕御极以来,从未尝以语言文字罪人。在廷诸臣和进诗册何止数千、万篇,其中字句谬戾亦时所有,朕皆不加指摘。何恶于胡中藻一人?……”原北平故宫博物院文献馆.清代文字狱档[M].上海:上海书店,1986:88.

② 原北平故宫博物院文献馆.清代文字狱档[M].上海:上海书店,1986:88.

③ 清实录·高宗实录二:卷一一四[M].北京:中华书局,1985:671.

甘肃巡抚鄂昌去安西之际，亲往兰州巡抚府，将其与胡中藻往来书信与应和诗文查封呈送京城。三月，命军机处并刑部尚书阿里衮对礼部侍郎张泰开严加讯问。张泰开曾为胡中藻所著《坚磨生诗钞》作序，此书被乾隆认为“悖逆讥讪之语甚多”，张泰开随即被革职。

同月，乾隆召大学士、九卿、翰林、詹事、科道等谈论胡中藻案情。乾隆列举了胡中藻在《坚磨生诗钞》和乡试试题中的四十三处“悖逆”言论，解释了自己发起文狱的必要性。他说：

> 其所刻诗，题曰《坚磨生诗钞》，“坚磨”出自鲁论，孔子所称磨涅，乃指佛肸①而言。胡中藻以此自号，是诚何心？从前查嗣庭、汪景祺、吕留良等诗文日记，谤讪诪张，大逆不道。蒙我皇考申明大义，严加惩创，以正伦纪而维世道。数十年来，意谓中外臣民，咸知儆惕，而不意尚有此等鸱张狺吠之胡中藻。
>
> 即检阅嗣庭等旧案，其悖逆之词，亦未有累牍连篇至于如此之甚者。如其集内所云“一世无日月”，又曰“又降一世夏秋冬”。三代而下，享国之久，莫如汉唐宋明，皆一再传而多故。本朝定鼎以来，承平熙和，盖远过之。乃曰又降一世，是尚有人心者乎？又曰“一把心肠论浊清”。加浊字于国号之上，是何肺腑？至《谒罗池庙》诗，则曰“天匪开清泰”。又曰“斯文欲被蛮满洲”。俗称汉人曰蛮子，汉人亦俗称满洲曰鞑子，此不过如乡籍而言，即孟子所谓东夷西夷是也。如以称蛮为斯文之辱，则汉人之称满洲曰鞑子者，亦将有罪乎？再观其“与一世争在丑夷”之句，益可见矣。……朕初见其进呈诗文，语多险僻，知其心术叵测。于命督学政时，曾训以论文取士，宜崇平正。今见其诗中，即有“下眼训平夷”之句。下眼并无典据，盖以为垂照之义亦可，以为识力卑下亦可，巧用双关云耳。至其所出试题内，考经义有“乾三爻不象龙”说。乾卦六爻皆取象于龙，故象传言，时乘六龙以御天，如伊所言，岂三爻不在六龙之内耶？乾隆乃朕年号，龙与隆同音，其诋毁之意可见。又如“鸟兽不可与同群”“狗彘食人食”“牝鸡无晨”等题，若谓出题欲避熟，经书不乏闲冷题目，乃必检此等语句，意何所指？其种种悖逆，不可悉数。
>
> 十余年来，在廷诸臣，所和韵及进呈诗册，何止千万首。其中字句之间亦偶有不知检点者，朕俱置而不论，从未尝以语言文字责人。若胡中藻之诗，措词用意，实非语言文字之罪可比。夫谤及朕躬犹可，谤及

① 参见《论语·阳货》：佛肸召，子欲往。子路曰：“昔者由也闻诸夫子曰：‘亲于其身为不善者，君子不入也。’佛肸以中牟畔，子之往也，如之何？”子曰：“然，有是言也。不曰坚乎，磨而不磷；不曰白乎，涅而不缁。吾岂匏瓜也哉？焉能系而不食？”

本朝则叛逆耳。朕见其诗已经数年，意谓必有明于大义之人，待其参奏。而在廷诸臣及言官中，并无一人参奏。足见相习成风，牢不可破。

乾隆早就注意到胡中藻的诗文“语多险辟”“心术叵测”，但是一直隐忍不发。按其说法，是希望朝廷中有深明大义的臣子站出弹劾，谁知道不仅没有人举报，反而有人与胡氏引为知己，相与唱和。于是乾隆只能自己出手了：

> 朕更不得不申我国法，正尔嚣风，效皇考之诛查嗣庭矣。且内廷侍从、曾列卿贰之张泰开，重师门而罔顾大义，为之出资刊刻。至鄂昌身为满洲世仆，历任巡抚。见此悖逆之作，不但不知愤恨，且丧心与之唱和，引为同调。其罪实不容诛。此所关于世道人心者甚大，用俾天下后世，共知炯鉴。①

同月，乾隆再下《传谕八旗务崇敦朴谕》，以鄂昌事警告效仿汉风、吟诗作对的旗人，不要养成语言狂诞、玩物丧志的“恶习”：

> 满洲风俗素以尊君亲上，朴诚忠敬为根本。自骑射之外，一切玩物丧志之事，皆无所渐染。乃近来多效汉人习气，往往稍解章句，即妄为诗歌，动以浮夸相尚，遂致古风日远。语言诞慢，渐成恶习。
>
> 即如鄂昌，身系满洲，世受国恩，乃任广西巡抚时，见胡中藻悖逆诗词，不但不知愤恨，且与之往复唱和，实为丧心之尤。今检其所作《塞上吟》，词句粗陋鄙率，难以言诗。而其背谬之甚者，且至蒙古为胡儿。夫蒙古自我朝先世，即倾心归附，与满洲本属一体，乃目以胡儿。此与自加诋毁者何异？非忘本而何？……夫满洲未经读书，素知尊君亲上之大义。即孔门以诗书垂教，亦必先以事君事父为重。若读书徒剽窃浮华，而不知敦本务实之道，岂孔门垂教之本意？况借以诋呵讥刺居心，日就险薄，不更为名教罪人耶？此等弊俗，断不可长。著将此通行传谕八旗，令其务崇敦朴旧规，毋失先民矩规。倘有托名读书，无知妄作，侈口吟咏，自蹈嚣陵恶习者，朕必重治其罪。②

有意思的是，乾隆本人就是中国历史上写诗最多的人，一辈子写了四万多首诗。而整个唐代流传下来的诗歌也就四万多首。不过乾隆的诗似乎没有一首足以流传后世。实际上，乾隆惩办胡中藻、鄂昌，不只是因为他们悖逆朝廷、腐蚀八旗。当年四月，在批复大学士、九卿处理意见时，乾隆终于吐露实情：

> 胡中藻系鄂尔泰门生，文辞险怪，人所共知。而鄂尔泰独加赞赏，以致肆无忌惮，悖慢乖张。且于其侄鄂昌，叙门谊，论杯酒。则鄂尔泰

---

① 原北平故宫博物院文献馆.清代文字狱档[M].上海：上海书店，1986：51-56.

② 原北平故宫博物院文献馆.清代文字狱档[M].上海：上海书店，1986：61-62.

从前标榜之私，适以酿成恶习耳。胡中藻依附师门，甘为鹰犬。其诗中谗舌青蝇，据供实指张廷玉、张照二人。可见其门户之见，牢不可破。即张廷玉之用人，亦未必不以鄂尔泰、胡中藻辈为匪类也。

鄂尔泰、张廷玉，亦因遇皇考及朕之君，不能大有为耳。不然，何事不可为哉？大臣立朝，当以公忠体国为心。若各存意见，则依附之小人，遂至妄为揣摩，群相附和，渐至判若水火。古来朋党之弊，悉由于此。鄂尔泰为满洲人臣，尤不应蹈此恶习。今伊侄鄂昌，即援引世谊，亲昵标榜，积习蔽锢，所关于世道人心者甚巨。使鄂尔泰此时尚在，必将伊革职，重治其罪，为大臣植党者戒。鄂尔泰著撤出贤良祠，不准入祀。①

由此可见，胡中藻案是乾隆反朋党的一次重要行动，而其武器则是可以随意编织“大逆”罪名的文字狱。当有司提议将胡中藻以“大逆罪”判凌迟时，乾隆却显示宽仁，免胡中藻凌迟，改为“即行处斩，以为天下后世扃戒”②。胡中藻案是乾隆朝文字狱之始。其后，乾隆逐渐成为中国历史上最擅长“以文字罪人”的皇帝。据统计，乾隆朝文字狱在135起以上，而顺治、康熙和雍正各朝，分别为5起、11起和25起。③

“文字狱”是当权者强化思想控制的集中体现，其影响也深入到传播活动的方方面面。梁启超引清代赵翼笔记《檐曝杂记》说：“内廷唱戏，无论何种剧本都会触犯忌讳，只得专门搬演些‘封神’‘西游’之类，和现在社会情状丝毫无关，不至闹乱子。”他引申说，雍、乾学者专务注释古典，也许是这种环境所致，结果在文献、考据方面有意外的收获和贡献。④

第三节　传阅之罪：孙嘉淦伪奏稿案

“孙嘉淦伪奏稿案”⑤是乾隆与民间舆论的一次角力。乾隆十六年（公元

① 原北平故宫博物院文献馆.清代文字狱档[M].上海：上海书店，1986：89.

② 原北平故宫博物院文献馆.清代文字狱档[M].上海：上海书店，1986：88.

③ 胡奇光.中国文祸史[M].上海：上海人民出版社，2006：185.

④ 梁启超.中国近三百年学术史[M].天津：天津古籍出版社，2003：23-24.

⑤ 当代学者一般将“孙嘉淦伪奏稿案”列入文字狱一类中。但究其始末，卢鲁生、刘时达真正的获罪事由是所谓“编造奏稿”，进而“诬谤圣躬”。与其他文字狱通过“以文字罪人”，通过曲解附会罗织罪名不同，此案捏造和传播伪稿事实俱在，社会影响甚大。更大程度上，这是一起严重的舆论事件和政治事件。乾隆二十年（公元1755年），皇帝在胡中藻案上谕中提到，“朕御极以来，从未尝以语言文字罪人。在廷诸臣和进诗册何止数千、万篇，其中字句谬戾亦时所有，朕皆不加指摘，何恶于胡中藻一人？……”（《清代文字狱档》，第88页）乾隆本人认为，在胡中藻案之前，基本上没有以文字罪人。《清代文字狱档》也没有将伪奏稿相关档案罗列其中。因此本书没有将此案列入文字狱一节，而是专章讨论其舆论意义和政策指向。

1751 年)，全国十七个内地行省流传署名“孙嘉淦”的万言奏稿，指斥乾隆“五不解、十大过”①，同时弹劾朝中诸多高官。孙嘉淦是康熙、雍正、乾隆三朝重臣，官至工部尚书、协办大学士，一向以敢言直谏著称。《清史稿》说其“即以直谏有声，乾隆初，疏匡主德，尤为时所慕”。民间假托他的名义对皇帝和朝臣提出批评，主要是为了借其声势，形成舆论。

早在乾隆三年(公元 1738 年)，京师曾出现过一起孙嘉淦密奏事件。②当时京师有传言说孙嘉淦密折弹劾多名朝中大员，包括大学士鄂尔泰、张廷玉、徐本，尚书公讷亲、海望等。其时孙嘉淦刚刚卸任左都御史，就任刑部尚书。其先后履职三大法司之二，足见乾隆信任之隆。当时朝野皆知“孙嘉淦素与鄂尔泰、张廷玉不合”③，所以这个传言有一定的社会基础。

此事被乾隆判定是谣言：“如果诸臣有可参之事，孙嘉淦身为大臣，何不可登之露章，而乃见之密奏；既云密奏，则惟有孙嘉淦自知之，伊岂肯漏泄于人，以招重怨乎？”④不过乾隆在他的上谕中大谈密折外泄的问题，让人猜测这份真假密奏背后的文章。他说：“至于大小臣工，有陈奏事件，既不见之明本而用密折，便当加意谨慎，不令一人知之，方合谋猷入告之义”；“朕以为天下主，一切废赏刑威，皆自朕出。即臣工有所建白，而采而用之，仍在于朕，即朕之恩泽也。岂以诸臣市惠为嫌，而较量一时之称道？但国家办事有体，名不正则言不顺。如事不当密者，即应明见之章奏。如用密折封达朕前者，必系当密之事，而又宣露于人，其居心尚可复问乎？”⑤

乾隆推测，假冒奏稿的出现有两种可能，“或忌嫉孙嘉淦之人，见朕将伊升用，而造为此说，以排挤之耶；或趋附孙嘉淦之人，欲相引重，而造为此说，以扬其特立独行之名耶”⑥。由此推测，这个事件很可能是清廷政治斗争的产物。乾隆担心深究此事会导致“党援门户之风，从此而起”，因此没有将此事扩大化：“此事传言已久，目前姑不深究，只令步军统领、巡城御史严行禁止之。”⑦

孰料十三年后，又有假冒的孙嘉淦奏稿出现。这一次的社会影响更是遍及全国、震动朝野。乾隆十六年(公元 1751 年)七月，云贵总督硕色折奏：

---

① 赵尔巽，等撰.清史稿[M].北京：中华书局，1977.

② 《清史稿·孙嘉淦传》记载孙嘉淦密折传言出现在乾隆四年。不过据《清实录·高宗实录》记载，乾隆对此事发布上谕的时间，是乾隆三年六月。

③ 乾隆语。见清实录·高宗实录二：卷一一四[M].北京：中华书局，1985：671.

④ 清实录·高宗实录二：卷七一[M].北京：中华书局，1985：139.

⑤ 清实录·高宗实录二：卷七一[M].北京：中华书局，1985：139-140.

⑥ 清实录·高宗实录二：卷七一[M].北京：中华书局，1985：138-139.

⑦ 清实录·高宗实录二：卷七一[M].北京：中华书局，1985：139.

“本年七月初一日，接古州镇总兵宋爱密秉。内称六月二十二日据驻安顺府提塘吴士周呈秉内，另有密秉一纸，词殊不经。查系本月（六月）初八日有赴滇过普之客人钞录传播。即著落提塘吴士周根追。阅密秉所钞传播之词，竟系假托廷臣名目，胆肆讪谤，甚至捏造朱批，种种妄诞，不一而足。”乾隆接报后非常重视，传谕步军统领、直隶总督并河南、山东、山西、湖北、湖南、贵州巡抚派员密加缉访。“勿令党羽得有漏网，务须密之又密，不可稍有张扬泄漏”。①

此案的重要物证“孙嘉淦伪奏稿”今已不传。《清实录·高宗实录》收录了乾隆关于此案的诸多上谕，但也缺少针对奏稿内容的引用。这很可能是“伪奏稿”的内容涉及重大禁忌，甚至无法宣之于口。伪稿案结案的时候，乾隆命令不得保留涉及伪稿内容的文档，大概也是出于同样的原因。

不过后人还可以从相关奏疏和上谕的零星线索中推知“伪奏稿”的部分内容。其中最重要的内容，就是针对乾隆“五不解、十大过”的指控。这个说法来自乾隆十八年（公元 1753 年）三月，军机大臣会同刑部就审理“主犯”卢鲁生奏称，此稿系卢于“乾隆十五年（公元 1750 年）七月内，在刘时达家”编造，“凑成‘五不解、十大过’名目，复思孙嘉淦肯上条陈，借名耸听，于各帮会议公事时给众阅看”。②

“五不解、十大过”的具体内容我们不得而知。有学者从相关材料中梳理出其中可能存在的两项批评。第一，批评乾隆南巡③。江西巡抚奏称，伪稿系江宁居民官贵震与其妻舅郑岐山同作，捏造原因是当地为迎接乾隆南巡“因修御路，将他沿街房屋拆坏，是以不甘”；“又云有几件大罪、几宗不解的事，做起来泄我胸中不平。”另外，军机大臣会同刑部审理时，主犯卢鲁生供称在刘时达家“虑及办差赔累，妄希停止巡幸，遂与刘时达编造奏稿”。第二，批评乾隆冤杀原贵州总督张广泗。贵州巡抚奏称，“伪稿内以张广泗为有功”；另上谕有“汉军中有向日依附张广泗随任糊口，今流落怨望，幸灾乐祸之徒捏撰此稿”的怀疑。张广泗在乾隆十二年（公元 1747 年），督军征伐金川，被乾隆以“挟师观望”“玩兵养寇”之名处死。④

伪奏稿中有相当多的内容是弹劾朝中高官。《国朝先正史事略》卷十五载，伪奏稿中有“江西卫千总卢鲁生伪为公（孙嘉淦）奏稿累万言，指斥乘

① 清实录·高宗实录六：卷三九六[M].北京：中华书局，1985：205.

② 清实录·高宗实录六：卷四三四[M].北京：中华书局，1985：664.

③ 乾隆南巡之举在史上多被批评，其本人也承认，“六次南巡劳民伤财，实为作无益害有益”。

④ 陈东林，徐怀宝.乾隆朝一起特殊文字狱——“伪孙嘉淦奏稿案”考述[J].故宫博物院院刊，1984(1)：3-10.

舆，遍劾大学士鄂尔泰、张廷玉、徐本，尚书公讷亲等”的内容。论其时鄂尔泰、徐本、讷亲已死。这部分内容与乾隆三年“孙嘉淦密折”传言非常近似。由此推断，伪奏稿很可能是在老传言的基础上加以新内容，进而累积万言的。①

“孙嘉淦伪奏稿”应该是民间对于乾隆统治弊端的批评。此文假托孙嘉淦奏稿，甚至借用老奏稿内容，在下层官吏和民众间获得一定程度的关注和抄传。根据此案的传播特性，官方在查办中特别将其划分为两个环节：一个是“捏造伪稿案”，一个是“传抄伪稿案”。这在乾隆的上谕中有非常明确的区分。②

所谓“捏造伪稿案”就是追查伪稿的源头。在案发一年半后的乾隆十七年(公元1752年)十二月，朝廷认定长淮千总卢鲁生和南昌守备刘时达为“捏造伪稿案”元凶。十八年(公元1753年)二月，卢鲁生以“诬谤朕躬”之罪③被正法，后刘时达等人被判斩决。史家一般认为，此两人不过是维护大清国“体面”的替罪羊而已。细查两人在审讯期间的前后口供，多有混乱抵触之处。另有学者指出，官方所认定伪稿撰写日期为乾隆十五年(公元1750年)七月，署名为“工部尚书臣孙嘉淦”。但孙嘉淦担任工部尚书在乾隆十五年七月二十日才有圣谕，按当时官文书和邸报传播速度，任于江西的卢、刘是不可能在同月得到这个消息并署于伪稿之上的。④

至于“传抄伪稿案”，随着对元凶追查的不断深入，逐步呈现出波及十七行省，涉及近千人的巨大规模。传抄之人中，近在皇城根下，远及西南土司；上自地方大员，下到贩夫走卒；内有满族旗人，外有方外僧侣。乾隆发现，伪奏稿的社会危害性不只在“捏造”讪谤之词，更在“传抄”和“传播”；重要的不是由谁传抄，而是在日常巡视和查办过程中，地方官员对于明显“诬谤朕躬”的奏稿采取了宽纵和麻木态度。针对基层官员、巡检千总大量牵涉“传抄案”的情况，乾隆异常愤怒地说：

> 伊等食毛履土，见此大逆不道之词，当为痛心疾首。譬如闻人詈其父祖，转乐为称述，非逆子而何？然使非有首先捏造之人，则伊等亦无从传阅。是传阅者本有应得之罪，不可谓被所愚弄。⑤

---

① 陈东林，徐怀宝.乾隆朝一起特殊文字狱——“伪孙嘉淦奏稿案”考述[J].故宫博物院院刊，1984(1)：3-10.

② 清实录·高宗实录六：卷四三一[M].北京：中华书局，1985：631-633.

③ 清实录·高宗实录六：卷四三四[M].北京：中华书局，1985：665.

④ 陈东林，徐怀宝.乾隆朝一起特殊文字狱——“伪孙嘉淦奏稿案”考述[J].故宫博物院院刊，1984(1)：3-10.

⑤ 清实录·高宗实录六：卷四三一[M].北京：中华书局，1985：633.

此案中乾隆朝第一次提到传阅之罪。悖逆之书的传播过程，包括造作、传布、收藏诸环节。乾隆三十七年（公元 1722 年）正月，有杨在天传布《采茶歌》《十字歌》《伯温问答》逆书一案。经查此书并非杨氏所作，但乾隆明确提出，"歌词虽非该犯所作，但敢传布，即属罪大。拟绞不足蔽辜，俟讯明从重更正"。[①] 在伪稿案中，随着调查的展开，传抄的雪球越滚越大，攀附诬告者开始出现，大规模冤狱呼之欲出。[②] 看到此案有可能酿成颠覆地方官僚体系的大动荡，乾隆最终宽恕了参与传抄的基层官员，而将矛头集中于那些追查不力的督抚大员。乾隆多次训斥各省督抚在查办此案时懈怠迟滞，导致案件难以推进：

> 各省传钞伪稿一案，朕屡经降旨，宣示中外。此等奸徒传播流言，其诬谤朕躬者，有无虚实，人所共见、共知，不足置辩。而诪张为幻、关系风俗人心者甚大，不可不力为整饬。乃各省督抚仅视为寻常案件，惟任属员取供详解、过堂一审，即为归案了事，以致辗转蔓延，久迷正线。各省就案完结情形大略不过如此。[③]

在案件调查的一年之内，遭申饬、降级乃至革职拿办的督抚大员达到十数人，可谓前所未有。乾隆十八年（公元 1753 年）元月，皇帝在结案上谕中下令处罚伪奏稿源头的江西诸多大员：

> 此案若查办之始，即行竭力根究，自可早得正犯。乃粗率苟且，江西舛谬于前，江南迷误于后，均无所辞咎。江西近在同城，群卫弁腾口嚣嚣，毫无顾忌，串供借线，几于网漏吞舟。厥罪较重于南省。解任巡抚鄂昌，按察使丁廷让，知府戚振鹭，俱著革职拿问，交刑部治罪。总督尹继善及派往江西同审之周承勃、高麟勋俱著交部严加议处。钱度、朱奎扬等尚与专委承办者有间，俱著交部议处。至卫弁乃总漕专责，瑚宝亦不能辞责，亦交部严察议奏。[④]

清朝与大明一样，将君臣纲常作为立国之本。不过从"传抄伪稿案"看来，这种价值观虽经康、雍两朝大力整固，但似乎很不牢靠。基层官民并不会为了"大家长"的体面而主动出手维护，反倒是"乐为称述"。这种舆论态势让自矜于文治武功的乾隆难以理解，也无力化解。最终只能将矛头指向吏治，希望通过整肃官场取得扶正风俗之效。他说：

---

① 清实录·高宗实录二十：卷九〇〇[M].北京：中华书局，1986：14.

② 陈公寿、吴进义诸人遭诬陷平反之事，见清实录·高宗实录六：卷四三四[M].北京：中华书局，1985：666.

③ 清实录·高宗实录六：卷四三一[M].北京：中华书局，1985：632.

④ 清实录·高宗实录六：卷四三一[M].北京：中华书局，1985：633.

> 凡属此案例应拟罪人众,蒙朕格外宽宥,误宜痛自改悔。动尊君亲上之天良,戒造言喜事之恶习。安静守分,庶不致良苗化为稂莠,永受朕保全爱养之恩。夫诡说殄行,为圣世所不容。奸顽不除,则风俗人心何由而正?而吏治狃于因循,尤关治道。朕宵旰忧勤与诸臣共相敦勉者,岂肯稍存姑息,致启废弛之渐![1]

"孙嘉淦伪奏稿案"在乾隆的不断督促、恩威并施之下,拖延经年,艰难推进,草草收场。乾隆发现,朝廷竟然一度丧失了对社会舆论的主导权。如何将官绅士庶拉回"各安本分、歌咏太平"的正确轨道上来,是他在位期间一直设法解决的问题。

孙嘉淦本人并没有受到此案的直接冲击,甚至在乾隆十七年(公元1752年)进吏部尚书、协办大学士。当然他承受了巨大的精神压力。《清史稿·孙嘉淦传》载:"高宗知无与嘉淦事,眷不替,嘉淦益自抑。尝著书述《春秋》义,自以为不足,毁之。"乾隆十八年(公元1753年),也就是"伪奏稿案"定谳的同一年,孙嘉淦去世。《清史纪史本末》说:"嘉淦自是亦不自安,未几以忧卒。"

在乾隆即位之初,孙嘉淦曾上过一个著名的"三习一弊"折,为后人所称道。其中有言:"治乱之循环,如阴阳之运行。阴极盛而阳生,阳极盛而阴姤。事当极盛之地,必有阴伏之机。其机藏于至微,人不能觉;及其既着,积重而不可返。"他提出治乱之机,只在人主一心:"治乱之机,转于君子小人之进退;进退之机,握于人主之一心。能知非则心不期敬而自敬;不见过则心不期肆而自肆。敬者君子之招而治之本也;肆者小人之媒而乱之阶也。然则沿流溯源,约言蔽义,惟望我皇上时时事事常守此不敢自是之心,而天德王道举不外乎此矣。"[2]孙嘉淦强调"人主的自我修养",不知乾隆在伪奏稿案中是否有所体会,不过从后来的发展上看,皇帝朝"自是"和"自肆"的方向上越走越远。

今人詹佳如考证说,到乾隆统治时期,中国民间向更加商业化的社会领域发展;市场的力量正催生出一个相对独立的政治信息传播网络。[3] 社会的商业化和流动化,带动了信息的需求和流动。由于国家政事关系到某些群体的切身利益,所以他们关注并且相互传递着政治信息,甚至希望通过某种方式发出自己的声音。当然,这些趋势和声音,是统治阶层不愿看到、也不愿听到的。

---

① 清实录·高宗实录六:卷四三一[M].北京:中华书局,1985:634.

② 清史稿·孙嘉淦传.

③ 詹佳如.追查悖逆的幽灵——传播学视野中的孙嘉淦伪稿案[M].上海:复旦大学出版社,2013:50.

第四节 《四库全书》:为古今定本

乾隆朝的传播控制手段除了文字狱外,还有编书与禁书。这两个看似矛盾的政策行为,统一在整个《四库全书》的编纂过程之中。修书之内,又有评选和删改。《四库全书》的编纂,既是史上最大规模的书籍整理工作,也是最彻底的文字清洗运动。

鲁迅将《四库全书》的编纂看作是与"文字狱"同样性质的思想专制措施。他说:"文字狱不过是消极的一方面,积极的一面,则如钦定四库全书,于汉人的著作,无不加以取舍,所取的书,凡有涉及金元之处者,又大抵加以修改,作为定本。此外,对于'七经','二十四史',《通鉴》,文士的诗文,和尚的语录,也都不肯放过,不是鉴定,便是评选,文苑中实在没有不被蹂躏的处所了。而且他们是深通汉文的异族的君主,以胜者的看法,来批评被征服的汉族的文化和人情,也鄙夷,但也恐惧,有苛论,但也有确评,文字狱只是由此而来的辣手的一种,那成果,由满洲这方面言,是的确不能说它没有效的。"①

他提议,如果将相关谕旨加以收集钩稽,将其中的关于驾驭汉人、批评文化、利用文艺之处分别摘录出来,辑成一书,不但可以看见那些策略的博大和恶辣,并且还能够明白知识分子怎样被驯扰,以及遗留至今的奴性的由来。②

《四库全书》的编选过程分为征书、编书和禁书三大环节。在这三个阶段,乾隆都有大量谕旨,这些谕旨足以说明皇帝的真实用意。

一、征书

乾隆三十七年(公元1772年)正月,乾隆下"命中外搜辑古今群书"谕,标志征书行动的开始。文中说:

> 朕稽古右文,聿资治理,几余典学,日有孜孜。因思策府缥缃载籍极博:其钜者羽翼经训,垂范方来,固足称千秋法鉴;即在识小之徒,专门撰述,细及名物象数,兼综条贯,各自成家,亦莫不有所发明,可为游艺养心之一助。……今内府藏书插架,不为不富。然古今来著作之手,无虑数千百家。或逸在名山未登柱史。正宜及时采集,汇送京师,以彰

---

①② 鲁迅.且介亭杂文:买小学大全记[M]//鲁迅.鲁迅全集:第六卷.北京:人民文学出版社,1973:57-64.

千古同文之盛。其令直省督抚、会同学政等通饬所属，加意购访。……其历代流传旧书，内有阐明性学治法、关系世道人心者，自当首先购觅；至若发挥传注、考核典章、旁暨九流百家之言，有裨实用者，亦应备为甄择；又如历代名人，洎本朝士林宿望、向有诗文专集，及近时沉潜经史，原本风雅，如顾栋高、陈祖范、任启运、沈德潜辈，亦各著成编，并非剿说、卮言可比，均应概行查明。在坊肆者，或量为给价；家藏者，或官为装印；其有未经镌刊、祇系钞本存留者，不妨缮录副本，仍将原书给还。①

按乾隆的说法，搜集群书的目的是汇古今著作，彰同文之盛。所购访的历代旧书之中，首重"阐述性学治法""关系世道人心"之书；其次是"传注""典章""百家之言"，最后是"诗文专集""沉潜经史"。征书的方式主要有购买、借钞等。

皇帝兴致勃勃，各地却推进缓慢。到该年十月，竟"未见一人将书名录奏"。惟有地处偏远的贵州巡抚图思德就此回应道：黔省"地居山僻，书籍罕临，明经之士，于时艺诗章之外，鲜有撰述"②。乾隆认为各地督抚未将此事作为与国计民生一样刻不容缓的事情来完成，在十月十七日再次下谕，要求"饬催所属，速行设法访求"。③ 这次上谕中，乾隆有意忽略了大兴文字狱给搜集"历代旧书"和"国朝撰述"所带来的困难。按《清实录》记载，就在这一年的正月和三月，分别出现了"杨在天传布逆书案"和"查世柱纂辑禁史案"。④ 民间和官场谈书色变。

十一月以后，各地开始设立书局推进征书事宜，渐次有各地督抚上奏所得书目。山东收得 21 种，直隶 4 种，山西 2 种，河南 18 种，江西 40 种，浙江 56 种，安徽 17 种，江苏 22 种。⑤ 十二月，奉天府府尹博卿额上奏说："兹据访求得承德县雍正庚戌科进士、原任永平府教授魏枢，曾于乾隆元年纂修《盛京通志》；家藏抄本，自着《东易问》一部、《春秋管见》一部；又前明成化年给事中义州贺钦抄本诗文全集一部。奴才等正在校阅，叙列目录，开载书中要旨具奏间，承准廷寄前来。"乾隆哭笑不得地训斥说："奉天风俗淳朴，本少著述流传。坊肆既无可采购，该府尹等祇应据实声明奏覆。且前降旨，原非责令各省不论有无书籍、概令设法搜罗，转乖核实之意。何必勉强摭拾，聊以

---

① 清实录·高宗实录二十：卷九〇〇[M].北京：中华书局，1986：4-5.

② 中国第一历史档案馆.纂修四库全书档案(一)[M].上海：上海古籍出版社，1997：2.

③ 清实录·高宗实录二十：卷九一九[M].北京：中华书局，1986：317.

④ 这两桩案件，前文已有提及，此处不再赘述。

⑤ 据各地督抚奏折统计。中国第一历史档案馆.纂修四库全书档案(一)[M].上海：上海古籍出版社，1997.

塞责？”[①]朱批“不晓事”。

到第二年（乾隆三十八年，即公元1773年）三月，乾隆发现多次催促之下，“各省奏到书单，寥寥无几。且不过近人解经论学、诗文私集数种，聊以塞白”。他只能三下谕旨清楚阐述，以打消各地的疑惧心理。他指出，当前迟缓观望“必系督抚等因遗编著述非出一人，疑其中或有违背忌讳字面，恐涉手干碍，豫存宁略毋滥之见；藏书家因而窥其意指，一切秘而不宣”。他宽慰众人道：“文人著书立说，各抒所长。或传闻异辞，或记载失实，固所不免。果其略有可观，原不妨兼收并蓄。即或字义触碍，如南北史之互相诋毁，此乃前人偏见，与近时无涉，又何必过于畏首畏尾耶！”他保证说：“朕办事光明正大，可以共信于天下。岂有下诏访求遗籍，顾于书中寻摘瑕疵。罪及收藏之人乎！”继而加之以威：“若此番明切宣谕后，仍似从前疑畏，不肯将所藏书名开报，听地方官购借，将来或别有破露违碍之书，则是其人有意隐匿收存，其取戾转不小矣！”他最后严令：“再传谕各督抚等，予以半年之限。即遵朕旨，实力速为妥办，陆续奏报。若再似从前之因循搪塞，惟该督抚是问。”[②]

在这个上谕发出的第二天，乾隆再发上谕给两江总督并江苏、浙江巡抚等，说得更加明白：“至书中即有忌讳字面，并无妨碍，现降谕旨甚明。即使将来进到时，其中或有诞妄字句、不应留以疑惑后学者，亦不过将书毁弃、转谕其家不必收存，与藏书之人并无干涉，必不肯因此加罪。至督抚等经手汇送，更无关碍，又何所用其疑畏乎？”由此观之，文字狱的影响通过地方官员和民间消极对待采访遗书的方式表现了出来，而乾隆对此心知肚明。当然，此谕也透露出这次搜集旧书的行动，有“寓禁于征”的意味，并不是“汇古今著作，彰同文之盛”那么简单。

在这次上谕中，乾隆强调江浙是这次征书的重点，并亲自指点访书要略。他说：“闻东南从前藏书最富之家，如昆山徐氏之传是楼、常熟钱氏之述古堂、嘉兴项氏之天籁阁、朱氏之曝书亭、杭州赵氏之小山堂、宁波范氏之天一阁，皆其著名者，余亦指不胜屈。并有原藏书目，至今尚为人传录者。”另外，“苏州有一种贾客，惟事收卖旧书。如山塘开铺之金姓者，乃专门世业，于古书存佚原委，颇能谙悉”。还有，“湖州向多贾客书船，平时有各处州县、兑卖书籍，与藏书家往来最熟。其于某氏旧有某书，曾购某本，问之无不深知”。命令“将此由四百里传谕知之”[③]。

---

① 中国第一历史档案馆.纂修四库全书档案（一）[M].上海：上海古籍出版社，1997：30.

② 清实录·高宗实录二十：卷九二九[M].北京：中华书局，1986：498-499.

③ 清实录·高宗实录二十：卷九二九[M].北京：中华书局，1986：500-501.

威压之下,“购访遗书”一变为“实力购觅”“设法妥办”①,再变为“奉旨饬查”“查借书籍”。② 到乾隆三十八年(公元 1773 年)五月,征书行动有了突破性进展。“江浙督抚及两淮盐政等奏到,购求呈送之书,已不下四五千种,并有称藏书家愿将所有旧书呈献者。”③扬州商人马裕、浙江藏书家鲍士恭、宁波天一阁范懋柱等先后有敬献之举。截至此时大略统计,“合之大内所储、朝绅所献,计不下万余种。自昔图书之富,于斯为盛”④。乾隆谕令,“择其中罕见之书,有益于世道人心者,寿之梨枣,以广流传。余则选派誊录,汇缮成编,陈之册府;其中有俚浅讹谬者,止存书名,汇入总目,以彰右文之盛。此采择四库全书本旨也”⑤。大意是,我认为有益的,就刻版(梨枣木乃刻版之材)成书广为流传,或者誊录成编、陈之册府;无益的,就只存书名,列于总目。这就是乾隆所谓“右文之盛”,也就是编纂《四库全书》的宗旨。

到乾隆三十九年(公元 1774 年)八月,访查古籍工作已步入正轨,一年前开始的《四库全书》之编纂也在如火如荼地进行。此时,乾隆话锋一转,质疑所进万余种书籍中,为何不见涉忌犯讳之书:

> ……乃各省进到书籍,不下万余种,并不见奏及稍有忌讳之书。岂有裒集如许遗书,竟无一违碍字迹之理?况明季末造野史者甚多,其间毁誉任意、传闻异词,必有诋触本朝之语。正当及此一番查办、尽行销毁,杜遏邪言,以正人心而厚风俗。断不宜置之不办。此等笔墨妄议之事,大率江浙两省居多。其江西、闽、粤、湖广,亦或不免。岂可不细加查核?⑥

这里乾隆清楚地指出了征书的另一个目的,就是查办诋毁大清的书籍,尤以“明季末造野史”为重点。他要求,一方面,对各省所进之书,只要有所犯禁,即行销毁;另一方面,地方和藏书之家将违碍之书上交。此谕下达后,各地督抚由查访旧书又转变为勘察“伪妄之书”,即禁书了。

二、修书

纂修《四库全书》之议缘起乾隆三十七年(公元 1772 年)十一月,安徽学政朱筠提议校核《永乐大典》。乾隆三十八年(公元 1773 年)二月六日,上谕

① 清实录・高宗实录二十:卷九二九[M].北京:中华书局,1986:501.
② 清实录・高宗实录二十:卷九三一[M].北京:中华书局,1986:529.
③ 清实录・高宗实录二十:卷九三五[M].北京:中华书局,1986:578-579.
④ 清实录・高宗实录二十:卷九三四[M].北京:中华书局,1986:567-568.
⑤ 清实录・高宗实录二十:卷九三五[M].北京:中华书局,1986:578-579.
⑥ 清实录・高宗实录二十:卷九六四[M].北京:中华书局,1986:1084-1085.

派军机大臣为总裁官校核《永乐大典》，此为纂修《四库全书》的开端。二月十一日，乾隆在给内阁的上谕中要求，“将《永乐大典》分晰校核。除本系现在通行，及虽属古书而词义无关典要者，不必再行采录外，其有实在流传已少、其书足资启牖后学、广益多闻者，即将书名摘出，撮取著书大指，叙列目录进呈。候朕裁定，汇付剞劂”。[①] 同月在批复大学士刘统勋关于拟定条例、划定场所、配置人员的奏疏时，乾隆提出，“将来办理成编时，著名《四库全书》”。[②]

《清代通史》云：“盖是时以整理《大典》之条陈，一变而为空前之丛书编纂矣。”[③]对于朱筠校核《永乐大典》、整理复原古籍的建议，内阁原有争议。“时大学士刘统勋、于敏中在军机，统勋力沮其议，谓为非为政之要；而敏中独善之，固争执。”[④]乾隆意识到此事蕴含重大的政治意义，拍板定案，并迅速将其上升为对古今天下书籍的整理和汇编。

三月十一日，刚刚成立的“办理四库全书处”在“遵旨酌议排纂《四库全书》应行事宜”的奏折中将修书程序具体化，折中称：

> 《永乐大典》内所有各书，现经臣等率同纂修各员逐日检阅，令其将已经摘出之书迅速缮写底本，详细校正后即送臣等复加勘定，分别应刊、应抄、应删三项。其应刊、应抄各本，均于勘定后即赶缮正本进呈。将应刊者即行次第刊刻，仍均仿刘向、曾巩等目录序之例，将各书大旨及著作源流详悉考证，诠疏崖略，列写简端，并编列总目，以昭全备。即应删者，亦存其书名，节叙删汰之故，附各部总目后。凡内廷储藏书籍及武英殿官刻诸书，先行开列清单，按照四部分排，汇成副目。此外，或有向系通行并非应访遗书，而从前未归插架者，亦应查明开单，另为编录。至于纂辑总目，应俟《永乐大典》采撮完竣及外省遗书开送齐全后，再行汇辨进呈。[⑤]

《四库全书》的来源，包括《永乐大典》、内廷藏书（内府本）、奉旨官刻的书（敕撰本）、官绅献书（进献本）、地方购访之书（采进本）以及当时社会上流行的书（通行本）。这些书经四库馆臣核定后分为三类：应刊（应刻）、应钞（应抄）、应删（应存书名，也称应存）。所谓应刊，就是可以刻印、广为流传的阐明性学治法，有助世道人心的著作，这部分作品同时抄入《四库全书》；所

---

① 清实录·高宗实录二十：卷九二六[M].北京：中华书局，1986：452-453.

② 中国第一历史档案馆.纂修四库全书档案[M].上海：上海古籍出版社，1997：58.

③ 萧一山.清代通史（二）[M].上海：华东师范大学出版社，2006：38.

④ 萧一山.清代通史（二）[M].上海：华东师范大学出版社，2006：37.

⑤ 中国第一历史档案馆.纂修四库全书档案[M].上海：上海古籍出版社，1997：74.

谓应钞，就是可以抄入写本、陈之册府的书籍；所谓应存，就是被判定“俚浅讹谬”的作品，只存书名、汇入总目①。

“四库全书处”负责这三种书籍的甄别、分类和整理。具体程序是：一审，馆臣将各类书籍进行初选，选出的书抄出底本；二审，总裁官等馆臣将这些书籍再加核定，分为应刊、应钞、应删三类，并将应刊、应钞书籍拟定正本进呈皇帝，应删作品提交目录及提要；三审，候乾隆裁定后，将这些书籍分类处理。通过三审程序，乾隆将书籍是否刻版传布、藏于册府、删除存目的裁判权掌握在自己的手里，这就是日后所谓“钦定四库全书”之义。同年五月，乾隆进一步完善修书设想：“特诏词臣，详为勘核，厘其应刊、应钞、应存者，系以提要，辑成总目，依经史子集部分类聚，命为《四库全书》。”②

乾隆三十九年（公元 1774 年）十月，建文渊阁于文华殿之后，作为日后《四库全书》的贮书之所。乾隆在《御制文渊阁记》中，对自己修书的意图详尽阐发道：

> 国家荷天庥，承佑命，重熙累洽，同轨同文。所谓礼乐百年而后兴，此其时也。而礼乐之兴，必藉崇儒重道以会其条贯。儒与道，匪文莫阐。故予搜四库之书非徒博右文之名，盖如张子所云：“为天地立心，为生民立道，为往圣继绝学，为万世开太平”。胥于是乎系！故乃下明诏、敕岳牧、访名山、搜秘简，并出天禄之旧藏，以及世家之独弆。于是浩如渊海，委若邱山，而总名之曰《四库全书》。……文渊阁之名，始于胜朝，今则无其处。而内阁大学士之兼殿阁衔者，尚存其名。兹以贮书所为，名实适相副。而文华殿居其前，乃岁时经筵讲学所必临。于以枕经葄史，镜已牖民。后世子孙，奉以为家法。则予所以继绳祖考觉世之殷心，化育民物返古之深意，庶在是乎？庶在是乎！③

乾隆修书的基本宗旨，就是“为天地立心，为生民立道”。通过书籍的搜集、甄选和传播，达到崇儒重道、复兴礼乐、教化万民的目的。要达到这个目的，不仅要囊括旧藏，更重要的是进行取舍。乾隆四十年（公元 1775 年）四月，在殿试一百五十八名贡士时，乾隆以“多士下帷有日，宜以知人论世为先务……”为题，考察学子们的对策。其中谈到四库选书的必要性：

> 顾四库之藏，浩如渊海，必权衡有定，去取乃精。昔董仲舒请罢黜百家，专崇孔氏；陶宏景则一事不知，引为深耻。今将广收博采，而传注时多曲说，稗官不免诬词，异学混儒墨之谈，伪体滥齐梁之艳，于人心世

---

① 参见前文，也可见清实录・高宗实录二十：卷九三五[M].北京：中华书局，1986：578-579.

② 清实录・高宗实录二十：卷九三四[M].北京：中华书局，1986：567-568.

③ 清实录・高宗实录二十：卷九六八[M].北京：中华书局，1986：1211-1212.

教未见有裨；如但墨守经师胥钞语录，刊除新异屏斥雕华，则九流之派未疏，七略之名不备，抱残守匮，亦难语该通；至于忠臣孝子，或拙文辞，宵水佥壬，间工著述，文行相左，彰瘅安从；他如略艺编摩以后、晁陈著录以前，门目各殊，规条歧出，此增彼损，甲合乙分，不有折衷，孰为善例？多士下帷有日，宜以知人论世为先务，其各区陈醇驳，以儆稽古之功。夫本敬天以勤民，念典学以积道；养民而功惟叙，观文而化以成。斯黼扆出治之源，宜草茅家修所裕也。①

这是史上第一次将汉武帝“抑黜百家”政策解读为“罢黜百家”。乾隆以此为删书、禁书提供合法性。在堂皇的选书理由之下，乾隆另有一套甄选、删书、改书的标准。而其中删改尤以明末清初的史部、集部为重灾区。如陈寅恪所说，“清室所最忌讳者，不过东北一隅之地，晚明清初数十年之载记耳”②。乾隆四十一年（公元 1776 年）十一月，乾隆就明季诸人书集的处理发表了具体意见。

首先，“词意抵触本朝者，自当在销毁之列”。其次，有些文集必须禁毁，比如钱谦益、金堡、屈大均、王永吉、龚鼎孳、吴伟业、张缙彦、房可壮、叶初春等人，这些人转侍二主、有才无行，其书及诗文概行毁弃，“以励臣节而正人心”。再次，有些文集需要酌改，比如刘宗周、黄道周、熊廷弼、王允成、叶向高等，“其书为明季丧乱所关，足资考镜，惟当改易违碍字句，无庸销毁”；另外直臣如杨涟、左光斗、李应昇、周宗建、缪昌期、赵南星、倪元璐等，“所有书集，并当以此类推，即有一二语伤触本朝，本属各为其主，亦止须酌改一二语，实不忍并从焚弃”；另黄道周《博物典汇》一书，其中有一篇记录清帝先祖事迹，命令“存其言，并可补当年记载所未备。因命馆臣酌加节改，附载开国方略后，以昭征信”；还有“江苏所进应毁书籍内，有朱东观编辑《崇祯年间诸臣奏疏》一卷。其中多指言明季秕政，渐至瓦解而不可救，亦足取为殷鉴。虽诸疏中多有乖触字句，彼皆忠于所事，实不足罪。惟当酌改数字，存其原书，使天下万世，晓然于明之所以亡，与本朝之所以兴”。最后，有些书需要大量删节，比如明人所刻类书，尤其是边塞、兵防等，所有关碍内容都要删去，“然祇须删去数卷，或删去数篇，或改定字句，亦不必因一二卷帙，遂废全部”。

概而言之，凡是有碍清朝统治的合法性的，都在禁毁、删改之列，甚至“明初人书之斥元，其悖于义理者，自当从删。涉于诋詈者，自当从改。其书均不必毁”。③ 章太炎翻阅《违碍书籍目录》之后总结说，“初下诏时，切齿于明季野史”；“其后，四库馆臣议‘虽宋人言辽、金、元，明人言元，其议论偏缪

---

① 清实录·高宗实录二一：卷九八一[M].北京：中华书局，1986：96-97.

② 陈寅恪.元西域人华化考[M].上海：上海古籍出版社，2008：序.

③ 清实录·高宗实录二一：卷一〇二一[M].北京：中华书局，1986：683，684.

尤甚者，一切拟毁”；至于后来，“隆庆以后，至于晚明，将相献臣所著，靡有孑遗矣！”①

曾任故宫博物院图书馆馆长的傅增湘收藏有宋版《古文集成》一书，该书收录春秋至南宋古文五百二十多篇。他将此本与《四库全书》中收录的版本相对照，发现“凡篇中酋、虏、夷、狄、犬、羊等字显然刺目者，固在所屏除，即稍指斥之文，宋贤章奏，煌煌巨篇，亦逐段刊落自数十言及至数百言。如真西山《礼侍上殿折子》删‘冠裳禽犊’以下三百二十六字，胡诠《戊申论和札子》删‘犬戎之天下’一段，一百八十三字。必使忠耿义愤之词铲灭之尽泯其迹，无复留遗”②。鲁迅说，《四库全书》对古文的窜改，“使天下士子阅读，永不会觉得我们中国的作者里面，也曾经有过很有些骨气的人”③。

与官方意识形态不符的违碍文字远不止此。其中一种是名讳之防。四十一年（公元 1776 年）六月，乾隆就关羽的称谓下谕说：“关帝在当时力扶炎汉，志节凛然，乃史书所谥，并非嘉名。陈寿于蜀汉有嫌，所撰《三国志》多存私见，送不为之论定。”命令“所有志内关帝之谥应改为‘忠义’。第本传相沿已久，民间所行必广，难于更易。著交武英殿，将此旨刊载传末，用垂永远。其官版及内府陈设书籍，并著改刊”④。四十二年（公元 1777 年），所进李鹰的《济南集》中《咏凤凰台》诗中将汉武帝称为“汉彻”，北史《文苑传叙》中也有“汉彻”之语，乾隆认为汉武帝为中国正统，“岂应率逞笔端，罔顾名义，轻妄若此”“千古以下之臣，转将千古以上之君，称名不讳，有是理乎？”命令“将北史《文苑传叙》改为汉武。韵府删去此条，酌为改刊。所有陈设之书，悉行改补。其李鹰集亦一体更正。并谕《四库全书》馆臣等，于校刊书籍内遇有似此者，俱加签拟改，声明进呈”⑤。

另一种是异端文字。乾隆四十年（公元 1775 年）十一月，四库全书处将拟请刊刻的宋朝刘跂的《学易集》进呈给乾隆审阅。其中有“青词”这一体裁，是道教用于祈祷的文体。乾隆裁定“青词迹涉异端”，应该删去。他说：“前因题《胡宿集》，见其有道院‘青词’、教坊‘致语’之类，命删去刊行，而钞本仍存其旧。今刘跂所作，则因服药交年琐事用‘青词’致告，尤为不经。虽钞本不妨姑存，刊刻必不可也。”另外，还有王质的《雪山集》，也有青词一种，一律从删。他还提到，“现在纂辑《四库全书》，部帙计盈数万，所采诗文别集

① 章太炎.哀焚书[M]//章太炎.章太炎全集：卷三.上海：上海人民出版社，2014：327，328.

② 傅增湘.宋本新刊诸儒批点古文集成跋[M]//傅增湘.藏园群书题记.上海：上海古籍出版社，1989：238.

③ 鲁迅.病后杂谈之余[M]//鲁迅.且介亭杂文.北京：人民文学出版社，2005：188.

④ 清实录·高宗实录二一：卷一〇一一[M].北京：中华书局，1986：576.

⑤ 清实录·高宗实录二一：卷一〇四二[M].北京：中华书局，1986：953-954.

既多，自不能必其通体完善。或大端可取，原不妨弃瑕录瑜。如《宋穆修集》有《曹操帐记》，语多称颂，谬于是非，大义在所必删。而全集或录存，亦不必因此以废彼，惟当于提要内阐明其故，使去取之义晓然。诸凡相类者，均可照此办理。该总裁等务须详慎决择，使群言悉归雅正。副朕鉴古斥邪之意。”[①]

还有一种是诲淫之语。乾隆四十六年（公元 1781 年）十一月，有朱存孝编辑《回文类聚补遗》一种，内载《美人八咏》诗。乾隆审阅后下谕：“今《美人八咏》内，所列《丽华发》等诗，毫无寄托，辄取俗传鄙亵之语，曲为描写。无论诗固不工，即其编造题目，不知何所证据。朕辑《四库全书》，当采诗文之有关世道人心者。若此等诗句，岂可以体近香奁，概行采录？所有《美人八咏》诗，着即行彻出。至此外各种诗集内，有似此者，亦著该总裁督同总校等详细检查，一并彻去。以示朕厘正诗体。崇尚雅醇之至意。”[②]

以上是《清实录》中清楚记载的相关史实。可想而知，清廷对各朝书籍的窜改规模要大于官方记载。史学家孟森的《心史丛刊》云：“今检清代禁书，不但明清之间著述，几遭尽毁，乃至自宋以来，皆有指摘，史乘而外，并及诗文。充其自讳为夷狄之一念，不难举全国之记载而尽淆乱之。始皇当日焚书之厄，决不至离奇若此！盖一面毁前人之信史，一面由己伪撰以补充之，直是万古所无之文字劫也！”

乾隆的好大喜功和急于求成带来的一个弊端是四库馆臣和抄吏根本无法对篇帙浩繁的典籍进行质量控制。傅增湘提出，“四库著录之书，以触冒时机而动遭改窜者固多，其不幸而遇庸妄之馆吏及粗率之写官，卤莽灭裂，删落谬讹，失其本意者，正复不少”[③]。乾隆本人也对纂修过程中出现的诸多讹误痛心疾首，朝廷出台各种制度对犯错者进行惩罚，但是基本于事无补，乃至总裁官于敏中在《论四库手札》中有“私办胜于官办”之叹。

乾隆对《四库全书》的纂修提出了不少有价值的建议。除了以“经、史、子、集”四部进行书籍分类之外，他还在考证、修史等方面有精到想法。三十八年（公元 1773 年）六月，针对朱彝尊《日下旧闻》记载帝京景物“详于考古，而略于核实”的情况，乾隆要求对朱彝尊原书所载，逐一确核，编为《日下旧闻考》，纳入《四库全书》[④]。四十一年（公元 1776 年）九月，乾隆提出馆臣“黏签考订之处，颇为详细。所有各签，向曾令其附录于每卷之末。即官版诸

---

① 清实录·高宗实录二一：卷九九七[M].北京：中华书局，1986：331.

② 清实录·高宗实录二三：卷一一四四[M].北京：中华书局，1986：335-336.

③ 傅增湘.校河朔访古记跋[M]//傅增湘.藏园群书题记.上海：上海古籍出版社，1989：200.

④ 清实录·高宗实录二十：卷九三七[M].北京：中华书局，1986：607-608.

书，亦可附刊卷尾”。由于“业经订正者，外间仍无由得知”，“令将《四库全书总目》及各书提要编刊颁行。所有诸书校订各签，并著该总裁等另为编次，与总目提要一体付聚珍版，排刊流传。既不虚诸臣校勘之勤，而海内承学者，得以由此研寻”①。

乾隆四十年（公元1775年）闰十月，有馆臣建议在敕撰书《通鉴辑览》中不录明末福王事迹。乾隆说对福王“不可遽以国亡书法绝之。特命于明崇祯末附纪福王年号，仍用双行分注，而提纲则书明以为别”。至于唐桂二王，也“不妨以彼字称之”。另外附以三王纪年的朱璘之的《明纪辑略》被当地禁毁，他也下令弛禁②。乾隆四十六年（公元1781年）十月，馆臣提出明人陶宗仪的笔记《辍耕录》收杨维桢的《宋辽金正统辨》一文，以元承宋统，排斥辽金，因此应将此文从《辍耕录》中删除，并且禁毁《杨维桢文集》。乾隆认为不能够以人废言，杨氏立论符合春秋大义，此文不得删除并且应加入《杨维桢文集》之内。③

有些事迹明面上看是乾隆爷的开明，实际上不过是对下属过度窜改的纠偏而已。上有所好下必甚焉，主要责任还是在当政者身上。对乾隆修纂《四库全书》的总体评价，萧一山认为是“功过参半”，甚至“功浮于过”④。这主要是从学术的角度而言。《四库全书》被认为是古代辑佚学的高峰，另外对校勘考据学、图书目录学的发展也有很大推动，并切实树立了汉学的主流地位。当然其最大成就还是对历代文献的整理和保护。援引《纂修四库全书档案》前言中的评价于此：

> 《四库全书》是我国古代规模最大、卷帙最多的一部综合性丛书。它沿用唐代四库的名称，以经、史、子、集为四大部，共收录图书三千四百五十七种，保存了清代乾隆朝以前的很多重要典籍，是我国古代思想文化遗产的重要组成部分。同时，由纪昀等人编著的《四库全书总目提要》二百卷，对书中收录以及不予收录而存其目的全部古籍，总计一万零二百二十三种，都简要地作了介绍和评论，“凡六经传注之得失，诸史记载之异同，子、集之支分派别，罔不抉奥提纲，溯源彻委”（阮元《纪文达公集序》），在图书目录学和古籍的整理、编纂、校勘、考证、版本、辑佚等方面，都较前代有了新的发展。此外，精美的《四库全书》写本与其装帧，以及“武英殿聚珍版书”印本，也都显示了18世纪我国古代图书印制

① 清实录·高宗实录二一：卷九九七[M].北京：中华书局，1986：652.

② 清实录·高宗实录二一：卷九九五[M].北京：中华书局，1986：300-301.

③ 清实录·高宗实录二三：卷一一四二[M].北京：中华书局，1986：308.

④ 萧一山.清代通史（二）[M].上海：华东师范大学出版社，2006：51-53.

出版事业的生产水平和高超技艺。

可是从文化角度来说，这又是一场浩劫。对古籍善本的篡改刷新了文化专制的底线。乾隆通过征书、编书摸清了中华文化的家底；通过审书、判书列出了史上最为庞大和系统的禁书黑名单，并且按图索骥，持续清除异端思想在社会上的残余。禁书运动与乾隆朝不断出现的“文字狱”互相配合，成就了乾隆朝所谓“为往圣继绝学，为万世开太平”的“朗朗乾坤”。

三、禁书

禁书运动开始于乾隆三十九年（公元1774年）八月初五的上谕（以下称“收缴禁书令”）的颁布。其时征书活动已入正轨，乾隆转而质疑“各省进到书籍，不下万余种，并不见奏及稍有忌讳之书。岂有裒[póu]集如许遗书，竟无一违碍字迹之理？”于是命令：

> 至各省已经进到之书，现交四库全书处检查，如有关碍者，即行撤出销毁。其各省缴到之书，督抚等或见其书有忌讳，撤留不解，亦未可知。或有竟未交一关碍之书，则恐其仍系匿而不献。着传谕该督抚等，于已缴藏书之家，再令诚妥之员，前去明白传谕，如有不应存留之书，即速交出，与收藏之人，并无干碍。朕凡事开诚布公，既经明白宣谕，岂肯复事吹求。若此次传谕之后，复有隐讳存留，则是有心藏匿伪妄之书，日后别经发觉，其罪转不能逭，承办之督抚等亦难辞咎。但各督抚必须选派妥员，善为经理，毋得照常通行交地方官，办理不善，致不肖吏役藉端滋扰。将此一并谕令知之。①

此谕大致描画出禁书的基本制度，结合相关史料概括如下：首先，“办理四库全书处”（亦称四库全书处、四库馆）是禁书的核心部门，所有禁书必须送至四库全书处，它不仅负责判定和销毁这些关碍书籍，也负责提供禁书书目[乾隆四十七年（公元1782年）四库馆奏准本]，指导各地收缴禁书。其次，禁书实行督抚负责制，乾隆命令此事“毋得照常通行交地方官”。各地行政一把手是第一责任人，如果催缴不力，日后查出藏匿禁书，督抚难辞其咎，另外上呈禁书的最后把关者也是各省督抚。最后，禁书的收集以主动呈缴为主要方式，因此宣传的覆盖面和深入度相当关键。

乾隆禁书之举早有吹风和准备。前文引的三十八年（公元1773年）三月关于督促征书的两次谕旨，就有销毁禁书之语。乾隆三十九年（公元1774年）三月，也就是“收缴禁书令”发下的半年前，浙闽总督钟音陛曾向浙江巡

---

① 清实录·高宗实录二十：卷九六四[M].北京：中华书局，1986：1084，1085.

抚萨载转达乾隆密旨,要求他留心查办“稍有忌讳之书”。[①]

禁书令下达后,九月初八日浙江巡抚三宝覆奏说:“臣现于丞倅中择其明干诚妥者,饬令督同原在局之教官,并于各府属内遴派教职数员,令其分头剀切宣布,务使家喻户晓,访询无遗。……臣仍严饬承办各官,婉曲开导,善为经理,不令转诿地方官,致使吏役藉端滋扰。”[②]

此前为办理征书事宜,各省均设书局。此机构由布政使司从各地抽调实职官员,主要是教职人员组成。如福建“延请告假在籍翰林叶观国、丁艰回籍知县黄佾,并遴选教职等官七员,就省设局,悉心校阅”[③]。江苏则设江宁和苏州两书局,两江总督高晋在回奏中提到任下书局官员称“委员”,由“藩司闵鹗元和两教官”主管。[④]

乾隆催缴禁书令下后,各省对书局加以充实,兼顾禁书事宜。安徽巡抚裴宗锡在奏折中提及:“臣现在钦遵谕旨,转饬藩司,遴选同知、通判四人,分往各属,于已缴藏书之家,明白传谕,令将不应存留之书,即速交出。”[⑤]禁书之制,各省配置略有不同,不过督抚为责任人,藩司(布政使)为主管,委员由实职官员抽调的人员组成大致相仿。

乾隆三十九年(公元1774年)九月,广东在书肆中查获屈大均的《广东新语》一部。屈大均的《文外》《诗外》两书,在雍正八年(公元1730年)被判定为“词句悖逆”。《广东新语》虽无忌讳之语,但由于作者大逆也在应毁之列。当地官员随后在屈家后人处查到《文外》等书七本。两广总督建议“比依大逆子孙及同居之人皆斩律,拟斩立决”。乾隆却下旨说:“所有粤东查出屈大均悖逆诗文,止须销毁,毋庸查办。其收藏之屈稔浈、屈昭泗,亦俱不必治罪。……今屈稔浈、屈昭泗系经官查出之人,尚且不治其罪,况自行呈献者乎!若经此番诫谕,仍不呈缴,则是有心藏匿伪妄之书,日后别经发觉,即不

---

① 江苏巡抚萨载奏遵旨查办遗书及违碍书情形折[M]//中国第一历史档案馆.纂修四库全书档案.上海:上海古籍出版社,1997:253.此事也可见“两江总督高晋奏先后办理违碍书籍情形折”,同上第257页。

② 浙江巡抚三宝奏查办遗书及干碍书情形折[M]//中国第一历史档案馆.纂修四库全书档案.上海:上海古籍出版社,1997:251.

③ 闽浙总督钟音等奏不解遗书查无关碍字迹暨再派妥员查办折[M]//中国第一历史档案馆.纂修四库全书档案.上海:上海古籍出版社,1997:264.

④ 两江总督高晋奏先后办理违碍书籍情形折[M]//中国第一历史档案馆.纂修四库全书档案.上海:上海古籍出版社,1997:257.

⑤ 安徽巡抚裴宗锡奏从前裒集遗书并无忌讳及现在办理缘由折[M]//中国第一历史档案馆.纂修四库全书档案.上海:上海古籍出版社,1997:260.

能复为轻宥矣。”[①]在示以宽大的同时，乾隆发出密旨，要求两江总督高晋将屈大均在江宁（今南京）雨花台的衣冠冢刨毁。[②]

而乾隆四十年（公元 1775 年）闰十月，乾隆在所进违碍书籍中，发现已故韶州府知府高纲为和尚澹归（金堡）所著禁书《遍行堂集》“制序兼为募资刊行”，地方官员在其子高秉处查获禁书陈建的《皇明实纪》。乾隆下令严惩高秉，并解释道：“近年来查办遗书，屡经降旨宣谕，凡缴出者概不究其已往。今高秉仍然匿不呈缴，自有应得之罪，已交刑部审办。此专因高纲为八旗大臣子孙，其家藏有应毁之书，不可不示惩儆。”[③]类似案件的区别处理，足见乾隆不同寻常的用心。

在禁书运动的前期，查缴行为是和征书工作结合进行的。如浙江巡抚三宝三十九年（公元 1774 年）十二月十二日所奏：

> 兹据委员等陆续访购搜寻，呈缴前来。臣委令因公在省之温州府知府邵齐然督率各教职，逐一检查。其有从前设局时未经购及之书，尚可以备采择者，共六十三种；其有字义触碍，应营销毁者，共一十五种。臣与两司复加检阅，现封固委员一并解送四库全书处，分别查办。所有各书名目，臣谨分别另缮清单，恭呈御览。[④]

江西巡抚海成在禁书令发下的两个月内缴获八部“狂悖”书籍，在奏报中（十二月十八日），他提出了更加完备的查缴方法：

> 臣现在复饬司道转行各州县，传集地保，令其逐户宣谕，无论全书废卷，俱令呈缴，按书时值，偿以倍价。如果堪以入选者，即送局校阅；不堪入选者，仍行发还。其有应营销毁之书，即黏签进呈。仍着各该府加意督率，即以此考核州县之勤惰。所需书价，即饬司在臣养廉内预行给发。如此办理，使求利小民，自必争缴恐后，庶可期其净尽。[⑤]

用督抚养廉银“倍价购买”民间书籍，并将禁书收缴与地方官的考核挂钩，海成此举获乾隆认可，他于乾隆四十年（公元 1775 年）正月初九下谕：“今海成所办，较为周到，且又不致烦扰，各省自可仿而行之。著传谕各督抚，照

---

① 谕各督抚再行晓谕如有悖谬书不缴日后发觉不复轻宥[M]//中国第一历史档案馆.纂修四库全书档案.上海：上海古籍出版社：1997：283.

② 两江总督高晋奏奉旨查办屈大均葬衣冠等情形折[M]//中国第一历史档案馆.纂修四库全书档案.上海：上海古籍出版社，1997：291.

③ 清实录·高宗实录二十一：卷九九五[M].北京：中华书局，1986：290-291.

④ 浙江巡抚三宝奏遵旨查办违碍书籍情形折[M]//中国第一历史档案馆.纂修四库全书档案.上海：上海古籍出版社，1997：309.

⑤ 江西巡抚海成奏遵旨再行搜罗遗书分别进呈折[M]//中国第一历史档案馆.纂修四库全书档案.上海：上海古籍出版社，1997：311.

式一体妥办。"[①]至此形成了禁书收缴的基本规程:官方公告宣讲,逐户通知;倍价收购,接受呈缴书籍;书局校阅,书局委员初选违碍书籍;督抚与藩司臬司复审;督抚确认后,由封固委员将犯忌之书解送四库全书处,书目同时呈给乾隆;四库全书处判定后提出处理意见,送乾隆裁定;最后按圣谕处理禁书。禁书之事在程序上形成了地方书局、督抚、四库馆和皇帝四审制度。

"倍价购买"等手段为征书和查禁打开了局面。按《清实录》记载,乾隆四十一年(公元1776年)十一月初四日,江西巡抚海成奏称:"自展限倍价购买以来,据各属搜买以及民间缴呈,应毁禁书前后共有八千余部之多。虽屡经家喻户晓,乃尚不能一时净尽,再请展限购求。"此前"孙嘉淦伪奏稿"一案中,江西作为伪稿的发源地,被乾隆惩治得最为严厉,督抚层次的官僚几乎全部免职。这次在查收禁书的过程中,江西巡抚海成则成为查抄的急先锋,被乾隆大加赞赏:

> 所办甚好!看来查办遗书一事,惟海成最为认真。故前后购获应行毁禁书籍,较江浙两省尤多。江浙为文物所聚。藏书之家、售书之肆,皆倍于他省。不应购获各书转不及江西。且海成此次具折,尚恐屡买未能遽尽,仍请展限,竭力购求。而江浙两省,自呈缴数次后,即未见陆续呈缴;又未将如何购求,及作何展限设法妥办,务期净尽之处,据实奏闻。皆因该督抚视为无关紧要,徒以具文塞责,并不实力查办。则藏匿应禁之书,何由尽出?[②]

不过仅仅一年后,海成便因王锡侯《字贯》案被撤职拿问。乾隆四十二年(公元1777年)十月,海成向乾隆奏报:"新昌县民王泷南,呈首举人王锡侯,删改《康熙字典》,另刻《字贯》。实为狂妄不法,请革去举人。"乾隆翻阅其书后,却发现"第一本'序文'后'凡例',竟有一篇将圣祖、世宗庙讳及朕御名字样开列,深堪发指。此实大逆不法,为从来未有之事。罪不容诛,即应照大逆律问拟"。他转而大骂海成:"海成既办此事,岂有原书竟未寓目,率凭庸陋幕友,随意黏签,不复亲自检阅之理?况此篇乃书前第十页,开卷即见,海成岂双眼无珠,茫然不见耶?抑见之而毫不为异,视为漠然耶?所谓人臣尊君敬上之心安在,而于乱臣贼子人人得而诛之之义又安在?国家简用督抚,厚给廉俸,岂专令其养尊处优,一切委之劣幕!并此等大案亦漫不经意,朝廷又安藉此辈尸位持禄之人乎?海成实属天良尽昧,负朕委任之

---

① 寄谕各省督抚海成搜罗遗书所办周到著各省照式妥办[M]//中国第一历史档案馆.纂修四库全书档案.上海:上海古籍出版社,1997:321.

② 清实录·高宗实录二一:卷一〇二二[M].北京:中华书局,1986:702-703.

恩。”[①]乾隆四十二年(公元 1777 年)十一月上谕:“(海成)实属昧尽天良,罔知大义,不可不重加严惩,使为封疆大臣丧良负恩者戒。海成著照部议革职,交刑部治罪。”[②]

禁书模范海成的获罪给封疆大吏们极大震撼,他们纷纷上书拥护乾隆的决定,并表态全力推进禁书任务。时任江南学政刘墉从邸报中得知王锡侯一案,给乾隆上书说:“其《字贯》既版行,必不止于本省有之,江南与江西相近,亟宜查办。现在督抚已饬各属搜查,臣仍密加体访,如或收藏阅看,不以为非,即是逆党,即当按律核情,重治其罪。仍于面见生童之时,剀切晓瑜,俾思各具天良,毋自丧失。嗣后凡遇此等狂悖蔑伦言语,速行举首,期令逆迹无地可容,以绝逆类,以正人心。”[③]

乾隆四十三年(公元 1778 年)八月,江南学政刘墉奏报如皋县(今如皋市)民呈缴徐述夔诗一本,以及沈德潜《徐述夔传》一本。诗内“语多愤激”。他同时奏报另一起狂逆案:“丹徒生员殷宝山当堂投递狂悖呈词,并于其家中搜出诗文二本,语多荒谬。”[④]这两桩案件都是不折不扣的文字狱,又都是史有清名的刘墉上奏或引发的。这正是乾隆搜查禁书所想获得的另一个效果。他把各地官员在禁书行动中的表现作为忠诚度的重要指标。不力者立即裁撤,有用者简拔重用。乾隆四十三年(公元 1778 年)十一月,上谕将为徐述夔做传的沈德潜“所有官爵及官衔谥典尽行革去。其乡贤祠牌位亦一并撤出。所赐祭葬碑文,现派阿弥达前往,会同杨魁查明扑毁,以昭炯戒”。[⑤]由此观之,乾隆禁书也是对文人过往的一次清算,警惧之效可想而知。

乾隆四十三年(公元 1778 年)十一月,皇帝二发收缴令。乾隆说,王锡侯案和徐述夔案充分说明,各地督抚将查禁工作“视为末务”,目前呈现的“挟仇告讦、骚扰欺吓”“意存观望、呈缴逾期”的景况都是督抚经理不善所致。“著通谕各督抚,以接奉此旨之日为始,予限二年,实力查缴。并再明白宣谕,凡收藏违碍悖逆之书,俱各及早呈缴,仍免治罪。至二年限满,即毋庸再查。如限满后,仍有隐匿存留违碍悖逆之书,一经发觉,必将收藏者从重治罪,不能复邀宽典。且惟于承办之督抚是问。恐亦不能当此重戾也!”[⑥]。

乾隆四十四年(公元 1779 年)十一月,禁书的范围由野史、诗文开始扩

---

① 清实录·高宗实录二一:卷一〇四三[M].北京:中华书局,1986:967-968.

② 清实录·高宗实录二一:卷一〇四四[M].北京:中华书局,1986:981.

③ 江南学政刘墉奏查办王锡侯所作《字贯》情形折[M]//中国第一历史档案馆.纂修四库全书档案.上海:上海古籍出版社,1997:754.

④ 清实录·高宗实录二二:卷一〇六五[M].北京:中华书局,1986:246.

⑤ 清实录·高宗实录二二:卷一〇七一[M].北京:中华书局,1986:372-373.

⑥ 清实录·高宗实录二二:卷一〇七〇[M].北京:中华书局,1986:338.

大。上谕提到，各省郡邑志书内如有登载应销毁各书目，及悖妄著书人诗文作者，一概俱行铲削。乾隆四十五年（公元 1780 年）十一月，又增加查禁地方曲本。上谕说："因外间流传剧本，如明季国初之事，有关涉本朝字句，亦未必无违碍之处。……再查昆腔之外，有石牌腔、秦腔、弋阳腔、楚腔等项，江广闽浙四川云贵等省皆所盛行，……各督抚一体留心查察。"乾隆四十六年（公元 1781 年）二月，又增加查禁"天文占验妄言祸福之书"。

随着征书工作进入尾声，禁书遂成各地书局的主要任务。早在乾隆四十二年（公元 1777 年），江苏官方为了方便查缴，印制禁书书目，分发给各州县教官巡典查照，晓谕士民逐一检点，以后各省均刻有简明的《违碍书目》。① 中央下发的禁书书目，最早可见于乾隆四十三年（公元 1778 年）五月，有谕旨要求"所有应毁各书，著该馆（四库馆）开单，行知各督抚，一并实力查办"②。不过此事史上并无下文。直到乾隆四十七年（公元 1782 年）三月二十五日，大学士、四库馆正总裁英廉上奏：

> 查应行全毁各书，亦系从各省所进遗书中检出，恐外间未奉明禁，尚有留存，臣现在开缮清单，行知各该督抚，令其遵照严查解京销毁，毋使少有遗留。其应行抽毁之本，亦将应抽各条详悉开明知照，令其将应毁篇页严行查抽封固，一体解毁。如有原版者，将版内一并查明铲毁。③

四库馆正总裁英廉所建议开缮的清单，就是我们今天见到的"咫进斋"版《全毁抽毁书目》，其中包括应毁书 144 种，抽毁书 181 种。该书目为光绪年间广东布政使姚觐元所藏并刊布。

姚氏同时还收集到《禁书总目》一书，按此书"简端恭载乾隆五十三年（公元 1788 年）五月初四日上谕，暨浙江（巡）抚查办覆奏，藩（司）收书告示"及其内容等判断，应该是浙江当地所用禁书目录，不过姚版书面上注明此为"军机处编"。《禁书总目》将禁书书目分为五类，大致囊括了中央和地方使用的所有种类的禁书书目：第一种，"四库馆奏准全毁抽毁书目"；第二种，"军机处奏准全毁抽毁书目"；第三种，专案查办各书并山西等省石刻诗文；第四种，"浙江省查办奏缴应毁书目"；第五种，"外省移咨应毁各种书目"。

这里所谓的"四库馆奏准"书目，就是指上面英廉所列《全毁抽毁书目》。"军机处奏准"书目，是指乾隆四十七年（公元 1782 年）十二月，军机大臣福隆安等奏请刊行的《阅过全毁抽毁》书目（789 种），该奏章说：

---

① 林申清.《四库全书》禁书目录考[J].江苏图书馆学报，1991(2)：38.

② 清实录・高宗实录二二：卷一〇五七[M].北京：中华书局，1986：132.

③ 大学士英廉奏复核各省应行抽毁各书情形并开单行知各省遵办折[M]//中国第一历史档案馆.纂修四库全书档案.上海：上海古籍出版社，1997：1550.

> 查违碍各书，由外省陆续解进及由四库馆于各处送到遗书内签出者，节经臣等遵旨详细阅看，将必应销毁之本分次开单，连原书进呈销毁。其应行抽毁及毋庸销毁之本，亦经分别查办进呈。所有各省解送四库馆遗书内，其应行全毁及抽毁之本，业经大学士英廉于本年三月内奏明，派令各纂修等覆加检核，逐一开缮清单，行知各该督抚，令其遵照严查，分别办理在案。至外省查办违碍书籍，俱系解交军机处转交总纂纪昀、陆锡熊等协同各纂修逐细检阅，分别呈进。现在阅进之书，大约重本居多，续获者渐少，似于查办违碍各书已可得十之八九。今将届限满之期，恐各该处尚未编(遍)知，不能画一办理，自应将此项书目通行宣布，传示周知，俾各一体凛遵，庶于查办益加严密。
>
> ……其阅过奏定之全毁、抽毁各本，实在共七百八十九种，应请摘开书目，各注明撰人姓名，汇刊成册，通行各该省，令其编(遍)加晓谕，庶乡曲愚民不致冒昧收藏，自干法禁，而按目查考，搜缴更当净尽，无复稍有遗留矣。谨另缮清单一并进呈，俟发下即交与武英殿刊刻颁发。嗣后如有应毁新本，再行随时增刊续入。①

该文披露，到乾隆四十七年(公元 1782 年)末，“阅进之书，大约重本居多，续获者渐少，似于查办违碍各书已可得十之八九”。因此有必要从征寻禁书种类阶段转向搜缴阶段。“自应将此项书目通行宣布，传示周知，俾各一体凛遵，庶于查办益加严密”。从此禁书运动开始进入“按图索骥”的阶段。

《禁书总目》所列第三种目录，则是各类专案禁书，比如前文所提屈大均、金堡、吕留良、王锡侯、徐述夔所著悖妄书目(232 种)，以及石刻文(21 种)。第四种目录，是浙江当地奏缴的目录(154 种)。第五种目录，则是各地官方交流的应毁书目(354 种)。

各类石刻被纳入查毁范围始于乾隆四十三年(公元 1778 年)七月。直隶遵化石门有一座将军庙，祭祀汉灵帝时的中郎将孟溢。地方官上奏:“明嘉靖万历间曾重修立碑，其文内多有妨碍本朝之字。”乾隆下谕:“既有触碍字样，自不应复留。但掩埋仍在土中，久或经掘出其字尚在，不如将碑字尽行磨去，另拟碑文刊刻，叙述其神之事迹及土人立祠之意。既不使湮没无传，且不令字有违碍，方为两得。”之后又下谕说:“直隶、山西一带沿边地方，或建有列朝边将祠碑，或刻有边防碑记，其中触碍字面，自所不免。著周元理、巴延三，派委晓事之员，悉心查勘。如神祠、门堡隘口所存门、扁、碑、碣等

① 军机大臣福隆安等奏请将阅过全毁抽毁各书摘开书目刊行片[M]//中国第一历史档案馆.纂修四库全书档案.上海:上海古籍出版社，1997:1693.

项，如有违碍字样，应磨毁者，即行磨毁；应改刻者，即行改刻。”[1]

乾隆四十四年（公元 1779 年）三月，乾隆就奉天石刻普查提道：“上年谕令李绶将奉天各属所有神祠、坟墓、碑碣，及村堡、隘口、门扁等项详细查明，如有违碍字样，即行磨毁改刻。嗣据该府丞陆续奏明，应行磨毁改刻者共一百六十六件。……寻福康安奏：奉天各属碑、碣、门、扁违碍字迹，均经府丞李绶亲往各城堡详查毁改。其应改刻碑文，亦据该府丞改撰送阅，已发属遵镌。”[2]

《四库全书》的纂修工作自乾隆三十八年（公元 1773 年）开始，到乾隆四十七年（公元 1782 年）结束。禁书运动似乎随着编书的告成而渐渐停止。比如浙江省在乾隆四十九年（公元 1784 年）七月奏缴之后，一直到五十三年（公元 1788 年）五月，都没有呈缴过一次禁书。[3] 但是在乾隆五十三年（公元 1788 年）五月初四，乾隆突然第三次发布收缴令。此事缘起于安徽巡抚陈用敷的一封奏折。该奏折称他抵任后，又缴到《通纪编年》等禁书三十种，共一百零七本。乾隆认为，安徽尚非大省，“历年犹未能缴搜净尽，江苏、江西、浙江省分较大……何以近来总未据该督抚等续行查缴?”“抑该督抚于此等事件，视为无关紧要，竟不饬属认真查办耶?”他要求上述各省实力查办，将禁书搜查净尽。浙江承宣布政使司在接到乾隆旨意后，再次发布《收书告示》。这是目前仅存的乾隆年间的政府收书文告，全文如下：

> 浙江等处承宣布政使司，为再行剀切晓谕，实力搜查，以期净尽事，切照查办违碍书籍。
>
> 现奉谕旨：“江浙素称人文渊薮，民间书籍繁多。著传谕各省，严饬所属悉心查察，如有应禁各书存留，即行解京销毁。俾得搜查净尽，无违。钦此。”等因，业经通行钦遵在案，查浙省地广人稠，藏书绅士繁富，其中或有远宦幕游，筐笥无人查检，或有僻壤穷乡，见闻未能周悉，一切干碍不经之书，恐尚有留存之本。合将前奉四库馆颁发各省进到遗书内，查出干碍全毁抽毁各书；并军机处颁行各省查办违碍书书目；及浙省历次奏解前册未载各书名目，再行汇刻，印刷成本，发交各府州县，各省儒学教职、委员，传齐绅士、地保、坊铺、书贾人等，广为散给，遍布通行，使遐陬僻壤咸特周知：凡有存留书目开载各书，即日呈出。该州县学委员即日备文解交省局，以凭委员解京销毁。各该绅衿士庶，务各详

① 清实录・高宗实录二二：卷一〇六二[M].北京：中华书局，1986：201-202.

② 清实录・高宗实录二二：卷一〇七九[M].北京：中华书局，1986：502-503.

③ 浙江巡抚觉罗琅玕就此事于乾隆五十三年五月十三日向乾隆覆奏，见姚觐元.清代禁毁书目四种[M]//英廉，等.禁书总目.北京：商务印书馆，1937：37-41.

细检查旧箧行笥、断编零帙，尽数呈缴，不使稍有遗匿，至于罪谴。其各凛遵毋违。

浙江巡抚觉罗琅玕(觉罗琅)就此事于五十三年(公元1788年)五月十三日向乾隆覆奏。此奏章回顾了浙江省禁书运动的全过程，值得一读：

臣查浙省查缴应禁各书，自乾隆三十九年(公元1774年)奉旨查办以后，于四十三年(公元1778年)十二月钦奉上谕，予限二年呈缴。扣至四十五年(公元1780年)十二月，二年限满，经前抚臣陈辉祖于四十六年(公元1781年)五月奏请展限一年。统计先后共奏缴过二十四次，计书五百三十八种，共一万三千八百六十二部。四十九年(公元1784年)七月前抚臣福崧于第二十四次具奏之后，浙省即未经奏缴。臣于五十一年(公元1786年)十月到任后，年终汇奏缴换《通鉴纲目》时，饬查书局中并无存留应缴禁书，经臣饬行各属同《通鉴纲目》一体搜查，未据各属呈缴，是以未经奏及。

伏思违碍各书，实为风俗人心之害，不容稍有遗存。浙省从前虽已查办十年，缴过五百三十八种。但浙江为人文渊薮，民间书籍繁多，实难保再无存留。乃近年以来，并无呈缴，或系各属因限期已满，奉行不力，而藏书之家亦因查禁稍懈，匿不呈出，均未可定。兹奉谕旨饬查，惟有钦遵设法认真办理。臣现已通行各属，剀切出示晓谕，并督同司道府实力查办，酌委妥员于各处书坊，不动声色，分头购觅。仍移会学臣朱珪，督饬教职一体广为搜查，断不敢视为具文，日久生懈，亦不敢稍涉矜张，致滋扰累。一俟查有禁书，即随时奏明解京销毁，务期查缴净尽，以副我皇上维持风教之至意。①

经过了十七年的不断征缴，民间所藏“禁书”至少在明面上被一网打尽。关于乾隆年间禁书的规模，姚觐元的《禁书四种》中剔除重复的共计2 611种；光绪末年，邓实补姚本之所无，统计禁书超过3 000种；20世纪30年代，陈乃乾的《索引式禁书总录》收录全毁书目2 452种，抽毁402种，销毁书版50种，石刻24种，共计2 928种。乾隆钦定的《四库全书》著录书籍也才3461种，说其是文化浩劫，丝毫不过。

禁书过程中，还有一段有研究价值的插曲。乾隆四十三年(公元1778年)四月，湖广总督三宝向乾隆建议：“嗣后各直省士子有欲刊刻书籍者，先录正副二本，送本籍教官，转呈学政核定。其书果无纰缪，有裨世学者，方准刊行。倘不呈官核定，私行刊刻者，即无违碍字句，亦令地方官严行禁毁。

① 姚觐元.清代禁毁书目四种[M]//英廉，等.禁书总目.北京：商务印书馆，1937：37-41.

如有诞妄不经之词，即从重究治。”大意是，事后追究属于补漏之举，要根治违碍文字传播，应该施行事前审查。乾隆说道：

> 所见非是。不法书籍有关世道人心，固应禁毁。然亦全在各督抚留心体察，严饬地方官实力访查，无难净尽。其有悖逆不法，如蔡显、王锡侯诸人，有犯必惩。狂诞之徒，自亦稍知儆畏。即或愍不畏死，妄刻流传，而此等狂悖之人，为天地所不容，断无不自行败露，原不必多为厉禁也。
>
> 至海内操觚之士，著书立说以抒夙学者，本不乏人。若如三宝所奏，必呈送教官，转呈学政核定，始准刊行，竟似欲杜天下人刊书传世之路，无此政体。且以其事责成教官，若辈未必果能胜任，兼恐不肖者，藉端需索，转滋纷扰，弊更无所底止。三宝此奏，断不可行！[①]

原稿审查制度出现在宋代，但在文网严密的清代并没有施行。

第五节　清前期报纸：官方与民间的妥协

清代邸报沿袭明制，民间报房的存在也属明季遗风。所不同的是，清廷明确了邸报制度，邸报正式进入官方传播系统；民间报纸的合法性也得到了一定程度的确认。清代抄报管理在系统性和完备性上远超前朝，这是中央集权精密化的必然结果。

首先是对提塘“小抄”的管理。清前期出现的信息泄露事件和整饬行动，很大程度上是军机处代表的皇权专制之下的有限而可控的政令传播和提塘所代表的地方政府与民间更多、更高效的信息需求之间的矛盾的体现。这个矛盾或因民间报房的活跃而缓解。

其次是对民间报房的管理。清廷对“捏造”事件的严厉处罚，以及一系列禁止“采听写录”“漏泄本章”的法令的颁布，塑造了大清民间报纸“官报翻版”的基本品质，即中规中矩地转达科抄。这种品质一方面给民间报纸带来了长久的合法性，甚至较大的商品化空间；另一方面剥夺了它向近代新式报纸演变的可能。

一、提塘小抄之禁

雍正五年（公元 1727 年），四川巡抚马会伯“疏劾按察使程如丝营私网

---

① 清实录·高宗实录二二：卷一〇五四[M].北京：中华书局，1986：87.

利”,雍正“遣侍郎黄炳按鞫[jū]得实,论罪如律”①。十月,刑部得旨将程如丝就地正法。但是在刑部公文抵达四川的前五六日,程如丝便已自缢身亡。雍正怒极,斥责新任四川巡抚宪德说:“若此不愧,非具人面者也。待罪自有国法,奈天下人耻笑,朕焉为汝难堪。若不究出传递消息之人严加参处,这督抚还作得么?”②

宪德调查后呈报,这件事“显系提塘先期漏泄”③:“程如丝著处斩之部文到,在十月二十九日,而京报小抄到在前五日,十月之二十四日。部文单行陈署,臣得而密之。若小抄则川省之文武大小各衙门皆有,一赍俱到,一看皆知。是通知程如丝之斩决,不在部文到之后,而在小报甫到之际,已五六日矣。”④这就是说,程如丝通过提塘“小抄”提前获知自己的斩刑判决,遂自杀逃避典刑。宪德因此建议将各省提塘“通行裁革”。雍正批示道:

> 提塘管理京报,设立久矣,岂能禁革不用?但伊等借邮传之名,作奸滋弊,习以为常。如奉旨正法之人可以预通信息,亦可将奉旨宽宥之人先期设词吓诈。此等弊端,不可不加防范。应如何定例,俾紧要事件不致先期漏泄,或以官员承充提塘分别赏罚,定其考成,著九卿确议。⑤

程如丝事件引发了朝廷对提塘制度的政策讨论,其中最核心的就是应密事件的泄漏问题。由于提塘接触朝廷核心的政治信息,并占据中央与地方信息沟通的枢纽地位,它的“行差踏错”往往会触动统治阶层敏感的神经。

“提塘”(提塘官)之名,最初来自明代“塘报”(前身为汉宋“边报”)。“塘报”是各地上报的军事情报。明朝兵部在各省设提塘官⑥,各府县设塘马、配塘兵,专司军事情报(塘报)的传递。提塘从事章奏钞发最早可见弘光时“以徐士弘为提塘都司,钞章奏”⑦的记载。清顺治年间,沿袭明制,各省在北京

---

① 清史稿·马会伯传.

② 参见“四川巡抚宪德奏奉朱批训诫据实陈情并请革提塘以杜京抄泄漏之弊折”(雍正六年正月二十二日)。故宫博物院.宫中档雍正朝奏折[M].台北:故宫博物院,1977:468.

③ 清实录·世宗实录:卷六六[M].北京:中华书局,1985:1015.

④ 参见“四川巡抚宪德奏奉朱批训诫据实陈情并请革提塘以杜京抄泄漏之弊折”(雍正六年正月二十二日)。故宫博物院.宫中档雍正朝奏折[M].台北:故宫博物院,1977:468.

⑤ 清实录·世宗实录:卷六六[M].北京:中华书局,1985:1015.

⑥ 有关提塘的记载最早出现在崇祯九年,当时称为“塘官”。永历年间,有所谓“总理提塘”之称,其成了藩镇驻中央的代表,参见朱传誉.明清塘报研究[M]//朱传誉.先秦唐宋明清传播事业论集.台北:台湾商务印书馆,1988:465.

⑦ 李天根.爝火录[M]//朱传誉.先秦唐宋明清传播事业论集.台北:台湾商务印书馆,1988:462.

设立驻京提塘。[①] 乾隆年间编纂的《历代职官志》记载了它的基本职能：

> 国朝定制：各省设在京提塘官，隶于兵部。以本省武进士及后补、候选守备为之，由督抚遴选送部充补，三年而代。凡疏章邮递至者，提塘官恭送通政司，通政使、副使、参议校阅，封递内阁。五日后，以随疏赉[lài]到之牒，应致各部院者，授提塘官分投；若有赐于其省之大吏，亦提塘官受而赉至之。谕旨及奏疏下阅者，许提塘官誊录事曰，传示四方，谓之邸钞。盖即如唐宋之进奏院，而法制详慎，其奉职倍为谨凛矣。[②]

这里将提塘比作"唐宋之进奏院"，并概括了它的三项主要工作：第一项，将地方官的疏章递送至通政司，由通政司封送内阁；第二项，传递部分下行公文[③]及代地方官接受朝廷的赏赐；第三项，将可"下阅"的谕旨和奏疏誊录，传示四方，这就是邸报。光绪年间修订的《钦定大清会典事例》将"塘务"列于"兵部・邮政"条目之下，也大致说明其"邮传"的基本性质。

清代提塘是中央与地方信息交流的主要环节。兵部定制各省驻京提塘共十六人，直隶、山东、山西、河南、江西、福建、浙江、江南、湖北、湖南、四川、广东、广西各一人，陕甘新疆一人，云南贵州一人，漕河一人。这些提塘虽然归兵部管辖，但是由各省督抚遴选，实际上向各自督抚负责。提塘运行经费，包括阅报银，盖由各省提供，甚至有些地方藩司抚臣捐出自己俸工"津贴塘报"[④]。这就决定了提塘与各省督抚之间的特殊关系。

首先，提塘是"各省督抚获取中央各种政治信息的主要据点"[⑤]。乾隆十一年(公元1746年)四月上谕中提到："在京直隶、江南、浙江等处提塘，串通军机处写字之人，将不发抄之事件，抄寄该省督抚。"这说明，督抚是提塘从军机处非法获取政治情报、寄发小抄的主使人。不过乾隆对此并没有深究，他说督抚此举实为"浅陋"，"朕看此情节，在提塘等微末之人，不过以此博督抚之欢心；在督抚，亦乐其不时私递，得闻京师信息"[⑥]。

---

① 刘文鹏在《清代提塘考》中将清朝提塘分为三种类型：一是军塘，负责军事情报传递；二是营塘，负责军营文报的传递；三是提塘，自顺治时期开始，各省在北京设立驻京提塘，负责抄录京报、部文，传送回省以通消息。提塘所传邸报"是朝廷将可以公开的政务向全国官员公布的一种方式"。参见刘文鹏.清代提塘考[J].清史研究，2007(4)：87-91.本文所涉及的是第三种类型。

② 永瑢，等.历代职官表：卷二一[M].北京：中华书局，1985：577.

③ 参照《钦定大清会典事例》："凡抄刊章奏事件、寄交各省敕书印信物件，以及各部院寻常咨行外省公文，俱交给递送。"

④ 孔正毅，王书川.试论清代邸报的发行体系[J].南昌大学学报，2015，46(1)：138.

⑤ 刘文鹏.清代提塘考[J].清史研究，2007(4)：90.

⑥ 清实录・高宗实录：卷二六四[M].北京：中华书局，1986：426.

其次，提塘要替督抚处理京中某些公私事宜。康熙十八年（公元1679年），九卿议覆京官交结地方大员时提到："督抚司道官员，赴任时谒见在京大臣各官，或自任所差人问候，及在京家人、提塘人等来往大臣各官之家。"[①]提塘在京师的身份，有时候和督抚的家人一样，是督抚的代理人。乾隆五年（公元1740年），有官员上奏："各省督抚走差家人，与该省提塘俱相熟识。遇有进献方物，该提塘通知各提塘，遂至妄行开入邸报，各报本省。至于赏赐之物，则督抚家人往往告知提塘，嘱其开载邸报，以示恩荣。不知此皆不应开入邸报之事。"这是提塘利用手中资源（邸报编辑权）为督抚服务的一例。之后朝廷才有禁令："嗣后督抚盐政关差所有进献方物，或奉有赏赐，俱不许提塘于邸报内开写。"[②]

如此看来，提塘应该是督抚最信得过的人。乾隆四十八年（公元1783年）三月兵部反映说："各省驻京提塘，向例三年更换，近年来，每遇咨取更换时，该督抚辄以无合例人员，咨请留办。"[③]其反映的也是这个情况。

提塘是清代官报传发的重要节点。综合相关史料可知，清代发报有三大环节。首先，是军机处（雍正年间设）择定可发抄的谕旨和折奏，经内阁下发六科："每日钦奉上谕，由军机处承旨，其应发抄者皆下于阁。内外陈奏事件，有折奏、有题本。折奏或奉朱笔，或由军机处拟写随旨；题本或票拟钦定，或奉旨改签。下阁后，谕旨及折奏则传知各衙门抄录遵行。题本则发于六科，由六科传抄。"[④]其次，六科提供谕旨折奏，供各省提塘抄录："凡题奏奉旨之事，下科后，令该省提塘赴科抄录，封发各将军、督抚、提镇。"[⑤]最后，由提塘根据科抄内容，编辑邸报，传发各省官员。

明、清两朝邸报的传发制度颇有不同。明代六科官低权重，在发抄过程中居于核心地位[⑥]。到了清代，六科给事中的职权逐步被削弱。自雍正朝起，诏书由军机处直接颁发，六科的封驳权被废除，发抄的决定权也尽归军机处。

这里需要注意的是军机处与内阁之间的关系。赵翼的《檐曝杂记》载："军机处本内阁之分局""雍正年间用兵西北两路，以内阁在太和门外，傍直者多，虑漏泄事机，始设军需房于隆宗门内，选内阁中书之谨密者入直缮写，后名军机处。地近宫廷，便于宣召。为军机大臣者皆亲臣重臣，于是承旨出

① 清实录·圣祖实录：卷八三[M].北京：中华书局，1985：1057.

② 光绪朝钦定大清会典事例：卷七〇三[M].北京：中华书局，1990.

③ 清实录·高宗实录：卷一一七七[M].北京：中华书局，1986：778.

④ 嘉庆朝钦定大清会典：卷二[M].台北：文海出版社，1991：43.

⑤ 嘉庆朝钦定大清会典事例：卷五六九[M].台北：台湾文海出版社，1992：6410-6411.

⑥ 参见本书明代邸报部分。

政，皆在于此矣”。军机处之设，目的是强化君主独裁。它剥夺了内阁的实权（包括发抄决定权），将其集中于皇帝手中。[①] 在这个安排下，各部衙和外省所呈章奏，真正能够批红下阁、经六科交提塘抄发的比例，不过十之三四。[②] 这和明代六科擅自将留中的奏章一并发抄，是完全不同的。雍正二年（公元 1724 年）七月，大学士奏请将松江提督祥瑞一折发抄，被雍正否决。《清实录·世宗实录》记载：

> 大学士等奏：据松江提督高其位折奏，飞鸦食蝗，秋禾丰茂。请将原折发抄，并宣付史馆，以彰嘉瑞。得旨：若以飞鸦食蝗为瑞，则起蝗之初，得无有由乎？昨发下奏折与诸王大臣阅看者，诚恐尔等体朕忧民之意，不释于怀，故将蝗不成灾之处令众知之，非以为瑞也。其发抄及宣付史馆俱不必行。[③]

这说明发抄的最终裁定权掌握在皇帝手中。皇帝和军机处虽然可以决定哪些谕旨题奏可以发抄，但是并不直接监督邸报的发行和提塘的具体工作。而针对提塘设置的二元（兵部、督抚）管理制度，不仅没有达到共管共治的目标，反而促成了两不管的空白地带。这正好给那些官居微末、一心寻租的提塘提供了方便。雍正五年（公元 1727 年）的程如丝案暴露了这个官报体系的最大弊端，就是信息泄露，尤其是使用“小抄”传递应密信息。

所谓“小抄”，又称小钞或小报，是提塘官在邸报之外自行采录并传发的消息。清代小抄最早可以上溯到顺治年间。《东华录》载顺治十六年（公元 1659 年），钦差大臣麻勒吉责备直隶山东河南总督张玄锡道：“前日我们往湖广去时，尔在山东岂不见小报，何为不来迎接。”[④]可见小抄此时就是京师和外省官员习以为常的信息来源。但是对于逐步强化的大清集权体制而言，“文武大小各衙门皆有，一赍俱到，一看皆知”的小抄无疑是官方信息发布的杂音，也是中央信息垄断失败的表现。因此清初各朝都把“小抄”作为力禁的对象。

小抄之禁始见于康熙五十三年（公元 1714 年）三月左都御史揆叙的建议：“近闻各省提塘及刷写报文者，除科抄外，将大小事件采听写录，名曰小

---

① 秦国经.明清内阁沿革与职掌[J].历史档案，2009(1)：45.

② 昭梿的《啸亭杂录·卷一》中描述雍正批览奏折：“或秉烛至丙夜未罢。所批皆动辄万言，无不洞彻款要，万里之外有如觌面，奖善服奸，无不感浃肌髓。后付刻者，只十之三四，其未发者，贮藏保和殿东西庑中，积若山岳焉。”

③ 清实录·世宗实录：卷二二[M].北京：中华书局，1985：350.

④ 此为顺治十六年六月上谕所引张玄锡遗折。方汉奇，等.中国新闻事业通史：第一卷[M].北京：中国人民大学出版社，1992：200.

报,任意捏造,骇人耳目,请严行禁止,庶好事不端之人,有所畏惧。"①之后议准"各省提塘,除传递公文本章,并奉旨科钞事件外,其余一应小钞,概行禁止,违者治罪"。又雍正元年(公元1723年)覆准:"凡提塘京报人等,除题奏谕旨外,如有讹造无影之词者,查拿治罪。"②不过这些禁令似乎没有取得应有效果,提塘小抄仍然大行其道。雍正五年(公元1727年)程如丝案的出现,让雍正感受到小抄已经对国家的政令施行造成了实质干扰,进而引发了法令不行、恐吓敲诈等弊端。他要求九卿提出具体的防范措施,"俾紧要事件不致先期漏泄"。九卿讨论后认为:

> 提塘之设,难以裁革。向来多系微末职衔,自无爱惜功名之念;且从未将作奸提塘及报送不实之各官定有处分,是以种种弊端无所顾忌。……请行令各督抚,于本省武进士及候补候选守备人员内拣选,取具该地方官印结,申送咨部顶补。三年无过,准照本班即用;怠惰贻误者,即行斥革。如将应密事件预通信息,及设词恐吓诈骗,一经发觉,即交刑部治罪。其出结之该地方官及督抚失察者,分别议处。③

从九卿议论中不难发现,在雍正以前,朝廷并没有把提塘私发小报作为大事来看,所以才有"从未将作奸提塘及报送不实之各官定有处分"的情况。雍正五年(公元1727年)的这次议准是清廷第一次从制度角度强化提塘管理,对提塘官进行更加严格的选拔、考核和处分。其中最主要的就是进行督抚问责。提塘出问题,督抚要承担失察之过。

今天看来,督抚问责固然可以强化地方政府对于驻京提塘的管理,但是无法从根本上解决应密事件外泄的痼疾。清前期出现的信息泄露事件和整饬行动,很大程度上是军机处代表的皇权专制之下的有限而可控的政令传播和提塘所代表的地方政府与民间更多和更高效的信息需求之间的矛盾。雍正和乾隆初年曾经禁止胥吏市贩买阅邸报和私钞邸报④,体现的也是统治阶层垄断信息及其流动的主观愿望。

这种矛盾在提塘制度上的突出表现,一方面是应密信息的先期泄漏,这不仅反映在私发小抄上,邸报也会提前泄漏应密公文;另一方面是信息传递的效率差别很大,小抄和邸报要快于大部分政府公文。程如丝案中,信息从京城到四川的时间,小抄比部文要快上五天。邸报和小抄传递手段相同,应该效率相当。

---

① 蒋良骐.东华录[M].济南:齐鲁书社,2005.

② 光绪朝钦定大清会典事例:卷七〇三[M].北京:中华书局,1990.

③ 清实录七・世宗实录:卷六六[M].北京:中华书局,1985:1015.

④ 方汉奇.清代北京的民间报房与京报[J].新闻与传播研究,1990(4):206.

官方对于这个问题的处理也从两方面入手：一个是控制邸报发抄的速度；另一个是严禁小抄的发行。乾隆十三年（公元1748年）议准，“各省提塘钞发本章，必须谨慎。有应密之事，必俟科钞到部十日之后，方许钞发。如有邸报先于部文者，该督抚将提塘参处”。也就是说，应密之事，邸报只能在科钞到部十日后才能刊发，不允许邸报先于部文到达当地。乾隆二十一年（公元1756年），对提塘私钞提出新的防范措施，“各省发递科钞事件，例应责令提塘办理，以杜私钞讹传泄漏之弊。嗣后令各提塘公设报房，其应钞事件，亲赴六科钞录，刷印转发各省。所有在京各衙门钞报，总由公报房钞发。仍令六科五城御史严行访察，如有讹传、私钞、泄漏等弊，交部治罪”。①

“公报房”的说法应该是相对于民间报房而提出的。有关清代报房的记载最早见于雍正四年（公元1726年）何遇恩“捏造小抄”一案。雍正上谕中说“报房捏造小抄，刊刻传播，以无为有”②。乾隆年间提塘官往往从民间报房买来抄报，来充代自己的邸报编发，给传发体制带来混乱。③ 公设报房，明确提塘责任，有利于当局加强监管，防范“讹传、私钞、泄漏”之弊。在某种意义上，公报房的设置是具有近代官报性质的制度进步，同时对民间报房的兴起和合法化产生了潜在影响。

乾隆中期，朝廷加强了对邸报内容的管控。乾隆三十八年（公元1773年）覆准，提塘抄发的邸报内容，事前需要发抄衙门盖印确认，事后需要报兵部备案核查：

> 各部院衙门如有奏准议覆、应行发抄事件，该承办衙门即将原奏钞录钤盖印信，发交直季提塘，按日刊刻印发。仍令该提塘将发抄底本及原奏印文，按十日汇报兵部存案。若承办衙门并未发交，该提塘等混行刊刻传布者，一经查出，即将该提塘查参议处。④

此项措施从源头上遏制了提塘混行刊刻的可能。小抄泄漏应密信息的问题，历经康雍乾三朝，到乾隆中期基本解决。方汉奇认为，朝廷的严厉查处禁绝了提塘的私钞行为，这以后直到清末，已很少看到关于提塘小抄的记载。⑤ 不过小抄的退场究竟是因为提塘制度之完善，还是因为“合法的民办京报逐渐取代小报，在乾隆中后期大行其道”⑥，抑或两者皆有，尚待讨论。

---

① 光绪朝钦定大清会典事例：卷七〇三[M].北京：中华书局，1990.

② 清实录七・世宗实录：卷四四[M].北京：中华书局，1985：647.

③ 参见下一小节“民间报纸”.

④ 光绪朝钦定大清会典事例：卷七〇三[M].北京：中华书局，1990.

⑤ 方汉奇.中国新闻事业通史[M].北京：中国人民大学出版社，1992：203.

⑥ 程丽红.清初新闻管控宽严与社会舆论治乱之背离的启示[J].探索与争鸣，2014(12)：89-93.

二、官报翻版：京报品格的养成

雍正四年(公元1726年)五月，民间报人何遇恩和邵两山[①]由于“捏造小抄”，散播雍正端午活动的失实报道，被判处斩刑。雍正上谕复述“小抄”的报道如下：

> 初五日，王大臣等赴圆明园。叩节毕。皇上出宫登龙舟，命王、大臣等登舟，共数十只。俱作乐。上置蒲酒，由东海至西海。驾于申时回宫。[②]

报道中说，王、大臣等为皇上祝贺节日专门前往圆明园，雍正与他们登船作乐，饮酒谯游，直到申时(下午三到五点)才回宫。对于此说，雍正纠正：五月初五端午节，他与本就住在圆明园的十多位王、大臣讨论完政事之后，“率同观览(园花)以家常食馔(粽子)，为时不过二三刻”。他还解释说，当时内务府总管“奏请今岁照例修备龙舟”，被他制止。因此小抄报道纯属捏造。

将小抄与雍正的说法相比较，不难发现小抄其实是复述往年的惯例，比如群臣前往贺节、君臣登舟游湖等。不料今年情况发生了一些变化。更为关键的是，“上置蒲酒”“申时回宫”等说法正中雍正忌讳。

案发之年(雍正四年，即公元1726年)是皇帝肃清八王(胤禩)朋党的敏感时期，此前朝野中流传着颇多不利于雍正的负面舆论。其中之一就是雍正嗜酒，甚至言之凿凿地说他经常与隆科多“饮至更深”。而雍正其实是“素不能饮”者。在此背景下，雍正立即将报房小抄与八王余党散播谣言的行为联系起来，下谕说：“报房竟捏造小抄，刊刻散播，以无为有，甚有关系。著兵刑二部，详悉审讯，务究根源，以戒将来，以惩邪党。”[③]

经过刑部调查，何、邵二人与八王余党并无瓜葛，于是雍正将刑部提出的“斩(立)决”更改为“应斩，著监候秋后处决”。罪行则表述为“捏写小抄、以无为有，甚属可恶”[④]。此案的警示是，民间报纸自行采制新闻是要冒政治风险的。这种风险主要来自朝廷内部的政治斗争以及无所不在的文网字狱。此案的严厉处罚，以及后来朝廷一系列禁止“采听写录”“漏泄本章”的法令，塑造了大清民间报纸“官报翻版”的基本面貌。

这里需要澄清两个基本概念。首先是何遇恩案中的“小抄”，指的是民

---

① 方汉奇《中国新闻事业通史》卷一写作“邵南山”，而《清实录·世宗实录》卷四四写为“邵两山”。查方先生来源也是《清实录》，那就有可能是错认。此处从《清实录》。

② 清实录七·世宗实录：卷四四[M].北京：中华书局，1985：646-647.

③ 清实录七·世宗实录：卷四四[M].北京：中华书局，1985：646.

④ 清实录七·世宗实录：卷四四[M].北京：中华书局，1985：660.

间报纸,并非前文提塘官在发行邸报的同时私自传发的“小抄”。以“小报”或“小抄”称呼民间报纸,在宋代以后并不少见。其次,雍正上谕中所指“报房”,指的是民间人士为了贩卖新闻、获得收益而办的私人报房。这种民间报房应该是明末遗留的产物。

方汉奇先生在《中国新闻事业通史》中曾提出,何遇恩案中的“报房”,指的是提塘为了邸报发行工作的便利自行设置的报房,虽然得到官方默许,但没有被正式批准。[①] 他作出这个判断的前提是,民间报房在乾隆中叶才兴起。不过他在编写《清史·报刊表》的过程中,对清代报房演变历史有所修正。他认为类似明季民间报房那样的刻发报活动,在清朝是仍然存在的,至少是被默许存在的。这些民间报房多属自发运作,并不受提塘节制。提塘可能也参与了私办报房活动,所传小抄与民间报纸或有交集。[②]

笔者判断何遇恩案中的“报房”属于民间报房,除了上述环境因素外,还在于雍正的两次上谕并未提及提塘。首先,由谕旨来看,何遇恩和邵两山并非提塘系统中的人员;其次,刑部的调查结论中,也没有提到他们与提塘有所牵连。以雍正追查谣言的决心和力度,如果涉及驻京提塘,不可能不进行追查和惩办。更进一步说,如果此案中的“小抄”指的是提塘私发的小抄,此行为本就是朝廷严禁的,雍正在上谕中不可能不提。

当我们将何遇恩“捏造小抄”案中的“报房”定性为民间报房后,这个案例的警示意味就很明显了。除此之外,从清廷惩处对象仅限于两个报人而非全面禁止报房的情况,还可以推论:清初民间报房不仅是存在的,而且是合法的。

越来越多的史料证明,民间报房的合法性,一部分来自明季传统,另一部分则来自其与官方传抄体制共生共融、互利互助的关系。成书于乾隆七年(公元1742年)的《六部成语注解》解释了“邸钞”(邸报)和“报局”(报房)的概念:

> 凡朝廷示谕京外大臣一切应办之事,以及用人行政并有当使天下人共知之件,若无月报,则何而知之?故由内阁衙门发抄,改名“邸抄”,交报局刊印通行。其机密大事则不发抄。至报局之设,虽系禀知官府,然其主人实同开铺牟利无别。其设立之始,从本朝定国之初,因明朝之制而稍为改变者。[③]

---

① 方汉奇.中国新闻事业通史[M].北京:中国人民大学出版社,1992:197.

② 方汉奇.《清史·报刊表》中有关古代报纸的几个问题[J].国际新闻界,2006(6):73-77.

③ 语出鸿远堂本《六部成语注解》,“京报起源”条。方汉奇.《清史·报刊表》中有关古代报纸的几个问题[J].国际新闻界,2006(6):73-77.

官报的刊印事务本就是交给民间报局去做的。历代邸吏或者提塘官一般不会自己去做抄报、印报的实际工作，基本上是雇民间人员代办。而这些代办的人逐渐专门化，进而挖掘出政治信息的商品价值。随着他们由抄报雇员、印报工人向信息掮客转变，报局的另一个面相逐渐出现了，这就是民间报纸行业。这个演化，在宋、明时代就已出现，不过在宋朝受到严禁，在明朝却获得了官方认可。清初民间报房基本上是沿袭明制，只是在制度上稍做改变。《六部成语注解》有记载说：

> 凡开设报局者，每日必遣人至内阁，抄录本日一切事件，归后即用活字版木字也摆就，亦有抄成小本者，刷印订本，发给送报之人，分路送往各看报之处。其送的之人，系山东居多，其报送之报亦系向报局主人买之，如趸货转售者……看报之人，亦有向报局买取，而不假手送报之人，然此等者甚少。①

这里说的是乾隆之前形成的民间报纸的发报程序。能够每天遣人到内阁抄录本日一切事件，说明报房具有合法性。传发的对象，已经不限于各级官员，而是遍及各地官僚士绅、市民商贩。综合以上还可以推断，清代官方对信息的控制，主要集中在军机处划定发抄范围，以及严禁提塘通过小抄向地方官漏泄消息方面。而对合法内容的抄写、编辑、刊发，惯例于前，他们并不介意是谁来做这件事。

乾隆二十年(公元1755年)十二月初四监察御史杨开鼎的一份奏折透露出民间办报需要履行的手续，就是向六科申请并出示提塘官的具结担保：

> 窃查会典所载，各省提塘除传递公文及进呈御前本章奉旨科抄外，一概小抄，永行禁止等语。是提塘一官，抄录科抄发递各省，其专责也。此外，向来有等无职之人，措投资本，计觅蝇头，遂赴六科具呈，求准开设小报房，科臣仍取具各省提塘保结，准其开设。此等小报房只是居廛射利，时开时闭，忽多忽少，俱属无常。……近闻各省提塘类皆省费惜劳，并不自办抄报，俱向小报房中转买抄报，递发各省，议给报赀，以致纷争滋事，……是小报房之得开设，原凭提塘之保结，而提塘之得报不得报，转操纵于小报房之手，不独国家大公无我、通行传宣之抄，转得为市井居奇之具，且将来有讹传、私抄、泄漏等弊，各省提塘仅借此谢责而莫知所警惕矣。殊非所以重责成而崇体制。②

---

① 语出鸿远堂本《六部成语注解》,“报局规例”条。方汉奇.《清史·报刊表》中有关古代报纸的几个问题[J].国际新闻界,2006(6):75.

② 语出“监察御史杨开鼎乾隆二十年十二月初四日折”。方汉奇.《清史·报刊表》中有关古代报纸的几个问题[J].国际新闻界,2006(6):77.

为了获得提塘的担保，民间报房与提塘进行了利益交换，就是替提塘行编辑邸报事宜。基本方式是，提塘用低价从报房买来民间抄报，当作正规邸报发给各省。这样提塘便可以压缩抄录、编辑、刊印邸报的成本，从中牟利。杨开鼎提出，这种情况会导致提塘所报内容操于报房之手，如果将来有讹传，私抄、泄漏等问题，提塘官可以推卸责任。

杨开鼎此疏可能就是乾隆二十一年（公元 1756 年）上谕设置“公报房”的直接原因。如前文所说，公报房是相对于民间报房而言的，明确了提塘在邸报抄传过程中的责任。乾隆上谕中关于设置公报房的内在逻辑——“各省发递科钞事件，例应责令提塘办理，以杜私钞、讹传、泄漏之弊。嗣后令各提塘公设报房，其应钞事件，亲赴六科钞录，刷印转发各省。所有在京各衙门钞报，总由公报房钞发”——与杨开鼎上疏颇多对应之处。

一般认为，乾隆中期以后民间报纸步入稳步发展时期。[①] 其报头、格式、内容结构、发行频率、印制手段渐成定式。清代民间报纸统称“京报”，一般为日发，基本上都是印刷。目前所见最早的京报，为乾隆三十五年（公元 1770 年）“公慎堂”印制。[②] 京报内部结构主要分宫门钞、上谕和章奏三个部分。宫门钞部分为当天重大的政事活动；上谕部分主要照发皇帝的某些谕旨；章奏部分主要是各部衙和外省督抚的题奏。

京报所报道的内容，并没有超出官方邸报的范围。用今天的话说，不同报房的报道不过是朝廷合法发抄内容的不同剪贴版而已。方汉奇说，京报基本上是“官报的翻版”：“京报的全部稿件都来自内阁和科抄，没有自己采写的新闻，也没有任何言论。”至于其中出现的社会新闻，他认为这也不是京报自己采制的：“京报并没有直接地报道这些新闻，而是通过他们所看到的谕旨和章奏，为读者提供了这些方面的新闻。”[③]

民间报纸使用循规蹈矩的官样模式，应该与朝廷在报道方式和内容方面的严格管制有很大关系。前文提到的何遇恩案就是对报人自行采制新闻的严厉警告。另外康、雍、乾三朝还有一些针对报人探听、采录行为的具体规定。

“采听写录”之禁始见于康熙五十三年（公元 1714 年）三月左都御史揆叙的建议：“近闻各省提塘及刷写报文者，除科抄外，将大小事件采听写录，名曰小报，任意捏造，骇人耳目，请严行禁止，庶好事不端之人，有所畏惧。”[④]这

---

① 方汉奇.中国新闻事业通史[M].北京：中国人民大学出版社，1992：204，240.

② 方汉奇.中国新闻事业通史[M].北京：中国人民大学出版社，1992：204.

③ 方汉奇.中国新闻事业通史[M].北京：中国人民大学出版社，1992：213.

④ 蒋良骐.东华录[M].济南：齐鲁书社，2005.

里提到的“刷写报文者”，指的就是民间报房。在科抄之外，将大小事件采听写录，就会被定性为“捏造”。

又雍正元年(公元 1723 年)覆准：“凡提塘京报人等，除题奏谕旨外，如有讹造无影之词者，查拿治罪。”[①]这基本是康熙五十三年(公元 1714 年)奏准的重申。另外《钦定六部处分则例》规定：“各省抄房在京探听事件、捏造言语、录报各处者，系官革职，军民杖一百，流三千里。该管官不行查出者，交与该部，按次数分别议出。”不仅抄房要承担罪责，主管官员也要负责。这里的管官，指的应该是六科和提塘官。

与“探听写录”之禁类似的，还有“漏泄本章”之禁。《大清律例》“漏泄军情条”例之三载：“凡平常事件，虽非密封，但未经御览批发之本章，刊刻传播，概行严禁。如提塘与各衙门书办彼此勾通，本章一到，即抄写刊刻图利者，将买抄之报房，卖抄之书办，亦俱照漏泄密封事件例治罪。其捏造讹言刊刻者，杖一百，流两千里，若有招摇诈骗情弊，犯该徒罪以上，不分首从，俱发边卫充军。该管官失于觉察，该科道不行查参者，均交部，亦照例议处。”[②]凡是将未批之本章发抄的行为，都适用漏泄军情条下的“漏泄密封”事件定罪。这里值得注意的是提塘与各衙门书办，以及报房之间的关系。提塘很明显是报房与书办之间的联络人。

除了法令律例，应该还存在一些监管体制，比如提塘的管理责任。民间报房是由各省提塘具结担保的，提塘很可能对报纸内容承担审查责任。乾隆年间，山东济南人王宸倖担任山东驻京提塘，他提到“尝在公慎堂见有讯明迷人之案备载药方。倖曰‘迷人药方，宣示中外，恐宵小效尤，不如改易数味’”[③]。“公慎堂”是乾隆时期的民间报房，在一起“迷人”犯罪案件的抄载中，将迷药的药方也一并附上了。提塘王宸倖看到后，认为这个药方有可能让犯罪分子仿效，于是将其中的几味药进行了调换。

清朝中叶以前清朝对民间报纸的管理，在系统性和完备性上已经远超明朝。正是这种全方位的防范塑造了京报的品质，就是中规中矩地转达科抄。这种品质一方面给民间报纸带来了长久的合法性，甚至较大的商品化空间；另一方面剥夺了它向近代新式报纸演变的可能。到清朝末年，脱胎于中国古代报纸体系的京报逐步没落，清代诸多报房除少数因转向发行业务而得以生存外，大部分为时代所淘汰。

---

① 光绪朝钦定大清会典事例：卷七〇三[M].北京：中华书局，1990.

② 马维熙.清雍乾之际驻京提塘泄密问题研究[J].内蒙古大学学报，2016，48(6)：50.

③ 王赠芳，等.道光济南府志：卷四四；卷五五[M].北京：中华书局，2013：1586，2067.

余 论

政策史的视野中,传播就是权力。这种权力来自传播对人类社会,包括政治和文化系统的结构功能。具体而言,就是传播在社会秩序建构中,在维护等级、区隔群体和划分边界等方面所体现的物质和精神力量。传播是政治秩序及其合法性的源泉。这个意义上,传播结构与政治结构是同存共构的关系,信息不对称与权力不均衡自然匹配。

我国对文本、信息和媒介的管理古来有之,并逐渐发展为有意识地通过控制和调节传播结构来维护政治秩序。中国古代的传播政策,以政教为核心,致力于意识形态安全和政治结构稳定。不过政策并不是一厢情愿的东西,即使在专制情况下,马儿与驭者的对话和妥协一直存在。当然,特定历史条件下,这种对话或请命最终也只能局限于修正和维护既有的集权统治。

政教系统通过制度革新不断自我完善的同时,传播权力下移成为另一个趋势。仅从传播史所见,伴随传播技术的更新、信息流动的社会化和商品化,知识和讯息逐步下沉。民间社会在物质和精神上呈现出不可逆转的壮大趋势,对权利乃至权力的诉求也随之增加。传播版图此时所反映的,已不仅仅是时代的政治秩序和权力格局,而是在变化的社会结构之下,利益相关方对传播秩序进行修正的欲望和可能。

后　记

此书根据本人近十年的"传播政策史"课程的讲义完善而成,这是中国传播政策史的第一部分,即古代部分,之后还有近现代史和当代史部分。传播政策是一门新兴学科,在本土传播史和政策研究尚处于起步阶段时,就贸然进行政策史的写作,是有很大风险的。然而时不我予,史、论只是传播政策学科框架建设必须迈出的第一步。与当前传播事业的发展态势和政策手段的运用阶段相比,我们的政策研究无论是在深入性还是在系统性上,都已经远远地滞后于时代。

因此,才有了这么一本抛砖引玉之作,恭候有识者批评指教,以便不断修订、臻至完善。为了降低学术上的风险,本书尽量采取不治议论、集聚素材的叙述方法。当然通读此书之后,读者如果对中国的传播政策框架形成一些总体认识,那是最好的事情。

此书某种程度上也是本人的兴趣之作,在历史的长河中与那些似曾相识的人物和事件进行信息和观点交换,是一件兴味盎然之事。兴趣的来源则与我的三位导师相关:本科导师芮必峰教授将我带入理论思维的大门;硕士导师朱羽君教授教会我记录的方法;博士导师郭镇之教授则引领我走进传播史和传媒政策的殿堂。

还要感谢李丹林教授,她主持中国传媒大学媒体法规政策研究中心期间,对传播政策与传播法的研究进行了系统的设计和规划,本书某种程度上是其规划的一个成果。感谢荆学民教授将本书纳入了传播政治书系之中,让这么一本繁杂絮叨的资浅之作找到了共同体。感谢白文刚老师于百忙之中为整个书系的筹备和出版付出心血。感谢最近十年参与"传播政策史"课程的所有研究生,他们的学习和探讨,是本书得以形成并不断提高的智力来源。

感谢吴磊编辑、陈默编辑的辛勤工作,这本书光是引注就有两千多条,编审的工作量可想而知,两位编辑一直以快乐和负责的态度护持着本书最终面世。感谢中国传媒大学出版社对于基础性研究的支持。

何 勇

2018 年末于中国传媒大学